企业合规师专业水平
培训辅导用书

Selected Corporate Compliance Regulations

THE GUIDANCE BOOK
FOR CORPORATE
COMPLIANCE
PRACTITIONER
PROFESSIONAL TRAINING

企业合规制度规范选编

中国国际贸易促进委员会商事法律服务中心 主编

中国法制出版社
CHINA LEGAL PUBLISHING HOUSE

《企业合规师专业水平培训辅导用书》
编委会名单

主　任：蔡晨风

副主任：陈正荣　张　顺

主　编：王志乐

副主编：张　顺　胡国辉　樊光中

编写人员（按章节顺序）

　上　册

　　第一章：蒋　姮、李福胜

　　第二、三、四章：樊光中

　　第五、七、八章：郭凌晨

　　第六章：胡国辉

　　第九章：张　顺

　　第十章：丁继华

　中　册

　　第一章：周　磊、李阿吉、李嘉杰、王克友、陈筝妮、吴剑雄

　　第二章：孙南翔

　　第三章：王　伟、杨　峰、张恩典、姜　川、张夕夜、
　　　　　　胡　晗、萧　鑫、欧阳捷、王天蔚、李文宇

　　第四章：李　艳、王　伟、邰　庆、王　彧、杨慧鑫

　　第五章：张学博、王桦宇、郝龙航、刘海湘

　　第六章：叶　研

　　第七章：单蔼然、张　俊、李善嘉、孙　瑜

　　第八章：侯佳儒、华忆昕

　　第九章：金克胜、丁文严、张蕾蕾

　　第十章：任　清、霍凝馨、程　爽

　　第十一章：李　斌

　下　册

　　张　顺、张智超、蒋方舟、张婧婧、王岱凌、周　全、韩　瑞

前　言

　　2021年3月18日，人力资源和社会保障部、国家市场监督管理总局、国家统计局三部门联合发布了企业合规师国家新职业。企业合规师成为国家正式职业，是新时代企业高质量发展的需要。2018年以来，我国政府有关部门陆续出台了一系列强化企业合规管理的政策指引，有力推动了企业合规管理工作的发展，这不仅对企业合规经营和强化合规管理进行了规制规范，也对合规管理人员的专业知识、业务素质、技术能力、操作水平提出更高的要求。企业合规管理正在向着专业化、职业化、规范化方向发展，需要大批掌握合规专业知识并具备实务专业技术能力的企业合规师。

　　企业合规师是从企业生产经营活动中孕育而生的职业，其工作的核心与本质是企业管理。《中华人民共和国职业分类大典》（以下简称《大典》）按专业和职业属性对我国社会现有职业进行了科学分类。2022年9月28日发布的最新版《大典》中，企业合规师新职业被归类为第二大类（专业技术人员）、第6中类（经济和金融专业人员）、第7小类（商务专业人员），明确了企业合规师职业的职业属性和专业分类。同时，从《大典》（2022年版）对于企业合规师的职业定义和工作内容可以看出，虽然企业合规师的工作属于经济、商务范畴，但与管理、法律、审计、风控等专业密不可分。企业合规管理体现出明显的交叉学科特征，而企业合规师也应当是以掌握企业合规管理专业知识为基础，同时具备跨学科、复合型知识结构的实务型专业技术人才。在当前企业合规实践方兴未艾、相关理论研究百家争鸣之际，厘清企业合规师的专业范围，推动形成该职业独立的知识和技术技能框架体系，显得尤为重要，这不仅是确保企业合规师这个职业持续健康发展的基础，更是科学开展企业合规管理专业人才培养，更好地服务于企业合规建设的重要前提。

　　为此，作为企业合规师国家新职业的申报单位，中国国际贸易促进委员会商事法律服务中心着眼于加快培养企业合规师专业人才，在有关政府部门和行业商协会组织的支持下，组织编写了这套企业合规师专业水平培训辅导用书。本书分为《企业合规通论》《企业合规分论》和《企业合规制度规范选编》三册，从基本概念、基础理论、重点领域、实务操作等方面对企业合规管理所涉及的知识内容进行梳理，明确企业合规管理专有的知识领域和从业人员所需的技术技能，同时将企业合规管理常用的法律法规、标准规范等进行分类选编，便于读者加深对于所合之"规"的理解并在实际工作中参考使用。本书力求在以下三个方面进行探索，取得成效：

一是明确企业合规管理工作的内容和实质，探索企业合规师职责范围和专业边界。企业合规管理工作的内容和流程，具有内在逻辑联系。全面有效的企业合规管理，首先要树立正确的企业核心价值观，在此指导下确立企业合规义务，识别评估合规风险，将合规理念和合规管理的具体工作融入企业生产经营全过程。为保障合规要求得到遵循和落实，企业要设立专门合规岗位，明确职责，建立合规管理组织体系。为确保管理体系有效运行，企业要建立相应的管理制度和实施机制。为实现持续合规发展，企业要定期对合规管理体系运行的有效性进行评估和改进，并最终形成企业合规文化。上册《企业合规通论》结合国内外理论研究成果和企业实践经验，以"合规体系策划-体系建设-体系运行-有效性评价-持续改进"的合规管理工作流程为逻辑主线，对于企业合规管理的工作内容及其内在联系进行梳理总结，厘清企业合规有关基本概念，提炼出企业合规管理体系的构成要件和实务工作内容，分章论述，并在此基础上，建立起企业合规管理的整体框架。同时从企业合规管理的工作内容和职责要求出发，对企业合规师专业定位进行了探索。

二是关注企业合规管理重点领域，体现企业合规师职业的复合知识结构和综合能力要求。企业合规管理具有显著行业性特点，不同行业企业的合规风险及合规重点领域差异巨大，企业合规师需具备一定跨学科、跨专业知识技术和良好的沟通协调能力，了解本行业本企业相关的商业模式、业务流程、发展趋势及公司治理、企业管理相关实践，才能与企业各部门协同合作，将适用的法律法规、行业规章、内部规章制度、政策要求等融入合规管理工作，有效处理相关事务。中册《企业合规分论》聚焦企业合规管理中较普遍涉及的反商业贿赂、网络安全、数据保护、反垄断、反不正当竞争、税务管理、海外投资并购、知识产权、生态环保、出口管制等重点领域，结合企业合规管理工作内容和职责，拓展企业合规师知识外延，同时注意厘清与法律、财务、税务、信息技术等交叉学科和相关职业的专业边界。在坚持企业合规师专有知识技术要求基础上，充分考虑合规管理工作的专业性特点，体现企业合规师职业的复合知识结构和综合能力要求。

三是衔接融合现有权威的企业合规管理规范规定和标准，突出企业合规师职业实务性特点。合规管理源于企业实践，由于在提升企业治理水平中展现出的显著效果而得到广泛重视。但针对企业合规管理的系统化理论研究相对滞后，普遍适用的合规理论还比较欠缺。监管机构、标准化组织、行业协会等依据自身职能制定了不同的规定标准，指导规范企业的合规管理工作。此外，法律法规和国际条约、规则等也对企业经营活动产生规制作用。本书介绍的企业合规管理的概念、结构、方法和工具充分借鉴吸收公认合规理论的原则和观点，努力做到同现行权威规范、规定和标准衔接一致，能够在实际工作中落地实施。在下册《企业合规制度规范选编》中，将与企业合规管理相关之规进行了分类选编，便于工作中查阅检索并理解"法"与"规"在企业合规管理工作中的区别。

希望读者能够从我们这套教材中了解企业合规管理的来源与发展、现状与趋势，了解社会经济法治环境变化、企业发展形态变化、国际监管环境变化、合规管理标准变化对企业合规管理实践的影响，以及科技带来的数字化及合规管理工具对企业合规管理发展趋势的影响，从而明白为什么要强化企业合规管理体系建设。希望读者通过这套教材，掌握合规管理体系的基本构成、各模块之间以及各自与体系之间的关系、如何搭建合规管理体系等方法论，更好地服务企业高质量发展。总之，我们希望这套教材能够有助于企业合规师专业人才培养，同时对于企业合规师职业的健康持续发展有所贡献。

本书共100余万字，在本书编写过程中，各位参加编写的专家以高度的责任心，对三本教材的内容，逐字逐句进行研读、斟酌、修改，力求做到内容准确、逻辑严密、体例统一、通俗易懂，在此对他们的敬业精神和辛勤劳动，表示敬意和感谢！

同时，鉴于当前有关企业合规的基本理论、基本概念、基础知识、实务操作和企业合规师所应具备的职业素养等问题，尚在研究探讨和发展变化中，缺乏权威的统一定论，更由于本书编写时间仓促，工作浩繁，书中难免有疏漏和缺陷之处，敬请读者提出宝贵意见和建议，以便我们今后对本书进行修订完善。

中国国际贸易促进委员会

商事法律服务中心

2022年11月15日

目 录
Contents

第一部分　合规管理体系、企业合规治理 / 001

1. 中央企业合规管理办法 / 001
2. 企业境外经营合规管理指引 / 004
3. 联合国全球契约十项原则（节录）/ 009
4. 联合国反腐败公约 / 010
5. ISO37301：2021《合规管理体系 要求及使用指南》（略）/ 031
6. GB/T 35770—2022《合规管理体系 要求及使用指南》（略）/ 031
7. 上市公司治理准则 / 032
8. 证券公司合规管理实施指引 / 039
9. PIAC/T 00001—2022《医药行业企业合规师职业技术技能要求》（节录）/ 044
10. RDPAC 行业行为准则（2019 年修订版）/ 067
11. 中国商业联合会国际商业合规管理指引（暂行）/ 086
12. T/BMEMA 001—2022《建材企业合规管理体系团体标准》/ 106
13. T/CEC 369—2020《电力企业合规管理体系规范》（略）/ 113

第二部分　重点领域合规管理 / 114

（一）反腐败与反商业贿赂合规 / 114

1. 中华人民共和国刑法（节录）/ 114
2. 中华人民共和国反不正当竞争法 / 116
3. 中华人民共和国反垄断法 / 119
4. 中华人民共和国药品管理法（节录）/ 126
5. 中华人民共和国证券投资基金法（节录）/ 126
6. 中华人民共和国招标投标法（节录）/ 127
7. 中华人民共和国劳动合同法（节录）/ 127
8. 中华人民共和国民法典（节录）/ 127
9. 中华人民共和国个人信息保护法（节录）/ 127

001

10. 中华人民共和国治安管理处罚法（节录）/ 128
11. 中华人民共和国民事诉讼法（节录）/ 128
12. 最高人民法院、最高人民检察院关于办理贪污贿赂刑事案件适用法律若干问题的解释 / 129
13. 最高人民法院、最高人民检察院关于办理商业贿赂刑事案件适用法律若干问题的意见 / 132
14. 最高人民法院、最高人民检察院关于办理行贿刑事案件具体应用法律若干问题的解释 / 133
15. 最高人民法院关于审理单位犯罪案件具体应用法律有关问题的解释 / 135
16. 最高人民法院关于民事诉讼证据的若干规定（节录）/ 135

（二）贸易合规 / 136
1. 中华人民共和国海关法（节录）/ 136
2. 中华人民共和国税收征收管理法（节录）/ 137
3. 中华人民共和国对外贸易法（节录）/ 137
4. 中华人民共和国进出口商品检验法（节录）/ 137
5. 中华人民共和国进出境动植物检疫法（节录）/ 137
6. 中华人民共和国食品安全法（节录）/ 138
7. 中华人民共和国出口管制法（节录）/ 138

（三）网络安全与数据合规 / 139
1. 中华人民共和国刑法（节录）/ 139
2. 中华人民共和国网络安全法（节录）/ 140
3. 中华人民共和国数据安全法（节录）/ 140
4. 中华人民共和国个人信息保护法（节录）/ 141
5. GB/T 35273—2017《信息安全技术 个人信息安全规范》（节录）/ 141
6. 信息网络传播权保护条例 / 143
7. 网络安全审查办法 / 146
8. 网络信息内容生态治理规定 / 148
9. 互联网文化管理暂行规定 / 152
10. 网络出版服务管理规定（节录）/ 156
11. 互联网用户公众账号信息服务管理规定 / 158
12. 互联网跟帖评论服务管理规定 / 161
13. 互联网论坛社区服务管理规定 / 163
14. 互联网直播服务管理规定 / 164
15. 互联网危险物品信息发布管理规定 / 166
16. 互联网用户账号名称管理规定 / 168
17. 常见类型移动互联网应用程序必要个人信息范围规定 / 169
18. 云计算服务安全评估办法 / 171
19. 外国机构在中国境内提供金融信息服务管理规定（略）/ 173
20. 儿童个人信息网络保护规定 / 173
21. 区块链信息服务管理规定 / 175
22. 汽车数据安全管理若干规定（试行）/ 177

（四）反垄断与反不正当竞争合规 / 179

1. 中华人民共和国反垄断法（略）/ 179
2. 中华人民共和国反不正当竞争法（略）/ 179
3. 经营者反垄断合规指南 / 179
4. 企业境外反垄断合规指引 / 182
5. 禁止垄断协议暂行规定 / 189
6. 禁止滥用市场支配地位行为暂行规定 / 193
7. 经营者集中审查暂行规定（节录）/ 197
8. 关于规范经营者集中案件申报名称的指导意见 / 198
9. 关于经营者集中简易案件申报的指导意见 / 199
10. 制止滥用行政权力排除、限制竞争行为暂行规定 / 200
11. 公平竞争审查制度实施细则 / 203
12. 市场监管总局关于反垄断执法授权的通知 / 209
13. 国务院反垄断委员会垄断案件经营者承诺指南 / 211
14. 国家市场监督管理总局关于禁止滥用知识产权排除、限制竞争行为的规定 / 213
15. 国务院反垄断委员会关于知识产权领域的反垄断指南 / 215
16. 国务院反垄断委员会关于原料药领域的反垄断指南 / 222
17. 国务院反垄断委员会关于汽车业的反垄断指南 / 227
18. 国务院反垄断委员会关于平台经济领域的反垄断指南 / 235
19. 国务院反垄断委员会横向垄断协议案件宽大制度适用指南 / 242

（五）税务合规 / 244

1. 中华人民共和国税收征收管理法 / 244
2. 中华人民共和国企业所得税法 / 252
3. 中华人民共和国印花税法（节录）/ 257
4. 中华人民共和国城市维护建设税法 / 257
5. 中华人民共和国刑法（节录）/ 258
6. 中华人民共和国税收征收管理法实施细则 / 259
7. 中华人民共和国企业所得税法实施条例 / 269
8. 中华人民共和国进出口关税条例 / 282
9. 中华人民共和国增值税暂行条例 / 288
10. 中华人民共和国消费税暂行条例 / 291
11. 税收违法行为检举管理办法 / 294
12. 税收政策合规工作实施办法（试行）/ 298
13. 企业所得税税前扣除凭证管理办法（节录）/ 300

（六）海外投资并购合规 / 300

1. 中华人民共和国反外国制裁法 / 300
2. 企业境外投资管理办法 / 301
3. 对外投资备案（核准）报告暂行办法 / 307

4. 阻断外国法律与措施不当域外适用办法 / 309
　　5. 国务院办公厅关于完善反洗钱、反恐怖融资、反逃税监管体制机制的意见 / 311
　　6. 银行业金融机构反洗钱和反恐怖融资管理办法（节录）/ 315

（七）财务合规管理 / 317
　　1. 中华人民共和国会计法（节录）/ 317
　　2. 中华人民共和国证券法（节录）/ 318
　　3. 中华人民共和国公司法（节录）/ 321
　　4. 企业财务会计报告条例（节录）/ 322
　　5. 会计档案管理办法（节录）/ 322
　　6. 上市公司信息披露管理办法（节录）/ 322
　　7. 上市公司监管指引第8号——上市公司资金往来、对外担保的监管要求（节录）/ 323

（八）HSE（安全、环境、健康）、社会责任与公司治理 / 324
　　1. 中华人民共和国公司法（节录）/ 324
　　2. 中华人民共和国民法典（节录）/ 324
　　3. 中华人民共和国刑法（节录）/ 324
　　4. 中华人民共和国证券法（节录）/ 325
　　5. 中华人民共和国环境保护法（节录）/ 325
　　6. 安全生产许可证条例 / 325
　　7. 危险化学品安全管理条例 / 327
　　8. 建设工程安全生产管理条例 / 342
　　9. 上市公司治理准则（节录）/ 350
　　10. 关于中央企业履行社会责任的指导意见（节录）/ 350
　　11. 生态文明体制改革总体方案（节录）/ 350
　　12. 生态环境损害赔偿制度改革方案 / 350
　　13. 安全生产违法行为行政处罚办法 / 353
　　14. 生产安全事故罚款处罚规定（试行）/ 362
　　15. 安全生产事故隐患排查治理暂行规定 / 365

（九）知识产权合规 / 368
　　1. 中华人民共和国商标法（节录）/ 368
　　2. 中华人民共和国专利法（节录）/ 371
　　3. 中华人民共和国著作权法（节录）/ 374
　　4. 中华人民共和国民法典（节录）/ 377
　　5. 中华人民共和国刑法（节录）/ 377
　　6. 中华人民共和国海关法（节录）/ 378
　　7. 知识产权强国建设纲要（2021—2035年）/ 378
　　8. 关于强化知识产权保护的意见 / 383
　　9. 计算机软件保护条例（节录）/ 386
　　10. 信息网络传播权保护条例（节录）/ 387

11. 中华人民共和国知识产权海关保护条例 / 388
12. 关于禁止侵犯商业秘密行为的若干规定 / 391
13. 企业知识产权合规标准指引（试行）/ 392
14. 专利合作条约（PCT）/ 398
15. "十四五"国家知识产权保护和运用规划（略）/ 416
16. 中华人民共和国植物新品种保护条例（略）/ 416
17. 成立世界知识产权组织（WIPO）公约（略）/ 416
18. 与贸易有关的知识产权协议（TRIPS）（略）/ 416
19. 保护文学艺术作品伯尔尼公约（略）/ 416
20. 保护表演者、录音制品制作者和广播组织的国际公约（略）/ 416
21. 保护录音制品制作者防止未经许可复制其录音制品公约（略）/ 417
22. 世界版权公约（略）/ 417
23. 商标国际注册马德里协定（略）/ 417
24. 商标注册用商品和服务国际分类尼斯协定（略）/ 417

（十）出口管制合规 / 417

1. 中华人民共和国出口管制法（节录）/ 417
2. 中华人民共和国海关法（节录）/ 420
3. 中华人民共和国数据安全法（节录）/ 420
4. 中华人民共和国刑法（节录）/ 420
5. 中华人民共和国行政处罚法（节录）/ 421
6. 中华人民共和国国际刑事司法协助法（节录）/ 421
7. 中华人民共和国核出口管制条例（节录）/ 421
8. 商务部关于两用物项出口经营者建立出口管制内部合规机制的指导意见 / 421
9. 阻断外国法律与措施不当域外适用办法 / 424

（十一）我国检察机关开展的涉案企业合规改革 / 425

1. 最高人民检察院关于开展企业合规改革试点工作方案 / 425
2. 关于建立涉案企业合规第三方监督评估机制的指导意见（试行）实施细则 / 427
3. 涉案企业合规第三方监督评估机制专业人员选任管理办法（试行）/ 431
4. 涉案企业合规建设、评估和审查办法（试行）/ 435

第三部分　域外企业合规管理参考文件 / 438

1. 经合组织跨国企业准则（节录）/ 438
2. 内控、道德与合规，最佳实践指南 / 466
3. 北京反腐败宣言 / 469
4. 亚太经合组织高效率公司合规项目基本要素 / 470
5. 合规与银行内部合规部门 / 475
6. 世界银行集团诚信合规指南摘要 / 483

7. 英国：反贿赂法案（略）／ 487

8. 法国：萨宾第二法案（Sapin II）（略）／ 487

9. 欧盟：通用数据保护条例（GDPR）（略）／ 487

10. 美国：反海外腐败法案（FCPA）（略）／ 487

11. 美国：萨班斯–奥克斯利法案（SOX 法案）（略）／ 487

12. 美国：美国海外资产控制办公室（OFAC）合规承诺框架／ 487

13. 美国：外国公司问责法案（HFCAA）（略）／ 496

第一部分

合规管理体系、企业合规治理

1. 中央企业合规管理办法

（国务院国有资产监督管理委员会令第42号 2022年10月1日施行）

第一章 总 则

第一条 为深入贯彻习近平法治思想，落实全面依法治国战略部署，深化法治央企建设，推动中央企业加强合规管理，切实防控风险，有力保障深化改革与高质量发展，根据《中华人民共和国公司法》《中华人民共和国企业国有资产法》等有关法律法规，制定本办法。

第二条 本办法适用于国务院国有资产监督管理委员会（以下简称国资委）根据国务院授权履行出资人职责的中央企业。

第三条 本办法所称合规，是指企业经营管理行为和员工履职行为符合国家法律法规、监管规定、行业准则和国际条约、规则，以及公司章程、相关规章制度等要求。

本办法所称合规风险，是指企业及其员工在经营管理过程中因违规行为引发法律责任、造成经济或者声誉损失以及其他负面影响的可能性。

本办法所称合规管理，是指企业以有效防控合规风险为目的，以提升依法合规经营管理水平为导向，以企业经营管理行为和员工履职行为为对象，开展的包括建立合规制度、完善运行机制、培育合规文化、强化监督问责等有组织、有计划的管理活动。

第四条 国资委负责指导、监督中央企业合规管理工作，对合规管理体系建设情况及其有效性进行考核评价，依据相关规定对违规行为开展责任追究。

第五条 中央企业合规管理工作应当遵循以下原则：

（一）坚持党的领导。充分发挥企业党委（党组）领导作用，落实全面依法治国战略部署有关要求，把党的领导贯穿合规管理全过程。

（二）坚持全面覆盖。将合规要求嵌入经营管理各领域各环节，贯穿决策、执行、监督全过程，落实到各部门、各单位和全体员工，实现多方联动、上下贯通。

（三）坚持权责清晰。按照"管业务必须管合规"要求，明确业务及职能部门、合规管理部门和监督部门职责，严格落实员工合规责任，对违规行为严肃问责。

（四）坚持务实高效。建立健全符合企业实际的合规管理体系，突出对重点领域、关键环节和重要人员的管理，充分利用大数据等信息化手段，切实提高管理效能。

第六条 中央企业应当在机构、人员、经费、技术等方面为合规管理工作提供必要条件，保障相关工作有序开展。

第二章 组织和职责

第七条 中央企业党委（党组）发挥把方向、管大局、促落实的领导作用，推动合规要求在本企业得到严格遵循和落实，不断提升依法合规经营管理水平。

中央企业应当严格遵守党内法规制度，企业党建工作机构在党委（党组）领导下，按照有关规定履行相应职责，推动相关党内法规制度有效贯彻落实。

第八条 中央企业董事会发挥定战略、作决策、防风险作用，主要履行以下职责：

（一）审议批准合规管理基本制度、体系建设方案和年度报告等。

（二）研究决定合规管理重大事项。

（三）推动完善合规管理体系并对其有效性进行评价。

（四）决定合规管理部门设置及职责。

第九条 中央企业经理层发挥谋经营、抓落实、强管理作用，主要履行以下职责：

（一）拟订合规管理体系建设方案，经董事会批准后组织实施。

（二）拟订合规管理基本制度，批准年度计划等，组织制定合规管理具体制度。

（三）组织应对重大合规风险事件。

（四）指导监督各部门和所属单位合规管理工作。

第十条 中央企业主要负责人作为推进法治建设第一责任人，应当切实履行依法合规经营管理重要组织者、推动者和实践者的职责，积极推进合规管理各项工作。

第十一条 中央企业设立合规委员会，可以与法治建设领导机构等合署办公，统筹协调合规管理工作，定期召开会议，研究解决重点难点问题。

第十二条 中央企业应当结合实际设立首席合规官，不新增领导岗位和职数，由总法律顾问兼任，对企业主要负责人负责，领导合规管理部门组织开展相关工作，指导所属单位加强合规管理。

第十三条 中央企业业务及职能部门承担合规管理主体责任，主要履行以下职责：

（一）建立健全本部门业务合规管理制度和流程，开展合规风险识别评估，编制风险清单和应对预案。

（二）定期梳理重点岗位合规风险，将合规要求纳入岗位职责。

（三）负责本部门经营管理行为的合规审查。

（四）及时报告合规风险，组织或者配合开展应对处置。

（五）组织或者配合开展违规问题调查和整改。

中央企业应当在业务及职能部门设置合规管理员，由业务骨干担任，接受合规管理部门业务指导和培训。

第十四条 中央企业合规管理部门牵头负责本企业合规管理工作，主要履行以下职责：

（一）组织起草合规管理基本制度、具体制度、年度计划和工作报告等。

（二）负责规章制度、经济合同、重大决策合规审查。

（三）组织开展合规风险识别、预警和应对处置，根据董事会授权开展合规管理体系有效性评价。

（四）受理职责范围内的违规举报，提出分类处置意见，组织或者参与对违规行为的调查。

（五）组织或者协助业务及职能部门开展合规培训，受理合规咨询，推进合规管理信息化建设。

中央企业应当配备与经营规模、业务范围、风险水平相适应的专职合规管理人员，加强业务培训，提升专业化水平。

第十五条 中央企业纪检监察机构和审计、巡视巡察、监督追责等部门依据有关规定，在职权范围内对合规要求落实情况进行监督，对违规行为进行调查，按照规定开展责任追究。

第三章 制度建设

第十六条 中央企业应当建立健全合规管理制度，根据适用范围、效力层级等，构建分级分类的合规管理制度体系。

第十七条 中央企业应当制定合规管理基本制度，明确总体目标、机构职责、运行机制、考核评价、监督问责等内容。

第十八条 中央企业应当针对反垄断、反商业贿赂、生态环保、安全生产、劳动用工、税务管理、数据保护等重点领域，以及合规风险较高的业务，制定合规管理具体制度或者专项指南。

中央企业应当针对涉外业务重要领域，根据所在国家（地区）法律法规等，结合实际制定专项合规管理制度。

第十九条 中央企业应当根据法律法规、监管政策等变化情况，及时对规章制度进行修订完善，对执行落实情况进行检查。

第四章 运行机制

第二十条 中央企业应当建立合规风险识别评估预警机制，全面梳理经营管理活动中的合规风险，建立并定期更新合规风险数据库，对风险发生的可能性、影响程度、潜在后果等进行分析，对典型性、普遍性或者可能产生严重后果的风险及时预警。

第二十一条 中央企业应当将合规审查作为必经程序嵌入经营管理流程，重大决策事项的合规审查意见应当由首席合规官签字，对决策事项的合规性提出明确意见。业务及职能部门、合规管理部门依据职责权限完善审查标准、流程、重点等，定期对审查情况开展后评估。

第二十二条 中央企业发生合规风险，相关业务及职能部门应当及时采取应对措施，并按照规定向合规管理部门报告。

中央企业因违规行为引发重大法律纠纷案件、重大行政处罚、刑事案件，或者被国际组织制裁等重大合规风险事件，造成或者可能造成企业重大资产损失或者严重不良影响的，应当由首席合规官牵头，合规管理部门统筹协调，相关部门协同配合，及时采取措施妥善应对。

中央企业发生重大合规风险事件，应当按照相关规定及时向国资委报告。

第二十三条 中央企业应当建立违规问题整改机制，通过健全规章制度、优化业务流程等，堵塞管理漏洞，提升依法合规经营管理水平。

第二十四条 中央企业应当设立违规举报平台，公布举报电话、邮箱或者信箱，相关部门按照职责权限受理违规举报，并就举报问题进行调查和处理，对造成资产损失或者严重不良后果的，移交责任追究部门；对涉嫌违纪违法的，按照规定移交纪检监察等相关部门或者机构。

中央企业应当对举报人的身份和举报事项严格保密，对举报属实的举报人可以给予适当奖励。任何单位和个人不得以任何形式对举报人进行打击报复。

第二十五条 中央企业应当完善违规行为追责问责机制，明确责任范围，细化问责标准，针对问题和线索及时开展调查，按照有关规定严肃追究违规人员责任。

中央企业应当建立所属单位经营管理和员工履职违规行为记录制度，将违规行为性质、发生次数、危害程度等作为考核评价、职级评定等工作的重要依据。

第二十六条 中央企业应当结合实际建立健全合规管理与法务管理、内部控制、风险管理等协同运作机制，加强统筹协调，避免交叉重复，提高管理效能。

第二十七条 中央企业应当定期开展合规管理体系有效性评价，针对重点业务合规管理情况适时开展专项评价，强化评价结果运用。

第二十八条 中央企业应当将合规管理作为法治建设重要内容，纳入对所属单位的考核评价。

第五章 合规文化

第二十九条 中央企业应当将合规管理纳入党委（党组）法治专题学习，推动企业领导人员强化合规意识，带头依法依规开展经营管理活动。

第三十条 中央企业应当建立常态化合规培训机制，制定年度培训计划，将合规管理作为管理人员、重点岗位人员和新入职人员培训必修内容。

第三十一条 中央企业应当加强合规宣传教育，及时发布合规手册，组织签订合规承诺，强化全员守法诚信、合规经营意识。

第三十二条 中央企业应当引导全体员工自觉践行合规理念，遵守合规要求，接受合规培训，对自身行为合规性负责，培育具有企业特色的合规文化。

第六章 信息化建设

第三十三条 中央企业应当加强合规管理信息化建设，结合实际将合规制度、典型案例、合规培训、违规行为记录等纳入信息系统。

第三十四条 中央企业应当定期梳理业务流程，查找合规风险点，运用信息化手段将合规要求和防控措施嵌入流程，针对关键节点加强合规审查，强化过程管控。

第三十五条 中央企业应当加强合规管理信息系统与财务、投资、采购等其他信息系统的互联互通，实现数据共用共享。

第三十六条 中央企业应当利用大数据等技术，加强对重点领域、关键节点的实时动态监测，实现合规风险即时预警、快速处置。

第七章 监督问责

第三十七条 中央企业违反本办法规定，因合规管理不到位引发违规行为的，国资委可以约谈相关企业并责成整改；造成损失或者不良影响的，国资委根据相关规定开展责任追究。

第三十八条 中央企业应当对在履职过程中因故意或者重大过失应当发现而未发现违规问题，或者发现违规问题存在失职渎职行为，给企业造成损失或者不良影响的单位和人员开展责任追究。

第八章 附 则

第三十九条 中央企业应当根据本办法，结合实际制定完善合规管理制度，推动所属单位建立健全合规管理体系。

第四十条 地方国有资产监督管理机构参照本办法，指导所出资企业加强合规管理工作。

第四十一条 本办法由国资委负责解释。

第四十二条 本办法自2022年10月1日起施行。

2. 企业境外经营合规管理指引

（发改外资〔2018〕1916号 2018年12月26日实施）

第一章 总 则

第一条 目的及依据

为更好服务企业开展境外经营业务，推动企业持续加强合规管理，根据国家有关法律法规和政策规定，参考GB/T 35770-2017《合规管理体系指南》及有关国际合规规则，制定本指引。

第二条 适用范围

本指引适用于开展对外贸易、境外投资、对外承包工程等"走出去"相关业务的中国境内企业及其境外子公司、分公司、代表机构等境外分支机构（以下简称"企业"）。

法律法规对企业合规管理另有专门规定的，从其规定。行业监管部门对企业境外经营合规管理另有专门规定的，有关行业企业应当遵守其规定。

第三条 基本概念

本指引所称合规，是指企业及其员工的经营管理行为符合有关法律法规、国际条约、监管规定、行业准则、商业惯例、道德规范和企业依法制定的章程及规章制度等要求。

第四条 合规管理框架

企业应以倡导合规经营价值观为导向，明确合规管理工作内容，健全合规管理架构，制定合规管理制度，完善合规运行机制，加强合规风险识别、评估与处置，开展合规评审与改进，培育合规文化，形成重视合规经营的企业氛围。

第五条 合规管理原则

（一）独立性原则。企业合规管理应从制度

设计、机构设置、岗位安排以及汇报路径等方面保证独立性。合规管理机构及人员承担的其他职责不应与合规职责产生利益冲突。

(二)适用性原则。企业合规管理应从经营范围、组织结构和业务规模等实际出发,兼顾成本与效率,强化合规管理制度的可操作性,提高合规管理的有效性。同时,企业应随着内外部环境的变化持续调整和改进合规管理体系。

(三)全面性原则。企业合规管理应覆盖所有境外业务领域、部门和员工,贯穿决策、执行、监督、反馈等各个环节,体现于决策机制、内部控制、业务流程等各个方面。

第二章 合规管理要求

第六条 对外贸易中的合规要求

企业开展对外货物和服务贸易,应确保经营活动全流程、全方位合规,全面掌握关于贸易管制、质量安全与技术标准、知识产权保护等方面的具体要求,关注业务所涉国家(地区)开展的贸易救济调查,包括反倾销、反补贴、保障措施调查等。

第七条 境外投资中的合规要求

企业开展境外投资,应确保经营活动全流程、全方位合规,全面掌握关于市场准入、贸易管制、国家安全审查、行业监管、外汇管理、反垄断、反洗钱、反恐怖融资等方面的具体要求。

第八条 对外承包工程中的合规要求

企业开展对外承包工程,应确保经营活动全流程、全方位合规,全面掌握关于投标管理、合同管理、项目履约、劳工权利保护、环境保护、连带风险管理、债务管理、捐赠与赞助、反腐败、反贿赂等方面的具体要求。

第九条 境外日常经营中的合规要求

企业开展境外日常经营,应确保经营活动全流程、全方位合规,全面掌握关于劳工权利保护、环境保护、数据和隐私保护、知识产权保护、反腐败、反贿赂、反垄断、反洗钱、反恐怖融资、贸易管制、财务税收等方面的具体要求。

第三章 合规管理架构

第十条 合规治理结构

企业可结合发展需要建立权责清晰的合规治理结构,在决策、管理、执行三个层级上划分相应的合规管理责任。

(一)企业的决策层应以保证企业合规经营为目的,通过原则性顶层设计,解决合规管理工作中的权力配置问题。

(二)企业的高级管理层应分配充足的资源建立、制定、实施、评价、维护和改进合规管理体系。

(三)企业的各执行部门及境外分支机构应及时识别归口管理领域的合规要求,改进合规管理措施,执行合规管理制度和程序,收集合规风险信息,落实相关工作要求。

第十一条 合规管理机构

企业可根据业务性质、地域范围、监管要求等设置相应的合规管理机构。合规管理机构一般由合规委员会、合规负责人和合规管理部门组成。尚不具备条件设立专门合规管理机构的企业,可由相关部门(如法律事务部门、风险防控部门等)履行合规管理职责,同时明确合规负责人。

(一)合规委员会

企业可结合实际设立合规委员会,作为企业合规管理体系的最高负责机构。合规委员会一般应履行以下合规职责:

1. 确认合规管理战略,明确合规管理目标。

2. 建立和完善企业合规管理体系,审批合规管理制度、程序和重大合规风险管理方案。

3. 听取合规管理工作汇报,指导、监督、评价合规管理工作。

(二)合规负责人

企业可结合实际任命专职的首席合规官,也可由法律事务负责人或风险防控负责人等担任合规负责人。首席合规官或合规负责人是企业合规管理工作具体实施的负责人和日常监督者,不应分管与合规管理相冲突的部门。首席合规官或合规负责人一般应履行以下合规职责：

1. 贯彻执行企业决策层对合规管理工作的各项要求，全面负责企业的合规管理工作。

2. 协调合规管理与企业各项业务之间的关系，监督合规管理执行情况，及时解决合规管理中出现的重大问题。

3. 领导合规管理部门，加强合规管理队伍建设，做好人员选聘培养，监督合规管理部门认真有效地开展工作。

（三）合规管理部门

企业可结合实际设置专职的合规管理部门，或者由具有合规管理职能的相关部门承担合规管理职责。合规管理部门一般应履行以下合规职责：

1. 持续关注我国及业务所涉国家（地区）法律法规、监管要求和国际规则的最新发展，及时提供合规建议。

2. 制定企业的合规管理制度和年度合规管理计划，并推动其贯彻落实。

3. 审查评价企业规章制度和业务流程的合规性，组织、协调和监督各业务部门对规章制度和业务流程进行梳理和修订。

4. 组织或协助业务部门、人事部门开展合规培训，并向员工提供合规咨询。

5. 积极主动识别和评估与企业境外经营相关的合规风险，并监管与供应商、代理商、分销商、咨询顾问和承包商等第三方（以下简称"第三方"）相关的合规风险。为新产品和新业务的开发提供必要的合规性审查和测试，识别和评估新业务的拓展、新客户关系的建立以及客户关系发生重大变化等所产生的合规风险，并制定应对措施。

6. 实施充分且具有代表性的合规风险评估和测试，查找规章制度和业务流程存在的缺陷，并进行相应的调查。对已发生的合规风险或合规测试发现的合规缺陷，应提出整改意见并监督有关部门进行整改。

7. 针对合规举报信息制定调查方案并开展调查。

8. 推动将合规责任纳入岗位职责和员工绩效管理流程。建立合规绩效指标，监控和衡量合规绩效，识别改进需求。

9. 建立合规报告和记录的台账，制定合规资料管理流程。

10. 建立并保持与境内外监管机构日常的工作联系，跟踪和评估监管意见和监管要求的落实情况。

第十二条　合规管理协调

（一）合规管理部门与业务部门分工协作

合规管理需要合规管理部门和业务部门密切配合。境外经营相关业务部门应主动进行日常合规管理工作，识别业务范围内的合规要求，制定并落实业务管理制度和风险防范措施，组织或配合合规管理部门进行合规审查和风险评估，组织或监督违规调查及整改工作。

（二）合规管理部门与其他监督部门分工协作

合规管理部门与其他具有合规管理职能的监督部门（如审计部门、监察部门等）应建立明确的合作和信息交流机制，加强协调配合，形成管理合力。企业应根据风险防控需要以及各监督部门的职责分工划分合规管理职责，确保各业务系统合规运营。

（三）企业与外部监管机构沟通协调

企业应积极与境内外监管机构建立沟通渠道，了解监管机构希望的合规流程，制定符合监管机构要求的合规制度，降低在报告义务和行政处罚等方面的风险。

（四）企业与第三方沟通协调

企业与第三方合作时，应做好相关的国别风险研究和项目尽职调查，深入了解第三方合规管理情况。企业应当向重要的第三方传达自身的合规要求和对对方的合规要求，并在商务合同中明确约定。

第四章　合规管理制度

第十三条　合规行为准则

合规行为准则是最重要、最基本的合规制度，是其他合规制度的基础和依据，适用于所有境外经营相关部门和员工，以及代表企业从事境外经营活动的第三方。合规行为准则应规定境外经营活动中必须遵守的基本原则和标准，包括但不限于企业核心价值观、合规目标、合规的内涵、行为准则的适用范围和地位、企业及员工适用的合规行事标准、违规的应对方式和后果等。

第十四条 合规管理办法

企业应在合规行为准则的基础上，针对特定主题或特定风险领域制定具体的合规管理办法，包括但不限于礼品及招待、赞助及捐赠、利益冲突管理、举报管理和内部调查、人力资源管理、税务管理、商业伙伴合规管理等内容。

企业还应针对特定行业或地区的合规要求，结合企业自身的特点和发展需要，制定相应的合规风险管理办法。例如金融业及有关行业的反洗钱及反恐怖融资政策，银行、通信、医疗等行业的数据和隐私保护政策等。

第十五条 合规操作流程

企业可结合境外经营实际，就合规行为准则和管理办法制定相应的合规操作流程，进一步细化标准和要求。也可将具体的标准和要求融入到现有的业务流程当中，便于员工理解和落实，确保各项经营行为合规。

第五章 合规管理运行机制

第十六条 合规培训

企业应将合规培训纳入员工培训计划，培训内容需随企业内外部环境变化进行动态调整。境外经营相关部门和境外分支机构的所有员工，均应接受合规培训，了解并掌握企业的合规管理制度和风险防控要求。决策层和高级管理层应带头接受合规培训，高风险领域、关键岗位员工应接受有针对性的专题合规培训。合规培训应做好记录留存。

第十七条 合规汇报

合规负责人和合规管理部门应享有通畅的合规汇报渠道。

合规管理部门应当定期向决策层和高级管理层汇报合规管理情况。汇报内容一般包括但不限于合规风险评估情况，合规培训的组织情况和效果评估，发现的违规行为以及处理情况，违规行为可能给组织带来的合规风险，已识别的合规漏洞或缺陷，建议采取的纠正措施，合规管理工作的整体评价和分析等。

如发生性质严重或可能给企业带来重大合规风险的违规行为，合规负责人或合规管理部门应当及时向决策层和高级管理层汇报，提出风险警示，并采取纠正措施。

第十八条 合规考核

合规考核应全面覆盖企业的各项管理工作。合规考核结果应作为企业绩效考核的重要依据，与评优评先、职务任免、职务晋升以及薪酬待遇等挂钩。

境外经营相关部门和境外分支机构可以制定单独的合规绩效考核机制，也可将合规考核标准融入到总体的绩效管理体系中。考核内容包括但不限于按时参加合规培训，严格执行合规管理制度，积极支持和配合合规管理机构工作，及时汇报合规风险等。

第十九条 合规咨询与审核

境外经营相关部门和境外分支机构及其员工在履职过程中遇到合规风险事项，应及时主动寻求合规咨询或审核支持。

企业应针对高合规风险领域规定强制合规咨询范围。在涉及重点领域或重要业务环节时，业务部门应主动咨询合规管理部门意见。

合规管理部门应在合理时间内答复或启动合规审核流程。

对于复杂或专业性强且存在重大合规风险的事项，合规管理部门应按照制度规定听取法律顾问、公司律师意见，或委托专业机构召开论证会后再形成审核意见。

第二十条 合规信息举报与调查

企业应根据自身特点和实际情况建立和完善合规信息举报体系。员工、客户和第三方均有权进行举报和投诉，企业应充分保护举报人。

合规管理部门或其他受理举报的监督部门应针对举报信息制定调查方案并开展调查。形成调查结论以后，企业应按照相关管理制度对违规行为进行处理。

第二十一条　合规问责

企业应建立全面有效的合规问责制度，明晰合规责任范围，细化违规惩处标准，严格认定和追究违规行为责任。

第六章　合规风险识别、评估与处置

第二十二条　合规风险

合规风险，是指企业或其员工因违规行为遭受法律制裁、监管处罚、重大财产损失或声誉损失以及其他负面影响的可能性。

第二十三条　合规风险识别

企业应当建立必要的制度和流程，识别新的和变更的合规要求。企业可围绕关键岗位或者核心业务流程，通过合规咨询、审核、考核和违规查处等内部途径识别合规风险，也可通过外部法律顾问咨询、持续跟踪监管机构有关信息、参加行业组织研讨等方式获悉外部监管要求的变化，识别合规风险。

企业境外分支机构可通过聘请法律顾问、梳理行业合规案例等方式动态了解掌握业务所涉国家（地区）政治经济和法律环境的变化，及时采取应对措施，有效识别各类合规风险。

第二十四条　合规风险评估

企业可通过分析违规或可能造成违规的原因、来源、发生的可能性、后果的严重性等进行合规风险评估。

企业可根据企业的规模、目标、市场环境及风险状况确定合规风险评估的标准和合规风险管理的优先级。

企业进行合规风险评估后应形成评估报告，供决策层、高级管理层和业务部门等使用。评估报告内容包括风险评估实施概况、合规风险基本评价、原因机制、可能的损失、处置建议、应对措施等。

第二十五条　合规风险处置

企业应建立健全合规风险应对机制，对识别评估的各类合规风险采取恰当的控制和处置措施。发生重大合规风险时，企业合规管理机构和其他相关部门应协同配合，依法及时采取补救措施，最大程度降低损失。必要时，应及时报告有关监管机构。

第七章　合规评审与改进

第二十六条　合规审计

企业合规管理职能应与内部审计职能分离。企业审计部门应对企业合规管理的执行情况、合规管理体系的适当性和有效性等进行独立审计。审计部门应将合规审计结果告知合规管理部门，合规管理部门也可根据合规风险的识别和评估情况向审计部门提出开展审计工作的建议。

第二十七条　合规管理体系评价

企业应定期对合规管理体系进行系统全面的评价，发现和纠正合规管理贯彻执行中存在的问题，促进合规体系的不断完善。合规管理体系评价可由企业合规管理相关部门组织开展或委托外部专业机构开展。

企业在开展效果评价时，应考虑企业面临的合规要求变化情况，不断调整合规管理目标，更新合规风险管理措施，以满足内外部合规管理要求。

第二十八条　持续改进

企业应根据合规审计和体系评价情况，进入合规风险再识别和合规制度再制定的持续改进阶段，保障合规管理体系全环节的稳健运行。

企业应积极配合监管机构的监督检查，并根据监管要求及时改进合规管理体系，提高合规管理水平。

第八章　合规文化建设

第二十九条　合规文化培育

企业应将合规文化作为企业文化建设的重要

内容。企业决策层和高级管理层应确立企业合规理念，注重身体力行。企业应践行依法合规、诚信经营的价值观，不断增强员工的合规意识和行为自觉，营造依规办事、按章操作的文化氛围。

第三十条　合规文化推广

企业应将合规作为企业经营理念和社会责任的重要内容，并将合规文化传递至利益相关方。企业应树立积极正面的合规形象，促进行业合规文化发展，营造和谐健康的境外经营环境。

3. 联合国全球契约十项原则（节录）[①]

The Ten Principles of the UN Global Compact（Excerpt）

Corporate sustainability starts with a company's value system and a principles-based approach to doing business. This means operating in ways that, at a minimum, meet fundamental responsibilities in the areas of human rights, labour, environment and anti-corruption. Responsible businesses enact the same values and principles wherever they have a presence, and know that good practices in one area do not offset harm in another. By incorporating the Ten Principles of the UN Global Compact into strategies, policies and procedures, and establishing a culture of integrity, companies are not only upholding their basic responsibilities to people and planet, but also setting the stage for long-term success.

The Ten Principles of the United Nations Global Compact are derived from: the Universal Declaration of Human Rights, the International Labour Organization's Declaration on Fundamental Principles and Rights at Work, the Rio Declaration on Environment and Development, and the United Nations Convention Against Corruption.

Human Rights

Principle 1: Businesses should support and respect the protection of internationally proclaimed human rights; and

Principle 2: make sure that they are not complicit in human rights abuses.

Labour

Principle 3: Businesses should uphold the freedom of association and the effective recognition of the right to collective bargaining;

Principle 4: the elimination of all forms of forced and compulsory labour;

Principle 5: the effective abolition of child labour; and

Principle 6: the elimination of discrimination in respect of employment and occupation.

Environment

Principle 7: Businesses should support a precautionary approach to environmental challenges;

Principle 8: undertake initiatives to promote greater environmental responsibility; and

Principle 9: encourage the development and diffusion of environmentally friendly technologies.

Anti-Corruption

Principle 10: Businesses should work against corruption in all its forms, including extortion and bribery.

[①] https://www.unglobalcompact.org/what-is-gc/mission/principles. 1999年1月在达沃斯世界经济论坛年会上，联合国秘书长科菲安南提出"全球契约"计划。

参考译文：

联合国全球契约十项原则（节录）

企业可持续发展始于公司的价值体系以及基于原则的经商之道。这意味着至少要在人权、劳工标准、环境和反腐败领域履行基本责任。负责任的企业在其经营的任何地方都会遵守执行相同的价值观和原则，并且理解在一个区域的良好实践并不会抵消在另一个区域所造成的危害。通过将联合国全球契约十项原则纳入企业战略、政策和程序流程，建立诚信文化，企业不仅要维护对人类和地球的基本责任，而且还要为其自身的长期成功奠定基础。

联合国全球契约十项原则来自于《世界人权宣言》、国际劳工组织的《关于工作中的基本原则和权利宣言》、关于环境和发展的《里约宣言》以及《联合国反腐败公约》。

原则一：企业应该尊重和维护国际公认的各项人权。

原则二：企业决不参与任何漠视与践踏人权的行为。

原则三：企业应该维护结社自由，承认劳资集体谈判的权利。

原则四：企业应该消除各种形式的强迫性劳动。

原则五：企业应该支持消灭童工制。

原则六：企业应该杜绝任何在用工与职业方面的歧视行为。

原则七：企业应对环境挑战未雨绸缪。

原则八：企业应该主动增加对环保所承担的责任。

原则九：企业应该鼓励开发和推广环境友好型技术。

原则十：企业应反对各种形式的贪污，包括敲诈勒索和行贿受贿。

4. 联合国反腐败公约[①]

（2015年12月14日生效）

序　言

本公约缔约国，

关注腐败对社会稳定与安全所造成的问题和构成的威胁的严重性，它破坏民主体制和价值观、道德观和正义并危害着可持续发展和法治，

并关注腐败同其他形式的犯罪特别是同有组织犯罪和包括洗钱在内的经济犯罪的联系，

还关注涉及巨额资产的腐败案件，这类资产可能占国家资源的很大比例，并对这些国家的政治稳定和可持续发展构成威胁，

确信腐败已经不再是局部问题，而是一种影响所有社会和经济的跨国现象，因此，开展国际合作预防和控制腐败是至关重要的，

并确信需要为有效地预防和打击腐败采取综合性的、多学科的办法，

还确信提供技术援助可以在增强国家有效预防和打击腐败的能力方面发挥重要的作用，其中包括通过加强能力和通过机构建设，

确信非法获得个人财富特别会对民主体制、国民经济和法治造成损害，

决心更加有效地预防、查出和制止非法获得的资产的国际转移，并加强资产追回方面的国际合作，

承认在刑事诉讼程序和判决财产权的民事或者行政诉讼程序中遵守正当法律程序的基本原则，

铭记预防和根除腐败是所有各国的责任，而且各国应当相互合作，同时应当有公共部门以外的个人和团体的支持和参与，例如民间社会、非政府组织和社区组织的支持和参与，只有这样，这方面的工作才能行之有效，

还铭记公共事务和公共财产妥善管理、公

[①] https://www.un.org/zh/issues/anti-corruption/uncac_text.shtml。

平、尽责和法律面前平等各项原则以及维护廉正和提倡拒腐风气的必要性，

赞扬预防犯罪和刑事司法委员会和联合国毒品和犯罪问题办事处在预防和打击腐败方面的工作，

回顾其他国际和区域组织在这一领域开展的工作，包括非洲联盟、欧洲委员会、海关合作理事会（又称世界海关组织）、欧洲联盟、阿拉伯国家联盟、经济合作与发展组织和美洲国家组织所开展的活动，

赞赏地注意到关于预防和打击腐败的各种文书，其中包括：美洲国家组织于1996年3月29日通过的《美洲反腐败公约》、欧洲联盟理事会于1997年5月26日通过的《打击涉及欧洲共同体官员或欧洲联盟成员国官员的腐败行为公约》、经济合作与发展组织于1997年11月21日通过的《禁止在国际商业交易中贿赂外国公职人员公约》、欧洲委员会部长委员会于1999年1月27日通过的《反腐败刑法公约》、欧洲委员会部长委员会于1999年11月4日通过的《反腐败民法公约》和非洲联盟国家和政府首脑于2003年7月12日通过的《非洲联盟预防和打击腐败公约》，

欢迎《联合国打击跨国有组织犯罪公约》于2003年9月29日生效，

一致议定如下：

第一章 总 则

第一条 宗旨声明

本公约的宗旨是：

（一）促进和加强各项措施，以便更加高效而有力地预防和打击腐败；

（二）促进、便利和支持预防和打击腐败方面的国际合作和技术援助，包括在资产追回方面；

（三）提倡廉正、问责制和对公共事务和公共财产的妥善管理。

第二条 术语的使用

在本公约中：

（一）"公职人员"系指：1. 无论是经任命还是经选举而在缔约国中担任立法、行政、行政管理或者司法职务的任何人员，无论长期或者临时，计酬或者不计酬，也无论该人的资历如何；2. 依照缔约国本国法律的定义和在该缔约国相关法律领域中的适用情况，履行公共职能，包括为公共机构或者公营企业履行公共职能或者提供公共服务的任何其他人员；3. 缔约国本国法律中界定为"公职人员"的任何其他人员。但就本公约第二章所载某些具体措施而言，"公职人员"可以指依照缔约国本国法律的定义和在该缔约国相关法律领域中的适用情况，履行公共职能或者提供公共服务的任何人员；

（二）"外国公职人员"系指外国无论是经任命还是经选举而担任立法、行政、行政管理或者司法职务的任何人员；以及为外国，包括为公共机构或者公营企业行使公共职能的任何人员；

（三）"国际公共组织官员"系指国际公务员或者经此种组织授权代表该组织行事的任何人员；

（四）"财产"系指各种资产，不论是物质的还是非物质的、动产还是不动产、有形的还是无形的，以及证明对这种资产的产权或者权益的法律文件或者文书；

（五）"犯罪所得"系指通过实施犯罪而直接或间接产生或者获得的任何财产；

（六）"冻结"或者"扣押"系指依照法院或者其他主管机关的命令暂时禁止财产转移、转换、处分或者移动或者对财产实行暂时性扣留或者控制；

（七）"没收"，在适用情况下还包括充公，系指根据法院或者其他主管机关的命令对财产实行永久剥夺；

（八）"上游犯罪"系指由其产生的所得可能成为本公约第二十三条所定义的犯罪的对象的任何犯罪；

（九）"控制下交付"系指在主管机关知情并由其监控的情况下允许非法或可疑货物运出、通过或者运入一国或多国领域的做法，其目的在于侦查某项犯罪并查明参与该项犯罪的人员。

第三条 适用范围

一、本公约应当根据其规定适用于对腐败的预防、侦查和起诉以及根据本公约确立的犯罪的所得的冻结、扣押、没收和返还。

二、为执行本公约的目的，除非另有规定，本公约中所列犯罪不一定非要对国家财产造成损害或者侵害。

第四条 保护主权

一、缔约国在履行其根据本公约所承担的义务时，应当恪守各国主权平等和领土完整原则以及不干涉他国内政原则。

二、本公约任何规定概不赋予缔约国在另一国领域内行使管辖权和履行该另一国本国法律规定的专属于该国机关的职能的权利。

第二章 预防措施

第五条 预防性反腐败政策和做法

一、各缔约国均应当根据本国法律制度的基本原则，制订和执行或者坚持有效而协调的反腐败政策，这些政策应当促进社会参与，并体现法治、妥善管理公共事务和公共财产、廉正、透明度和问责制的原则。

二、各缔约国均应当努力制订和促进各种预防腐败的有效做法。

三、各缔约国均应当努力定期评估有关法律文书和行政措施，以确定其能否有效预防和打击腐败。

四、缔约国均应当根据本国法律制度的基本原则，酌情彼此协作并同有关国际组织和区域组织协作，以促进和制订本条所述措施。这种协作可以包括参与各种预防腐败的国际方案和项目。

第六条 预防性反腐败机构

一、各缔约国均应当根据本国法律制度的基本原则，确保设有一个或酌情设有多个机构通过诸如下列措施预防腐败：

（一）实施本公约第五条所述政策，并在适当情况下对这些政策的实施进行监督和协调；

（二）积累和传播预防腐败的知识。

二、各缔约国均应当根据本国法律制度的基本原则，赋予本条第一款所述机构必要的独立性，使其能够有效地履行职能和免受任何不正当的影响。各缔约国均应当提供必要的物资和专职工作人员，并为这些工作人员履行职能提供必要的培训。

三、各缔约国均应当将可以协助其他缔约国制订和实施具体的预防腐败措施的机关的名称和地址通知联合国秘书长。

第七条 公共部门

一、各缔约国均应当根据本国法律制度的基本原则，酌情努力采用、维持和加强公务员和适当情况下其他非选举产生公职人员的招聘、雇用、留用、晋升和退休制度，这种制度：

（一）以效率原则、透明度原则和特长、公正和才能等客观标准原则为基础；

（二）对于担任特别容易发生腐败的公共职位的人员，设有适当的甄选和培训程序以及酌情对这类人员实行轮岗的适当程序；

（三）促进充分的报酬和公平的薪资标准，同时考虑到缔约国的经济发展水平；

（四）促进对人员的教育和培训方案，以使其能够达到正确、诚实和妥善履行公务的要求，并为其提供适当的专门培训，以提高其对履行其职能过程中所隐含的腐败风险的认识。这种方案可以参照适当领域的行为守则或者准则。

二、各缔约国均应当考虑采取与本公约的目的相一致并与本国法律的基本原则相符的适当立法和行政措施，就公职的人选资格和当选的标准作出规定。

三、各缔约国还应当考虑采取与本公约的目的相一致并与本国法律的基本原则相符的适当立法和行政措施，以提高公职竞选候选人经费筹措及适当情况下的政党经费筹措的透明度。

四、各缔约国均应当根据本国法律的基本原则，努力采用、维持和加强促进透明度和防止利益冲突的制度。

第八条 公职人员行为守则

一、为了打击腐败，各缔约国均应当根据本

国法律制度的基本原则，在本国公职人员中特别提倡廉正、诚实和尽责。

二、各缔约国均尤其应当努力在本国的体制和法律制度范围内适用正确、诚实和妥善履行公务的行为守则或者标准。

三、为执行本条的各项规定，各缔约国均应当根据本国法律制度的基本原则，酌情考虑到区域、区域间或者多边组织的有关举措，例如大会1996年12月12日第51/59号决议附件所载《公职人员国际行为守则》。

四、各缔约国还应当根据本国法律的基本原则，考虑制订措施和建立制度，以便于公职人员在履行公务过程中发现腐败行为时向有关部门举报。

五、各缔约国均应当根据本国法律的基本原则，酌情努力制订措施和建立制度，要求公职人员特别就可能与其公职人员的职能发生利益冲突的职务外活动、任职、投资、资产以及贵重馈赠或者重大利益向有关机关申报。

六、各缔约国均应当考虑根据本国法律的基本原则，对违反依照本条确定的守则或者标准的公职人员采取纪律措施或者其他措施。

第九条　公共采购和公共财政管理

一、各缔约国均应当根据本国法律制度的基本原则采取必要步骤，建立对预防腐败特别有效的以透明度、竞争和按客观标准决定为基础的适当的采购制度。这类制度可以在适用时考虑到适当的最低限值，所涉及的方面应当包括：

（一）公开分发关于采购程序及合同的资料，包括招标的资料与授标相关的资料，使潜在投标人有充分时间准备和提交标书；

（二）事先确定参加的条件，包括甄选和授标标准以及投标规则，并予以公布；

（三）采用客观和事先确定的标准作出公共采购决定，以便于随后核查各项规则或者程序是否得到正确适用；

（四）建立有效的国内复审制度，包括有效的申诉制度，以确保在依照本款制定的规则未得到遵守时可以诉诸法律和进行法律救济；

（五）酌情采取措施，规范采购的负责人员的相关事项，例如特定公共采购中的利益关系申明、筛选程序和培训要求。

二、各缔约国均应当根据本国法律制度的基本原则采取适当措施，促进公共财政管理的透明度和问责制。这些措施应当包括下列方面：

（一）国家预算的通过程序；

（二）按时报告收入和支出情况；

（三）由会计和审计标准及有关监督构成的制度；

（四）迅速而有效的风险管理和内部控制制度；

（五）在本款规定的要求未得到遵守时酌情加以纠正。

三、各缔约国均应当根据本国法律的基本原则，采取必要的民事和行政措施，以维持与公共开支和财政收入有关的账簿、记录、财务报表或者其他文件完整无缺，并防止在这类文件上作假。

第十条　公共报告

考虑到反腐败的必要性，各缔约国均应当根据本国法律的基本原则采取必要的措施，提高公共行政部门的透明度，包括酌情在其组织结构、运作和决策过程方面提高透明度。这些措施可以包括下列各项：

（一）施行各种程序或者条例，酌情使公众了解公共行政部门的组织结构、运作和决策过程，并在对保护隐私和个人资料给予应有考虑的情况下，使公众了解与其有关的决定和法规；

（二）酌情简化行政程序，以便于公众与主管决策机关联系；

（三）公布资料，其中可以包括公共行政部门腐败风险问题定期报告。

第十一条　与审判和检察机关有关的措施

一、考虑到审判机关独立和审判机关在反腐败方面的关键作用，各缔约国均应当根据本国法律制度的基本原则并在不影响审判独立的情况下，采取措施加强审判机关人员的廉正，并防止出现腐败机会。这类措施可以包括关于审判机关人员行为的规则。

二、缔约国中不属于审判机关但具有类似于审判机关独立性的检察机关,可以实行和适用与依照本条第一款所采取的具有相同效力的措施。

第十二条　私营部门

一、各缔约国均应当根据本国法律的基本原则采取措施,防止涉及私营部门的腐败,加强私营部门的会计和审计标准,并酌情对不遵守措施的行为规定有效、适度而且具有警戒性的民事、行政或者刑事处罚。

二、为达到这些目的而采取的措施可以包括下列内容:

(一)促进执法机构与有关私营实体之间的合作;

(二)促进制订各种旨在维护有关私营实体操守的标准和程序,其中既包括正确、诚实和妥善从事商业活动和所有相关职业活动并防止利益冲突的行为守则,也包括在企业之间以及企业与国家的合同关系中促进良好商业惯例的采用的行为守则;

(三)增进私营实体透明度,包括酌情采取措施鉴定参与公司的设立和管理的法人和自然人的身份;

(四)防止滥用对私营实体的管理程序,包括公共机关对商业活动给予补贴和颁发许可证的程序;

(五)在合理的期限内,对原公职人员的职业活动或者对公职人员辞职或者退休后在私营部门的任职进行适当的限制,以防止利益冲突,只要这种活动或者任职同这些公职人员任期内曾经担任或者监管的职能直接有关;

(六)确保私营企业根据其结构和规模实行有助于预防和发现腐败的充分内部审计控制,并确保这种私营企业的账目和必要的财务报表符合适当的审计和核证程序。

三、为了预防腐败,各缔约国均应当根据本国关于账簿和记录保存、财务报表披露以及会计和审计标准的法律法规采取必要措施,禁止为实施根据本公约确立的任何犯罪而从事下列行为:

(一)设立账外账户;

(二)进行账外交易或者账实不符的交易;

(三)虚列支出;

(四)登录负债账目时谎报用途;

(五)使用虚假单据;

(六)故意在法律规定的期限前销毁账簿。

四、鉴于贿赂是依照本公约第十五条和第十六条确立的犯罪构成要素之一,各缔约国均应当拒绝对贿赂构成的费用实行税款扣减,并在适用情况下拒绝对促成腐败行为所支付的其他费用实行税款扣减。

第十三条　社会参与

一、各缔约国均应当根据本国法律的基本原则在其力所能及的范围内采取适当措施,推动公共部门以外的个人和团体,例如民间团体、非政府组织和社区组织等,积极参与预防和打击腐败,并提高公众对腐败的存在、根源、严重性及其所构成的威胁的认识。这种参与应当通过下列措施予以加强:

(一)提高决策过程的透明度,并促进公众在决策过程中发挥作用;

(二)确保公众有获得信息的有效渠道;

(三)开展有助于不容忍腐败的公众宣传活动,以及包括中小学和大学课程在内的公共教育方案;

(四)尊重、促进和保护有关腐败的信息的查找、接收、公布和传播的自由。这种自由可以受到某些限制,但是这种限制应当仅限于法律有规定而且也有必要的下列情形:

1. 尊重他人的权利或者名誉;

2. 维护国家安全或公共秩序,或者维护公共卫生或公共道德。

二、各缔约国均应当采取适当的措施,确保公众知悉本公约提到的相关的反腐败机构,并应当酌情提供途径,以便以包括匿名举报在内的方式向这些机构举报可能被视为构成根据本公约确立的犯罪的事件。

第十四条　预防洗钱的措施

一、各缔约国均应当:

(一)在其权限范围内,对银行和非银行金

融机构，包括对办理资金或者价值转移正规或非正规业务的自然人或者法人，并在适当情况下对特别易于涉及洗钱的其他机构，建立全面的国内管理和监督制度，以便遏制并监测各种形式的洗钱，这种制度应当着重就验证客户身份和视情况验证实际受益人身份、保持记录和报告可疑交易作出规定；

（二）在不影响本公约第四十六条的情况下，确保行政、管理、执法和专门打击洗钱的其他机关（在本国法律许可时可以包括司法机关）能够根据本国法律规定的条件，在国家和国际一级开展合作和交换信息，并应当为此目的考虑建立金融情报机构，作为国家中心收集、分析和传递关于潜在洗钱活动的信息。

二、缔约国应当考虑实施可行的措施，监测和跟踪现金和有关流通票据跨境转移的情况，但必须有保障措施，以确保信息的正当使用而且不致以任何方式妨碍合法资本的移动。这类措施可以包括要求个人和企业报告大额现金和有关流通票据的跨境转移。

三、缔约国应当考虑实施适当而可行的措施，要求包括汇款业务机构在内的金融机构：

（一）在电子资金划拨单和相关电文中列入关于发端人的准确而有用的信息；

（二）在整个支付过程中保留这种信息；

（三）对发端人信息不完整的资金转移加强审查。

四、吁请缔约国在建立本条所规定的国内管理和监督制度时，在不影响本公约其他任何条款的情况下将区域、区域间和多边组织的有关反洗钱举措作为指南。

五、缔约国应当努力为打击洗钱而在司法机关、执法机关和金融监管机关之间开展和促进全球、区域、分区域及双边合作。

第三章　定罪和执法

第十五条　贿赂本国公职人员

各缔约国均应当采取必要的立法措施和其他措施，将下列故意实施的行为规定为犯罪：

（一）直接或间接向公职人员许诺给予、提议给予或者实际给予该公职人员本人或者其他人员或实体不正当好处，以使该公职人员在执行公务时作为或者不作为；

（二）公职人员为其本人或者其他人员或实体直接或间接索取或者收受不正当好处，以作为其在执行公务时作为或者不作为的条件。

第十六条　贿赂外国公职人员或者国际公共组织官员

一、各缔约国均应当采取必要的立法和其他措施，将下述故意实施的行为规定为犯罪：直接或间接向外国公职人员或者国际公共组织官员许诺给予、提议给予或者实际给予该公职人员本人或者其他人员或实体不正当好处，以使该公职人员或者该官员在执行公务时作为或者不作为，以便获得或者保留与进行国际商务有关的商业或者其他不正当好处。

二、各缔约国均应当考虑采取必要的立法和其他措施，将下述故意实施的行为规定为犯罪：外国公职人员或者国际公共组织官员直接或间接为其本人或者其他人员或实体索取或者收受不正当好处，以作为其在执行公务时作为或者不作为的条件。

第十七条　公职人员贪污、挪用或者以其他类似方式侵犯财产

各缔约国均应当采取必要的立法和其他措施，将下述故意实施的行为规定为犯罪：公职人员为其本人的利益或者其他人员或实体的利益，贪污、挪用或者以其他类似方式侵犯其因职务而受托的任何财产、公共资金、私人资金、公共证券、私人证券或者其他任何贵重物品。

第十八条　影响力交易

各缔约国均应当考虑采取必要的立法和其他措施，将下列故意实施的行为规定为犯罪：

（一）直接或间接向公职人员或者其他任何人员许诺给予、提议给予或者实际给予任何不正当好处，以使其滥用本人的实际影响力或者被认为具有的影响力，为该行为的造意人或者其他任

何人从缔约国的行政部门或者公共机关获得不正当好处；

（二）公职人员或者其他任何人员为其本人或者他人直接或间接索取或者收受任何不正当好处，以作为该公职人员或者该其他人员滥用本人的实际影响力或者被认为具有的影响力，从缔约国的行政部门或者公共机关获得任何不正当好处的条件。

第十九条　滥用职权

各缔约国均应当考虑采取必要的立法和其他措施，将下述故意实施的行为规定为犯罪：滥用职权或者地位，即公职人员在履行职务时违反法律，实施或者不实施一项行为，以为其本人或者其他人员或实体获得不正当好处。

第二十条　资产非法增加

在不违背本国宪法和本国法律制度基本原则的情况下，各缔约国均应当考虑采取必要的立法和其他措施，将下述故意实施的行为规定为犯罪：资产非法增加，即公职人员的资产显著增加，而本人无法以其合法收入作出合理解释。

第二十一条　私营部门内的贿赂

各缔约国均应当考虑采取必要的立法和其他措施，将经济、金融或者商业活动过程中下列故意实施的行为规定为犯罪：

（一）直接或间接向以任何身份领导私营部门实体或者为该实体工作的任何人许诺给予、提议给予或者实际给予该人本人或者他人不正当好处，以使该人违背职责作为或者不作为；

（二）以任何身份领导私营部门实体或者为该实体工作的任何人为其本人或者他人直接或间接索取或者收受不正当好处，以作为其违背职责作为或者不作为的条件。

第二十二条　私营部门内的侵吞财产

各缔约国均应当考虑采取必要的立法和其他措施，将经济、金融或者商业活动中下述故意实施的行为规定为犯罪：以任何身份领导私营部门实体或者在该实体中工作的人员侵吞其因职务而受托的任何财产、私人资金、私人证券或者其他任何贵重物品。

第二十三条　对犯罪所得的洗钱行为

一、各缔约国均应当根据本国法律的基本原则采取必要的立法和其他措施，将下列故意实施的行为规定为犯罪：

（一）1. 明知财产为犯罪所得，为隐瞒或者掩饰该财产的非法来源，或者为协助任何参与实施上游犯罪者逃避其行为的法律后果而转换或者转移该财产；

2. 明知财产为犯罪所得而隐瞒或者掩饰该财产的真实性质、来源、所在地、处分、转移、所有权或者有关的权利；

（二）在符合本国法律制度基本概念的情况下：

1. 在得到财产时，明知其为犯罪所得而仍获取、占有或者使用；

2. 对本条所确立的任何犯罪的参与、协同或者共谋实施、实施未遂以及协助、教唆、便利和参谋实施；

二、为实施或者适用本条第一款：

（一）各缔约国均应当寻求将本条第一款适用于范围最为广泛的上游犯罪；

（二）各缔约国均应当至少将其根据本公约确立的各类犯罪列为上游犯罪；

（三）就上文第（二）项而言，上游犯罪应当包括在有关缔约国管辖范围之内和之外实施的犯罪。但是，如果犯罪发生在一缔约国管辖权范围之外，则只有当该行为根据其发生地所在国法律为犯罪，而且根据实施或者适用本条的缔约国的法律该行为若发生在该国也为犯罪时，才构成上游犯罪；

（四）各缔约国均应当向联合国秘书长提供其实施本条的法律以及这类法律随后的任何修改的副本或说明；

（五）在缔约国本国法律基本原则要求的情况下，可以规定本条第一款所列犯罪不适用于实施上游犯罪的人。

第二十四条　窝赃

在不影响本公约第二十三条的规定的情况下，各缔约国均应当考虑采取必要的立法和其他措施，将下述故意实施的行为规定为犯罪：行为所涉及的人员虽未参与根据本公约确立的任何犯罪，但在这些犯罪实施后，明知财产是根据本公约确立的任何犯罪的结果而窝藏或者继续保留这种财产。

第二十五条　妨害司法

各缔约国均应当采取必要的立法措施和其他措施，将下列故意实施的行为规定为犯罪：

（一）在涉及根据本公约确立的犯罪的诉讼中使用暴力、威胁或者恐吓，或者许诺给予、提议给予或者实际给予不正当好处，以诱使提供虚假证言或者干扰证言或证据的提供；

（二）使用暴力、威胁或恐吓，干扰审判或执法人员针对根据本公约所确立的犯罪执行公务。本项规定概不影响缔约国就保护其他类别公职人员进行立法的权利。

第二十六条　法人责任

一、各缔约国均应当采取符合其法律原则的必要措施，确定法人参与根据本公约确立的犯罪应当承担的责任。

二、在不违反缔约国法律原则的情况下，法人责任可以包括刑事责任、民事责任或者行政责任。

三、法人责任不应当影响实施这种犯罪的自然人的刑事责任。

四、各缔约国均应当特别确保使依照本条应当承担责任的法人受到有效、适度而且具有警戒性的刑事或者非刑事制裁，包括金钱制裁。

第二十七条　参与、未遂和中止

一、各缔约国均应当采取必要的立法和其他措施，根据本国法律将以共犯、从犯或者教唆犯等任何身份参与根据本公约确立的犯罪规定为犯罪。

二、各缔约国均可以采取必要的立法和其他措施，根据本国法律将实施根据本公约确立的犯罪的任何未遂和中止规定为犯罪。

三、各缔约国均可以采取必要的立法和其他措施，根据本国法律将为实施根据本公约确立的犯罪进行预备的行为规定为犯罪。

第二十八条　作为犯罪要素的明知、故意或者目的

根据本公约确立的犯罪所需具备的明知、故意或者目的等要素，可以根据客观实际情况予以推定。

第二十九条　时效

各缔约国均应当根据本国法律酌情规定一个较长的时效，以便在此期限内对根据本公约确立的任何犯罪启动诉讼程序，并对被指控犯罪的人员已经逃避司法处置的情形确定更长的时效或者规定不受时效限制。

第三十条　起诉、审判和制裁

一、各缔约国均应当使根据本公约确立的犯罪受到与其严重性相当的制裁。

二、各缔约国均应当根据本国法律制度和宪法原则采取必要措施以建立或者保持这样一种适当的平衡：即既照顾到为公职人员履行其职能所给予的豁免或者司法特权，又照顾到在必要时对根据本公约确立的犯罪进行有效的侦查、起诉和审判的可能性。

三、在因根据本公约确立的犯罪起诉某人而行使本国法律规定的任何法律裁量权时，各缔约国均应当努力确保针对这些犯罪的执法措施取得最大成效，并适当考虑到震慑这种犯罪的必要性。

四、就根据本公约确立的犯罪而言，各缔约国均应当根据本国法律并在适当尊重被告人权利的情况下采取适当措施，力求确保就判决前或者上诉期间释放的裁决所规定的条件已经考虑到确保被告人在其后的刑事诉讼中出庭的需要。

五、各缔约国均应当在考虑已经被判定实施了有关犯罪的人的早释或者假释可能性时，顾及这种犯罪的严重性。

六、各缔约国均应当在符合本国法律制度基本原则的范围内，考虑建立有关程序，使有关部门得以对被指控实施了根据本公约确立的犯罪的公职人员酌情予以撤职、停职或者调职，但应当尊重无罪推定原则。

七、各缔约国均应当在符合本国法律制度基

本原则的范围内，根据犯罪的严重性，考虑建立程序，据以通过法院令或者任何其他适当手段，取消被判定实施了根据本公约确立的犯罪的人在本国法律确定的一段期限内担任下列职务的资格：

（一）公职；

（二）完全国有或者部分国有的企业中的职务。

八、本条第一款不妨碍主管机关对公务员行使纪律处分权。

九、本公约的任何规定概不影响下述原则：对于根据本公约确立的犯罪以及适用的法定抗辩事由或者决定行为合法性的其他法律原则，只应当由缔约国本国法律加以阐明，而且对于这种犯罪应当根据缔约国本国法律予以起诉和惩罚。

十、缔约国应当努力促进被判定实施了根据本公约确立的犯罪的人重新融入社会。

第三十一条　冻结、扣押和没收

一、各缔约国均应当在本国法律制度的范围内尽最大可能采取必要的措施，以便能够没收：

（一）来自根据本公约确立的犯罪的犯罪所得或者价值与这种所得相当的财产；

（二）用于或者拟用于根据本公约确立的犯罪的财产、设备或者其他工具。

二、各缔约国均应当采取必要的措施，辨认、追查、冻结或者扣押本条第一款所述任何物品，以便最终予以没收。

三、各缔约国均应当根据本国法律采取必要的立法和其他措施，规范主管机关对本条第一款和第二款中所涉及的冻结、扣押或者没收的财产的管理。

四、如果这类犯罪所得已经部分或者全部转变或者转化为其他财产，则应当以这类财产代替原犯罪所得而对之适用本条所述措施。

五、如果这类犯罪所得已经与从合法来源获得的财产相混合，则应当在不影响冻结权或者扣押权的情况下没收这类财产，没收价值最高可以达到混合于其中的犯罪所得的估计价值。

六、对于来自这类犯罪所得、来自这类犯罪所得转变或者转化而成的财产或者来自已经与这类犯罪所得相混合的财产的收入或者其他利益，也应当适用本条所述措施，其方式和程度与处置犯罪所得相同。

七、为本条和本公约第五十五条的目的，各缔约国均应当使其法院或者其他主管机关有权下令提供或者扣押银行记录、财务记录或者商业记录。缔约国不得以银行保密为理由拒绝根据本款的规定采取行动。

八、缔约国可以考虑要求由罪犯证明这类所指称的犯罪所得或者其他应当予以没收的财产的合法来源，但是此种要求应当符合其本国法律的基本原则以及司法程序和其他程序的性质。

九、不得对本条的规定作损害善意第三人权利的解释。

十、本条的任何规定概不影响其所述各项措施应当根据缔约国法律规定并以其为准加以确定和实施的原则。

第三十二条　保护证人、鉴定人和被害人

一、各缔约国均应当根据本国法律制度并在其力所能及的范围内采取适当的措施，为就根据本公约确立的犯罪作证的证人和鉴定人并酌情为其亲属及其他与其关系密切者提供有效的保护，使其免遭可能的报复或者恐吓。

二、在不影响被告人权利包括正当程序权的情况下，本条第一款所述措施可以包括：

（一）制定为这种人提供人身保护的程序，例如，在必要和可行的情况下将其转移，并在适当情况下允许不披露或者限制披露有关其身份和下落的资料；

（二）规定允许以确保证人和鉴定人安全的方式作证的取证规则，例如允许借助于诸如视听技术之类的通信技术或者其他适当手段提供证言。

三、缔约国应当考虑与其他国家订立有关本条第一款所述人员的移管的协定或者安排。

四、本条各项规定还应当适用于作为证人的被害人。

五、各缔约国均应当在不违背本国法律的情

况下,在对罪犯提起刑事诉讼的适当阶段,以不损害被告人权利的方式使被害人的意见和关切得到表达和考虑。

第三十三条　保护举报人

各缔约国均应当考虑在本国法律制度中纳入适当措施,以便对出于合理理由善意向主管机关举报涉及根据本公约确立的犯罪的任何事实的任何人员提供保护,使其不致受到任何不公正的待遇。

第三十四条　腐败行为的后果

各缔约国均应当在适当顾及第三人善意取得的权利的情况下,根据本国法律的基本原则采取措施,消除腐败行为的后果。在这方面,缔约国可以在法律程序中将腐败视为废止或者撤销合同、取消特许权或撤销其他类似文书或者采取其他任何救济行动的相关因素。

第三十五条　损害赔偿

各缔约国均应当根据本国法律的原则采取必要的措施,确保因腐败行为而受到损害的实体或者人员有权为获得赔偿而对该损害的责任者提起法律程序。

第三十六条　专职机关

各缔约国均应当根据本国法律制度的基本原则采取必要的措施,确保设有一个或多个机构或者安排了人员专职负责通过执法打击腐败。这类机构或者人员应当拥有根据缔约国法律制度基本原则而给予的必要独立性,以便能够在不受任何不正当影响的情况下有效履行职能。这类人员或者这类机构的工作人员应当受到适当培训,并应当有适当资源,以便执行任务。

第三十七条　与执法机关的合作

一、各缔约国均应当采取适当措施,鼓励参与或者曾经参与实施根据本公约确立的犯罪的人提供有助于主管机关侦查和取证的信息,并为主管机关提供可能有助于剥夺罪犯的犯罪所得并追回这种所得的实际具体帮助。

二、对于在根据本公约确立的任何犯罪的侦查或者起诉中提供实质性配合的被告人,各缔约国均应当考虑就适当情况下减轻处罚的可能性作出规定。

三、对于在根据本公约确立的犯罪的侦查或者起诉中提供实质性配合的人,各缔约国均应当考虑根据本国法律的基本原则就允许不予起诉的可能性作出规定。

四、本公约第三十二条的规定,应当变通适用于为这类人员提供的保护。

五、如果本条第一款所述的、处于某一缔约国的人员能够给予另一缔约国主管机关以实质性配合,有关缔约国可以考虑根据本国法律订立关于由对方缔约国提供本条第二款和第三款所述待遇的协定或者安排。

第三十八条　国家机关之间的合作

各缔约国均应当采取必要的措施,根据本国法律鼓励公共机关及其公职人员与负责侦查和起诉犯罪的机关之间的合作。这种合作可以包括:

(一)在有合理的理由相信发生了根据本公约第十五条、第二十一条和第二十三条确立的任何犯罪时,主动向上述机关举报;

(二)根据请求向上述机关提供一切必要的信息。

第三十九条　国家机关与私营部门之间的合作

一、各缔约国均应当采取必要的措施,根据本国法律鼓励本国侦查和检察机关与私营部门实体特别是与金融机构之间就根据本公约确立的犯罪的实施所涉的事项进行合作。

二、各缔约国均应当考虑鼓励本国国民以及在其领域内有惯常居所的其他人员向国家侦查和检察机关举报根据本公约确立的犯罪的实施情况。

第四十条　银行保密

各缔约国均应当在对根据本公约确立的犯罪进行国内刑事侦查时,确保本国法律制度中有适当的机制,可以用以克服因银行保密法的适用而可能产生的障碍。

第四十一条　犯罪记录

各缔约国均可以采取必要的立法或其他措施,按其认为适宜的条件并为其认为适宜的目的，考虑另一国以前对被指控罪犯作出的任何有罪判决，以便在涉及根据本公约确立的犯罪的刑事诉讼中利用这类信息。

第四十二条　管辖权

一、各缔约国均应当在下列情况下采取必要的措施，以确立对根据本公约确立的犯罪的管辖权：

（一）犯罪发生在该缔约国领域内；

（二）犯罪发生在犯罪时悬挂该缔约国国旗的船只上或者已经根据该缔约国法律注册的航空器内。

二、在不违背本公约第四条规定的情况下，缔约国还可以在下列情况下对任何此种犯罪确立其管辖权：

（一）犯罪系针对该缔约国国民；

（二）犯罪系由该缔约国国民或者在其领域内有惯常居所的无国籍人实施；

（三）犯罪系发生在本国领域以外的、根据本公约第二十三条第一款第（二）项第2目确立的犯罪，目的是在其领域内实施本公约第二十三条第一款第（一）项第1目或者第2目或者第（二）项第1目确立的犯罪；

（四）犯罪系针对该缔约国。

三、为了本公约第四十四条的目的，各缔约国均应当采取必要的措施，在被指控罪犯在其领域内而其仅因该人为本国国民而不予引渡时，确立本国对根据本公约确立的犯罪的管辖权。

四、各缔约国还可以采取必要的措施，在被指控罪犯在其领域内而其不引渡该人时确立本国对根据本公约确立的犯罪的管辖权。

五、如果根据本条第一款或者第二款行使管辖权的缔约国被告知或者通过其他途径获悉任何其他缔约国正在对同一行为进行侦查、起诉或者审判程序，这些缔约国的主管机关应当酌情相互磋商，以便协调行动。

六、在不影响一般国际法准则的情况下，本公约不排除缔约国行使其根据本国法律确立的任何刑事管辖权。

第四章　国际合作

第四十三条　国际合作

一、缔约国应当依照本公约第四十四条至第五十条的规定在刑事案件中相互合作。在适当而且符合本国法律制度的情况下，缔约国应当考虑与腐败有关的民事和行政案件调查和诉讼中相互协助。

二、在国际合作事项中，凡将双重犯罪视为一项条件的，如果协助请求中所指的犯罪行为在两个缔约国的法律中均为犯罪，则应当视为这项条件已经得到满足，而不论被请求缔约国和请求缔约国的法律是否将这种犯罪列入相同的犯罪类别或者是否使用相同的术语规定这种犯罪的名称。

第四十四条　引渡

一、当被请求引渡人在被请求缔约国领域内时，本条应当适用于根据本公约确立的犯罪，条件是引渡请求所依据的犯罪是按请求缔约国和被请求缔约国本国法律均应当受到处罚的犯罪。

二、尽管有本条第一款的规定，但缔约国本国法律允许的，可以就本公约所涵盖但依照本国法律不予处罚的任何犯罪准予引渡。

三、如果引渡请求包括几项独立的犯罪，其中至少有一项犯罪可以依照本条规定予以引渡，而其他一些犯罪由于其监禁期的理由而不可以引渡但却与根据本公约确立的犯罪有关，则被请求缔约国也可以对这些犯罪适用本条的规定。

四、本条适用的各项犯罪均应当视为缔约国之间现行任何引渡条约中的可以引渡的犯罪。缔约国承诺将这种犯罪作为可以引渡的犯罪列入它们之间将缔结的每一项引渡条约。在以本公约作为引渡依据时，如果缔约国本国法律允许，根据本公约确立的任何犯罪均不应当视为政治犯罪。

五、以订有条约为引渡条件的缔约国如果接到未与之订有引渡条约的另一缔约国的引渡请求，可以将本公约视为对本条所适用的任何犯罪予以引渡的法律依据。

六、以订有条约为引渡条件的缔约国应当：

（一）在交存本公约批准书、接受书、核准书或者加入书时通知联合国秘书长，说明其是否将把本公约作为与本公约其他缔约国进行引渡合作的法律依据；

（二）如果其不以本公约作为引渡合作的法律依据，则在适当情况下寻求与本公约其他缔约国缔结引渡条约，以执行本条规定。

七、不以订有条约为引渡条件的缔约国应当承认本条所适用的犯罪为它们之间可以相互引渡的犯罪。

八、引渡应当符合被请求缔约国本国法律或者适用的引渡条约所规定的条件，其中包括关于引渡的最低限度刑罚要求和被请求缔约国可以据以拒绝引渡的理由等条件。

九、对于本条所适用的任何犯罪，缔约国应当在符合本国法律的情况下，努力加快引渡程序并简化与之有关的证据要求。

十、被请求缔约国在不违背本国法律及其引渡条约规定的情况下，可以在认定情况必要而且紧迫时，根据请求缔约国的请求，拘留被请求缔约国领域内的被请求引渡人，或者采取其他适当措施，确保该人在进行引渡程序时在场。

十一、如果被指控罪犯被发现在某一缔约国而该国仅以该人为本国国民为理由不就本条所适用的犯罪将其引渡，则该国有义务在寻求引渡的缔约国提出请求时将该案提交本国主管机关以便起诉，而不得有任何不应有的延误。这些机关应当以与根据本国法律针对性质严重的其他任何犯罪所采用的相同方式作出决定和进行诉讼程序。有关缔约国应当相互合作，特别是在程序和证据方面，以确保这类起诉的效率。

十二、如果缔约国本国法律规定，允许引渡或者移交其国民须以该人将被送还本国，按引渡或者移交请求所涉审判、诉讼中作出的判决服刑为条件，而且该缔约国和寻求引渡该人的缔约国也同意这一选择以及可能认为适宜的其他条件，则这种有条件引渡或者移交即足以解除该缔约国根据本条第十一款所承担的义务。

十三、如果为执行判决而提出的引渡请求由于被请求引渡人为被请求缔约国的国民而遭到拒绝，被请求缔约国应当在其本国法律允许并且符合该法律的要求的情况下，根据请求缔约国的请求，考虑执行根据请求缔约国本国法律判处的刑罚或者尚未服满的刑期。

十四、在对任何人就本条所适用的任何犯罪进行诉讼时，应当确保其在诉讼的所有阶段受到公平待遇，包括享有其所在国本国法律所提供的一切权利和保障。

十五、如果被请求缔约国有充分理由认为提出引渡请求是为了以某人的性别、种族、宗教、国籍、族裔或者政治观点为理由对其进行起诉或者处罚，或者按请求执行将使该人的地位因上述任一原因而受到损害，则不得对本公约的任何条款作规定了被请求国引渡义务的解释。

十六、缔约国不得仅以犯罪也被视为涉及财税事项为由而拒绝引渡。

十七、被请求缔约国在拒绝引渡前应当在适当情况下与请求缔约国磋商，以使其有充分机会陈述自己的意见和提供与其陈述有关的资料。

十八、缔约国应当力求缔结双边和多边协定或者安排，以执行引渡或者加强引渡的有效性。

第四十五条　被判刑人的移管

缔约国可以考虑缔结双边或多边协定或者安排，将因实施根据本公约确立的犯罪而被判监禁或者其他形式剥夺自由的人移交其本国服满刑期。

第四十六条　司法协助

一、缔约国应当在对本公约所涵盖的犯罪进行的侦查、起诉和审判程序中相互提供最广泛的司法协助。

二、对于请求缔约国中依照本公约第二十六条可能追究法人责任的犯罪所进行的侦查、起诉和审判程序，应当根据被请求缔约国有关的法律、条约、协定和安排，尽可能充分地提供司法协助。

三、可以为下列任何目的而请求依照本条给予司法协助：

（一）向个人获取证据或者陈述；

（二）送达司法文书；

（三）执行搜查和扣押并实行冻结；

（四）检查物品和场所；

（五）提供资料、物证以及鉴定结论；

（六）提供有关文件和记录的原件或者经核证的副本，其中包括政府、银行、财务、公司或者商业记录；

（七）为取证目的而辨认或者追查犯罪所得、财产、工具或者其他物品；

（八）为有关人员自愿在请求缔约国出庭提供方便；

（九）不违反被请求缔约国本国法律的任何其他形式的协助；

（十）根据本公约第五章的规定辨认、冻结和追查犯罪所得；

（十一）根据本公约第五章的规定追回资产。

四、缔约国主管机关如果认为与刑事事项有关的资料可能有助于另一国主管机关进行或者顺利完成调查和刑事诉讼程序，或者可以促成其根据本公约提出请求，则在不影响本国法律的情况下，可以无须事先请求而向该另一国主管机关提供这类资料。

五、根据本条第四款的规定提供这类资料，不应当影响提供资料的主管机关本国所进行的调查和刑事诉讼程序。接收资料的主管机关应当遵守对资料保密的要求，即使是暂时保密的要求，或者对资料使用的限制。但是，这不应当妨碍接收缔约国在其诉讼中披露可以证明被控告人无罪的资料。在这种情况下，接收缔约国应当在披露前通知提供缔约国，而且如果提供缔约国要求，还应当与其磋商。如果在特殊情况下不可能事先通知，接收缔约国应当毫不迟延地将披露一事通告提供缔约国。

六、本条各项规定概不影响任何其他规范或者将要规范整个或部分司法协助问题的双边或多边条约所规定的义务。

七、如果有关缔约国无司法协助条约的约束，则本条第九款至第二十九款应当适用于根据本条提出的请求。如果有关缔约国有这类条约的约束，则适用条约的相应条款，除非这些缔约国同意代之以适用本条第九款至第二十九款。大力鼓励缔约国在这几款有助于合作时予以适用。

八、缔约国不得以银行保密为理由拒绝提供本条所规定的司法协助。

九、（一）被请求缔约国在并非双重犯罪情况下对于依照本条提出的协助请求作出反应时，应当考虑到第一条所规定的本公约宗旨。

（二）缔约国可以以并非双重犯罪为理由拒绝提供本条所规定的协助。然而，被请求缔约国应当在符合其法律制度基本概念的情况下提供不涉及强制性行动的协助。如果请求所涉事项极为轻微或者寻求合作或协助的事项可以依照本公约其他条款获得，被请求缔约国可以拒绝这类协助。

（三）各缔约国均可以考虑采取必要的措施，以使其能够在并非双重犯罪的情况下提供比本条所规定的更为广泛的协助。

十、在一缔约国领域内被羁押或者服刑的人，如果被要求到另一缔约国进行辨认、作证或者提供其他协助，以便为就与本公约所涵盖的犯罪有关的侦查、起诉或者审判程序取得证据，在满足下列条件的情况下，可以予以移送：

（一）该人在知情后自由表示同意；

（二）双方缔约国主管机关同意，但须符合这些缔约国认为适当的条件。

十一、就本条第十款而言：

（一）该人被移送前往的缔约国应当有权力和义务羁押被移送人，除非移送缔约国另有要求或者授权；

（二）该人被移送前往的缔约国应当毫不迟延地履行义务，按照双方缔约国主管机关事先达成的协议或者其他协议，将该人交还移送缔约国羁押；

（三）该人被移送前往的缔约国不得要求移送缔约国为该人的交还而启动引渡程序；

（四）该人在被移送前往的国家的羁押时间应当折抵在移送缔约国执行的刑期。

十二、除非依照本条第十款和第十一款的规定移送某人的缔约国同意，否则，不论该人国籍为何，均不得因其在离开移送国领域前的作为、不作为或者定罪而在被移送前往的国家领域使其受到起诉、羁押、处罚或者对其人身自由进行任何其他限制。

十三、各缔约国均应当指定一个中央机关，使其负责和有权接收司法协助请求并执行请求或将请求转交主管机关执行。如果缔约国有实行单独司法协助制度的特区或者领域，可以另指定一个对该特区或者领域具有同样职能的中央机关。中央机关应当确保所收到的请求迅速而妥善地执行或者转交。中央机关在将请求转交某一主管机关执行时，应当鼓励该主管机关迅速而妥善地执行请求。各缔约国均应当在交存本公约批准书、接受书、核准书或者加入书时，将为此目的指定的中央机关通知联合国秘书长。司法协助请求以及与之有关的任何联系文件均应当递交缔约国指定的中央机关。这项规定不得影响缔约国要求通过外交渠道以及在紧急和可能的情况下经有关缔约国同意通过国际刑事警察组织向其传递这种请求和联系文件的权利。

十四、请求应当以被请求缔约国能够接受的语文以书面形式提出，或者在可能情况下以能够生成书面记录的任何形式提出，但须能够使该缔约国鉴定其真伪。各缔约国均应当在其交存本公约批准书、接受书、核准书或者加入书时，将其所能够接受的语文通知联合国秘书长。在紧急情况下，如果经有关缔约国同意，请求可以以口头方式提出，但应当立即加以书面确认。

十五、司法协助请求书应当包括下列内容：

（一）提出请求的机关；

（二）请求所涉及的侦查、起诉或者审判程序的事由和性质，以及进行该项侦查、起诉或者审判程序的机关的名称和职能；

（三）有关事实的概述，但为送达司法文书提出的请求例外；

（四）对请求协助的事项和请求缔约国希望遵循的特定程序细节的说明；

（五）可能时，任何有关人员的身份、所在地和国籍；

（六）索取证据、资料或者要求采取行动的目的。

十六、被请求缔约国可以要求提供按照其本国法律执行该请求所必需或者有助于执行该请求的补充资料。

十七、请求应当根据被请求缔约国的本国法律执行。在不违反被请求缔约国本国法律的情况下，如有可能，应当按照请求书中列明的程序执行。

十八、当在某一缔约国领域内的某人需作为证人或者鉴定人接受另一缔约国司法机关询问，而且该人不可能或者不宜到请求国领域出庭时，被请求缔约国可以依该另一缔约国的请求，在可能而且符合本国法律基本原则的情况下，允许以电视会议方式进行询问，缔约国可以商定由请求缔约国司法机关进行询问，询问时应当有被请求缔约国司法机关人员在场。

十九、未经被请求缔约国事先同意，请求缔约国不得将被请求缔约国提供的资料或者证据转交或者用于请求书所述以外的侦查、起诉或者审判程序。本款规定不妨碍请求缔约国在其诉讼中披露可以证明被告人无罪的资料或者证据。就后一种情形而言，请求缔约国应当在披露之前通知被请求缔约国，并依请求与被请求缔约国磋商。如果在特殊情况下不可能事先通知，请求缔约国应当毫不迟延地将披露一事通告被请求缔约国。

二十、请求缔约国可以要求被请求缔约国对其提出的请求及其内容保密，但为执行请求所必需的除外。如果被请求缔约国不能遵守保密要求，应当立即通知请求缔约国。

二十一、在下列情况下可以拒绝提供司法协助：

（一）请求未按本条的规定提出；

（二）被请求缔约国认为执行请求可能损害其主权、安全、公共秩序或者其他基本利益；

（三）如果被请求缔约国的机关依其管辖权对任何类似犯罪进行侦查、起诉或者审判程序时，其本国法律已经规定禁止对这类犯罪采取被请求的行动；

（四）同意这项请求将违反被请求缔约国关于司法协助的法律制度。

二十二、缔约国不得仅以犯罪也被视为涉及财税事项为理由而拒绝司法协助请求。

二十三、拒绝司法协助时应当说明理由。

二十四、被请求缔约国应当尽快执行司法协助请求，并应当尽可能充分地考虑到请求缔约国提出的、最好在请求中说明了理由的任何最后期限。请求缔约国可以合理要求被请求缔约国提供关于为执行这一请求所采取措施的现况和进展情况的信息。被请求缔约国应当依请求缔约国的合理要求，就其处理请求的现况和进展情况作出答复。请求国应当在其不再需要被请求国提供所寻求的协助时迅速通知被请求缔约国。

二十五、被请求缔约国可以以司法协助妨碍正在进行的侦查、起诉或者审判程序为理由而暂缓进行。

二十六、被请求缔约国在根据本条第二十一款拒绝某项请求或者根据本条第二十五款暂缓执行请求事项之前，应当与请求缔约国协商，以考虑是否可以在其认为必要的条件下给予协助。请求缔约国如果接受附有条件限制的协助，则应当遵守有关的条件。

二十七、在不影响本条第十二款的适用的情况下，对于依请求缔约国请求而同意到请求缔约国领域就某项诉讼作证或者为某项侦查、起诉或者审判程序提供协助的证人、鉴定人或者其他人员，不应当因其离开被请求缔约国领域之前的作为、不作为或者定罪而在请求缔约国领域内对其起诉、羁押、处罚，或者使其人身自由受到任何其他限制。如该证人、鉴定人或者其他人员已经得到司法机关不再需要其到场的正式通知，在自通知之日起连续十五天内或者在缔约国所商定的任何期限内，有机会离开但仍自愿留在请求缔约国领域内，或者在离境后又自愿返回，这种安全保障即不再有效。

二十八、除非有关缔约国另有协议，执行请求的一般费用应当由被请求缔约国承担。如果执行请求需要或者将需要支付巨额或者异常费用，则应当由有关缔约国进行协商，以确定执行该请求的条件以及承担费用的办法。

二十九、被请求缔约国：

（一）应当向请求缔约国提供其所拥有的根据其本国法律可以向公众公开的政府记录、文件或者资料；

（二）可以自行斟酌决定全部或部分地或者按其认为适当的条件向请求缔约国提供其所拥有的根据其本国法律不向公众公开的任何政府记录、文件或者资料。

三十、缔约国应当视需要考虑缔结有助于实现本条目的、具体实施或者加强本条规定的双边或多边协定或者安排的可能性。

第四十七条　刑事诉讼的移交

缔约国如果认为相互移交诉讼有利于正当司法，特别是在涉及数国管辖权时，为了使起诉集中，应当考虑相互移交诉讼的可能性，以便对根据本公约确立的犯罪进行刑事诉讼。

第四十八条　执法合作

一、缔约国应当在符合本国法律制度和行政管理制度的情况下相互密切合作，以加强打击本公约所涵盖的犯罪的执法行动的有效性。缔约国尤其应当采取有效措施，以便：

（一）加强并在必要时建立各国主管机关、机构和部门之间的联系渠道，以促进安全、迅速地交换有关本公约所涵盖的犯罪的各个方面的情报，在有关缔约国认为适当时还可以包括与其他犯罪活动的联系的有关情报；

（二）同其他缔约国合作，就下列与本公约所涵盖的犯罪有关的事项进行调查：

1. 这类犯罪嫌疑人的身份、行踪和活动，或者其他有关人员的所在地点；

2. 来自这类犯罪的犯罪所得或者财产的去向；

3. 用于或者企图用于实施这类犯罪的财产、设备或者其他工具的去向；

（三）在适当情况下提供必要数目或者数量

的物品以供分析或者侦查之用；

（四）与其他缔约国酌情交换关于为实施本公约所涵盖的犯罪而采用的具体手段和方法的资料，包括利用虚假身份、经变造、伪造或者假冒的证件和其他旨在掩饰活动的手段的资料；

（五）促进各缔约国主管机关、机构和部门之间的有效协调，并加强人员和其他专家的交流，包括根据有关缔约国之间的双边协定和安排派出联络官员；

（六）交换情报并协调为尽早查明本公约所涵盖的犯罪而酌情采取的行政和其他措施。

二、为实施本公约，缔约国应当考虑订立关于其执法机构间直接合作的双边或多边协定或者安排，并在已经有这类协定或者安排的情况下考虑对其进行修正。如果有关缔约国之间尚未订立这类协定或者安排，这些缔约国可以考虑以本公约为基础，进行针对本公约所涵盖的任何犯罪的相互执法合作。缔约国应当在适当情况下充分利用各种协定或者安排，包括利用国际或者区域组织，以加强缔约国执法机构之间的合作。

三、缔约国应当努力在力所能及的范围内开展合作，以便对借助现代技术实施的本公约所涵盖的犯罪作出反应。

第四十九条 联合侦查

缔约国应当考虑缔结双边或多边协定或者安排，以便有关主管机关可以据以就涉及一国或多国侦查、起诉或者审判程序事由的事宜建立联合侦查机构。如无这类协定或者安排，可以在个案基础上商定进行这类联合侦查。有关缔约国应当确保拟在其领域内开展这种侦查的缔约国的主权受到充分尊重。

第五十条 特殊侦查手段

一、为有效地打击腐败，各缔约国均应当在其本国法律制度基本原则许可的范围内并根据本国法律规定的条件在其力所能及的情况下采取必要措施，允许其主管机关在其领域内酌情使用控制下交付和在其认为适当时使用诸如电子或者其他监视形式和特工行动等其他特殊侦查手段，并允许法庭采信由这些手段产生的证据。

二、为侦查本公约所涵盖的犯罪，鼓励缔约国在必要情况下为在国际一级合作时使用这类特殊侦查手段而缔结适当的双边或多边协定或者安排。这类协定或者安排的缔结和实施应当充分遵循各国主权平等原则，执行时应当严格遵守这类协定或者安排的条款。

三、在无本条第二款所述协定或者安排的情况下，关于在国际一级使用这种特殊侦查手段的决定，应当在个案基础上作出，必要时还可以考虑到有关缔约国就行使管辖权所达成的财务安排或者谅解。

四、经有关缔约国同意，关于在国际一级使用控制下交付的决定，可以包括诸如拦截货物或者资金以及允许其原封不动地继续运送或将其全部或者部分取出或者替换之类的办法。

第五章 资产的追回

第五十一条 一般规定

按照本章返还资产是本公约的一项基本原则，缔约国应当在这方面相互提供最广泛的合作和协助。

第五十二条 预防和监测犯罪所得的转移

一、在不影响本公约第十四条的情况下，各缔约国均应当根据本国法律采取必要的措施，以要求其管辖范围内的金融机构核实客户身份，采取合理步骤确定存入大额账户的资金的实际受益人身份，并对正在或者曾经担任重要公职的个人及其家庭成员和与其关系密切的人或者这些人的代理人所要求开立或者保持的账户进行强化审查。对这种强化审查应当作合理的设计，以监测可疑交易从而向主管机关报告，而不应当将其理解为妨碍或者禁止金融机构与任何合法客户的业务往来。

二、为便利本条第一款所规定措施的实施，各缔约国均应当根据其本国法律和参照区域、区域间和多边组织的有关反洗钱举措：

（一）就本国管辖范围内的金融机构应当对哪类自然人或者法人的账户实行强化审查，对哪类账户和交易应当予以特别注意，以及就这类账户的开立、管理和记录应当采取哪些适当的措施，发出咨询意见；

（二）对于应当由本国管辖范围内的金融机构对其账户实行强化审查的特定自然人或者法人的身份，除这些金融机构自己可以确定的以外，还应当酌情将另一缔约国所请求的或者本国自行决定的通知这些金融机构。

三、在本条第二款第（一）项情况下，各缔约国均应当实行措施，以确保其金融机构在适当期限内保持涉及本条第一款所提到人员的账户和交易的充分记录，记录中应当至少包括与客户身份有关的资料，并尽可能包括与实际受益人身份有关的资料。

四、为预防和监测根据本公约确立的犯罪的所得的转移，各缔约国均应当采取适当而有效的措施，以在监管机构的帮助下禁止设立有名无实和并不附属于受监管金融集团的银行。此外，缔约国可以考虑要求其金融机构拒绝与这类机构建立或者保持代理银行关系，并避免与外国金融机构中那些允许有名无实和并不附属于受监管金融集团的银行使用其账户的金融机构建立关系。

五、各缔约国均应当考虑根据本国法律对有关公职人员确立有效的财产申报制度，并应当对不遵守制度的情形规定适当的制裁。各缔约国还应当考虑采取必要的措施，允许本国的主管机关在必要时与其他国家主管机关交换这种资料，以便对根据本公约确立的犯罪的所得进行调查、主张权利并予以追回。

六、各缔约国均应当根据本国法律考虑采取必要的措施，要求在外国银行账户中拥有利益、对该账户拥有签名权或者其他权力的有关公职人员向有关机关报告这种关系，并保持与这种账户有关的适当记录。这种措施还应当对违反情形规定适当的制裁。

第五十三条 直接追回财产的措施

各缔约国均应当根据本国法律：

（一）采取必要的措施，允许另一缔约国在本国法院提起民事诉讼，以确立对通过实施根据本公约确立的犯罪而获得的财产的产权或者所有权；

（二）采取必要的措施，允许本国法院命令实施了根据本公约确立的犯罪的人向受到这种犯罪损害的另一缔约国支付补偿或者损害赔偿；

（三）采取必要的措施，允许本国法院或者主管机关在必须就没收作出决定时，承认另一缔约国对通过实施根据本公约确立的犯罪而获得的财产所主张的合法所有权。

第五十四条 通过没收事宜的国际合作追回资产的机制

一、为依照本公约第五十五条就通过或者涉及实施根据本公约确立的犯罪所获得的财产提供司法协助，各缔约国均应当根据其本国法律：

（一）采取必要的措施，使其主管机关能够执行另一缔约国法院发出的没收令；

（二）采取必要的措施，使拥有管辖权的主管机关能够通过对洗钱犯罪或者对可能发生在其管辖范围内的其他犯罪作出判决，或者通过本国法律授权的其他程序，下令没收这类外国来源的财产；

（三）考虑采取必要的措施，以便在因为犯罪人死亡、潜逃或者缺席而无法对其起诉的情形或者其他有关情形下，能够不经过刑事定罪而没收这类财产。

二、为就依照本公约第五十五条第二款提出的请求提供司法协助，各缔约国均应当根据其本国法律：

（一）采取必要的措施，在收到请求缔约国的法院或者主管机关发出的冻结令或者扣押令时，使本国主管机关能够根据该冻结令或者扣押令对该财产实行冻结或者扣押，但条件是该冻结令或者扣押令须提供合理的根据，使被请求缔约国相信有充足理由采取这种行动，而且有关财产将依照本条第一款第（一）项按没收令处理；

（二）采取必要的措施，在收到请求时使本国主管机关能够对该财产实行冻结或者扣押，条件是该请求须提供合理的根据，使被请求缔约国相信有充足理由采取这种行动，而且有关财产将依照本条第一款第（一）项按没收令处理；

（三）考虑采取补充措施，使本国主管机关能够保全有关财产以便没收，例如基于与获取这种财产有关的、外国实行的逮捕或者提出的刑事指控。

第五十五条　没收事宜的国际合作

一、缔约国在收到对根据本公约确立的犯罪拥有管辖权的另一缔约国关于没收本公约第三十一条第一款所述的、位于被请求缔约国领域内的犯罪所得、财产、设备或者其他工具的请求后，应当在本国法律制度的范围内尽最大可能：

（一）将这种请求提交其主管机关，以便取得没收令并在取得没收令时予以执行；

（二）将请求缔约国领域内的法院依照本公约第三十一条第一款和第五十四条第一款第（一）项发出的没收令提交本国主管机关，以便按请求的范围予以执行，只要该没收令涉及第三十一条第一款所述的、位于被请求缔约国领域内的犯罪所得、财产、设备或者其他工具。

二、对根据本公约确立的一项犯罪拥有管辖权的缔约国提出请求后，被请求缔约国应当采取措施，辨认、追查和冻结或者扣押本公约第三十一条第一款所述的犯罪所得、财产、设备或者其他工具，以便由请求缔约国下令或者根据本条第一款所述请求由被请求缔约国下令予以没收。

三、本公约第四十六条的规定以经过适当变通适用于本条。除第四十六条第十五款规定提供的资料以外，根据本条所提出的请求还应当包括下列内容：

（一）与本条第一款第（一）项有关的请求，应当有关于应当予以没收财产的说明，尽可能包括财产的所在地和相关情况下的财产估计价值，以及关于请求缔约国所依据的事实的充分陈述，以便被请求缔约国能够根据本国法律取得没收令；

（二）与本条第一款第（二）项有关的请求，应当有请求缔约国发出的据以提出请求的法律上可以采信的没收令副本、关于事实和对没收令所请求执行的范围的说明、关于请求缔约国为向善意第三人提供充分通知并确保正当程序而采取的措施的具体陈述，以及关于该没收令为已经生效的没收令的陈述；

（三）与本条第二款有关的请求，应当有请求缔约国所依据的事实陈述和对请求采取的行动的说明；如有据以提出请求的法律上可以采信的没收令副本，应当一并附上。

四、被请求缔约国依照本条第一款和第二款作出的决定或者采取的行动，应当符合并遵循其本国法律及程序规则的规定或者可能约束其与请求缔约国关系的任何双边或多边协定或者安排的规定。

五、各缔约国均应当向联合国秘书长提供有关实施本条的任何法律法规以及这类法律法规随后的任何修订或者修订说明。

六、缔约国以存在有关条约作为采取本条第一款和第二款所述措施的条件时，应当将本公约视为必要而充分的条约依据。

七、如果被请求缔约国未收到充分和及时的证据，或者如果财产的价值极其轻微，也可以拒绝给予本条规定的合作，或者解除临时措施。

八、在解除依照本条规定采取的任何临时措施之前，如果有可能，被请求缔约国应当给请求缔约国以说明继续保持该措施的理由的机会。

九、不得对本条规定作损害善意第三人权利的解释。

第五十六条　特别合作

在不影响本国法律的情况下，各缔约国均应当努力采取措施，以便在认为披露根据本公约确立的犯罪的所得的资料可以有助于接收资料的缔约国启动或者实行侦查、起诉或者审判程序时，或者在认为可能会使该缔约国根据本章提出请求时，能够在不影响本国侦查、起诉或者审判程序的情况下，无须事先请求而向该另一缔约国转发这类资料。

第五十七条　资产的返还和处分

一、缔约国依照本公约第三十一条或者第五十五条没收的财产，应当由该缔约国根据本公约的规定和本国法律予以处分，包括依照本条第三款返还其原合法所有人。

二、各缔约国均应当根据本国法律的基本原则，采取必要的立法和其他措施，使本国主管机关在另一缔约国请求采取行动时，能够在考虑到善意第三人权利的情况下，根据本公约返还所没收的财产。

三、依照本公约第四十六条和第五十五条及本条第一款和第二款：

（一）对于本公约第十七条和第二十三条所述的贪污公共资金或者对所贪污公共资金的洗钱行为，被请求缔约国应当在依照第五十五条实行没收后，基于请求缔约国的生效判决，将没收的财产返还请求缔约国，被请求缔约国也可以放弃对生效判决的要求；

（二）对于本公约所涵盖的其他任何犯罪的所得，被请求缔约国应当在依照本公约第五十五条实行没收后，基于请求缔约国的生效判决，在请求缔约国向被请求缔约国合理证明其原对没收的财产拥有所有权时，或者当被请求缔约国承认请求缔约国受到的损害是返还所没收财产的依据时，将没收的财产返还请求缔约国，被请求缔约国也可以放弃对生效判决的要求；

（三）在其他所有情况下，优先考虑将没收的财产返还请求缔约国、返还其原合法所有人或者赔偿犯罪被害人；

四、在适当的情况下，除非缔约国另有决定，被请求缔约国可以在依照本条规定返还或者处分没收的财产之前，扣除为此进行侦查、起诉或者审判程序而发生的合理费用。

五、在适当的情况下，缔约国还可以特别考虑就所没收财产的最后处分逐案订立协定或者可以共同接受的安排。

第五十八条　金融情报机构

缔约国应当相互合作，以预防和打击根据本公约确立的犯罪而产生的所得的转移，并推广追回这类所得的方式方法。为此，缔约国应当考虑设立金融情报机构，由其负责接收、分析和向主管机关转递可疑金融交易的报告。

第五十九条　双边和多边协定和安排

缔约国应当考虑缔结双边或多边协定或者安排，以便增强根据公约本章规定开展的国际合作的有效性。

第六章　技术援助和信息交流

第六十条　培训和技术援助

一、各缔约国均应当在必要的情况下为本国负责预防和打击腐败的人员启动、制定或者改进具体培训方案。这些培训方案可以涉及以下方面：

（一）预防、监测、侦查、惩治和控制腐败的有效措施，包括使用取证和侦查手段；

（二）反腐败战略性政策制定和规划方面的能力建设；

（三）对主管机关进行按本公约的要求提出司法协助请求方面的培训；

（四）评估和加强体制、公职部门管理、包括公共采购在内的公共财政管理，以及私营部门；

（五）防止和打击根据本公约确立的犯罪的所得转移和追回这类所得；

（六）监测和冻结根据本公约确立的犯罪的所得的转移；

（七）监控根据本公约确立的犯罪的所得的流动情况以及这类所得的转移、窝藏或者掩饰方法；

（八）便利返还根据本公约确立的犯罪所得的适当而有效的法律和行政机制及方法；

（九）用以保护与司法机关合作的被害人和证人的方法；

（十）本国和国际条例以及语言方面的培训。

二、缔约国应当根据各自的能力考虑为彼此的反腐败计划和方案提供最广泛的技术援助，特别是向发展中国家提供援助，包括本条第一款中提及领域内的物质支持和培训，以及为便利缔约国之间在引渡和司法协助领域的国际合作而提供培训和援助以及相互交流有关的经验和专门知识。

三、缔约国应当在必要时加强努力，在国际

组织和区域组织内并在有关的双边和多边协定或者安排的框架内最大限度地开展业务和培训活动。

四、缔约国应当考虑相互协助，根据请求对本国腐败行为的类型、根源、影响和代价进行评价、分析和研究，以便在主管机关和社会的参与下制定反腐败战略和行动计划。

五、为便利追回根据本公约确立的犯罪的所得，缔约国可以开展合作，互相提供可以协助实现这一目标的专家的名单。

六、缔约国应当考虑利用分区域、区域和国际性的会议和研讨会促进合作和技术援助，并推动关于共同关切的问题的讨论，包括关于发展中国家和经济转型期国家的特殊问题和需要的讨论。

七、缔约国应当考虑建立自愿机制，以便通过技术援助方案和项目对发展中国家和经济转型期国家适用本公约的努力提供财政捐助。

八、各缔约国均应当考虑向联合国毒品和犯罪问题办事处提供自愿捐助，以便通过该办事处促进发展中国家为实施本公约而开展的方案和项目。

第六十一条　有关腐败的资料的收集、交流和分析

一、各缔约国均应当考虑在同专家协商的情况下，分析其领域内腐败方面的趋势以及腐败犯罪实施的环境。

二、缔约国应当考虑为尽可能拟订共同的定义、标准和方法而相互并通过国际和区域组织发展和共享统计数字、有关腐败的分析性专门知识和资料，以及有关预防和打击腐败的最佳做法的资料。

三、各缔约国均应当考虑对其反腐败政策和措施进行监测，并评估其效力和效率。

第六十二条　其他措施：通过经济发展和技术援助实施公约

一、缔约国应当通过国际合作采取有助于最大限度优化本公约实施的措施，同时应当考虑到腐败对社会，尤其是对可持续发展的消极影响。

二、缔约国应当相互协调并同国际和区域组织协调，尽可能作出具体努力：

（一）加强同发展中国家在各级的合作，以提高发展中国家预防和打击腐败的能力；

（二）加强财政和物质援助，以支持发展中国家为有效预防和打击腐败而作出的努力，并帮助它们顺利实施本公约；

（三）向发展中国家和经济转型期国家提供技术援助，以协助它们满足在实施本公约方面的需要。为此，缔约国应当努力向联合国筹资机制中为此目的专门指定的账户提供充分的经常性自愿捐款。缔约国也可以根据其本国法律和本公约的规定，特别考虑向该账户捐出根据本公约规定没收的犯罪所得或者财产中一定比例的金钱或者相应价值；

（四）酌情鼓励和争取其他国家和金融机构参与根据本条规定所作的努力，特别是通过向发展中国家提供更多的培训方案和现代化设备，以协助它们实现本公约的各项目标。

三、这些措施应当尽量不影响现有对外援助承诺或者其他双边、区域或者国际一级的金融合作安排。

四、缔约国可以缔结关于物资和后勤援助的双边或多边协定或者安排，同时考虑到为使本公约所规定的国际合作方式行之有效和预防、侦查与控制腐败所必需的各种金融安排。

第七章　实施机制

第六十三条　公约缔约国会议

一、特此设立公约缔约国会议，以增进缔约国的能力和加强缔约国之间的合作，从而实现本公约所列目标并促进和审查本公约的实施。

二、联合国秘书长应当在不晚于本公约生效之后一年的时间内召开缔约国会议。其后，缔约国会议例会按缔约国会议通过的议事规则召开。

三、缔约国会议应当通过议事规则和关于本条所列活动的运作的规则，包括关于对观察员的接纳及其参与的规则以及关于支付这些活动费用的规则。

四、缔约国会议应当议定实现本条第一款所述各项目标的活动、程序和工作方法，其中包括：

（一）促进缔约国依照本公约第六十条和第六十二条以及第二章至第五章规定所开展的活动，办法包括鼓励调动自愿捐助；

（二）通过公布本条所述相关信息等办法，促进缔约国之间关于腐败方式和趋势以及关于预防和打击腐败和返还犯罪所得等成功做法方面的信息交流；

（三）同有关国际和区域组织和机制及非政府组织开展合作；

（四）适当地利用从事打击和预防腐败工作的其他国际和区域机制提供的相关信息，以避免工作的不必要的重复；

（五）定期审查缔约国对本公约的实施情况；

（六）为改进本公约及其实施情况而提出建议；

（七）注意到缔约国在实施本公约方面的技术援助要求，并就其可能认为有必要在这方面采取的行动提出建议。

五、为了本条第四款的目的，缔约国会议应当通过缔约国提供的信息和缔约国会议可能建立的补充审查机制，对缔约国为实施公约所采取的措施以及实施过程中所遇到的困难取得必要的了解。

六、各缔约国均应当按照缔约国会议的要求，向缔约国会议提供有关其本国为实施本公约而采取的方案、计划和做法以及立法和行政措施的信息。缔约国会议应当审查接收信息和就信息采取行动的最有效方法，这种信息包括从缔约国和从有关国际组织收到的信息。缔约国会议也可以审议根据缔约国会议决定的程序而正式认可的非政府组织所提供的投入。

七、依照本条第四款至第六款，缔约国会议应当在其认为必要时建立任何适当的机制或者机构，以协助本公约的有效实施。

第六十四条 秘书处

一、联合国秘书长应当为公约缔约国会议提供必要的秘书处服务。

二、秘书处应当：

（一）协助缔约国会议开展本公约第六十三条中所列各项活动，并为缔约国会议的各届会议作出安排和提供必要的服务；

（二）根据请求，协助缔约国向缔约国会议提供本公约第六十三条第五款和第六款所规定的信息；

（三）确保与有关国际和区域组织秘书处的必要协调。

第八章 最后条款

第六十五条 公约的实施

一、各缔约国均应当根据本国法律的基本原则采取必要的措施，包括立法和行政措施，以切实履行其根据本公约所承担的义务。

二、为预防和打击腐败，各缔约国均可以采取比本公约的规定更为严格或严厉的措施。

第六十六条 争端的解决

一、缔约国应当努力通过谈判解决与本公约的解释或者适用有关的争端。

二、两个或者两个以上缔约国对于本公约的解释或者适用发生任何争端，在合理时间内不能通过谈判解决的，应当按其中一方请求交付仲裁。如果自请求交付仲裁之日起六个月内这些缔约国不能就仲裁安排达成协议，则其中任何一方均可以依照《国际法院规约》请求将争端提交国际法院。

三、各缔约国在签署、批准、接受、核准或者加入本公约时，均可以声明不受本条第二款的约束。对于作出此种保留的任何缔约国，其他缔约国也不受本条第二款的约束。

四、凡根据本条第三款作出保留的缔约国，均可以随时通知联合国秘书长撤销该项保留。

第六十七条 签署、批准、接受、核准和加入

一、本公约自2003年12月9日至11日在墨西哥梅里达开放供各国签署，随后直至2005年12月9日在纽约联合国总部开放供各国签署。

二、本公约还应当开放供区域经济一体化组

织签署，条件是该组织至少有一个成员国已经按照本条第一款规定签署本公约。

三、本公约须经批准、接受或者核准。批准书、接受书或者核准书应当交存联合国秘书长。如果某一区域经济一体化组织至少有一个成员国已经交存批准书、接受书或者核准书，该组织可以照样办理。该组织应当在该项批准书、接受书或者核准书中宣布其在本公约管辖事项方面的权限范围。该组织还应当将其权限范围的任何有关变动情况通知保存人。

四、任何国家或者任何至少已经有一个成员国加入本公约的区域经济一体化组织均可以加入本公约。加入书应当交存联合国秘书长。区域经济一体化组织加入本公约时应当宣布其在本公约管辖事项方面的权限范围。该组织还应当将其权限范围的任何有关变动情况通知保存人。

第六十八条 生效

一、本公约应当自第三十份批准书、接受书、核准书或者加入书交存之日后第九十天起生效。为本款的目的，区域经济一体化组织交存的任何文书均不得在该组织成员国所存文书以外另行计算。

二、对于在第三十份批准书、接受书、核准书或者加入书交存后批准、接受、核准或者加入公约的国家或者区域经济一体化组织，本公约应当自该国或者该组织交存有关文书之日后第三十天起或者自本公约根据本条第一款规定生效之日起生效，以较晚者为准。

第六十九条 修正

一、缔约国可以在本公约生效已经满五年后提出修正案并将其送交联合国秘书长。秘书长应当立即将所提修正案转发缔约国和缔约国会议，以进行审议并作出决定。缔约国会议应当尽力就每项修正案达成协商一致。如果已经为达成协商一致作出一切努力而仍未达成一致意见，作为最后手段，该修正案须有出席缔约国会议并参加表决的缔约国的三分之二多数票方可通过。

二、区域经济一体化组织对属于其权限的事项根据本条行使表决权时，其票数相当于已经成为本公约缔约国的其成员国数目。如果这些组织的成员国行使表决权，则这些组织便不得行使表决权，反之亦然。

三、根据本条第一款通过的修正案，须经缔约国批准、接受或者核准。

四、根据本条第一款通过的修正案，应当自缔约国向联合国秘书长交存一份批准、接受或者核准该修正案的文书之日起九十天之后对该缔约国生效。

五、修正案一经生效，即对已经表示同意受其约束的缔约国具有约束力。其他缔约国则仍受本公约原条款和其以前批准、接受或者核准的任何修正案的约束。

第七十条 退约

一、缔约国可以书面通知联合国秘书长退出本公约。此项退约应当自秘书长收到上述通知之日起一年后生效。

二、区域经济一体化组织在其所有成员国均已经退出本公约时即不再为本公约缔约方。

第七十一条 保存人和语文

一、联合国秘书长应当为本公约指定保存人。

二、本公约原件应当交存联合国秘书长，公约的阿拉伯文、中文、英文、法文、俄文和西班牙文文本同为作准文本。

兹由经各自政府正式授权的下列署名全权代表签署本公约，以昭信守。

5. ISO37301：2021《合规管理体系要求及使用指南》（略）

（国际标准化组织 2021 年 4 月 13 日发布实施）

6. GB/T 35770—2022《合规管理体系 要求及使用指南》（略）

（国家市场监督管理总局、国家标准化管理委员会 2022 年 10 月 12 日发布实施）

7. 上市公司治理准则

（中国证券监督管理委员会公告〔2018〕29号 2018年9月30日实施）

第一章 总 则

第一条 为规范上市公司运作，提升上市公司治理水平，保护投资者合法权益，促进我国资本市场稳定健康发展，根据《中华人民共和国公司法》（以下简称《公司法》）、《中华人民共和国证券法》及相关法律、行政法规等确定的基本原则，借鉴境内外公司治理实践经验，制定本准则。

第二条 本准则适用于依照《公司法》设立且股票在中国境内证券交易所上市交易的股份有限公司。

上市公司应当贯彻本准则所阐述的精神，改善公司治理。上市公司章程及与治理相关的文件，应当符合本准则的要求。鼓励上市公司根据自身特点，探索和丰富公司治理实践，提升公司治理水平。

第三条 上市公司应当贯彻落实创新、协调、绿色、开放、共享的发展理念，弘扬优秀企业家精神，积极履行社会责任，形成良好公司治理实践。

上市公司治理应当健全、有效、透明，强化内部和外部的监督制衡，保障股东的合法权利并确保其得到公平对待，尊重利益相关者的基本权益，切实提升企业整体价值。

第四条 上市公司股东、实际控制人、董事、监事、高级管理人员，应当依照法律、行政法规、部门规章、规范性文件（以下统称法律法规）和自律规则行使权利、履行义务，维护上市公司利益。董事、监事、高级管理人员应当持续学习，不断提高履职能力，忠实、勤勉、谨慎履职。

第五条 在上市公司中，根据《公司法》的规定，设立中国共产党的组织，开展党的活动。上市公司应当为党组织的活动提供必要条件。

国有控股上市公司根据《公司法》和有关规定，结合企业股权结构、经营管理等实际，把党建工作有关要求写入公司章程。

第六条 中国证监会及其派出机构依法对上市公司治理活动及相关主体的行为进行监督管理，对公司治理存在重大问题的，督促其采取有效措施予以改善。

证券交易所、中国上市公司协会以及其他证券基金期货行业自律组织，依照本准则规定，制定相关自律规则，对上市公司加强自律管理。

中国证监会及其派出机构和有关自律组织，可以对上市公司治理状况进行评估，促进其不断改善公司治理。

第二章 股东与股东大会

第一节 股东权利

第七条 股东依照法律法规和公司章程享有权利并承担义务。

上市公司章程、股东大会决议或者董事会决议等应当依法合规，不得剥夺或者限制股东的法定权利。

第八条 在上市公司治理中，应当依法保障股东权利，注重保护中小股东合法权益。

第九条 上市公司应当建立与股东畅通有效的沟通渠道，保障股东对公司重大事项的知情、参与决策和监督等权利。

第十条 上市公司应当积极回报股东，在公司章程中明确利润分配办法尤其是现金分红政策。上市公司应当披露现金分红政策制定及执行情况，具备条件而不进行现金分红的，应当充分披露原因。

第十一条 股东有权依照法律、行政法规的规定，通过民事诉讼或者其他法律手段维护其合法权利。

第二节 股东大会的规范

第十二条 上市公司应当在公司章程中规定

股东大会的召集、召开和表决等程序。

上市公司应当制定股东大会议事规则，并列入公司章程或者作为章程附件。

第十三条 股东大会提案的内容应当符合法律法规和公司章程的有关规定，属于股东大会职权范围，有明确议题和具体决议事项。

第十四条 上市公司应当在公司章程中规定股东大会对董事会的授权原则，授权内容应当明确具体。股东大会不得将法定由股东大会行使的职权授予董事会行使。

第十五条 股东大会会议应当设置会场，以现场会议与网络投票相结合的方式召开。现场会议时间、地点的选择应当便于股东参加。上市公司应当保证股东大会会议合法、有效，为股东参加会议提供便利。股东大会应当给予每个提案合理的讨论时间。

股东可以本人投票或者依法委托他人投票，两者具有同等法律效力。

第十六条 上市公司董事会、独立董事和符合有关条件的股东可以向公司股东征集其在股东大会上的投票权。上市公司及股东大会召集人不得对股东征集投票权设定最低持股比例限制。

投票权征集应当采取无偿的方式进行，并向被征集人充分披露具体投票意向等信息。不得以有偿或者变相有偿的方式征集股东投票权。

第十七条 董事、监事的选举，应当充分反映中小股东意见。股东大会在董事、监事选举中应当积极推行累积投票制。单一股东及其一致行动人拥有权益的股份比例在30%及以上的上市公司，应当采用累积投票制。采用累积投票制的上市公司应当在公司章程中规定实施细则。

第三章　董事与董事会

第一节　董事的选任

第十八条 上市公司应当在公司章程中规定规范、透明的董事提名、选任程序，保障董事选任公开、公平、公正。

第十九条 上市公司应当在股东大会召开前披露董事候选人的详细资料，便于股东对候选人有足够的了解。

董事候选人应当在股东大会通知公告前作出书面承诺，同意接受提名，承诺公开披露的候选人资料真实、准确、完整，并保证当选后切实履行董事职责。

第二十条 上市公司应当和董事签订合同，明确公司和董事之间的权利义务、董事的任期、董事违反法律法规和公司章程的责任以及公司因故提前解除合同的补偿等内容。

第二节　董事的义务

第二十一条 董事应当遵守法律法规及公司章程有关规定，忠实、勤勉、谨慎履职，并履行其作出的承诺。

第二十二条 董事应当保证有足够的时间和精力履行其应尽的职责。

董事应当出席董事会会议，对所议事项发表明确意见。董事本人确实不能出席的，可以书面委托其他董事按其意愿代为投票，委托人应当独立承担法律责任。独立董事不得委托非独立董事代为投票。

第二十三条 董事应当对董事会的决议承担责任。董事会的决议违反法律法规或者公司章程、股东大会决议，致使上市公司遭受严重损失的，参与决议的董事对公司负赔偿责任。但经证明在表决时曾表明异议并记载于会议记录的，该董事可以免除责任。

第二十四条 经股东大会批准，上市公司可以为董事购买责任保险。责任保险范围由合同约定，但董事因违反法律法规和公司章程规定而导致的责任除外。

第三节　董事会的构成和职责

第二十五条 董事会的人数及人员构成应当符合法律法规的要求，专业结构合理。董事会成员应当具备履行职责所必需的知识、技能和素质。鼓励董事会成员的多元化。

第二十六条 董事会对股东大会负责，执行股东大会的决议。

董事会应当依法履行职责，确保上市公司遵守法律法规和公司章程的规定，公平对待所有股东，并关注其他利益相关者的合法权益。

第二十七条 上市公司应当保障董事会依照法律法规和公司章程的规定行使职权，为董事正常履行职责提供必要的条件。

第二十八条 上市公司设董事会秘书，负责公司股东大会和董事会会议的筹备及文件保管、公司股东资料的管理、办理信息披露事务、投资者关系工作等事宜。

董事会秘书作为上市公司高级管理人员，为履行职责有权参加相关会议，查阅有关文件，了解公司的财务和经营等情况。董事会及其他高级管理人员应当支持董事会秘书的工作。任何机构及个人不得干预董事会秘书的正常履职行为。

第四节 董事会议事规则

第二十九条 上市公司应当制定董事会议事规则，报股东大会批准，并列入公司章程或者作为章程附件。

第三十条 董事会应当定期召开会议，并根据需要及时召开临时会议。董事会会议议题应当事先拟定。

第三十一条 董事会会议应当严格依照规定的程序进行。董事会应当按规定的时间事先通知所有董事，并提供足够的资料。两名及以上独立董事认为资料不完整或者论证不充分的，可以联名书面向董事会提出延期召开会议或者延期审议该事项，董事会应当予以采纳，上市公司应当及时披露相关情况。

第三十二条 董事会会议记录应当真实、准确、完整。出席会议的董事、董事会秘书和记录人应当在会议记录上签名。董事会会议记录应当妥善保存。

第三十三条 董事会授权董事长在董事会闭会期间行使董事会部分职权的，上市公司应当在公司章程中明确规定授权的原则和具体内容。上市公司重大事项应当由董事会集体决策，不得将法定由董事会行使的职权授予董事长、总经理等行使。

第五节 独立董事

第三十四条 上市公司应当依照有关规定建立独立董事制度。独立董事不得在上市公司兼任除董事会专门委员会委员外的其他职务。

第三十五条 独立董事的任职条件、选举更换程序等，应当符合有关规定。独立董事不得与其所受聘上市公司及其主要股东存在可能妨碍其进行独立客观判断的关系。

第三十六条 独立董事享有董事的一般职权，同时依照法律法规和公司章程针对相关事项享有特别职权。

独立董事应当独立履行职责，不受上市公司主要股东、实际控制人以及其他与上市公司存在利害关系的组织或者个人影响。上市公司应当保障独立董事依法履职。

第三十七条 独立董事应当依法履行董事义务，充分了解公司经营运作情况和董事会议题内容，维护上市公司和全体股东的利益，尤其关注中小股东的合法权益保护。独立董事应当按年度向股东大会报告工作。

上市公司股东间或者董事间发生冲突、对公司经营管理造成重大影响的，独立董事应当主动履行职责，维护上市公司整体利益。

第六节 董事会专门委员会

第三十八条 上市公司董事会应当设立审计委员会，并可以根据需要设立战略、提名、薪酬与考核等相关专门委员会。专门委员会对董事会负责，依照公司章程和董事会授权履行职责，专门委员会的提案应当提交董事会审议决定。

专门委员会成员全部由董事组成，其中审计委员会、提名委员会、薪酬与考核委员会中独立董事应当占多数并担任召集人，审计委员会的召集人应当为会计专业人士。

第三十九条 审计委员会的主要职责包括：

（一）监督及评估外部审计工作，提议聘请或者更换外部审计机构；

（二）监督及评估内部审计工作，负责内部审计与外部审计的协调；

（三）审核公司的财务信息及其披露；

（四）监督及评估公司的内部控制；

（五）负责法律法规、公司章程和董事会授权的其他事项。

第四十条 战略委员会的主要职责是对公司长期发展战略和重大投资决策进行研究并提出建议。

第四十一条 提名委员会的主要职责包括：

（一）研究董事、高级管理人员的选择标准和程序并提出建议；

（二）遴选合格的董事人选和高级管理人员人选；

（三）对董事人选和高级管理人员人选进行审核并提出建议。

第四十二条 薪酬与考核委员会的主要职责包括：

（一）研究董事与高级管理人员考核的标准，进行考核并提出建议；

（二）研究和审查董事、高级管理人员的薪酬政策与方案。

第四十三条 专门委员会可以聘请中介机构提供专业意见。专门委员会履行职责的有关费用由上市公司承担。

第四章 监事与监事会

第四十四条 监事选任程序、监事会议事规则制定、监事会会议参照本准则对董事、董事会的有关规定执行。职工监事依照法律法规选举产生。

第四十五条 监事会的人员和结构应当确保监事会能够独立有效地履行职责。监事应当具有相应的专业知识或者工作经验，具备有效履职能力。上市公司董事、高级管理人员不得兼任监事。

上市公司可以依照公司章程的规定设立外部监事。

第四十六条 监事有权了解公司经营情况。上市公司应当采取措施保障监事的知情权，为监事正常履行职责提供必要的协助，任何人不得干预、阻挠。监事履行职责所需的有关费用由公司承担。

第四十七条 监事会依法检查公司财务，监督董事、高级管理人员履职的合法合规性，行使公司章程规定的其他职权，维护上市公司及股东的合法权益。监事会可以独立聘请中介机构提供专业意见。

第四十八条 监事会可以要求董事、高级管理人员、内部及外部审计人员等列席监事会会议，回答所关注的问题。

第四十九条 监事会的监督记录以及进行财务检查的结果应当作为对董事、高级管理人员绩效评价的重要依据。

第五十条 监事会发现董事、高级管理人员违反法律法规或者公司章程的，应当履行监督职责，并向董事会通报或者向股东大会报告，也可以直接向中国证监会及其派出机构、证券交易所或者其他部门报告。

第五章 高级管理人员与公司激励约束机制

第一节 高级管理人员

第五十一条 高级管理人员的聘任，应当严格依照有关法律法规和公司章程的规定进行。上市公司控股股东、实际控制人及其关联方不得干预高级管理人员的正常选聘程序，不得越过股东大会、董事会直接任免高级管理人员。

鼓励上市公司采取公开、透明的方式，选聘高级管理人员。

第五十二条 上市公司应当和高级管理人员签订聘任合同，明确双方的权利义务关系。

高级管理人员的聘任和解聘应当履行法定程序，并及时披露。

第五十三条 上市公司应当在公司章程或者公司其他制度中明确高级管理人员的职责。高级管理人员应当遵守法律法规和公司章程，忠实、勤勉、谨慎地履行职责。

第五十四条 高级管理人员违反法律法规和公司章程规定，致使上市公司遭受损失的，公司董事会应当采取措施追究其法律责任。

第二节 绩效与履职评价

第五十五条 上市公司应当建立公正透明的董事、监事和高级管理人员绩效与履职评价标准和程序。

第五十六条 董事和高级管理人员的绩效评价由董事会或者其下设的薪酬与考核委员会负责组织，上市公司可以委托第三方开展绩效评价。

独立董事、监事的履职评价采取自我评价、相互评价等方式进行。

第五十七条 董事会、监事会应当向股东大会报告董事、监事履行职责的情况、绩效评价结果及其薪酬情况，并由上市公司予以披露。

第三节 薪酬与激励

第五十八条 上市公司应当建立薪酬与公司绩效、个人业绩相联系的机制，以吸引人才，保持高级管理人员和核心员工的稳定。

第五十九条 上市公司对高级管理人员的绩效评价应当作为确定高级管理人员薪酬以及其他激励的重要依据。

第六十条 董事、监事报酬事项由股东大会决定。在董事会或者薪酬与考核委员会对董事个人进行评价或者讨论其报酬时，该董事应当回避。

高级管理人员的薪酬分配方案应当经董事会批准，向股东大会说明，并予以充分披露。

第六十一条 上市公司章程或者相关合同中涉及提前解除董事、监事和高级管理人员任职的补偿内容应当符合公平原则，不得损害上市公司合法权益，不得进行利益输送。

第六十二条 上市公司可以依照相关法律法规和公司章程，实施股权激励和员工持股等激励机制。

上市公司的激励机制，应当有利于增强公司创新发展能力，促进上市公司可持续发展，不得损害上市公司及股东的合法权益。

第六章 控股股东及其关联方与上市公司

第一节 控股股东及其关联方行为规范

第六十三条 控股股东、实际控制人对上市公司及其他股东负有诚信义务。控股股东对其所控股的上市公司应当依法行使股东权利，履行股东义务。控股股东、实际控制人不得利用其控制权损害上市公司及其他股东的合法权益，不得利用对上市公司的控制地位谋取非法利益。

第六十四条 控股股东提名上市公司董事、监事候选人的，应当遵循法律法规和公司章程规定的条件和程序。控股股东不得对股东大会人事选举结果和董事会人事聘任决议设置批准程序。

第六十五条 上市公司的重大决策应当由股东大会和董事会依法作出。控股股东、实际控制人及其关联方不得违反法律法规和公司章程干预上市公司的正常决策程序，损害上市公司及其他股东的合法权益。

第六十六条 控股股东、实际控制人及上市公司有关各方作出的承诺应当明确、具体、可执行，不得承诺根据当时情况判断明显不可能实现的事项。承诺方应当在承诺中作出履行承诺声明、明确违反承诺的责任，并切实履行承诺。

第六十七条 上市公司控制权发生变更的，有关各方应当采取有效措施保持上市公司在过渡期间内稳定经营。出现重大问题的，上市公司应当向中国证监会及其派出机构、证券交易所报告。

第二节 上市公司的独立性

第六十八条 控股股东、实际控制人与上市公司应当实行人员、资产、财务分开，机构、业务独立，各自独立核算、独立承担责任和风险。

第六十九条 上市公司人员应当独立于控股股东。上市公司的高级管理人员在控股股东不得担任除董事、监事以外的其他行政职务。控股股东高级管理人员兼任上市公司董事、监事的，应当保证有足够的时间和精力承担上市公司的工作。

第七十条　控股股东投入上市公司的资产应当独立完整、权属清晰。

控股股东、实际控制人及其关联方不得占用、支配上市公司资产。

第七十一条　上市公司应当依照法律法规和公司章程建立健全财务、会计管理制度，坚持独立核算。

控股股东、实际控制人及其关联方应当尊重上市公司财务的独立性，不得干预上市公司的财务、会计活动。

第七十二条　上市公司的董事会、监事会及其他内部机构应当独立运作。控股股东、实际控制人及其内部机构与上市公司及其内部机构之间没有上下级关系。

控股股东、实际控制人及其关联方不得违反法律法规、公司章程和规定程序干涉上市公司的具体运作，不得影响其经营管理的独立性。

第七十三条　上市公司业务应当独立于控股股东、实际控制人。

控股股东、实际控制人及其控制的其他单位不应从事与上市公司相同或者相近的业务。控股股东、实际控制人应当采取有效措施避免同业竞争。

第三节　关联交易

第七十四条　上市公司关联交易应当依照有关规定严格履行决策程序和信息披露义务。

第七十五条　上市公司应当与关联方就关联交易签订书面协议。协议的签订应当遵循平等、自愿、等价、有偿的原则，协议内容应当明确、具体、可执行。

第七十六条　上市公司应当采取有效措施防止关联方以垄断采购或者销售渠道等方式干预公司的经营，损害公司利益。关联交易应当具有商业实质，价格应当公允，原则上不偏离市场独立第三方的价格或者收费标准等交易条件。

第七十七条　上市公司及其关联方不得利用关联交易输送利益或者调节利润，不得以任何方式隐瞒关联关系。

第七章　机构投资者及其他相关机构

第七十八条　鼓励社会保障基金、企业年金、保险资金、公募基金的管理机构和国家金融监督管理机构依法监管的其他投资主体等机构投资者，通过依法行使表决权、质询权、建议权等相关股东权利，合理参与公司治理。

第七十九条　机构投资者依照法律法规和公司章程，通过参与重大事项决策，推荐董事、监事人选，监督董事、监事履职情况等途径，在上市公司治理中发挥积极作用。

第八十条　鼓励机构投资者公开其参与上市公司治理的目标与原则、表决权行使的策略、股东权利行使的情况及效果。

第八十一条　证券公司、律师事务所、会计师事务所等中介机构在为上市公司提供保荐承销、财务顾问、法律、审计等专业服务时，应当积极关注上市公司治理状况，促进形成良好公司治理实践。

上市公司应当审慎选择为其提供服务的中介机构，注重了解中介机构诚实守信、勤勉尽责状况。

第八十二条　中小投资者保护机构应当在上市公司治理中发挥积极作用，通过持股行权等方式多渠道保护中小投资者合法权益。

第八章　利益相关者、环境保护与社会责任

第八十三条　上市公司应当尊重银行及其他债权人、员工、客户、供应商、社区等利益相关者的合法权利，与利益相关者进行有效的交流与合作，共同推动公司持续健康发展。

第八十四条　上市公司应当为维护利益相关者的权益提供必要的条件，当其合法权益受到侵害时，利益相关者应当有机会和途径依法获得

救济。

第八十五条　上市公司应当加强员工权益保护，支持职工代表大会、工会组织依法行使职权。董事会、监事会和管理层应当建立与员工多元化的沟通交流渠道，听取员工对公司经营、财务状况以及涉及员工利益的重大事项的意见。

第八十六条　上市公司应当积极践行绿色发展理念，将生态环保要求融入发展战略和公司治理过程，主动参与生态文明建设，在污染防治、资源节约、生态保护等方面发挥示范引领作用。

第八十七条　上市公司在保持公司持续发展、提升经营业绩、保障股东利益的同时，应当在社区福利、救灾助困、公益事业等方面，积极履行社会责任。

鼓励上市公司结对帮扶贫困县或者贫困村，主动对接、积极支持贫困地区发展产业、培养人才、促进就业。

第九章　信息披露与透明度

第八十八条　上市公司应当建立并执行信息披露事务管理制度。上市公司及其他信息披露义务人应当严格依照法律法规、自律规则和公司章程的规定，真实、准确、完整、及时、公平地披露信息，不得有虚假记载、误导性陈述、重大遗漏或者其他不正当披露。信息披露事项涉及国家秘密、商业机密的，依照相关规定办理。

第八十九条　董事、监事、高级管理人员应当保证上市公司披露信息的真实、准确、完整、及时、公平。

上市公司应当制定规范董事、监事、高级管理人员对外发布信息的行为规范，明确未经董事会许可不得对外发布的情形。

第九十条　持股达到规定比例的股东、实际控制人以及收购人、交易对方等信息披露义务人应当依照相关规定进行信息披露，并配合上市公司的信息披露工作，及时告知上市公司控制权变更、权益变动、与其他单位和个人的关联关系及其变化等重大事项，答复上市公司的问询，保证所提供的信息真实、准确、完整。

第九十一条　鼓励上市公司除依照强制性规定披露信息外，自愿披露可能对股东和其他利益相关者决策产生影响的信息。

自愿性信息披露应当遵守公平原则，保持信息披露的持续性和一致性，不得进行选择性披露，不得利用自愿性信息披露从事市场操纵、内幕交易或者其他违法违规行为，不得违反公序良俗、损害社会公共利益。自愿披露具有一定预测性质信息的，应当明确预测的依据，并提示可能出现的不确定性和风险。

第九十二条　信息披露义务人披露的信息，应当简明清晰、便于理解。上市公司应当保证使用者能够通过经济、便捷的方式获得信息。

第九十三条　董事长对上市公司信息披露事务管理承担首要责任。

董事会秘书负责组织和协调公司信息披露事务，办理上市公司信息对外公布等相关事宜。

第九十四条　上市公司应当建立内部控制及风险管理制度，并设立专职部门或者指定内设部门负责对公司的重要营运行为、下属公司管控、财务信息披露和法律法规遵守执行情况进行检查和监督。

上市公司依照有关规定定期披露内部控制制度建设及实施情况，以及会计师事务所对上市公司内部控制有效性的审计意见。

第九十五条　上市公司应当依照法律法规和有关部门的要求，披露环境信息以及履行扶贫等社会责任相关情况。

第九十六条　上市公司应当依照有关规定披露公司治理相关信息，定期分析公司治理状况，制定改进公司治理的计划和措施并认真落实。

第十章　附　则

第九十七条　中国证监会及其他部门依法对相关上市公司治理安排有特别规定的，应当遵守其规定。试点红筹企业在境内发行股票或者存托凭证并上市的，除适用境外注册地法律法规的事项外，公司治理参照本准则执行。

第九十八条 本准则自公布之日起施行。2002年1月7日发布的《上市公司治理准则》（证监发〔2002〕1号）同时废止。

8. 证券公司合规管理实施指引

（中证协发〔2017〕208号 2017年10月1日实施）

第一章 总 则

第一条 为指导证券公司有效落实《证券公司和证券投资基金管理公司合规管理办法》（以下简称办法），提升证券公司合规管理水平，制定本指引。

第二条 证券公司应当树立并坚守以下合规理念：

（一）全员合规。合规是证券公司全体工作人员的基本行为准则。证券公司全体工作人员应当严格遵守法律、法规和准则，主动防范、发现并化解合规风险。

（二）合规从管理层做起。证券公司应当建立完善的公司治理结构，确保董事会有效行使重大决策和监督功能，确保监事会有效行使监督职能；证券公司董事会、监事会、高级管理人员应当重视公司经营的合规性，承担有效管理公司合规风险的责任，积极践行并推广合规文化，促进公司合规经营。

（三）合规创造价值。证券公司应当通过有效的合规管理防范并化解合规风险，提升管理和业务能力，为机构自身、行业和社会创造价值。

（四）合规是公司的生存基础。证券公司应当提升合规管理重视程度，坚持合规经营，为公司正常经营及长期可持续发展奠定基础。

第三条 证券公司应当制定合规管理的基本制度，经董事会审议通过后实施。合规管理的基本制度应当包括合规管理的目标、基本原则、机构设置及其职责、履职保障、合规考核以及违规事项的报告、处理和责任追究等内容。

证券公司应当结合本公司经营实际情况，制定指导经营活动依法合规开展的具体管理制度或操作流程，切实加强对各项经营活动的合规管理。

证券公司应当制定工作人员执业行为准则，引导工作人员树立良好的合规执业意识和道德行为规范，确保工作人员执业行为依法合规。

证券公司应当采取有效措施保障合规管理人员的专业化、职业化水平。

第四条 证券公司及其工作人员应当遵守行业公认普遍遵守的职业道德和行为准则，包括但不限于诚实守信、勤勉尽责、专业敬业、公平竞争、客户利益至上、有效防范并妥善处理利益冲突、自觉维护行业良好声誉和秩序、主动承担社会责任等。

第五条 证券公司应当有效防范并妥善处理利益冲突，在涉及到公司与客户之间的利益冲突时，应当坚持客户利益至上的原则；在涉及到客户与客户之间的利益冲突时，应当坚持公平对待客户的原则。

第六条 中国证券业协会（以下简称协会）对证券公司合规管理工作实施自律管理。

第二章 合规管理职责

第七条 证券公司经营管理主要负责人、其他高级管理人员、下属各单位负责人及其他工作人员应当充分了解和掌握与其经营管理和执业行为有关的法律、法规和准则，并在经营决策、运营管理和执业行为过程中充分识别相关的合规风险，并主动防范、应对和报告。

第八条 证券公司经营管理主要负责人对公司合规运营承担责任，履行下列合规管理职责：

（一）组织制定公司规章制度，并监督其实施；

（二）主动在日常经营过程中倡导合规经营理念，积极培育公司合规文化，认真履行合规管理职责，主动落实合规管理要求；

（三）充分重视公司合规管理的有效性，发

039

现存在问题时要求下属各单位及其工作人员及时改进；

（四）督导、提醒公司其他高级管理人员在其分管领域中认真履行合规管理职责，落实合规管理要求；

（五）支持合规总监及合规部门工作，督促下属各单位为合规管理人员履职提供有效保障；

（六）支持合规总监及合规部门按照监管要求和公司制度规定，向董事会、监管部门报告合规风险事项；

（七）在公司经营决策过程中，充分听取合规总监及合规部门的合规意见；

（八）督促公司下属各单位就合规风险事项开展自查或配合公司调查，严格按照公司规定进行合规问责，并落实整改措施。

第九条 证券公司其他高级管理人员对其分管领域的合规运营承担责任，履行下列合规管理职责：

（一）在其分管领域组织贯彻执行公司各项规章制度，组织起草、制定其分管领域的规章制度，并监督其实施；

（二）在其分管领域主动倡导合规经营理念，积极培育公司合规文化；

（三）充分重视其分管领域合规管理的有效性，发现存在问题时要求分管领域下属各单位及其工作人员及时改进；

（四）提醒、督导分管领域下属各单位负责人认真履行合规管理职责，落实合规管理要求；

（五）支持分管领域下属各单位合规管理人员的工作，督促分管领域下属各单位为合规管理人员履职提供有效保障；

（六）支持分管领域下属各单位及其合规管理人员按照公司制度规定，向公司及合规部门报告合规风险事项；

（七）在其职责范围内的经营决策过程中，听取公司合规部门及分管领域下属各单位合规管理人员的合规意见，并给予充分关注；

（八）督促分管领域下属各单位就合规风险事项开展自查或配合公司进行调查，严格按照公司规定进行合规问责，并落实整改措施。

第十条 证券公司下属各单位负责人负责落实本单位的合规管理要求，对本单位合规运营承担责任，履行下列合规管理职责：

（一）在本单位组织贯彻执行公司各项规章制度，组织起草、制定与本单位职责相关的规章制度，并监督其实施；

（二）建立并完善本单位的合规管理制度与机制，将各项经营活动的合规性要求嵌入业务管理制度与操作流程中；

（三）在本单位主动倡导合规经营理念，积极培育公司合规文化；

（四）积极配合合规总监及合规部门的工作，认真听取并落实合规总监及合规部门提出的合规管理意见；

（五）为本单位配备合格合规管理人员，避免分配与其履行合规职责相冲突的工作；

（六）支持本单位合规管理人员的工作，为本单位合规管理人员提供履职保障，包括但不限于参与本单位重要会议、查阅本单位各类业务与管理文档、充分尊重其独立发表合规专业意见的权利等；

（七）在业务开展前应当充分论证业务的合法合规性，充分听取本单位合规管理人员的合规审查意见，有效评估业务的合规风险，主动避免开展存在合规风险的业务；

（八）发现与本单位业务相关的合规风险事项时，及时按公司制度规定进行报告，提出整改措施，并督促整改落实。

第十一条 证券公司全体工作人员应当对自身经营活动范围内所有业务事项和执业行为的合规性负责，履行下列合规管理职责：

（一）主动了解、掌握和遵守相关法律、法规和准则；

（二）积极参加公司安排的合规培训和合规宣导活动；

（三）根据公司要求，签署并信守相关合规承诺；

（四）在执业过程中充分关注执业行为的合

法合规性；

（五）在业务开展过程中主动识别和防范业务合规风险；

（六）发现违法违规行为或者合规风险隐患时，应当主动按照公司规定及时报告；

（七）出现合规风险事项时，积极配合公司调查，并接受公司问责，落实整改要求。

第十二条 合规总监不得兼任业务部门负责人及具有业务职能的分支机构负责人，不得分管业务部门及具有业务职能的分支机构，不得在下属子公司兼任具有业务经营性质的职务。

证券公司不得向合规总监、合规部门及其他合规管理人员分配或施加业务考核指标与任务。

第十三条 证券公司应当建立新产品、新业务评估与决策机制，合规总监和合规部门应当对新产品、新业务发表合规审查意见，证券公司在进行相关决策时，应当充分考虑和采纳合规审查意见。

新产品、新业务是指公司首次开展，需就业务合规性进行论证的产品、业务以及展业方式等。

第十四条 证券公司应当按照监管机构及自律组织的要求、公司相关制度规定及管理需要，对下属各单位及其工作人员的经营管理和执业行为的合规性进行检查。合规检查包括下属各单位组织实施的合规检查，也包括合规部门单独或联合其他部门组织实施的合规检查。

第十五条 证券公司开展合规检查，应当遵循客观、谨慎、高效原则，并可与公司的风险管理、内部审计活动共同开展。

合规检查分为例行检查与专项检查。发生下列情形时，应当进行专项检查：

（一）公司发生违法违规行为或存在合规风险隐患的；

（二）公司董事会、监事会、高级管理人员、合规总监或合规部门认为必要的；

（三）公司下属各单位及其工作人员配合监管和稽查办案不力的；

（四）监管部门或自律组织要求的；

（五）其他有必要进行专项检查的情形。

证券公司相关违法违规行为频发的，应当增加合规检查频次。

第十六条 证券公司下属各单位及其工作人员在经营管理和执业过程中，遇到法律、法规和准则适用与理解的问题时，可以向合规总监和合规部门进行咨询，合规总监和合规部门应当基于专业分析和判断为其提供合规咨询意见。

重要事项的合规咨询应当以书面形式提出，合规总监、合规部门应当作出书面回复。

对于法律、法规和准则规定不明确、规定有冲突或规定缺失的咨询事项，合规部门应当进行合规分析与论证，出具尽可能准确、客观和完整的合规咨询意见，并就所依据的法律法规及其适用的理解予以说明。

合规咨询不能取代合规审查和合规检查。合规咨询意见作为提出咨询的下属各单位及其工作人员进行决策或业务管理活动时的参考意见，不能取代合规审查意见或合规检查结论。

第十七条 证券公司应当开展多种形式的合规宣导与培训，制定行为守则、合规手册等文件，帮助工作人员及时知晓、正确理解和严格遵循法律、法规和准则要求，倡导和推进合规文化建设。

合规部门负责对证券公司各部门合规宣导与培训工作的落实情况进行督导。

第十八条 证券公司应当运用信息技术手段对反洗钱、信息隔离墙管理、工作人员职务通讯行为、工作人员的证券投资行为等进行监测，发现违法违规行为和合规风险隐患，应当及时处理。

合规监测可由合规部门或其他部门单独或联合组织实施，也可以在公司总部指导下由下属各单位组织实施。

第十九条 证券公司在对高级管理人员和下属各单位进行考核时，应当要求合规总监出具书面合规性专项考核意见，合规性专项考核占绩效考核结果的比例不得低于15%；对于重大合规事项，可制定一票否决制度。

第二十条 证券公司应当建立合规问责机制，对在经营管理及执业过程中违反法律、法规和准则的责任人或责任单位进行合规问责，并与绩效考核和薪酬发放相挂钩。

因合规问责所导致的绩效考核扣分不受上述合规性专项考核比例的限制。

合规总监对合规问责有建议权、知情权和检查权。公司下属各单位应当向合规总监反馈合规问责的最终执行情况。

第二十一条 证券公司根据《办法》第三十条编制年度合规报告，应当重点强调以下内容：

（一）董事会、监事会、经营管理层及下属各单位履行合规管理职责情况；

（二）合规总监及合规部门履行合规管理职责情况；

（三）公司违法违规行为、合规风险的发现、监管部门和自律组织处罚及整改情况；

（四）合规人员配置情况、合规性专项考核情况、合规负责人及合规管理人员薪酬保障落实情况；

（五）监管部门、自律组织和证券公司认为必要的其他内容。

第二十二条 证券公司应当将另类投资、私募基金管理等子公司的合规管理统一纳入公司合规管理有效性评估。

证券公司开展合规管理有效性评估，应当以合规风险为导向，重点关注可能存在合规管理缺失、遗漏或薄弱的环节，全面、客观反映合规管理存在的问题，充分揭示合规风险。

对于通过合规管理有效性评估发现的问题，证券公司应当加强对问题的整改落实与跟踪，将整改情况纳入公司的合规考核与问责范围。

第二十三条 证券公司可以委托符合条件的会计师事务所、律师事务所或管理咨询公司等外部专业机构进行合规管理有效性评估。

第三章 合规管理保障机制

第二十四条 证券公司免除合规总监职务的，应当由董事会作出决定，并通知合规总监本人。合规总监认为免除其职务理由不充分的，有权向董事会提出申诉。相关通知、决定和申诉意见应当形成书面文件，存档备查。

合规总监的申诉被证券公司董事会驳回的，合规总监除可以向中国证监会及相关派出机构提出申诉外，也可以提请协会进行调解。

第二十五条 合规总监不能履行职责或缺位时，证券公司代行职责人员在代行职责期间不得直接分管与合规总监管理职责相冲突的业务部门。

第二十六条 证券公司应当明确合规部门与法律部门、风险管理部门、内部审计部门等内部控制部门以及其他承担合规管理职责的前中后台部门的职责分工。

合规总监及合规部门在履行合规审查职责过程中，涉及到需以财务、信息技术等专业事项评估结论为合规审查的前提条件的，相关部门应先行出具准确、客观和完整的评估意见。

证券公司合规部门不得承担业务、财务、信息技术等与合规管理职责相冲突的职责。

第二十七条 证券公司总部合规部门中具备3年以上证券、金融、法律、会计、信息技术等有关领域工作经历的合规管理人员数量占公司总部工作人员比例应当不低于1.5%，且不得少于5人。

上述合规管理人员不包括从事法务、稽核、内部审计及风险控制岗位的工作人员。

证券公司应当确保合规部门人员编制的合理预算，并允许合规总监和合规部门根据公司业务和风险情况，定期或及时调整相关预算。

第二十八条 证券公司业务部门、分支机构可以根据需要设置合规团队负责人或合规专员等专职合规管理人员，合规团队负责人或合规专员应当由其所在单位一定职级以上人员担任，并具有履职胜任能力。

证券公司从事自营、投资银行、债券等业务部门，工作人员人数在15人及以上的分支机构以及证券公司异地总部等，应当配备专职合规管理人员。

第二十九条 证券公司合规部门负责人应当由合规总监提名。证券公司任免各业务部门、分支机构合规团队负责人、合规专员或选派另类投资、私募基金管理等子公司合规负责人，应当充分听取合规总监意见。

第三十条　证券公司应当将各层级子公司纳入统一合规管理体系。母子公司要注重实施统一的合规管理标准，保证合规文化的一致性，同时关注不同司法管辖区和行业的特殊合规管理要求。具体要求包括但不限于：

（一）子公司应当每年向证券公司合规总监及合规部门提交合规报告，合规报告的具体内容包括但不限于合规管理的基本情况、合规管理制度制定与执行情况、各项合规管理职责的履职情况、各项业务合规运行情况、合规风险事项的发现及整改情况、下一年度合规工作计划等；

（二）子公司应当及时向证券公司合规总监及合规部门报告重大合规风险事项，包括但不限于行政监管措施、行政处罚、重大合规隐患、子公司及高级管理人员违法违规事件等；

（三）证券公司应当对子公司的基本合规管理制度进行审查，定期或不定期对子公司合规管理工作及经营管理行为的合规性进行监督和检查；

（四）子公司发生重大合规风险事项的，证券公司应当按照有关制度对其主要负责人进行合规问责，并应当要求该子公司对相关责任人进行合规问责；

（五）证券公司应当每年对子公司合规管理情况进行考核。

证券公司应当督促境外子公司满足其所在地的监管要求。

第三十一条　证券公司应当明确合规总监有权出席或列席会议的范围，并于相关会议召开前及时通知合规总监参加。合规总监有权出席或列席以下会议：

（一）董事会及有关专门委员会会议；

（二）监事会会议；

（三）总经理办公会议；

（四）涉及公司"重大事项决策、重要干部任免、重要项目安排、大额资金使用"事项的会议；

（五）经营管理层有关专门委员会会议；

（六）各类经营管理专题会议；

（七）有助于合规总监充分履职的其他会议。

第三十二条　合规总监及合规管理人员基于履职需要，有权要求下属各单位及其工作人员作出说明、提供资料、接受检查、向为公司提供审计等中介服务的机构了解情况等，下属各单位及其工作人员应当予以配合，不得以任何方式或借口加以干涉或阻扰，并应当确保所提供信息真实、准确、完整。

证券公司调整组织机构及高级管理人员职责分工时，应当就相关事项是否存在利益冲突听取合规总监意见。

第三十三条　《办法》第二十八条所称的年度薪酬收入包括基本工资、绩效工资、奖金等全口径收入。

第三十四条　证券公司应当为合规总监及合规部门履职提供充足的资金支持。合规总监和合规部门可以根据需要聘请会计师事务所、律师事务所、专业咨询机构、信息系统服务商等协助开展合规检查、调查、咨询和系统建设等方面的工作。

第四章　自律管理

第三十五条　协会对证券公司合规管理工作情况进行执业检查，证券公司应当予以配合。

第三十六条　对于合规制度不健全、合规管理执行不到位的证券公司及未按照本指引履行合规管理职责的工作人员，协会视情节轻重采取相应自律惩戒措施，并记入诚信信息管理系统；对存在违反法律、法规行为的证券公司及相关工作人员，移交中国证监会或其他有权机关依法查处。

第三十七条　证券公司频繁出现违规事件或重大恶性事件的，对证券公司及相关责任人员从重从严实施自律惩戒措施；对于未能勤勉尽责地履行相应合规管理职责或与业务部门合谋、指导业务部门规避监管的工作人员，从重从严实施自律惩戒措施。

第三十八条 协会在实施自律惩戒时，将区分公司责任与个人责任。证券公司建立有效的合规管理制度、主动开展合规管理、严格落实内部责任追究机制的，协会依照本指引对证券公司及严格按照合规制度履职的工作人员从轻、减轻或免于实施自律惩戒措施。

第五章 附 则

第三十九条 法律、法规或准则对证券公司及其子公司合规负责人及合规管理工作另有特别规定的，从其规定。

第四十条 本指引所用名词术语和概念与《办法》相同。

本指引所称工作人员职务通讯，是指对可能知悉敏感信息的工作人员所使用的公司信息系统或配发设备形成的电子邮件、即时通讯信息、通话信息和其他通讯信息。

第四十一条 本指引由中国证券业协会负责解释，自2017年10月1日起施行。

9. PIAC/T 00001—2022 《医药行业企业合规师职业技术技能要求》（节录）

（中国化学制药工业协会2022年9月发布实施）

1 范围

本文件规定了医药行业企业合规师的职业技术技能要求，并作为培训、考核和评价医药行业企业合规师技术技能的依据。

本文件适用于医药行业企业合规师职业技术技能的培训、考核和评价活动。

2 规范性引用文件

下列文件中的内容通过文中的规范性引用而构成本文件必不可少的条款。其中，注日期的引用文件，仅该日期对应的版本适用于本文件；不注日期的引用文件，其最新版本（包括所有的修改单）适用于本文件。

GB/T 27914—2011 企业法律风险管理指南
GB/T 35770—2017 合规管理体系 指南
ISO 37301：2021 合规管理体系 要求及使用指南
T/CECCEDA 001-2022 企业合规师通用职业技术技能要求
PIAC/T 00001-2020 医药行业合规管理规范

3 术语和定义

GB/T 27914—2011、GB/T 35770—2017、T/CECCEDA 001‐2022、PIAC/T 00001‐2020 界定的术语和定义适用于本文件。

3.1
违规 non-compliance
未履行合规义务。

3.2
合规义务 compliance obligations
组织强制必须遵守的要求及组织自愿选择遵守的要求。

3.3
合规管理 compliance Management
是指以有效防控合规风险为目的，以医药行业企业经营管理行为为对象，开展包括制度制定、风险识别、合规审查、风险应对、责任追究、考核评价、合规培训等有组织、有计划的管理活动。

3.4
企业合规师 corporate compliance practitioner
从事企业合规建设、管理和监督工作，使企业及企业内部成员行为符合法律法规、监管要求、行业规定、企业内部规章制度和道德规范的人员。

注：该定义源自《中华人民共和国职业分类大典》对该职业的描述。在《中华人民共和国职业分类大典》中，企业合规师的职业代码为2-06-06-06，属于国家职业第二大类（即专业技术人员大类）。

3.5

医药行业企业 corporate in pharmaceutical and healthcare industry

医药行业企业为：包括但不限于药品上市许可持有人（MAH）、医疗器械注册人和备案人、药品/医疗器械合同研究组织（CRO）、药品/医疗器械合同生产组织（包括CMO、CDMO）、药品/医疗器械合同销售组织（CSO）、药品或医疗器械商业流通、医学研究、医疗和健康服务等企业的合称。

3.6

医药行业企业合规师 corporate compliance practitioner in pharmaceutical and healthcare industry

从事医药行业企业合规建设、管理和监督工作，使医药行业企业及企业内部成员行为符合法律法规、监管要求、行业规定、企业内部规章制度和道德规范的人员。

4 总则

4.1 职业特征

医药行业企业合规师是开展企业合规管理的专门职业，是企业管理活动的重要组成部分。本职业从业人员通过制定实施企业合规管理规划计划和制度流程，开展监督调查处理工作，管理企业合规义务风险，使企业及其内部成员行为符合法律法规、监管要求、行业规定和道德规范。医药行业企业合规师工作范围贯穿企业生产经营活动全过程，要求从业人员须以企业合规管理专业知识以及行业合规管理专业知识为基础，同时具备业务、法律、财务等跨学科、复合型知识结构，并且具备与企业各部门统筹协作、沟通协调的能力。企业可优先选用通过医药行业企业合规师职业技能培训并考核合格的人员从事企业合规工作。

作为一个高合规风险和强监管的行业，医药行业的企业具有该行业普遍存在的合规风险，需要对该行业企业制定特别的合规管理要求，形成该行业普遍适用的合规管理规范，并且要求医药行业企业合规师掌握这些基于行业的特殊的知识和能力。

4.2 职业等级

医药行业企业合规师按照职业技术技能等级分为以下三个职业技术技能等级：

a) 初级医药行业企业合规师；
b) 中级医药行业企业合规师；
c) 高级医药行业企业合规师。

医药行业企业合规师的职业技术技能要求及其评价准则的进一步详情，请分别参见第5、6、7条。

4.3 基本要求

4.3.1 职业操守和道德素养

医药行业企业合规师应恪守基本职业操守和道德素养：

a) 依法合规、独立客观；
b) 勤勉尽责、诚信正直；
c) 专业博学、勤业敬业；
d) 珍视声誉、遵守公德；
e) 保守秘密、坚持原则；
f) 尊重同行、同业互助；
g) 患者为先、恪守人道。

4.3.2 通用和行业理论知识与管理技术技能

4.3.2.1 通用基础理论知识

医药行业企业合规师应了解并掌握以下有关企业合规管理的基础理论知识（包括但不限于）：

a) 企业合规产生与发展；
b) 企业合规定义与范畴；
c) 企业合规管理原则和体系建设；
d) 企业合规管理要素与内涵。

4.3.2.2 通用和行业法律法规知识

医药行业企业合规师应根据职业要求，了解、掌握、运用以下有关企业合规管理的相关法律法规知识：

a) 企业常用法律法规要求；
b) 相关医药行业、专业规定和特殊要求；
c) 相关国际规则和外国法律制度；
d) 其他相关法律法规；
e) 与合规管理有关的国内标准、指引和管理政策；
f) 与合规管理有关的国际指南和规定。

4.3.2.3 通用和行业标准知识

医药行业企业合规师应了解并根据企业要求，掌握以下有关企业合规管理的通用和行业相关标准知识（包括但不限于）：
a) 国家发布的企业合规相关标准；
b) 医药行业合规管理规范；
c) AdvaMed 医药行业规范及其他行业协会规范；
d) 医药行业特有风险识别及防范；
e) 医药行业相关知识，如卫生经济学。

4.3.2.4 通用企业管理知识

医药行业企业合规师应了解并根据企业要求，掌握以下有关企业合规管理的相关企业管理知识（包括但不限于）：
a) 基本职能管理和目标管理；
b) 框架管理与流程管理；
c) 风险管理；
d) 内部控制；
e) 管理与沟通；
f) 企业文化与跨文化管理；
g) 企业社会责任。

4.3.2.5 通用合规管理技能

医药行业企业合规师应具有胜任其工作的良好学习、分析、沟通、表达、组织、协调、合作、应变和创新以及适当决策的能力。

医药行业企业合规师还应了解企业要求，并根据企业要求掌握有关企业合规管理的技能。

5 初级医药行业企业合规师职业技术技能要求

5.1 识别合规义务、合规风险评估与协助合规目标策划

5.1.1 协助合规义务的识别、监测、收集、梳理和描述

初级医药行业企业合规师应掌握以下相关知识和技能：
a) 企业岗位职责与业务流程管理知识；
b) 合规义务概念、范围与来源；
c) 企业合规法律法规、医药行业规定等专业数据库应用与检索技术；
d) 合规义务的辨识、分析技能与台账管理方法；
e) 能够及时梳理医药行业企业业务活动、产品和服务内容；
f) 结合医药行业特点和企业运营，能够及时收集整理适用的合规义务信息，并建立合规义务台账。

5.1.2 合规风险识别、分析与评估

初级医药行业企业合规师应掌握以下相关知识和技能：
a) 合规风险概念、分类、产生原因、来源、后果及发生可能性等；
b) 合规风险识别分析评估流程；
c) 合规风险源识别方法技术、合规风险分析评估方法技术与工具软件；
d) 编制合规风险评估报告方法；
e) 能够识别医药行业企业生产经营、管理活动、产品、服务中的合规风险源与合规风险情形，并列出合规风险源清单和合规风险清单；
f) 能够进行企业合规风险分析和合规风险水平评估，标出合规风险等级；
g) 能够定期撰写合规风险评估报告。

5.1.3 协助合规目标的分解与执行

初级医药行业企业合规师应掌握以下相关知识和技能：
a) 合规管理目标、假设、分析与设置；
b) 合规管理目标的分解、分层管理；
c) 合规目标调整方法；
d) 能够协助实施企业合规目标在企业各部门、各层级的分解执行；
e) 能够协助开展实现合规子目标的策划

建议。

5.2 合规管理制度的建立和执行

5.2.1 参与合规管理制度制定

初级医药行业企业合规师应掌握以下相关知识和技能：

a) 合规管理制度的概念、原则和框架；

b) 合规管理制度的分类和内容；

c) 能够开展医药行业合规研究和尽职调查，采集信息；

d) 能够参与制定医药行业合规管理具体制度和专项制度。

5.2.2 参与合规管理制度的执行

初级医药行业企业合规师应掌握以下相关知识和技能：

a) 医药行业企业重点领域及流程的合规管理方法；

b) 合规管理制度的概念与分类；

c) 合规管理制度的制定方法和制度模板；

d) 能够依照合规制度流程和内容实施管理行为；

e) 能够做好合规管理记录工作。

5.2.3 参与制定合规专项管理制度

初级医药行业企业合规师应了解数据合规（含人类遗传资源）、质量合规、反商业贿赂合规、反垄断合规、营销推广合规、医保诈骗合规、集中采购合规等重点合规领域要求与业务知识，能够参与制定有关专项合规制度。

5.3 合规管理组织架构搭建和运行

5.3.1 参与合规管理机构框架搭建

初级医药行业企业合规师应掌握合规管理理论、分工与内容等相关知识和业务要求，能够收集整理各部门业务与管理职责分工。

5.3.2 参与合规管理机构的运行

初级医药行业企业合规师应掌握以下相关知识和技能：

a) 企业合规部门结构设计相关知识；

b) 合规管理理论、内容与方法；

c) 能够及时收集、登记合规管理机构运行中的职责分工问题；

d) 能够对合规管理机构职责权限设置科学性及合理性，提出改进建议。

5.4 合规管理实施机制建立和执行

5.4.1 参与合规培训与沟通

初级医药行业企业合规师应掌握以下相关知识和技能：

a) 医药行业国内外合规管理发展；

b) 合规意义及价值；

c) 多媒体技术工具应用；

d) 能够组织合规培训实施；

e) 能够收集与分析合规培训效果评估资料；

f) 能够针对内部员工进行合规宣传与有效沟通。

5.4.2 参与合规咨询

初级医药行业企业合规师应掌握以下相关知识和技能：

a) 企业管理学控制理论；

b) 沟通技能；

c) 医药行业重点领域的合规措施；

d) 对合规管理咨询进行记录；

e) 能够提示合规义务、目标和风险及其相关变化；

f) 参与对具体合规问题的研究。

5.4.3 参与合规审查

初级医药行业企业合规师应掌握以下相关知识和技能：

a) 合规审查的内容、流程和方法；

b) 合规审查工具、软件的应用；

c) 能够协助对医药行业企业生产经营重点领域、重点环节、重点岗位进行合规审查；

d) 能够协助提供审查意见和整改建议；

e) 能够编制合规审查和建议报告。

5.4.4 参与合规检查

初级医药行业企业合规师应掌握以下相关知识和技能：

a) 合规检查的相关方法技术；

b) 抽样技术；

c) 合规检查流程；

d) 能够制定合规检查清单和准备合规检

查表；

　　e）能够实施合规检查；

　　f）能够正确、详细记录合规检查过程、结果；

　　g）能够正确、详细收集支持检查结果的证据信息。

5.4.5　参与合规举报线索收集

　　初级医药行业企业合规师应掌握以下相关知识和技能：

　　a）合规举报机制的组成和运行方法；

　　b）合规举报机制的技术措施和手段；

　　c）合规调查报告编制方法；

　　d）能够拟定举报信息规范格式及体例，记录整理合规举报信息；

　　e）能够对举报信息按照风险类别进行编辑分类，分送负责人员处理；

　　f）能够依据举报信息制定合规调查方案，协助开展调查，撰写调查报告。

5.4.6　参与违规纠正

　　初级医药行业企业合规师应掌握以下相关知识和技能：

　　a）企业管理学控制理论；

　　b）违规相关法律法规及制度规范；

　　c）能够跟踪违规事件与相应风险；

　　d）能够针对违规事项提出控制与纠正措施建议；

　　e）能够通过违规事件审视分析现有合规管理制度和实施机制，提出改进建议。

5.4.7　参与合规文件管理

　　初级医药行业企业合规师应掌握以下相关知识和技能：

　　a）文件与档案管理要求；

　　b）文件维护要求；

　　c）文件管理制度；

　　d）能够对合规管理文件归档；

　　e）能够定期维护合规管理文件；

　　f）能够对合规管理文件管理规范性进行审查。

5.4.8　参与合规信息化管理

　　初级医药行业企业合规师应掌握以下相关知识和技能：

　　a）合规信息化管理的基本流程和内容；

　　b）合规管理信息系统、合规数据库、数据分析工具的应用；

　　c）能够利用信息化工具或手段对合规管理信息进行发布、分发、访问、检索、使用、存储、保存、更新、保留、作废处置等；

　　d）能够熟练使用合规数据库。

5.4.9　参与合规考核

　　初级医药行业企业合规师应掌握以下相关知识和技能：

　　a）绩效管理基础知识；

　　b）合规考核内容、流程和方法；

　　c）信息化管理系统、数据库、数据分析工具的应用；

　　d）能够收集整理考核所需数据信息；

　　e）能够分析处理考核数据信息，形成考核初步结论。

5.5　合规管理体系有效性评估与改进

5.5.1　参与合规监测

　　初级医药行业企业合规师应掌握以下相关知识和技能：

　　a）合规体系有效性监测流程、方法和内容；

　　b）信息化管理系统、数据库、数据分析工具的应用；

　　c）合规监测报告编制方法；

　　d）能够依照合规义务、目标和风险对合规体系运行有效性进行持续监测；

　　e）能够及时完整记录、整理合规管理体系运行相关信息和数据，分析合规管理体系状况，提出改进建议；

　　f）撰写合规监测报告和整理报告支持记录。

5.5.2　参与合规报告编写

　　初级医药行业企业合规师应掌握以下相关知识和技能：

　　a）合规总结报告格式和编写方法；

　　b）能够及时收集、整理合规报告需要的信息；

　　c）能够协助及时形成合规管理报告。

5.5.3 参与合规审计

初级医药行业企业合规师应掌握以下相关知识和技能：

a) 合规管理框架；
b) 合规管理体系审计流程和相关要求；
c) 合规管理体系充分性、适宜性、有效性审计方法；
d) 适用于医药行业的抽样技术与方法；
e) 穿行测试技术、控制性测试与实质性测试技术；
f) 能够协助合规审计；
g) 能够收集、整理审计资料和审计证据文档，并及时进行归集和保存。

5.5.4 参与有效性评估

初级医药行业企业合规师应掌握以下相关知识和技能：

a) 合规管理评估依据；
b) 合规有效性评估报告编制方法；
c) 能够记录整理合规体系有效评估资料数据；
d) 能够协助撰写合规有效性评估报告。

5.5.5 参与合规管理体系改进

初级医药行业企业合规师应掌握以下相关知识和技能：

a) 合规管理体系持续提升与优化的方法；
b) 合规管理体系框架、构成和运行；
c) 能够参与合规监测、审计、评估和管理评审等结果的研究，提出合规管理体系优化改进的建议；
d) 能够协助开展有针对性的合规整改。

5.6 合规文化建设

5.6.1 参与合规文化推广

初级医药行业企业合规师应掌握以下相关知识和技能：

a) 合规文化内涵、形式和内容；
b) 多媒体技术工具应用；
c) 能够组织合规文化日常宣传活动；
d) 执行企业合规文化建设方案；
e) 能够组织实施内部和对外合规文化的宣传推广；
f) 能够记录合规文化建设信息并做好文件管理。

5.7 医药行业知识

5.7.1 了解医药行业合规管理发展历史以及行业特性

初级医药行业企业合规师应了解以下相关知识和技能：

a) 医药行业的合规管理发展历史；
b) 医药行业的基本特殊性以及派生特殊性。

5.7.2 了解医药行业的法律监管框架

初级医药行业企业合规师应了解以下相关知识和技能：

a) 医药行业主要法律、行政法规、行政规章、规范性文件、政策；
b) 医药行业研发环节的法律监管框架；
c) 医药行业生产环节的法律监管框架；
d) 医药行业流通、经营、营销推广环节的法律监管框架。

5.7.3 了解医药行业的合规监管体系

初级医药行业企业合规师应了解以下相关知识和技能：

a) 医药行业的监管机关；
b) 医药行业的监管特点。

5.7.4 了解医药行业主要合规风险点

初级医药行业企业合规师应了解以下相关知识和技能：

a) 数据合规（含人类遗传资源）相关合规风险；
b) 质量合规相关合规风险；
c) 反商业贿赂合规相关合规风险；
d) 反垄断合规相关合规风险；
e) 营销推广合规相关合规风险；
f) 医保诈骗合规相关合规风险；
g) 集中采购合规相关合规风险；
h) 其他医药行业的合规风险。

5.7.5 了解医药行业合规管理实务

初级医药行业企业合规师应了解以下相关知识和技能：

a）医药行业合规管理体系框架；
b）医药企业员工学术推广业务行为合规管理；
c）医药行业违规行为调查、举报事件调查；
d）医药行业企业合规管理体系有效性评估。

5.7.6 了解医药行业第三方合规管理实务

初级医药行业企业合规师应了解以下相关知识和技能：

a）第三方合规管理基本理论；
b）经销商合规管理；
c）供应商合规管理；
d）医疗卫生专业组织合规管理。

6 中级医药行业企业合规师职业技术技能要求

6.1 合规管理规划和计划

6.1.1 主导合规管理规划

中级医药行业企业合规师应掌握以下相关知识和技能：

a）企业内外环境调研方法与技术；
b）合规管理理论、发展趋势、管理目标与方法；
c）企业合规管理体系标准；
d）企业合规方针的确定方法和内容结构；
e）合规管理体系建设方案制定方法和流程；
f）能够组织开展医药行业企业内外环境与利益相关方调研；
g）能够根据调研结果、体系标准提出企业的合规方针建议，编制覆盖合规管理各要素的企业合规管理体系建设方案；
h）能够根据企业各部门、各层次的意见，完善企业合规管理体系建设方案。

6.1.2 主导合规管理计划

中级医药行业企业合规师应掌握以下相关知识和技能：

a）企业合规管理体系建设计划结构、内容和制定方法；
b）企业合规管理体系运行计划的业务领域、应用场景；
c）能够根据合规管理体系建设方案总体要求，制定具体建设实施计划；
d）能够制定企业合规管理体系运行计划，并组织计划的实施。

6.2 合规义务、合规目标确定与合规风险的识别、分析与评估

6.2.1 主导合规义务、合规目标的分析与设定

中级医药行业企业合规师应掌握以下相关知识和技能：

a）企业岗位职责与业务流程管理知识；
b）合规义务来源、范围与内涵，合规义务的辨识、分析技能与台账管理方法；
c）企业合规法律法规、医药行业规定等专业数据库应用与检索技术；
d）合规管理目标的分解、分层管理；
e）企业管理学计划与控制理论；
f）能够组织梳理企业业务活动、产品和服务内容；
g）结合医药行业特点和企业运营，能够开展企业适用的合规义务动态管理；
h）能够根据医药行业和企业自身业务特征，结合企业合规义务，进行企业合规目标策划；
i）能够组织和指导企业合规目标在企业各部门、各层级的分解执行；
j）能够在管理、业务各环节宣传、传递合规目标。

6.2.2 主导合规风险识别、分析与评估

中级医药行业企业合规师应掌握以下相关知识和技能：

a）合规风险概念、分类、产生原因、来源、后果及发生可能性等；
b）合规风险识别分析评估流程；
c）合规风险源识别方法技术、合规风险分析评估方法技术与工具软件；
d）访谈与风险尽职调查技术；
e）组织行为学个体与群体行为理论；
f）医药行业合规风险特征和重点范围的合规风险评估方法；
g）人员合规尽职调查内容、方法；
h）数据合规（含人类遗传资源）、质量合

规、反商业贿赂合规、反垄断合规、营销推广合规、医保诈骗合规、集中采购合规等领域的合规原则与要求；

i) 能够组织识别企业生产、管理、营销活动、产品、服务中的合规风险源与合规风险情形，并制作风险清单；

j) 能够组织进行企业合规风险分析和合规风险水平评估；

k) 能够结合医药行业特点和自身实际，找出高合规风险重点领域、重点环节和重点岗位；

l) 能够根据岗位合规风险特征，在雇佣、调动和晋升前开展合规尽职调查；

m) 能够开展数据合规（含人类遗传资源）、质量合规、反商业贿赂合规、反垄断合规、营销推广合规、医保诈骗合规、集中采购合规等领域的合规风险评估。

6.3 合规管理制度的建立和执行

6.3.1 制定企业合规基本管理制度

中级医药行业企业合规师应掌握以下相关知识和技能：

a) 合规管理制度的概念、分类；

b) 合规管理制度的制定方法和制度模板；

c) 能够制定企业合规管理基本制度；

d) 能够组织、指导制定各业务领域的合规管理具体制度和专项合规制度。

6.3.2 制定专项合规管理制度

中级医药行业企业合规师应掌握数据合规（含人类遗传资源）、质量合规、反商业贿赂、反垄断、营销推广合规、医保诈骗合规、集中采购合规等领域的要求与业务知识，中级合规师应能够制定相应领域的专项合规制度。

6.4 合规管理组织架构搭建和运行

6.4.1 主导合规管理机构框架搭建

中级医药行业企业合规师应掌握以下相关知识和技能：

a) 企业结构设计相关知识；

b) 合规管理理论与方法；

c) 流程设计与管理知识；

d) 相关业务领域知识；

e) 能够设计和制定覆盖企业决策层、业务管理、合规管理、审计与监测等各部门和员工的合规管理机构框架与职责；

f) 能够分析和评价合规管理机构职责权限设置科学性及合理性，报告运行状况并制定改进方案；

g) 能够制定和实施合规职责融入企业的各部门、岗位和业务、管理流程的设计方案。

6.4.2 主导合规管理机构运行

中级医药行业企业合规师应掌握以下相关知识和技能：

a) 合规管理理论与方法；

b) 企业沟通与信息系统；

c) 合规管理理论、内容与方法；

d) 企业结构设计相关知识；

e) 能够协调管理层推动合规管理机构运行；

f) 能够与企业内部各部门、全体员工协调沟通，实施协作管理；

g) 能够分析合规管理机构运行中的职责分工问题；

h) 能够对合规管理机构职责权限设置提出科学、合理的调整意见。

6.5 合规管理实施机制建立和执行

6.5.1 主导合规培训与沟通

中级医药行业企业合规师应掌握以下相关知识和技能：

a) 医药行业国内外合规管理发展；

b) 合规意义及价值；

c) 合规管理知识及技能；

d) 业务中存在的合规风险；

e) 合规培训类别、内容、方式及讲授技能；

f) 制作培训教材；

g) 多媒体技术工具应用；

h) 能够及时对新入职人员、晋升人员、重点岗位、高风险岗位人员开展合规政策与制度的培训；

i) 能够根据合规义务、目标和风险，制定中长期合规培训计划；

j) 能够设计培训主题和内容，组织合规培训实施；

k) 能够根据需要定制合规培训课件，并作为讲师进行合规培训；

l) 能够针对内部员工进行合规宣传与有效沟通；

m) 能够对外进行合规宣传与广泛沟通。

6.5.2 主导合规咨询

中级医药行业企业合规师应掌握以下相关知识和技能：

a) 企业管理知识；

b) 医药行业重点领域的合规措施；

c) 能够对合规咨询提供专业意见；

d) 对企业合规管理体系总体运行状况提供专业意见；

e) 能够准确解释合规义务、目标和风险及其对于企业管理和业务的影响；

f) 能够对医药行业企业合规管理重点领域提供专业合规意见。

6.5.3 主导合规审查

中级医药行业企业合规师应掌握以下相关知识和技能：

a) 合规审查的内容、流程和方法；

b) 合规审查工具、软件的应用；

c) 能够对医药行业企业管理经营重点领域、重点环节、重点岗位进行全面合规审查；

d) 能够提供专业审查意见和整改建议；

e) 能够编制合规审查和建议报告，并跟进整改落实情况。

6.5.4 主导合规检查

中级医药行业企业合规师应掌握以下相关知识和技能：

a) 制度基本结构与编制方法；

b) 流程管理知识与流程设计方法；

c) 方案结构、内容与编制方法；

d) 合规检查的相关方法技术；

e) 能够制定企业合规检查流程与制度；

f) 能够制定合规检查方案；

g) 能够组织实施合规检查。

6.5.5 主导合规举报与调查

中级医药行业企业合规师应掌握以下相关知识和技能：

a) 合规举报机制的组成和运行方法；

b) 合规举报机制的技术措施和手段；

c) 合规调查机制的程序和调查技巧；

d) 合规调查报告编制方法；

e) 能够建立合规举报机制；

f) 能够分析合规举报信息，分类处理合规举报案件；

g) 能够组织合规调查，撰写合规调查报告。

6.5.6 主导违规纠正

中级医药行业企业合规师应掌握以下相关知识和技能：

a) 相关法律法规及制度规范；

b) 违规处理流程和方法；

c) 企业管理学控制理论；

d) 合规管理体系持续改进方法；

e) 能够制定违规处理规定或办法；

f) 能够依据法律法规和合规管理制度做出处理建议；

g) 能够优化并持续改进相应的合规管理制度和实施机制。

6.5.7 主导合规信息管理

中级医药行业企业合规师应掌握以下相关知识和技能：

a) 合规信息管理的基本流程和内容；

b) 信息化管理系统、数据库、数据分析工具的应用；

c) 能够制定企业合规管理信息化建设方案；

d) 能够利用合规信息有效开展合规管理；

e) 能够根据合规信息的阶段统计分析结果，设计监测合规运行情况的指标。

6.5.8 主导合规考核

中级医药行业企业合规师应掌握以下相关知识和技能：

a) 绩效管理基础知识；

b) 合规考核内容、流程和方法；

c) 合规信息化管理系统、数据库、数据分析工具的应用；

d) 能够制定合规考核标准对应的具体指标；

e）能够组织合规考核，形成考核结果并应用于合规管理。

6.6 合规管理体系有效性评估与改进

6.6.1 主导合规监测

中级医药行业企业合规师应掌握以下相关知识和技能：

a）合规体系有效性监测流程、方法和内容；
b）信息化管理系统、数据库、数据分析工具的应用；
c）合规监测报告编制方法；
d）医药行业合规有效性指标设计方法；
e）能够建立合规体系运行监测机制，设定体系运行有效性指标，建立监测路径和信息来源渠道，对合规体系运行进行持续监测；
f）能够分析合规管理体系运行数据信息，评估合规管理体系状况，提出改进建议；
g）能够对合规管理体系有效性指标科学性进行分析，提出调整建议，并实施；
h）能够撰写合规监测报告。

6.6.2 主导合规报告编写

中级医药行业企业合规师应掌握以下相关知识和技能：

a）合规治理原则及其涵义；
b）合规管理体系结构要素和有效性评估知识；
c）制度结构和编制方法；
d）能够制定合规报告制度；
e）能够对企业合规报告情况进行管理。

6.6.3 主导合规审计

中级医药行业企业合规师应掌握以下相关知识和技能：

a）合规管理体系审计相关监管要求；
b）管理体系内部审计流程、内容；
c）合规管理体系充分性、适宜性、有效性审计方法；
d）抽样技术与方法；
e）穿行测试技术、控制性测试与实质性测试技术；
f）能够制定合规审计计划和实施方案，并组织进行合规审计；
g）能够建立合规审计数据信息档案；
h）能够撰写合规审计报告。

6.6.4 主导有效性评估

中级医药行业企业合规师应掌握以下相关知识和技能：

a）合规管理评估依据；
b）合规有效性评估标准、指标、流程和方法；
c）合规有效性评估报告编制方法；
d）能够制定合规管理体系有效性评估标准和具体指标；
e）能够组织协调收集合规体系有效评估资料数据；
f）能够组织人员开展有效性评估，分析评估数据、指标，撰写合规有效性评估报告。

6.6.5 主导合规管理评审

中级医药行业企业合规师应掌握以下相关知识和技能：

a）合规管理体系评审要求、内容、形式和流程；
b）合规管理体系评审报告编制方法；
c）能够收集、整理和准备合规管理体系评审资料；
d）能够整理管理评审记录，撰写合规管理体系评审报告。

6.6.6 主导合规管理体系改进

中级医药行业企业合规师应掌握以下相关知识和技能：

a）合规管理体系框架、构成和运行；
b）合规管理体系改进要求、内容和流程；
c）能够依据监测、审计、评估和管理评审结果，制定体系，优化改进方案；
d）能够指导和评审针对合规问题的整改措施；
e）能够组织合规管理体系优化改进。

6.7 合规文化建设

6.7.1 主导合规文化推广

中级医药行业企业合规师应掌握以下相关知识和技能：

a）合规文化内涵、形式和内容；

b）多媒体技术工具应用；

c）能够制定企业合规文化，建设中长期规划；

d）能够策划并组织实施内部和对外合规文化的宣传推广；

e）能够建立合规文化，建设数据信息系统。

6.8 医药行业知识

6.8.1 掌握医药行业合规管理发展历史以及行业特性

中级医药行业企业合规师应掌握以下相关知识和技能：

a）医药行业的合规管理发展历史，重点掌握主要发达国家的医药行业合规管理发展历史，并深入掌握我国医药行业合规管理的发展历程。

b）医药行业的基本特殊性与派生特殊性，重点掌握特殊性及其形成原因。

6.8.2 掌握医药行业的法律监管框架

中级医药行业企业合规师应掌握以下相关知识和技能：

a）医药行业主要法律、行政法规、行政规章、规范性文件、政策；

b）医药行业研发环节的法律监管框架，深入掌握对研发参与主体的准入、研发活动、研发后上市申请的法律监管要求；

c）医药行业生产环节的法律监管框架，深入掌握对药品上市许可持有人制度、医疗器械注册人和备案人制度、生产准入、生产质量、上市后的质量的法律监管要求；

d）医药行业流通、经营、营销推广环节的法律监管框架，深入掌握对准入、经营质量、营销推广等的法律监管要求。

6.8.3 掌握医药行业的合规监管体系

中级医药行业企业合规师应掌握以下相关知识和技能：

a）医药行业的监管机关，深入掌握国家卫生健康委员会、中华人民共和国科学技术部、国家市场监督管理总局、国家药品监督管理局、国家反垄断局、中共中央网络安全和信息化委员会办公室等监管部门的职能职责；

b）医药行业的监管特点，深入掌握监管特点的内容以及形成原因。

6.8.4 掌握医药行业主要合规风险点

中级医药行业企业合规师应掌握以下相关知识和技能：

a）数据合规（含人类遗传资源）相关合规风险，深入掌握合规风控重点；

b）质量合规相关合规风险，深入掌握合规风控重点；

c）反商业贿赂合规相关合规风险，深入掌握合规风控重点；

d）反垄断合规相关合规风险，深入掌握合规风控重点；

e）营销推广合规相关合规风险，深入掌握合规风控重点；

f）医保诈骗合规相关合规风险，深入掌握合规风控重点；

g）集中采购合规相关合规风险，深入掌握合规风控重点；

h）其他医药行业的重要合规风险，深入掌握合规风控重点。

6.8.5 掌握医药行业合规管理实务

中级医药行业企业合规师应掌握以下相关知识和技能：

a）医药行业合规管理体系框架，深入掌握医药行业合规管理体系模型、基本方法以及基本流程；

b）医药企业员工学术推广业务行为合规管理，深入掌握对学术推广活动的合规管理理论与实务；

c）医药行业违规行为调查、举报事件调查，深入掌握合规调查的类型、流程与方法；

d）医药行业企业合规管理体系有效性评估，深入掌握合规管理体系有效性评估的内容、方法以及工具。

6.8.6 掌握医药行业第三方合规管理实务

中级医药行业企业合规师应掌握以下相关知识和技能：

a）第三方合规管理基本理论，深入掌握医

药行业企业对第三方进行合规管理的原因、管理对象与管理方法；

b）经销商合规管理，深入掌握医药行业企业对经销商进行合规管理的原因、管理对象与管理方法；

c）供应商合规管理，深入掌握医药行业企业对供应商进行合规管理的原因、管理对象与管理方法；

d）医疗卫生专业组织合规管理，深入掌握医药行业企业对医疗卫生专业组织进行合规管理的原因、管理对象与管理方法。

7 高级医药行业企业合规师职业技术技能要求

7.1 合规管理规划和计划

7.1.1 领导合规管理规划

高级医药行业企业合规师应掌握以下相关知识和技能：

a）企业战略管理概念、战略输入与内外环境管理理论、调研方法与技术；

b）合规管理理论、发展趋势；

c）企业合规管理体系标准；

d）企业合规方针的确定方法和内容结构；

e）企业战略与合规战略的关系；

f）能够从企业使命、愿景和战略发展需要，研究和确定企业内外环境与利益相关方调研方案，并根据调研结果制定企业合规战略；

g）能够根据建设需求、合规方针和战略，设计企业合规管理体系方案基本框架，并指导方案制定；

h）能够组织体系方案在企业各部门、各层级的沟通、交流与评审；

i）能够理解医药行业涉及的行业产业链及政策法规发展。

7.1.2 领导一体化协同管理

高级医药行业企业合规师应掌握企业法务、内控、风险管理、财务和人力资源等相关知识和技能，能够结合企业现状，指导、组织制定合规与法务、内控、风险管理、财务和人力资源衔接、一体化协同管理方案。

7.1.3 领导合规管理计划

高级医药行业企业合规师应掌握以下相关知识和技能：

a）企业合规管理体系充分性、适宜性和有效性评价内容、方法；

b）中长期计划结构、内容和制定方法；

c）企业合规管理体系运行计划的业务领域、应用场景；

d）能够组织制定合规管理体系建设、充分性、适宜性提升中长期计划；

e）能够组织制定合规管理体系持续有效运行的中长期计划。

7.2 合规义务、合规目标确定与合规风险的识别、分析与评估

7.2.1 领导合规义务、合规目标的分析与确定

高级医药行业企业合规师应掌握以下相关知识和技能：

a）企业岗位职责与业务流程管理知识；

b）合规义务来源、范围与内涵；

c）企业合规义务信息检索，法律法规、医药行业规定等专业数据库应用技术；

d）合规义务的辨识、分析技能与台账管理方法；

e）企业内部沟通交流方法；

f）企业管理学计划与控制理论；

g）能够描述和解释企业业务活动、产品和服务内容与未来变化趋势；

h）结合医药行业特点和企业运营，能够开展企业适用的合规义务动态管理；

i）能够根据企业使命、愿景、战略，所处环境行业和企业自身业务特征，结合企业合规义务，组织策划确立并及时调整企业合规目标；

j）能够分解设定企业合规目标在企业各部门、各层级的子目标并指导执行；

k）能够在各部门、各层级沟通交流，并解释合规目标及其含义。

7.2.2 领导合规风险识别、分析与评估

高级医药行业企业合规师应掌握以下相关知

识和技能：

a) 合规风险概念、分类、产生原因、来源、后果及发生可能性等；

b) 合规风险识别分析评估流程；

c) 战略、运营合规风险源识别方法技术、合规风险分析评估方法技术与工具软件；

d) 访谈与风险尽职调查技术；

e) 组织行为学个体与群体行为理论；

f) 卫生经济学基础理论；

g) 医药行业合规风险特征和重点范围的合规风险评估方法；

h) 人员合规尽职调查内容、方法；

i) 企业管理学激励理论；

j) 数据合规（含人类遗传资源）、质量合规、反商业贿赂合规、反垄断合规、营销推广合规、医保诈骗合规、集中采购合规等领域的合规原则与要求；

k) 数据、信息检索方法；

l) 能够从企业战略层面组织风险识别工作，指导人员全面识别各部门、业务领域的合规风险源和合规风险情形等相关工作，并评审制作企业合规风险清单；

m) 能够从企业战略层面全面把控企业经营管理合规风险，指导企业合规风险分析、风险等级评估和风险预警等工作；

n) 能够根据高合规风险特征岗位，在雇佣、调动和晋升前出具合规建议，并评审人员激励措施对违规的防范机制；

o) 能够指导数据合规（含人类遗传资源）、质量合规、反商业贿赂合规、反垄断合规、营销推广合规、医保诈骗合规、集中采购合规等重点领域的合规风险评估与应对工作。

7.3 合规管理制度的建立和执行

7.3.1 制定企业合规管理基本制度

高级医药行业企业合规师应掌握以下相关知识和技能：

a) 合规管理制度的概念、原则和框架；

b) 合规管理制度的分类和内容；

c) 合规管理制度有效性检测评价机制的流程、内容、方法；

d) 能够从企业战略实施需要，设计企业整体的合规管理制度体系框架；

e) 能够指导建立并评审企业合规管理基本制度及各业务领域的合规管理具体制度；

f) 能够设计和不断改进企业合规奖惩激励制度。

7.3.2 制定专项合规管理制度

高级合规师应掌握数据合规（含人类遗传资源）、质量合规、反商业贿赂合规、反垄断合规、营销推广合规、医保诈骗合规、集中采购合规等领域的要求与业务知识，能够指导制定和评审企业相关领域的专项合规制度。

7.4 合规管理组织架构搭建和运行

7.4.1 领导合规领导机制建设

高级医药行业企业合规师应掌握以下相关知识和技能：

a) 企业管理学领导理论；

b) 诚信合规承诺管理；

c) 能够设计和改进企业合规领导机制；

d) 能够设计企业领导合规承诺机制。

7.4.2 领导合规管理机构框架搭建

高级医药行业企业合规师应掌握以下相关知识和技能：

a) 企业战略管理概念；

b) 合规治理的相关知识；

c) 企业结构设计相关知识；

d) 合规管理理论、内容与方法；

e) 能够综合医药行业外部政策法规情况，从适用企业战略需要，指导和评审企业决策层、业务管理、合规管理、审计与监测等各部门合规管理职责、权限和员工合规职责；

f) 能够将合规治理原则体现在合规管理机构职责权限设置中；

g) 能够指导和推进合规职责融入企业的各部门、各层级和岗位。

7.4.3 领导合规管理机构的运行

高级医药行业企业合规师应掌握以下相关知识和技能：

a）合规管理理论、内容与方法；
b）企业结构设计相关知识；
c）沟通交流和协调方法、技巧；
d）能够分析、优化合规管理机构运行中的职责权限设置；
e）能够协调管理层推动合规管理机构运行；
f）能够与企业内部各部门、全体员工协调沟通，实施协作管理。

7.5 合规管理实施机制建立和执行

7.5.1 领导合规培训与沟通

高级医药行业企业合规师应掌握以下相关知识和技能：

a）医药行业国内外合规管理发展；
b）合规意义及价值；
c）合规管理基础知识及技能；
d）合规培训类别、内容、方式及技能；
e）制作培训课件技能；
f）多媒体技术工具应用；
g）能够根据合规义务、目标和风险，结合企业使命、愿景和战略需要，培养建立企业内部专业化、高素质的合规管理团队；
h）制定整体合规培训规划；
i）能够确定企业重点培训领域和培训主题，组织合规培训实施；
j）能够根据需要定制合规培训课件，并作为讲师进行合规培训；
k）能够针对内部员工进行合规宣传与有效沟通；
l）能够对外进行合规宣传与广泛沟通。

7.5.2 领导合规咨询

高级医药行业企业合规师应掌握以下相关知识和技能：

a）企业管理知识；
b）人力资源管理；
c）卫生经济学基础理论；
d）企业合规管理，数据合规（含人类遗传资源）、质量合规、反商业贿赂合规、反垄断合规、营销推广合规、医保诈骗合规、集中采购合规等重点领域的合规措施；
e）能够对企业合规发展提供专业意见；
f）能够建立专业合规咨询团队；
g）能够准确解释合规义务、目标和风险及其对于企业管理和业务的影响；
h）能够对企业合规管理重点领域提供专业合规意见。

7.5.3 领导合规审查

高级医药行业企业合规师应掌握以下相关知识和技能：

a）识别确定合规审查事项的原理和方法；
b）合规审查的内容、流程和方法；
c）合规审查工具、软件的应用；
d）能够从企业整体识别确定需要纳入合规审查的重点领域、重点环节和重点岗位清单；
e）能够对企业管理经营重点领域、重点环节、重点岗位进行全面合规审查；
f）能够提供专业审查意见和整改建议；
g）能够编制合规审查和建议报告，并跟进整改落实情况。

7.5.4 领导合规检查

高级医药行业企业合规师应掌握以下相关知识和技能：

a）计划管理与方案结构、内容与编制方法；
b）合规检查流程、内容、方法；
c）沟通、协调与访谈技巧；
d）能够指导和持续改进企业合规检查流程与制度；
e）能够策划企业年度合规检查计划；
f）能够指导、评审、改进合规检查方案；
g）能够指导实施合规检查；
h）能够在各部门之间协调沟通，推进合规检查顺利实施。

7.5.5 领导合规举报与调查

高级医药行业企业合规师应掌握以下相关知识和技能：

a）合规举报机制的组成和运行方法；
b）合规举报机制的技术措施和手段；
c）合规调查机制的程序和调查技巧；
d）合规调查报告编制方法；

e) 能够建立合规举报机制；
f) 能够监测管理合规举报机制运行；
g) 能够处理重大复杂的合规举报案件；
h) 能够处理外部监管执法机关对企业的调查；
i) 能够组织合规调查，编制合规调查报告。

7.5.6 领导违规纠正

高级医药行业企业合规师应掌握以下相关知识和技能：

a) 相关法律法规及制度规范；
b) 违规处理流程和方法；
c) 企业管理学控制理论；
d) 企业合规管理体系持续改进方法；
e) 能够制定违规处理规定或办法；
f) 能够依据法律法规和合规管理制度做出处理决定；
g) 能够优化并持续改进合规管理制度和实施机制。

7.5.7 领导合规信息管理

高级医药行业企业合规师应掌握以下相关知识和技能：

a) 合规信息管理的基本流程和内容；
b) 信息化管理系统、数据库、数据分析工具的应用；
c) 数据信息建模技术与方法；
d) 能够决定企业合规信息化建设总体方案，建立合规信息管理系统，监测管理合规信息管理系统运行。

7.5.8 领导合规考核

高级医药行业企业合规师应掌握以下相关知识和技能：

a) 绩效管理知识；
b) 合规考核内容、流程和方法；
c) 信息化管理系统、数据库、数据分析工具的应用；
d) 能够从企业战略实施需要，制定合规考核标准；
e) 能够组织合规考核，形成考核结果并应用于合规管理。

7.5.9 领导合规应急管理

高级医药行业企业合规师应掌握以下相关知识和技能：

a) 风险应对预案策划与管理；
b) 应急处置与沟通；
c) 能够根据医药行业特点、企业业务特征，建立可能发生的重大合规风险事件应对预案；
d) 能够对发生的重大合规风险事件，应急合规处置，最大限度化解风险、降低负面影响和损失。

7.6 合规管理体系有效性评估与改进

7.6.1 领导合规监测

高级医药行业企业合规师应掌握以下相关知识和技能：

a) 合规体系有效性监测流程、方法和内容；
b) 信息化管理系统、数据库、数据分析工具的应用；
c) 企业战略管理与合规管理的关系；
d) 合规监测报告编制方法；
e) 合规有效性指标设计方法；
f) 能够建立合规体系运行监测机制，设定体系有效性指标，建立监测路径和信息来源渠道，对合规体系运行进行持续监测；
g) 能够分析合规管理体系运行数据信息，评估合规管理体系状况，提出改进建议；
h) 能够对合规管理体系有效性指标的科学性进行分析，提出调整建议并实施；
i) 能够对合规管理体系的运行情况是否满足企业战略需要进行评审；
j) 能够制定合规监测报告。

7.6.2 领导合规报告编写

高级医药行业企业合规师应掌握以下相关知识和技能：

a) 合规治理原则及其涵义；
b) 合规管理体系结构要素和有效性评估知识；
c) 制度结构和编制方法；
d) 能够建立企业内部多途径合规管理报告机制；

e）能够设计合规报告指标和内容清单，指导、评审合规管理报告制度；

f）能够建立合规风险事件分类和即时报告制度；

g）能够全面总结合规管理工作情况，制定年度合规报告。

7.6.3 领导合规审计

高级医药行业企业合规师应掌握以下相关知识和技能：

a）合规管理理论；

b）管理体系内部审计流程、内容；

c）专业团队建设方法；

d）合规管理体系充分性、适宜性、有效性审计方法；

e）抽样技术与方法；

f）穿行测试技术、控制性测试与实质性测试技术；

g）能够制定合规审计计划和实施方案，并组织进行合规审计；

h）能够建立专业合规审计团队；

i）能够撰写合规审计报告。

7.6.4 领导有效性评估

高级医药行业企业合规师应掌握以下相关知识和技能：

a）人力资源管理；

b）合规管理评估依据；

c）合规有效性评估标准、指标、流程和方法；

d）合规有效性评估报告编制方法；

e）能够制定合规管理体系有效性评估标准和具体指标；

f）能够建立专业合规有效性评估团队；

g）能够组织人员开展有效性评估，收集并分析评估数据、指标，撰写合规有效性评估报告。

7.6.5 领导合规管理评审

高级医药行业企业合规师应掌握以下相关知识和技能：

a）合规管理体系评审要求、内容、形式和流程；

b）合规管理体系评审报告编制方法；

c）能够组织人员收集、整理和准备合规管理体系评审资料；

d）能够组织实施合规管理体系评审过程；

e）能够指导和撰写合规管理体系评审报告。

7.6.6 领导合规管理体系改进

高级医药行业企业合规师应掌握以下相关知识和技能：

a）合规管理体系框架、构成和运行；

b）合规管理体系改进要求、内容和流程；

c）能够依据监测、审计、评估和管理评审结果，结合企业战略实施需要，制定体系优化改进方案；

d）能够指导、评审和协调落实合规问题整改措施；

e）能够组织合规管理体系优化改进。

7.7 合规文化建设

7.7.1 领导合规文化推广

高级医药行业企业合规师应掌握以下相关知识和技能：

a）企业价值观塑造和文化建设；

b）合规文化内涵、形式和内容；

c）多媒体技术工具应用；

d）能够从企业使命、愿景、战略层面提炼总结企业合规文化；

e）能够指导、评审和组织制定合规文化建设规划和具体实施方案；

f）能够组织策划并实施内部和对外合规文化的宣传推广；

g）能够建立合规文化建设数据信息系统。

7.8 医药行业知识

7.8.1 熟练运用医药行业合规管理发展历史以及行业特性

高级医药行业企业合规师应能够熟练运用以下相关知识和技能：

a）医药行业的合规管理发展历史，能够基于对主要发达国家和我国医药行业合规管理的发展历史、形成历程的深入掌握，分析国际、国内医药行业合规管理要求，并分析行业合规管理发展趋势；

b）医药行业的基本特殊性与派生特殊性，能够运用特殊性分析医药行业。

7.8.2 熟练运用医药行业的法律监管框架

高级医药行业企业合规师应能够熟练运用以下相关知识和技能：

a）医药行业全部法律、行政法规、行政规章、规范性文件、政策；

b）医药行业研发环节的法律监管框架，能够建立和执行合规管理实施机制，以应对针对研发参与主体的准入、研发活动、研发后上市申请的法律监管要求；

c）医药行业生产环节的法律监管框架，能够建立和执行合规管理实施机制，以应对针对药品上市许可持有人制度、医疗器械注册人和备案人制度、生产准入、生产质量、上市后的质量的法律监管要求；

d）医药行业流通、经营、营销推广环节的法律监管框架，能够建立和执行合规管理实施机制，以应对针对准入、经营质量、营销推广等的法律监管要求。

7.8.3 熟练运用医药行业的合规监管体系

高级医药行业企业合规师应能够熟练运用以下相关知识和技能：

a）医药行业的监管机关，能够基于对监管机关职能职责的深入掌握，应对其监管要求；

b）医药行业的监管特点，能够基于对监管特点的内容以及形成原因的深入掌握，预测监管趋势。

7.8.4 熟练运用医药行业主要合规风险点

高级医药行业企业合规师应能够运用以下相关知识和技能：

a）临床合规（含人类遗传资源）相关合规风险，能够基于合规风控重点，建立和执行临床试验及其数据保护专项合规管理实施机制；

b）质量合规相关合规风险，能够基于合规风控重点，建立和执行质量控制和保证专项合规管理实施机制；

c）反商业贿赂合规相关合规风险，能够基于合规风控重点，建立和执行反商业贿赂专项合规管理实施机制；

d）反垄断合规相关合规风险，能够基于合规风控重点，建立和执行反垄断专项合规管理实施机制；

e）营销推广合规相关合规风险，能够基于合规风控重点，建立和执行推广营销专项合规管理实施机制；

f）医保诈骗合规相关合规风险，能够基于合规风控重点，建立和执行医保专项合规管理实施机制；

g）集中采购合规相关合规风险，能够基于合规风控重点，建立和执行集中采购专项合规管理实施机制；

h）其他医药行业的重要合规风险，能够基于合规风控重点，建立和执行相应的专项合规管理实施机制。

7.8.5 熟练运用医药行业合规管理实务

高级医药行业企业合规师应能够运用以下相关知识和技能：

a）医药行业合规管理体系框架，熟练运用医药行业合规管理体系模型、基本方法以及基本流程，搭建医药行业合规管理体系；

b）医药行业企业员工学术推广业务行为合规管理，熟练运用对学术推广活动的合规管理理论与实务，对医药企业员工学术推广业务行为开展有效合规管理；

c）医药行业企业违规行为调查、举报事件调查，熟练运用合规调查的类型、流程与方法，对违规行为调查、举报事件开展合规调查；

d）医药行业企业合规管理体系有效性评估，熟练运用合规管理体系有效性评估的内容、方法以及工具。

7.8.6 熟练运用医药行业第三方合规管理实务

高级医药行业企业合规师应能够运用以下相关知识和技能：

a）第三方合规管理基本理论，熟练运用医药行业企业对第三方进行合规管理的基本理论，对第三方开展有效合规管理；

b) 经销商合规管理，熟练运用医药行业企业对经销商进行合规管理的基本理论，对经销商开展有效合规管理；

c) 供应商合规管理，熟练运用医药行业企业对供应商进行合规管理的基本理论，对供应商开展有效合规管理；

d) 医疗卫生专业组织合规管理，熟练运用医药行业企业对医疗卫生专业组织进行合规管理的基本理论，对医疗卫生专业组织开展有效合规管理。

附录 A
（资料性附录）
医药行业企业合规师职业技术技能培训与考核指南

A.1 考核权重表

A.1.1 理论知识考核权重表

合规师职业技术技能评价理论知识考核权重表示例如表 A.1 所示。

表 A.1 合规师职业技能评价理论知识考核权重表示例

理论知识考核项目		专业技术等级 初级（%）	中级（%）	高级（%）
基本要求	职业道德	10	10	10
	理论知识	20	10	10
合规管理实务知识要求	合规管理规划和计划	0	10	15
	确定合规义务、合规风险评估与目标策划	15	15	10
	合规管理组织框架搭建与运行	5	10	10
	合规管理制度建立	15	15	10
	合规管理实施机制建立与执行	10	5	5
	合规管理体系有效性监测与改进	10	10	10
	合规监管应对、商业合规伙伴与其他利益相关方合规实务管理	5	5	5
	合规文化建设	5	5	5
	合规管理资源保障	5	5	10
合计		100	100	100

A.1.2 专业能力要求考核权重表

合规师职业技术技能评价专业能力要求考核权重表示例如表 A.2 所示。

表 A.2　合规师职业技能评价专业能力要求考核权重表示例

专业能力要求考核项目		专业技术等级 初级（%）	中级（%）	高级（%）
专业技术能力要求	合规战略规划和计划	5	10	15
	确定合规义务、合规风险评估与目标策划	25	15	10
	合规管理组织架构搭建与运行	5	10	10
	合规管理制度建设与完善	5	10	10
	合规咨询、合规审查、风险处置与化解、合规检查、举报与调查、违规问责等日常合规管理	20	15	10
	合规体系监控、报告、内部审计、有效性评估、管理评审、不合格/不合规纠正与持续改进	10	10	15
	合规监管应对、商业合作伙伴合规管理与其他利益相关方合规实务管理	15	15	10
	合规文化推广与合规意识培养	5	5	5
	雇佣合规、培训与沟通、文件化信息管理、合规考核、合规管理队伍建设、合规激励与约束、合规管理预算与合规管理信息化	10	10	15
合计		100	100	100

A.1.3　医药行业知识考核权重表

医药行业合规师职业技术技能评价医药行业知识考核权重表示例如表 A.3 所示。

表 A.3　医药行业合规师职业技能评价医药行业知识考核权重表示例

行业知识考核项目		专业技术等级 初级（%）	中级（%）	高级（%）
医药行业合规发展基本理论	医药行业的合规管理发展历史	15	10	5
	医药行业的基本特殊性及派生特殊性			
	医药行业的法律监管框架			
	医药行业的合规监管体系			
医药行业主要合规风险点	数据合规（含人类遗传资源）	35	35	35
	质量合规相关合规风险			
	反商业贿赂合规相关合规风险			
	反垄断合规相关合规风险			
	营销推广合规相关合规风险			
	医保诈骗合规相关合规风险			
	集中采购合规相关合规风险			
	医疗器械注册等其他相关合规风险			

续表

行业知识考核项目	专业技术等级	初级（%）	中级（%）	高级（%）
医药行业合规管理实务	医药行业合规管理体系框架	40	45	50
	医药企业员工学术推广业务行为合规管理			
	医药行业违规行为调查、举报事件调查			
	医药行业企业合规管理体系有效性评估			
医药行业第三方合规管理	第三方合规管理基本理论	10	10	10
	经销商合规管理			
	供应商合规管理			
	医疗卫生专业组织合规管理			
合计		100	100	100

A.2 职业培训要求

A.2.1 培训期限

医药行业企业合规师需按照本标准的职业要求参加有关课程培训，完成规定学时，取得学时证明。初级不少于 60 标准学时；中级不少于 40 标准学时；高级不少于 20 标准学时（其中初级 30 小时学习通用合规专业知识，其余 30 小时学习医药行业合规专业知识；中级 20 小时学习通用合规专业知识，其余 20 小时学习医药行业合规专业知识；高级 20 小时学习医药行业合规专业知识的学习）。如相关人员此前完成了符合要求的通用合规专业知识，经审核，可以免于学习初级 30 小时的通用合规专业知识学习。

A.2.2 培训教师

承担初级、中级理论知识和专业能力培训任务人员，应具有医药行业中级及以上专业技术等级或相关专业中级及以上职称或具有十年以上合规管理实践或研究的相关专业人士。

承担高级理论知识和专业能力培训任务人员，应具有医药行业高级专业技术等级或相关专业高级职称或具有医药行业十年以上合规管理实践或研究的相关专业人士。

A.2.3 培训场所设备

理论知识和专业能力培训所需场地为标准教室或线上平台，必备的教学仪器设备包括计算机、网络、软件及相关硬件设备。

A.3 专业技术考核要求

A.3.1 申报条件

取得初级培训学时证明，并具备以下条件之一者，可申报初级专业技术等级：

大专及以上学历（含在读的应届毕业生）。

从事企业合规相关工作满 1 年（不要求必须医药行业企业）。

取得中级培训学时证明，并具备以下条件之一者，可申报中级专业技术等级：

大专及大学本科学历，取得医药行业初级专业技术等级后开始计算，从事医药行业企业合规相关工作满 3 年。

具备硕士学位或第二学士学位，取得医药行业初级专业技术等级后开始计算，从事医药行业企业合规相关工作满 1 年；或具备硕士学位或第二学士学位，从事医药行业企业合规相关工作满 2 年。

具备博士学位，取得医药行业初级专业技术等级；或具备博士学位，从事医药行业企业合规相关工作满 1 年。

取得高级培训学时证明，并具备以下条件之一者，可申报高级专业技术等级：

大专及大学本科学历，取得医药行业中级专业技术等级后开始计算，从事医药行业企业合规相关工作满5年。

具备硕士学位或第二学士学位，取得医药行业中级专业技术等级后开始计算，从事医药行业企业合规相关工作满3年。

具备博士学位，取得医药行业中级专业技术等级后开始计算，从事医药行业企业合规相关工作满2年。

具备大学本科学历，累计从事医药行业企业合规相关工作满15年。

A.3.2 考核方式

从理论知识和专业能力两个维度对专业技术水平进行考核。各项考核均实行百分制，成绩皆达60分（含）以上者为合格。考核合格者获得相应专业技术等级证书。

理论知识考试采用笔试、机考方式进行，主要考查医药行业企业合规师从事本职业应掌握的基础知识和专业知识。专业能力考核采取论文及答辩的综合评审方式进行，主要考查医药行业企业合规师从事本职业应具备的实际工作能力。

A.3.3 监考人员、考评人员与考生配比

理论知识考试监考人员与考生配比不低于1∶15，且每个考场不少于2名监考人员；专业能力考核中的考评人员与考生配比不低于1∶10，且考评人员为3人（含）以上单数。

A.3.4 考核时间

各等级理论知识考试时间不少于120分钟；专业能力考核时间初级、中级不少于30分钟，高级不少于45分钟。

A.3.5 考核场所设备

理论知识考试所需场地为标准教室或线上平台，必备的考核仪器设备包括计算机、网络、软件及相关硬件设备；专业能力考核在具有相应设备和工具（软件）系统等条件的实训场所、工作现场或线上平台进行。

附录B
（资料性附录）
医药行业企业合规师相关基础知识

B.1 法律基础知识

a) 中华人民共和国反不正当竞争法；
b) 中华人民共和国反垄断法；
c) 中华人民共和国药品管理法、疫苗管理法、医疗器械监督管理条例等；
d) 中华人民共和国生物安全法、人类遗传资源管理条例等；
e) 中华人民共和国公司法、外商投资法等；
f) 中华人民共和国广告法；
g) 中华人民共和国刑法、刑事诉讼法等；
h) 中华人民共和国劳动法；
i) 中华人民共和国网络安全法、数据安全法、个人信息保护法等；
j) 中华人民共和国专利法；
k) 中华人民共和国基本医疗卫生与健康促进法；
l) 其他规范医药行业经营管理的法律法规、部门规章、政策文件等；
m) 国外相关法律，如反海外腐败法等。

B.2 规范医药行业经营管理的法律法规、部门规章、政策文件等

B.2.1 数据合规（含人类遗传资源）

a) 中华人民共和国网络安全法；
b) 中华人民共和国数据安全法；
c) 中华人民共和国个人信息保护法；
d) 中华人民共和国生物安全法；
e) 中华人民共和国人类遗传资源管理条例；
f) 数据出境安全评估办法；
g) 国家健康医疗大数据标准、安全和服务管理办法（试行）；
h) 药品记录与数据管理要求（试行）；
i) 信息安全技术健康医疗信息安全指南；
j) 其他规范医药行业数据合规的法律法规、部门规章、规范性文件等。

B.2.2 质量合规

a) 中华人民共和国药品管理法；
b) 中华人民共和国疫苗管理法；
c) 中华人民共和国产品质量法；
d) 中华人民共和国药品管理法实施条例；
e) 医疗器械监督管理条例；
f) 药品生产监督管理办法；
g) 药品流通监督管理办法；
h) 医疗器械生产监督管理办法；
i) 医疗器械经营监督管理办法；
j) 医疗器械使用质量监督管理办法；
k) 疫苗生产流通管理规定；
l) 其他规范医药行业质量合规的法律法规、部门规章、规范性文件等。

B.2.3 反商业贿赂合规

a) 中华人民共和国刑法；
b) 中华人民共和国反不正当竞争法；
c) 关于办理商业贿赂刑事案件适用法律若干问题的意见；
d) 国家工商行政管理局关于禁止商业贿赂行为的暂行规定；
e) 合规管理体系 指南（ISO19600：2014）；
f) 反贿赂管理体系（ISO 37001）（英文版）；
g) 中央企业合规管理指引（试行）；
h) 企业境外经营合规管理指引；
i) 其他规范医药行业反商业贿赂的法律法规、部门规章、规范性文件等。

B.2.4 反垄断合规

a) 中华人民共和国反垄断法；
b) 国务院关于经营者集中申报标准的规定；
c) 禁止垄断协议暂行规定；
d) 禁止滥用市场支配地位行为暂行规定；
e) 国务院反垄断委员会关于原料药领域的反垄断指南；
f) 短缺药品和原料药经营者价格行为指南；
g) 其他规范医药行业反垄断的法律法规、部门规章、规范性文件等。

B.2.5 营销推广合规

a) 中华人民共和国商标法；
b) 中华人民共和国广告法；
c) 中华人民共和国著作权法；
d) 中华人民共和国药品管理法；
e) 中华人民共和国反不正当竞争法；
f) 中华人民共和国药品管理法实施条例；
g) 医疗器械监督管理条例；
h) 药品、医疗器械、保健食品、特殊医学用途配方食品广告审查管理暂行办法；
i) 互联网广告管理暂行办法；
j) 药品流通监督管理办法；
k) 处方药与非处方药分类管理办法（试行）；
l) 处方药与非处方药流通管理暂行规定；
m) 关于进一步加强非处方药说明书和标签管理的通知；
n) 其他规范医药行业产品推广合规的法律法规、部门规章、规范性文件等。

B.2.6 医保诈骗合规

a) 中华人民共和国基本医疗卫生与健康促进法；
b) 中华人民共和国社会保险法；
c) 医疗保障基金使用监督管理条例；
d) 国家医保局、公安部关于加强查处骗取医保基金案件行刑衔接工作的通知；
e) 国家医疗保障局关于国家组织药品集中采购和使用试点医保配套措施的意见；
f) 其他规范医药行业医保合规的法律法规、部门规章、规范性文件等。

B.2.7 集中采购合规

a) 中华人民共和国政府采购法；
b) 中华人民共和国招标投标法；
c) 国务院办公厅关于推动药品集中带量采购工作常态化制度化开展的意见；
d) 关于开展国家组织高值医用耗材集中带量采购和使用的指导意见；
e) 国家医疗保障局关于建立医药价格和招采信用评价制度的指导意见；
f) 医药价格和招采信用评价的操作规范；
g) 医药价格和招采信用评级的裁量基准；

h）其他规范医药行业集中采购合规的法律法规、部门规章、规范性文件等。

附录 C
（资料性附录）
医药行业企业典型合规风险领域

C.1　数据合规（含人类遗传资源）

医药行业企业较之其他企业而言，既是数据的收集者又是数据的产出者，并且拥有和处理大量的隐私和敏感个人信息，不仅对个人而且对国家安全承担着重大责任。

医药行业企业研发阶段的数据合规风险，主要包括早期研究活动中患者数据的保护、临床研究及试验中患者信息的保护、人类遗传信息和材料的保护；医药行业企业商业化阶段的数据合规风险，主要包括医疗卫生专业人相关的数据风险（例如不当地信息收集等）以及患者相关的数据风险（例如业务活动中的患者信息收集等）。

主要的不合规行为包括不当处理个人隐私及敏感信息、未依法依规报批数据跨境、第三方数据违规违法行为等。

C.2　质量合规

为了保障药品和医疗器械在生命周期各阶段的安全性，我国对药品、医疗器械以及相关企业、机构有严格的质量控制和保证机制。

质量领域合规风险包括生产环节、经营环节、流通使用环节、监督管理环节发生的不符合质量控制和保证机制下监管要求的风险。

常见的不合规行为包括生产销售假药劣药、妨害药品管理等违法违规行为等。

C.3　反商业贿赂合规

药品和医疗器械关乎到人民群众的生命健康，医药行业出现商业贿赂，将极大地影响到人民群众的生命健康。国家非常重视医药行业的反商业贿赂，先后出台一系列法律法规以规范行业的营销行为。

商业贿赂合规风险存在于医药产品全生命周期。从临床试验及上市期间的权力寻租，到上市后违规招投标/采购、商业统方、销售流通，各环节都有产生商业贿赂合规风险的可能。

常见的不合规行为包括直接以现金的方式给予回扣；给予财产性利益；借"学术研讨会"的形式给医务人员支付虚假的讲课费、咨询费、会议费等。

C.4　反垄断合规

医药行业的垄断行为不单对市场经济秩序造成了损害，同时也损害了消费者、患者的利益，造成医保基金流失，不利于经济民主的实现。

不合规行为（垄断行为）包括达成垄断协议；滥用市场支配地位；排除、限制竞争效果的经营者集中，以及行政垄断。

C.5　营销推广合规

我国对医药行业的推广营销实行严格监管，最突出的体现是对药品、医疗器械广告的严格监管规定。

营销推广的合规风险主要存在于广告发布以及广告内容，例如精神药品等部分药品完全禁止广告，再如药品和医疗器械必须按照相关规范发布内容，且除符合例外情况外，发布前必须经过审查。

常见的不合规行为包括未经广告审查机关批准发布广告、未按照审查通过的内容发布药品和医疗器械广告、向公众发布处方药广告、超适应症推广、广告内容违反法律禁止性规定、虚假广告、有奖销售等情形。

C.6　医保诈骗合规

医药行业企业的员工参与、实施医保诈骗的行为，对企业本身构成现实的医保合规风险。

常见的不合规行为包括骗取医保基金用于违规享受医保待遇，以及使用他人医疗保障凭证冒名就医、购药的；通过伪造、变造、隐匿、涂改、销毁医学文书、医学证明、会计凭证、电子信息等有关资料或者虚构医药服务项目等方式，骗取医疗保障基金支出的。

C.7　集中采购合规

我国的医疗产品的采购方式从政府采购、医疗机构采购、第三方代理机构委托采购三种方式并存向"政府集采"为主导,其他方式为辅的新模式转变。我国建立了医药价格和招采信用评价制度对集中采购实施监管。

集中采购领域的合规风险主要产生于医药企业在定价、投标、履约、营销等方面的不合规行为。

常见的不合规行为例如在医药购销中,给予各级各类医疗机构、集中采购机构及其工作人员回扣或其他不正当利益;以低于成本的报价竞标,以欺诈、串通投标、滥用市场支配地位等方式竞标,扰乱集中采购秩序;无正当理由拒绝履行承诺事项、拒绝履行购销或配送合同等。

C.8 其他合规

《医药行业合规管理规范》列明的医药行业企业面临的其他合规风险领域。

8. RDPAC[①] 行业行为准则(2019 年修订版)[②]

(中国外商投资企业协会药品研制和开发行业委员会 2019 年 1 月发布)

主席致辞

尊敬的各位同仁:

中国作为世界第二大制药市场,近十年来在改善医疗卫生体系和规范制药行业方面都取得了重大进展。中国政府已制定了"健康中国 2030"规划作为国家战略的一部分,肯定了医疗卫生和疾病预防对中国发展的重要性。

与此同时,RDPAC 成员公司恪守各公司道德行为准则中的最高道德标准,承诺提高全中国患者的生活质量。因此,我们通过了 RDPAC 行业行为准则(2019),并严格遵守本准则的要求。本准则已纳入了 2019 修订版 IFPMA 指南中与医疗卫生专业人士及其他医疗卫生群体互动的关键更新内容,以适应不断变化的环境和社会要求。

我相信,RDPAC 所有会员公司都会严格执行本准则,并将此承诺不断传递到公司的每一个职能部门。我相信,我们会始终以合规、透明的方式运作,以保障中国患者的福祉。归根结底,处方决定必须符合道德标准,并始终以患者为中心。

我信赖你们的行动!

IFPMA 行为准则(2019)

序 言

以研发为基础的生物制药行业不同于其他行业,源于我们的产品发挥着延长和拯救生命的重要作用。鉴于我们业务的特性,社会对于这一行业有非常高的期待,在我们未达到期待时的批评也非常严厉。毫无疑问,这一行业在帮助改善全球健康方面为社会带来了巨大的价值,但我们也深刻的认识到,我们永远不能满足于现有的成就。行业的特性要求我们赢得并维持患者的信任,因此我们行业超过两百万的从业人员均秉承更高的标准。信任是我们行业的命脉。毫无疑问,关键的道德和安全价值观必须嵌入到这个高度监管的行业中。

如今,在这个变化越来越快、越来越相互关联的世界里,随着社会期望的提高,我们如何赢得和保持信任是至关重要的。信任是信誉的基础,是创新的基础。没有道德决策的指引就没有真正的创新。以正确的方式行事可以创造竞争优势,从而保障股东利益。道德的商业行为仍面临持续的挑战。在瞬息万变的环境里,几年前可以接受的商业惯例在今天可能已不再适用。因此,IFPMA 的使命是在更高的社会期待的基础上建立和推行整个行业的道德原则标准。

---

① 中国外商投资企业协会药品研制和开发行业委员会。
② 编者注:《RDPAC 行业行为准则(2022 年修订版)》将于 2023 年 4 月 1 日生效,详见 http://www.rdpac.org/index.php?r=site%2Fresource&type=1。

我们的行为准则于 1981 年首次起草，是所有行业中的首个行为准则文件。最初，关于药物疗效和副作用的正确信息传递是该准则的核心。如今，通过定期更新，关于合规的期望更加全面。经过几十年的更新和修订，该准则为临床研究、服务费、继续医学教育支持等制定出一个基于规则的合规框架。许多地方和区域协会以 IFPMA 准则作为其行为准则的指南。

在 2012 年完成的上一次准则修订中，它的范围从市场推广行为延伸出来，覆盖了与医疗卫生专业人士、医疗机构和患者组织的所有交往活动。

如今，在新的准则中，我们进一步提高了标准。我们在全球范围内禁止任何 IFPMA 成员公司以及所有 IFPMA 的相关区域或国内协会的成员公司提供礼品。新修订的准则更加凸显其原则导向的基础，力求体现对商业诚信的更深更广的认识。

我们是否能够做到百分之百正确？不，我们正视犯错的可能性。有了这个新准则，我们重申我们的承诺，即在错误发生时采取行动。我们认真对待这些问题，因为在医疗领域中，信任是我们所做的一切的核心，这种信任是通过行动逐步建立起来的。一家公司的声誉可能在一夜之间一落千丈，也可能会导致整个行业的声誉受损。

在 IFPMA，我们通过会员公司及各国协会成员倡导诚信、道德和合规。全面实施修改后的新准则要做到言出必行，依监管行事。与所有事情一样，这是一项正在进行的工作，我相信还有更多的工作需要完成。但我们永远不会停止改进的步伐。

目　录

IFPMA 核心理念
RDPAC 行业行为准则
第一条　范围与定义
　1.1 范围
　1.2 定义
第二条　医学互动交流活动的基本原则
　2.1 医学互动交流活动的基本原则
　2.2 医学互动交流活动的透明度
第三条　药品获得上市许可之前的信息交流及在药品标明的适用范围之外使用药品
第四条　推广信息的标准
　4.1 药品信息的一致性
　4.2 准确和不误导
　4.3 实证
第五条　印刷推广材料
第六条　电子版推广材料，包括音像制品
第七条　与医疗卫生专业人士的医学互动交流活动
　7.1 医学互动交流活动
　　7.1.1 涉及出国的医学互动交流活动
　　7.1.2 医学互动交流活动中的药品推广信息
　　7.1.3 适当的地点/住宿
　　7.1.4 限制
　　7.1.5 娱乐
　7.2 赞助
　7.3 服务费
　7.4 礼品及其他
　　7.4.1 禁止提供礼品
　　7.4.2 推广辅助用品
　　7.4.3 为提高医疗及病患服务的医用物品
　　7.4.4 为提高病患服务的信息及教育物品
第八条　样品
　8.1 样品
　8.2 有效控制和责任落实
第九条　临床研究和透明度
　9.1 透明度
　9.2 与推广行为的区别
第十条　与医疗机构的互动
　10.1 资助
　10.2 商业赞助
　10.3 专家咨询会议
第十一条　对医学继续教育的支持
第十二条　公司程序与职责分配
　12.1 程序

12.2 培训
12.3 药品推广材料的审批
第十三条 对准则的违反，投诉与准则的执行
附件一 IFPMA 关于赞助互动交流活动的指南说明
附件二 IFPMA 关于服务费的指南说明
附件三 投诉和争议解决规程
附件四 RDPAC 会员公司

IFPMA 核心理念

国际制药企业协会联盟（IFPMA）的以研发为基础的生物制药会员公司致力于研发最新的药物和疫苗，按照药品和医疗保健的所有规章制度，以合乎道德的方式开发、推广、销售和分销这些产品。在此过程中，他们向医疗行业提供最新的科学和教育信息以提高其对患者可用的治疗方案的理解，并支持高质量的病患服务。

IFPMA 采取了新的方式，从基于规则的准则规定转变为基于诚信、价值观和原则的文化——最重要的是，还要获得患者的信任。核心理念塑造了以研发为基础的生物制药行业如何基于关怀、公平、尊重和诚实的核心价值观来维持信任，以符合不断变化的社会期望。这些核心理念有助于灌输道德和诚信的文化，以指导我们的商业行为以及 IFPMA 成员与医疗行业各方之间的互动。

这些核心理念为 IFPMA 行为准则提供了支撑，并搭建了不论情况如何棘手时以诚信行事的框架。

我们的核心理念 – 建立信任的文化

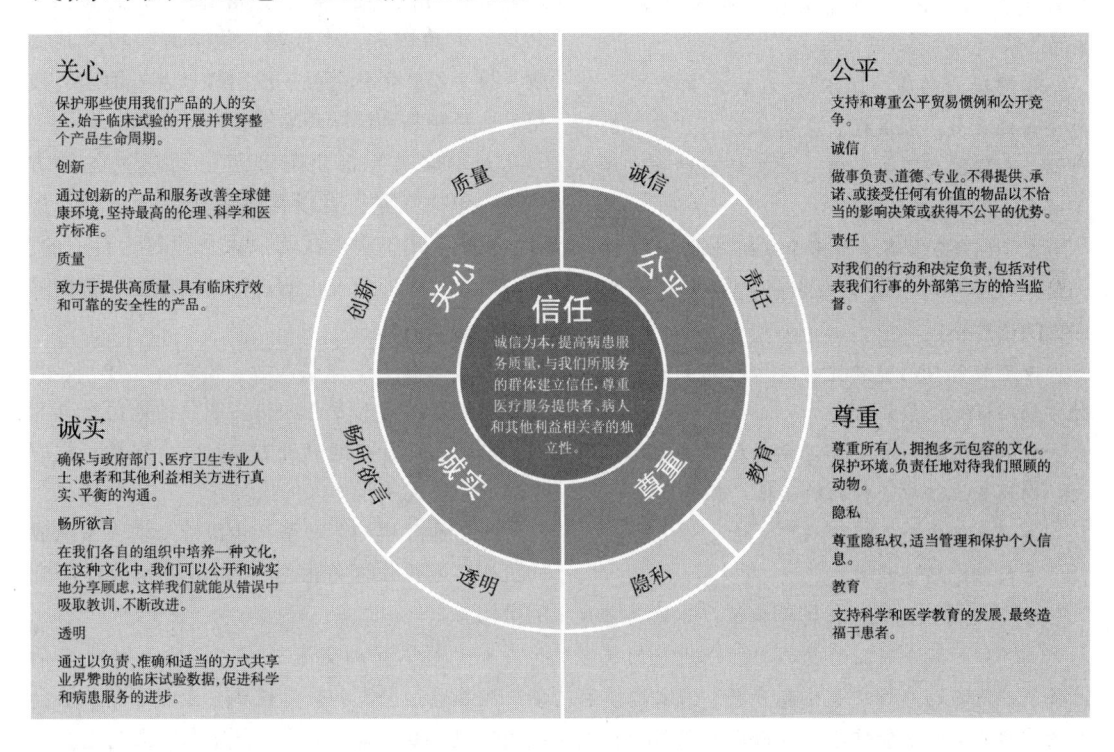

关心
保护那些使用我们产品的人的安全，始于临床试验的开展并贯穿整个产品生命周期。

创新
通过创新的产品和服务改善全球健康环境，坚持最高的伦理、科学和医疗标准。

质量
致力于提供高质量、具有临床疗效和可靠的安全性的产品。

诚实
确保与政府部门、医疗卫生专业人士、患者和其他利益相关方进行真实、平衡的沟通。

畅所欲言
在我们各自的组织中培养一种文化，在这种文化中，我们可以公开和诚实地分享顾虑，这样我们就能从错误中吸取教训，不断改进。

透明
通过以负责、准确和适当的方式共享业界赞助的临床试验数据，促进科学和病患服务的进步。

公平
支持和尊重公平贸易惯例和公开竞争。

诚信
做事负责、道德、专业。不得提供、承诺、或接受任何有价值的物品以不恰当的影响决策或获得不公平的优势。

责任
对我们的行动和决定负责，包括对代表我们行事的外部第三方的恰当监督。

尊重
尊重所有人，拥抱多元包容的文化。保护环境。负责任地对待我们照顾的动物。

隐私
尊重隐私权，适当管理和保护个人信息。

教育
支持科学和医学教育的发展，最终造福于患者。

信任
诚信为本，提高病患服务质量，与我们所服务的群体建立信任，尊重医疗服务提供者、病人和其他利益相关者的独立性。

RDPAC 行业行为准则
（2019 年修订版）

第一条　范围与定义

1.1 范围

RDPAC 行为准则（以下也称"RDPAC 准则"）的规范对象是会员公司与医疗卫生专业人士及医疗机构之间的医学互动交流活动，以及药品的推广活动。

注释 1-5：

1. RDPAC 准则适用于 RDPAC 会员公司。非 RDPAC 会员的制药公司不在 RDPAC 准则的规治范围之内。RDPAC 鼓励非会员公司和其他需要向医疗卫生专业人士推广药品或服务、或需要与医疗卫生专业人士、医疗机构开展互动交流活动的组织都能遵守与 RDPAC 准则所规定药品推广及相关互动交流道德标准相类似的道德行为标准。

值得注意的是，RDPAC 准则适用于所有会员公司的雇员，以及代表公司执行工作任务的分包商，如咨询公司或人员、外包的医药代表或公关公司或人员。

2. RDPAC 准则不适用于下列活动：

● 直接针对一般公众所进行的处方药推广（即 DTC 广告）；

● 直接针对消费者就自我诊疗药品进行的非处方药（OTC）推广；

● 价格或其他有关药品供应的商务条款，包括：向商业性组织进行的药品推广和营销；

● 某些特定形式的非推广类信息与活动；

● 对医疗器械的推广。

3. 不适用 RDPAC 准则的非推广类信息可包括为回答针对某个药品的具体问题而进行的往来函件及其附随的非推广类信息资料。有关会员公司的非推广类的一般信息（如面向公司投资者及现有的或未来的员工提供的信息），包括财务数据、公司研发项目介绍、及有关影响公司及其产品的药事管理最新进展的讨论等，也不适用 RDPAC 准则。

4. RDPAC 准则适用于向医疗卫生专业人士进行的非处方药的推广，而不适用于向消费者进行的非处方药的推广。

5. RDPAC 准则适用于向既是有业务关系的商业性组织同时也是医疗卫生专业人士的主体进行的药品推广和营销，比如药剂师自有的药店。在与此类主体的往来中，会员公司应尊重和重视其作为医疗卫生专业人士的角色定位，并相应遵守 RDPAC 准则的要求。

RDPAC 鼓励公司间的竞争并且不限制或规范向消费者供应药品的商业交易条款。

1.2 定义

在 RDPAC 准则中：

● "药品"指根据《中华人民共和国药品管理法》第 100 条的规定用于预防、治疗、诊断人的疾病，有目的地调节人的生理机能并规定有适应症或者功能主治、用法和用量的物质，包括中药材、中药饮片、中成药、化学原料药及其制剂、抗生素、生化药品、放射性药品、血清、疫苗、血液制品和诊断药品等。

● "推广"指由某会员公司通过各种方式——包括互联网，以促进其药品的处方、推荐、供应、用于病人或为病人自用等为目的的，针对医疗卫生专业人士所进行的或组织、赞助的任何行为或活动。

● "医疗卫生专业人士"指医疗、牙科、药剂或护理领域中的专业人员，或其他任何在其专业活动中可能开具药品处方或推荐、采购、供应药品或将药品用于病人的人员。

● "医疗机构"一般指由医疗专业人士组成的机构，或提供医疗服务、和/或进行医疗研究的机构。

● "医学互动交流"或"医学互动交流活动"是指会员公司向医疗机构、专业学会及协会或医疗卫生专业人士提供、从其获得或与之交流医学和/或科学信息的活动。

● "会员公司"指依法在中国境外成立或组建、在中国境内有实质性投资或经营性投资并成为 RDPAC 会员公司的研发类制药企业，包括外商投资企业或其他由前述中国境外研发类制药企业在中国依法设立的机构。

第二条 医学互动交流活动的基本原则

2.1 医学互动交流活动的基本原则

会员公司与医疗卫生专业人士和其他利益相关人士开展医学互动交流活动的目的是造福患者和提高医疗水平。医学互动交流活动的重点应集中在向医疗卫生专业人士传达药品信息、提供科学及教育方面的资讯、以及支持医学研究和教育。

2.2 医学互动交流活动的透明度

会员公司共同致力于合法前提下通过适当地公开与医疗机构、相关专业学会及协会、以及医疗卫生专业人士的医学互动交流活动，逐步提高医学互动交流活动的透明度，提升监管机构以及公众对会员公司及整个行业的信任度。

对于由会员公司赞助的、与药品及其使用相关的材料，无论其性质是否属于推广，均应明示该材料系由某会员公司赞助。

对于由会员公司组织或赞助的医学互动交流活动，无论其性质是否属于推广，均应在合法前提下通过日程、条幅、海报或其他方式明示由某会员公司组织或赞助。会员公司不得对其学术活动作任何形式的隐藏或掩饰。如果会员公司赞助第三方组织的医学互动交流活动，则需在主办方知情并同意的情况下做出上述披露。

会员公司内部应有完整的记录和备案系统，通过合理清晰的分类，准确地记录有关医学互动交流活动涉及的费用、提供给医疗卫生专业人士的相关利益等。费用类别可包括但不限于捐赠、资助、赞助、会议费、讲课费、咨询费等。明确区分与医疗机构及医疗卫生专业人士互动产生的费用和内部员工费用。

医学互动交流活动的开展须以医疗卫生专业人士的知情同意为前提。尤其针对电子邮件推送、社交媒体等线上互动活动，应确保获得相关的知情同意并授权后，再开展相关活动。

注释6：

6. 当公司以资助或其他方式安排将其推广材料刊登在有相关资质的纸质或电子媒体上，这些推广材料不得有使人误解其为独立的编者评论之嫌。

第三条 药品获得上市许可之前的信息交流及在药品标明的适用范围之外使用药品

会员公司在其药品获得中国药品主管部门颁发的上市（生产或进口）许可之前，不得从事为在中国上市使用该药品而进行的推广活动。

上述规定不应影响科学界及公众对科学和医学发展动态的充分知情权。它既不限制对药品的科学信息作充分适当的沟通，包括通过专业的科学或大众媒体以及在专业的科学交流会议上公布有关药品的科研结果，也不限制应相关法律、法规、准则或规章的要求或号召向利益相关人士和其他人公开披露药品信息。

注释7：

7. 会员公司在药品获得上市许可前，或就药品说明书之外的信息与医疗卫生专业人士的互动交流，无论以口头或书面形式进行，均应由会员公司医学专业人员进行或在医学专业人员的监督下进行。

对药品获得上市许可之前信息交流的禁止并不妨碍在遵守各项法律法规和行政规章的前提下开展的药品慈善使用项目。会员公司应努力确保有关药品慈善使用项目的信息交流活动不演变为某个未获得上市许可的药品的推广活动。

第四条 药品推广信息的标准

4.1 药品信息的一致性

药品信息推广应与中国药品主管部门批准的药品信息相一致。在遵守药品信息推广应与中国药品主管部门批准的药品信息相一致的要求同时，中国的医疗卫生专业人士应及时获得在世界其他国家传播的药品信息。

注释8：

8. 会员公司应根据中国药品行政法律法规的要求或在其他适当的情况下提供与其在其他国家所提供的信息相同的主要产品信息（如：药品使用禁忌及警示、预防措施、副作用和剂量等）。

4.2 准确和不误导

推广信息应当清楚、易理解、准确、客观、公正、和高度完整，足以使受众能就有关药品的治疗价值形成自己的观点。药品推广信息应以对所有相关证据所作的最新评估为依据，并清楚地记载相关证据事实。推广信息不应通过曲解、夸大、过分强调、忽视、或其他方式误导相对人。推广者应尽最大努力避免使推广信息出现内容上的模糊不清。在给出绝对的和无所不包的论断时应十分谨慎，其必须以充分的论证和实证为基础。一般应避免使用诸如"安全"、"无副作用"之类的描述性用语，如需使用也须有充分的科学论证。

注释9：

9. 对医学和科学文献或对个人交流文件的摘录应忠实于原文（法规和规章要求对原文进行改编和修订的除外，在此情况下应清楚显示所作的改编和修订），并准确地注明出处。对文献的摘录不应曲解作者的真实意图或文献所记载的研究工作的重要性。

4.3 实证

药品推广信息应能通过对已经批准的药品说明书或科学证据的引用而得到证实。当医疗卫生专业人士要求提供上述实证资料时，推广者应向其提供。会员公司应客观对待要求获取有关药品信息的善意请求，并应根据不同查询者的具体情况提供适当的药品信息。

注释10：

10. 对两种不同药品的比较式表述仅可针对有对应性和可比性的内容进行，且应加以充分的实证。在可以进行比较式表述的情况下，比较式表述应不引起误解。

第五条　印刷推广材料

在遵守中国法律、法规各项规定的前提下，所有印刷推广材料均须清晰易懂，并包括以下必备内容：

（a）药品名称（通常为药品的商品名）；

（b）药物活性成份（应尽可能地使用经批准的名称）；

（c）制药公司或药品代理公司的名称及地址；

（d）推广材料制作的日期；

（e）处方信息概要，包括已经批准的一项或多项适应症、用法用量，以及对禁忌症提示和副作用的简要说明。

注释11：

11. 科学或医学文章的翻印本在单独使用时不构成"药品推广材料"，因其非由制药公司制作；但如果将它们连同由制药公司制作的其他文件一起发送到医疗卫生专业人士手中，则这些翻印本就转变为药品推广材料。一旦某个推广材料中提及或者包含了科学或医学的论文或研究报告，或这些论文报告与推广材料一起被发送给相对人时，推广人均应对论文或报告的出处清楚说明。对任何选自某论文或研究报告、并被包含在推广材料中，或与推广材料一起被发送给相对人的非文字信息（包括图表、示图、照片或者表格等）的翻印，推广人均须清楚地注明出处，且翻印应忠实于原文。

第六条　电子版推广材料，包括音像制品

电子版推广材料应遵守与印刷形式推广材料相同的各项要求。就与药品有关的网页而言：

（a）制药公司的名称以及推广所针对的受众应一目了然；

（b）推广内容应适合于其所针对的受众；

（c）其制作（内容、链接等）对其所针对的受众而言应适当、清晰；

（d）针对中国市场的信息应符合中国法律法规的各项规定。

第七条　与医疗卫生专业人士的医学互动交流活动

7.1 医学互动交流活动

7.1.1 涉及出国的医学互动交流活动

会员公司不得组织或赞助医疗卫生专业人士赴其本国以外参加医学互动交流活动（包括赞助个人参加满足如下第7.2条所述条件的活动），除非满足IFPMA行为准则（2019）以及IFPMA关于赞助互动交流活动的指南说明（以下称"IFPMA赞助指南"）所提供的原则和要求。

注释 12：

12. 会员公司只可在理由充分的情况下组织医疗卫生专业人士赴其本国以外参加医学互动交流活动；所谓"理由充分"是指：

（a）有关活动所邀请的大部分医疗卫生专业人士都来自其本国以外，且出于会议行程及安全的考虑，在境外举办该活动更为合理；或者

（b）作为有关活动主题的相关资源或专家均在医疗卫生专业人士本国以外 RDPAC 准则所指的"本国"是指相关医疗卫生专业人士执业的国家。

此外，会员公司在评价医学互动交流活动地点或场所的适当性时，或者在决定是否赞助医学会等第三方组织的医学互动交流活动时，或者在审查会议官方宣传材料和网站时，应按照 IFPMA 赞助指南所提供的标准进行评价。该指南的具体内容请见本准则附件一，或参考在 IFPMA 官网发布/更新的该指南文件（https：//www.ifpma.org/resources/publications/）。

7.1.2 医学互动交流活动中的药品推广信息

药品推广者可在国际科学大会或座谈会上通过展台或直接分发给与会者的方式推广某个/些尚未在会议所在国获得上市许可、或虽获得上市许可但许可的内容和条件与其他国家有所不同的药品，但还须同时满足以下几项条件：

• 会议所在国法律允许进行此种推广活动。

• 会议本身应当是真正意义上的国际科学会议，大多数讲者和与会者应来自会议所在国以外的其他国家；

• 尚未在会议所在国注册的药品推广材料（不包括本准则第 7.5.2 中的推广辅助用品）应包含该药品已在哪些国家获得上市许可的适当说明，同时清楚声明该药品尚未在会议所在国获得上市许可；

• 如药品推广材料中包含在会议所在国之外的其他国家批准的药品处方信息（适应症、警告等），则推广材料应清楚声明该药品在全球各国所获得的上市许可的内容和条件有所不同。

7.1.3 适当的地点/住宿

医学互动交流活动举办的地点应适当且以有助于实现其科学、教育及会议本身的目的为宗旨。会员公司应避免选择名胜或铺张奢侈的地点举办医学互动交流活动。在选择医学互动交流活动的适当地点时还应遵守本准则第 7 条及 IFPMA 赞助指南相关原则和要求。

注释 13：

13. 会员公司应谨慎选择会议的举办地，以尽量减少参会者的旅行，并避免造成铺张奢侈的公众形象，避免选择与奢侈的娱乐活动相关联的场所，如 SPA、温泉、度假酒店、滑雪、高尔夫、赌博、邮轮等。IFPMA 赞助指南所提供的其他原则和要求详见本准则附件一，或参考在 IFPMA 官网发布/更新的该指南文件（https：//www.ifpma.org/resources/publications/）。

会员公司可提供/负担与会议相匹配的交通，但应避免可能造成铺张奢侈公众形象的交通服务。

除此之外，会员公司可以为参会的医疗卫生专业人士支付包括房费和房费所包含的税金、符合 RDPAC 准则标准的合理餐费、茶点及合理的互联网使用费等在内的食宿费用，但不得支付其他的酒店服务费，如私人用酒吧账单、电影、洗衣、电话及酒店其他服务费用。旅行费用的支付可包括地面交通费及其税金和参会者本人的旅行保险费。此外，会员公司应当确保为参会的医疗卫生专业人士所购买的车、船、机票等不被挪作私用。

7.1.4 限制

附属于医学互动交流活动的招待仅可提供给：

• 医学互动交流活动的参会者。会员公司不得支付应邀参会的医疗卫生专业人士的随行客人的任何费用；且

• 用于招待的支出按当地标准应当是中等适度和合理的。一般而言，招待的费用不应超过参会者通常的自付费用标准。

可提供的附属于医学互动交流活动的招待应限于：(1) 场地和住宿，(2) 交通，(3) 餐饮

和小食。

招待时间

招待需与医学互动交流活动期间相匹配，任何明显不合理地早于或晚于活动时间的招待费用均不应承担。

禁止津贴

会员公司不得就参加医学互动交流活动向医疗卫生专业人士（包括讲者和参会者）承担或支付任何形式的津贴（如按天支付的补助），或对其差旅时间或未能工作时间的补偿。

注释14：

14. 本条规定的"中等适度和合理的"应解释为每人每餐不超过人民币300元。在极少数特殊情况下需超出上述用餐标准的，须得到公司总经理或其特别授权的代理人的批准和认可。

7.1.5 娱乐

会员公司不应提供或支付任何娱乐活动或其他休闲及社交活动。

注释15：

15. 应无例外地禁止会员公司向医疗卫生专业人士和其他利益相关方提供娱乐、休闲和社交活动。会员公司在组织医学互动交流活动时，可以向与会者提供附属于活动的合理餐饮和小食。此外，会员公司可以以工作餐形式，与医疗卫生专业人士进行以医学、科学和教育为主题的医学互动交流。会员公司不得向参会者提供音乐会或娱乐节目的入场券或支付任何形式的娱乐活动，但可以提供非由会员公司支付的、在互动交流活动举办地播放的背景音乐或进行的本地表演。

注释16：

16. 会员公司不应在任何推广活动中组织"幸运抽奖"类的活动，或在第三方组织的抽奖活动中为奖品支付费用；但可以在药品推广活动现场进行的有奖问答或竞猜活动中提供RDPAC准则规定的推广辅助用品。

7.2 赞助

在满足以下条件的前提下会员公司可赞助医疗卫生专业人士参加医学互动交流活动：

（a）有关医学互动交流活动符合本准则第7.1条关于招待活动的规定；

（b）对医疗卫生专业人士的参会赞助只限于对旅行、餐费、住宿及会议注册费的支付；

（c）对医疗卫生专业人士的参会时间不得作任何补偿；

（d）在任何情况下会员公司均不得向医疗卫生专业人士或医院科室直接支付任何款项，或直接将赞助资金转入其账户；并且

（e）对医疗卫生专业人士任何参会赞助不得以其对某药品的处方、推荐、采购、供应、使用或推广等义务为条件。

7.3 服务费

医疗卫生专业人士通常作为顾问提供以下服务：

• 作为医学互动交流活动的讲者和/或主持人；

• 参与付费的医学或科学研究、临床试验或培训；

• 在专家小组会议中提供咨询服务。

会员公司在对上述服务作安排时，须确保其安排满足以下条件：

服务协议

（a）在开始提供服务之前须确定并记录需要有关服务的正当理由。

（b）双方须在开始提供服务之前签订有关服务内容和服务费计费依据的书面协议。

医疗卫生专业人士的选择及管理

（c）所聘医疗卫生专业人士的人数不得超过实现服务目的所需要的合理人数。

（d）对所聘医疗卫生专业人士的选择必须完全基于客观标准，包括但不限于所受教育、医学知识、专业技能、某治疗领域的经验以及技能等等，并且须与所需服务的正当理由直接相关。所聘医疗卫生专业人士的选择必须在服务提供前经过具备相应技能并且独立于销售职能的部门的专业验证，以确保其满足上述客观标准并能实现上述正当理由。

公平市场价值及服务费管理

（e）向医疗卫生专业人士支付服务费或报销

的标准须合理并符合公平市场价格标准。

（f）此外，各会员公司应制定其对每个医疗卫生专业人士所支付的服务费上限。例如向每个医疗卫生专业人士所支付的年度讲课费次数上限、金额上限，以及公司服务次数的年度上限等。

（g）下列限制特别适用于仅在公司提供讲者培训后发生的讲课服务：原则上，当讲者与其他参会人员来自于同一科室时，禁止支付讲课费。

禁止性原则

● 不得以聘用医疗卫生专业人士提供相关服务作为诱导其开具处方、推荐、采购、供应和/或使用任何药品的条件；

● 收集处方信息不属于向医疗卫生专业人士付费的合法服务；

● 会员公司在任何情况下不应以现金或现金替代物支付本条下的服务费。

注释17：

17. 当会员公司聘用医疗卫生专业人士在会议中担当讲者时，公司对医疗卫生专业人士的补偿可包含其实际支出的旅行和住宿费。

IFPMA提供了《关于服务费的指南说明》，请参考在IFPMA官网发布/更新的该指南说明（https：//www.ifpma.org/resources/publications/）。

上述有关现金支付与合同的要求不适用于某些由企业独立的市场调研部门所领导的市场调研项目。对于这种市场调研项目应该遵循市场调研行业的行为守则。（ICC/ESOMAR INTERNATIONAL CODE ON MARKET AND SOCIAL RESEARCH.）

7.4 礼品及其他

本部分所涉及的各类被允许提供的物品，均不得以对某药品的处方、推荐、采购、供应、使用或推广等义务作为条件。

7.4.1 禁止提供礼品

会员公司不应向医疗卫生专业人士提供（无论是直接提供或是通过诊所和机构提供）个人礼品（如：体育或娱乐项目的入场券，社交或风俗礼品等）。禁止提供现金、现金替代物或者个人服务。个人服务包括任何与医疗卫生专业人士的职业无关、仅医疗卫生专业人士个人获益的服务。

7.4.2 推广辅助用品

推广辅助用品是指用于药品推广的非现金价值物品（不包括第5条和第6条中的推广资料）。

禁止向医疗卫生专业人士提供用于处方药推广的推广辅助用品。

写字用笔和记事本仅可在公司自办会议（包括公司在第三方会议中举办的卫星会）上、且满足"仅标注公司名称"、"最小价值"、及"数量仅限为满足公司自办会议目的"的前提下方可向医疗卫生专业人士提供。

禁止提供的推广辅助用品包括便利贴、鼠标垫、日历等。

在满足"最小价值"及"最少数量"的前提下，会员公司仅可在推广非处方药品时向医疗专业卫生人士提供与其执业工作相关的推广辅助用品。

本条规定的"最小价值"应解释为每件物品的价值不得超过人民币100元。

7.4.3 为提高医疗及病患服务的医用物品

会员公司可向医疗卫生专业人士提供价值适度、不超出日常执业工作范围、且有助于其实现医疗和病患服务的医用物品。

即使单个医用物品符合要求，对医用物品的提供也只能偶尔为之。

医用物品可以带有公司名称而不可带有产品名称，除非产品名称对于患者正确使用该医用物品而言是必须的。

应由医疗卫生专业人士或其雇主自行承担费用的日常执业工作物品包括听诊器、手术手套，血压计和针头等。

单个医用物品的价值不得超过人民币500元。

7.4.4 为提高病患服务的信息及教育物品

会员公司可向医疗卫生专业人士提供帮助其或其患者学习疾病及其治疗手段的信息或教育物品，前提是这类物品主要用于教育目的且不具有额外价值。

向医疗卫生专业人士提供的信息及教育物品可带有公司名称而不可带有产品名称，除非产品名称对于患者正确使用该医用物品而言是必须的。

书籍和订阅的费用必须合理。其他信息或教育物品的价值应当适度。

第八条　样品

8.1 样品

根据中国法律、法规，为使医疗卫生专业人士充分了解相关药品的知识以便更好地服务于病患，会员公司应该直接把限量样品提供给医疗机构，并使用有资质的第三方进行样品递送。所有样品均应被清楚标注，以防止其被转卖或以其他方式被滥用。

8.2 有效控制和责任落实

会员公司应对通过医疗机构提供给医疗卫生专业人士的样品建立有效的控制和责任机制，包括对样品的分发、交付、验收。

第九条　临床研究和透明度

9.1 透明度

会员公司致力于提高由其参与支持的临床试验的透明度，并意识到使执业医师、患者和其他人可从公开渠道获得临床试验信息符合公共健康的最大利益。而对此类信息的公布又必须严格保护个人隐私、知识产权、契约利益，并遵守现行专利法的立法、行政及司法理论与实践。

会员公司应依照由国际制药企业协会联盟、欧洲制药企业协会联盟、日本制药企业协会、及美国药品研发与制造商协会共同发布的《通过临床试验注册平台与数据库公开临床试验信息的联合声明（2009）》，以及《在科学文献中公开临床试验结果的联合声明（2010）》公开临床试验的信息。

9.2 与推广行为的区别

所有对人体进行的科学研究均须有正当的科学目的。对人体进行的科学研究，包括临床试验和观察性试验，均不得成为隐藏或掩饰的药品推广活动。

注释18：

18. 临床评估、药品上市后监测、药品临床反应、及药品获得上市许可后的评估等（以下统称"临床研究"）均须以科学和教育为目的，而不得作为一种隐藏或掩饰的药品推广活动。当前述临床研究需要以样本量来计算统计学的把握度时，应以实现临床研究的目标为宗旨对样本量做适度的规划，使其不过度超出恰当的统计学把握度、且系基于主要终点指标计算出的样本量。会员公司为此类临床研究而支付给医疗卫生专业人士的报酬应当是合理的，且应与医疗卫生专业人士付出的劳务成正比。

第十条　与医疗机构的互动

会员公司提供财务资助给医疗机构时须遵循以下基本原则：

（a）提供给有一定声誉的机构（而非个人或科室）；

（b）财务资助需有一个明确的、合法的目的；

（c）双方须签署书面协议以提高资金流转和记录的透明性，从而进一步确保资金被用于约定好的用途；

（d）要求把资金直接支付给接受资助或赞助的机构；

（e）高度鼓励在提供支持前进行尽职调查。

10.1 资助

会员公司可提供财务资助给医疗机构进行独立的活动，包括但不限于医学教育或科学研究等。

提供资助的目的是帮助医疗卫生专业人士掌握疾病治疗领域和相关干预方法的最准确的医疗信息和观点，这对改善病患服务、提升医疗卫生专业人士的诊疗知识，整体提升医疗卫生系统的服务水平极为重要。

会员公司可以提供财务资助给医疗机构进行独立的医学教育或科学研究，且须遵守以下规定：

（a）双方签署的协议内容包括该活动/项目的目标和预期结果；

（b）会员公司不得获取任何直接的利益作为回报，如服务、冠名授权等。单纯对公司支持的致谢（例如，在非推广性的字段中体现公司名称或展现公司标识）不被认定为利益回报。

（c）该活动/项目应遵守本准则第 7.1 条的规定。

（d）会员公司应建立健全适当的审核程序，如建立一个由不同职能部门成员组成（包括医学部和法律合规部成员）的委员会，审核并批准每项资助。

业务部门不能引导资助审核和审批流程，且不能成为唯一或最终决定资助行为的人。业务部门可以作为联络人提出资助需求，或在活动执行过程中提供协助。

10.2 商业赞助（会员公司与医疗机构共同合作的活动/项目不在此范围）

会员公司可以为了双方共同利益并促进合法商业目的提供财务支持或非财务支持给医疗机构，如推广会员公司的形象、品牌或产品。提供此类赞助须遵循以下规定：

（a）商业赞助应基于公开的商业邀请函/招商函；

（b）公司获得直接的利益（如冠名授权、会员权利、广告权利等）并在支持文件中明示。此支持的回报须与市场公允价值相符。

10.3 专家咨询会议

专家咨询会议是非推广性质的活动，其目的是对以下领域所涉及的一系列特定的问题向医疗卫生专业领域的 KOLs 寻求建议或独特的见解：

- 科学领域： - 医学/临床开发/卫生经济学
- 市场领域：产品策略/定位/品牌核心信息
- 若在以上未提及的领域举办专家咨询会议，应该得到公司指定的委员会或者管理层的特批

所有的专家咨询会议都应该有特定的管控措施，同时销售团队不得组织专家咨询会议，从而确保该活动不带有任何推广目的。管控措施应该遵循以下几个原则：

1. 频率：专家咨询会议的召开频率应根据其非推广性质的特性有所限制，并具备合理理由，区域性的专家咨询会议需谨慎举办。

2. 参会者的选择：参会者的资质与经验须与专家咨询会议的目标相符。

3. 专家咨询会议的 KOL 参会者人数，应确保能够对既定会议目标进行充分和高质量的讨论，并避免因参会者过多而导致部分与会者的有效参与度过低。专家咨询会议的讨论环节应至少占会议时长的一半以上。

4. 内部参会者-专家咨询会议的内部参会人员应该在会议中承担明确具体的积极角色，被动参会者应该控制在最低限度。来自市场部或市场准入部的同事，以被动参会的形式参加非商业性质的专家咨询会议必须得到公司指定的委员会或者管理层的特批。

5. 合同、报酬、及审核-专家

咨询委员会参会者应签署相关服务协议，支付的报酬必须合理。

6. 会议结论及文件存档-组织者应负责对专家咨询委员会会议进行妥善记录（包括准备工作及后续跟进计划）及保存专家咨询委员会的会议结论。

第十一条　对医学继续教育的支持

医学继续教育可帮助医疗卫生专业人士掌握有关疾病和相关治疗手段的最新、最准确的信息和观点，这对改善病患服务、提升医疗卫生服务水平是极为重要的。继续教育的主要目的应当是提升医学知识，会员公司仅在此目的下提供的资金支持才是正当的。

如会员公司向医学继续教育活动和项目提供教学材料时，这些材料必须公平、全面、客观，其在设置上应允许不同理论和公认观点的表达。会员公司提供的教学材料应包含有助于提升病患福利的医学、科学或其他信息。

会员公司支持医学继续教育还须遵守本准则第七条的规定，并参考在 IFPMA 官网发布/更新的关于医学继续教育的指南说明（https://www.ifpma.org/resources/publications/）。

第十二条　公司程序与职责分配

12.1 程序

会员公司应建立健全适当的程序以确保其对相关法律和准则的遵守，并应以合法合规为目的

对相关程序的实施和内容进行审查与监控。

12.2 培训

会员公司还应确保相关雇员接受与其职责相适应的培训。

12.3 药品推广材料的审批

会员公司应配备一名有足够知识与相应资格的雇员负责审批公司的药品推广材料，或是指定一名高级职员在具备足够资质的科研人员的指导下负责审批公司的药品推广材料。

第十三条　对准则的违反、投诉与准则的执行

RDPAC 鼓励会员公司就违反本准则的行为提出善意投诉。具体的投诉及对投诉的处理程序详见本准则附件三即《投诉及争议解决规程》。

附件一

IFPMA 关于赞助医药互动交流活动的指南说明①

引　言

作为研发制药行业的代表，国际制药商协会联合会即 IFPMA 的一项重点工作始终是推动医疗知识进步和提高全球公共卫生水平。医疗卫生专业人士和制药行业之间的合作极为重要，确保患者能够获取其所需药物、医疗卫生专业人士能够获得关于疾病和药物的最新、最全面的信息。IFPMA 会员始终致力于开展医药互动交流活动，以期为医疗卫生专业人士提供科学信息和教育内容，提高其医学知识与经验水平。上述这些活动可以各种不同的方式和媒介开展。

《IFPMA 行为准则》为行业在全球的业务实践设立了标准，包括关于符合商业道德高标准的行为及药品推广的指导原则，以及向医疗卫生专业人士推广药品、或与医疗卫生专业人士和其他利益相关方之间进行互动交流时应符合的要求。制药行业为各种地方性、全国性及国际性会议提供多种类型的赞助，包括资助医疗卫生专业人士的医学教育、向组织活动的医学会提供赞助、租赁展览场地、向演讲人支付服务费等。制药企业参与医学教育的方式也多种多样，包括举办其公司会议，或支持其他人主办的会议。《IFPMA 行为准则》第 7 条（互动交流活动与会议）对这些活动进行了规定。此类活动的主要目的应当在于其教育价值，而不在于其举办的地点、场所、款待、或举办时间等因素。活动地点和场所的选择必须恰当、有助于达到教育目的、且标准适度。在决定是否赞助某项会议时，应考虑教育项目、总费用、会场设施、地点的合理性、听众来源、招待能力，某些情况下还需考虑安保等因素。在做此类安排时应始终考量公众可能对其产生的印象。制药企业应尽可能清晰地记录其决定赞助或举办某会议的理由，这对合规将大有帮助。就会议安排而言，各协会会员的行为准则和企业会员的内部政策及流程通常比《IFPMA 行为准则》更具规范性。

本指南说明的目的是对《IFPMA 行为准则》的相关规定提供更全面的说明。为此，本指南说明旨在：

- 对于由制药企业或第三方如医学会等团体组织的会议，在考量会议地点和场所是否适当时，帮助所有利益相关方，包括制药企业、协会会员、其他国内行业协会、医学会、第三方会议组织方等确定其应考虑的因素；且

- 在制药企业对其自行举办的会议或其参与赞助的由其他团体（如医学会）举办的活动（包括赞助专家演讲、资助医疗卫生专业人士参会、或其他类型的帮助，如提供赞助、租借展览场地等）是否适当进行评价时提供方向性指导。

1. 评价互动交流活动的地点是否适当时应考虑的标准（非穷尽式列举）：

- 所选地点应位于或邻近公认的科学或商业中心的城镇，便于目标听众抵达；

---

① 来源：IFPMA 官网（http://www.ifpma.org/）。

• 所选地点应尽量减少参会者的旅行并将安全因素纳入考量；

• 所选地点不应主要以其旅游或休闲设施闻名遐迩；

• 所选地点和会议场所不应成为互动交流活动的主要卖点，也不能对外造成此种印象；

• 互动交流活动的时间不应与在当地举办的本地或国际知名体育赛事或文艺演出相重合，也不宜紧接在此类活动的前后；

• 所选地点对于互动交流活动旨在覆盖的地理范围而言应是适当的（如欧洲的学术会议不应在欧洲以外的地点举办）。

注：一般而言，首都和省会城市以及其他被视为商业中心的大都市都是合理和适当的会议地点。一个完全由本地医疗卫生专业人士参加的互动交流活动和一个区域性或国际性的互动交流活动在判断地点是否适当时也会有所不同。此外，如有令人信服的确凿理由证明某地点确为互动交流活动中的项目所需，如该地区有相关专家，或有相关研发设施等，则活动项目也可成为选择该地点的理由。

2. 评价互动交流活动场所是否适当时应考虑的标准（非穷尽式列举）：

• 所选场所应有助于实现会议的科学和教育目的；

• 所选场所应配备必要的商业与技术设施，具有举办会议及接待与会者的能力；

• 会议设施（包括展览场地）应仅对与会者开放；

• 如会议地点兼具科学或商业中心和旅游胜地双重特性，则会议场所应选择在远离主要旅游景点的区域，这点很重要；

• 所选会议场所不应为著名的娱乐、体育、休闲或度假设施和场所（如高尔夫俱乐部、疗养温泉、海滩/河岸/湖岸景点或赌场等）；

• 对于所选会议地点而言，会议场所应能提供安全可靠的住宿条件；

• 即使与其他场所相比费用相对低廉，所选场所也不应奢华（对奢华与否的判断可参考诸如国家旅游部门排名和/或旅行社平均的排名等标准）。

3. 决定是否赞助医学会等第三方组织的互动交流活动时应考量的标准（非穷尽式列举）：

下列原则适用于所有第三方组织者（如医学会，药师或医师群体）。

IFPMA 并不针对第三方是否可以为其成员或其他医疗卫生专业人士组织包含娱乐的活动，和/或在以休闲设施闻名的场所举办活动，和/或没有可信的科学项目安排等问题做出决定。

但是，如果制药企业考虑提供任何形式的财务资助（如资助医疗卫生专业人士参会，支持会议的举办，租借展览场地）时，应当考虑下列问题。

a. 关于科学项目（《IFPMA 行为准则》第 7.1.1 条）

如果对以下问题的答案均为"否"，则制药企业应在作出赞助决定之前获取更多信息或建议修改赞助条件。

• 在会议开始足够长的时间之前能否从组织方的网站上查询到该科学项目？

• 科学项目的时间是否占据互动交流活动的全部日程安排，以及基本上占满其中每天的工作时间？

• 该项目内容是否有具有足够的科学性，且系针对参会听众制订？

b. 关于娱乐、休闲活动、餐饮

（《IFPMA 行为准则》第 7.1.5 条和第 7.1.6 条）

如果对以下问题的答案均为"是"，则制药企业应在作出赞助决定之前获取更多信息或建议修改赞助条件。

• 在互动交流活动之前、之中或之后是否安排了附属的娱乐（例如观光或休闲活动）？活动期间是否安排了不合理的或需要频繁外出的餐饮？如果安排了休闲活动，是否安排在日间大会期间？

• 餐饮是否安排在旅游景点或文化遗产/文化旅游区？

● 该项目在宣传上是否有看似奢华的描述（例如欢迎香槟酒会、庆祝晚宴等）？

● 是否期望获得公司对休闲娱乐等活动的资助？

● 如果安排了休闲娱乐活动，是否由参会人员承担此类费用？

c. 关于随行客人（《IFPMA 行为准则》第 7.3 条）

如果对以下问题的答案均为"否"，则制药企业应在作出赞助决定之前考虑获取更多信息或建议修改赞助条件。

若该项目提及与会医疗卫生专业人士的随行人员/客人，则应考虑以下问题：

● 随行人员/客人是否需要支付全部费用（且不会获得制药行业提供的任何形式的补贴）？

● 医疗卫生专业人士是否预计应参加学术会议，而不是被鼓励参加任何为随行人员安排的活动？

● 是否明确地不鼓励与会者提前到达或推迟离开？

4. 其他应考虑的标准——官方会议材料和网站

会议的宣传描述通常是衡量一个会议的地点、场所和其他安排是否适当的重要指标。类似活动的举办地位于"世界著名度假胜地"，或"毗邻美丽的海滩"等宣传语通常表明，该会议的举办并非主要出于教育目的，所选会议地点和场所可能不适当。此时可考虑以下几个问题：

● 其宣传是否仅关注会议的教育目的，还是宣传旅游安排或款待作为会议的卖点？

● 其宣传是否提及会议举办前或举办后的其他活动内容？

● 是否提及对参会人员提供的个人服务？

● 宣传中的会议赞助商为何？是医学会等专业机构，还是当地的旅游部门？

除上述信息外，所选会议场所的网站信息也能进一步说明该地点和场所的适当性。

现有工具与资源

除《IFPMA 行为准则》、各国协会准则、及企业规章外，目前还有以下工具和资源可帮助会员企业决定其是否赞助某一特定的互动交流活动：

● 欧洲制药工业协会联盟的 e4ethics 平台

http：//www.efpia-e4ethics.eu

● MedTech 大会评估平台

http：//www.ethicalmedtech.eu/

● 西班牙制药行业协会大会评价平台

http：//www.codigofarmaindustria.es

● IPCAA 医疗大会指南

http：//www.ipcaa.org

附件二

IFPMA 关于服务费的指南说明[①]

引　言

制药企业可以向医疗卫生专业人士等人员支付对其产品或业务相关事项提出专业意见的服务费。《IFPMA 行为准则》第 7.4 条介绍了服务费的支付条件，其中包括该服务需求的正当理由以及服务前必须签订书面合同的要求。可付费的服务包括多种形式，例如作为医学互动交流活动的讲者和/或主持人，参与付费的医学或科学研究、临床试验或培训，在专家小组会议中提供咨询服务，参与市场调研等。如果提供服务费，应明确表示这是对此类工作和建议所支付的报酬。服务费必须与所付出的劳务以及接受者的专业地位相符。《IFPMA 行为准则》第 7.4 条要求服务费必须合理，并反映所提供服务的公平市场价值。应考虑每个参与者所在国家的实践。

---

① 来源：IFPMA 官网（http：//www.ifpma.org/）

实用指南-考查要点

IFPMA认为，以下要点有助于确保服务费用安排符合其所要求的标准，并且相关信息可用于评估建议。考查要点反映了在公司须对投诉作出回应的情况下可能需要哪些信息。

对以下问题的回答应该为"是"：

1 参与者所获报酬是否不超过"公平市场价值"？

2 如果产品/适应症未获得许可，公司是否确信没有推广该产品/适应症？

3 所有涉及服务活动费的人员（工作人员、第三方、参与者）是否都清楚需求和预期产出？

4 安排（如场地、茶点、旅行和合同）是否合适？

5 是否有涉及利益冲突时的管理机制？

6 一年内的聘用次数和向个人支付的总报酬是否合理？

实用指南 – 专家咨询会议额外的考查要点

涉及服务费的活动类型之一是专家咨询会议，制药企业在必要时可通过专家咨询会议了解公司尚不知晓答案的合法商业问题。

专家咨询会议必须符合《IFPMA行为准则》第7条有关会议的要求，包括会议应当在有助于实现业务目的的恰当场所召开，且用于招待的支出按当地标准应当是中等适度和合理的。

专家咨询会议应满足正当性要求，会议参与者的选择和数量应经过独立审查；应仅根据其专业知识进行选择参与者，以便他们能够对会议的目的和预期结果做出有意义的贡献。应限制参会者的人数以确保能够对既定会议目标进行充分和高质量的讨论，而不应由受邀者的参加意愿决定。会议日程应安排足够的讨论时间，并且必须侧重于获得建议。会议次数和每次会议的参加人数应根据需要来决定，即两者均应严格限制为不超过达到规定目标所需的数量。除非有合理理由，否则应避免就同一议题召开多次专家咨询会议。公司应确定是否举行以及何时举行专家咨询会议。专家咨询会议的会议邀请应说明会议的目的、预期的咨询角色和所需工作量。

专家咨询会议的内容应仅与当前事项相关。仅当为满足规定目标必须对特定药物的临床数据进行讨论时，方可在专家咨询会议上进行此类讨论。否则这类会议可能被视为该药物的变相推广或对未经许可的药物或适应症的推广。

应保留会议记录，列出会议目的、与会者和会议结果。会议报告和结论只能与对专家咨询会议结果有合法权益的人员分享。

除上述要点外，IFPMA认为以下要点有助于确保专家咨询会议符合要求。对以下问题的回答应该为"是"：

7 公司是否有合法的需寻求解答的商业问题？

8 专家咨询会议是否是最合适的信息获取方式？

9 公司是否完全和独立确定了其对专家咨询会议的需求？

10 参会代表/会议的数量是否严格限于回答问题所需的数量？

11 每位参与者是否具备相关的专业知识，能够对会议的目的和预期产出作出有意义的贡献？

12 参与者人数是否受限，以便所有人能够积极参与？

13 会议日程是否有充分的讨论时间？大部分时间是否用于获取参与者的反馈？

14 会议邀请是否明确说明会议目的、预期的咨询角色和所需工作量？

15 计划向参与者展示的资料是否与其在回答业务问题中的作用相关？

公司应确保考虑以下问题：

16 这些信息是否可以通过其他方式获得？

17 是否期望参与者做任何准备工作？

18 如何选择参与者？

19 公司中的哪些成员或哪些成员代表公司参加会议？他们的出席是否合理？他们是否有明确的角色？公司员工/其他人与参与者的比例是否合理？

20 会议结果如何记录？结论/建议报告将有何用途？

21 当同一药物/治疗领域的专家咨询会议已召开时，再次召开此类会议是否有明确的理由？

22 将与参与者进行哪些后续跟进工作？如果进行了后续跟进工作，考虑到专家咨询会议的非推广性质，这些工作是否适当？

附件三

投诉及纠纷解决程序

（经执行委员会核准，本程序自 2015 年 7 月 22 日起正式生效）

1. 一般规定

1.1 中国外商投资企业协会药品研制及开发行业委员会（简称"RDPAC"）的各会员公司（简称"各会员公司"或"各公司"）继续对 RDPAC《行业准则》（简称"行业行为准则"或者"准则"）的内容及其执行进行充分的讨论及协商。如果在讨论及协商过程中出现任何争议，RDPAC 鼓励各会员公司就任何违反 RDPAC 行业行为准则的行为提交相应真实的投诉报告（简称"投诉"）。

1.2 本投诉及纠纷解决程序（简称"本程序"）及行业行为准则所规定的相应处理流程适用于所有会员公司；同时，对于会员公司中遵循本行业行为准则精神且善意履行职责的任何职工，经总经理书面核准，亦予以适用。

1.3 RDPAC 应确保其网站中包含与本行业行为准则有关的信息，以及与本行业行为准则所规定的投诉申请规定有关的信息，构建一个供各会员公司就如何进行行业自律进行建设性沟通、交流，以及就各会员公司有关准则的良好合规实践进行分享、学习的平台。

1.4 RDPAC 应确保本程序所规定的处罚措施的力度与违规行为的性质相称，相关处罚措施应具有震慑效果，并应将性质相同的屡次违规与不同性质的多次违规加以区分对待。同时，RDPAC 亦应确保，投诉的处理过程以及处罚的执行过程应当符合本程序的规定；同时，在处理投诉及执行处罚的过程中，其具体实施方式应当符合数据保护/保密法律法规、竞争法律法规及其他相关法律、法规及行政规章的相应规定。

1.5 所有会员公司，签署确认《RDPAC 成员协议》后即视为承认遵守 RDPAC 的管理规则、行业行为准则、本程序以及本程序所规定的具体处罚措施等内容。本程序规定的所有规则及原则对 RDPAC 的所有会员公司均具有约束力。

1.6 RDPAC 应在中华人民共和国法律、法规及行政规章许可的范围内，提高各会员公司对于行业行为准则的了解及认知程度，并推动各会员公司开展培训课程，包括向各会员公司提供有关如何避免违规的指南，避免后者违反或违背行业行为准则的相关规定。同时，RDPAC 鼓励各会员公司在由 RDPAC 组织的定期会议中或者通过国际药品制造商协会联合会（简称"IFPMA"）的伦理和商业道德委员会（简称"eBIC"），分享各自关于行业行为准则的合规实践经验。

1.7 RDPAC 办公室将制备有关其所承担的 RDPAC 行业行为准则实施、制定及执行工作的各年的报告，并将该等报告递交至执行委员会。该报告书应当对如下内容进行总则：

1）各会员公司将行业行为准则并入至各自标准操作规程（SOP）的实际情况以及各会员公司对于行业行为准则的实施情况；

2）相关投诉处理及处理结果的总体情况；

3）RDPAC 办公室针对行业行为准则的培训及教学情况，以及合规实践经验分享情况；

4）前一年度行业行为准则实施方面所取得的改进。

2. 准则管理

2.1 管理机构

RDPAC 的内部规章所规定的 RDPAC 执行委员会（该机构英文简称"EC"）是行业行为准则实施机制的管理机构。执行委员会应当遵守 RDPAC 管理规则所规定的相关决策程序，特别是关于会议法定人数、保密以及利益冲突等方面的规定，例如，对于会员公司之间发生的争议，执行委员会在进行决策时，对与争议会员公司存有从属关系的执行委员会成员应予排除在外，不得参与。

2.2 秘书处

1）执行委员会应根据本程序的规定，将处理投诉的具体权力授权于本程序秘书处（以下简称"秘书处"，秘书处由 RDPAC 的常务理事及法律顾问组成）。除对第 6.1 条所规定的审理委员会成员的选任工作进行监督以外，执行委员会对于针对依据本程序提交的任何投诉的所有审理工作，均不得参与干涉。

2）秘书处的职责包括：（1）进行投诉核实；（2）适当时主持争议双方之间的调解；（3）协助审理委员会进行审理工作；以及（4）协助执行或者执行审理委员会的裁决。

3）秘书处应对争议处理程序的公正性、透明性及公开性向执行委员会进行汇报。

3. 投诉及核实

3.1 提出投诉。所有人投诉人均应以书面形式提起投诉，投诉申请中应包含如下内容：

1）提出投诉的会员公司（简称"投诉人"）的身份信息，并应列明完整的通讯地址信息，包括联络沟通用的传真号码及电邮地址。如投诉人请求对其身份信息进行保密的，则相应身份信息除向秘书处、被投诉人（定义见下文第3.1.2条）及审理委员会进行披露以外，不得向其他任何人披露。

2）涉嫌违反行业行为准则规定的会员公司的身份信息（简称"被投诉人"），涉嫌违规行为的发生日期以及涉事产品名称（如有）。

3）对于涉嫌违反本行业行为准则规定的活动或行为的清晰描述（包括任何书面或印刷材料）；任何相关证明材料，并应列明被投诉人违反的具体行业行为准则条款。

4）由做出投诉的公司的总经理针对投诉内容出具的书面批准或证实材料。

3.2 地址信息。所有投诉均应通过如下实体地址或者电邮地址送交至 RDPAC：

RDPAC 常务理事和/或法律顾问收

中国北京市朝阳区东三环北路 8 号亮马河大厦 1 号办公楼 506 室

邮编：100004

电邮地址：complaint@rdpac.org

3.3 投诉核实。

收到投诉后，秘书处应对投诉书中所陈述的内容进行核实，确保：

1）投诉人及被投诉人均为 RDPAC 的会员公司；

2）提交的争议事宜系由投诉人善意提交的真实、客观事宜；

3）争议行为可被认定为违反行业行为准则规定的行为；

4）处理投诉所需的相关证据及信息充分；

5）投诉申请已由投诉人的总经理进行了书面证实。

3.4 投诉驳回。投诉人未能初步证明争议行为违反 RDPAC 行业行为准则规定，其相关投诉将依据行业行为准则之规定予以驳回。另外，对于完全或主要追求经济利益的投诉请求，秘书处应予驳回。

3.5 时限。对于投诉请求的核实工作，秘书处应在收到投诉请求后的五（5）个工作日内完成。随后，秘书处应在完成投诉核实工作后的五（5）个工作日内，按照被投诉人在 RDPAC 登记的邮寄地址或者电邮地址信息，将书面投诉副本连同所有证明材料及信息一并发送至被投诉人的总经理处。

4. 答复

4.1 被投诉人应在收到由秘书处发出的书面投诉后的十五（15）个工作日内，对投诉进行答复（简称"答复"）。

在将书面投诉副本及证明材料发给投诉人以后，秘书处应同被投诉人的总经理进行联系，敦促后者在上述期限内对争议事宜予以澄清和/或对投诉人进行答复。

4.2 秘书处应在收到答复后的五（5）个工作日内，将其转交至投诉人。

4.3 如果被投诉人回复承认争议所涉活动或行为违反了行业行为准则的规定的话，应以书面形式作出承认，并列明被投诉人为纠正或补救该违规行为而已实施或计划实施的具体行为。投诉人应在收到承认回复后的五（5）个工作日内，通过书面回复秘书处的方式，选择（a）是否撤回投诉，或者（b）不予接受被投诉人提议的补救措施。如果投诉人未能在上述五（5）个工作日的期限内通知秘书处是否选择撤回投诉的，则该投诉视为予以撤回。

5. 调解

5.1 如果被投诉人对投诉内容予以否认的，或者未能在上述规定时间内进行答复的，或者投诉人对于被投诉人作出的、表明具体补救措施或补救措施方案的答复不予接受的，秘书处应在投诉人和秘书处均收到（以上述较晚时间为准）被投诉人的否认回复后，或者被投诉人在上述第4.1条规定的十五（15）个工作日期限内未能作出答复，或者投诉人作出不予接受的决定后的十五（15）个工作日内，召集并主持争议双方的调解或协商活动。

5.2 如果争议双方在上述15个工作日的期限内未能通过调解达成一致，秘书处应依据下文第6条的规定将该争议提交至审理委员会进行审理。

6. 委员会审理

6.1 审理委员会

1) 对于上述未能通过调解达成一致的争议，应依据本程序第6.5条之规定成立由三（3）位专家组成的审理委员会（简称"审理委员会"），对相关争议进行审理。

2) 对于审理委员会在审理过程中产生的所有成本及费用，应由违规方及RDPAC秘书处分担。

6.2 专家组

1) RDPAC拥有由十（10）至十五（15）名专家组成的专家组，包括律师事务所或者会计师事务所的合伙人或者是由会员公司聘请并得到执行委员会认可的知名学者。同时，会员公司（主要是RDPAC法律及合规工作组，英文简称"WG"）每年会根据WG的反馈情况对专家组进行审核。

2) 除非秘书处决定给予例外，专家组成员在其专业领域至少拥有8年专业经验，且在业内享有良好的声誉；同时，对在争议解决方面拥有两（2）年以上相关经验的，优先考虑。

6.3 专家指定

1) 在收到秘书处发出的关于指定专家的通知后，争议双方应分别从专家组中指定一名专家，并在收到上述指定通知后的五（5）个工作日内将该人选告知秘书处。同时，争议双方在分别指定专家之后，应在其第一次指定完成之后的五（5）个工作日内共同从专家组指定一位委员会主席（简称"主席"）并将该主席人选告知秘书处。

2) 如果争议双方未能就主席人选达成一致意见，秘书处应组织争议双方进行协商，并应在协商开始后的五（5）个工作日内促使争议双方达成一致意见，推选出主席。

3) 如果争议双方经过上述协商过程仍未就主席人选达成一致意见的，秘书处应在争议双方未能指定主席后的十（10）个工作日内，根据投诉性质并对潜在利益冲突进行合理评估的基础上，为争议双方指定一名专家组成员或者非专家组成员担任主席。

6.4 指定的接受及确认

1) 在收到争议方发出的指定通知后，被指定的专家应提供一份由其事务所出具的接受函，并在接受函中声明如下内容：（1）专家接受相关指定；以及（2）该指定符合其所在事务所关于利益冲突的规定以及《国际律师协会（IBA）关于国际仲裁中利益冲突问题的指导意见》的规定，具体内容请查看此链接：http://www.ibanet.org/Publications/publications_ IBA_ guides_ and_ free_ materials. aspx。

2) 除非争议一方因正当理由请求撤销另一方指定的专家的，执行委员会应在相关专家或主席确认接受争议方的指定后的五（5）个工作日内对相关指定情况进行确认。上述"正当理由"是指接受指定的专家或其所属事务所与争议事项存在利益冲突的情形。如发生特殊事宜，则秘书处应通知被指定的专家，并告知指定方重新进行指定。

6.5 委员会裁决

1）审理委员会应在执行委员会对相关专家的指定情况进行确认之后的三十（30）个工作日内，对投诉内容连同所有相关证明材料或信息进行审查并依此作出相应裁决（简称"委员会裁决"或"裁决"）。

2）依据争议内容及争议解决的难易程度，委员会主席可在委员会审理期限（30天）的基础上，另行准予最多不超过十五（15）个工作日的延长期限。

3）根据具体情况，审理委员会应在委员会裁决中明确说明，该裁决所依据的事实情况、推理论证过程以及据此作出的相关结论，同时，还应包括相应的处罚内容（详细内容，请见下文第7条）。对于针对违规方所作出的处罚决定，审理委员会应在裁决中列明违规方履行相应处罚内容的具体时间要求。

4）委员会裁决经3名专家签字确认并予公布后，即具有终局效力并对争议双方具有约束力。

7. 处罚

7.1 如果争议一方的行为经过上述处理程序被确认为违规的，委员会有权依据该违规行为的严重程度以及违规方对于纠正/补救该违规行为的意愿程度，对违规方处以下述一项或者多项处罚。

1）违规公司的总经理应出具一份由其签字确认的书面声明，承诺立即停止相关争议行为，并采取对违规行为进行纠正/补救的措施或者措施方案。

2）违规情况较为轻微的，应对侵权公司处以20000-30000人民币的处罚。该处罚款项应在委员会作出裁决后的十（10）天内交付至秘书处，秘书处在收到该处罚款项时，应在收据上标注（"违约金"）字样。对于该类处罚款项，RDPAC只可将其用于行业行为准则的培训及执行之目的。

3）对于严重违规行为或者屡次违规行为，可对违规公司处以中止会员资格六（6）至二十四（24）个月的处罚。同时，可要求违规公司（由合规主管所代表）聘请第三方审核人员依据RDPAC行业行为准则的规定对违规公司的标准操作规程进行审查，该审查过程应在委员会作出裁决后的最多九十（90）天内完成。

4）如违规行为极为恶劣且违规方无意对违规行为进行纠正或补救的，秘书处应制备一份包含相关违规行为内容及相应处罚措施的书面报告，并将该报告发送至违规公司的总部。

7.2 同时，如果违规方对于委员会裁决或者在依照本程序实施的处理过程中所作出的任何其他通知未能及时进行答复的，经执行委员会确认后，秘书处可将相关违规行为内容、具体处罚决定以及违规方未能及时进行答复的情况制成报告，发送至违规方的公司总部。

7.3 本程序的实施及执行应当遵循第6.4(1)条载明的《国际律师协会（IBA）关于国际仲裁中利益冲突问题的指导意见》中保密条款及利益冲突条款的规定。

完结

附件四

RDPAC 会员公司

（更新日期：2018年12月）

雅培	美纳里尼
艾伯维	默克雪兰诺
艾尔建	默沙东
安进	萌蒂制药
安斯泰来	诺华
阿斯利康	诺和诺德
百特	辉瑞
拜耳医药保健	罗氏
勃林格殷格翰	赛诺菲
百时美施贵宝	施维雅

续表

新基医药	夏尔
凯西	住友
中外制药	武田
第一三共	梯瓦
卫材	优时比制药
礼来	西安杨森
爱的发制药	赞邦
辉凌	
匈牙利吉瑞大药厂	
吉利德	
葛兰素史克	
赫尔森	
益普生	
协和发酵麒麟	
利奥制药	
灵北	

11. 中国商业联合会
国际商业合规管理指引（暂行）

（中国商业联合会 2021 年 11 月 1 日发布实施）

第一章 总 则

1. 为推动商业行业全面加强合规管理，加快提升依法合规经营管理水平，着力打造法治化、合规化的商业营商环境，保障企业的国际化业务持续健康发展，制定本指引。

2. 本指引使用范围、目标、主体

2.1 合规目标范围

第一阶段：商业合规管理指引领域包括：反商业贿赂、反垄断、商业秘密和知识产权、商业投资架构、财务和税收、数据合规等领域。

第二阶段：商业合规管理指引领域包括：市场营销、集中采购、环境健康和安全、网络安全等领域。

2.2 合规管理目标

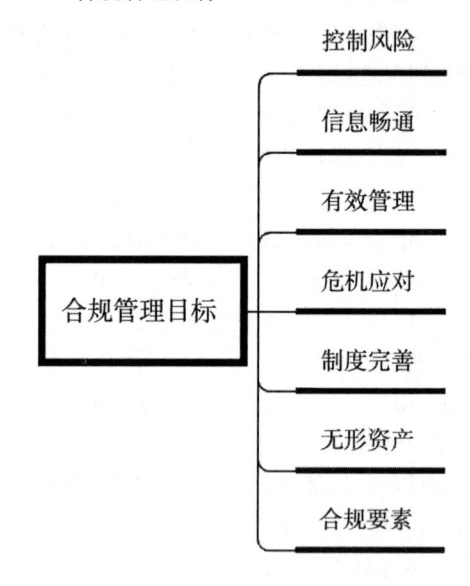

合规管理目标：
- 控制风险
- 信息畅通
- 有效管理
- 危机应对
- 制度完善
- 无形资产
- 合规要素

控制风险：确保将法律风险控制在与企业经营总体目标相适应并可承受的范围内。

信息畅通：确保企业内外部之间实现真实、可靠的信息沟通。

有效管理：确保企业有关规则制度和为实现合规经营目标而采取的重大措施的贯彻执行，保障经营管理的有效性和效率，降低实现合规经营目标的不确定性。

危机应对：确保企业建立针对各种重大风险发生后的危机处理机制，保护企业不因灾害性风险或人为失误而造成重大损失。

制度完善：根据企业行业特点、管理架构等实际情况，为企业建立完善的合规管理体系，切实防范法律风险提供参考。

无形资产：无形资产（Intangible Assets）是指企业拥有或者控制的没有实物形态的可辨认非货币性资产。无形资产具有广义和狭义之分，广义的无形资产包括货币资金、金融资产、长期股权投资、专利权、商标权等，因为它们没有物质实体，而是表现为某种法定权利或技术。但是，会计上通常将无形资产作狭义的理解，即将专利权、商标权等称为无形资产。

合规要素：合规决策能力、合规管理人才、合规管理制度、合规预算、合规资产等。

2.3 本指引适用于商业行业各运营主体

本指引适用于国际投资、贸易、流通、服务领域涉及跨境商贸投资业务的企业（以下简称企业）。

商业行业协会和企业主体可根据2017年颁布的国标GB/T 4754—2017《国民经济行业分类》，在商品、商业居间、商业服务、商业流通等领域里，选择商业投资、贸易、流通、服务行业和专业，作为界定国际商业合规管理的领域和范围。

表1　商业主体可适用的合规管理领域范围

领域＼类型	商品	商业居间	商业服务	商业流通
	是指为了出售而生产的劳动成果，是人类社会生产力发展到一定历史阶段的产物，是用于交换的劳动产品。	是指以货币为媒介进行生产要素（知识、市场、资本、人才、利润、项目、技术、品牌等要素）交换从而实现商品和服务流通的经济活动。	是指为了维护组织运作所需要购买的一些服务，其中既包括个人消费的服务，也包括企业和政府消费的服务。	是指在商品流通领域中继续进行的生产过程，如商品的运输、检验、分类、包装、储存、保管等。
反商业贿赂				
反垄断				
商业秘密与知识产权				
国际贸易				
商业投资架构				
财务与税收				
数据合规				
劳工权利保护				
环境保护				
网络安全				
市场营销				
集中采购				
其他领域				

3. 指引性引用文件

下列文件对于本文件的应用是必不可少的。凡是注日期的引用文件，仅注日期的版本适用于本文件。凡是不注日期的引用文件，其最新版本（包括所有的修改单）适用于本文件。

2019年1月9日国家标准化委员会等发布的关于印发《团体标准管理规定》的通知（国标委联〔2019〕1号）

2018年12月26日国家发改委等七部委联合发布《企业境外合规经营管理指引》

2018年11月2日国资委发布《中央企业合规管理指引（试行）》（国资发法规〔2018〕106号）

中标院 ISO：19600：2014 的标准推出《合规管理体系指南》国标 GB/T 4754—2017《国民经济行业分类》

4. 术语和定义

合规（Compliance）：是指商业行业企业在经营管理活动中，其商业行为符合国际法律法规、政府监管规定、行业准则和企业章程、规章制度以及国际条约、规则等涉及"法律法规、行业行规、道德规范"的指引要求。

合规风险（Compliance Risk）：是指商业行业企业因违反各国"法律法规、行业行规、文化道德"的行为，引发法律责任、受到相关处罚、造成经济或声誉损失以及其他负面影响的可能性。

合规管理（Compliance Management）：是指以有效防控国际商业投资和经营管理过程中产生的合规（涉及法律法规、行业行规、文化道德）风险为目的，以商业行业企业经营管理行为为对象，开展包括涉及国际化"企业治理、国家安全、知识产权、人力资源、法律、财税"等各部门和专业的制度制定、风险识别、合规审计、风险应对、责任追究、考核评价、合规培训等有组织、有计划的管理活动。

合规管理评估领域（Compliance Management Assessment Areas）：是指专门针对商业行业企业常见的合规管理风险而识别出来，并建立《商业合规管理指引》合规管理清单"反商业贿赂、知识产权合规和商业秘密管理、商业投资架构、反垄断、财务与税收、市场营销和产品推广、集中采购、环境保护、劳动健康和安全、数据合规及网络安全等领域"。

合规风险指标（Compliance Risk Indicator）：即合规管理评估指标，是指针对外部经贸摩擦预警咨讯和内部合规管理领域的核心风险点细化而成的具体合规管理评估指标，用以衡量商业行业企业在具体合规管理领域的合规表现，合规风险指标包括关键合规风险指标和一般合规风险指标。

关键合规风险指标（Key Compliance Risk Indicator）：是指对企业在相应合规管理领域内的表现是否能够被判定为合规具有显著甚至是决定性影响的指标。

一般合规风险指标（Non-key Compliance Risk Indicator）：是指对企业在相应合规管理领域内的表现是否能够被判定为合规具有一定而非决定性影响的指标。

商业行为准则（Standards of Business Conduct）：俗称 SBC。SBC 旨在规范员工遵守职业操守，对员工个人约束、如何维护合作伙伴关系、关联交易、不公平竞争等众多问题都进行了细致的书面形式的规定。例如吃回扣、性骚扰、恶性竞争、行贿受贿等行为，在该准则里都有明确的禁令。

国际商业惯例（Common practice in business）是在长期的国际经济交往中经过反复使用而形成的不成文的规则。为了使不成文的国际商业惯例更便于掌握和查找，一些民间性的国际组织或协会对不成文的惯例进行了整理和编纂，如《国际贸易术语解释通则》、《跟单信用证统一惯例》等。国际商业惯例属于任意性的规范，只有在当事人明示选择适用的情况下才对当事人有约束力。当事人也可以对其选择的商业惯例进行补充和修改。

商品：商品是为了出售而生产的劳动成果，是人类社会生产力发展到一定历史阶段的产物，是用于交换的劳动产品。

商品生产制造企业：指生产和制造各类商品的专营或兼营企业。

商业服务：是指履行任务，替代法人与自然人劳动，并使他人从中受益的一种有偿的活动，不以实物形式而以提供劳动的形式满足他人某种特殊需要。

商业：是指以货币为媒介进行生产要素（知识、市场、资本、人才、利润、项目、技术、品牌等要素）交换从而实现商品和服务流通的经济活动。

商业秘密：是指不为公众所知悉、具有商业价值并经权利人采取相应保密措施的技术信息、经营信息等商业信息。

法务：是指在企业、事业单位、政府部门等法人和非法人组织内部专门负责处理法律事务的工作人员。

行业专家：对某行业某种事务非常内行或精通的人。本行领域的专家。

知识产权：是指权利人对其智力劳动所创作的成果和经营活动中的标记、信誉所依法享有的专有权利，除商业秘密之外，一般只在有限时间内有效。

人力资本（human Capital）：是西方经济学概念，亦称"非物质资本"，与"物质资本"相对，是体现在劳动者身上的资本。如劳动者的知识技能、文化技术水平与健康状况等。其主要特点在于它与人身自由联系在一起，不随产品的出卖而转移，通过人力投资形成。

人力资本化：会计学中人力资源资本化是企业人力资源支出成本记作资产的办法，并认为其最终确认的值即为企业人力资本存量。人力资源管理就是对人力资源资本化的实现过程，即通过对人力资源的"激活"，使之成为能够直接投入生产的人力资本和社会资本，从而创造和维持企业持续竞争优势。

无形资产（Intangible Assets）：是指企业拥有或者控制的没有实物形态的可辨认非货币性资产。无形资产具有广义和狭义之分，广义的无形资产包括货币资金、金融资产、长期股权投资、专利权、商标权、版权、商业秘密等，因为它们没有物质实体，而是表现为某种法定权利或技术。但是，会计上通常将无形资产作狭义的理解，即将专利权、商标权、版权、商业秘密等称为无形资产。

无形资产审计：无形资产审计是属于经济效益审计的范畴，审计的目的是促进企业加强无形资产的开发与管理、提升企业竞争力、提高企业经济效益，同时对促进企业提高对无形资产重要性的认识及管理机制的形成具有长远的战略意义。

无形资产盘盈：根据无形资产盘点表、盘盈情况说明、经济鉴证证明、盘盈价值确定依据（同类资产的市场价格、类似资产的购买合同、发票或自行开发资料）等进行认定。难以确认价值的，委托中介机构评估确定。

第二章　商业合规管理体系和组织结构

5. 商业合规管理概述

商业合规管理是企业对外开展商业合作行为中，通过顶层商业投资合作架构搭建，遵循国际商业通用惯例和商业行为准则（具体"惯例和准则"内容查阅中国商联国际化微信服务平台），持续改进、不断完善的动态管理过程和循环系统，形成完整的管理和可执行的程序；同时，合规管理过程自我形成一个"盘点合规现状、识别风险、评估风险、应对风险、效果检验和持续改进"等几个步骤循环的螺旋式上升闭环系统，不断提高合规管理水平，促进企业商业行为安全、有效合规运营。

5.1 日常经营中的合规风险管理内容

企业日常经营中，应确保经营活动全流程、全方位合规，全面掌握关于劳工权利保护、环境保护、数据和隐私保护、知识产权保护、反腐败、反贿赂、反垄断、反洗钱、反恐怖融资、贸易管制、财务税收等方面的具体要求。

合规管理包括但不限于如下内容（以下各附录具体内容查阅中国商联国际化微信服务平台）

附录A：反商业贿赂

附录B：反垄断

附录C：知识产权合规和商业秘密管理

附录D：国际贸易

附录E：商业投资架构

附录F：财务与税收

附录G：数据合规

附录H：劳工权利保护

附录I：环境保护、健康和安全

附录J：网络安全

附录K：市场营销和产品推广

附录L：集中采购

附录M：无形资产财务和税务确认指引

5.2 商业合作中的合规风险领域

5.2.1 国际投资的合规风险

企业开展国际化投资，应确保经营活动全流程、全方位合规，根据国际商业管理和商业行为准则，全面掌握关于市场准入、贸易管制、国家安全审查、行业监管、外汇，应编制形成文件的程序，以规定以下方面所需的控制：

a) 促进和监控合规管理制度的实施，有条件的企业可评估合规对企业的贡献；

b) 企业在对外商业投资和经贸往来活动中，应分别制定调查方案，并进行评估；

c) 投融资活动前，应对相关技术信息开展尽职调查，进行风险和价值评估，在境外投资前，应针对目的地的合规法律、政策及其执行情况，进行风险分析。

5.2.2 企业并购重组中的合规风险

企业重组工作应满足以下要求：

a) 企业合并或并购前，应开展合规尽职调查，根据合并或并购的目的设定对目标企业合规状况的调查内容；

b) 企业出售或剥离资产前，应对相关合规开展调查和评估，分析出售或剥离的资产对本企业未来合规的系统性影响。

5.2.3 国际贸易的合规风险

企业开展对外货物和服务贸易，应确保经营活动全流程、全方位合规，全面掌握关于贸易管制、质量安全与技术标准、知识产权保护等方面的具体要求，涉外经贸活动过程中的合规工作包括：

a) 向境外销售产品前，应对合规中技术信息相关内容进行检索，调查目的地的合规法律、政策及其执行情况，了解行业相关诉讼；

b) 分析可能涉及的合规风险；关注业务所涉国家（地区）开展的贸易救济调查，包括反倾销、反补贴、保障措施调查等；

c) 向境外销售产品前，应根据检索调查情况，适时在目的地进行知识产权申请、注册和登记；

d) 对向境外销售的涉及合规的产品可采取相应的边境保护措施；

e) 对商业合伙对象的合规尽职调查；

f) 离岸公司架构、资金融通架构、财税架构的合规合理搭建。

5.2.4 国际服务外包的合规风险

企业开展对外承包基建工程、软件开发、设计、咨询等服务外包业务时，应确保经营活动全流程、全方位合规，全面掌握关于投标管理、合同管理、项目履约、劳工权利保护、环境保护、连带风险管理、债务管理、捐赠与赞助、反腐败、反贿赂等方面的具体要求。加强服务外包合同中合规管理和审查：

a) 应对合同中有关合规条款进行审查，并形成记录；

b) 对检索与分析、预警、申请、诉讼、侵权调查与鉴定、管理咨询等商业服务对外委托业务应签订书面合同，并约定权属、保密规定内容；

c) 在进行委托项目开发或商业合作开发时，应签订书面合同，约定产权权属、许可及利益分配、后续改进的权属和使用等；

d) 承担涉及国家重大专项等政府支持项目时，应了解国别项目相关的合规管理规定，并按照要求进行管理。

5.2.5 商业联盟及相关组织的合规风险

参与或组建合规联盟及相关组织应满足下述要求：

a) 参与合规联盟或其它组织前，应了解其国别和行业别的合规政策，并进行评估；

b) 组建合规联盟时，应遵循公平、合理且无歧视的原则，制定联盟合规政策；涉及合规共享的联盟须围绕核心技术做好保密措施。

5.3 建立合规管理组织架构

5.3.1 合规管理组织权力来源

企业合规管理组织权利应来源于企业中的领导责任人（如企业董事长、总经理）或者组织（由最高管理人员组建的合规委员会），或者由企业领导责任人或组织授权的相应部门或第三方机构。

5.3.2 合规管理组织与架构

合规管理组织架构中应包括"合规管理领

导、合规管理监督、合规管理执行"的责任人或组织、企业通过组织体系和架构的建设，设计自上而下的合规管理组织架构，明确制度运行时的角色需求，逐一对各角色的功能进行定位，明确相关人员的分工、角色及权责，并配合相关的监督与责任追究机制。（合规管理组织架构图）

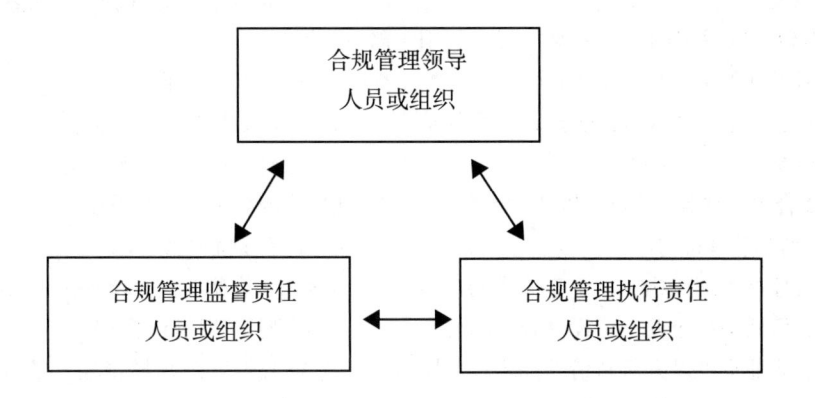

```
         ┌──────────────────┐
         │  合规管理领导      │
         │  人员或组织        │
         └──────────────────┘
              ↕          ↕
  ┌──────────────────┐  ┌──────────────────┐
  │ 合规管理监督责任  │↔│ 合规管理执行责任  │
  │ 人员或组织        │  │ 人员或组织        │
  └──────────────────┘  └──────────────────┘
```

5.3.3 合规管理组织的职责

5.3.3.1 合规管理领导责任人或组织职责主要包括：

1) 合规目标

a) 批准单位合规管理长期或短期计划、战略规划、基本制度和年度报告；

b) 建立和推动完善可执行合规管理体系；

c) 确定合规管理基本制度和合规管理流程；

d) 决定合规管理监督和执行责任人或组织的任免；

e) 决定合规管理监督和执行部门的设置和职能；

f) 研究决定合规管理有关重大事项；

g) 决策和管理层遵守和支持第三方独立开展商业合规管理培训、认证和年审工作；

h) 开展有关违规人员的处理和惩戒事项。

2) 合规承诺

领导责任人是企业合规管理的第一责任人和合规管理总召集人，应履行以下合规承诺：

a) 确定合规方针；

b) 确定合规目标；

c) 策划并批准合规中长期和近期目标；

d) 决定重大合规管理事项；

e) 明确合规管理职责和权限，确保有效沟通；

f) 确保组织分工资源的配备；

g) 对外公示并兑现合规承诺。

3) 合规管理体系策划

领导责任人应确保：

a) 理解相关方的需求，对合规管理体系进行策划，满足合规方针的要求；

b) 合规获取、维护、运用和保护活动得到有效运行和控制；

c) 合规管理体系得到持续改进。

4) 合规目标拟定、强化合规审计制度建设：

领导责任人应针对企业内部有关职能和层次，建立并保持合规管理总目标，并确保：

a) 形成指引性和制度性文件并且可考核、可审计；

b) 与合规管理总方针保持一致，内容包括对持续改进的承诺；

c) 深入研究投资目的地法律法规及相关国际规则，全面掌握禁止性规定，明确国际商业投资经营行为的警戒线；

d) 合规经营的制度、体系、流程开展定期审计改进工作，重视开展项目的合规论证和尽职调查，依法加强投资标的的管控，指引经营管理行为；

e) 定期排查梳理商业投资经营业务的风险状况，重点关注重大决策、重大合同、大额资金管控和境外子企业公司治理等方面存在的合规风险，妥善处理、及时记录并报告，防止扩大蔓延。

5) 法律和其他要求

领导责任人应批准建立、实施并保持形成文件的程序，以便：

a) 识别和获取适用的法律法规、行业指引和道德合规及其他要求，并建立获取渠道；

b) 及时更新有关法律和其他要求的合规信息，并传达给员工。

5.3.3.2 合规管理监督责任人职责主要包括：

1) 合规监督管理机构

建立合规监督管理机构，对于直接或间接涉及国际商贸投资活动的企业，可设立合规综合监督管理部门；企业也可以另行聘请外部第三方服务机构，承担以下服务支撑机构职责：

a) 向合规管理领导责任人或组织提出合规管理建议；

b) 对合规管理具体制度和合规管理计划提出建议；

c) 建立和运营合规管理监督体系，确保合规管理制度落实；

d) 监督合规管理执行责任人和机构的合规管理职责履行情况；

e) 合规管理风险评价结果；

f) 作为举报管理机构，负责企业的日常举报管理培训；

g) 负责经贸摩擦预警信息、合规信息及其他数据文献资源收集、整理、分析等咨询工作；

h) 对引发重大合规风险的部门责任人提出监督意见；

i) 合规管理责任人和机构授权的其他事项。

2) 评审监督要求

合规监督责任人或机构应定期评审合规管理体系的适宜性和有效性。

a) 监管决策与流程是否符合合规要求；

b) 监督合规管理职责履行情况；

c) 对引发重大合规风险负有主要责任的管理人员提出罢免建议；

d) 提出任免合规管理负责人的建议。

3) 评审监督记录内容应包括：

a) 合规监管方针、目标；

b) 针对企业合规经营目标的监管策略规划；

c) 企业基本情况及风险评估信息；

d) 阶段性合规监管制度、技术、标准发展趋势分析；

e) 前期审核结果。

4) 评审结果输出应包括：

a) 合规方针、目标改进建议；

b) 合规管理程序改进建议；

c) 评审所需资源诉求。

5.3.3.3 合规管理执行责任人职责主要包括：

1) 合规管理执行责任人

a) 向合规管理领导责任人或组织报告合规管理年度报告；

b) 向合规管理领导责任人或组织提出合规管理战略规划建议；

c) 执行合规管理领导责任人或组织确定的合规管理体系、目标、基本制度和流程；

d) 统筹日常合规工作，实施合规规划，指导监督执行，按期向合规管理领导责任人及组织汇报执行情况；

e) 开展合规资产、制度、人员检查、考核及处置方案；

f) 决定合规管理牵头部门的设置和职能；

g) 协调涉及合规各管理部门之间的关系；

h) 确保合规管理体系的建立、实施、保持和改进；

i) 批准提交重要的合规文件。

2) 合规管理执行机构

建立合规管理机构，并配备具备商业合规管理相关知识和经验的专职工作人员，执行层需通过相关培训、认证和年审，承担以下职责：

a) 根据合规管理领导责任人的决定，建立健全合规管理组织架构；

b) 拟定合规管理策划并组织实施；

c) 制定合规管理负责人的任免和公示制度；

d) 批准合规管理具体制度规定；

e) 批准企业商业合规管理战略规划、基本制度和年度报告；

f）批准合规管理计划，采取措施确保合规制度得到有效执行；

g）拟定合规政策文件并组织实施，包括合规保护范围、授权控制、合规措施运用的策划，明确商业合规管理流程，确保合规要求融入日常业务和国际化活动领域；

h）建立、实施和运行合规管理体系，向合规管理领导责任人提出合规体系的改进需求建议；

i）建立合规管理清单，建立合规评价即统计、分析和审计体系，提出合规管理重大资产处置和管理制度方案；

j）培养、指导和评价合规岗位人员；及时制止并纠正不合规的经营行为，按照权限对违规人员进行责任追究或提出处理建议；

k）负责合规日常管理工作，包括培训、信息收集、预警机制、合规适应措施落实等。

3）企业内部沟通

建立沟通渠道，确保合规管理体系有效运行：

a）合规计划拟定和组织实施；

b）合规日常管理，包括统计风险预警和合规管理信息、持续改进与建议等；

c）执行日常合规管理执行的财务预算和决算制度。

第三章　合规事项内容和评估分析办法

6. 合规管理风险识别、评估、重点领域合规管理要求

6.1 确定合规管理内容

6.1.1 合规管理风险识别

6.1.1.1 合规风险识别领域

"反商业贿赂、知识产权合规和商业秘密管理、商业投资架构、反垄断、财务与税收、市场营销和产品推广、集中采购和招投标、环境保护、劳动健康和安全、数据合规及网络安全等领域"，也包括电子商务、劳动用工、贸易与出口管制、内幕交易、反歧视和反洗钱等领域。

合规风险领域包括但不限于以上内容，具体内容可根据国际商业合规管理经营实践调整合规事项。

6.1.1.2 合规风险识别方法

风险识别方法包括但不限于实地调研、合规访谈、举报信、问卷调查、公开预警信息收集和查询、重点领域风险清单、数据图表分析等合规风险识别方法。

6.1.1.3 合规风险识别信息数据来源

合规风险识别信息数据来源包括但不限于经贸摩擦预警信息、监管和司法机关公开的信息数据、媒体公开的信息数据、商业情报和企业自报信息数据，通过合规评估或调查获得的信息数据等。

6.1.1.4 合规风险识别内容

合规风险识别内容包括但不限于各合规管理领域风险点和风险指标。具体合规风险点和风险指标可参考各附件内容。

6.1.2 合规管理风险分析

6.1.2.1 合规管理评估指标（图示）

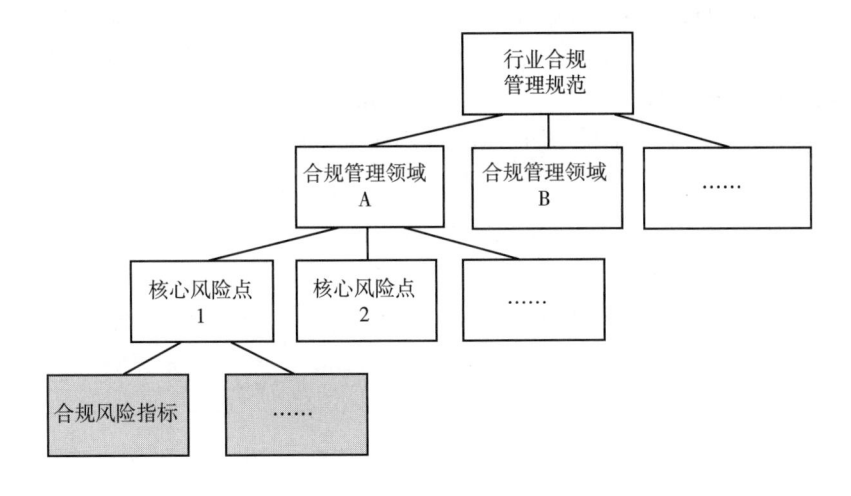

根据商业行业合规风险类型和特点，《商业合规管理指引》针对项下的各个合规管理领域分别识别出领域内的核心风险点，并进一步将各核心风险点细化为具体的合规管理评估指标，即合规风险指标，各合规管理领域分别对应不同的核心风险点和合规风险指标。针对任一合规管理领域，合规风险指标分为关键合规风险指示和一般合规风险指标。

关键合规风险指标，是指企业在相应合规管理领域内的表现是否能够被判定为合规具有显著甚至是决定性影响（即"一票否决"）的关键指标，即如果企业在一项关键合规风险指标上未能达标，根据《商业合规管理指引》的评估方式，该企业在该合规管理领域将被判断为"不合格"，关键合规风险指标在合规管理绩效考核评分中将做"警示"指标。

一般合规风险指标，是指对企业在相应合规管理领域内的表现是否能够被判定为合规具有一定而非决定性影响的指标，即根据《商业合规管理指引》的评估方式，企业在一项一般合规风险指标上未能达标，并不必然导致该企业在该合规管理领域被判定为"不合格"；但如果企业在多项一般合规风险指标上未能达标，仍将可能导致其在该合规管理领域总评估得分达不到合规标准，进而在该合规管理领域被判定为"不合格"。

6.1.2.2 合规管理风险分析

1）合规管理风险分析目标

合规管理风险分析是指对识别出的管理风险进行定性和定量分析，为合规管理风险的评价和应对提供支持。

2）合规管理风险分析因素

分析企业部门或个人违规行为出现的原因；分析导致合规管理风险事件的原因；分析合规管理风险事件发生的可能性和后果等因素。

3）合规管理风险分析阶段

合规管理风险分析包括事前风险分析和事后风险分析：

a）事前风险分析包括：全面系统梳理经营管理活动中存在的合规风险、对风险发生的可能性，影响程度、潜在后果等进行系统分析，对于典型性、普遍性和可能产生较严重后果的风险进行分析和结果梳理，为企业建立合规识别风险预警机制或者合规管理体系奠定基础；

b）合规管理事后风险分析包括：定期对合规管理体系的有效性进行分析，对于重大或反复出现的合规风险和违规问题，深入调查问题根源，以帮助企业完善相关制度，堵住合规漏洞，强化过程监管，持续改进提升。

6.1.3 合规管理风险评价

6.1.3.1 合规管理风险评价目标和评估指标

合规管理风险评价是指合规管理风险分析结果与风险主体的合规管理要求相比较或与各种合规管理风险分析结果相比较，确定合规管理风险等级，评估合规管理模式是否满足要求，以及存在的不足或漏洞，以帮助企业做出风险控制和合规管理对策。

6.1.3.2 合规管理风险评价步骤

a）在合规管理风险分析的基础上，对合规管理风险进行不同维度的排序，包括目标、成本和收益、资源的投入安排等因素，包括合规管理风险发生的概率、影响程度的大小及风险水平高低，以评估合规管理风险对相应责任人和部门的影响程度（合规管理风险发生可能性及影响程度坐标图）；

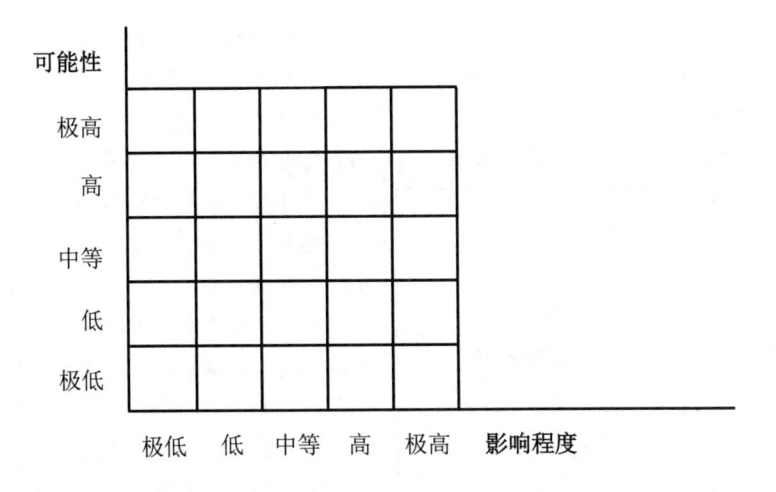

b）在合规管理风险排序的基础上，可以对合规管理风险进行分级，具体等级划分层级可以根据合规管理组织的管理需要设定；

c）在合规管理风险排序和分级的基础上，合规管理组织可以根据合规管理需要，进一步确定重点关注和优先应对的合规管理风险，以确定后续完善合规管理的措施。

6.1.3.3 合规管理风险评价考虑因素

企业在进行合规风险评价时，应考虑以下要素（合规管理风险评价要素图）：

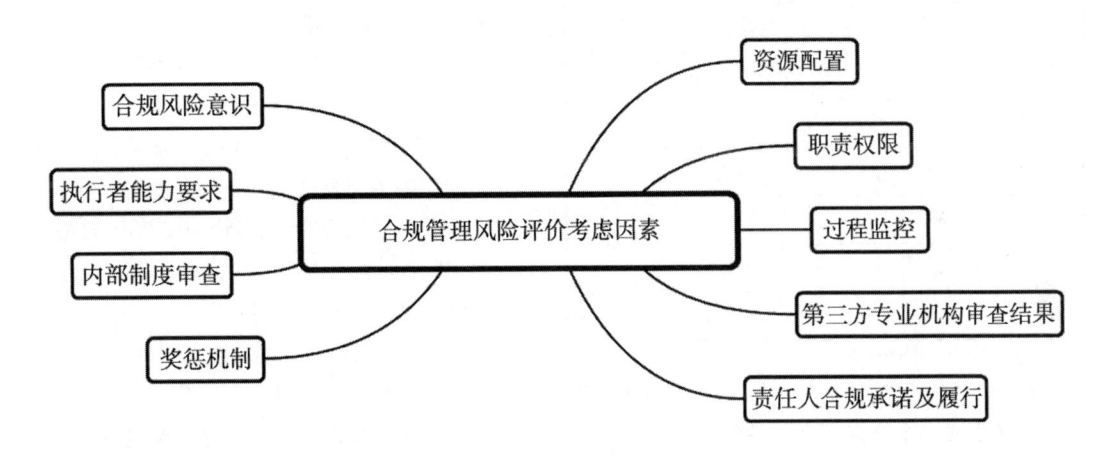

责任人合规承诺及履行、资源配置、职责权限、过程监管、奖惩机制、执行者能力要求、内部审查机制、第三方专业机构评审结果、合规风险意识等。

6.1.3.4 合规管理风险重新评估

企业可以根据自身经营需要，定期或不定期开展合规管理风险重新评估工作，重新评估周期可根据商业和行业"法律法规、行业行规和道德规范"制定评重新估计划；

不定期进行重新评估适用以下情形：

a）企业出现的商业模式、产品、服务、流程；

b）企业组织架构和经营策略的调整；

c）外部商业环境发生重大变化，如政治经济环境、执法力度、市场和行业风向；

d）法律法规、行业行规和道德规范的调整导致企业合规的义务发生实质变化；

e）发现违规事件（在违规事件调查过程中可以直观或者间接了解到业务中的实质风险和管理制度漏洞）。

6.1.3.5 制定合规管理评估评分表（示范

参考)

合规管理绩效考核评分表由五类表单组成,具体如下(合规管理评估评分表单)。

表2 合规管理评估评分表单（示范表单）

表单编号		表单内容
1		使用说明
2		目录
3		合规管理评价标准
4		企业打分计算表（总表）
5	5-1	反商业贿赂
	5-2	反垄断
	5-3	商业秘密与知识产权
	5-4	国际贸易
	5-5	商业投资架构
	5-6	财务与税收
	5-7	数据合规
	5-8	劳工权利保护
	5-9	环境保护
	5-10	网络安全
	5-11	市场营销
	5-12	集中采购
	5-13	其他领域

在开展合规风险评估时,针对企业具体参与评估的单一或多个合规管理评估领域,评估人员可从下列表单中选用具体适用的表单。

6.1.3.6 合规管理评估评分步骤

合规管理绩效考核评分步骤可参照《商业合规管理指引》中的具体内容。针对企业参与评估的任一合规管理评估领域,合规管理绩效考核评分步骤一般如下,具体内容参阅相应合规管理评估领域附录:

第一步：根据现有数据或者企业实际存在的风险行为,基于合规管理评估标准,对每个适用的合规风险指标进行评分。

对于各项关键合规风险指标（警示）,受评企业的相关行为满足相应关键合规风险指示要求的,按照该项关键合规风险指示的实际分值得分,受评企业的相关行为不满足相应关键合规风险指标要求的,该项关键合规风险指标不得分。

对于任一一般合规风险指标,其项下可能进一步划分为具体的计分项,关于一般合规风险指标项下的任一最小计分项,受评企业或得零分或得满分,不存在在最小计分项项下仅取得部分得分的情况,采取抽样方式进行评估的,受评企业的超过70%的抽样样本在相应最小计分项得分的,视为该受评企业在该最小计分项得分。

第二步：计算所有适用的合规风险指标分值总分：计算所有适用的合规风险指标得分总分。

第三步：受评企业在该合规管理评估领域的评估得分＝（所有适用的合规风险指标得分总分/所有适用的合规风险指标分值总分）×100（四舍五入保留小数点后1位）。

6.1.3.7 合规管理评分结果

根据前述评分步骤,受评企业在某一合规管理评估领域内评估合规的标准为：

a) 所有关键合规风险指标（警示）需全部得分,即任一关键合规风险指标未达标,将导致受评企业在该合规管理评估领域内评估不合格；

b) 受评企业在该合规管理评估领域的评估得分不低于70.0分。

6.1.3.8 合规管理持续改进

a) 完善合规管理体系

根据企业合规管理运行情况和合规管理绩效评估及考核结果,对合规管理体系进行有效性的分析,对重大或反复出现的合规风险和部门及个人的违规问题,深入查找根源,调查事件产生原因,完善和修改具体相关制度,堵塞管理漏洞,强化合规管理流程和对合规管理过程的管控,持续修改和完善合规管理体系。

b) 合规管理持续改进

企业实时跟踪内外部法律环境和商业环境的变化,及时监督和检查合规管理的运行状况,以确保合规管理保障机制及应对计划有效执行,并根据发现的问题,对合规管理工作持续改进。

6.2 建立和完善合规制度、文化和无形资产管理体系

6.2.1 企业建立的合规管理体系应该满足以下原则：（合规管理体系建立原则图）

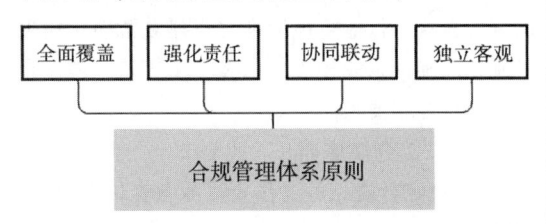

```
┌─────┬─────┬─────┬─────┐
│全面覆盖│强化责任│协同联动│独立客观│
└──┬──┴──┬──┴──┬──┴──┬──┘
   └─────┴──┬──┴─────┘
        ┌───┴────┐
        │合规管理体系原则│
        └────────┘
```

a) 全面覆盖：企业应该坚持将合规要求覆盖各业务领域、各部门、分级分子公司、分支机构、全体员工、贯穿决策、执行和监督全流程；

b) 强化责任：企业应该把加强合规管理作为企业主要责任人履行推进法治建设的第一责任人职责的重要内容，建立全员合规责任制，明确管理人员和各岗位员工的合规责任并督促有效落实；

c) 协同联动：企业合规管理与风险防范、监察、审计、内控、风险管理相互衔接，统筹管理，确保合规管理体系有效运行；

d) 独立客观：严格依照"法律法规、行业行规和道德规范"对企业和员工行为进行客观评价和处理，合规管理牵头部门和监察部门应独立履行职责，不受其他部门和人员的干涉。

6.2.2 建立和完善合规管理制度

6.2.2.1 合规管理制度建立健全的含义

建立健全合规管理制度，是指邀请企业建立制定企业全员普遍遵守的合规行为指引，针对重点领域制定专项合规管理制度，并根据法律法规、行业行规的变化和监管动态，及时将外部监管要求转化为内部规章制度。

6.2.2.2 合规管理制度建立健全的方法

合规管理制度一般根据企业各业务部门的设立情况，分别建立相应合规管理制度。

各企业可以根据企业实际存在的部门和合规管理重点，建立相应的合规管理制度。

6.3 营造合规文化氛围，宣传合规文化

为营造合规文化氛围，是通过制定发放合规手册、签订合规承诺书、召开日常合规会议、开展合规要求宣传和培训活动等方式，强化企业部门及人员安全、质量、诚信、守纪和廉洁等意识，树立依法合规、诚实守信的价值观，营造合规文化氛围。

6.3.1 合规文化建设阶段

第一阶段是服从：在合规文化培养初期，通过制度和流程管理，使得部门或者人员被动接受企业的合规要求；第二阶段是认同：即部门或者人员认可企业的价值观，第三阶段是成为行动指导，即企业部门或人员不仅能够理解合规文化的正确性，而且按照这样的价值观约束自己的思想和行为，并且给予宣扬。（合规文化建设阶段图）

6.3.2 合规文化建设的要求

明确合规管理组织的合规文化建设职责。合规管理领导责任人及组织应带头做合规宣誓，促进合规文化建设；合规管理监督责任人及组织需要积极对企业合规文化建设情况进行监督；合规管理执行责任人及组织需要积极贯彻执行合规文化建设措施。

通过培训、教育、会议讨论、测试评估、认证等措施对企业各业务部门及人员进行合规文化宣传，加强部门及人员对合规文化的认同感。

6.3.3 合规文化推广

企业应将合规作为企业经营理念和社会责任的重要内容，并将合规文化传递至利益相关方。企业应树立积极正面的合规形象，促进行业合规文化发展，共同营造和谐健康的营商环境。

第四章 国际商业合规管理和商业秘密保障机制

7. 企业合规管理领导责任人负责制和权力保障机制

按照商业合规要求完善业务管理制度和流程，开展商业合规风险识别和隐患排查，发布经贸摩擦预警，组织合规审查，及时保护商业秘密，及时向合规管理牵头部门通报风险事项，妥善应对合规风险事件，做好商贸投资、流通、服务和商业秘密等领域商业合规培训和商业伙伴合

规调查等工作，组织或配合进行违规问题调查并及时整改。监察、审计、法律、内控、风险管理、安全生产、质量环保等相关部门，在职权范围内保障履行合规管理职责。

7.1 内部人力资源保障机制：合规和涉密人员的培训、管理和考核等人力资源管理

企业合规管理组织和运营权利保障来源于企业中的领导责任人（如企业董事长、总经理）或者组织（由最高管理人员组建的合规委员会），或者由企业领导责任人或组织授权的相应部门或第三方机构，建立专业化、高素质的商业合规管理队伍，根据业务规模、合规风险水平等因素配备商业合规管理人员，持续加强业务培训，提升队伍能力水平。国际经营重要地区、重点项目应当明确合规管理机构或配备专职人员，切实防范合规风险。

7.1.1 合规及涉密相关工作人员

明确合规相关工作人员的任职条件，并采取适当措施，确保从事合规业务的工作人员满足相应的条件。

7.1.2 入职管理及合同签订要求

a）入职尽职调查，审查入职员工的工作单位、工作背景、工作内容以及是否涉及知识产权等。特别对高层管理团队进行适当的履历背景调查，形成记录；

b）企业与员工签订保密协议；

c）企业与员工签订竞业限制协议；

d）企业与员工签订项目保密承诺书；

e）企业对入职员工进行保密培训与教育；

f）制定发放商业合规手册。

7.1.3 履职管理

a）制定涉密人员岗位职责，并请签字确认；

b）获取、使用、披露企业商业秘密需要授权并进行登记备案；

c）未经允许不能进入商业秘密非授权区域；

d）未经允许不能使用非授权设备、网络和账号；

e）建立商业秘密管理奖惩制，并记录员工违反商业秘密管理制度的情况，在企业内部通报。

7.1.4 合规教育与培训

7.1.4.1 建立合规培训制度的含义：建立合规培训制度是指企业需要重视合规培训，结合法制宣传教育、行业行规标准宣贯建立常态化培训机制，以确保企业相关部门及员工理解，遵循企业合规目标和要求。

7.1.4.2 合规培训开展的要求

a）规定合规相关工作人员的教育培训要求，制定计划并执行；

b）组织对全体员工按业务领域和岗位要求进行合规相关培训，并形成记录；

c）组织对中、高层管理人员进行合规相关培训，并形成记录；

d）组织对研究开发等与合规关系密切的岗位人员进行合规培训，并形成记录。

7.1.4.3 合规培训开展形式

a）讲座分享：除了线下开展互动式的合规讲座外，也可以借助网络技术支持开展在线课程，针对参加培训的主题提出具体问题，并及时给予咨询和回答；

b）外部调查模拟演练：为了防止商业秘密泄露，可委托第三方专业机构对企业进行外部调查模拟训练，以强化相关合规管理部门的合规风险应对能力；

c）合规案例分享：合规管理组织可以总结企业日常发生的合规管理风险案例和事件，组织相关部门和人员进行讨论；

d）合规测试：对于比较重要的合规管理文件，相关部门及人员在学习讨论后，必须通过合规测试。

7.1.4.4 合规管理问责

合规管理问责，是指企业建立完善违规行为处罚机制，明晰违规责任范围，细化惩处标准。企业举报渠道畅通，针对反映的问题和线索及时开展调查，严肃追究违规部门及人员责任。

a）部门和个人负责制：即在企业的违规行为处罚机制中，应将合规管理风险事件责任归咎至负责的部门和个人，使得违规责任能够得以具

体落实；

b）合规整改和纪律处分：即对于产生合规管理风险事件的部门进行合规整改，包括但不限于调配合规管理资源，降低年终考核分数等整改措施，对于引发或者因疏于管理的合规管理风险事件责任人，根据处罚机制对其进行降职、调换职位、降低年终奖和绩效奖等处罚措施，或者进行警告（口头或书面）、解除劳动合规且不支付经济赔偿金等纪律处分。

7.1.4.5 离职管理

a）涉密人员离职之前要与之进行离职会谈。进行相应的合规信息等合规事项以及法律责任的提醒；签订离职会谈纪要备案；

b）对已离职、退休的员工进行合规文件交接管理。要求离职人员上交原始涉密载体且不得删除或者篡改，删除其复制留存的电子数据并签订各项交接单。对合规事项进行专门提醒并做好记录、明确将有关商业秘密等合规管理的权利和义务交割给新同事；

c）离职员工关联信息注销管理：员工离职前要注销所有的域名、应用系统、网络系统、门禁系统账号和访问权限，及时通知与离职员工有关的供应商、客户、合作单位等，告知工作交接情况；

d）涉密人员离职前做以下检查：

工作电脑数据是否完整，是否有删除、复制痕迹；

工作电脑上是否有权限之外的文档；

工作系统、软件的账户的访问日志是否有异常；

是否有非工作时间登录、频繁登录、批量下载、删除、修改的异常行为痕迹；

是否有访问外部邮箱的记录；

是否有对外发送商业秘密信息的记录；

检查员工离职前一定期限内的商业秘密信息的查阅和使用情况有无异常；

离职检查过程中发现员工涉嫌侵犯商业秘密的，应当及时收集并固定证据，并采取法律手段；

e）签署竞业限制协议。涉及核心合规信息和文件的员工离职时，签署竞业限制的，及时支付补偿金；

f）离职会谈记录存档。企业高级管理人员、技术人员、销售人员等接触企业商业重要信息和秘密的人员应当进行离职会谈，签署离职会谈记录存档。

7.1.4.6 激励

a）明确员工合规创造、保护和运用的奖励和报酬；明确员工违规操作造成损失的责任；

b）加强商业合规考核评价，把商业合规经营管理情况纳入对企业负责人和责任人的年度综合考核，细化评价指标。对所属单位和员工合规职责履行情况进行评价，并将结果作为单位涉及合规管理业务的员工考核、干部任用、评先选优等工作的重要依据。

7.2 外部人员管理：主要针对涉密部门所接触的外部人员进行管理

a）外部人员进出企业应当出示相应证件并进行登记备案；

b）外部人员可能会接触到企业商业秘密的，应当与其签订保密协议；

c）专家、顾问、律师、会计师等，可以要求其使用企业提供的有保密设置的计算机等设备，并签订保密协议；

d）涉密的研发人员需要签订保密协议，使用企业提供的特定计算机，使用企业加密的文件管理系统，使用企业提供的加密存储介质；

e）涉密会议要采取保密措施。

8. 国际商业投资架构合规保障机制

8.1 国际商业投资架构合规的目的

a）业务管理的要求。企业法律架构，包括主体架构、股权架构和内部组织架构首先是基于业务需求而建，架构适应业务的需要，可以提高企业运营的效率，降低成本，控制和管理风险。

b）合规需要。对于从事跨境投融资或者跨境贸易和服务的企业而言，因为各国对于不同业务类型所要建立的商事主体类型的不同要求，企业要根据各国公司法和准入方面的法律规定搭建符合相关法域要求的架构，因此，企业法律架构的搭建本身就是合规的需要。

c) 投融资便利需要。对于从事跨境业务企业而言，其融资和投资需求都是跨法域的、全球性的，因此，搭建一个跨法域的法律架构有助于企业在全球范围内投资和融资便利。

d) 风险管理和控制需要。跨境经营企业，其风险可能来自其业务所涉及的各个法域，法律架构的搭建其中一个重要目的是解决风险管理和控制问题。

e) 税收筹划需要。对于从事跨境经营企业而言，在合法合规前提下，降低企业经营的税务成本，也是法律架构的重要功能。

f) 资产处分便利需要。跨境投资资产或者投资标的公司股权的处分是一项复杂的工程，如能提前适当搭建一定程度的法律架构，有利于后期投资退出时高效率、低成本处分投资资产或者股权。

g) 公司全球营运资金归集、规划便利需要。对于跨国公司而言，由于其业务、投资涉及两个以上的国家或地区，各个国家的外汇管理、税收、利润分配等法律法规有所不同，甚至差异巨大，公司通过搭建全球架构，有利于对全球的利润、营收、成本、费用等资金进行归集和规划。

8.2 国际商业投资架构搭建涉及主体

a) 从事跨境业务经营的主体公司；

b) 投资母国、东道国以及管道公司所在法域的律师、会计师、税务师等中介机构；

c) 相关法域的公司注册代理机构（秘书公司等）；

d) 相关法域公司注册管理机构；

e) 相关公司主体的开户银行。

8.3 国际商业投资架构搭建流程

a) 由公司牵头律师起草法律架构搭建备忘录，并与公司高管、各法域律师、税务师等中介机构讨论备忘录的修订并最终定稿；

b) 按照架构备忘录执行，在相关法域注册公司等经营主体，取得公司注册的全套文件；

c) 根据公司经营需要，需要开户的公司主体到银行开立银行账户。

8.4 国际商业投资架构的维护

a) 根据公司注册代理机构的通知，在代理机构的协助下提交经济实质申报文件（开曼公司和英属维京群岛公司）、年度审计报告、税务申报等并缴纳年度维护费用；

b) 根据业务、合规、投融资、风险管理和税务筹划等需要，对公司架构进行适时调整，并通知相关代理机构进行变更并缴纳变更费用（如需）；

c) 定期根据法律法规和国际形势变化，由公司合规管理责任人对法律架构进行检视以判断是否需要调整和更新，并完成相关更新（如需）。

9. 企业商业合规和商业秘密管理机制

企业商业合规是依托国际商业惯例（这些惯例包括商业秘密保护、国际贸易术语通则、跟单信用证惯例等），利用国际商务合同的当事人之间在长期的国际商业实践，经常并反复使用的习惯性做法和通用案例，确定他们之间的权利和义务关系的标准和准则。

9.1 根据《反不正当竞争法》第9条的规定，能给权利人带来竞争优势或者经济利益的商业信息，都可以成为商业秘密。

商业秘密合规管理是企业合规管理的核心工作，商业秘密合规管理保障制度的建设，是企业无形资产价值和人力资本价值提升的重要手段，企业商业秘密一般可以分为两大类：技术信息和经营信息。

9.1.1 技术信息。主要包括技术设计、程序、质量控制、应用试验、工艺流程、设计图纸、设计草图、工业配方、制作工艺、制作方法、试验方式和试验记录等。技术可以是一项完整的技术方案，也可以是一项完整技术方案中一个或者若干个相对独立的技术要求。

9.1.2 经营信息。主要包括管理方案、管理诀窍、客户名单、货源情报、产销策略、投融资计划、标书、标底等方面的信息。信息可以是一个完整的经营方案，也可以是经营方案中若干相对独立的信息要素个体和组合。

9.2 企业商业秘密合规管理的步骤以及流程

企业商业秘密合规管理主要包括：涉密人员管理、涉密区域管理、涉密信息管理、商务活动管理等。

企业商业秘密合规管理的模式包括：分项目管理、分阶段管理、分区域管理。

9.2.1 企业商业秘密合规管理的步骤

企业商业秘密合规管理的步骤分为：

a) 企业商业秘密健康诊断：发现企业商业秘密合规管理存在的问题，进行梳理并出具企业商业秘密健康诊断报告；

b) 企业商业秘密合规管理构建：结合企业商业秘密健康管理诊断报告，分阶段，分步骤，进行有效的企业商业秘密合规管理制度建设；

c) 企业商业秘密合规管理跟踪升级：在企业构建完毕企业商业秘密合规管理制度之后，继续跟踪企业商业秘密合规管理制度的落地情况以及与企业现有制度的衔接协调情况，继续调整或者修改部分企业商业秘密合规管理文件和制度，确保在企业管理高效的前提下，能够有效管理企业的商业秘密，有效建立起企业在特定信息上的商业秘密权；

d) 企业商业秘密合规管理培训：通过为企业管理人员以及员工进行商业秘密培训，提高企业员工的商业秘密管理意识，侵权风险防范意识，使企业的商业秘密合规管理制度落实到实处。

9.2.2 企业商业秘密合规管理的流程

企业商业秘密合规管理的流程主要包括：组织学习、商密定秘、现状对标、方案设计、方案评审、具体实施、验收评审、服务跟踪、调整升级、商密培训、商密维权。

a) 组织学习：组织企业集团总部和下属企业学习商业秘密合规的国家政策法规以及央企的商业秘密保护文件；

b) 商密定秘：商密定秘分为系统定秘和文件定秘。系统定秘是对企业已有的业务系统逐个评定，被评定为核心商业秘密业务系统和普通商业秘密系统的，必须建设相应的密级标识和保密措施。文件定秘是指对企业的业务经营过程中涉密的各项文件进行定秘，文件定秘需要具有定秘流程、密级标识、知悉范围、使用权限等保密措施；

c) 现状对标：将企业已经确定商业秘密的业务系统和文件系统以及企业商业秘密合规管理现状，与商业秘密管理规范标准（后续制定中商联的商业秘密管理标准）逐一核对，逐条分析，形成有针对性的商业秘密业务系统的对标分析报告；

d) 方案设计：根据企业商业秘密健康诊断报告以及商业秘密管理标准对标报告，进行商业秘密合规管理方案的设计，围绕数据安全、网络安全、物理安全、服务器与应用安全、终端安全、移动仓储介质安全、管理安全等内容进行；

e) 方案评审：将企业完成的商业秘密合规管理建设方案提交给中商联，申请中商联评审专家组对方案进行评审，评审通过，由中商联对企业进行商业秘密合规管理示范企业授牌；

f) 集成实施：根据中商联评审专家组评审通过后，由企业组织具体落实企业商业秘密合规管理方案；

g) 验收评审：企业商业秘密合规管理体系建设完成后，实施一年时间，邀请中商联专家组对企业商业秘密合规管理体系进行验收并提出整改意见。企业根据专家组的意见，进行商业秘密合规管理体系的调整；

h) 服务跟踪：中商联专家组或者第三方服务机构根据企业的需要，进行评审验收后的后续跟踪服务，为企业提供商业秘密的专项咨询服务；

i) 调整升级：中商联专家组或者第三方服务机构根据企业的需要，对企业集成实施的企业商业秘密合规管理方案进行调整升级，让企业的商业秘密合规管理逐渐适合企业的经营管理现状，不断升级新的版本；

j) 商密培训：中商联专家组或者第三方服务机构定期为企业管理人员或者员工开展商业秘密培训工作，提高企业管理人员或者员工的保密意识，有效落实企业商业秘密合规管理各项制度；

k）商密维权：中商联专家组或者第三方服务机构与企业签订商业秘密维权合同，事先取得企业商业秘密维权的授权，随时准备维护企业的商业秘密。

9.3 企业商业秘密合规管理原则

a）企业自主：企业应当高度重视商业秘密的管理与保护，充分认识到商业秘密是企业的核心竞争力和重要无形资产。企业商业秘密权利的设定需要企业自主决定和设立；

b）预防为主：企业商业秘密合规管理的核心在于预防，采取有效的商业秘密管理制度，能够有效预防企业商业秘密被泄露，同时也能提高商业秘密维权的成功率；

c）合理适当：企业商业秘密的合规管理程度要适当，既不能过分保护，也不能过于简单。要点在于保证管理高效，同时有效保护商业秘密即可；

d）立体动态：企业商业秘密合规管理制度是持续动态的，管理制度不断升级改进，有效保护企业商业秘密。

9.4 物理区域管理保障

9.4.1 企业内部的区域可以划分为保密区域与非保密区域。保密区域包括涉及企业技术研发、产品制造、数据中心、档案中心等。

9.4.2 涉密区域可以采取以下保密措施：

a）人员进出需具备相应权限，非授权人员因工作需要出入经审批，外部人员进入需有专人全程陪同；

b）出入口配备安保人员及安防设备；

c）禁止携带手机、笔记本、平板、智能手表等具备拍摄、录音、存储功能的设备器材；

d）区域内安装高清摄像头；

e）涉密计算机配备防偷窥、防拍照措施。

9.4.3 企业应将内部网络划分为不同的网络区域。涉密区域的涉密网络可采取以下保密措施：

a）禁止接入外网；

b）禁止使用无线网络、无线热点；

c）禁止内部网络设备接入外网。

9.4.4 企业应设置专门的外部接待区域用于接待、临时办公、会议，未经审批不应允许外部人员进入涉密区域办公。

9.5 物品及载体管理保障

a）计算机：采取有效手段进行计算机管理，防止商业秘密泄露；

b）智能手机：禁止涉密人员使用自己的智能手机，统一使用企业配备的手机；

c）纸质文档：涉密纸质文档应存放在涉密区域内，打印、复印、扫描、查阅、借用等使用涉密纸质文档应由专人专管并登记；

d）产品：涉密产品、半成品、原料等的标签应替换为企业内部的编码统一管理；

e）移动存储介质：涉密移动存储介质应由专人专管，且使用身份识别、内容加密、设备绑定等保密措施。

9.6 合规和泄密事件管理

9.6.1 举报制度（内部管理）

报告和举报制度是指为了加强内部合规管理，防止企业各种不正当行为发生，以及违法违纪等行为的产生和纠正，保障报告和举报管理工作规范进行所建立的制度，依法保护举报人的合法权益。

a）举报机构和职责：合规管理监督组织为举报管理部门的常设机构，指定负责人，负责日常举报事务管理，在接收举报信息后应第一时间予以立案调查处理，并将举报事实和调查情况如实反馈给合规管理领导部门和责任人；

b）举报方式：举报机构应公开举报电话、邮箱、通信地址等联系方式，举报人可进行当面举报或委托举报（委托他们举报需出具授权委托书）；

c）保护措施：采取保护措施防止信息进一步扩散或损失扩大，调查原因、涉事人员、责任人等，收集并固定证据，启动内部处罚或外部维权，形成报告和改进方案。举报人的人身、保密、财产、工作、声誉和民主等合法权益受法律

保护;

　　d) 举报奖励：经调查核实的举报案件，企业可制定举报人奖励制度，根据案件性质给予举报人员相应奖励。

9.6.2 外部维权机制

　　a) 向行政管理部门举报，查处侵权行为的证据，责令侵权人停止侵权并处以罚款；

　　b) 公安机关控告，要求追究侵权人的刑事责任；

　　c) 向法院提起刑事自诉，要求法院追究侵权行为人的刑事责任；

　　d) 向法院提起侵权诉讼，请求法院判决赔偿企业的各项经济损失。

第五章　商业秘密合规管理与无形资产确权流程

10. 合规管理提升企业商业价值的内在逻辑

合规管理规划体系基础设施建设，优化企业人力资本要素，提升企业商业价值的逻辑：

　　a) 盘点企业的人才、技术、制度、渠道、品牌等发展无形资产要素；

　　b) 商业秘密管理措施有效保护企业有价值的无形资产；

　　c) 财务和税务确认（或无形资产审计）无形资产。

10.1 企业商业秘密合规管理的必要性

企业商业秘密是企业的重要无形资产，是企业的核心竞争力。合规管理是将企业商业秘密这种无形资产产权化的过程。企业商业秘密合规管理便于评估企业的商业秘密无形资产的价值，从而保护企业这种无形资产和维护企业的核心竞争力。也便于企业通过商业秘密无形资产进行有效投融资以及商业秘密的交易行为。

10.2 企业取得商业秘密权利的措施

我国《民法典》第123条将商业秘密确定为商业秘密权利。根据《反不正当竞争法》第9条规定，商业秘密权利的取得需要满足秘密性、价值性以及保密性三个法定构成要件，否则不能构成商业秘密权。商业秘密权的特殊性在于需要权利人自主采取管理行为来确立商业秘密权，并没有第三方机构进行事前授权。因此企业要取得特定信息上的商业秘密权，必须采取商业秘密管理措施，进行商业秘密合规管理，否则企业不能取得商业秘密权。

10.3 商业秘密合规管理中企业无形资产确权的逻辑

　　a) 商业秘密合规管理要素盘点：企业建立合规管理体系，通过知识产权合规和商业秘密管理措施，让属于企业的品牌、商业信誉、商业秘密、合规和风控制度、财务和税收、人力资源、专利技术、商业合作伙伴等企业研发、管理和营销信息等无形资产的盘点和保护（无形资产包括专利、商标、著作权、动植物新品种、计算机软件、地理标志、商号、知名商品的包装装潢、企业域名、商业秘密、企业商誉等等）；

　　b) 无形资产财务和税务确认（或无形资产审计）：专业财税咨询机构根据无形资产盘点表（包括盘点商业秘密等无形资产）、盘盈情况说明、经济鉴证证明、盘盈价值确定依据（同类资产的市场价格、类似资产的购买合同、发票或自行开发资料）等进行资产价值的财务和税务确认。是促进企业无形资产价值确认的基础工作；

　　c) 商业秘密等无形资产产权确权过程：通过商业秘密合规管理，形成企业品牌、人才、技术、渠道等涉及企业发展要素的商业秘密的盘点和有效管控，通过专业财税咨询机构进行无形资产的财务和税务确认工作，形成商业秘密等无形资产的管理和确权工作；

10.4 无形资产财务和税务确认指引

目前中国企业对无形资产的保护意识正在增强，但是对于无形资产的财务和税务处理尚具有很大随意性，表现为大多数企业应当在会计上确认的无形资产游离于财务报表之外，造成企业资产被低估，企业估值严重失真；另一方面，有的企业利用无形资产难以评估其公允价值的特点，操纵无形资产价值，进行不规范的会计处理和税务处理，虚增利润或虚减应税所得，存在较大法律风险。有鉴于此，我们特编写本指引供企业参考。

本指引用于适用企业会计准则、企业会计制度的会计主体和企业所得税纳税人确认和计量无形资产。

本指引内容根据《会计法》、《企业会计准则》和相关税收规范性文件编制。

10.4.1 基本原则

a) 尽量减少税会差异：按照《企业会计准则第 6 号——无形资产》规定，无形资产，是指企业拥有或者控制的没有实物形态的可辨认非货币性资产，对无形资产的种类未做正列举；但税法意义上的无形资产又与财务核算标准不同。按照《销售服务、无形资产、不动产注释》（财税〔2016〕36 号文件附件一后附件）解释，无形资产，是指不具实物形态，但能带来经济利益的资产，包括技术、商标、著作权、商誉、自然资源使用权和其他权益性无形资产。这一解释对无形资产的外延做了正列举。因此不可避免产生会计准则标准下无形资产可能大于税法标准下无形资产的现象。鉴于企业所得税申报时，允许作为成本费用扣除的无形资产摊销均应符合税法规定。为避免税会差异造成企业所得税汇算清缴额外负担，本指引力求确保与无形资产有关的财务和税务处理相一致；

b) 谨慎性：是指某些会计事项有不同的会计处理方法可供选择时，应尽可能选择一种不致虚增账面利润、夸大所有者权益的方法为准的原则。鉴于新增无形资产确权会增加企业总资产，本指引对于企业内部生成的无形资产确权持谨慎态度，除按照会计准则明确应当资本化的开发阶段费用之外，原则上内部生成的无形资产，其原始成本应为零，且不应根据任何评估结果调增无形资产成本；

c) 实质重于形式：企业应当按照交易或事项的经济实质进行会计核算，而不应当仅仅按照它们的法律形式作为会计核算的依据。因此如果企业在法律形式上取得了无形资产，但交易实质显示企业不能使用，则不应当确认该项无形资产；

d) 一贯性：企业的会计核算方法前后各期应当保持一致，不得随意变更；

e) 及时性：企业的会计核算应当及时进行，不得提前或延后。

10.4.2 财务和税务可确认的无形资产

10.4.2.1 按照《企业会计准则第 6 号——无形资产》规定，可确认的无形资产应同时满足的条件是：

a) 可辨认。资产满足下列条件之一的，符合无形资产定义中的可辨认性标准：（一）能够从企业中分离或者划分出来，并能单独或者与相关合同、资产或负债一起，用于出售、转移、授予许可、租赁或者交换；或（二）源自合同性权利或其他法定权利，无论这些权利是否可以从企业或其他权利和义务中转移或者分离；

b) 符合资产的一般定义：（一）与该无形资产有关的经济利益很可能流入企业，企业在判断无形资产产生的经济利益是否很可能流入时，应当对无形资产在预计使用寿命内可能存在的各种经济因素作出合理估计，并且应当有明确证据支持；且（二）该无形资产的成本能够可靠地计量。

10.4.2.2 税法承认的无形资产：除符合《企业会计准则第 6 号——无形资产》的有关规定之外，还应属于《销售服务、无形资产、不动产注释》（财税〔2016〕36 号文件附件一后附件）解释的正列举内容：无形资产，是指不具实物形态，但能带来经济利益的资产，包括技术、商标、著作权、商誉、自然资源使用权和其他权益性无形资产。技术，包括专利技术和非专利技术。自然资源使用权，包括土地使用权、海域使用权、探矿权、采矿权、取水权和其他自然资源使用权。其他权益性无形资产，包括基础设施资产经营权、公共事业特许权、配额、经营权（包括特许经营权、连锁经营权、其他经营权）、经销权、分销权、代理权、会员权、席位权、网络游戏虚拟道具、域名、名称权、肖像权、冠名权、转会费等；

同时满足财务和税务确认标准的无形资产可

以分为两类：（1）登记类无形资产，是指需要经过监管登记部门认证、鉴定并取得权利证书才能够确认的无形资产；（2）非登记类无形资产，是指不需要经过监管登记部门认证、鉴定就可以确权的无形资产。

10.4.2.3 登记类无形资产，包括：

a) 著作权；

b) 专利权；

c) 商标权；

d) 自然资源使用权。

10.4.2.4 非登记类无形资产，包括：

a) 未登记的著作权；

b) 非专利技术（商业秘密中的技术秘密）；

c) 经营权，包括特许经营权、连锁经营权和基础设施资产经营权；

d) 配额，包括生产配额、销售配额、进出口配额和排放污染物配额；

e) 经销权、分销权、代理权；

f) 会员权、席位权；

g) 网络虚拟商品；

h) 名称权、肖像权、冠名权；

i) 转会费。

鉴于按照《企业会计准则第6号——无形资产》规定，企业合并中形成的商誉不适用于该准则，而且商誉既不能单独转让、出售，也不能以独立的一项资产作为投资，不存在单独的转让价值，因此本指引中的非登记类无形资产不包括商誉。

10.4.2.5 不应确认为无形资产的民事权利

下列民事权利可能有商业价值和产生经济利益流入企业的效果，但是不符合会计定义或不属于税法对无形资产的列举范围，因此不应确认为无形资产，但是可以作为企业的商业利益而受到管理、保护和发生相应成本费用支出：

a) 著作权的邻接权；

b) 商业秘密中的经营秘密；

c) 区块链货币；

d) 网络流量、点击率和电子媒体收视率；

e) 互联网域名；

f) 互联网自媒体经营权；

g) 实际占用但无法提供权属证明的土地和自然资源；

h) 其他不属于《销售服务、无形资产、不动产注释》（财税［2016］36号文件附件一后附件）解释正列举范围的权利。

10.4.3 无形资产的转让和受让

本部分中"转让"或"受让"是指转让或受让无形资产的所有权而非使用权。

10.4.3.1 无形资产的转让

无论是否登记，按照《企业会计准则第6号——无形资产》规定，企业出售无形资产，应当将取得的价款与该无形资产账面价值的差额计入当期损益——营业外收入/营业外支出，开具发票品名为"无形资产——＊＊资产"，并在自己的财务账上注销无形资产。

无形资产转让可能涉及的税种包括：

a) 增值税，税率为6%，但如果符合财税［2016］36号附件1《营业税改征增值税试点实施办法》所附《销售服务、无形资产、不动产注释》中"转让技术"范围且按这一范围开具发票，可享受增值税免税；

b) 城市维护建设税和附加费用；

c) 印花税，如果转让的是非专利技术，则转让合同属于《印花税暂行条例》"技术合同"税目，应按转让标的额万分之三贴花。

10.4.3.2 无形资产的受让

a) 企业外购一项无形资产，按照购买价款、相关税费以及直接归属于使该项资产达到预定用途所发生的其他支出之和确认无形资产成本，但不包括应外购无形资产获得的可抵扣增值税进项税额。

b) 企业外购一项嵌入在其他有形动产、不动产之中的无形资产，鉴于该项无形资产是不可分离的，不符合《企业会计准则第6号——无形资产》关于无形资产应具有可辨认性的会计确认条件，因此不建议单独确认无形资产，相关无形资产在其他有形动产、不动产确认固定资产时一并确认。

第六章 附 则

11. 中国商业联合会根据本规范，结合实际制定涉及国际业务相关的合规管理实施细则。各分支机构、管理单位、地方商业联合及会员单位可以参照本指引。

12. 本指引由中国商业联合会负责解释。

13. 本指引自公布之日起施行。

12. T/BMEMA 001—2022 《建材企业合规管理体系团体标准》

（中国建筑材料企业管理协会 2022 年 6 月 29 日发布实施）

1 范 围

本标准规定了建材企业建立、实施、评估、维护和改进合规管理体系的总体要求，适用于开展合规管理相关工作的建材企业。

2 规范性引用文件

下列文件中的内容通过文中的规范性引用构成本标准必不可少的组成部分。凡是注日期的引用文件，仅所注日期版本适用于本标准。凡是不注日期的引用文件，其最新版本（包括所有的修改单）适用于本标准。

ISO37301：2021 合规管理体系 要求及使用指南

GB/T35770—2017 合规管理体系 指南

中央企业合规管理办法

企业境外经营合规管理指引

3 术语和定义

以下术语和定义适用于本文件。

3.1 建材企业

建材产品包括建筑材料及制品、非金属矿及制品、无机非金属新材料等门类。建材企业是指从事建材产品研发、生产、制造、安装、装配、运输、流通、工程建设及相关配套服务的生产经营企业。

3.2 企业合规

企业及员工的经营管理行为要符合有关法律法规、党内法规、监管规定、行业准则和国际签约、规则、标准、商业惯例、道德规范、职业标准以及企业依法制定的章程、规章制度等要求。

3.3 合规风险

企业及其员工在公司治理、生产经营、内部控制等方面因违规行为，引发法律责任、受到刑事、民事或行政等相应处罚，造成经济或声誉损失及其他负面影响的可能性。

3.4 合规义务

企业及员工生产经营与管理行为必须遵守的国家政策、法律法规、党内法规和国际条约、规则、标准，以及监管部门发布的规章、条例等合规要求及企业自愿选择遵守的合规要求。

3.5 合规承诺

企业以言语和行为传达清晰的信息，作出接受、支持并将履行特定的合规义务的意思表达。

3.6 合规目标

企业及员工树立清晰的合规意识、健全的合规制度体系、完善的监督、考评、奖罚和反馈机制，切实保证企业合规管理体系有效运行，防范企业和员工的各类不合规行为和重大违规事件发生。

3.7 合规管理

以有效防范合规风险、增强合规赋能、满足合规要求为目的，以企业和员工的生产经营与管理行为为对象，开展包括合规风险识别与应对、合规政策制定与监测实施、合规培训与考核评价、合规审查、举报和调查、违规追究与问责、合规管理体系有效性评审与改进等有组织、有计划的管理活动。

4 合规管理原则

4.1 适应性原则

企业合规管理应从行业分类、经营范围、企业结构和业务规模等实际出发，兼顾成本与效率，强化合规管理制度的可操作性，提高合规管理的有效性，并且能够根据企业自身业态改变与外部环境变化而持续调整和改进。

4.2 全面性原则

企业合规管理应覆盖企业全业务领域、各层级、各部门、各级子企业和分支机构、全体员工等，贯穿决策、执行、监督、反馈等各个环节，体现于决策机制、内部控制、业务流程等各个方面。

4.3 独立性原则

企业合规管理应从制度设计、机构设置、监测审计、岗位安排、报告路径等方面保证合规管理工作的独立性，合规管理机构及人员承担的其他职责不应与合规职责产生利益或其他冲突。

5 合规管理机制

5.1 设计原则

5.1.1 科学规范、权责明确

合规管理架构应做到科学规范、权责明确且符合企业实际。做到机构不重叠、职能不缺位，各部门、岗位合规管理职责清晰、能考核、可追溯。

5.1.2 系统全面、整体协同

合规管理架构应综合国家及行业发展规划、企业发展战略、业务地域分布，以及运营特点、管理模式、员工情况等因素，结合企业风险与合规管理现状，发挥业务部门、职能部门、监督部门等的作用，实现高效协同运作。

5.2 合规管理架构

5.2.1 合规管理层级

企业可结合发展需要建立权责清晰的合规管理层级，在决策、管理和执行三个层面上划分相应的合规管理职责。

5.2.1.1 企业决策层应以保证企业合规经营为目的，通过审批合规管理战略转移规划，解决合规管理中的权力配置和资源配置问题，并监测、监督、评价合规管理体系的有效运行。

5.2.1.2 企业管理层负责建立健全合规管理组织架构，制定合规管理计划、制度和流程，实施、维护和改进合规管理体系，及时纠正不合规行为，并进行责任追究或提出处理建议。

5.2.1.3 企业执行层（各执行部门及有关分支机构）应及时识别归口管理领域的合规职责和要求，执行合规管理制度和程序，落实相关合规管理责任。

5.2.2 合规管理机构

企业应根据自身规模、业务范围、潜在风险、监管要求等设置合规管理团队，建立由合规委员会、合规负责人、合规管理部门组成的合规管理机构。尚不具备条件设立专门合规委员会的企业，可由相关部门（如法律事务部门、风险防控部门等）履行合规管理职责，明确合规负责人。

5.2.2.1 合规委员会

企业可结合实际设立合规委员会，负责合规管理的组织领导和统筹协调工作，主要职责包括：

a) 确认合规管理战略，明确合规管理目标；
b) 听取合规管理工作汇报；
c) 研究合规管理重大事项并提出指导意见；
d) 指导、监督及评价合规管理工作；
e) 统筹协调重大合规风险事件处理及其他重大事项。

5.2.2.2 合规负责人

企业可结合实际任命专职合规负责人（或首席合规官），也可由法律事务部门负责人或风险防控部门负责人兼任。首席合规官或合规负责人是企业合规管理工作具体实施的负责人和日常监督者，负责统筹推进企业合规管理工作，不应分管与合规管理相冲突的部门。

首席合规官或合规负责人的主要职责包括：

a) 贯彻执行合规委员会对合规管理工作的要求，全面负责企业合规管理工作；

b) 组织制定合规管理战略规划，参与企业重大决策并提出合规意见；

c) 协调合规管理与各职能部门、业务部门之间关系，监测合规管理工作执行情况，解决合规管理工作推进过程中的重大问题；

d) 领导合规管理部开展合规管理工作，加强合规管理队伍建设；

e) 组织起草合规管理年度报告；

f) 向合规委员会汇报合规管理重大事项。

首席合规官，应通过政府有关部门组织的企业合规师技术技能资格考试。

5.2.3 合规管理部门

可结合企业实际设置专职合规管理部门，或由具有合规管理职能的相关部门承担合规管理职责，主要职责包括：

a) 研究起草合规管理计划，组织制定、修订企业合规管理基本制度和专项制度，总结梳理合规管理相关工作标准程序，组织编报合规管理年度报告；

b) 持续关注企业业务所涉及的国家（包括国外）法律法规、监管要求和有关规则等变化，及时提供合规建议；

c) 组织协调开展专项合规工作，组织开展风险识别、预警和应对，参与公司重大事项决策、重要规章制度、重大合同的合规审查；

d) 设定合规培训计划指标，组织、协助业务单位、人力资源部门、培训部门开展合规培训；

e) 组织开展合规检查工作，督促违规整改和持续改进，参与违规事件调查与处置；

f) 参与企业合规管理考核、评价工作；

g) 指导所属企业开展合规管理工作；

h) 参与合规管理工作经费预算审核与统筹，建立合规报告和记录的台账，制定合规资料管理流程。

5.2.4 合规管理协调

5.2.4.1 合规管理部门与业务部门分工协作

合规管理需要合规管理部门与业务部门密切配合。各业务部门（分支机构）应主动进行日常合规管理工作，识别业务范围内的合规要求，制定并落实业务管理制度和风险防范措施，组织或配合合规管理部门进行合规审查和风险评估。

5.2.4.2 合规管理部门与其他监督部门分工协作

合规管理部门与其他具有合规管理职能的监督部门（如审计部门、监察部门等）应建立明确的合作和信息交流机制，加强协调配合，形成管理合力。企业应根据风险防控需要以及各监督部门的职责分工划分管理职责，确保各业务系统合规运营。

5.2.4.3 企业与外部监管机构沟通协调

企业应积极与外部（包括境外）监管机构及政府有关部门建立沟通联系渠道，了解相关政策要求及监管机构的合规流程，制定符合监管机构要求的合规制度，降低在报告义务和行政处罚等方面的风险。

5.2.4.4 企业与第三方沟通协调

企业与第三方合作时，应做好尽职调查和相关风险研究，深入了解第三方合规管理情况。企业应当向重要第三方传达自身的合规要求和对对方的合规要求，并在商务合同中明确约定。

6 建材企业合规管理重点

6.1 整体要求

建材企业应当根据能源、资源、环境、排放约束越来越紧的要求，正视一般建材产品产能过剩和新、特、高质量建材产品供应不足的现实矛盾，在加快构建以国内大循环为主体、国内国际双循环相互促进的新发展格局中，结合自身实际，突出重点领域、重点环节和重点人员的合规管理，切实防范国内外合规风险，为实现建材行业"宜业尚品、造福人类"发展目标做出应有的贡献。

6.2 合规管理重点领域

6.2.1 战略决策

面对建材产能过剩、市场竞争激烈，在企业发展过程中，要避免普通产品生产规模过度扩张，严格遵照国家有关部门政策规定和行业自律约定，坚决遏制"两高"项目，积极淘汰落后产能，做到有退有进、科学发展。

6.2.2 绿色环保

在生产经营过程中应主动承担环境保护、资源综合利用、"3060"碳达峰、碳减排目标的责任，严格遵守相关政策、法律法规要求，认真识别、评价企业生产经营活动对环境及生态的影响，建立健全环境保护制度，加强对废气、废水、固体废物、碳排放的管控。积极防范和及时应对各类环境污染事件与突发环境事件，最大限度降低环境污染和突发环境事件的危险程度，保护人员生命和企业财产安全，维护环境安全。

6.2.3 安全生产

严格执行国家安全生产法律法规，落实全员安全生产责任制，完善安全管理体系及安全生产规章制度、操作规程及安全事故应急救援预案。组织安全生产教育培训，加强安全生产风险管控及监督检查，及时发现并整改违规问题，保障从业人员安全。

6.2.4 产品与服务质量

根据国家政策、法律法规、质量标准以及相关合同规定要求，对产品和服务进行规划、设计、研发、生产制造、安装、检测、计量、运输、储存、销售、售后服务、回收等全过程监测。通过在技术、研发、生产、应用、服务等全过程控制和监测，建立健全管理体系和制度，完善质量体系。

6.2.5 职业健康

建立健全的职业病防治机制，落实职业病预防措施，工作场所须符合国家关于职业健康与卫生标准和要求，在生产经营过程中执行职业病防护要求，保障劳动者职业健康权利。

6.2.6 知识产权

加强对商业秘密、专利和商标的保护，防范侵犯他人知识产权。及时依法申请或登记注册知识产权成果，对已取得的权利及时续展维持。规范实施许可和转让，及时制止外部侵权行为，依法规范使用他人知识产权。

6.2.7 招投标管理

遵守《招标投标法》、《政府采购法》等相关法律法规及有关规定，建立健全项目跟踪与招投标管理制度，确保制度的有效实施，严禁在招投标过程中违法违规行为，加强招投标过程中的违法违规行为的处理。

6.2.8 反腐败

遵守反腐败政策与相关法律法规，合法合规开展生产经营活动。建立完善的捐赠、礼品和招待制度，建立健全企业与商业合作伙伴、政府工作人员等的交往礼仪与规范，构建预防腐败行为的管理机制和措施，鼓励举报检举各种腐败行为。

6.2.9 反垄断与反不正当竞争

应严格遵守反垄断法和反不正当竞争法，防止垄断协议、滥用市场支配地位、具有排除（限制）竞争效果的经营者集中等垄断行为，以及市场混淆、商业贿赂、引人误解的虚假宣传、侵犯商业秘密、低价倾销、违反规定的有奖销售、商业毁谤等不正当竞争行为。

6.2.10 劳动用工

贯彻落实国家劳动法律法规，健全完善劳动用工管理制度，规范劳动合同的签订、履行、变更、中止和解除以及竞业限制约定等，切实维护企业员工社会保险、休息休假、劳动报酬、职业健康、培训发展、沟通交流等合法权益。

6.2.11 财务税收

制定合法有效的财务管理制度，完善财务内控体系，严格执行重大财务事项的操作和审批流程，严肃财经纪律，强化依法纳税意识，严格遵守税收法律政策。

6.2.12 商业伙伴

建立健全第三方风险防控制度，对重要商业合作伙伴开展合规尽职调查与风险评估，根据结果相应要求，合作伙伴作出合规承诺、签订合规协议、增加合规条款、开展合规培训等。

6.2.13 投资融资

在固定资产投资和企业股权改革、上市、并购等投融资工作中做好合规调查、论证、审查等工作，严格遵照国家有关部门政策规定和行业自律规定，坚决遏制"两高"项目，建立风险跟进和处理程序，及时将投资方和被收购方整合到现有合规体系控制中。

6.2.14 海外业务

6.2.14.1 企业开展对外货物和服务贸易，应确保经营活动全流程、全方位合规，全面掌握关于贸易管制、质量安全与技术标准、知识产权保护等方面的具体要求，关注业务所涉国家（地区）开展的贸易救济调查，包括反倾销、反补贴、保障措施调查等。

6.2.14.2 企业开展境外投资，应确保经营活动全流程、全方位合规，全面掌握关于市场准入、贸易管制、国家安全审查、行业监管、外汇管理、反垄断、反洗钱、反恐怖融资等方面的具体要求。

6.2.14.3 企业开展对外承包工程，应确保经营活动全流程、全方位合规，全面掌握关于投标管理、合同管理、项目履约、劳工权利保护、环境保护、连带风险管理、债务管理、捐赠与赞助、反腐败、反贿赂等方面的具体要求。

6.2.14.4 企业开展境外日常经营，应确保经营活动全流程、全方位合规，全面掌握关于劳工权利保护、环境保护、数据和隐私保护、知识产权保护、反腐败、反贿赂、反垄断、反洗钱、反恐怖融资、贸易管制、财务税收等方面的具体要求。

6.2.15 其他领域

结合建材行业特点、行业发展需要、企业业务范围等，需重点关注的其他领域。

6.3 合规管理重点环节

6.3.1 制度制定环节

强化对规章制度、改革方案等重要文件的合规审查，确保符合法律法规、政策和监管规定等要求。

6.3.2 经营决策环节

严格落实企业决策制度，规范合理授权，细化各层级决策事项和权限，加强对决策事项的合规论证把关，保证决策依法合规。

6.3.3 生产运营环节

严格执行合规制度，加强对重点流程的监督检查，确保生产经营过程中照章办事，按章操作。

6.4 合规管理重点人员

6.4.1 决策人员

促进决策人员提高合规意识，树立企业合规理念，带头依法依规开展经营管理活动，践行企业合规管理承诺，认真履行承担合规管理职责，并强化考核和监督问责。

6.4.2 管理人员

强化各级管理人员合规观念、合规职责、合规行为，依法依规开展合规管理活动，切实做好业务职能与合规管理相统一，强化考核和监督问责。

6.4.3 监察人员

监督决策人员、管理人员的工作决策、工作开展、工作落实与工作流程是否合规，相关人员是否尽责履职，评审企业合规管理体系，保障有效监测企业合规机制的运行。

6.4.4 重要风险岗位人员

根据合规风险评估情况明确界定重要风险岗位，有针对性加大培训力度，使重要风险岗位人员熟悉并严格遵守业务涉及的各项规定，加强监督检查和违规行为追责。

6.4.5 境外工作人员

境外工作人员包括企业驻外人员、企业出差人员和所在国家本地雇员。企业应将合规培训作为境外员工任职、上岗的必备条件。

6.4.6 其他人员

结合建材行业特点、行业发展需要、企业业务范围等，需重点关注的其他人员。

7 合规管理制度

7.1 整体要求

企业应建立并不断完善合规管理制度体系，包括合规管理基本制度、合规管理专项制度、合规行为准则、操作流程指引等。合规管理制度应体现企业核心价值观，为企业及员工提供行为指引和规范。

7.2 合规行为准则

合规行为准则是企业、全体员工及代表企业从事经营活动的第三方合规行为的基本标准，包括但不限于企业合规理念、目标、内涵、适用范围、合规行事标准、违规的应对方式和后果等。

7.3 合规管理基本制度

合规管理基本制度是企业合规管理纲领性文件，明确合规管理的工作原则、机构体系、管理职责、制度建设、运行机制等内容，是企业落实合规管理各项措施的基础。

7.4 合规管理专项制度

各相关责任部门应针对特定主题、特定领域、特定地区、特定业务制定具体的专项合规管理制度。

7.5 操作流程指引

各相关责任部门应结合工作实际，根据合规行为准则、合规管理基本制度、合规管理专项制度等，制定合规管理操作流程，细化标准和要求，同时将标准和要求融入到业务流程中，推进合规管理工作落地，确保各项经营行为合法合规。

7.6 合规管理信息化

具备条件的企业，应加强合规管理信息化建设，通过信息化手段优化合规管理流程，记录和保存相关信息，保证合规管理制度和流程落地。

8 合规文化建设

8.1 合规文化培育

企业应将合规文化作为企业文化建设的重要内容，加强合规意识，树立诚信、负责、合作、创新的核心价值观，培育良好的企业合规文化。企业决策层、管理层应做出合规承诺，带头履行诚信合规、依法经营的价值观，不断增强员工的合规意识和行为自觉，营造依规办事、按章操作的文化氛围。

8.2 合规文化推广

企业应将合规文化作为企业经营理念和社会责任的重要内容，并将合规文化传递到利益相关方，树立积极正面的合规形象，促进行业合规文化发展，营造和谐健康的经营环境，保障企业科学、持续、绿色、稳健发展。

9 合规管理运行

9.1 合规风险识别与评估

9.1.1 合规风险识别

合规管理的首要任务是全面系统梳理企业经营管理活动，准确识别企业潜在的合规风险，并进行动态跟踪调整。

9.1.2 合规风险评估

应针对合规管理重点，企业应建立有效的合规风险评估机制。结合企业生产经营与管理现状、行业特性与市场特点、监管政策与地域差异等，对风险发生的可能性、影响程度、潜在后果进行系统分析，定性、定量评估企业合规风险。对于典型性、普遍性和可能产生较严重后果的风险及时发布预警。企业进入新领域、新市场、业务性质发生变化、企业结构发生变化等重大事件发生时，应重新开展风险评估活动。

不具备评估条件和能力的企业应聘请中立、专业的合规风险评估团队进行合规风险评估。

9.1.3 合规风险处置

针对发现的风险，制定预案，采取有效措施，及时应对处置。对于重大合规风险事件，由合规管理部门及时向合规负责人、合规委员会等逐级汇报。合规委员会统筹领导，合规管理部门牵头，相关部门协调配合，最大限度化解风险，降低损失。

9.2 合规培训

企业应建立常态化合规宣传、合规培训机制，培训内容随企业内外环境变化进行动态调整，经营部门和分支机构的所有员工均应接受合规培训，全面了解并掌握企业合规管理制度和风险防控要求。决策层和高级管理层应带头接受合规培训，高风险领域、关键岗位员工应接受有针对性的专题合规培训，合规培训应做好记录留存。

9.3 合规考核

企业合规考核应全面覆盖企业的各项管理工作。合规考核结果为企业业绩考核的重要依据，与评估评先、职务任免、职务晋升以及薪酬待遇挂钩。

企业有境外经营和分支机构的可制定单独合规绩效考核机制，也可将合规考核标准融入总体绩效管理体系之中。

9.4 咨询与审查

企业相关部门、分支机构及员工在履职过程中遇到重大合规风险事项，应及时主动寻求合规咨询。企业应针对高合规风险领域规定强制合规咨询范围。在涉及重点领域或重要业务环节时，业务部门应主动咨询合规管理部门意见，合规管理部门应在合理时间内答复，必要时可咨询外部专业机构意见。

企业应将合规审查作为规章制度制定、重大事项决策、重要合同签订、重大项目运营等经营管理行为的必经程序，及时对不合规的内容提出修改建议，未经合规审查不得实施。

9.5 汇报与沟通

合规管理部门应当定期向合规委员会汇报合规管理工作，汇报内容包括但不限于合规风险评估情况，合规培训组织情况和效果评估，发现的违规行业及处理情况，违规行为可能给企业带来的合规风险，已识别的合规漏洞或缺陷，建议采取纠正措施、合规管理工作的整体评价和分析等。

合规管理部门应结合自身合规管理要求，与监管机构、合作伙伴等相关方进行有效合规沟通，促进企业与相关方建立良好的关系。

合规管理部门应建立有效的合规沟通渠道，任何部门、员工在生产经营与管理过程中对涉及合规的问题存有疑虑时，可及时沟通。

9.6 举报与调查

企业应根据自身特点和实际情况建立和完善合规信息举报或投诉渠道，员工、客户和第三方均有权进行举报和投诉，企业应充分保护举报人，保障举报人、投诉人免遭报复。

合规管理部门或其他受理部门，应对举报信息制定调查方案并开展调查。形成调查结论后，企业应按照相关管理制度对违规行为进行处理。处理措施包括通告批评、扣减薪酬、纪律处分、业务限制、解聘辞退及移送司法机关等方式。

10 合规管理体系认证与评审

10.1 合规管理认证机制

中国建筑材料企业管理协会与中国国际贸易促进委员会商事法律服务中心、北京国建联信认证中心有限公司等机构共同开展建材行业企业合规管理体系的评估认证工作，对企业合规管理体系的构建、实施进行评估、认定和咨询服务，提出相应的改进意见和建议。

10.2 内部评审

合规委员会结合企业内部审计、巡视巡察、纪检监察等定期对企业合规管理体系运行的有效性进行评审，确保合规管理体系良好运行。

10.3 外部评价

根据需要，企业可聘请外部第三方机构，定期对企业合规管理体系运行的有效性进行评价，以确保合规管理体系良好运行，评价结果向企业合规委员会报告。

10.4 持续改进与完善

结合违规事件与合规管理体系的评审结果，企业应持续改进和完善相关制度，强化合规管理工作，提升企业合规管理水平。

11 其他规则

11.1 制定分领域企业合规管理体系行业标准

为全面促进建材行业企业合规发展，中国建筑材料企业管理协会将根据行业细分领域需要，结合各子行业特点，制定相关专业领域企业合规管理体系标准。

专业领域企业合规管理体系标准应在本规范体系下制定，具体内容不得超过本规范规定的范围，能够与本规范匹配适用。

11.2 建材企业合规师技能培训

为加强企业合规人才队伍建设，促进本规范的有效实施，中国建筑材料企业管理协会将根据有关部门企业合规师职业技能资格规定要求，组织并开展建材行业企业合规师培训工作。

11.3 其他规则衔接适用

国家有关主管部门、行业组织发布的促进企业合规发展的其他标准、指南、指引等文件。

13. T/CEC 369—2020 《电力企业合规管理体系规范》（略）

（中国电力企业联合会2020年6月30日发布 2020年10月1日实施）

第二部分

重点领域合规管理

（一）反腐败与反商业贿赂合规

1. 中华人民共和国刑法（节录）

（2020 年 12 月 26 日修正）

第一百六十三条 公司、企业或者其他单位的工作人员，利用职务上的便利，索取他人财物或者非法收受他人财物，为他人谋取利益，数额较大的，处三年以下有期徒刑或者拘役，并处罚金；数额巨大或者有其他严重情节的，处三年以上十年以下有期徒刑，并处罚金；数额特别巨大或者有其他特别严重情节的，处十年以上有期徒刑或者无期徒刑，并处罚金。

公司、企业或者其他单位的工作人员在经济往来中，利用职务上的便利，违反国家规定，收受各种名义的回扣、手续费，归个人所有的，依照前款的规定处罚。

国有公司、企业或者其他国有单位中从事公务的人员和国有公司、企业或者其他国有单位委派到非国有公司、企业以及其他单位从事公务的人员有前两款行为的，依照本法第三百八十五条、第三百八十六条的规定定罪处罚。

第一百六十四条 为谋取不正当利益，给予公司、企业或者其他单位的工作人员以财物，数额较大的，处三年以下有期徒刑或者拘役，并处罚金；数额巨大的，处三年以上十年以下有期徒刑，并处罚金。

为谋取不正当商业利益，给予外国公职人员或者国际公共组织官员以财物的，依照前款的规定处罚。

单位犯前两款罪的，对单位判处罚金，并对其直接负责的主管人员和其他直接责任人员，依照第一款的规定处罚。

行贿人在被追诉前主动交待行贿行为的，可以减轻处罚或者免除处罚。

第一百七十六条 非法吸收公众存款或者变相吸收公众存款，扰乱金融秩序的，处三年以下有期徒刑或者拘役，并处或者单处罚金；数额巨大或者有其他严重情节的，处三年以上十年以下有期徒刑，并处罚金；数额特别巨大或者有其他特别严重情节的，处十年以上有期徒刑，并处罚金。

单位犯前款罪的，对单位判处罚金，并对其直接负责的主管人员和其他直接责任人员，依照前款的规定处罚。

有前两款行为，在提起公诉前积极退赃退赔，减少损害结果发生的，可以从轻或者减轻处罚。

第二百三十八条 非法拘禁他人或者以其他方法非法剥夺他人人身自由的，处三年以下有期徒刑、拘役、管制或者剥夺政治权利。具有殴打、侮辱情节的，从重处罚。

犯前款罪，致人重伤的，处三年以上十年以下有期徒刑；致人死亡的，处十年以上有期徒刑。使用暴力致人伤残、死亡的，依照本法第二百三十四条、第二百三十二条的规定定罪处罚。

为索取债务非法扣押、拘禁他人的，依照前两款的规定处罚。

国家机关工作人员利用职权犯前三款罪的，依照前三款的规定从重处罚。

第二百八十四条 非法使用窃听、窃照专用器材,造成严重后果的,处二年以下有期徒刑、拘役或者管制。

第二百八十五条 违反国家规定,侵入国家事务、国防建设、尖端科学技术领域的计算机信息系统的,处三年以下有期徒刑或者拘役。

违反国家规定,侵入前款规定以外的计算机信息系统或者采用其他技术手段,获取该计算机信息系统中存储、处理或者传输的数据,或者对该计算机信息系统实施非法控制,情节严重的,处三年以下有期徒刑或者拘役,并处或者单处罚金;情节特别严重的,处三年以上七年以下有期徒刑,并处罚金。

提供专门用于侵入、非法控制计算机信息系统的程序、工具,或者明知他人实施侵入、非法控制计算机信息系统的违法犯罪行为而为其提供程序、工具,情节严重的,依照前款的规定处罚。

单位犯前三款罪的,对单位判处罚金,并对其直接负责的主管人员和其他直接责任人员,依照各该款的规定处罚。

第三百八十五条 国家工作人员利用职务上的便利,索取他人财物的,或者非法收受他人财物,为他人谋取利益的,是受贿罪。

国家工作人员在经济往来中,违反国家规定,收受各种名义的回扣、手续费,归个人所有的,以受贿论处。

第三百八十七条 国家机关、国有公司、企业、事业单位、人民团体,索取、非法收受他人财物,为他人谋取利益,情节严重的,对单位判处罚金,并对其直接负责的主管人员和其他直接责任人员,处五年以下有期徒刑或者拘役。

前款所列单位,在经济往来中,在帐外暗中收受各种名义的回扣、手续费的,以受贿论,依照前款的规定处罚。

第三百八十九条 为谋取不正当利益,给予国家工作人员以财物的,是行贿罪。

在经济往来中,违反国家规定,给予国家工作人员以财物,数额较大的,或者违反国家规定,给予国家工作人员以各种名义的回扣、手续费的,以行贿论处。

因被勒索给予国家工作人员以财物,没有获得不正当利益的,不是行贿。

第三百九十条 对犯行贿罪的,处五年以下有期徒刑或者拘役,并处罚金;因行贿谋取不正当利益,情节严重的,或者使国家利益遭受重大损失的,处五年以上十年以下有期徒刑,并处罚金;情节特别严重的,或者使国家利益遭受特别重大损失的,处十年以上有期徒刑或者无期徒刑,并处罚金或者没收财产。

行贿人在被追诉前主动交待行贿行为的,可以从轻或者减轻处罚。其中,犯罪较轻的,对侦破重大案件起关键作用的,或者有重大立功表现的,可以减轻或者免除处罚。

第三百九十一条 为谋取不正当利益,给予国家机关、国有公司、企业、事业单位、人民团体以财物的,或者在经济往来中,违反国家规定,给予各种名义的回扣、手续费的,处三年以下有期徒刑或者拘役,并处罚金。

单位犯前款罪的,对单位判处罚金,并对其直接负责的主管人员和其他直接责任人员,依照前款的规定处罚。

第三百九十二条 向国家工作人员介绍贿赂,情节严重的,处三年以下有期徒刑或者拘役,并处罚金。

介绍贿赂人在被追诉前主动交待介绍贿赂行为的,可以减轻处罚或者免除处罚。

第三百九十三条 单位为谋取不正当利益而行贿,或者违反国家规定,给予国家工作人员以回扣、手续费,情节严重的,对单位判处罚金,并对其直接负责的主管人员和其他直接责任人员,处五年以下有期徒刑或者拘役,并处罚金。因行贿取得的违法所得归个人所有的,依照本法第三百八十九条、第三百九十条的规定定罪处罚。

第三百九十九条 司法工作人员徇私枉法、徇情枉法,对明知是无罪的人而使他受追诉、对明知是有罪的人而故意包庇不使他受追诉,或者在刑事审判活动中故意违背事实和法律作枉法裁判的,处五年以下有期徒刑或者拘役;情节严重的,处五年以上十年以下有期徒刑;情节特别严重的,处十年以上有期徒刑。

在民事、行政审判活动中故意违背事实和法律作枉法裁判,情节严重的,处五年以下有期徒刑或者拘役;情节特别严重的,处五年以上十年以下有期徒刑。

在执行判决、裁定活动中,严重不负责任或者滥用职权,不依法采取诉讼保全措施、不履行法定执行职责,或者违法采取诉讼保全措施、强制执行措施,致使当事人或者其他人的利益遭受重大损失的,处五年以下有期徒刑或者拘役;致使当事人或者其他人的利益遭受特别重大损失的,处五年以上十年以下有期徒刑。

司法工作人员收受贿赂,有前三款行为的,同时又构成本法第三百八十五条规定之罪的,依照处罚较重的规定定罪处罚。

2. 中华人民共和国反不正当竞争法

(2019年4月23日修正)

第一章 总 则

第一条 为了促进社会主义市场经济健康发展,鼓励和保护公平竞争,制止不正当竞争行为,保护经营者和消费者的合法权益,制定本法。

第二条 经营者在生产经营活动中,应当遵循自愿、平等、公平、诚信的原则,遵守法律和商业道德。

本法所称的不正当竞争行为,是指经营者在生产经营活动中,违反本法规定,扰乱市场竞争秩序,损害其他经营者或者消费者的合法权益的行为。

本法所称的经营者,是指从事商品生产、经营或者提供服务(以下所称商品包括服务)的自然人、法人和非法人组织。

第三条 各级人民政府应当采取措施,制止不正当竞争行为,为公平竞争创造良好的环境和条件。

国务院建立反不正当竞争工作协调机制,研究决定反不正当竞争重大政策,协调处理维护市场竞争秩序的重大问题。

第四条 县级以上人民政府履行工商行政管理职责的部门对不正当竞争行为进行查处;法律、行政法规规定由其他部门查处的,依照其规定。

第五条 国家鼓励、支持和保护一切组织和个人对不正当竞争行为进行社会监督。

国家机关及其工作人员不得支持、包庇不正当竞争行为。

行业组织应当加强行业自律,引导、规范会员依法竞争,维护市场竞争秩序。

第二章 不正当竞争行为

第六条 经营者不得实施下列混淆行为,引人误认为是他人商品或者与他人存在特定联系:

(一)擅自使用与他人有一定影响的商品名称、包装、装潢等相同或者近似的标识;

(二)擅自使用他人有一定影响的企业名称(包括简称、字号等)、社会组织名称(包括简称等)、姓名(包括笔名、艺名、译名等);

(三)擅自使用他人有一定影响的域名主体部分、网站名称、网页等;

(四)其他足以引人误认为是他人商品或者与他人存在特定联系的混淆行为。

第七条 经营者不得采用财物或者其他手段贿赂下列单位或者个人,以谋取交易机会或者竞争优势:

(一)交易相对方的工作人员;

(二)受交易相对方委托办理相关事务的单位或者个人;

(三)利用职权或者影响力影响交易的单位或者个人。

经营者在交易活动中,可以以明示方式向交易相对方支付折扣,或者向中间人支付佣金。经营者向交易相对方支付折扣、向中间人支付佣金的，应当如实入账。接受折扣、佣金的经营者也应当如实入账。

经营者的工作人员进行贿赂的，应当认定为经营者的行为；但是，经营者有证据证明该工作人员的行为与为经营者谋取交易机会或者竞争优势无关的除外。

第八条 经营者不得对其商品的性能、功能、质量、销售状况、用户评价、曾获荣誉等作虚假或者引人误解的商业宣传，欺骗、误导消费者。

经营者不得通过组织虚假交易等方式，帮助其他经营者进行虚假或者引人误解的商业宣传。

第九条 经营者不得实施下列侵犯商业秘密的行为：

（一）以盗窃、贿赂、欺诈、胁迫、电子侵入或者其他不正当手段获取权利人的商业秘密；

（二）披露、使用或者允许他人使用以前项手段获取的权利人的商业秘密；

（三）违反保密义务或者违反权利人有关保守商业秘密的要求，披露、使用或者允许他人使用其所掌握的商业秘密；

（四）教唆、引诱、帮助他人违反保密义务或者违反权利人有关保守商业秘密的要求，获取、披露、使用或者允许他人使用权利人的商业秘密。

经营者以外的其他自然人、法人和非法人组织实施前款所列违法行为的，视为侵犯商业秘密。

第三人明知或者应知商业秘密权利人的员工、前员工或者其他单位、个人实施本条第一款所列违法行为，仍获取、披露、使用或者允许他人使用该商业秘密的，视为侵犯商业秘密。

本法所称的商业秘密，是指不为公众所知悉、具有商业价值并经权利人采取相应保密措施的技术信息、经营信息等商业信息。

第十条 经营者进行有奖销售不得存在下列情形：

（一）所设奖的种类、兑奖条件、奖金金额或者奖品等有奖销售信息不明确，影响兑奖；

（二）采用谎称有奖或者故意让内定人员中奖的欺骗方式进行有奖销售；

（三）抽奖式的有奖销售，最高奖的金额超过五万元。

第十一条 经营者不得编造、传播虚假信息或者误导性信息，损害竞争对手的商业信誉、商品声誉。

第十二条 经营者利用网络从事生产经营活动，应当遵守本法的各项规定。

经营者不得利用技术手段，通过影响用户选择或者其他方式，实施下列妨碍、破坏其他经营者合法提供的网络产品或者服务正常运行的行为：

（一）未经其他经营者同意，在其合法提供的网络产品或者服务中，插入链接、强制进行目标跳转；

（二）误导、欺骗、强迫用户修改、关闭、卸载其他经营者合法提供的网络产品或者服务；

（三）恶意对其他经营者合法提供的网络产品或者服务实施不兼容；

（四）其他妨碍、破坏其他经营者合法提供的网络产品或者服务正常运行的行为。

第三章 对涉嫌不正当竞争行为的调查

第十三条 监督检查部门调查涉嫌不正当竞争行为，可以采取下列措施：

（一）进入涉嫌不正当竞争行为的经营场所进行检查；

（二）询问被调查的经营者、利害关系人及其他有关单位、个人，要求其说明有关情况或者提供与被调查行为有关的其他资料；

（三）查询、复制与涉嫌不正当竞争行为有关的协议、账簿、单据、文件、记录、业务函电和其他资料；

（四）查封、扣押与涉嫌不正当竞争行为有关的财物；

（五）查询涉嫌不正当竞争行为的经营者的银行账户。

采取前款规定的措施，应当向监督检查部门主要负责人书面报告，并经批准。采取前款第四项、第五项规定的措施，应当向设区的市级以上人民政府监督检查部门主要负责人书面报告，并经批准。

监督检查部门调查涉嫌不正当竞争行为，应当遵守《中华人民共和国行政强制法》和其他有关法律、行政法规的规定，并应当将查处结果及时向社会公开。

第十四条　监督检查部门调查涉嫌不正当竞争行为，被调查的经营者、利害关系人及其他有关单位、个人应当如实提供有关资料或者情况。

第十五条　监督检查部门及其工作人员对调查过程中知悉的商业秘密负有保密义务。

第十六条　对涉嫌不正当竞争行为，任何单位和个人有权向监督检查部门举报，监督检查部门接到举报后应当依法及时处理。

监督检查部门应当向社会公开受理举报的电话、信箱或者电子邮件地址，并为举报人保密。对实名举报并提供相关事实和证据的，监督检查部门应当将处理结果告知举报人。

第四章　法　律　责　任

第十七条　经营者违反本法规定，给他人造成损害的，应当依法承担民事责任。

经营者的合法权益受到不正当竞争行为损害的，可以向人民法院提起诉讼。

因不正当竞争行为受到损害的经营者的赔偿数额，按照其因被侵权所受到的实际损失确定；实际损失难以计算的，按照侵权人因侵权所获得的利益确定。经营者恶意实施侵犯商业秘密行为，情节严重的，可以在按照上述方法确定数额的一倍以上五倍以下确定赔偿数额。赔偿数额还应当包括经营者为制止侵权行为所支付的合理开支。

经营者违反本法第六条、第九条规定，权利人因被侵权所受到的实际损失、侵权人因侵权所获得的利益难以确定的，由人民法院根据侵权行为的情节判决给予权利人五百万元以下的赔偿。

第十八条　经营者违反本法第六条规定实施混淆行为的，由监督检查部门责令停止违法行为，没收违法商品。违法经营额五万元以上的，可以并处违法经营额五倍以下的罚款；没有违法经营额或者违法经营额不足五万元的，可以并处二十五万元以下的罚款。情节严重的，吊销营业执照。

经营者登记的企业名称违反本法第六条规定的，应当及时办理名称变更登记；名称变更前，由原企业登记机关以统一社会信用代码代替其名称。

第十九条　经营者违反本法第七条规定贿赂他人的，由监督检查部门没收违法所得，处十万元以上三百万元以下的罚款。情节严重的，吊销营业执照。

第二十条　经营者违反本法第八条规定对其商品作虚假或者引人误解的商业宣传，或者通过组织虚假交易等方式帮助其他经营者进行虚假或者引人误解的商业宣传的，由监督检查部门责令停止违法行为，处二十万元以上一百万元以下的罚款；情节严重的，处一百万元以上二百万元以下的罚款，可以吊销营业执照。

经营者违反本法第八条规定，属于发布虚假广告的，依照《中华人民共和国广告法》的规定处罚。

第二十一条　经营者以及其他自然人、法人和非法人组织违反本法第九条规定侵犯商业秘密的，由监督检查部门责令停止违法行为，没收违法所得，处十万元以上一百万元以下的罚款；情节严重的，处五十万元以上五百万元以下的罚款。

第二十二条　经营者违反本法第十条规定进行有奖销售的，由监督检查部门责令停止违法行为，处五万元以上五十万元以下的罚款。

第二十三条　经营者违反本法第十一条规定损害竞争对手商业信誉、商品声誉的，由监督检查部门责令停止违法行为、消除影响，处十万元以上五十万元以下的罚款；情节严重的，处五十万元以上三百万元以下的罚款。

第二十四条　经营者违反本法第十二条规定妨碍、破坏其他经营者合法提供的网络产品或者服务正常运行的，由监督检查部门责令停止违法行为，处十万元以上五十万元以下的罚款；情节严重的，处五十万元以上三百万元以下的罚款。

第二十五条　经营者违反本法规定从事不正当竞争，有主动消除或者减轻违法行为危害后果等法定情形的，依法从轻或者减轻行政处罚；违法行为轻微并及时纠正，没有造成危害后果的，不予行政处罚。

第二十六条　经营者违反本法规定从事不正当竞争，受到行政处罚的，由监督检查部门记入信用记录，并依照有关法律、行政法规的规定予以公示。

第二十七条　经营者违反本法规定，应当承担民事责任、行政责任和刑事责任，其财产不足以支付的，优先用于承担民事责任。

第二十八条　妨害监督检查部门依照本法履行职责，拒绝、阻碍调查的，由监督检查部门责令改正，对个人可以处五千元以下的罚款，对单位可以处五万元以下的罚款，并可以由公安机关依法给予治安管理处罚。

第二十九条　当事人对监督检查部门作出的决定不服的，可以依法申请行政复议或者提起行政诉讼。

第三十条　监督检查部门的工作人员滥用职权、玩忽职守、徇私舞弊或者泄露调查过程中知悉的商业秘密的，依法给予处分。

第三十一条　违反本法规定，构成犯罪的，依法追究刑事责任。

第三十二条　在侵犯商业秘密的民事审判程序中，商业秘密权利人提供初步证据，证明其已经对所主张的商业秘密采取保密措施，且合理表明商业秘密被侵犯，涉嫌侵权人应当证明权利人所主张的商业秘密不属于本法规定的商业秘密。

商业秘密权利人提供初步证据合理表明商业秘密被侵犯，且提供以下证据之一的，涉嫌侵权人应当证明其不存在侵犯商业秘密的行为：

（一）有证据表明涉嫌侵权人有渠道或者机会获取商业秘密，且其使用的信息与该商业秘密实质上相同；

（二）有证据表明商业秘密已经被涉嫌侵权人披露、使用或者有被披露、使用的风险；

（三）有其他证据表明商业秘密被涉嫌侵权人侵犯。

第五章　附　　则

第三十三条　本法自 2018 年 1 月 1 日起施行。

3. 中华人民共和国反垄断法

（2022 年 6 月 24 日修正）

第一章　总　　则

第一条　为了预防和制止垄断行为，保护市场公平竞争，鼓励创新，提高经济运行效率，维护消费者利益和社会公共利益，促进社会主义市场经济健康发展，制定本法。

第二条　中华人民共和国境内经济活动中的垄断行为，适用本法；中华人民共和国境外的垄断行为，对境内市场竞争产生排除、限制影响的，适用本法。

第三条　本法规定的垄断行为包括：
（一）经营者达成垄断协议；
（二）经营者滥用市场支配地位；
（三）具有或者可能具有排除、限制竞争效果的经营者集中。

第四条　反垄断工作坚持中国共产党的领导。

国家坚持市场化、法治化原则，强化竞争政策基础地位，制定和实施与社会主义市场经济相适应的竞争规则，完善宏观调控，健全统一、开放、竞争、有序的市场体系。

第五条　国家建立健全公平竞争审查制度。
行政机关和法律、法规授权的具有管理公共

事务职能的组织在制定涉及市场主体经济活动的规定时，应当进行公平竞争审查。

第六条 经营者可以通过公平竞争、自愿联合，依法实施集中，扩大经营规模，提高市场竞争能力。

第七条 具有市场支配地位的经营者，不得滥用市场支配地位，排除、限制竞争。

第八条 国有经济占控制地位的关系国民经济命脉和国家安全的行业以及依法实行专营专卖的行业，国家对其经营者的合法经营活动予以保护，并对经营者的经营行为及其商品和服务的价格依法实施监管和调控，维护消费者利益，促进技术进步。

前款规定行业的经营者应当依法经营，诚实守信，严格自律，接受社会公众的监督，不得利用其控制地位或者专营专卖地位损害消费者利益。

第九条 经营者不得利用数据和算法、技术、资本优势以及平台规则等从事本法禁止的垄断行为。

第十条 行政机关和法律、法规授权的具有管理公共事务职能的组织不得滥用行政权力，排除、限制竞争。

第十一条 国家健全完善反垄断规则制度，强化反垄断监管力量，提高监管能力和监管体系现代化水平，加强反垄断执法司法，依法公正高效审理垄断案件，健全行政执法和司法衔接机制，维护公平竞争秩序。

第十二条 国务院设立反垄断委员会，负责组织、协调、指导反垄断工作，履行下列职责：

（一）研究拟订有关竞争政策；

（二）组织调查、评估市场总体竞争状况，发布评估报告；

（三）制定、发布反垄断指南；

（四）协调反垄断行政执法工作；

（五）国务院规定的其他职责。

国务院反垄断委员会的组成和工作规则由国务院规定。

第十三条 国务院反垄断执法机构负责反垄断统一执法工作。

国务院反垄断执法机构根据工作需要，可以授权省、自治区、直辖市人民政府相应的机构，依照本法规定负责有关反垄断执法工作。

第十四条 行业协会应当加强行业自律，引导本行业的经营者依法竞争，合规经营，维护市场竞争秩序。

第十五条 本法所称经营者，是指从事商品生产、经营或者提供服务的自然人、法人和非法人组织。

本法所称相关市场，是指经营者在一定时期内就特定商品或者服务（以下统称商品）进行竞争的商品范围和地域范围。

第二章 垄断协议

第十六条 本法所称垄断协议，是指排除、限制竞争的协议、决定或者其他协同行为。

第十七条 禁止具有竞争关系的经营者达成下列垄断协议：

（一）固定或者变更商品价格；

（二）限制商品的生产数量或者销售数量；

（三）分割销售市场或者原材料采购市场；

（四）限制购买新技术、新设备或者限制开发新技术、新产品；

（五）联合抵制交易；

（六）国务院反垄断执法机构认定的其他垄断协议。

第十八条 禁止经营者与交易相对人达成下列垄断协议：

（一）固定向第三人转售商品的价格；

（二）限定向第三人转售商品的最低价格；

（三）国务院反垄断执法机构认定的其他垄断协议。

对前款第一项和第二项规定的协议，经营者能够证明其不具有排除、限制竞争效果的，不予禁止。

经营者能够证明其在相关市场的市场份额低于国务院反垄断执法机构规定的标准，并符合国务院反垄断执法机构规定的其他条件的，不予禁止。

第十九条 经营者不得组织其他经营者达成垄断协议或者为其他经营者达成垄断协议提供实质性帮助。

第二十条 经营者能够证明所达成的协议属于下列情形之一的，不适用本法第十七条、第十八条第一款、第十九条的规定：

（一）为改进技术、研究开发新产品的；

（二）为提高产品质量、降低成本、增进效率，统一产品规格、标准或者实行专业化分工的；

（三）为提高中小经营者经营效率，增强中小经营者竞争力的；

（四）为实现节约能源、保护环境、救灾救助等社会公共利益的；

（五）因经济不景气，为缓解销售量严重下降或者生产明显过剩的；

（六）为保障对外贸易和对外经济合作中的正当利益的；

（七）法律和国务院规定的其他情形。

属于前款第一项至第五项情形，不适用本法第十七条、第十八条第一款、第十九条规定的，经营者还应当证明所达成的协议不会严重限制相关市场的竞争，并且能够使消费者分享由此产生的利益。

第二十一条 行业协会不得组织本行业的经营者从事本章禁止的垄断行为。

第三章 滥用市场支配地位

第二十二条 禁止具有市场支配地位的经营者从事下列滥用市场支配地位的行为：

（一）以不公平的高价销售商品或者以不公平的低价购买商品；

（二）没有正当理由，以低于成本的价格销售商品；

（三）没有正当理由，拒绝与交易相对人进行交易；

（四）没有正当理由，限定交易相对人只能与其进行交易或者只能与其指定的经营者进行交易；

（五）没有正当理由搭售商品，或者在交易时附加其他不合理的交易条件；

（六）没有正当理由，对条件相同的交易相对人在交易价格等交易条件上实行差别待遇；

（七）国务院反垄断执法机构认定的其他滥用市场支配地位的行为。

具有市场支配地位的经营者不得利用数据和算法、技术以及平台规则等从事前款规定的滥用市场支配地位的行为。

本法所称市场支配地位，是指经营者在相关市场内具有能够控制商品价格、数量或者其他交易条件，或者能够阻碍、影响其他经营者进入相关市场能力的市场地位。

第二十三条 认定经营者具有市场支配地位，应当依据下列因素：

（一）该经营者在相关市场的市场份额，以及相关市场的竞争状况；

（二）该经营者控制销售市场或者原材料采购市场的能力；

（三）该经营者的财力和技术条件；

（四）其他经营者对该经营者在交易上的依赖程度；

（五）其他经营者进入相关市场的难易程度；

（六）与认定该经营者市场支配地位有关的其他因素。

第二十四条 有下列情形之一的，可以推定经营者具有市场支配地位：

（一）一个经营者在相关市场的市场份额达到二分之一的；

（二）两个经营者在相关市场的市场份额合计达到三分之二的；

（三）三个经营者在相关市场的市场份额合计达到四分之三的。

有前款第二项、第三项规定的情形，其中有的经营者市场份额不足十分之一的，不应当推定该经营者具有市场支配地位。

被推定具有市场支配地位的经营者，有证据证明不具有市场支配地位的，不应当认定其具有市场支配地位。

第四章　经营者集中

第二十五条　经营者集中是指下列情形：

（一）经营者合并；

（二）经营者通过取得股权或者资产的方式取得对其他经营者的控制权；

（三）经营者通过合同等方式取得对其他经营者的控制权或者能够对其他经营者施加决定性影响。

第二十六条　经营者集中达到国务院规定的申报标准的，经营者应当事先向国务院反垄断执法机构申报，未申报的不得实施集中。

经营者集中未达到国务院规定的申报标准，但有证据证明该经营者集中具有或者可能具有排除、限制竞争效果的，国务院反垄断执法机构可以要求经营者申报。

经营者未依照前两款规定进行申报的，国务院反垄断执法机构应当依法进行调查。

第二十七条　经营者集中有下列情形之一的，可以不向国务院反垄断执法机构申报：

（一）参与集中的一个经营者拥有其他每个经营者百分之五十以上有表决权的股份或者资产的；

（二）参与集中的每个经营者百分之五十以上有表决权的股份或者资产被同一个未参与集中的经营者拥有的。

第二十八条　经营者向国务院反垄断执法机构申报集中，应当提交下列文件、资料：

（一）申报书；

（二）集中对相关市场竞争状况影响的说明；

（三）集中协议；

（四）参与集中的经营者经会计师事务所审计的上一会计年度财务会计报告；

（五）国务院反垄断执法机构规定的其他文件、资料。

申报书应当载明参与集中的经营者的名称、住所、经营范围、预定实施集中的日期和国务院反垄断执法机构规定的其他事项。

第二十九条　经营者提交的文件、资料不完备的，应当在国务院反垄断执法机构规定的期限内补交文件、资料。经营者逾期未补交文件、资料的，视为未申报。

第三十条　国务院反垄断执法机构应当自收到经营者提交的符合本法第二十八条规定的文件、资料之日起三十日内，对申报的经营者集中进行初步审查，作出是否实施进一步审查的决定，并书面通知经营者。国务院反垄断执法机构作出决定前，经营者不得实施集中。

国务院反垄断执法机构作出不实施进一步审查的决定或者逾期未作出决定的，经营者可以实施集中。

第三十一条　国务院反垄断执法机构决定实施进一步审查的，应当自决定之日起九十日内审查完毕，作出是否禁止经营者集中的决定，并书面通知经营者。作出禁止经营者集中的决定，应当说明理由。审查期间，经营者不得实施集中。

有下列情形之一的，国务院反垄断执法机构经书面通知经营者，可以延长前款规定的审查期限，但最长不得超过六十日：

（一）经营者同意延长审查期限的；

（二）经营者提交的文件、资料不准确，需要进一步核实的；

（三）经营者申报后有关情况发生重大变化的。

国务院反垄断执法机构逾期未作出决定的，经营者可以实施集中。

第三十二条　有下列情形之一的，国务院反垄断执法机构可以决定中止计算经营者集中的审查期限，并书面通知经营者：

（一）经营者未按照规定提交文件、资料，导致审查工作无法进行；

（二）出现对经营者集中审查具有重大影响的新情况、新事实，不经核实将导致审查工作无法进行；

（三）需要对经营者集中附加的限制性条件进一步评估，且经营者提出中止请求。

自中止计算审查期限的情形消除之日起，审查期限继续计算，国务院反垄断执法机构应当书面通知经营者。

第三十三条　审查经营者集中，应当考虑下列因素：

（一）参与集中的经营者在相关市场的市场份额及其对市场的控制力；

（二）相关市场的市场集中度；

（三）经营者集中对市场进入、技术进步的影响；

（四）经营者集中对消费者和其他有关经营者的影响；

（五）经营者集中对国民经济发展的影响；

（六）国务院反垄断执法机构认为应当考虑的影响市场竞争的其他因素。

第三十四条　经营者集中具有或者可能具有排除、限制竞争效果的，国务院反垄断执法机构应当作出禁止经营者集中的决定。但是，经营者能够证明该集中对竞争产生的有利影响明显大于不利影响，或者符合社会公共利益的，国务院反垄断执法机构可以作出对经营者集中不予禁止的决定。

第三十五条　对不予禁止的经营者集中，国务院反垄断执法机构可以决定附加减少集中对竞争产生不利影响的限制性条件。

第三十六条　国务院反垄断执法机构应当将禁止经营者集中的决定或者对经营者集中附加限制性条件的决定，及时向社会公布。

第三十七条　国务院反垄断执法机构应当健全经营者集中分类分级审查制度，依法加强对涉及国计民生等重要领域的经营者集中的审查，提高审查质量和效率。

第三十八条　对外资并购境内企业或者以其他方式参与经营者集中，涉及国家安全的，除依照本法规定进行经营者集中审查外，还应当按照国家有关规定进行国家安全审查。

第五章　滥用行政权力排除、限制竞争

第三十九条　行政机关和法律、法规授权的具有管理公共事务职能的组织不得滥用行政权力，限定或者变相限定单位或者个人经营、购买、使用其指定的经营者提供的商品。

第四十条　行政机关和法律、法规授权的具有管理公共事务职能的组织不得滥用行政权力，通过与经营者签订合作协议、备忘录等方式，妨碍其他经营者进入相关市场或者对其他经营者实行不平等待遇，排除、限制竞争。

第四十一条　行政机关和法律、法规授权的具有管理公共事务职能的组织不得滥用行政权力，实施下列行为，妨碍商品在地区之间的自由流通：

（一）对外地商品设定歧视性收费项目、实行歧视性收费标准，或者规定歧视性价格；

（二）对外地商品规定与本地同类商品不同的技术要求、检验标准，或者对外地商品采取重复检验、重复认证等歧视性技术措施，限制外地商品进入本地市场；

（三）采取专门针对外地商品的行政许可，限制外地商品进入本地市场；

（四）设置关卡或者采取其他手段，阻碍外地商品进入或者本地商品运出；

（五）妨碍商品在地区之间自由流通的其他行为。

第四十二条　行政机关和法律、法规授权的具有管理公共事务职能的组织不得滥用行政权力，以设定歧视性资质要求、评审标准或者不依法发布信息等方式，排斥或者限制经营者参加招标投标以及其他经营活动。

第四十三条　行政机关和法律、法规授权的具有管理公共事务职能的组织不得滥用行政权力，采取与本地经营者不平等待遇等方式，排斥、限制、强制或者变相强制外地经营者在本地投资或者设立分支机构。

第四十四条　行政机关和法律、法规授权的

具有管理公共事务职能的组织不得滥用行政权力，强制或者变相强制经营者从事本法规定的垄断行为。

第四十五条　行政机关和法律、法规授权的具有管理公共事务职能的组织不得滥用行政权力，制定含有排除、限制竞争内容的规定。

第六章　对涉嫌垄断行为的调查

第四十六条　反垄断执法机构依法对涉嫌垄断行为进行调查。

对涉嫌垄断行为，任何单位和个人有权向反垄断执法机构举报。反垄断执法机构应当为举报人保密。

举报采用书面形式并提供相关事实和证据的，反垄断执法机构应当进行必要的调查。

第四十七条　反垄断执法机构调查涉嫌垄断行为，可以采取下列措施：

（一）进入被调查的经营者的营业场所或者其他有关场所进行检查；

（二）询问被调查的经营者、利害关系人或者其他有关单位或者个人，要求其说明有关情况；

（三）查阅、复制被调查的经营者、利害关系人或其他有关单位或者个人的有关单证、协议、会计账簿、业务函电、电子数据等文件、资料；

（四）查封、扣押相关证据；

（五）查询经营者的银行账户。

采取前款规定的措施，应当向反垄断执法机构主要负责人书面报告，并经批准。

第四十八条　反垄断执法机构调查涉嫌垄断行为，执法人员不得少于二人，并应当出示执法证件。

执法人员进行询问和调查，应当制作笔录，并由被询问人或者被调查人签字。

第四十九条　反垄断执法机构及其工作人员对执法过程中知悉的商业秘密、个人隐私和个人信息依法负有保密义务。

第五十条　被调查的经营者、利害关系人或者其他有关单位或者个人应当配合反垄断执法机构依法履行职责，不得拒绝、阻碍反垄断执法机构的调查。

第五十一条　被调查的经营者、利害关系人有权陈述意见。反垄断执法机构应当对被调查的经营者、利害关系人提出的事实、理由和证据进行核实。

第五十二条　反垄断执法机构对涉嫌垄断行为调查核实后，认为构成垄断行为的，应当依法作出处理决定，并可以向社会公布。

第五十三条　对反垄断执法机构调查的涉嫌垄断行为，被调查的经营者承诺在反垄断执法机构认可的期限内采取具体措施消除该行为后果的，反垄断执法机构可以决定中止调查。中止调查的决定应当载明被调查的经营者承诺的具体内容。

反垄断执法机构决定中止调查的，应当对经营者履行承诺的情况进行监督。经营者履行承诺的，反垄断执法机构可以决定终止调查。

有下列情形之一的，反垄断执法机构应当恢复调查：

（一）经营者未履行承诺的；

（二）作出中止调查决定所依据的事实发生重大变化的；

（三）中止调查的决定是基于经营者提供的不完整或者不真实的信息作出的。

第五十四条　反垄断执法机构依法对涉嫌滥用行政权力排除、限制竞争的行为进行调查，有关单位或者个人应当配合。

第五十五条　经营者、行政机关和法律、法规授权的具有管理公共事务职能的组织，涉嫌违反本法规定的，反垄断执法机构可以对其法定代表人或者负责人进行约谈，要求其提出改进措施。

第七章　法律责任

第五十六条　经营者违反本法规定，达成并实施垄断协议的，由反垄断执法机构责令停止违法行为，没收违法所得，并处上一年度销售额百分之一以上百分之十以下的罚款，上一年度没有销售额的，处五百万元以下的罚款；尚未实施所达成的垄断协议的，可以处三百万元以下的罚款。经营者的法定代表人、主要负责人和直接责任人员对达成垄断协议负有个人责任的，可以处一百万元以下的罚款。

经营者组织其他经营者达成垄断协议或者为其他经营者达成垄断协议提供实质性帮助的，适用前款规定。

经营者主动向反垄断执法机构报告达成垄断协议的有关情况并提供重要证据的，反垄断执法机构可以酌情减轻或者免除对该经营者的处罚。

行业协会违反本法规定，组织本行业的经营者达成垄断协议的，由反垄断执法机构责令改正，可以处三百万元以下的罚款；情节严重的，社会团体登记管理机关可以依法撤销登记。

第五十七条 经营者违反本法规定，滥用市场支配地位的，由反垄断执法机构责令停止违法行为，没收违法所得，并处上一年度销售额百分之一以上百分之十以下的罚款。

第五十八条 经营者违反本法规定实施集中，且具有或者可能具有排除、限制竞争效果的，由国务院反垄断执法机构责令停止实施集中、限期处分股份或者资产、限期转让营业以及采取其他必要措施恢复到集中前的状态，处上一年度销售额百分之十以下的罚款；不具有排除、限制竞争效果的，处五百万元以下的罚款。

第五十九条 对本法第五十六条、第五十七条、第五十八条规定的罚款，反垄断执法机构确定具体罚款数额时，应当考虑违法行为的性质、程度、持续时间和消除违法行为后果的情况等因素。

第六十条 经营者实施垄断行为，给他人造成损失的，依法承担民事责任。

经营者实施垄断行为，损害社会公共利益的，设区的市级以上人民检察院可以依法向人民法院提起民事公益诉讼。

第六十一条 行政机关和法律、法规授权的具有管理公共事务职能的组织滥用行政权力，实施排除、限制竞争行为的，由上级机关责令改正；对直接负责的主管人员和其他直接责任人员依法给予处分。反垄断执法机构可以向有关上级机关提出依法处理的建议。行政机关和法律、法规授权的具有管理公共事务职能的组织应当将有关改正情况书面报告上级机关和反垄断执法机构。

法律、行政法规对行政机关和法律、法规授权的具有管理公共事务职能的组织滥用行政权力实施排除、限制竞争行为的处理另有规定的，依照其规定。

第六十二条 对反垄断执法机构依法实施的审查和调查，拒绝提供有关材料、信息，或者提供虚假材料、信息，或者隐匿、销毁、转移证据，或者有其他拒绝、阻碍调查行为的，由反垄断执法机构责令改正，对单位处上一年度销售额百分之一以下的罚款，上一年度没有销售额或者销售额难以计算的，处五百万元以下的罚款；对个人处五十万元以下的罚款。

第六十三条 违反本法规定，情节特别严重、影响特别恶劣、造成特别严重后果的，国务院反垄断执法机构可以在本法第五十六条、第五十七条、第五十八条、第六十二条规定的罚款数额的二倍以上五倍以下确定具体罚款数额。

第六十四条 经营者因违反本法规定受到行政处罚的，按照国家有关规定记入信用记录，并向社会公示。

第六十五条 对反垄断执法机构依据本法第三十四条、第三十五条作出的决定不服的，可以先依法申请行政复议；对行政复议决定不服的，可以依法提起行政诉讼。

对反垄断执法机构作出的前款规定以外的决定不服的，可以依法申请行政复议或者提起行政诉讼。

第六十六条 反垄断执法机构工作人员滥用职权、玩忽职守、徇私舞弊或者泄露执法过程中知悉的商业秘密、个人隐私和个人信息的，依法给予处分。

第六十七条 违反本法规定，构成犯罪的，依法追究刑事责任。

第八章 附 则

第六十八条 经营者依照有关知识产权的法律、行政法规规定行使知识产权的行为，不适用本法；但是，经营者滥用知识产权，排除、限制竞争的行为，适用本法。

第六十九条 农业生产者及农村经济组织在农产品生产、加工、销售、运输、储存等经营活动中实施的联合或者协同行为，不适用本法。

第七十条 本法自2008年8月1日起施行。

4. 中华人民共和国
药品管理法（节录）

（2019年8月26日修订）

第八十八条 禁止药品上市许可持有人、药品生产企业、药品经营企业和医疗机构在药品购销中给予、收受回扣或者其他不正当利益。

禁止药品上市许可持有人、药品生产企业、药品经营企业或者代理人以任何名义给予使用其药品的医疗机构的负责人、药品采购人员、医师、药师等有关人员财物或者其他不正当利益。禁止医疗机构的负责人、药品采购人员、医师、药师等有关人员以任何名义收受药品上市许可持有人、药品生产企业、药品经营企业或者代理人给予的财物或者其他不正当利益。

第一百四十一条 药品上市许可持有人、药品生产企业、药品经营企业或者医疗机构在药品购销中给予、收受回扣或者其他不正当利益的，药品上市许可持有人、药品生产企业、药品经营企业或者代理人给予使用其药品的医疗机构的负责人、药品采购人员、医师、药师等有关人员财物或者其他不正当利益的，由市场监督管理部门没收违法所得，并处三十万元以上三百万元以下的罚款；情节严重的，吊销药品上市许可持有人、药品生产企业、药品经营企业营业执照，并由药品监督管理部门吊销药品批准证明文件、药品生产许可证、药品经营许可证。

药品上市许可持有人、药品生产企业、药品经营企业在药品研制、生产、经营中向国家工作人员行贿的，对法定代表人、主要负责人、直接负责的主管人员和其他责任人员终身禁止从事药品生产经营活动。

第一百四十二条 药品上市许可持有人、药品生产企业、药品经营企业的负责人、采购人员等有关人员在药品购销中收受其他药品上市许可持有人、药品生产企业、药品经营企业或者代理人给予的财物或者其他不正当利益的，没收违法所得，依法给予处罚；情节严重的，五年内禁止从事药品生产经营活动。

医疗机构的负责人、药品采购人员、医师、药师等有关人员收受药品上市许可持有人、药品生产企业、药品经营企业或者代理人给予的财物或者其他不正当利益的，由卫生健康主管部门或者本单位给予处分，没收违法所得；情节严重的，还应当吊销其执业证书。

5. 中华人民共和国
证券投资基金法（节录）

（2015年4月24日修正）

第十五条 有下列情形之一的，不得担任公开募集基金的基金管理人的董事、监事、高级管理人员和其他从业人员：

（一）因犯有贪污贿赂、渎职、侵犯财产罪或者破坏社会主义市场经济秩序罪，被判处刑罚的；

（二）对所任职的公司、企业因经营不善破产清算或者因违法被吊销营业执照负有个人责任的董事、监事、厂长、高级管理人员，自该公司、企业破产清算终结或者被吊销营业执照之日起未逾五年的；

（三）个人所负债务数额较大，到期未清

偿的；

（四）因违法行为被开除的基金管理人、基金托管人、证券交易所、证券公司、证券登记结算机构、期货交易所、期货公司及其他机构的从业人员和国家机关工作人员；

（五）因违法行为被吊销执业证书或者被取消资格的律师、注册会计师和资产评估机构、验证机构的从业人员、投资咨询从业人员；

（六）法律、行政法规规定不得从事基金业务的其他人员。

6. 中华人民共和国招标投标法（节录）

（2017年12月27日修正）

第三十二条 投标人不得相互串通投标报价，不得排挤其他投标人的公平竞争，损害招标人或者其他投标人的合法权益。

投标人不得与招标人串通投标，损害国家利益、社会公共利益或者他人的合法权益。

禁止投标人以向招标人或者评标委员会成员行贿的手段谋取中标。

第五十三条 投标人相互串通投标或者与招标人串通投标的，投标人以向招标人或者评标委员会成员行贿的手段谋取中标的，中标无效，处中标项目金额千分之五以上千分之十以下的罚款，对单位直接负责的主管人员和其他直接责任人员处单位罚款数额百分之五以上百分之十以下的罚款；有违法所得的，并处没收违法所得；情节严重的，取消其一年至二年内参加依法必须进行招标的项目的投标资格并予以公告，直至由工商行政管理机关吊销营业执照；构成犯罪的，依法追究刑事责任。给他人造成损失的，依法承担赔偿责任。

7. 中华人民共和国劳动合同法（节录）

（2012年12月28日修正）

第二十八条 劳动合同被确认无效，劳动者已付出劳动的，用人单位应当向劳动者支付劳动报酬。劳动报酬的数额，参照本单位相同或者相近岗位劳动者的劳动报酬确定。

8. 中华人民共和国民法典（节录）

（2020年5月28日公布 2021年1月1日施行）

第一千零一十条 违背他人意愿，以言语、文字、图像、肢体行为等方式对他人实施性骚扰的，受害人有权依法请求行为人承担民事责任。

机关、企业、学校等单位应当采取合理的预防、受理投诉、调查处置等措施，防止和制止利用职权、从属关系等实施性骚扰。

第一千零三十二条第二款 隐私是自然人的私人生活安宁和不愿为他人知晓的私密空间、私密活动、私密信息。

9. 中华人民共和国个人信息保护法（节录）

（2021年8月20日公布 2021年11月1日施行）

第六十六条 违反本法规定处理个人信息，或者处理个人信息未履行本法规定的个人信息保护义务的，由履行个人信息保护职责的部门责令改正，给予警告，没收违法所得，对违法处理个人信息的应用程序，责令暂停或者终止提供服务；拒不改正的，并处一百万元以下罚款；对直接负责的主管人员和其他直接责任人员处一万元以上十万元以下罚款。

有前款规定的违法行为，情节严重的，由省级以上履行个人信息保护职责的部门责令改正，没收违法所得，并处五千万元以下或者上一年度营业额百分之五以下罚款，并可以责令暂停相关业务或者停业整顿、通报有关主管部门吊销相关业务许可或者吊销营业执照；对直接负责的主管人员和其他直接责任人员处十万元以上一百万元以下罚款，并可以决定禁止其在一定期限内担任相关企业的董事、监事、高级管理人员和个人信息保护负责人。

10. 中华人民共和国治安管理处罚法（节录）

（2012年10月26日修正）

第二十九条 有下列行为之一的，处五日以下拘留；情节较重的，处五日以上十日以下拘留：

（一）违反国家规定，侵入计算机信息系统，造成危害的；

（二）违反国家规定，对计算机信息系统功能进行删除、修改、增加、干扰，造成计算机信息系统不能正常运行的；

（三）违反国家规定，对计算机信息系统中存储、处理、传输的数据和应用程序进行删除、修改、增加的；

（四）故意制作、传播计算机病毒等破坏性程序，影响计算机信息系统正常运行的。

第四十条 有下列行为之一的，处十日以上十五日以下拘留，并处五百元以上一千元以下罚款；情节较轻的，处五日以上十日以下拘留，并处二百元以上五百元以下罚款：

（一）组织、胁迫、诱骗不满十六周岁的人或者残疾人进行恐怖、残忍表演的；

（二）以暴力、威胁或者其他手段强迫他人劳动的；

（三）非法限制他人人身自由、非法侵入他人住宅或者非法搜查他人身体的。

第四十二条 有下列行为之一的，处五日以下拘留或者五百元以下罚款；情节较重的，处五日以上十日以下拘留，可以并处五百元以下罚款：

（一）写恐吓信或者以其他方法威胁他人人身安全的；

（二）公然侮辱他人或者捏造事实诽谤他人的；

（三）捏造事实诬告陷害他人，企图使他人受到刑事追究或者受到治安管理处罚的；

（四）对证人及其近亲属进行威胁、侮辱、殴打或者打击报复的；

（五）多次发送淫秽、侮辱、恐吓或者其他信息，干扰他人正常生活的；

（六）偷窥、偷拍、窃听、散布他人隐私的。

11. 中华人民共和国民事诉讼法（节录）

（2021年12月24日修正）

第四十三条 人民法院在审理过程中，发现案件不宜由审判员一人独任审理的，应当裁定转由合议庭审理。

当事人认为案件由审判员一人独任审理违反法律规定的，可以向人民法院提出异议。人民法院对当事人提出的异议应当审查，异议成立的，裁定转由合议庭审理；异议不成立的，裁定驳回。

第五十四条 原告可以放弃或者变更诉讼请求。被告可以承认或者反驳诉讼请求，有权提起反诉。

第六十四条 代理诉讼的律师和其他诉讼代理人有权调查收集证据，可以查阅本案有关材料。查阅本案有关材料的范围和办法由最高人民法院规定。

第七十条 人民法院有权向有关单位和个人

调查取证，有关单位和个人不得拒绝。

人民法院对有关单位和个人提出的证明文书，应当辨别真伪，审查确定其效力。

第一百一十七条 有义务协助调查、执行的单位有下列行为之一的，人民法院除责令其履行协助义务外，并可以予以罚款：

（一）有关单位拒绝或者妨碍人民法院调查取证的；

（二）有关单位接到人民法院协助执行通知书后，拒不协助查询、扣押、冻结、划拨、变价财产的；

（三）有关单位接到人民法院协助执行通知书后，拒不协助扣留被执行人的收入、办理有关财产权证照转移手续、转交有关票证、证照或者其他财产的；

（四）其他拒绝协助执行的。

人民法院对有前款规定的行为之一的单位，可以对其主要负责人或者直接责任人员予以罚款；对仍不履行协助义务的，可以予以拘留；并可以向监察机关或者有关机关提出予以纪律处分的司法建议。

12. 最高人民法院、最高人民检察院关于办理贪污贿赂刑事案件适用法律若干问题的解释

（法释〔2016〕9号 2016年4月18日施行）

为依法惩治贪污贿赂犯罪活动，根据刑法有关规定，现就办理贪污贿赂刑事案件适用法律的若干问题解释如下：

第一条 贪污或者受贿数额在三万元以上不满二十万元的，应当认定为刑法第三百八十三条第一款规定的"数额较大"，依法判处三年以下有期徒刑或者拘役，并处罚金。

贪污数额在一万元以上不满三万元，具有下列情形之一的，应当认定为刑法第三百八十三条第一款规定的"其他较重情节"，依法判处三年以下有期徒刑或者拘役，并处罚金：

（一）贪污救灾、抢险、防汛、优抚、扶贫、移民、救济、防疫、社会捐助等特定款物的；

（二）曾因贪污、受贿、挪用公款受过党纪、行政处分的；

（三）曾因故意犯罪受过刑事追究的；

（四）赃款赃物用于非法活动的；

（五）拒不交待赃款赃物去向或者拒不配合追缴工作，致使无法追缴的；

（六）造成恶劣影响或者其他严重后果的。

受贿数额在一万元以上不满三万元，具有前款第二项至第六项规定的情形之一，或者具有下列情形之一的，应当认定为刑法第三百八十三条第一款规定的"其他较重情节"，依法判处三年以下有期徒刑或者拘役，并处罚金：

（一）多次索贿的；

（二）为他人谋取不正当利益，致使公共财产、国家和人民利益遭受损失的；

（三）为他人谋取职务提拔、调整的。

第二条 贪污或者受贿数额在二十万元以上不满三百万元的，应当认定为刑法第三百八十三条第一款规定的"数额巨大"，依法判处三年以上十年以下有期徒刑，并处罚金或者没收财产。

贪污数额在十万元以上不满二十万元，具有本解释第一条第二款规定的情形之一的，应当认定为刑法第三百八十三条第一款规定的"其他严重情节"，依法判处三年以上十年以下有期徒刑，并处罚金或者没收财产。

受贿数额在十万元以上不满二十万元，具有本解释第一条第三款规定的情形之一的，应当认定为刑法第三百八十三条第一款规定的"其他严重情节"，依法判处三年以上十年以下有期徒刑，并处罚金或者没收财产。

第三条 贪污或者受贿数额在三百万元以上的，应当认定为刑法第三百八十三条第一款规定的"数额特别巨大"，依法判处十年以上有期徒刑、无期徒刑或者死刑，并处罚金或者没收财产。

贪污数额在一百五十万元以上不满三百万元，具有本解释第一条第二款规定的情形之一

的,应当认定为刑法第三百八十三条第一款规定的"其他特别严重情节",依法判处十年以上有期徒刑、无期徒刑或者死刑,并处罚金或者没收财产。

受贿数额在一百五十万元以上不满三百万元,具有本解释第一条第三款规定的情形之一的,应当认定为刑法第三百八十三条第一款规定的"其他特别严重情节",依法判处十年以上有期徒刑、无期徒刑或者死刑,并处罚金或者没收财产。

第四条 贪污、受贿数额特别巨大,犯罪情节特别严重、社会影响特别恶劣、给国家和人民利益造成特别重大损失的,可以判处死刑。

符合前款规定的情形,但具有自首、立功,如实供述自己罪行、真诚悔罪、积极退赃,或者避免、减少损害结果的发生等情节,不是必须立即执行的,可以判处死刑缓期二年执行。

符合第一款规定情形的,根据犯罪情节等情况可以判处死刑缓期二年执行,同时裁判决定在其死刑缓期执行二年期满依法减为无期徒刑后,终身监禁,不得减刑、假释。

第五条 挪用公款归个人使用,进行非法活动,数额在三万元以上的,应当依照刑法第三百八十四条的规定以挪用公款罪追究刑事责任;数额在三百万元以上的,应当认定为刑法第三百八十四条第一款规定的"数额巨大"。具有下列情形之一的,应当认定为刑法第三百八十四条第一款规定的"情节严重":

(一)挪用公款数额在一百万元以上的;
(二)挪用救灾、抢险、防汛、优抚、扶贫、移民、救济特定款物,数额在五十万元以上不满一百万元的;
(三)挪用公款不退还,数额在五十万元以上不满一百万元的;
(四)其他严重的情节。

第六条 挪用公款归个人使用,进行营利活动或者超过三个月未还,数额在五万元以上的,应当认定为刑法第三百八十四条第一款规定的"数额较大";数额在五百万元以上的,应当认定为刑法第三百八十四条第一款规定的"数额巨大"。具有下列情形之一的,应当认定为刑法第三百八十四条第一款规定的"情节严重":

(一)挪用公款数额在二百万元以上的;
(二)挪用救灾、抢险、防汛、优抚、扶贫、移民、救济特定款物,数额在一百万元以上不满二百万元的;
(三)挪用公款不退还,数额在一百万元以上不满二百万元的;
(四)其他严重的情节。

第七条 为谋取不正当利益,向国家工作人员行贿,数额在三万元以上的,应当依照刑法第三百九十条的规定以行贿罪追究刑事责任。

行贿数额在一万元以上不满三万元,具有下列情形之一的,应当依照刑法第三百九十条的规定以行贿罪追究刑事责任:

(一)向三人以上行贿的;
(二)将违法所得用于行贿的;
(三)通过行贿谋取职务提拔、调整的;
(四)向负有食品、药品、安全生产、环境保护等监督管理职责的国家工作人员行贿,实施非法活动的;
(五)向司法工作人员行贿,影响司法公正的;
(六)造成经济损失数额在五十万元以上不满一百万元的。

第八条 犯行贿罪,具有下列情形之一的,应当认定为刑法第三百九十条第一款规定的"情节严重":

(一)行贿数额在一百万元以上不满五百万元的;
(二)行贿数额在五十万元以上不满一百万元,并具有本解释第七条第二款第一项至第五项规定的情形之一的;
(三)其他严重的情节。

为谋取不正当利益,向国家工作人员行贿,造成经济损失数额在一百万元以上不满五百万元的,应当认定为刑法第三百九十条第一款规定的"使国家利益遭受重大损失"。

第九条 犯行贿罪,具有下列情形之一的,应当认定为刑法第三百九十条第一款规定的"情节特别严重"：

（一）行贿数额在五百万元以上的；

（二）行贿数额在二百五十万元以上不满五百万元，并具有本解释第七条第二款第一项至第五项规定的情形之一的；

（三）其他特别严重的情节。

为谋取不正当利益，向国家工作人员行贿，造成经济损失数额在五百万元以上的，应当认定为刑法第三百九十条第一款规定的"使国家利益遭受特别重大损失"。

第十条 刑法第三百八十八条之一规定的利用影响力受贿罪的定罪量刑适用标准，参照本解释关于受贿罪的规定执行。

刑法第三百九十条之一规定的对有影响力的人行贿罪的定罪量刑适用标准，参照本解释关于行贿罪的规定执行。

单位对有影响力的人行贿数额在二十万元以上的，应当依照刑法第三百九十条之一的规定以对有影响力的人行贿罪追究刑事责任。

第十一条 刑法第一百六十三条规定的非国家工作人员受贿罪、第二百七十一条规定的职务侵占罪中的"数额较大""数额巨大"的数额起点，按照本解释关于受贿罪、贪污罪相对应的数额标准规定的二倍、五倍执行。

刑法第二百七十二条规定的挪用资金罪中的"数额较大""数额巨大"以及"进行非法活动"情形的数额起点，按照本解释关于挪用公款罪"数额较大""情节严重"以及"进行非法活动"的数额标准规定的二倍执行。

刑法第一百六十四条第一款规定的对非国家工作人员行贿罪中的"数额较大""数额巨大"的数额起点，按照本解释第七条、第八条第一款关于行贿罪的数额标准规定的二倍执行。

第十二条 贿赂犯罪中的"财物"，包括货币、物品和财产性利益。财产性利益包括可以折算为货币的物质利益如房屋装修、债务免除等，以及需要支付货币的其他利益如会员服务、旅游等。后者的犯罪数额，以实际支付或者应当支付的数额计算。

第十三条 具有下列情形之一的，应当认定为"为他人谋取利益"，构成犯罪的，应当依照刑法关于受贿犯罪的规定定罪处罚：

（一）实际或者承诺为他人谋取利益的；

（二）明知他人有具体请托事项的；

（三）履职时未被请托，但事后基于该履职事由收受他人财物的。

国家工作人员索取、收受具有上下级关系的下属或者具有行政管理关系的被管理人员的财物价值三万元以上，可能影响职权行使的，视为承诺为他人谋取利益。

第十四条 根据行贿犯罪的事实、情节，可能被判处三年有期徒刑以下刑罚的，可以认定为刑法第三百九十条第二款规定的"犯罪较轻"。

根据犯罪的事实、情节，已经或者可能被判处十年有期徒刑以上刑罚的，或者案件在本省、自治区、直辖市或者全国范围内有较大影响的，可以认定为刑法第三百九十条第二款规定的"重大案件"。

具有下列情形之一的，可以认定为刑法第三百九十条第二款规定的"对侦破重大案件起关键作用"：

（一）主动交待办案机关未掌握的重大案件线索的；

（二）主动交待的犯罪线索不属于重大案件的线索，但该线索对重大案件侦破有重要作用的；

（三）主动交待行贿事实，对于重大案件的证据收集有重要作用的；

（四）主动交待行贿事实，对于重大案件的追逃、追赃有重要作用的。

第十五条 对多次受贿未经处理的，累计计算受贿数额。

国家工作人员利用职务上的便利为请托人谋取利益前后多次收受请托人财物，受请托之前收受的财物数额在一万元以上的，应当一并计入受贿数额。

第十六条 国家工作人员出于贪污、受贿的故意，非法占有公共财物、收受他人财物之后，将赃款赃物用于单位公务支出或者社会捐赠的，不影响贪污罪、受贿罪的认定，但量刑时可以酌情考虑。

特定关系人索取、收受他人财物，国家工作人员知道后未退还或者上交的，应当认定国家工作人员具有受贿故意。

第十七条　国家工作人员利用职务上的便利，收受他人财物，为他人谋取利益，同时构成受贿罪和刑法分则第三章第三节、第九章规定的渎职犯罪的，除刑法另有规定外，以受贿罪和渎职犯罪数罪并罚。

第十八条　贪污贿赂犯罪分子违法所得的一切财物，应当依照刑法第六十四条的规定予以追缴或者责令退赔，对被害人的合法财产应当及时返还。对尚未追缴到案或者尚未足额退赔的违法所得，应当继续追缴或者责令退赔。

第十九条　对贪污罪、受贿罪判处三年以下有期徒刑或者拘役的，应当并处十万元以上五十万元以下的罚金；判处三年以上十年以下有期徒刑的，应当并处二十万元以上犯罪数额二倍以下的罚金或者没收财产；判处十年以上有期徒刑或者无期徒刑的，应当并处五十万元以上犯罪数额二倍以下的罚金或者没收财产。

对刑法规定并处罚金的其他贪污贿赂犯罪，应当在十万元以上犯罪数额二倍以下判处罚金。

第二十条　本解释自 2016 年 4 月 18 日起施行。最高人民法院、最高人民检察院此前发布的司法解释与本解释不一致的，以本解释为准。

13. 最高人民法院、最高人民检察院关于办理商业贿赂刑事案件适用法律若干问题的意见

（法发〔2008〕33 号　2008 年 11 月 20 日实施）

为依法惩治商业贿赂犯罪，根据刑法有关规定，结合办案工作实际，现就办理商业贿赂刑事案件适用法律的若干问题，提出如下意见：

一、商业贿赂犯罪涉及刑法规定的以下八种罪名：（1）非国家工作人员受贿罪（刑法第一百六十三条）；（2）对非国家工作人员行贿罪（刑法第一百六十四条）；（3）受贿罪（刑法第三百八十五条）；（4）单位受贿罪（刑法第三百八十七条）；（5）行贿罪（刑法第三百八十九条）；（6）对单位行贿罪（刑法第三百九十一条）；（7）介绍贿赂罪（刑法第三百九十二条）；（8）单位行贿罪（刑法第三百九十三条）。

二、刑法第一百六十三条、第一百六十四条规定的"其他单位"，既包括事业单位、社会团体、村民委员会、居民委员会、村民小组等常设性的组织，也包括为组织体育赛事、文艺演出或者其他正当活动而成立的组委会、筹委会、工程承包队等非常设性的组织。

三、刑法第一百六十三条、第一百六十四条规定的"公司、企业或者其他单位的工作人员"，包括国有公司、企业以及其他国有单位中的非国家工作人员。

四、医疗机构中的国家工作人员，在药品、医疗器械、医用卫生材料等医药产品采购活动中，利用职务上的便利，索取销售方财物，或者非法收受销售方财物，为销售方谋取利益，构成犯罪的，依照刑法第三百八十五条的规定，以受贿罪定罪处罚。

医疗机构中的非国家工作人员，有前款行为，数额较大的，依照刑法第一百六十三条的规定，以非国家工作人员受贿罪定罪处罚。

医疗机构中的医务人员，利用开处方的职务便利，以各种名义非法收受药品、医疗器械、医用卫生材料等医药产品销售方财物，为医药产品销售方谋取利益，数额较大的，依照刑法第一百六十三条的规定，以非国家工作人员受贿罪定罪处罚。

五、学校及其他教育机构中的国家工作人员，在教材、教具、校服或者其他物品的采购等活动中，利用职务上的便利，索取销售方财物，或者非法收受销售方财物，为销售方谋取利益，

构成犯罪的，依照刑法第三百八十五条的规定，以受贿罪定罪处罚。

学校及其他教育机构中的非国家工作人员，有前款行为，数额较大的，依照刑法第一百六十三条的规定，以非国家工作人员受贿罪定罪处罚。

学校及其他教育机构中的教师，利用教学活动的职务便利，以各种名义非法收受教材、教具、校服或者其他物品销售方财物，为教材、教具、校服或者其他物品销售方谋取利益，数额较大的，依照刑法第一百六十三条的规定，以非国家工作人员受贿罪定罪处罚。

六、依法组建的评标委员会、竞争性谈判采购中谈判小组、询价采购中询价小组的组成人员，在招标、政府采购等事项的评标或者采购活动中，索取他人财物或者非法收受他人财物，为他人谋取利益，数额较大的，依照刑法第一百六十三条的规定，以非国家工作人员受贿罪定罪处罚。

依法组建的评标委员会、竞争性谈判采购中谈判小组、询价采购中询价小组中国家机关或者其他国有单位的代表有前款行为的，依照刑法第三百八十五条的规定，以受贿罪定罪处罚。

七、商业贿赂中的财物，既包括金钱和实物，也包括可以用金钱计算数额的财产性利益，如提供房屋装修、含有金额的会员卡、代币卡（券）、旅游费用等。具体数额以实际支付的资费为准。

八、收受银行卡的，不论受贿人是否实际取出或者消费，卡内的存款数额一般应全额认定为受贿数额。使用银行卡透支的，如果由给予银行卡的一方承担还款责任，透支数额也应当认定为受贿数额。

九、在行贿犯罪中，"谋取不正当利益"，是指行贿人谋取违反法律、法规、规章或者政策规定的利益，或者要求对方违反法律、法规、规章、政策、行业规范的规定提供帮助或者方便条件。

在招标投标、政府采购等商业活动中，违背公平原则，给予相关人员财物以谋取竞争优势的，属于"谋取不正当利益"。

十、办理商业贿赂犯罪案件，要注意区分贿赂与馈赠的界限。主要应当结合以下因素全面分析、综合判断：（1）发生财物往来的背景，如双方是否存在亲友关系及历史上交往的情形和程度；（2）往来财物的价值；（3）财物往来的缘由、时机和方式，提供财物方对于接受方有无职务上的请托；（4）接受方是否利用职务上的便利为提供方谋取利益。

十一、非国家工作人员与国家工作人员通谋，共同收受他人财物，构成共同犯罪的，根据双方利用职务便利的具体情形分别定罪追究刑事责任：

（1）利用国家工作人员的职务便利为他人谋取利益的，以受贿罪追究刑事责任。

（2）利用非国家工作人员的职务便利为他人谋取利益的，以非国家工作人员受贿罪追究刑事责任。

（3）分别利用各自的职务便利为他人谋取利益的，按照主犯的犯罪性质追究刑事责任，不能分清主从犯的，可以受贿罪追究刑事责任。

14. 最高人民法院、最高人民检察院关于办理行贿刑事案件具体应用法律若干问题的解释

（法释〔2012〕22号　2013年1月1日施行）

为依法惩治行贿犯罪活动，根据刑法有关规定，现就办理行贿刑事案件具体应用法律的若干问题解释如下：

第一条　为谋取不正当利益，向国家工作人员行贿，数额在一万元以上的，应当依照刑法第三百九十条的规定追究刑事责任。

第二条　因行贿谋取不正当利益，具有下列情形之一的，应当认定为刑法第三百九十条第一款规定的"情节严重"：

（一）行贿数额在二十万元以上不满一百万元的；

（二）行贿数额在十万元以上不满二十万元，并具有下列情形之一的：

1. 向三人以上行贿的；

2. 将违法所得用于行贿的；

3. 为实施违法犯罪活动，向负有食品、药品、安全生产、环境保护等监督管理职责的国家工作人员行贿，严重危害民生、侵犯公众生命财产安全的；

4. 向行政执法机关、司法机关的国家工作人员行贿，影响行政执法和司法公正的；

（三）其他情节严重的情形。

第三条 因行贿谋取不正当利益，造成直接经济损失数额在一百万元以上的，应当认定为刑法第三百九十条第一款规定的"使国家利益遭受重大损失"。

第四条 因行贿谋取不正当利益，具有下列情形之一的，应当认定为刑法第三百九十条第一款规定的"情节特别严重"：

（一）行贿数额在一百万元以上的；

（二）行贿数额在五十万元以上不满一百万元，并具有下列情形之一的：

1. 向三人以上行贿的；

2. 将违法所得用于行贿的；

3. 为实施违法犯罪活动，向负有食品、药品、安全生产、环境保护等监督管理职责的国家工作人员行贿，严重危害民生、侵犯公众生命财产安全的；

4. 向行政执法机关、司法机关的国家工作人员行贿，影响行政执法和司法公正的；

（三）造成直接经济损失数额在五百万元以上的；

（四）其他情节特别严重的情形。

第五条 多次行贿未经处理的，按照累计行贿数额处罚。

第六条 行贿人谋取不正当利益的行为构成犯罪的，应当与行贿犯罪实行数罪并罚。

第七条 因行贿人在被追诉前主动交待行贿行为而破获相关受贿案件的，对行贿人不适用刑法第六十八条关于立功的规定，依照刑法第三百九十条第二款的规定，可以减轻或者免除处罚。

单位行贿的，在被追诉前，单位集体决定或者单位负责人决定主动交待单位行贿行为的，依照刑法第三百九十条第二款的规定，对单位及相关责任人员可以减轻处罚或者免除处罚；受委托直接办理单位行贿事项的直接责任人员在被追诉前主动交待自己知道的单位行贿行为的，对该直接责任人员可以依照刑法第三百九十条第二款的规定减轻处罚或者免除处罚。

第八条 行贿人被追诉后如实供述自己罪行的，依照刑法第六十七条第三款的规定，可以从轻处罚；因其如实供述自己罪行，避免特别严重后果发生的，可以减轻处罚。

第九条 行贿人揭发受贿人与其行贿无关的其他犯罪行为，查证属实的，依照刑法第六十八条关于立功的规定，可以从轻、减轻或者免除处罚。

第十条 实施行贿犯罪，具有下列情形之一的，一般不适用缓刑和免予刑事处罚：

（一）向三人以上行贿的；

（二）因行贿受过行政处罚或者刑事处罚的；

（三）为实施违法犯罪活动而行贿的；

（四）造成严重危害后果的；

（五）其他不适用缓刑和免予刑事处罚的情形。

具有刑法第三百九十条第二款规定的情形的，不受前款规定的限制。

第十一条 行贿犯罪取得的不正当财产性利益应当依照刑法第六十四条的规定予以追缴、责令退赔或者返还被害人。

因行贿犯罪取得财产性利益以外的经营资格、资质或者职务晋升等其他不正当利益，建议有关部门依照相关规定予以处理。

第十二条 行贿犯罪中的"谋取不正当利益"，是指行贿人谋取的利益违反法律、法规、规章、政策规定，或者要求国家工作人员违反法律、法规、规章、政策、行业规范的规定，为自己提供帮助或者方便条件。

违背公平、公正原则，在经济、组织人事管理等活动中，谋取竞争优势的，应当认定为"谋取不正当利益"。

第十三条 刑法第三百九十条第二款规定的"被追诉前"，是指检察机关对行贿人的行贿行为刑事立案前。

15. 最高人民法院关于审理单位犯罪案件具体应用法律有关问题的解释

（法释〔1999〕14号 1999年7月3日施行）

为依法惩治单位犯罪活动，根据刑法的有关规定，现对审理单位犯罪案件具体应用法律的有关问题解释如下：

第一条 刑法第三十条规定的"公司、企业、事业单位"，既包括国有、集体所有的公司、企业、事业单位，也包括依法设立的合资经营、合作经营企业和具有法人资格的独资、私营等公司、企业、事业单位。

第二条 个人为进行违法犯罪活动而设立的公司、企业、事业单位实施犯罪的，或者公司、企业、事业单位设立后，以实施犯罪为主要活动的，不以单位犯罪论处。

第三条 盗用单位名义实施犯罪，违法所得由实施犯罪的个人私分的，依照刑法有关自然人犯罪的规定定罪处罚。

16. 最高人民法院关于民事诉讼证据的若干规定（节录）

（法释〔2019〕19号 2020年5月1日施行）

第十条 下列事实，当事人无须举证证明：
（一）自然规律以及定理、定律；
（二）众所周知的事实；
（三）根据法律规定推定的事实；
（四）根据已知的事实和日常生活经验法则推定出的另一事实；
（五）已为仲裁机构的生效裁决所确认的事实；
（六）已为人民法院发生法律效力的裁判所确认的基本事实；
（七）已为有效公证文书所证明的事实。

前款第二项至第五项事实，当事人有相反证据足以反驳的除外；第六项、第七项事实，当事人有相反证据足以推翻的除外。

第十四条 电子数据包括下列信息、电子文件：
（一）网页、博客、微博客等网络平台发布的信息；
（二）手机短信、电子邮件、即时通信、通讯群组等网络应用服务的通信信息；
（三）用户注册信息、身份认证信息、电子交易记录、通信记录、登录日志等信息；
（四）文档、图片、音频、视频、数字证书、计算机程序等电子文件；
（五）其他以数字化形式存储、处理、传输的能够证明案件事实的信息。

第十五条 当事人以视听资料作为证据的，应当提供存储该视听资料的原始载体。

当事人以电子数据作为证据的，应当提供原件。电子数据的制作者制作的与原件一致的副本，或者直接来源于电子数据的打印件或其他可以显示、识别的输出介质，视为电子数据的原件。

第二十条 当事人及其诉讼代理人申请人民法院调查收集证据，应当在举证期限届满前提交书面申请。

申请书应当载明被调查人的姓名或者单位名称、住所地等基本情况、所要调查收集的证据名称或者内容、需要由人民法院调查收集证据的原因及其要证明的事实以及明确的线索。

第三十一条 当事人申请鉴定，应当在人民法院指定期间内提出，并预交鉴定费用。逾期不提出申请或者不预交鉴定费用的，视为放弃申请。

对需要鉴定的待证事实负有举证责任的当事人，在人民法院指定期间内无正当理由不提出鉴定申请或者不预交鉴定费用，或者拒不提供相关材料，致使待证事实无法查明的，应当承担举证不能的法律后果。

第三十二条 人民法院准许鉴定申请的，应当组织双方当事人协商确定具备相应资格的鉴定人。当事人协商不成的，由人民法院指定。

人民法院依职权委托鉴定的，可以在询问当事人的意见后，指定具备相应资格的鉴定人。

人民法院在确定鉴定人后应当出具委托书，委托书中应当载明鉴定事项、鉴定范围、鉴定目的和鉴定期限。

第三十四条 人民法院应当组织当事人对鉴定材料进行质证。未经质证的材料，不得作为鉴定的根据。

经人民法院准许，鉴定人可以调取证据、勘验物证和现场、询问当事人或者证人。

第九十四条 电子数据存在下列情形的，人民法院可以确认其真实性，但有足以反驳的相反证据的除外：

（一）由当事人提交或者保管的于己不利的电子数据；

（二）由记录和保存电子数据的中立第三方平台提供或者确认的；

（三）在正常业务活动中形成的；

（四）以档案管理方式保管的；

（五）以当事人约定的方式保存、传输、提取的。

电子数据的内容经公证机关公证的，人民法院应当确认其真实性，但有相反证据足以推翻的除外。

（二）贸易合规

1. 中华人民共和国海关法（节录）

（2021年4月29日修正）

第二十四条 进口货物的收货人、出口货物的发货人应当向海关如实申报，交验进出口许可证件和有关单证。国家限制进出口的货物，没有进出口许可证件的，不予放行，具体处理办法由国务院规定。

进口货物的收货人应当自运输工具申报进境之日起十四日内，出口货物的发货人除海关特准的外应当在货物运抵海关监管区后、装货的二十四小时以前，向海关申报。

进口货物的收货人超过前款规定期限向海关申报的，由海关征收滞报金。

第三十三条 企业从事加工贸易，应当按照海关总署的规定向海关备案。加工贸易制成品单位耗料量由海关按照有关规定核定。

加工贸易制成品应当在规定的期限内复出口。其中使用的进口料件，属于国家规定准予保税的，应当向海关办理核销手续；属于先征收税款的，依法向海关办理退税手续。

加工贸易保税进口料件或者制成品内销的，海关对保税的进口料件依法征税；属于国家对进口有限制性规定的，还应当向海关提交进口许可证件。

第四十四条 海关依照法律、行政法规的规定，对与进出境货物有关的知识产权实施保护。

需要向海关申报知识产权状况的，进出口货物收发货人及其代理人应当按照国家规定向海关如实申报有关知识产权状况，并提交合法使用有关知识产权的证明文件。

第五十四条 进口货物的收货人、出口货物的发货人、进出境物品的所有人，是关税的纳税义务人。

2. 中华人民共和国
税收征收管理法（节录）

（2015年4月24日修正）

第六十六条 以假报出口或者其他欺骗手段，骗取国家出口退税款的，由税务机关追缴其骗取的退税款，并处骗取税款一倍以上五倍以下的罚款；构成犯罪的，依法追究刑事责任。

对骗取国家出口退税款的，税务机关可以在规定期间内停止为其办理出口退税。

3. 中华人民共和国
对外贸易法（节录）

（2016年11月7日修正）

第十八条 国务院对外贸易主管部门会同国务院其他有关部门，依照本法第十六条和第十七条的规定，制定、调整并公布限制或者禁止进出口的货物、技术目录。

国务院对外贸易主管部门或者由其会同国务院其他有关部门，经国务院批准，可以在本法第十六条和第十七条规定的范围内，临时决定限制或者禁止前款规定目录以外的特定货物、技术的进口或者出口。

4. 中华人民共和国
进出口商品检验法（节录）

（2021年4月29日修正）

第五条 列入目录的进出口商品，由商检机构实施检验。

前款规定的进口商品未经检验的，不准销售、使用；前款规定的出口商品未经检验合格的，不准出口。

本条第一款规定的进出口商品，其中符合国家规定的免予检验条件的，由收货人或者发货人申请，经国家商检部门审查批准，可以免予检验。

第七条 列入目录的进出口商品，按照国家技术规范的强制性要求进行检验；尚未制定国家技术规范的强制性要求的，应当依法及时制定，未制定之前，可以参照国家商检部门指定的国外有关标准进行检验。

第三十三条 进口或者出口属于掺杂掺假、以假充真、以次充好的商品或者以不合格进出口商品冒充合格进出口商品的，由商检机构责令停止进口或者出口，没收违法所得，并处货值金额百分之五十以上三倍以下的罚款；构成犯罪的，依法追究刑事责任。

5. 中华人民共和国
进出境动植物检疫法（节录）

（2009年8月27日修正）

第三条 国务院设立动植物检疫机关（以下简称国家动植物检疫机关），统一管理全国进出境动植物检疫工作。国家动植物检疫机关在对外开放的口岸和进出境动植物检疫业务集中的地点设立的口岸动植物检疫机关，依照本法规定实施进出境动植物检疫。

贸易性动物产品出境的检疫机关，由国务院根据情况规定。

国务院农业行政主管部门主管全国进出境动植物检疫工作。

第十条 输入动物、动物产品、植物种子、种苗及其他繁殖材料的，必须事先提出申请，办理检疫审批手续。

第十四条第一款 输入动植物、动植物产品和其他检疫物，应当在进境口岸实施检疫。未经口岸动植物检疫机关同意，不得卸离运输工具。

6. 中华人民共和国食品安全法（节录）

（2021年4月29日修正）

第九十二条第一款 进口的食品、食品添加剂、食品相关产品应当符合我国食品安全国家标准。

第二款 进口的食品、食品添加剂应当经出入境检验检疫机构依照进出口商品检验相关法律、行政法规的规定检验合格。

第九十三条 进口尚无食品安全国家标准的食品，由境外出口商、境外生产企业或者其委托的进口商向国务院卫生行政部门提交所执行的相关国家（地区）标准或者国际标准。国务院卫生行政部门对相关标准进行审查，认为符合食品安全要求的，决定暂予适用，并及时制定相应的食品安全国家标准。进口利用新的食品原料生产的食品或者进口食品添加剂新品种、食品相关产品新品种，依照本法第三十七条的规定办理。

出入境检验检疫机构按照国务院卫生行政部门的要求，对前款规定的食品、食品添加剂、食品相关产品进行检验。检验结果应当公开。

第九十四条 境外出口商、境外生产企业应当保证向我国出口的食品、食品添加剂、食品相关产品符合本法以及我国其他有关法律、行政法规的规定和食品安全国家标准的要求，并对标签、说明书的内容负责。

进口商应当建立境外出口商、境外生产企业审核制度，重点审核前款规定的内容；审核不合格的，不得进口。

发现进口食品不符合我国食品安全国家标准或者有证据证明可能危害人体健康的，进口商应当立即停止进口，并依照本法第六十三条的规定召回。

第九十六条第一款 向我国境内出口食品的境外出口商或者代理商、进口食品的进口商应当向国家出入境检验检疫部门备案。向我国境内出口食品的境外食品生产企业应当经国家出入境检验检疫部门注册。已经注册的境外食品生产企业提供虚假材料，或者因其自身的原因致使进口食品发生重大食品安全事故的，国家出入境检验检疫部门应当撤销注册并公告。

第九十七条 进口的预包装食品、食品添加剂应当有中文标签；依法应当有说明书的，还应当有中文说明书。标签、说明书应当符合本法以及我国其他有关法律、行政法规的规定和食品安全国家标准的要求，并载明食品的原产地以及境内代理商的名称、地址、联系方式。预包装食品没有中文标签、中文说明书或者标签、说明书不符合本条规定的，不得进口。

7. 中华人民共和国出口管制法（节录）

（2020年10月17日公布　2020年12月1日施行）

第三十三条 出口经营者未取得相关管制物项的出口经营资格从事有关管制物项出口的，给予警告，责令停止违法行为，没收违法所得，违法经营额五十万元以上的，并处违法经营额五倍以上十倍以下罚款；没有违法经营额或者违法经营额不足五十万元的，并处五十万元以上五百万元以下罚款。

第三十四条 出口经营者有下列行为之一的，责令停止违法行为，没收违法所得，违法经营额五十万元以上的，并处违法经营额五倍以上十倍以下罚款；没有违法经营额或者违法经营额不足五十万元的，并处五十万元以上五百万元以下罚款；情节严重的，责令停业整顿，直至吊销相关管制物项出口经营资格：

（一）未经许可擅自出口管制物项；

（二）超出出口许可证件规定的许可范围出口管制物项；

（三）出口禁止出口的管制物项。

第三十五条 以欺骗、贿赂等不正当手段获取管制物项出口许可证件，或者非法转让管制物项出口许可证件的，撤销许可，收缴出口许可证，没收违法所得，违法经营额二十万元以上的，并处违法经营额五倍以上十倍以下罚款；没有违法经营额或者违法经营额不足二十万元的，并处二十万元以上二百万元以下罚款。

伪造、变造、买卖管制物项出口许可证件的，没收违法所得，违法经营额五万元以上的，并处违法经营额五倍以上十倍以下罚款；没有违法经营额或者违法经营额不足五万元的，并处五万元以上五十万元以下罚款。

第三十六条 明知出口经营者从事出口管制违法行为仍为其提供代理、货运、寄递、报关、第三方电子商务交易平台和金融等服务的，给予警告，责令停止违法行为，没收违法所得，违法经营额十万元以上的，并处违法经营额三倍以上五倍以下罚款；没有违法经营额或者违法经营额不足十万元的，并处十万元以上五十万元以下罚款。

第三十七条 出口经营者违反本法规定与列入管控名单的进口商、最终用户进行交易的，给予警告，责令停止违法行为，没收违法所得，违法经营额五十万元以上的，并处违法经营额十倍以上二十倍以下罚款；没有违法经营额或者违法经营额不足五十万元的，并处五十万元以上五百万元以下罚款；情节严重的，责令停业整顿，直至吊销相关管制物项出口经营资格。

第三十八条 出口经营者拒绝、阻碍监督检查的，给予警告，并处十万元以上三十万元以下罚款；情节严重的，责令停业整顿，直至吊销相关管制物项出口经营资格。

（三）网络安全与数据合规

1. 中华人民共和国刑法（节录）

（2020年12月26日修正）

第一百零六条 与境外机构、组织、个人相勾结，实施本章第一百零三条、第一百零四条、第一百零五条规定之罪的，依照各该条的规定从重处罚。

第二百五十三条之一 违反国家有关规定，向他人出售或者提供公民个人信息，情节严重的，处三年以下有期徒刑或者拘役，并处或者单处罚金；情节特别严重的，处三年以上七年以下有期徒刑，并处罚金。

违反国家有关规定，将在履行职责或者提供服务过程中获得的公民个人信息，出售或者提供给他人的，依照前款的规定从重处罚。

窃取或者以其他方法非法获取公民个人信息的，依照第一款的规定处罚。

单位犯前三款罪的，对单位判处罚金，并对其直接负责的主管人员和其他直接责任人员，依照各该款的规定处罚。

第二百八十六条 违反国家规定，对计算机信息系统功能进行删除、修改、增加、干扰，造成计算机信息系统不能正常运行，后果严重的，处五年以下有期徒刑或者拘役；后果特别严重的，处五年以上有期徒刑。

违反国家规定，对计算机信息系统中存储、处理或者传输的数据和应用程序进行删除、修改、增加的操作，后果严重的，依照前款的规定处罚。

故意制作、传播计算机病毒等破坏性程序，影响计算机系统正常运行，后果严重的，依照第一款的规定处罚。

单位犯前三款罪的，对单位判处罚金，并对

其直接负责的主管人员和其他直接责任人员，依照第一款的规定处罚。

第二百八十六条之一　网络服务提供者不履行法律、行政法规规定的信息网络安全管理义务，经监管部门责令采取改正措施而拒不改正，有下列情形之一的，处三年以下有期徒刑、拘役或者管制，并处或者单处罚金：

（一）致使违法信息大量传播的；
（二）致使用户信息泄露，造成严重后果的；
（三）致使刑事案件证据灭失，情节严重的；
（四）有其他严重情节的。

单位犯前款罪的，对单位判处罚金，并对其直接负责的主管人员和其他直接责任人员，依照前款的规定处罚。

有前两款行为，同时构成其他犯罪的，依照处罚较重的规定定罪处罚。

第二百八十七条之一　利用信息网络实施下列行为之一，情节严重的，处三年以下有期徒刑或者拘役，并处或者单处罚金：

（一）设立用于实施诈骗、传授犯罪方法、制作或者销售违禁物品、管制物品等违法犯罪活动的网站、通讯群组的；
（二）发布有关制作或者销售毒品、枪支、淫秽物品等违禁物品、管制物品或者其他违法犯罪信息的；
（三）为实施诈骗等违法犯罪活动发布信息的。

单位犯前款罪的，对单位判处罚金，并对其直接负责的主管人员和其他直接责任人员，依照第一款的规定处罚。

有前两款行为，同时构成其他犯罪的，依照处罚较重的规定定罪处罚。

第二百八十七条之二　明知他人利用信息网络实施犯罪，为其犯罪提供互联网接入、服务器托管、网络存储、通讯传输等技术支持，或者提供广告推广、支付结算等帮助，情节严重的，处三年以下有期徒刑或者拘役，并处或者单处罚金。

单位犯前款罪的，对单位判处罚金，并对其直接负责的主管人员和其他直接责任人员，依照第一款的规定处罚。

有前两款行为，同时构成其他犯罪的，依照处罚较重的规定定罪处罚。

2. 中华人民共和国网络安全法（节录）

（2016年11月7日公布　2017年6月1日施行）

第三十七条　关键信息基础设施的运营者在中华人民共和国境内运营中收集和产生的个人信息和重要数据应当在境内存储。因业务需要，确需向境外提供的，应当按照国家网信部门会同国务院有关部门制定的办法进行安全评估；法律、行政法规另有规定的，依照其规定。

3. 中华人民共和国数据安全法（节录）

（2021年6月10日公布　2021年9月1日施行）

第三条　本法所称数据，是指任何以电子或者其他方式对信息的记录。

数据处理，包括数据的收集、存储、使用、加工、传输、提供、公开等。

数据安全，是指通过采取必要措施，确保数据处于有效保护和合法利用的状态，以及具备保障持续安全状态的能力。

第五条　中央国家安全领导机构负责国家数据安全工作的决策和议事协调，研究制定、指导实施国家数据安全战略和有关重大方针政策，统筹协调国家数据安全的重大事项和重要工作，建立国家数据安全工作协调机制。

第三十三条　从事数据交易中介服务的机构提供服务，应当要求数据提供方说明数据来源，审核交易双方的身份，并留存审核、交易记录。

4. 中华人民共和国个人信息保护法（节录）

（2021年8月20日公布　2021年11月1日施行）

第三十六条　国家机关处理的个人信息应当在中华人民共和国境内存储；确需向境外提供的，应当进行安全评估。安全评估可以要求有关部门提供支持与协助。

第三十八条　个人信息处理者因业务等需要，确需向中华人民共和国境外提供个人信息的，应当具备下列条件之一：

（一）依照本法第四十条的规定通过国家网信部门组织的安全评估；

（二）按照国家网信部门的规定经专业机构进行个人信息保护认证；

（三）按照国家网信部门制定的标准合同与境外接收方订立合同，约定双方的权利和义务；

（四）法律、行政法规或者国家网信部门规定的其他条件。

中华人民共和国缔结或者参加的国际条约、协定对向中华人民共和国境外提供个人信息的条件等有规定的，可以按照其规定执行。

个人信息处理者应当采取必要措施，保障境外接收方处理个人信息的活动达到本法规定的个人信息保护标准。

第三十九条　个人信息处理者向中华人民共和国境外提供个人信息的，应当向个人告知境外接收方的名称或者姓名、联系方式、处理目的、处理方式、个人信息的种类以及个人向境外接收方行使本法规定权利的方式和程序等事项，并取得个人的单独同意。

第四十条　关键信息基础设施运营者和处理个人信息达到国家网信部门规定数量的个人信息处理者，应当将在中华人民共和国境内收集和产生的个人信息存储在境内。确需向境外提供的，应当通过国家网信部门组织的安全评估；法律、行政法规和国家网信部门规定可以不进行安全评估的，从其规定。

第四十一条　中华人民共和国主管机关根据有关法律和中华人民共和国缔结或者参加的国际条约、协定，或者按照平等互惠原则，处理外国司法或者执法机构关于提供存储于境内个人信息的请求。非经中华人民共和国主管机关批准，个人信息处理者不得向外国司法或者执法机构提供存储于中华人民共和国境内的个人信息。

第四十二条　境外的组织、个人从事侵害中华人民共和国公民的个人信息权益，或者危害中华人民共和国国家安全、公共利益的个人信息处理活动的，国家网信部门可以将其列入限制或者禁止个人信息提供清单，予以公告，并采取限制或者禁止向其提供个人信息等措施。

第四十三条　任何国家或者地区在个人信息保护方面对中华人民共和国采取歧视性的禁止、限制或者其他类似措施的，中华人民共和国可以根据实际情况对该国家或者地区对等采取措施。

5. GB/T 35273—2017《信息安全技术 个人信息安全规范》（节录）

（国家市场监督管理总局国家标准化管理委员会2020年3月6日发布）

3.5
收集 collect

获得个人信息的控制权的行为。

注1：包括由个人信息主体主动提供、通过与个人信息主体交互或记录个人信息主体行为等自动采集行为，以及通过共享、转让、搜集公开信息等间接获取个人信息等行为。

注2：如果产品或服务的提供者提供工具供个人信息主体使用，提供者不对个人信息进行访问的，则不属于本标准所称的收集。例如，离线

导航软件在终端获取个人信息主体位置信息后，如果不回传至软件提供者，则不属于个人信息主体位置信息的收集。

3.7
授权同意 consent

个人信息主体对其个人信息进行特定处理作出明确授权的行为。

注：包括通过积极的行为作出授权（即明示同意），或者通过消极的不作为而作出授权（如信息采集区域内的个人信息主体在被告知信息收集行为后没有离开该区域）。

4 个人信息安全基本原则

个人信息控制者开展个人信息处理活动应遵循合法、正当、必要的原则，具体包括：

a) 权责一致——采取技术和其他必要的措施保障个人信息的安全，对其个人信息处理活动对个人信息主体合法权益造成的损害承担责任；

b) 目的明确——具有明确、清晰、具体的个人信息处理目的；

c) 选择同意——向个人信息主体明示个人信息处理目的、方式、范围等规则，征求其授权同意；

d) 最小必要——只处理满足个人信息主体授权同意的目的所需的最少个人信息类型和数量。目的达成后，应及时删除个人信息；

e) 公开透明——以明确、易懂和合理的方式公开处理个人信息的范围、目的、规则等，并接受外部监督；

f) 确保安全——具备与所面临的安全风险相匹配的安全能力，并采取足够的管理措施和技术手段，保护个人信息的保密性、完整性、可用性；

g) 主体参与——向个人信息主体提供能够查询、更正、删除其个人信息，以及撤回授权同意、注销账户、投诉等方法。

6.1 个人信息存储时间最小化

对个人信息控制者的要求包括：

a) 个人信息存储期限应为实现个人信息主体授权使用的目的所必需的最短时间，法律法规另有规定或者个人信息主体另行授权同意的除外；

b) 超出上述个人信息存储期限后，应对个人信息进行删除或匿名化处理。

7.3 个人信息使用的目的限制

对个人信息控制者的要求包括：

a) 使用个人信息时，不应超出与收集个人信息时所声称的目的具有直接或合理关联的范围。因业务需要，确需超出上述范围使用个人信息的，应再次征得个人信息主体明示同意；

注：将所收集的个人信息用于学术研究或得出对自然、科学、社会、经济等现象总体状态的描述，属于与收集目的具有合理关联的范围之内。但对外提供学术研究或描述的结果时，需对结果中所包含的个人信息进行去标识化处理。

7.5 个性化展示的使用

对个人信息控制者的要求包括：

a) 在向个人信息主体提供业务功能的过程中使用个性化展示的，应显著区分个性化展示的内容和非个性化展示的内容；

注：显著区分的方式包括但不限于：标明"定推"等字样，或通过不同的栏目、版块、页面分别展示等。

b) 在向个人信息主体提供电子商务服务的过程中，根据消费者的兴趣爱好、消费习惯等特征向其提供商品或者服务搜索结果的个性化展示的，应当同时向该消费者提供不针对其个人特征的选项；

注：基于个人信息主体所选择的特定地理位置进行展示、搜索结果排序，且不因个人信息主体身份不同展示不一样的内容和搜索结果排序，则属于不针对其个人特征的选项。

c) 在向个人信息主体推送新闻信息服务的过程中使用个性化展示的，应：

1) 为个人信息主体提供简单直观的退出或关闭个性化展示模式的选项；

2) 当个人信息主体选择退出或关闭个性化展示模式时，向个人信息主体提供删除或匿名化定向推送活动所基于的个人信息的选项。

d) 在向个人信息主体提供业务功能的过程中使用个性化展示的，宜建立个人信息主体对个性化展示所依赖的个人信息（如标签、画像维度等）的自主控制机制，保障个人信息主体调控个性化展示相关性程度的能力。

6. 信息网络传播权保护条例

(2013年1月30日修订)

第一条 为保护著作权人、表演者、录音录像制作者（以下统称权利人）的信息网络传播权，鼓励有益于社会主义精神文明、物质文明建设的作品的创作和传播，根据《中华人民共和国著作权法》（以下简称著作权法），制定本条例。

第二条 权利人享有的信息网络传播权受著作权法和本条例保护。除法律、行政法规另有规定的外，任何组织或者个人将他人的作品、表演、录音录像制品通过信息网络向公众提供，应当取得权利人许可，并支付报酬。

第三条 依法禁止提供的作品、表演、录音录像制品，不受本条例保护。

权利人行使信息网络传播权，不得违反宪法和法律、行政法规，不得损害公共利益。

第四条 为了保护信息网络传播权，权利人可以采取技术措施。

任何组织或者个人不得故意避开或者破坏技术措施，不得故意制造、进口或者向公众提供主要用于避开或者破坏技术措施的装置或者部件，不得故意为他人避开或者破坏技术措施提供技术服务。但是，法律、行政法规规定可以避开的除外。

第五条 未经权利人许可，任何组织或者个人不得进行下列行为：

（一）故意删除或者改变通过信息网络向公众提供的作品、表演、录音录像制品的权利管理电子信息，但由于技术上的原因无法避免删除或者改变的除外；

（二）通过信息网络向公众提供明知或者应知未经权利人许可被删除或者改变权利管理电子信息的作品、表演、录音录像制品。

第六条 通过信息网络提供他人作品，属于下列情形的，可以不经著作权人许可，不向其支付报酬：

（一）为介绍、评论某一作品或者说明某一问题，在向公众提供的作品中适当引用已经发表的作品；

（二）为报道时事新闻，在向公众提供的作品中不可避免地再现或者引用已经发表的作品；

（三）为学校课堂教学或者科学研究，向少数教学、科研人员提供少量已经发表的作品；

（四）国家机关为执行公务，在合理范围内向公众提供已经发表的作品；

（五）将中国公民、法人或者其他组织已经发表的、以汉语言文字创作的作品翻译成的少数民族语言文字作品，向中国境内少数民族提供；

（六）不以营利为目的，以盲人能够感知的独特方式向盲人提供已经发表的文字作品；

（七）向公众提供在信息网络上已经发表的关于政治、经济问题的时事性文章；

（八）向公众提供在公众集会上发表的讲话。

第七条 图书馆、档案馆、纪念馆、博物馆、美术馆等可以不经著作权人许可，通过信息网络向本馆馆舍内服务对象提供本馆收藏的合法出版的数字作品和依法为陈列或者保存版本的需要以数字化形式复制的作品，不向其支付报酬，但不得直接或者间接获得经济利益。当事人另有约定的除外。

前款规定的为陈列或者保存版本需要以数字化形式复制的作品，应当是已经损毁或者濒临损毁、丢失或者失窃，或者其存储格式已经过时，并且在市场上无法购买或者只能以明显高于标定的价格购买的作品。

第八条 为通过信息网络实施九年制义务教育或者国家教育规划，可以不经著作权人许可，使用其已经发表作品的片断或者短小的文字作品、音乐作品或者单幅的美术作品、摄影作品制作课件，由制作课件或者依法取得课件的远程教育机构通过信息网络向注册学生提供，但应当向著作权人支付报酬。

第九条 为扶助贫困，通过信息网络向农村地区的公众免费提供中国公民、法人或者其他组织已经发表的种植养殖、防病治病、防灾减灾等与扶助贫困有关的作品和适应基本文化需求的作品，网络服务提供者应当在提供前公告拟提供的作品及其作者、拟支付报酬的标准。自公告之日起30日内，著作权人不同意提供的，网络服务提供者不得提供其作品；自公告之日起满30日，著作权人没有异议的，网络服务提供者可以提供其作品，并按照公告的标准向著作权人支付报酬。网络服务提供者提供著作权人的作品后，著作权人不同意提供的，网络服务提供者应当立即删除著作权人的作品，并按照公告的标准向著作权人支付提供作品期间的报酬。

依照前款规定提供作品的，不得直接或者间接获得经济利益。

第十条 依照本条例规定不经著作权人许可、通过信息网络向公众提供其作品的，还应当遵守下列规定：

（一）除本条例第六条第一项至第六项、第七条规定的情形外，不得提供作者事先声明不许提供的作品；

（二）指明作品的名称和作者的姓名（名称）；

（三）依照本条例规定支付报酬；

（四）采取技术措施，防止本条例第七条、第八条、第九条规定的服务对象以外的其他人获得著作权人的作品，并防止本条例第七条规定的服务对象的复制行为对著作权人利益造成实质性损害；

（五）不得侵犯著作权人依法享有的其他权利。

第十一条 通过信息网络提供他人表演、录音录像制品的，应当遵守本条例第六条至第十条的规定。

第十二条 属于下列情形的，可以避开技术措施，但不得向他人提供避开技术措施的技术、装置或者部件，不得侵犯权利人依法享有的其他权利：

（一）为学校课堂教学或者科学研究，通过信息网络向少数教学、科研人员提供已经发表的作品、表演、录音录像制品，而该作品、表演、录音录像制品只能通过信息网络获取；

（二）不以营利为目的，通过信息网络以盲人能够感知的独特方式向盲人提供已经发表的文字作品，而该作品只能通过信息网络获取；

（三）国家机关依照行政、司法程序执行公务；

（四）在信息网络上对计算机及其系统或者网络的安全性能进行测试。

第十三条 著作权行政管理部门为了查处侵犯信息网络传播权的行为，可以要求网络服务提供者提供涉嫌侵权的服务对象的姓名（名称）、联系方式、网络地址等资料。

第十四条 对提供信息存储空间或者提供搜索、链接服务的网络服务提供者，权利人认为其服务所涉及的作品、表演、录音录像制品，侵犯自己的信息网络传播权或者被删除、改变了自己的权利管理电子信息的，可以向该网络服务提供者提交书面通知，要求网络服务提供者删除该作品、表演、录音录像制品，或者断开与该作品、表演、录音录像制品的链接。通知书应当包含下列内容：

（一）权利人的姓名（名称）、联系方式和地址；

（二）要求删除或者断开链接的侵权作品、表演、录音录像制品的名称和网络地址；

（三）构成侵权的初步证明材料。

权利人应当对通知书的真实性负责。

第十五条 网络服务提供者接到权利人的通知书后，应当立即删除涉嫌侵权的作品、表演、录音录像制品，或者断开与涉嫌侵权的作品、表演、录音录像制品的链接，并同时将通知书转送提供作品、表演、录音录像制品的服务对象；服务对象网络地址不明、无法转送的，应当将通知书的内容同时在信息网络上公告。

第十六条 服务对象接到网络服务提供者转

送的通知书后，认为其提供的作品、表演、录音录像制品未侵犯他人权利的，可以向网络服务提供者提交书面说明，要求恢复被删除的作品、表演、录音录像制品，或者恢复与被断开的作品、表演、录音录像制品的链接。书面说明应当包含下列内容：

（一）服务对象的姓名（名称）、联系方式和地址；

（二）要求恢复的作品、表演、录音录像制品的名称和网络地址；

（三）不构成侵权的初步证明材料。

服务对象应当对书面说明的真实性负责。

第十七条　网络服务提供者接到服务对象的书面说明后，应当立即恢复被删除的作品、表演、录音录像制品，或者可以恢复与被断开的作品、表演、录音录像制品的链接，同时将服务对象的书面说明转送权利人。权利人不得再通知网络服务提供者删除该作品、表演、录音录像制品，或者断开与该作品、表演、录音录像制品的链接。

第十八条　违反本条例规定，有下列侵权行为之一的，根据情况承担停止侵害、消除影响、赔礼道歉、赔偿损失等民事责任；同时损害公共利益的，可以由著作权行政管理部门责令停止侵权行为，没收违法所得，非法经营额5万元以上的，可处非法经营额1倍以上5倍以下的罚款；没有非法经营额或者非法经营额5万元以下的，根据情节轻重，可处25万元以下的罚款；情节严重的，著作权行政管理部门可以没收主要用于提供网络服务的计算机等设备；构成犯罪的，依法追究刑事责任：

（一）通过信息网络擅自向公众提供他人的作品、表演、录音录像制品的；

（二）故意避开或者破坏技术措施的；

（三）故意删除或者改变通过信息网络向公众提供的作品、表演、录音录像制品的权利管理电子信息，或者通过信息网络向公众提供明知或者应知未经权利人许可而被删除或者改变权利管理电子信息的作品、表演、录音录像制品的；

（四）为扶助贫困通过信息网络向农村地区提供作品、表演、录音录像制品超过规定范围，或者未按照公告的标准支付报酬，或者在权利人不同意提供其作品、表演、录音录像制品后未立即删除的；

（五）通过信息网络提供他人的作品、表演、录音录像制品，未指明作品、表演、录音录像制品的名称或者作者、表演者、录音录像制作者的姓名（名称），或者未支付报酬，或者未依照本条例规定采取技术措施防止服务对象以外的其他人获得他人的作品、表演、录音录像制品，或者未防止服务对象的复制行为对权利人利益造成实质性损害的。

第十九条　违反本条例规定，有下列行为之一的，由著作权行政管理部门予以警告，没收违法所得，没收主要用于避开、破坏技术措施的装置或者部件；情节严重的，可以没收主要用于提供网络服务的计算机等设备；非法经营额5万元以上的，可处非法经营额1倍以上5倍以下的罚款；没有非法经营额或者非法经营额5万元以下的，根据情节轻重，可处25万元以下的罚款；构成犯罪的，依法追究刑事责任：

（一）故意制造、进口或者向他人提供主要用于避开、破坏技术措施的装置或者部件，或者故意为他人避开或者破坏技术措施提供技术服务的；

（二）通过信息网络提供他人的作品、表演、录音录像制品，获得经济利益的；

（三）为扶助贫困通过信息网络向农村地区提供作品、表演、录音录像制品，未在提供前公告作品、表演、录音录像制品的名称和作者、表演者、录音录像制作者的姓名（名称）以及报酬标准的。

第二十条　网络服务提供者根据服务对象的指令提供网络自动接入服务，或者对服务对象提供的作品、表演、录音录像制品提供自动传输服务，并具备下列条件的，不承担赔偿责任：

（一）未选择并且未改变所传输的作品、表演、录音录像制品；

（二）向指定的服务对象提供该作品、表演、录音录像制品，并防止指定的服务对象以外的其他人获得。

第二十一条　网络服务提供者为提高网络传输效率，自动存储从其他网络服务提供者获得的作品、表演、录音录像制品，根据技术安排自动向服务对象提供，并具备下列条件的，不承担赔偿责任：

（一）未改变自动存储的作品、表演、录音录像制品；

（二）不影响提供作品、表演、录音录像制品的原网络服务提供者掌握服务对象获取该作品、表演、录音录像制品的情况；

（三）在原网络服务提供者修改、删除或者屏蔽该作品、表演、录音录像制品时，根据技术安排自动予以修改、删除或者屏蔽。

第二十二条　网络服务提供者为服务对象提供信息存储空间，供服务对象通过信息网络向公众提供作品、表演、录音录像制品，并具备下列条件的，不承担赔偿责任：

（一）明确标示该信息存储空间是为服务对象所提供，并公开网络服务提供者的名称、联系人、网络地址；

（二）未改变服务对象所提供的作品、表演、录音录像制品；

（三）不知道也没有合理的理由应当知道服务对象提供的作品、表演、录音录像制品侵权；

（四）未从服务对象提供作品、表演、录音录像制品中直接获得经济利益；

（五）在接到权利人的通知书后，根据本条例规定删除权利人认为侵权的作品、表演、录音录像制品。

第二十三条　网络服务提供者为服务对象提供搜索或者链接服务，在接到权利人的通知书后，根据本条例规定断开与侵权的作品、表演、录音录像制品的链接的，不承担赔偿责任；但是，明知或者应知所链接的作品、表演、录音录像制品侵权的，应当承担共同侵权责任。

第二十四条　因权利人的通知导致网络服务提供者错误删除作品、表演、录音录像制品，或者错误断开与作品、表演、录音录像制品的链接，给服务对象造成损失的，权利人应当承担赔偿责任。

第二十五条　网络服务提供者无正当理由拒绝提供或者拖延提供涉嫌侵权的服务对象的姓名（名称）、联系方式、网络地址等资料的，由著作权行政管理部门予以警告；情节严重的，没收主要用于提供网络服务的计算机等设备。

第二十六条　本条例下列用语的含义：

信息网络传播权，是指以有线或者无线方式向公众提供作品、表演或者录音录像制品，使公众可以在其个人选定的时间和地点获得作品、表演或者录音录像制品的权利。

技术措施，是指用于防止、限制未经权利人许可浏览、欣赏作品、表演、录音录像制品的或者通过信息网络向公众提供作品、表演、录音录像制品的有效技术、装置或者部件。

权利管理电子信息，是指说明作品及其作者、表演及其表演者、录音录像制品及其制作者的信息，作品、表演、录音录像制品权利人的信息和使用条件的信息，以及表示上述信息的数字或者代码。

第二十七条　本条例自 2006 年 7 月 1 日起施行。

7. 网络安全审查办法

（国家互联网信息办公室、中华人民共和国国家发展和改革委员会、中华人民共和国工业和信息化部、中华人民共和国公安部、中华人民共和国国家安全部、中华人民共和国财政部、中华人民共和国商务部、中国人民银行、国家市场监督管理总局、国家广播电视总局、中国证券监督管理委员会、国家保密局、国家密码管理局令第 8 号　2021 年 12 月 28 日公布　2022 年 2 月 15 日施行）

第一条　为了确保关键信息基础设施供应链安全，保障网络安全和数据安全，维护国家安全，根据《中华人民共和国国家安全法》、《中华人民共和国网络安全法》、《中华人民共和国数据安全法》、《关键信息基础设施安全保护条例》，制定本办法。

第二条 关键信息基础设施运营者采购网络产品和服务，网络平台运营者开展数据处理活动，影响或者可能影响国家安全的，应当按照本办法进行网络安全审查。

前款规定的关键信息基础设施运营者、网络平台运营者统称为当事人。

第三条 网络安全审查坚持防范网络安全风险与促进先进技术应用相结合、过程公正透明与知识产权保护相结合、事前审查与持续监管相结合、企业承诺与社会监督相结合，从产品和服务以及数据处理活动安全性、可能带来的国家安全风险等方面进行审查。

第四条 在中央网络安全和信息化委员会领导下，国家互联网信息办公室会同中华人民共和国国家发展和改革委员会、中华人民共和国工业和信息化部、中华人民共和国公安部、中华人民共和国国家安全部、中华人民共和国财政部、中华人民共和国商务部、中国人民银行、国家市场监督管理总局、国家广播电视总局、中国证券监督管理委员会、国家保密局、国家密码管理局建立国家网络安全审查工作机制。

网络安全审查办公室设在国家互联网信息办公室，负责制定网络安全审查相关制度规范，组织网络安全审查。

第五条 关键信息基础设施运营者采购网络产品和服务的，应当预判该产品和服务投入使用后可能带来的国家安全风险。影响或者可能影响国家安全的，应当向网络安全审查办公室申报网络安全审查。

关键信息基础设施安全保护工作部门可以制定本行业、本领域预判指南。

第六条 对于申报网络安全审查的采购活动，关键信息基础设施运营者应当通过采购文件、协议等要求产品和服务提供者配合网络安全审查，包括承诺不利用提供产品和服务的便利条件非法获取用户数据、非法控制和操纵用户设备，无正当理由不中断产品供应或者必要的技术支持服务等。

第七条 掌握超过100万用户个人信息的网络平台运营者赴国外上市，必须向网络安全审查办公室申报网络安全审查。

第八条 当事人申报网络安全审查，应当提交以下材料：

（一）申报书；

（二）关于影响或者可能影响国家安全的分析报告；

（三）采购文件、协议、拟签订的合同或者拟提交的首次公开募股（IPO）等上市申请文件；

（四）网络安全审查工作需要的其他材料。

第九条 网络安全审查办公室应当自收到符合本办法第八条规定的审查申报材料起10个工作日内，确定是否需要审查并书面通知当事人。

第十条 网络安全审查重点评估相关对象或者情形的以下国家安全风险因素：

（一）产品和服务使用后带来的关键信息基础设施被非法控制、遭受干扰或者破坏的风险；

（二）产品和服务供应中断对关键信息基础设施业务连续性的危害；

（三）产品和服务的安全性、开放性、透明性、来源的多样性，供应渠道的可靠性以及因为政治、外交、贸易等因素导致供应中断的风险；

（四）产品和服务提供者遵守中国法律、行政法规、部门规章情况；

（五）核心数据、重要数据或者大量个人信息被窃取、泄露、毁损以及非法利用、非法出境的风险；

（六）上市存在关键信息基础设施、核心数据、重要数据或者大量个人信息被外国政府影响、控制、恶意利用的风险，以及网络信息安全风险；

（七）其他可能危害关键信息基础设施安全、网络安全和数据安全的因素。

第十一条 网络安全审查办公室认为需要开展网络安全审查的，应当自向当事人发出书面通知之日起 30 个工作日内完成初步审查，包括形成审查结论建议和将审查结论建议发送网络安全审查工作机制成员单位、相关部门征求意见；情况复杂的，可以延长 15 个工作日。

第十二条　网络安全审查工作机制成员单位和相关部门应当自收到审查结论建议之日起 15 个工作日内书面回复意见。

网络安全审查工作机制成员单位、相关部门意见一致的，网络安全审查办公室以书面形式将审查结论通知当事人；意见不一致的，按照特别审查程序处理，并通知当事人。

第十三条　按照特别审查程序处理的，网络安全审查办公室应当听取相关单位和部门意见，进行深入分析评估，再次形成审查结论建议，并征求网络安全审查工作机制成员单位和相关部门意见，按程序报中央网络安全和信息化委员会批准后，形成审查结论并书面通知当事人。

第十四条　特别审查程序一般应当在 90 个工作日内完成，情况复杂的可以延长。

第十五条　网络安全审查办公室要求提供补充材料的，当事人、产品和服务提供者应当予以配合。提交补充材料的时间不计入审查时间。

第十六条　网络安全审查工作机制成员单位认为影响或者可能影响国家安全的网络产品和服务以及数据处理活动，由网络安全审查办公室按程序报中央网络安全和信息化委员会批准后，依照本办法的规定进行审查。

为了防范风险，当事人应当在审查期间按照网络安全审查要求采取预防和消减风险的措施。

第十七条　参与网络安全审查的相关机构和人员应当严格保护知识产权，对在审查工作中知悉的商业秘密、个人信息，当事人、产品和服务提供者提交的未公开材料，以及其他未公开信息承担保密义务；未经信息提供方同意，不得向无关方披露或者用于审查以外的目的。

第十八条　当事人或者网络产品和服务提供者认为审查人员有失客观公正，或者未能对审查工作中知悉的信息承担保密义务的，可以向网络安全审查办公室或者有关部门举报。

第十九条　当事人应当督促产品和服务提供者履行网络安全审查中作出的承诺。

网络安全审查办公室通过接受举报等形式加强事前事中事后监督。

第二十条　当事人违反本办法规定的，依照《中华人民共和国网络安全法》、《中华人民共和国数据安全法》的规定处理。

第二十一条　本办法所称网络产品和服务主要指核心网络设备、重要通信产品、高性能计算机和服务器、大容量存储设备、大型数据库和应用软件、网络安全设备、云计算服务，以及其他对关键信息基础设施安全、网络安全和数据安全有重要影响的网络产品和服务。

第二十二条　涉及国家秘密信息的，依照国家有关保密规定执行。

国家对数据安全审查、外商投资安全审查另有规定的，应当同时符合其规定。

第二十三条　本办法自 2022 年 2 月 15 日起施行。2020 年 4 月 13 日公布的《网络安全审查办法》（国家互联网信息办公室、国家发展和改革委员会、工业和信息化部、公安部、国家安全部、财政部、商务部、中国人民银行、国家市场监督管理总局、国家广播电视总局、国家保密局、国家密码管理局令第 6 号）同时废止。

8. 网络信息内容生态治理规定

（国家互联网信息办公室令第 5 号　2019 年 12 月 15 日公布　2020 年 3 月 1 日施行）

第一章　总　　则

第一条　为了营造良好网络生态，保障公民、法人和其他组织的合法权益，维护国家安全和公共利益，根据《中华人民共和国国家安全法》《中华人民共和国网络安全法》《互联网信息服务管理办法》等法律、行政法规，制定本规定。

第二条　中华人民共和国境内的网络信息内容生态治理活动，适用本规定。

本规定所称网络信息内容生态治理，是指政府、企业、社会、网民等主体，以培育和践行社会主义核心价值观为根本，以网络信息内容为主要治理对象，以建立健全网络综合治理体系、营造清朗的网络空间、建设良好的网络生态为目标，开展的弘扬正能量、处置违法和不良信息等相关活动。

第三条 国家网信部门负责统筹协调全国网络信息内容生态治理和相关监督管理工作，各有关主管部门依据各自职责做好网络信息内容生态治理工作。

地方网信部门负责统筹协调本行政区域内网络信息内容生态治理和相关监督管理工作，地方各有关主管部门依据各自职责做好本行政区域内网络信息内容生态治理工作。

第二章 网络信息内容生产者

第四条 网络信息内容生产者应当遵守法律法规，遵循公序良俗，不得损害国家利益、公共利益和他人合法权益。

第五条 鼓励网络信息内容生产者制作、复制、发布含有下列内容的信息：

（一）宣传习近平新时代中国特色社会主义思想，全面准确生动解读中国特色社会主义道路、理论、制度、文化的；

（二）宣传党的理论路线方针政策和中央重大决策部署的；

（三）展示经济社会发展亮点，反映人民群众伟大奋斗和火热生活的；

（四）弘扬社会主义核心价值观，宣传优秀道德文化和时代精神，充分展现中华民族昂扬向上精神风貌的；

（五）有效回应社会关切，解疑释惑，析事明理，有助于引导群众形成共识的；

（六）有助于提高中华文化国际影响力，向世界展现真实立体全面的中国的；

（七）其他讲品味讲格调讲责任、讴歌真善美、促进团结稳定等的内容。

第六条 网络信息内容生产者不得制作、复制、发布含有下列内容的违法信息：

（一）反对宪法所确定的基本原则的；

（二）危害国家安全，泄露国家秘密，颠覆国家政权，破坏国家统一的；

（三）损害国家荣誉和利益的；

（四）歪曲、丑化、亵渎、否定英雄烈士事迹和精神，以侮辱、诽谤或者其他方式侵害英雄烈士的姓名、肖像、名誉、荣誉的；

（五）宣扬恐怖主义、极端主义或者煽动实施恐怖活动、极端主义活动的；

（六）煽动民族仇恨、民族歧视，破坏民族团结的；

（七）破坏国家宗教政策，宣扬邪教和封建迷信的；

（八）散布谣言，扰乱经济秩序和社会秩序的；

（九）散布淫秽、色情、赌博、暴力、凶杀、恐怖或者教唆犯罪的；

（十）侮辱或者诽谤他人，侵害他人名誉、隐私和其他合法权益的；

（十一）法律、行政法规禁止的其他内容。

第七条 网络信息内容生产者应当采取措施，防范和抵制制作、复制、发布含有下列内容的不良信息：

（一）使用夸张标题，内容与标题严重不符的；

（二）炒作绯闻、丑闻、劣迹等的；

（三）不当评述自然灾害、重大事故等灾难的；

（四）带有性暗示、性挑逗等易使人产生性联想的；

（五）展现血腥、惊悚、残忍等致人身心不适的；

（六）煽动人群歧视、地域歧视等的；

（七）宣扬低俗、庸俗、媚俗内容的；

（八）可能引发未成年人模仿不安全行为和违反社会公德行为、诱导未成年人不良嗜好等的；

（九）其他对网络生态造成不良影响的内容。

第三章　网络信息内容服务平台

第八条　网络信息内容服务平台应当履行信息内容管理主体责任,加强本平台网络信息内容生态治理,培育积极健康、向上向善的网络文化。

第九条　网络信息内容服务平台应当建立网络信息内容生态治理机制,制定本平台网络信息内容生态治理细则,健全用户注册、账号管理、信息发布审核、跟帖评论审核、版面页面生态管理、实时巡查、应急处置和网络谣言、黑色产业链信息处置等制度。

网络信息内容服务平台应当设立网络信息内容生态治理负责人,配备与业务范围和服务规模相适应的专业人员,加强培训考核,提升从业人员素质。

第十条　网络信息内容服务平台不得传播本规定第六条规定的信息,应当防范和抵制传播本规定第七条规定的信息。

网络信息内容服务平台应当加强信息内容的管理,发现本规定第六条、第七条规定的信息的,应当依法立即采取处置措施,保存有关记录,并向有关主管部门报告。

第十一条　鼓励网络信息内容服务平台坚持主流价值导向,优化信息推荐机制,加强版面页面生态管理,在下列重点环节(包括服务类型、位置版块等)积极呈现本规定第五条规定的信息:

(一)互联网新闻信息服务首页首屏、弹窗和重要新闻信息内容页面等;

(二)互联网用户公众账号信息服务精选、热搜等;

(三)博客、微博客信息服务热门推荐、榜单类、弹窗及基于地理位置的信息服务版块等;

(四)互联网信息搜索服务热搜词、热搜图及默认搜索等;

(五)互联网论坛社区服务首页首屏、榜单类、弹窗等;

(六)互联网音视频服务首页首屏、发现、精选、榜单类、弹窗等;

(七)互联网网址导航服务、浏览器服务、输入法服务首页首屏、榜单类、皮肤、联想词、弹窗等;

(八)数字阅读、网络游戏、网络动漫服务首页首屏、精选、榜单类、弹窗等;

(九)生活服务、知识服务平台首页首屏、热门推荐、弹窗等;

(十)电子商务平台首页首屏、推荐区等;

(十一)移动应用商店、移动智能终端预置应用软件和内置信息内容服务首屏、推荐区等;

(十二)专门以未成年人为服务对象的网络信息内容专栏、专区和产品等;

(十三)其他处于产品或者服务醒目位置、易引起网络信息内容服务使用者关注的重点环节。

网络信息内容服务平台不得在以上重点环节呈现本规定第七条规定的信息。

第十二条　网络信息内容服务平台采用个性化算法推荐技术推送信息的,应当设置符合本规定第十条、第十一条规定要求的推荐模型,建立健全人工干预和用户自主选择机制。

第十三条　鼓励网络信息内容服务平台开发适合未成年人使用的模式,提供适合未成年人使用的网络产品和服务,便利未成年人获取有益身心健康的信息。

第十四条　网络信息内容服务平台应当加强对本平台设置的广告位和在本平台展示的广告内容的审核巡查,对发布违法广告的,应当依法予以处理。

第十五条　网络信息内容服务平台应当制定并公开管理规则和平台公约,完善用户协议,明确用户相关权利义务,并依法依约履行相应管理职责。

网络信息内容服务平台应当建立用户账号信用管理制度,根据用户账号的信用情况提供相应服务。

第十六条　网络信息内容服务平台应当在显著位置设置便捷的投诉举报入口,公布投诉举报方式,及时受理处置公众投诉举报并反馈处理结果。

第十七条 网络信息内容服务平台应当编制网络信息内容生态治理工作年度报告，年度报告应当包括网络信息内容生态治理工作情况、网络信息内容生态治理负责人履职情况、社会评价情况等内容。

第四章 网络信息内容服务使用者

第十八条 网络信息内容服务使用者应当文明健康使用网络，按照法律法规的要求和用户协议约定，切实履行相应义务，在以发帖、回复、留言、弹幕等形式参与网络活动时，文明互动，理性表达，不得发布本规定第六条规定的信息，防范和抵制本规定第七条规定的信息。

第十九条 网络群组、论坛社区版块建立者和管理者应当履行群组、版块管理责任，依据法律法规、用户协议和平台公约等，规范群组、版块内信息发布等行为。

第二十条 鼓励网络信息内容服务使用者积极参与网络信息内容生态治理，通过投诉、举报等方式对网上违法和不良信息进行监督，共同维护良好网络生态。

第二十一条 网络信息内容服务使用者和网络信息内容生产者、网络信息内容服务平台不得利用网络和相关信息技术实施侮辱、诽谤、威胁、散布谣言以及侵犯他人隐私等违法行为，损害他人合法权益。

第二十二条 网络信息内容服务使用者和网络信息内容生产者、网络信息内容服务平台不得通过发布、删除信息以及其他干预信息呈现的手段侵害他人合法权益或者谋取非法利益。

第二十三条 网络信息内容服务使用者和网络信息内容生产者、网络信息内容服务平台不得利用深度学习、虚拟现实等新技术新应用从事法律、行政法规禁止的活动。

第二十四条 网络信息内容服务使用者和网络信息内容生产者、网络信息内容服务平台不得通过人工方式或者技术手段实施流量造假、流量劫持以及虚假注册账号、非法交易账号、操纵用户账号等行为，破坏网络生态秩序。

第二十五条 网络信息内容服务使用者和网络信息内容生产者、网络信息内容服务平台不得利用党旗、党徽、国旗、国徽、国歌等代表党和国家形象的标识及内容，或者借国家重大活动、重大纪念日和国家机关及其工作人员名义等，违法违规开展网络商业营销活动。

第五章 网络行业组织

第二十六条 鼓励行业组织发挥服务指导和桥梁纽带作用，引导会员单位增强社会责任感，唱响主旋律，弘扬正能量，反对违法信息，防范和抵制不良信息。

第二十七条 鼓励行业组织建立完善行业自律机制，制定网络信息内容生态治理行业规范和自律公约，建立内容审核标准细则，指导会员单位建立健全服务规范、依法提供网络信息内容服务、接受社会监督。

第二十八条 鼓励行业组织开展网络信息内容生态治理教育培训和宣传引导工作，提升会员单位、从业人员治理能力，增强全社会共同参与网络信息内容生态治理意识。

第二十九条 鼓励行业组织推动行业信用评价体系建设，依据章程建立行业评议等评价奖惩机制，加大对会员单位的激励和惩戒力度，强化会员单位的守信意识。

第六章 监督管理

第三十条 各级网信部门会同有关主管部门，建立健全信息共享、会商通报、联合执法、案件督办、信息公开等工作机制，协同开展网络信息内容生态治理工作。

第三十一条 各级网信部门对网络信息内容服务平台履行信息内容管理主体责任情况开展监督检查，对存在问题的平台开展专项督查。

网络信息内容服务平台对网信部门和有关主

管部门依法实施的监督检查，应当予以配合。

第三十二条　各级网信部门建立网络信息内容服务平台违法违规行为台账管理制度，并依法依规进行相应处理。

第三十三条　各级网信部门建立政府、企业、社会、网民等主体共同参与的监督评价机制，定期对本行政区域内网络信息内容服务平台生态治理情况进行评估。

第七章　法律责任

第三十四条　网络信息内容生产者违反本规定第六条规定的，网络信息内容服务平台应当依法依约采取警示整改、限制功能、暂停更新、关闭账号等处置措施，及时消除违法信息内容，保存记录并向有关主管部门报告。

第三十五条　网络信息内容服务平台违反本规定第十条、第三十一条第二款规定的，由网信等有关主管部门依据职责，按照《中华人民共和国网络安全法》《互联网信息服务管理办法》等法律、行政法规的规定予以处理。

第三十六条　网络信息内容服务平台违反本规定第十一条第二款规定的，由设区的市级以上网信部门依据职责进行约谈，给予警告，责令限期改正；拒不改正或者情节严重的，责令暂停信息更新，按照有关法律、行政法规的规定予以处理。

第三十七条　网络信息内容服务平台违反本规定第九条、第十二条、第十五条、第十六条、第十七条规定的，由设区的市级以上网信部门依据职责进行约谈，给予警告，责令限期改正；拒不改正或者情节严重的，责令暂停信息更新，按照有关法律、行政法规的规定予以处理。

第三十八条　违反本规定第十四条、第十八条、第十九条、第二十一条、第二十二条、第二十三条、第二十四条、第二十五条规定的，由网信等有关主管部门依据职责，按照有关法律、行政法规的规定予以处理。

第三十九条　网信部门根据法律、行政法规和国家有关规定，会同有关主管部门建立健全网络信息内容服务严重失信联合惩戒机制，对严重违反本规定的网络信息内容服务平台、网络信息内容生产者和网络信息内容使用者依法依规实施限制从事网络信息服务、网上行为限制、行业禁入等惩戒措施。

第四十条　违反本规定，给他人造成损害的，依法承担民事责任；构成犯罪的，依法追究刑事责任；尚不构成犯罪的，由有关主管部门依照有关法律、行政法规的规定予以处罚。

第八章　附　　则

第四十一条　本规定所称网络信息内容生产者，是指制作、复制、发布网络信息内容的组织或者个人。

本规定所称网络信息内容服务平台，是指提供网络信息内容传播服务的网络信息服务提供者。

本规定所称网络信息内容服务使用者，是指使用网络信息内容服务的组织或者个人。

第四十二条　本规定自2020年3月1日起施行。

9. 互联网文化管理暂行规定

（中华人民共和国文化部令第57号　2017年12月15日修订）

第一条　为了加强对互联网文化的管理，保障互联网文化单位的合法权益，促进我国互联网文化健康、有序地发展，根据《中华人民共和国网络安全法》、《全国人民代表大会常务委员会关于维护互联网安全的决定》和《互联网信息服务管理办法》等国家法律法规有关规定，制定本规定。

第二条　本规定所称互联网文化产品是指通过互联网生产、传播和流通的文化产品，主要包括：

（一）专门为互联网而生产的网络音乐娱乐、网络游戏、网络演出剧（节）目、网络表演、网络艺术品、网络动漫等互联网文化产品；

（二）将音乐娱乐、游戏、演出剧（节）目、表演、艺术品、动漫等文化产品以一定的技术手段制作、复制到互联网上传播的互联网文化产品。

第三条 本规定所称互联网文化活动是指提供互联网文化产品及其服务的活动，主要包括：

（一）互联网文化产品的制作、复制、进口、发行、播放等活动；

（二）将文化产品登载在互联网上，或者通过互联网、移动通信网等信息网络发送到计算机、固定电话机、移动电话机、电视机、游戏机等用户端以及网吧等互联网上网服务营业场所，供用户浏览、欣赏、使用或者下载的在线传播行为；

（三）互联网文化产品的展览、比赛等活动。

互联网文化活动分为经营性和非经营性两类。经营性互联网文化活动是指以营利为目的，通过向上网用户收费或者以电子商务、广告、赞助等方式获取利益，提供互联网文化产品及其服务的活动。非经营性互联网文化活动是指不以营利为目的向上网用户提供互联网文化产品及其服务的活动。

第四条 本规定所称互联网文化单位，是指经文化行政部门和电信管理机构批准或者备案，从事互联网文化活动的互联网信息服务提供者。

在中华人民共和国境内从事互联网文化活动，适用本规定。

第五条 从事互联网文化活动应当遵守宪法和有关法律、法规，坚持为人民服务、为社会主义服务的方向，弘扬民族优秀文化，传播有益于提高公众文化素质、推动经济发展、促进社会进步的思想道德、科学技术和文化知识，丰富人民的精神生活。

第六条 文化部负责制定互联网文化发展与管理的方针、政策和规划，监督管理全国互联网文化活动。

省、自治区、直辖市人民政府文化行政部门对申请从事经营性互联网文化活动的单位进行审批，对从事非经营性互联网文化活动的单位进行备案。

县级以上人民政府文化行政部门负责本行政区域内互联网文化活动的监督管理工作。县级以上人民政府文化行政部门或者文化市场综合执法机构对从事互联网文化活动违反国家有关法规的行为实施处罚。

第七条 申请从事经营性互联网文化活动，应当符合《互联网信息服务管理办法》的有关规定，并具备以下条件：

（一）有单位的名称、住所、组织机构和章程；

（二）有确定的互联网文化活动范围；

（三）有适应互联网文化活动需要的专业人员、设备、工作场所以及相应的经营管理技术措施；

（四）有确定的域名；

（五）符合法律、行政法规和国家有关规定的条件。

第八条 申请从事经营性互联网文化活动，应当向所在地省、自治区、直辖市人民政府文化行政部门提出申请，由省、自治区、直辖市人民政府文化行政部门审核批准。

第九条 申请从事经营性互联网文化活动，应当提交下列文件：

（一）申请表；

（二）营业执照和章程；

（三）法定代表人或者主要负责人的身份证明文件；

（四）业务范围说明；

（五）专业人员、工作场所以及相应经营管理技术措施的说明材料；

（六）域名登记证明；

（七）依法需要提交的其他文件。

对申请从事经营性互联网文化活动的，省、自治区、直辖市人民政府文化行政部门应当自受理申请之日起 20 日内做出批准或者不批准的决定。批准的，核发《网络文化经营许可证》，并向社会公告；不批准的，应当书面通知申请人并说明理由。

《网络文化经营许可证》有效期为 3 年。有效期届满，需继续从事经营的，应当于有效期届满 30 日前申请续办。

第十条 非经营性互联网文化单位，应当自设立之日起 60 日内向所在地省、自治区、直辖市人民政府文化行政部门备案，并提交下列文件：

（一）备案表；

（二）章程；

（三）法定代表人或者主要负责人的身份证明文件；

（四）域名登记证明；

（五）依法需要提交的其他文件。

第十一条 申请从事经营性互联网文化活动经批准后，应当持《网络文化经营许可证》，按照《互联网信息服务管理办法》的有关规定，到所在地电信管理机构或者国务院信息产业主管部门办理相关手续。

第十二条 互联网文化单位应当在其网站主页的显著位置标明文化行政部门颁发的《网络文化经营许可证》编号或者备案编号，标明国务院信息产业主管部门或者省、自治区、直辖市电信管理机构颁发的经营许可证编号或者备案编号。

第十三条 经营性互联网文化单位变更单位名称、域名、法定代表人或者主要负责人、注册地址、经营地址、股权结构以及许可经营范围的，应当自变更之日起 20 日内到所在地省、自治区、直辖市人民政府文化行政部门办理变更或者备案手续。

非经营性互联网文化单位变更名称、地址、域名、法定代表人或者主要负责人、业务范围的，应当自变更之日起 60 日内到所在地省、自治区、直辖市人民政府文化行政部门办理备案手续。

第十四条 经营性互联网文化单位终止互联网文化活动的，应当自终止之日起 30 日内到所在地省、自治区、直辖市人民政府文化行政部门办理注销手续。

经营性互联网文化单位自取得《网络文化经营许可证》并依法办理企业登记之日起满 180 日未开展互联网文化活动的，由原审核的省、自治区、直辖市人民政府文化行政部门注销《网络文化经营许可证》，同时通知相关省、自治区、直辖市电信管理机构。

非经营性互联网文化单位停止互联网文化活动的，由原备案的省、自治区、直辖市人民政府文化行政部门注销备案，同时通知相关省、自治区、直辖市电信管理机构。

第十五条 经营进口互联网文化产品的活动应当由取得文化行政部门核发的《网络文化经营许可证》的经营性互联网文化单位实施，进口互联网文化产品应当报文化部进行内容审查。

文化部应当自受理内容审查申请之日起 20 日内（不包括专家评审所需时间）做出批准或者不批准的决定。批准的，发给批准文件；不批准的，应当说明理由。

经批准的进口互联网文化产品应当在其显著位置标明文化部的批准文号，不得擅自变更产品名称或者增删产品内容。自批准之日起一年内未在国内经营的，进口单位应当报文化部备案并说明原因；决定终止进口的，文化部撤销其批准文号。

经营性互联网文化单位经营的国产互联网文化产品应当自正式经营起 30 日内报省级以上文化行政部门备案，并在其显著位置标明文化部备案编号，具体办法另行规定。

第十六条 互联网文化单位不得提供载有以下内容的文化产品：

（一）反对宪法确定的基本原则的；

（二）危害国家统一、主权和领土完整的；

（三）泄露国家秘密、危害国家安全或者损害国家荣誉和利益的；

（四）煽动民族仇恨、民族歧视，破坏民族团结，或者侵害民族风俗、习惯的；

（五）宣扬邪教、迷信的；

（六）散布谣言，扰乱社会秩序，破坏社

稳定的；

（七）宣扬淫秽、赌博、暴力或者教唆犯罪的；

（八）侮辱或者诽谤他人，侵害他人合法权益的；

（九）危害社会公德或者民族优秀文化传统的；

（十）有法律、行政法规和国家规定禁止的其他内容的。

第十七条 互联网文化单位提供的文化产品，使公民、法人或者其他组织的合法利益受到侵害的，互联网文化单位应当依法承担民事责任。

第十八条 互联网文化单位应当建立自审制度，明确专门部门，配备专业人员负责互联网文化产品内容和活动的自查与管理，保障互联网文化产品内容和活动的合法性。

第十九条 互联网文化单位发现所提供的互联网文化产品含有本规定第十六条所列内容之一的，应当立即停止提供，保存有关记录，向所在地省、自治区、直辖市人民政府文化行政部门报告并抄报文化部。

第二十条 互联网文化单位应当记录备份所提供的文化产品内容及其时间、互联网地址或者域名；记录备份应当保存60日，并在国家有关部门依法查询时予以提供。

第二十一条 未经批准，擅自从事经营性互联网文化活动的，由县级以上人民政府文化行政部门或者文化市场综合执法机构责令停止经营性互联网文化活动，予以警告，并处30000元以下罚款；拒不停止经营活动的，依法列入文化市场黑名单，予以信用惩戒。

第二十二条 非经营性互联网文化单位违反本规定第十条，逾期未办理备案手续的，由县级以上人民政府文化行政部门或者文化市场综合执法机构责令限期改正；拒不改正的，责令停止互联网文化活动，并处1000元以下罚款。

第二十三条 经营性互联网文化单位违反本规定第十二条的，由县级以上人民政府文化行政部门或者文化市场综合执法机构责令限期改正，并可根据情节轻重处10000元以下罚款。

非经营性互联网文化单位违反本规定第十二条的，由县级以上人民政府文化行政部门或者文化市场综合执法机构责令限期改正；拒不改正的，责令停止互联网文化活动，并处500元以下罚款。

第二十四条 经营性互联网文化单位违反本规定第十三条的，由县级以上人民政府文化行政部门或者文化市场综合执法机构责令改正，没收违法所得，并处10000元以上30000元以下罚款；情节严重的，责令停业整顿直至吊销《网络文化经营许可证》；构成犯罪的，依法追究刑事责任。

非经营性互联网文化单位违反本规定第十三条的，由县级以上人民政府文化行政部门或者文化市场综合执法机构责令限期改正；拒不改正的，责令停止互联网文化活动，并处1000元以下罚款。

第二十五条 经营性互联网文化单位违反本规定第十五条，经营进口互联网文化产品未在其显著位置标明文化部批准文号、经营国产互联网文化产品未在其显著位置标明文化部备案编号的，由县级以上人民政府文化行政部门或者文化市场综合执法机构责令改正，并可根据情节轻重处10000元以下罚款。

第二十六条 经营性互联网文化单位违反本规定第十五条，擅自变更进口互联网文化产品的名称或者增删内容的，由县级以上人民政府文化行政部门或者文化市场综合执法机构责令停止提供，没收违法所得，并处10000元以上30000元以下罚款；情节严重的，责令停业整顿直至吊销《网络文化经营许可证》；构成犯罪的，依法追究刑事责任。

第二十七条 经营性互联网文化单位违反本规定第十五条，经营国产互联网文化产品逾期未报文化行政部门备案的，由县级以上人民政府文化行政部门或者文化市场综合执法机构责令改正，并可根据情节轻重处20000元以下罚款。

第二十八条 经营性互联网文化单位提供含有本规定第十六条禁止内容的互联网文化产品，

或者提供未经文化部批准进口的互联网文化产品的，由县级以上人民政府文化行政部门或者文化市场综合执法机构责令停止提供，没收违法所得，并处10000元以上30000元以下罚款；情节严重的，责令停业整顿直至吊销《网络文化经营许可证》；构成犯罪的，依法追究刑事责任。

非经营性互联网文化单位，提供含有本规定第十六条禁止内容的互联网文化产品，或者提供未经文化部批准进口的互联网文化产品的，由县级以上人民政府文化行政部门或者文化市场综合执法机构责令停止提供，处1000元以下罚款；构成犯罪的，依法追究刑事责任。

第二十九条 经营性互联网文化单位违反本规定第十八条的，由县级以上人民政府文化行政部门或者文化市场综合执法机构责令改正，并可根据情节轻重处20000元以下罚款。

第三十条 经营性互联网文化单位违反本规定第十九条的，由县级以上人民政府文化行政部门或者文化市场综合执法机构予以警告，责令限期改正，并处10000元以下罚款。

第三十一条 违反本规定第二十条的，由省、自治区、直辖市电信管理机构责令改正；情节严重的，由省、自治区、直辖市电信管理机构责令停业整顿或者责令暂时关闭网站。

第三十二条 本规定所称文化市场综合执法机构是指依照国家有关法律、法规和规章的规定，相对集中地行使文化领域行政处罚权以及相关监督检查权、行政强制权的行政执法机构。

第三十三条 文化行政部门或者文化市场综合执法机构查处违法经营活动，依照实施违法经营行为的企业注册地或者企业实际经营地进行管辖；企业注册地和实际经营地无法确定的，由从事违法经营活动网站的信息服务许可地或者备案地进行管辖；没有许可或者备案的，由该网站服务器所在地管辖；网站服务器设置在境外的，由违法行为发生地进行管辖。

第三十四条 本规定自2011年4月1日起施行。2003年5月10日发布、2004年7月1日修订的《互联网文化管理暂行规定》同时废止。

10. 网络出版服务管理规定（节录）

（中华人民共和国国家新闻出版广电总局、中华人民共和国工业和信息化部令第5号 2016年2月4日公布 2016年3月10日施行）

第一章 总 则

第一条 为了规范网络出版服务秩序，促进网络出版服务业健康有序发展，根据《出版管理条例》、《互联网信息服务管理办法》及相关法律法规，制定本规定。

第二条 在中华人民共和国境内从事网络出版服务，适用本规定。

本规定所称网络出版服务，是指通过信息网络向公众提供网络出版物。

本规定所称网络出版物，是指通过信息网络向公众提供的，具有编辑、制作、加工等出版特征的数字化作品，范围主要包括：

（一）文学、艺术、科学等领域内具有知识性、思想性的文字、图片、地图、游戏、动漫、音视频读物等原创数字化作品；

（二）与已出版的图书、报纸、期刊、音像制品、电子出版物等内容相一致的数字化作品；

（三）将上述作品通过选择、编排、汇集等方式形成的网络文献数据库等数字化作品；

（四）国家新闻出版广电总局认定的其他类型的数字化作品。

网络出版服务的具体业务分类另行制定。

第三条 从事网络出版服务，应当遵守宪法和有关法律、法规，坚持为人民服务、为社会主义服务的方向，坚持社会主义先进文化的前进方向，弘扬社会主义核心价值观，传播和积累一切有益于提高民族素质、推动经济发展、促进社会进步的思想道德、科学技术和文化知识，满足人民群众日益增长的精神文化需要。

第四条 国家新闻出版广电总局作为网络出版服务的行业主管部门，负责全国网络出版服务的前置审批和监督管理工作。工业和信息化部作为互联网行业主管部门，依据职责对全国网络出版服务实施相应的监督管理。

地方人民政府各级出版行政主管部门和各省级电信主管部门依据各自职责对本行政区域内网络出版服务及接入服务实施相应的监督管理工作并做好配合工作。

第五条 出版行政主管部门根据已经取得的违法嫌疑证据或者举报，对涉嫌违法从事网络出版服务的行为进行查处时，可以检查与涉嫌违法行为有关的物品和经营场所；对有证据证明是与违法行为有关的物品，可以查封或者扣押。

第六条 国家鼓励图书、音像、电子、报纸、期刊出版单位从事网络出版服务，加快与新媒体的融合发展。

国家鼓励组建网络出版服务行业协会，按照章程，在出版行政主管部门的指导下制定行业自律规范，倡导网络文明，传播健康有益内容，抵制不良有害内容。

第三章 网络出版服务管理

第二十三条 网络出版服务单位实行编辑责任制度，保障网络出版物内容合法。

网络出版服务单位实行出版物内容审核责任制度、责任编辑制度、责任校对制度等管理制度，保障网络出版物出版质量。

在网络上出版其他出版单位已在境内合法出版的作品且不改变原出版物内容的，须在网络出版物的相应页面显著标明原出版单位名称以及书号、刊号、网络出版物号或者网址信息。

第二十四条 网络出版物不得含有以下内容：

（一）反对宪法确定的基本原则的；
（二）危害国家统一、主权和领土完整的；
（三）泄露国家秘密、危害国家安全或者损害国家荣誉和利益的；
（四）煽动民族仇恨、民族歧视，破坏民族团结，或者侵害民族风俗、习惯的；
（五）宣扬邪教、迷信的；
（六）散布谣言，扰乱社会秩序，破坏社会稳定的；
（七）宣扬淫秽、色情、赌博、暴力或者教唆犯罪的；
（八）侮辱或者诽谤他人，侵害他人合法权益的；
（九）危害社会公德或者民族优秀文化传统的；
（十）有法律、行政法规和国家规定禁止的其他内容的。

第二十五条 为保护未成年人合法权益，网络出版物不得含有诱发未成年人模仿违反社会公德和违法犯罪行为的内容，不得含有恐怖、残酷等妨害未成年人身心健康的内容，不得含有披露未成年人个人隐私的内容。

第二十六条 网络出版服务单位出版涉及国家安全、社会安定等方面重大选题的内容，应当按照国家新闻出版广电总局有关重大选题备案管理的规定办理备案手续。未经备案的重大选题内容，不得出版。

第二十七条 网络游戏上网出版前，必须向所在地省、自治区、直辖市出版行政主管部门提出申请，经审核同意后，报国家新闻出版广电总局审批。

第二十八条 网络出版物的内容不真实或不公正，致使公民、法人或者其他组织合法权益受到侵害的，相关网络出版服务单位应当停止侵权，公开更正，消除影响，并依法承担其他民事责任。

第二十九条 国家对网络出版物实行标识管理，具体办法由国家新闻出版广电总局另行制定。

第三十条 网络出版物必须符合国家的有关规定和标准要求，保证出版物质量。

网络出版物使用语言文字，必须符合国家法律规定和有关标准规范。

第三十一条 网络出版服务单位应当按照国家有关规定或技术标准，配备应用必要的设备和系统，建立健全各项管理制度，保障信息安全、内容合法，并为出版行政主管部门依法履行监督管理职责提供技术支持。

第三十二条　网络出版服务单位在网络上提供境外出版物，应当取得著作权合法授权。其中，出版境外著作权人授权的网络游戏，须按本规定第二十七条办理审批手续。

第三十三条　网络出版服务单位发现其出版的网络出版物含有本规定第二十四条、第二十五条所列内容的，应当立即删除，保存有关记录，并向所在地县级以上出版行政主管部门报告。

第三十四条　网络出版服务单位应记录所出版作品的内容及其时间、网址或者域名，记录应当保存 60 日，并在国家有关部门依法查询时，予以提供。

第三十五条　网络出版服务单位须遵守国家统计规定，依法向出版行政主管部门报送统计资料。

11. 互联网用户公众账号信息服务管理规定

（国家互联网信息办公室　2021 年 1 月 22 日修订）

第一章　总　　则

第一条　为了规范互联网用户公众账号信息服务，维护国家安全和公共利益，保护公民、法人和其他组织的合法权益，根据《中华人民共和国网络安全法》《互联网信息服务管理办法》《网络信息内容生态治理规定》等法律法规和国家有关规定，制定本规定。

第二条　在中华人民共和国境内提供、从事互联网用户公众账号信息服务，应当遵守本规定。

第三条　国家网信部门负责全国互联网用户公众账号信息服务的监督管理执法工作。地方网信部门依据职责负责本行政区域内互联网用户公众账号信息服务的监督管理执法工作。

第四条　公众账号信息服务平台和公众账号生产运营者应当遵守法律法规，遵循公序良俗，履行社会责任，坚持正确舆论导向、价值取向，弘扬社会主义核心价值观，生产发布向上向善的优质信息内容，发展积极健康的网络文化，维护清朗网络空间。

鼓励各级党政机关、企事业单位和人民团体注册运营公众账号，生产发布高质量政务信息或者公共服务信息，满足公众信息需求，推动经济社会发展。

鼓励公众账号信息服务平台积极为党政机关、企事业单位和人民团体提升政务信息发布、公共服务和社会治理水平，提供充分必要的技术支持和安全保障。

第五条　公众账号信息服务平台提供互联网用户公众账号信息服务，应当取得国家法律、行政法规规定的相关资质。

公众账号信息服务平台和公众账号生产运营者向社会公众提供互联网新闻信息服务，应当取得互联网新闻信息服务许可。

第二章　公众账号信息服务平台

第六条　公众账号信息服务平台应当履行信息内容和公众账号管理主体责任，配备与业务规模相适应的管理人员和技术能力，设置内容安全负责人岗位，建立健全并严格落实账号注册、信息内容安全、生态治理、应急处置、网络安全、数据安全、个人信息保护、知识产权保护、信用评价等管理制度。

公众账号信息服务平台应当依据法律法规和国家有关规定，制定并公开信息内容生产、公众账号运营等管理规则、平台公约，与公众账号生产运营者签订服务协议，明确双方内容发布权限、账号管理责任等权利义务。

第七条　公众账号信息服务平台应当按照国家有关标准和规范，建立公众账号分类注册和分类生产制度，实施分类管理。

公众账号信息服务平台应当依据公众账号信

息内容生产质量、信息传播能力、账号主体信用评价等指标，建立分级管理制度，实施分级管理。

公众账号信息服务平台应当将公众账号和内容生产与账号运营管理规则、平台公约、服务协议等向所在地省、自治区、直辖市网信部门备案；上线具有舆论属性或者社会动员能力的新技术新应用新功能，应当按照有关规定进行安全评估。

第八条 公众账号信息服务平台应当采取复合验证等措施，对申请注册公众账号的互联网用户进行基于移动电话号码、居民身份证号码或者统一社会信用代码等方式的真实身份信息认证，提高认证准确率。用户不提供真实身份信息的，或者冒用组织机构、他人真实身份信息进行虚假注册的，不得为其提供相关服务。

公众账号信息服务平台应当对互联网用户注册的公众账号名称、头像和简介等进行合法合规性核验，发现账号名称、头像和简介与注册主体真实身份信息不相符，特别是擅自使用或者关联党政机关、企事业单位等组织机构或者社会知名人士名义的，应当暂停提供服务并通知用户限期改正，拒不改正的，应当终止提供服务；发现相关注册信息含有违法和不良信息的，应当依法及时处置。

公众账号信息服务平台应当禁止被依法依约关闭的公众账号以相同账号名称重新注册；对注册与其关联度高的账号名称，还应当对账号主体真实身份信息、服务资质等进行必要核验。

第九条 公众账号信息服务平台对申请注册从事经济、教育、医疗卫生、司法等领域信息内容生产的公众账号，应当要求用户在注册时提供其专业背景，以及依照法律、行政法规获得的职业资格或者服务资质等相关材料，并进行必要核验。

公众账号信息服务平台应当对核验通过后的公众账号加注专门标识，并根据用户的不同主体性质，公示内容生产类别、运营主体名称、注册运营地址、统一社会信用代码、联系方式等注册信息，方便社会监督查询。

公众账号信息服务平台应当建立动态核验巡查制度，适时核验生产运营者注册信息的真实性、有效性。

第十条 公众账号信息服务平台应当对同一主体在本平台注册公众账号的数量合理设定上限。对申请注册多个公众账号的用户，还应当对其主体性质、服务资质、业务范围、信用评价等进行必要核验。

公众账号信息服务平台对互联网用户注册后超过六个月不登录、不使用的公众账号，可以根据服务协议暂停或者终止提供服务。

公众账号信息服务平台应当健全技术手段，防范和处置互联网用户超限量注册、恶意注册、虚假注册等违规注册行为。

第十一条 公众账号信息服务平台应当依法依约禁止公众账号生产运营者违规转让公众账号。

公众账号生产运营者向其他用户转让公众账号使用权的，应当向平台提出申请。平台应当依据前款规定对受让方用户进行认证核验，并公示主体变更信息。平台发现生产运营者未经审核擅自转让公众账号的，应当及时暂停或者终止提供服务。

公众账号生产运营者自行停止账号运营，可以向平台申请暂停或者终止使用。平台应当按照服务协议暂停或者终止提供服务。

第十二条 公众账号信息服务平台应当建立公众账号监测评估机制，防范账号订阅数、用户关注度、内容点击率、转发评论量等数据造假行为。

公众账号信息服务平台应当规范公众账号推荐订阅关注机制，健全技术手段，及时发现、处置公众账号订阅关注数量的异常变动情况。未经互联网用户知情同意，不得以任何方式强制或者变相强制订阅关注其他用户公众账号。

第十三条 公众账号信息服务平台应当建立生产运营者信用等级管理体系，根据信用等级提供相应服务。

公众账号信息服务平台应当建立健全网络谣言等虚假信息预警、发现、溯源、甄别、辟谣、消除等处置机制，对制作发布虚假信息的公众账号生产运营者降低信用等级或者列入黑名单。

第十四条 公众账号信息服务平台与生产运营者开展内容供给与账号推广合作，应当规范管理电商销售、广告发布、知识付费、用户打赏等经营行为，不得发布虚假广告、进行夸大宣传、实施商业欺诈及商业诋毁等，防止违法违规运营。

公众账号信息服务平台应当加强对原创信息内容的著作权保护，防范盗版侵权行为。

平台不得利用优势地位干扰生产运营者合法合规运营、侵犯用户合法权益。

第三章 公众账号生产运营者

第十五条 公众账号生产运营者应当按照平台分类管理规则，在注册公众账号时如实填写用户主体性质、注册地、运营地、内容生产类别、联系方式等基本信息，组织机构用户还应当注明主要经营或者业务范围。

公众账号生产运营者应当遵守平台内容生产和账号运营管理规则、平台公约和服务协议，按照公众账号登记的内容生产类别，从事相关行业领域的信息内容生产发布。

第十六条 公众账号生产运营者应当履行信息内容生产和公众账号运营管理主体责任，依法依规从事信息内容生产和公众账号运营活动。

公众账号生产运营者应当建立健全选题策划、编辑制作、发布推广、互动评论等全过程信息内容安全审核机制，加强信息内容导向性、真实性、合法性审核，维护网络传播良好秩序。

公众账号生产运营者应当建立健全公众账号注册使用、运营推广等全过程安全管理机制，依法、文明、规范运营公众账号，以优质信息内容吸引公众关注订阅和互动分享，维护公众账号良好社会形象。

公众账号生产运营者与第三方机构开展公众账号运营、内容供给等合作，应与第三方机构签订书面协议，明确第三方机构信息安全管理义务并督促履行。

第十七条 公众账号生产运营者转载信息内容的，应当遵守著作权保护相关法律法规，依法标注著作权人和可追溯信息来源，尊重和保护著作权人的合法权益。

公众账号生产运营者应当对公众账号留言、跟帖、评论等互动环节进行管理。平台可以根据公众账号的主体性质、信用等级等，合理设置管理权限，提供相关技术支持。

第十八条 公众账号生产运营者不得有下列违法违规行为：

（一）不以真实身份信息注册，或者注册与自身真实身份信息不相符的公众账号名称、头像、简介等；

（二）恶意假冒、仿冒或者盗用组织机构及他人公众账号生产发布信息内容；

（三）未经许可或者超越许可范围提供互联网新闻信息采编发布等服务；

（四）操纵利用多个平台账号，批量发布雷同低质信息内容，生成虚假流量数据，制造虚假舆论热点；

（五）利用突发事件煽动极端情绪，或者实施网络暴力损害他人和组织机构名誉，干扰组织机构正常运营，影响社会和谐稳定；

（六）编造虚假信息，伪造原创属性，标注不实信息来源，歪曲事实真相，误导社会公众；

（七）以有偿发布、删除信息等手段，实施非法网络监督、营销诈骗、敲诈勒索，谋取非法利益；

（八）违规批量注册、囤积或者非法交易买卖公众账号；

（九）制作、复制、发布违法信息，或者未采取措施防范和抵制制作、复制、发布不良信息；

（十）法律、行政法规禁止的其他行为。

第四章 监督管理

第十九条 公众账号信息服务平台应当加强

对本平台公众账号信息服务活动的监督管理，及时发现和处置违法违规信息或者行为。

公众账号信息服务平台应当对违反本规定及相关法律法规的公众账号，依法依约采取警示提醒、限制账号功能、暂停信息更新、停止广告发布、关闭注销账号、列入黑名单、禁止重新注册等处置措施，保存有关记录，并及时向网信等有关主管部门报告。

第二十条 公众账号信息服务平台和生产运营者应当自觉接受社会监督。

公众账号信息服务平台应当在显著位置设置便捷的投诉举报入口和申诉渠道，公布投诉举报和申诉方式，健全受理、甄别、处置、反馈等机制，明确处理流程和反馈时限，及时处理公众投诉举报和生产运营者申诉。

鼓励互联网行业组织开展公众评议，推动公众账号信息服务平台和生产运营者严格自律，建立多方参与的权威调解机制，公平合理解决行业纠纷，依法维护用户合法权益。

第二十一条 各级网信部门会同有关主管部门建立健全协作监管等工作机制，监督指导公众账号信息服务平台和生产运营者依法依规从事相关信息服务活动。

公众账号信息服务平台和生产运营者应当配合有关主管部门依法实施监督检查，并提供必要的技术支持和协助。

公众账号信息服务平台和生产运营者违反本规定的，由网信部门和有关主管部门在职责范围内依照相关法律法规处理。

第五章 附 则

第二十二条 本规定所称互联网用户公众账号，是指互联网用户在互联网站、应用程序等网络平台注册运营，面向社会公众生产发布文字、图片、音视频等信息内容的网络账号。

本规定所称公众账号信息服务平台，是指为互联网用户提供公众账号注册运营、信息内容发布与技术保障服务的网络信息服务提供者。

本规定所称公众账号生产运营者，是指注册运营公众账号从事内容生产发布的自然人、法人或者非法人组织。

第二十三条 本规定自2021年2月22日起施行。本规定施行之前颁布的有关规定与本规定不一致的，按照本规定执行。

12. 互联网跟帖评论服务管理规定

（国家互联网信息办公室 2022年修订）

第一条 为了规范互联网跟帖评论服务，维护国家安全和公共利益，保护公民、法人和其他组织的合法权益，根据《中华人民共和国网络安全法》《网络信息内容生态治理规定》《互联网用户账号信息管理规定》等法律法规和国家有关规定，制定本规定。

第二条 在中华人民共和国境内提供、使用跟帖评论服务，应当遵守本规定。

本规定所称跟帖评论服务，是指互联网站、应用程序以及其他具有舆论属性或社会动员能力的网站平台，以评论、回复、留言、弹幕、点赞等方式，为用户提供发表文字、符号、表情、图片、音视频等信息的服务。

第三条 国家网信部门负责全国跟帖评论服务的监督管理执法工作。地方网信部门依据职责负责本行政区域内跟帖评论服务的监督管理执法工作。

第四条 跟帖评论服务提供者应当严格落实跟帖评论服务管理主体责任，依法履行以下义务：

（一）按照"后台实名、前台自愿"原则，对注册用户进行基于移动电话号码、身份证件号码或者统一社会信用代码等方式的真实身份信息认证，不得向未认证真实身份信息或者冒用组织机构、他人身份信息的用户提供跟帖评论服务。

（二）建立健全用户个人信息保护制度，处理用户个人信息应当遵循合法、正当、必要和诚信原则，公开个人信息处理规则，告知个人信息的处理目的、处理方式、处理的个人信息种类、保存期限等事项，并依法取得个人的同意。法律、行政法规另有规定的除外。

（三）对新闻信息提供跟帖评论服务的，应当建立先审后发制度。

（四）提供弹幕方式跟帖评论服务的，应当在同一平台和页面同时提供与之对应的静态版信息内容。

（五）建立健全跟帖评论审核管理、实时巡查、应急处置、举报受理等信息安全管理制度，及时发现处置违法和不良信息，并向网信部门报告。

（六）创新跟帖评论管理方式，研发使用跟帖评论信息安全管理技术，提升违法和不良信息处置能力；及时发现跟帖评论服务存在的安全缺陷、漏洞等风险，采取补救措施，并向网信部门报告。

（七）配备与服务规模相适应的审核编辑队伍，加强跟帖评论审核培训，提高审核编辑人员专业素养。

（八）配合网信部门依法开展监督检查工作，提供必要的技术、数据支持和协助。

第五条 具有舆论属性或社会动员能力的跟帖评论服务提供者上线跟帖评论相关新产品、新应用、新功能的，应当按照国家有关规定开展安全评估。

第六条 跟帖评论服务提供者应当与注册用户签订服务协议，明确跟帖评论的服务与管理细则以及双方跟帖评论发布权限、管理责任等权利义务，履行互联网相关法律法规告知义务，开展文明上网教育。对公众账号生产运营者，在服务协议中应当明确其跟帖评论管理权限及相应责任，督促其切实履行管理义务。

第七条 跟帖评论服务提供者应当按照用户服务协议对跟帖评论服务使用者和公众账号生产运营者进行规范管理。对发布违法和不良信息内容的跟帖评论服务使用者，应当依法依约采取警示提醒、拒绝发布、删除信息、限制账号功能、暂停账号更新、关闭账号、禁止重新注册等处置措施，并保存相关记录；对未尽到管理义务导致跟帖评论环节出现违法和不良信息内容的公众账号生产运营者，应当根据具体情形，依法依约采取警示提醒、删除信息、暂停跟帖评论区功能直至永久关闭跟帖评论区、限制账号功能、暂停账号更新、关闭账号、禁止重新注册等处置措施，保存相关记录，并及时向网信部门报告。

第八条 跟帖评论服务提供者应当建立用户分级管理制度，对用户的跟帖评论行为开展信用评估，根据信用等级确定服务范围及功能，对严重失信的用户应列入黑名单，停止对列入黑名单的用户提供服务，并禁止其通过重新注册账号等方式使用跟帖评论服务。

第九条 跟帖评论服务使用者应当遵守法律法规，遵循公序良俗，弘扬社会主义核心价值观，不得发布法律法规和国家有关规定禁止的信息内容。

第十条 公众账号生产运营者应当对账号跟帖评论信息内容加强审核管理，及时发现跟帖评论环节违法和不良信息内容，采取举报、处置等必要措施。

第十一条 公众账号生产运营者可按照用户服务协议向跟帖评论服务提供者申请举报、隐藏或者删除违法和不良评论信息、自主关闭账号跟帖评论区等管理权限。跟帖评论服务提供者应当对公众账号生产运营者的跟帖评论管理情况进行信用评估后，根据公众账号的主体性质、信用评估等级等，合理设置管理权限，提供相关技术支持。

第十二条 跟帖评论服务提供者、跟帖评论服务使用者和公众账号生产运营者不得通过发布、删除、推荐跟帖评论信息以及利用软件、雇佣商业机构及人员散布信息等其他干预跟帖评论信息呈现的手段，侵害他人合法权益或公共利益，谋取非法利益，恶意干扰跟帖评论秩序，误导公众舆论。

第十三条 跟帖评论服务提供者应当建立健全跟帖评论违法和不良信息公众投诉举报和跟帖评论服务使用者申诉制度，设置便捷投诉举报和申诉入口，及时受理和处置跟帖评论相关投诉举报和申诉。

跟帖评论服务使用者对被处置的跟帖评论信息存在异议的，有权向跟帖评论服务提供者提出申诉，跟帖评论服务提供者应当按照用户服务协议进行核查处理。

任何组织和个人发现违反本规定行为的，可以向网信部门投诉举报。网信部门收到投诉举报后，应当及时依法处理。

第十四条 各级网信部门应当建立健全日常检查和定期检查相结合的监督管理制度，依法对互联网跟帖评论服务实施监督检查。

第十五条 违反本规定的，由国家和地方网信部门依照相关法律法规处理。

第十六条 本规定自2022年12月15日起施行。2017年8月25日公布的《互联网跟帖评论服务管理规定》同时废止。

13. 互联网论坛社区服务管理规定

（国家互联网信息办公室　2017年10月1日实施）

第一条 为规范互联网论坛社区服务，促进互联网论坛社区行业健康有序发展，保护公民、法人和其他组织的合法权益，维护国家安全和公共利益，根据《中华人民共和国网络安全法》《国务院关于授权国家互联网信息办公室负责互联网信息内容管理工作的通知》，制定本规定。

第二条 在中华人民共和国境内从事互联网论坛社区服务，适用本规定。

本规定所称互联网论坛社区服务，是指在互联网上以论坛、贴吧、社区等形式，为用户提供互动式信息发布社区平台的服务。

第三条 国家互联网信息办公室负责全国互联网论坛社区服务的监督管理执法工作。地方互联网信息办公室依据职责负责本行政区域内互联网论坛社区服务的监督管理执法工作。

第四条 鼓励互联网论坛社区服务行业组织建立健全行业自律制度和行业准则，指导互联网论坛社区服务提供者建立健全服务规范，督促互联网论坛社区服务提供者依法提供服务、接受社会监督，提高互联网论坛社区服务从业人员的职业素养。

第五条 互联网论坛社区服务提供者应当落实主体责任，建立健全信息审核、公共信息实时巡查、应急处置及个人信息保护等信息安全管理制度，具有安全可控的防范措施，配备与服务规模相适应的专业人员，为有关部门依法履行职责提供必要的技术支持。

第六条 互联网论坛社区服务提供者不得利用互联网论坛社区服务发布、传播法律法规和国家有关规定禁止的信息。

互联网论坛社区服务提供者应当与用户签订协议，明确用户不得利用互联网论坛社区服务发布、传播法律法规和国家有关规定禁止的信息，情节严重的，服务提供者将封禁或者关闭有关账号、版块；明确论坛社区版块发起者、管理者应当履行与其权利相适应的义务，对违反法律规定和协议约定、履行责任义务不到位的，服务提供者应当依法依约限制或取消其管理权限，直至封禁或者关闭有关账号、版块。

第七条 互联网论坛社区服务提供者应当加强对其用户发布信息的管理，发现含有法律法规和国家有关规定禁止的信息的，应当立即停止传输该信息，采取消除等处置措施，保存有关记录，并及时向国家或者地方互联网信息办公室报告。

第八条 互联网论坛社区服务提供者应当按照"后台实名、前台自愿"的原则，要求用户通过真实身份信息认证后注册账号，并对版块发起者和管理者实施真实身份信息备案、定期核验等。用户不提供真实身份信息的，互联网论坛社区服务提供者不得为其提供信息发布服务。

互联网论坛社区服务提供者应当加强对注册用户虚拟身份信息、版块名称简介等的审核管理，不得出现法律法规和国家有关规定禁止的内容。

互联网论坛社区服务提供者应当保护用户身份信息，不得泄露、篡改、毁损，不得非法出售或者非法向他人提供。

第九条 互联网论坛社区服务提供者及其从业人员，不得通过发布、转载、删除信息或者干预呈现结果等手段，谋取不正当利益。

第十条 互联网论坛社区服务提供者开展经营和服务活动，必须遵守法律法规，尊重社会公德，遵守商业道德，诚实信用，承担社会责任。

第十一条 互联网论坛社区服务提供者应当建立健全公众投诉、举报制度，在显著位置公布投诉、举报方式，主动接受公众监督，及时处理公众投诉、举报。国家和地方互联网信息办公室依据职责，对举报受理落实情况进行监督检查。

第十二条 互联网论坛社区服务提供者违反本规定的，由有关部门依照相关法律法规处理。

第十三条 本规定自 2017 年 10 月 1 日起施行。

14. 互联网直播服务管理规定

（国家互联网信息办公室　2016 年 12 月 1 日实施）

第一条 为加强对互联网直播服务的管理，保护公民、法人和其他组织的合法权益，维护国家安全和公共利益，根据《全国人民代表大会常务委员会关于加强网络信息保护的决定》《国务院关于授权国家互联网信息办公室负责互联网信息内容管理工作的通知》《互联网信息服务管理办法》和《互联网新闻信息服务管理规定》，制定本规定。

第二条 在中华人民共和国境内提供、使用互联网直播服务，应当遵守本规定。

本规定所称互联网直播，是指基于互联网，以视频、音频、图文等形式向公众持续发布实时信息的活动；本规定所称互联网直播服务提供者，是指提供互联网直播平台服务的主体；本规定所称互联网直播服务使用者，包括互联网直播发布者和用户。

第三条 提供互联网直播服务，应当遵守法律法规，坚持正确导向，大力弘扬社会主义核心价值观，培育积极健康、向上向善的网络文化，维护良好网络生态，维护国家利益和公共利益，为广大网民特别是青少年成长营造风清气正的网络空间。

第四条 国家互联网信息办公室负责全国互联网直播服务信息内容的监督管理执法工作。地方互联网信息办公室依据职责负责本行政区域内的互联网直播服务信息内容的监督管理执法工作。国务院相关管理部门依据职责对互联网直播服务实施相应监督管理。

各级互联网信息办公室应当建立日常监督检查和定期检查相结合的监督管理制度，指导督促互联网直播服务提供者依据法律法规和服务协议规范互联网直播服务行为。

第五条 互联网直播服务提供者提供互联网新闻信息服务的，应当依法取得互联网新闻信息服务资质，并在许可范围内开展互联网新闻信息服务。

开展互联网新闻信息服务的互联网直播发布者，应当依法取得互联网新闻信息服务资质并在许可范围内提供服务。

第六条 通过网络表演、网络视听节目等提供互联网直播服务的，还应当依法取得法律法规规定的相关资质。

第七条 互联网直播服务提供者应当落实主体责任，配备与服务规模相适应的专业人员，健全信息审核、信息安全管理、值班巡查、应急处置、技术保障等制度。提供互联网新闻信息直播服务的，应当设立总编辑。

互联网直播服务提供者应当建立直播内容审核平台，根据互联网直播的内容类别、用户规模等实施分级分类管理，对图文、视频、音频等直播内容加注或播报平台标识信息，对互联网新闻信息直播及其互动内容实施先审后发管理。

第八条 互联网直播服务提供者应当具备与其服务相适应的技术条件，应当具备即时阻断互联网直播的技术能力，技术方案应符合国家相关标准。

第九条 互联网直播服务提供者以及互联网直播服务使用者不得利用互联网直播服务从事危

害国家安全、破坏社会稳定、扰乱社会秩序、侵犯他人合法权益、传播淫秽色情等法律法规禁止的活动，不得利用互联网直播服务制作、复制、发布、传播法律法规禁止的信息内容。

第十条　互联网直播发布者发布新闻信息，应当真实准确、客观公正。转载新闻信息应当完整准确，不得歪曲新闻信息内容，并在显著位置注明来源，保证新闻信息来源可追溯。

第十一条　互联网直播服务提供者应当加强对评论、弹幕等直播互动环节的实时管理，配备相应管理人员。

互联网直播发布者在进行直播时，应当提供符合法律法规要求的直播内容，自觉维护直播活动秩序。

用户在参与直播互动时，应当遵守法律法规，文明互动，理性表达。

第十二条　互联网直播服务提供者应当按照"后台实名、前台自愿"的原则，对互联网直播用户进行基于移动电话号码等方式的真实身份信息认证，对互联网直播发布者进行基于身份证件、营业执照、组织机构代码证等的认证登记。互联网直播服务提供者应当对互联网直播发布者的真实身份信息进行审核，向所在地省、自治区、直辖市互联网信息办公室分类备案，并在相关执法部门依法查询时予以提供。

互联网直播服务提供者应当保护互联网直播服务使用者身份信息和隐私，不得泄露、篡改、毁损，不得出售或者非法向他人提供。

第十三条　互联网直播服务提供者应当与互联网直播服务使用者签订服务协议，明确双方权利义务，要求其承诺遵守法律法规和平台公约。

互联网直播服务协议和平台公约的必备条款由互联网直播服务提供者所在地省、自治区、直辖市互联网信息办公室指导制定。

第十四条　互联网直播服务提供者应当对违反法律法规和服务协议的互联网直播服务使用者，视情采取警示、暂停发布、关闭账号等处置措施，及时消除违法违规直播信息内容，保存记录并向有关主管部门报告。

第十五条　互联网直播服务提供者应当建立互联网直播发布者信用等级管理体系，提供与信用等级挂钩的管理和服务。

互联网直播服务提供者应当建立黑名单管理制度，对纳入黑名单的互联网直播服务使用者禁止重新注册账号，并及时向所在地省、自治区、直辖市互联网信息办公室报告。

省、自治区、直辖市互联网信息办公室应当建立黑名单通报制度，并向国家互联网信息办公室报告。

第十六条　互联网直播服务提供者应当记录互联网直播服务使用者发布内容和日志信息，保存六十日。

互联网直播服务提供者应当配合有关部门依法进行的监督检查，并提供必要的文件、资料和数据。

第十七条　互联网直播服务提供者和互联网直播发布者未经许可或者超出许可范围提供互联网新闻信息服务的，由国家和省、自治区、直辖市互联网信息办公室依据《互联网新闻信息服务管理规定》予以处罚。

对于违反本规定的其他违法行为，由国家和地方互联网信息办公室依据职责，依法予以处罚；构成犯罪的，依法追究刑事责任。通过网络表演、网络视听节目等提供网络直播服务，违反有关法律法规的，由相关部门依法予以处罚。

第十八条　鼓励支持相关行业组织制定行业公约，加强行业自律，建立健全行业信用评价体系和服务评议制度，促进行业规范发展。

第十九条　互联网直播服务提供者应当自觉接受社会监督，健全社会投诉举报渠道，设置便捷的投诉举报入口，及时处理公众投诉举报。

第二十条　本规定自 2016 年 12 月 1 日起施行。

15. 互联网危险物品信息发布管理规定

(公通字〔2015〕5号　2015年3月1日实施)

第一条　为进一步加强对互联网危险物品信息的管理，规范危险物品从业单位信息发布行为，依法查处、打击涉及危险物品的违法犯罪活动，净化网络环境，保障公共安全，根据《全国人大常委会关于加强网络信息保护的决定》、《全国人大常委会关于维护互联网安全的决定》、《广告法》、《枪支管理法》、《放射性污染防治法》和《民用爆炸物品安全管理条例》、《烟花爆竹安全管理条例》、《危险化学品安全管理条例》、《放射性同位素与射线装置安全和防护条例》、《核材料管制条例》、《互联网信息服务管理办法》等法律、法规和规章，制定本规定。

第二条　本规定所称危险物品，是指枪支弹药、爆炸物品、剧毒化学品、易制爆危险化学品和其他危险化学品、放射性物品、核材料、管制器具等能够危及人身安全和财产安全的物品。

第三条　本规定所称危险物品从业单位，是指依法取得危险物品生产、经营、使用资质的单位以及从事危险物品相关工作的教学、科研、社会团体、中介机构等单位。具体包括：

（一）经公安机关核发《民用枪支（弹药）制造许可证》、《民用枪支（弹药）配售许可证》的民用枪支、弹药制造、配售企业；

（二）经民用爆炸物品行业主管部门核发《民用爆炸物品生产许可证》、《民用爆炸物品销售许可证》的民用爆炸物品生产、销售企业，经公安机关核发《爆破作业单位许可证》的爆破作业单位；

（三）经安全生产监督管理部门核发《烟花爆竹安全生产许可证》、《烟花爆竹经营（批发）许可证》、《烟花爆竹经营（零售）许可证》的烟花爆竹生产、经营单位；

（四）经安全生产监督管理部门核发《危险化学品安全生产许可证》、《危险化学品经营许可证》、《危险化学品安全使用许可证》的危险化学品生产、经营、使用单位；

（五）经环境保护主管部门核发《辐射安全许可证》的生产、销售、使用放射性同位素和射线装置单位；

（六）经国务院核材料管理部门核发《核材料许可证》的核材料持有、使用、生产、储存、运输和处置单位；

（七）经公安机关批准的弩制造企业、营业性射击场，经公安机关登记备案的管制刀具制造、销售单位；

（八）从事危险物品教学、科研、服务的高等院校、科研院所、社会团体、中介机构和技术服务企业；

（九）法律、法规规定的其他危险物品从业单位。

第四条　本规定所称危险物品信息，是指在互联网上发布的危险物品生产、经营、储存、使用信息，包括危险物品种类、性能、用途和危险物品专业服务等相关信息。

第五条　危险物品从业单位从事互联网信息服务的，应当按照《互联网信息服务管理办法》规定，向电信主管部门申请办理互联网信息服务增值电信业务经营许可或者办理非经营性互联网信息服务备案手续，并按照《计算机信息网络国际联网安全保护管理办法》规定，持从事危险物品活动的合法资质材料到所在地县级以上人民政府公安机关接受网站安全检查。

第六条　危险物品从业单位依法取得互联网信息服务增值电信业务经营许可或者办理非经营性互联网信息服务备案手续后，可以在本单位网站发布危险物品信息。

禁止个人在互联网上发布危险物品信息。

第七条　接入服务提供者应当与危险物品从业单位签订协议或者确认提供服务，不得为未取得增值电信业务许可或者未办理非经营性互联网信息服务备案手续的危险物品从业单位提供接入服务。

接入服务提供者不得为危险物品从业单位以外的任何单位或者个人提供危险物品信息发布网站接入服务。

第八条 危险物品从业单位应当在本单位网站主页显著位置标明可供查询的互联网信息服务经营许可证编号或者备案编号、从事危险物品活动的合法资质和营业执照等材料。

第九条 危险物品从业单位应当在本单位网站网页显著位置标明单位、个人购买相关危险物品应当具备的资质、资格条件：

（一）购买民用枪支、弹药应当持有省级或者设区的市级人民政府公安机关核发的《民用枪支（弹药）配购证》。

（二）购买民用爆炸物品应当持有国务院民用爆炸物品行业主管部门核发的《民用爆炸物品生产许可证》，或者省级人民政府民用爆炸物品行业主管部门核发的《民用爆炸物品销售许可证》，或者所在地县级人民政府公安机关核发的《民用爆炸物品购买许可证》。

（三）购买烟花爆竹的，批发企业应当持有安全生产监督管理部门核发的《烟花爆竹经营（批发）许可证》；零售单位应当持有安全生产监督管理部门核发的《烟花爆竹经营（零售）许可证》；举办焰火晚会以及其他大型焰火燃放活动的应当持有公安机关核发的《焰火燃放许可证》；个人消费者应当向持有安全生产监督管理部门核发的《烟花爆竹经营（零售）许可证》的零售单位购买。批发企业向烟花爆竹生产企业采购烟花爆竹；零售经营者向烟花爆竹批发企业采购烟花爆竹。严禁零售单位和个人购买专业燃放类烟花爆竹。

（四）购买剧毒化学品应当持有安全生产监督管理部门核发的《危险化学品安全生产许可证》，或者设区的市级人民政府安全生产监督管理部门核发的《危险化学品经营许可证》或者《危险化学品安全使用许可证》，或者县级人民政府公安机关核发的《剧毒化学品购买许可证》。

购买易制爆危险化学品应当持有安全生产监督管理部门核发的《危险化学品安全生产许可证》，或者工业和信息化部核发的《民用爆炸物品生产许可证》，或者设区的市级人民政府安全生产监督管理部门核发的《危险化学品经营许可证》或者《危险化学品安全使用许可证》，或者本单位出具的合法用途证明。

（五）购买放射性同位素的单位应当持有环境保护主管部门核发的《辐射安全许可证》。

（六）购买核材料的单位应当持有国务院核材料管理部门核发的《核材料许可证》。

（七）购买弩应当持有省级人民政府公安机关批准使用的许可文件。

（八）购买匕首、三棱刮刀应当持有所在单位的批准文件或者证明，且匕首仅限于军人、警察、专业狩猎人员和地质、勘探等野外作业人员购买，三棱刮刀仅限于机械加工单位购买。

（九）法律、法规和相关管理部门的其他规定。

第十条 禁止危险物品从业单位在本单位网站以外的互联网应用服务中发布危险物品信息及建立相关链接。

危险物品从业单位发布的危险物品信息不得包含诱导非法购销危险物品行为的内容。

第十一条 禁止任何单位和个人在互联网上发布危险物品制造方法的信息。

第十二条 网络服务提供者应当加强对接入网站及用户发布信息的管理，定期对发布信息进行巡查，对法律、法规和本规定禁止发布或者传输的危险物品信息，应当立即停止传输，采取消除等处置措施，保存有关记录，并向公安机关等主管部门报告。

第十三条 各级公安、网信、工业和信息化、电信主管、环境保护、工商行政管理、安全监管等部门在各自的职责范围内依法履行职责，完善危险物品从业单位许可、登记备案、信息情况通报和信息发布机制，加强协作配合，共同防范危险物品信息发布的违法犯罪行为。

第十四条 违反规定制作、复制、发布、传播含有危险物品内容的信息，或者故意为制作、复制、发布、传播违法违规危险物品信息提供服务的，依法给予停止联网、停机整顿、吊销许可证或者取消备案、暂时关闭网站直至关闭网站等处罚；构成违反治安管理行为的，依法给予治安管理处罚；构成犯罪的，依法追究刑事责任。

第十五条　任何组织和个人对在互联网上违法违规发布危险物品信息和利用互联网从事走私、贩卖危险物品的违法犯罪行为，有权向有关主管部门举报。接到举报的部门应当依法及时处理，并对举报有功人员予以奖励。

第十六条　本规定自2015年3月1日起执行。

16. 互联网用户账号名称管理规定

（国家互联网信息办公室　2015年3月1日实施）

第一条　为加强对互联网用户账号名称的管理，保护公民、法人和其他组织的合法权益，根据《国务院关于授权国家互联网信息办公室负责互联网信息内容管理工作的通知》和有关法律、行政法规，制定本规定。

第二条　在中华人民共和国境内注册、使用和管理互联网用户账号名称，适用本规定。

本规定所称互联网用户账号名称，是指机构或个人在博客、微博客、即时通信工具、论坛、贴吧、跟帖评论等互联网信息服务中注册或使用的账号名称。

第三条　国家互联网信息办公室负责对全国互联网用户账号名称的注册、使用实施监督管理，各省、自治区、直辖市互联网信息内容主管部门负责对本行政区域内互联网用户账号名称的注册、使用实施监督管理。

第四条　互联网信息服务提供者应当落实安全管理责任，完善用户服务协议，明示互联网信息服务使用者在账号名称、头像和简介等注册信息中不得出现违法和不良信息，配备与服务规模相适应的专业人员，对互联网用户提交的账号名称、头像和简介等注册信息进行审核，对含有违法和不良信息的，不予注册；保护用户信息及公民个人隐私，自觉接受社会监督，及时处理公众举报的账号名称、头像和简介等注册信息中的违法和不良信息。

第五条　互联网信息服务提供者应当按照"后台实名、前台自愿"的原则，要求互联网信息服务使用者通过真实身份信息认证后注册账号。

互联网信息服务使用者注册账号时，应当与互联网信息服务提供者签订协议，承诺遵守法律法规、社会主义制度、国家利益、公民合法权益、公共秩序、社会道德风尚和信息真实性等七条底线。

第六条　任何机构或个人注册和使用的互联网用户账号名称，不得有下列情形：

（一）违反宪法或法律法规规定的；

（二）危害国家安全，泄露国家秘密，颠覆国家政权，破坏国家统一的；

（三）损害国家荣誉和利益的，损害公共利益的；

（四）煽动民族仇恨、民族歧视，破坏民族团结的；

（五）破坏国家宗教政策，宣扬邪教和封建迷信的；

（六）散布谣言，扰乱社会秩序，破坏社会稳定的；

（七）散布淫秽、色情、赌博、暴力、凶杀、恐怖或者教唆犯罪的；

（八）侮辱或者诽谤他人，侵害他人合法权益的；

（九）含有法律、行政法规禁止的其他内容的。

第七条　互联网信息服务使用者以虚假信息骗取账号名称注册，或其账号头像、简介等注册信息存在违法和不良信息的，互联网信息服务提供者应当采取通知限期改正、暂停使用、注销登记等措施。

第八条　对冒用、关联机构或社会名人注册账号名称的，互联网信息服务提供者应当注销其账号，并向互联网信息内容主管部门报告。

第九条　对违反本规定的行为，由有关部门依照相关法律规定处理。

第十条　本规定自2015年3月1日施行。

17. 常见类型移动互联网应用程序必要个人信息范围规定

（国信办秘字〔2021〕14号　2021年5月1日实施）

第一条　为了规范移动互联网应用程序（App）收集个人信息行为，保障公民个人信息安全，根据《中华人民共和国网络安全法》，制定本规定。

第二条　移动智能终端上运行的App存在收集用户个人信息行为的，应当遵守本规定。法律、行政法规、部门规章和规范性文件另有规定的，依照其规定。

App包括移动智能终端预置、下载安装的应用软件，基于应用软件开放平台接口开发的、用户无需安装即可使用的小程序。

第三条　本规定所称必要个人信息，是指保障App基本功能服务正常运行所必需的个人信息，缺少该信息App即无法实现基本功能服务。具体是指消费侧用户个人信息，不包括服务供给侧用户个人信息。

第四条　App不得因为用户不同意提供非必要个人信息，而拒绝用户使用其基本功能服务。

第五条　常见类型App的必要个人信息范围：

（一）地图导航类，基本功能服务为"定位和导航"，必要个人信息为：位置信息、出发地、到达地。

（二）网络约车类，基本功能服务为"网络预约出租汽车服务、巡游出租汽车电召服务"，必要个人信息包括：

1. 注册用户移动电话号码；
2. 乘车人出发地、到达地、位置信息、行踪轨迹；
3. 支付时间、支付金额、支付渠道等支付信息（网络预约出租汽车服务）。

（三）即时通信类，基本功能服务为"提供文字、图片、语音、视频等网络即时通信服务"，必要个人信息包括：

1. 注册用户移动电话号码；
2. 账号信息：账号、即时通信联系人账号列表。

（四）网络社区类，基本功能服务为"博客、论坛、社区等话题讨论、信息分享和关注互动"，必要个人信息为：注册用户移动电话号码。

（五）网络支付类，基本功能服务为"网络支付、提现、转账等功能"，必要个人信息包括：

1. 注册用户移动电话号码；
2. 注册用户姓名、证件类型和号码、证件有效期限、银行卡号码。

（六）网上购物类，基本功能服务为"购买商品"，必要个人信息包括：

1. 注册用户移动电话号码；
2. 收货人姓名（名称）、地址、联系电话；
3. 支付时间、支付金额、支付渠道等支付信息。

（七）餐饮外卖类，基本功能服务为"餐饮购买及外送"，必要个人信息包括：

1. 注册用户移动电话号码；
2. 收货人姓名（名称）、地址、联系电话；
3. 支付时间、支付金额、支付渠道等支付信息。

（八）邮件快件寄递类，基本功能服务为"信件、包裹、印刷品等物品寄递服务"，必要个人信息包括：

1. 寄件人姓名、证件类型和号码等身份信息；
2. 寄件人地址、联系电话；
3. 收件人姓名（名称）、地址、联系电话；
4. 寄递物品的名称、性质、数量。

（九）交通票务类，基本功能服务为"交通相关的票务服务及行程管理（如票务购买、改签、退票、行程管理等）"，必要个人信息包括：

1. 注册用户移动电话号码；
2. 旅客姓名、证件类型和号码、旅客类型。

旅客类型通常包括儿童、成人、学生等；

3. 旅客出发地、目的地、出发时间、车次/船次/航班号、席别/舱位等级、座位号（如有）、车牌号及车牌颜色（ETC服务）；

4. 支付时间、支付金额、支付渠道等支付信息。

（十）婚恋相亲类，基本功能服务为"婚恋相亲"，必要个人信息包括：

1. 注册用户移动电话号码；

2. 婚恋相亲人的性别、年龄、婚姻状况。

（十一）求职招聘类，基本功能服务为"求职招聘信息交换"，必要个人信息包括：

1. 注册用户移动电话号码；

2. 求职者提供的简历。

（十二）网络借贷类，基本功能服务为"通过互联网平台实现的用于消费、日常生产经营周转等的个人申贷服务"，必要个人信息包括：

1. 注册用户移动电话号码；

2. 借款人姓名、证件类型和号码、证件有效期限、银行卡号码。

（十三）房屋租售类，基本功能服务为"个人房源信息发布、房屋出租或买卖"，必要个人信息包括：

1. 注册用户移动电话号码；

2. 房源基本信息：房屋地址、面积/户型、期望售价或租金。

（十四）二手车交易类，基本功能服务为"二手车买卖信息交换"，必要个人信息包括：

1. 注册用户移动电话号码；

2. 购买方姓名、证件类型和号码；

3. 出售方姓名、证件类型和号码、车辆行驶证号、车辆识别号码。

（十五）问诊挂号类，基本功能服务为"在线咨询问诊、预约挂号"，必要个人信息包括：

1. 注册用户移动电话号码；

2. 挂号时需提供患者姓名、证件类型和号码、预约挂号的医院和科室；

3. 问诊时需提供病情描述。

（十六）旅游服务类，基本功能服务为"旅游服务产品信息的发布与订购"，必要个人信息包括：

1. 注册用户移动电话号码；

2. 出行人旅游目的地、旅游时间；

3. 出行人姓名、证件类型和号码、联系方式。

（十七）酒店服务类，基本功能服务为"酒店预订"，必要个人信息包括：

1. 注册用户移动电话号码；

2. 住宿人姓名和联系方式、入住和退房时间、入住酒店名称。

（十八）网络游戏类，基本功能服务为"提供网络游戏产品和服务"，必要个人信息为：注册用户移动电话号码。

（十九）学习教育类，基本功能服务为"在线辅导、网络课堂等"，必要个人信息为：注册用户移动电话号码。

（二十）本地生活类，基本功能服务为"家政维修、家居装修、二手闲置物品交易等日常生活服务"，必要个人信息为：注册用户移动电话号码。

（二十一）女性健康类，基本功能服务为"女性经期管理、备孕育儿、美容美体等健康管理服务"，无须个人信息，即可使用基本功能服务。

（二十二）用车服务类，基本功能服务为"共享单车、共享汽车、租赁汽车等服务"，必要个人信息包括：

1. 注册用户移动电话号码；

2. 使用共享汽车、租赁汽车服务用户的证件类型和号码，驾驶证件信息；

3. 支付时间、支付金额、支付渠道等支付信息；

4. 使用共享单车、分时租赁汽车服务用户的位置信息。

（二十三）投资理财类，基本功能服务为"股票、期货、基金、债券等相关投资理财服务"，必要个人信息包括：

1. 注册用户移动电话号码；

2. 投资理财用户姓名、证件类型和号码、证件有效期限、证件影印件；

3. 投资理财用户资金账户、银行卡号码或支付账号。

（二十四）手机银行类，基本功能服务为"通过手机等移动智能终端设备进行银行账户管理、信息查询、转账汇款等服务"，必要个人信息包括：

1. 注册用户移动电话号码；

2. 用户姓名、证件类型和号码、证件有效期限、证件影印件、银行卡号码、银行预留移动电话号码；

3. 转账时需提供收款人姓名、银行卡号码、开户银行信息。

（二十五）邮箱云盘类，基本功能服务为"邮箱、云盘等"，必要个人信息为：注册用户移动电话号码。

（二十六）远程会议类，基本功能服务为"通过网络提供音频或视频会议"，必要个人信息为：注册用户移动电话号码。

（二十七）网络直播类，基本功能服务为"向公众持续提供实时视频、音频、图文等形式信息浏览服务"，无须个人信息，即可使用基本功能服务。

（二十八）在线影音类，基本功能服务为"影视、音乐搜索和播放"，无须个人信息，即可使用基本功能服务。

（二十九）短视频类，基本功能服务为"不超过一定时长的视频搜索、播放"，无须个人信息，即可使用基本功能服务。

（三十）新闻资讯类，基本功能服务为"新闻资讯的浏览、搜索"，无须个人信息，即可使用基本功能服务。

（三十一）运动健身类，基本功能服务为"运动健身训练"，无须个人信息，即可使用基本功能服务。

（三十二）浏览器类，基本功能服务为"浏览互联网信息资源"，无须个人信息，即可使用基本功能服务。

（三十三）输入法类，基本功能服务为"文字、符号等输入"，无须个人信息，即可使用基本功能服务。

（三十四）安全管理类，基本功能服务为"查杀病毒、清理恶意插件、修复漏洞等"，无须个人信息，即可使用基本功能服务。

（三十五）电子图书类，基本功能服务为"电子图书搜索、阅读"，无须个人信息，即可使用基本功能服务。

（三十六）拍摄美化类，基本功能服务为"拍摄、美颜、滤镜等"，无须个人信息，即可使用基本功能服务。

（三十七）应用商店类，基本功能服务为"App搜索、下载"，无须个人信息，即可使用基本功能服务。

（三十八）实用工具类，基本功能服务为"日历、天气、词典翻译、计算器、遥控器、手电筒、指南针、时钟闹钟、文件传输、文件管理、壁纸铃声、截图录屏、录音、文档处理、智能家居助手、星座性格测试等"，无须个人信息，即可使用基本功能服务。

（三十九）演出票务类，基本功能服务为"演出购票"，必要个人信息包括：

1. 注册用户移动电话号码；

2. 观演场次、座位号（如有）；

3. 支付时间、支付金额、支付渠道等支付信息。

第六条 任何组织和个人发现违反本规定行为的，可以向相关部门举报。

相关部门收到举报后，应当依法予以处理。

第七条 本规定自2021年5月1日起施行。

18. 云计算服务安全评估办法

（国家互联网信息办公室、国家发展和改革委员会、工业和信息化部、财政部公告2019年第2号 2019年9月1日实施）

第一条 为提高党政机关、关键信息基础设施运营者采购使用云计算服务的安全可控水平，制定本办法。

第二条 云计算服务安全评估坚持事前评估与持续监督相结合，保障安全与促进应用相统一，依据有关法律法规和政策规定，参照国家有关网络安全标准，发挥专业技术机构、专家作用，客观评价、严格监督云计算服务平台（以下简称"云平台"）的安全性、可控性，为党政机关、关键信息基础设施运营者采购云计算服务提供参考。

本办法中的云平台包括云计算服务软硬件设施及其相关管理制度等。

第三条 云计算服务安全评估重点评估以下内容：

（一）云平台管理运营者（以下简称"云服务商"）的征信、经营状况等基本情况；

（二）云服务商人员背景及稳定性，特别是能够访问客户数据、能够收集相关元数据的人员；

（三）云平台技术、产品和服务供应链安全情况；

（四）云服务商安全管理能力及云平台安全防护情况；

（五）客户迁移数据的可行性和便捷性；

（六）云服务商的业务连续性；

（七）其他可能影响云服务安全的因素。

第四条 国家互联网信息办公室会同国家发展和改革委员会、工业和信息化部、财政部建立云计算服务安全评估工作协调机制（以下简称"协调机制"），审议云计算服务安全评估政策文件，批准云计算服务安全评估结果，协调处理云计算服务安全评估有关重要事项。

云计算服务安全评估工作协调机制办公室（以下简称"办公室"）设在国家互联网信息办公室网络安全协调局。

第五条 云服务商可申请对面向党政机关、关键信息基础设施提供云计算服务的云平台进行安全评估。

第六条 申请安全评估的云服务商应向办公室提交以下材料：

（一）申报书；

（二）云计算服务系统安全计划；

（三）业务连续性和供应链安全报告；

（四）客户数据可迁移性分析报告；

（五）安全评估工作需要的其他材料。

第七条 办公室受理云服务商申请后，组织专业技术机构参照国家有关标准对云平台进行安全评价。

第八条 专业技术机构应坚持客观、公正、公平的原则，按照国家有关规定，在办公室指导监督下，参照《云计算服务安全指南》《云计算服务安全能力要求》等国家标准，重点评价本办法第三条所述内容，形成评价报告，并对评价结果负责。

第九条 办公室在专业技术机构安全评价基础上，组织云计算服务安全评估专家组进行综合评价。

第十条 云计算服务安全评估专家组根据云服务商申报材料、评价报告等，综合评价云计算服务的安全性、可控性，提出是否通过安全评估的建议。

第十一条 云计算服务安全评估专家组的建议经协调机制审议通过后，办公室按程序报国家互联网信息办公室核准。

云计算服务安全评估结果由办公室发布。

第十二条 云计算服务安全评估结果有效期3年。有效期届满需要延续保持评估结果的，云服务商应在届满前至少6个月向办公室申请复评。

有效期内，云服务商因股权变更、企业重组等导致实控人或控股权发生变化的，应重新申请安全评估。

第十三条 办公室通过组织抽查、接受举报等形式，对通过评估的云平台开展持续监督，重点监督有关安全控制措施有效性、重大变更、应急响应、风险处置等内容。

通过评估的云平台已不再满足要求的，经协调机制审议、国家互联网信息办公室核准后撤销通过评估的结论。

第十四条 通过评估的云平台停止提供服务时，云服务商应至少提前6个月通知客户和办公室，并配合客户做好迁移工作。

第十五条 云服务商对所提供申报材料的真实性负责。在评估过程中拒绝按要求提供材料或故意提供虚假材料的，按评估不通过处理。

第十六条 未经云服务商同意，参与评估工作的相关机构和人员不得披露云服务商提交的未公开材料以及评估工作中获悉的其他非公开信息，不得将云服务商提供的信息用于评估以外的目的。

第十七条 本办法自 2019 年 9 月 1 日起施行。

19. 外国机构在中国境内提供金融信息服务管理规定（略）

（中华人民共和国国务院新闻办公室、中华人民共和国商务部、中华人民共和国国家工商行政管理总局令第 7 号　2009 年 6 月 1 日实施）

20. 儿童个人信息网络保护规定

（国家互联网信息办公室令第 4 号　2019 年 10 月 1 日施行）

第一条 为了保护儿童个人信息安全，促进儿童健康成长，根据《中华人民共和国网络安全法》《中华人民共和国未成年人保护法》等法律法规，制定本规定。

第二条 本规定所称儿童，是指不满十四周岁的未成年人。

第三条 在中华人民共和国境内通过网络从事收集、存储、使用、转移、披露儿童个人信息等活动，适用本规定。

第四条 任何组织和个人不得制作、发布、传播侵害儿童个人信息安全的信息。

第五条 儿童监护人应当正确履行监护职责，教育引导儿童增强个人信息保护意识和能力，保护儿童个人信息安全。

第六条 鼓励互联网行业组织指导推动网络运营者制定儿童个人信息保护的行业规范、行为准则等，加强行业自律，履行社会责任。

第七条 网络运营者收集、存储、使用、转移、披露儿童个人信息的，应当遵循正当必要、知情同意、目的明确、安全保障、依法利用的原则。

第八条 网络运营者应当设置专门的儿童个人信息保护规则和用户协议，并指定专人负责儿童个人信息保护。

第九条 网络运营者收集、使用、转移、披露儿童个人信息的，应当以显著、清晰的方式告知儿童监护人，并应当征得儿童监护人的同意。

第十条 网络运营者征得同意时，应当同时提供拒绝选项，并明确告知以下事项：

（一）收集、存储、使用、转移、披露儿童个人信息的目的、方式和范围；

（二）儿童个人信息存储的地点、期限和到期后的处理方式；

（三）儿童个人信息的安全保障措施；

（四）拒绝的后果；

（五）投诉、举报的渠道和方式；

（六）更正、删除儿童个人信息的途径和方法；

（七）其他应当告知的事项。

前款规定的告知事项发生实质性变化的，应当再次征得儿童监护人的同意。

第十一条 网络运营者不得收集与其提供的服务无关的儿童个人信息，不得违反法律、行政法规的规定和双方的约定收集儿童个人信息。

第十二条 网络运营者存储儿童个人信息，不得超过实现其收集、使用目的所必需的期限。

第十三条 网络运营者应当采取加密等措施存储儿童个人信息，确保信息安全。

第十四条 网络运营者使用儿童个人信息，不得违反法律、行政法规的规定和双方约定的目的、范围。因业务需要，确需超出约定的目的、范围使用的，应当再次征得儿童监护人的同意。

第十五条 网络运营者对其工作人员应当以最小授权为原则，严格设定信息访问权限，控制儿童个人信息知悉范围。工作人员访问儿童个人信息的，应当经过儿童个人信息保护负责人或者其授权的管理人员审批，记录访问情况，并采取技术措施，避免违法复制、下载儿童个人信息。

第十六条　网络运营者委托第三方处理儿童个人信息的，应当对受委托方及委托行为等进行安全评估，签署委托协议，明确双方责任、处理事项、处理期限、处理性质和目的等，委托行为不得超出授权范围。

前款规定的受委托方，应当履行以下义务：

（一）按照法律、行政法规的规定和网络运营者的要求处理儿童个人信息；

（二）协助网络运营者回应儿童监护人提出的申请；

（三）采取措施保障信息安全，并在发生儿童个人信息泄露安全事件时，及时向网络运营者反馈；

（四）委托关系解除时及时删除儿童个人信息；

（五）不得转委托；

（六）其他依法应当履行的儿童个人信息保护义务。

第十七条　网络运营者向第三方转移儿童个人信息的，应当自行或者委托第三方机构进行安全评估。

第十八条　网络运营者不得披露儿童个人信息，但法律、行政法规规定应当披露或者根据与儿童监护人的约定可以披露的除外。

第十九条　儿童或者其监护人发现网络运营者收集、存储、使用、披露的儿童个人信息有错误的，有权要求网络运营者予以更正。网络运营者应当及时采取措施予以更正。

第二十条　儿童或者其监护人要求网络运营者删除其收集、存储、使用、披露的儿童个人信息的，网络运营者应当及时采取措施予以删除，包括但不限于以下情形：

（一）网络运营者违反法律、行政法规的规定或者双方的约定收集、存储、使用、转移、披露儿童个人信息的；

（二）超出目的范围或者必要期限收集、存储、使用、转移、披露儿童个人信息的；

（三）儿童监护人撤回同意的；

（四）儿童或者其监护人通过注销等方式终止使用产品或者服务的。

第二十一条　网络运营者发现儿童个人信息发生或者可能发生泄露、毁损、丢失的，应当立即启动应急预案，采取补救措施；造成或者可能造成严重后果的，应当立即向有关主管部门报告，并将事件相关情况以邮件、信函、电话、推送通知等方式告知受影响的儿童及其监护人，难以逐一告知的，应当采取合理、有效的方式发布相关警示信息。

第二十二条　网络运营者应当对网信部门和其他有关部门依法开展的监督检查予以配合。

第二十三条　网络运营者停止运营产品或者服务的，应当立即停止收集儿童个人信息的活动，删除其持有的儿童个人信息，并将停止运营的通知及时告知儿童监护人。

第二十四条　任何组织和个人发现有违反本规定行为的，可以向网信部门和其他有关部门举报。

网信部门和其他有关部门收到相关举报的，应当依据职责及时进行处理。

第二十五条　网络运营者落实儿童个人信息安全管理责任不到位，存在较大安全风险或者发生安全事件的，由网信部门依据职责进行约谈，网络运营者应当及时采取措施进行整改，消除隐患。

第二十六条　违反本规定的，由网信部门和其他有关部门依据职责，根据《中华人民共和国网络安全法》《互联网信息服务管理办法》等相关法律法规规定处理；构成犯罪的，依法追究刑事责任。

第二十七条　违反本规定被追究法律责任的，依照有关法律、行政法规的规定记入信用档案，并予以公示。

第二十八条　通过计算机信息系统自动留存处理信息且无法识别所留存处理的信息属于儿童

个人信息的，依照其他有关规定执行。

第二十九条 本规定自 2019 年 10 月 1 日起施行。

21. 区块链信息服务管理规定

（国家互联网信息办公室令第 3 号　2019 年 2 月 15 日施行）

第一条　为了规范区块链信息服务活动，维护国家安全和社会公共利益，保护公民、法人和其他组织的合法权益，促进区块链技术及相关服务的健康发展，根据《中华人民共和国网络安全法》《互联网信息服务管理办法》和《国务院关于授权国家互联网信息办公室负责互联网信息内容管理工作的通知》，制定本规定。

第二条　在中华人民共和国境内从事区块链信息服务，应当遵守本规定。法律、行政法规另有规定的，遵照其规定。

本规定所称区块链信息服务，是指基于区块链技术或者系统，通过互联网站、应用程序等形式，向社会公众提供信息服务。

本规定所称区块链信息服务提供者，是指向社会公众提供区块链信息服务的主体或者节点，以及为区块链信息服务的主体提供技术支持的机构或者组织；本规定所称区块链信息服务使用者，是指使用区块链信息服务的组织或者个人。

第三条　国家互联网信息办公室依据职责负责全国区块链信息服务的监督管理执法工作。省、自治区、直辖市互联网信息办公室依据职责负责本行政区域内区块链信息服务的监督管理执法工作。

第四条　鼓励区块链行业组织加强行业自律，建立健全行业自律制度和行业准则，指导区块链信息服务提供者建立健全服务规范，推动行业信用评价体系建设，督促区块链信息服务提供者依法提供服务、接受社会监督，提高区块链信息服务从业人员的职业素养，促进行业健康有序发展。

第五条　区块链信息服务提供者应当落实信息内容安全管理责任，建立健全用户注册、信息审核、应急处置、安全防护等管理制度。

第六条　区块链信息服务提供者应当具备与其服务相适应的技术条件，对于法律、行政法规禁止的信息内容，应当具备对其发布、记录、存储、传播的即时和应急处置能力，技术方案应当符合国家相关标准规范。

第七条　区块链信息服务提供者应当制定并公开管理规则和平台公约，与区块链信息服务使用者签订服务协议，明确双方权利义务，要求其承诺遵守法律规定和平台公约。

第八条　区块链信息服务提供者应当按照《中华人民共和国网络安全法》的规定，对区块链信息服务使用者进行基于组织机构代码、身份证件号码或者移动电话号码等方式的真实身份信息认证。用户不进行真实身份信息认证的，区块链信息服务提供者不得为其提供相关服务。

第九条　区块链信息服务提供者开发上线新产品、新应用、新功能的，应当按照有关规定报国家和省、自治区、直辖市互联网信息办公室进行安全评估。

第十条　区块链信息服务提供者和使用者不得利用区块链信息服务从事危害国家安全、扰乱社会秩序、侵犯他人合法权益等法律、行政法规禁止的活动，不得利用区块链信息服务制作、复制、发布、传播法律、行政法规禁止的信息内容。

第十一条　区块链信息服务提供者应当在提供服务之日起十个工作日内通过国家互联网信息办公室区块链信息服务备案管理系统填报服务提供者的名称、服务类别、服务形式、应用领域、服务器地址等信息，履行备案手续。

区块链信息服务提供者变更服务项目、平台网址等事项的，应当在变更之日起五个工作日内办理变更手续。

区块链信息服务提供者终止服务的，应当在终止服务三十个工作日前办理注销手续，并作出妥善安排。

第十二条 国家和省、自治区、直辖市互联网信息办公室收到备案人提交的备案材料后，材料齐全的，应当在二十个工作日内予以备案，发放备案编号，并通过国家互联网信息办公室区块链信息服务备案管理系统向社会公布备案信息；材料不齐全的，不予备案，在二十个工作日内通知备案人并说明理由。

第十三条 完成备案的区块链信息服务提供者应当在其对外提供服务的互联网站、应用程序等的显著位置标明其备案编号。

第十四条 国家和省、自治区、直辖市互联网信息办公室对区块链信息服务备案信息实行定期查验，区块链信息服务提供者应当在规定时间内登录区块链信息服务备案管理系统，提供相关信息。

第十五条 区块链信息服务提供者提供的区块链信息服务存在信息安全隐患的，应当进行整改，符合法律、行政法规等相关规定和国家相关标准规范后方可继续提供信息服务。

第十六条 区块链信息服务提供者应当对违反法律、行政法规规定和服务协议的区块链信息服务使用者，依法依约采取警示、限制功能、关闭账号等处置措施，对违法信息内容及时采取相应的处理措施，防止信息扩散，保存有关记录，并向有关主管部门报告。

第十七条 区块链信息服务提供者应当记录区块链信息服务使用者发布内容和日志等信息，记录备份应当保存不少于六个月，并在相关执法部门依法查询时予以提供。

第十八条 区块链信息服务提供者应当配合网信部门依法实施的监督检查，并提供必要的技术支持和协助。

区块链信息服务提供者应当接受社会监督，设置便捷的投诉举报入口，及时处理公众投诉举报。

第十九条 区块链信息服务提供者违反本规定第五条、第六条、第七条、第九条、第十一条第二款、第十三条、第十五条、第十七条、第十八条规定的，由国家和省、自治区、直辖市互联网信息办公室依据职责给予警告，责令限期改正，改正前应当暂停相关业务；拒不改正或者情节严重的，并处五千元以上三万元以下罚款；构成犯罪的，依法追究刑事责任。

第二十条 区块链信息服务提供者违反本规定第八条、第十六条规定的，由国家和省、自治区、直辖市互联网信息办公室依据职责，按照《中华人民共和国网络安全法》的规定予以处理。

第二十一条 区块链信息服务提供者违反本规定第十条的规定，制作、复制、发布、传播法律、行政法规禁止的信息内容的，由国家和省、自治区、直辖市互联网信息办公室依据职责给予警告，责令限期改正，改正前应当暂停相关业务；拒不改正或者情节严重的，并处二万元以上三万元以下罚款；构成犯罪的，依法追究刑事责任。

区块链信息服务使用者违反本规定第十条的规定，制作、复制、发布、传播法律、行政法规禁止的信息内容的，由国家和省、自治区、直辖市互联网信息办公室依照有关法律、行政法规的规定予以处理。

第二十二条 区块链信息服务提供者违反本规定第十一条第一款的规定，未按本规定履行备案手续或者填报虚假备案信息的，由国家和省、自治区、直辖市互联网信息办公室依据职责责令限期改正；拒不改正或者情节严重的，给予警告，并处一万元以上三万元以下罚款。

第二十三条 在本规定公布前从事区块链信息服务的，应当自本规定生效之日起二十个工作日内依照本规定补办有关手续。

第二十四条 本规定自2019年2月15日起施行。

22. 汽车数据安全管理若干规定（试行）

（国家互联网信息办公室、中华人民共和国国家发展和改革委员会、中华人民共和国工业和信息化部、中华人民共和国公安部、中华人民共和国交通运输部令第 7 号　2021 年 10 月 1 日施行）

第一条　为了规范汽车数据处理活动，保护个人、组织的合法权益，维护国家安全和社会公共利益，促进汽车数据合理开发利用，根据《中华人民共和国网络安全法》、《中华人民共和国数据安全法》等法律、行政法规，制定本规定。

第二条　在中华人民共和国境内开展汽车数据处理活动及其安全监管，应当遵守相关法律、行政法规和本规定的要求。

第三条　本规定所称汽车数据，包括汽车设计、生产、销售、使用、运维等过程中的涉及个人信息数据和重要数据。

汽车数据处理，包括汽车数据的收集、存储、使用、加工、传输、提供、公开等。

汽车数据处理者，是指开展汽车数据处理活动的组织，包括汽车制造商、零部件和软件供应商、经销商、维修机构以及出行服务企业等。

个人信息，是指以电子或者其他方式记录的与已识别或者可识别的车主、驾驶人、乘车人、车外人员等有关的各种信息，不包括匿名化处理后的信息。

敏感个人信息，是指一旦泄露或者非法使用，可能导致车主、驾驶人、乘车人、车外人员等受到歧视或者人身、财产安全受到严重危害的个人信息，包括车辆行踪轨迹、音频、视频、图像和生物识别特征等信息。

重要数据是指一旦遭到篡改、破坏、泄露或者非法获取、非法利用，可能危害国家安全、公共利益或者个人、组织合法权益的数据，包括：

（一）军事管理区、国防科工单位以及县级以上党政机关等重要敏感区域的地理信息、人员流量、车辆流量等数据；

（二）车辆流量、物流等反映经济运行情况的数据；

（三）汽车充电网的运行数据；

（四）包含人脸信息、车牌信息等的车外视频、图像数据；

（五）涉及个人信息主体超过 10 万人的个人信息；

（六）国家网信部门和国务院发展改革、工业和信息化、公安、交通运输等有关部门确定的其他可能危害国家安全、公共利益或者个人、组织合法权益的数据。

第四条　汽车数据处理者处理汽车数据应当合法、正当、具体、明确，与汽车的设计、生产、销售、使用、运维等直接相关。

第五条　利用互联网等信息网络开展汽车数据处理活动，应当落实网络安全等级保护等制度，加强汽车数据保护，依法履行数据安全义务。

第六条　国家鼓励汽车数据依法合理有效利用，倡导汽车数据处理者在开展汽车数据处理活动中坚持：

（一）车内处理原则，除非确有必要不向车外提供；

（二）默认不收集原则，除非驾驶人自主设定，每次驾驶时默认设定为不收集状态；

（三）精度范围适用原则，根据所提供功能服务对数据精度的要求确定摄像头、雷达等的覆盖范围、分辨率；

（四）脱敏处理原则，尽可能进行匿名化、去标识化等处理。

第七条　汽车数据处理者处理个人信息应当通过用户手册、车载显示面板、语音、汽车使用相关应用程序等显著方式，告知个人以下事项：

（一）处理个人信息的种类，包括车辆行踪轨迹、驾驶习惯、音频、视频、图像和生物识别特征等；

（二）收集各类个人信息的具体情境以及停止收集的方式和途径；

（三）处理各类个人信息的目的、用途、方式；

（四）个人信息保存地点、保存期限，或者确定保存地点、保存期限的规则；

（五）查阅、复制其个人信息以及删除车内、请求删除已经提供给车外的个人信息的方式和途径；

（六）用户权益事务联系人的姓名和联系方式；

（七）法律、行政法规规定的应当告知的其他事项。

第八条 汽车数据处理者处理个人信息应当取得个人同意或者符合法律、行政法规规定的其他情形。

因保证行车安全需要，无法征得个人同意采集到车外个人信息且向车外提供的，应当进行匿名化处理，包括删除含有能够识别自然人的画面，或者对画面中的人脸信息等进行局部轮廓化处理等。

第九条 汽车数据处理者处理敏感个人信息，应当符合以下要求或者符合法律、行政法规和强制性国家标准等其他要求：

（一）具有直接服务于个人的目的，包括增强行车安全、智能驾驶、导航等；

（二）通过用户手册、车载显示面板、语音以及汽车使用相关应用程序等显著方式告知必要性以及对个人的影响；

（三）应当取得个人单独同意，个人可以自主设定同意期限；

（四）在保证行车安全的前提下，以适当方式提示收集状态，为个人终止收集提供便利；

（五）个人要求删除的，汽车数据处理者应当在十个工作日内删除。

汽车数据处理者具有增强行车安全的目的和充分的必要性，方可收集指纹、声纹、人脸、心律等生物识别特征信息。

第十条 汽车数据处理者开展重要数据处理活动，应当按照规定开展风险评估，并向省、自治区、直辖市网信部门和有关部门报送风险评估报告。

风险评估报告应当包括处理的重要数据的种类、数量、范围、保存地点与期限、使用方式，开展数据处理活动情况以及是否向第三方提供，面临的数据安全风险及其应对措施等。

第十一条 重要数据应当依法在境内存储，因业务需要确需向境外提供的，应当通过国家网信部门会同国务院有关部门组织的安全评估。未列入重要数据的涉及个人信息数据的出境安全管理，适用法律、行政法规的有关规定。

我国缔结或者参加的国际条约、协定有不同规定的，适用该国际条约、协定，但我国声明保留的条款除外。

第十二条 汽车数据处理者向境外提供重要数据，不得超出出境安全评估时明确的目的、范围、方式和数据种类、规模等。

国家网信部门会同国务院有关部门以抽查等方式核验前款规定事项，汽车数据处理者应当予以配合，并以可读等便利方式予以展示。

第十三条 汽车数据处理者开展重要数据处理活动，应当在每年十二月十五日前向省、自治区、直辖市网信部门和有关部门报送以下年度汽车数据安全管理情况：

（一）汽车数据安全管理负责人、用户权益事务联系人的姓名和联系方式；

（二）处理汽车数据的种类、规模、目的和必要性；

（三）汽车数据的安全防护和管理措施，包括保存地点、期限等；

（四）向境内第三方提供汽车数据情况；

（五）汽车数据安全事件和处置情况；

（六）汽车数据相关的用户投诉和处理情况；

（七）国家网信部门会同国务院工业和信息化、公安、交通运输等有关部门明确的其他汽车数据安全管理情况。

第十四条 向境外提供重要数据的汽车数据处理者应当在本规定第十三条要求的基础上，补充报告以下情况：

（一）接收者的基本情况；

（二）出境汽车数据的种类、规模、目的和必要性；

（三）汽车数据在境外的保存地点、期限、范围和方式；

（四）涉及向境外提供汽车数据的用户投诉和处理情况；

（五）国家网信部门会同国务院工业和信息化、公安、交通运输等有关部门明确的向境外提供汽车数据需要报告的其他情况。

第十五条 国家网信部门和国务院发展改革、工业和信息化、公安、交通运输等有关部门依据职责，根据处理数据情况对汽车数据处理者进行数据安全评估，汽车数据处理者应当予以配合。

参与安全评估的机构和人员不得披露评估中获悉的汽车数据处理者商业秘密、未公开信息，不得将评估中获悉的信息用于评估以外目的。

第十六条 国家加强智能（网联）汽车网络平台建设，开展智能（网联）汽车入网运行和安全保障服务等，协同汽车数据处理者加强智能（网联）汽车网络和汽车数据安全防护。

第十七条 汽车数据处理者开展汽车数据处理活动，应当建立投诉举报渠道，设置便捷的投诉举报入口，及时处理用户投诉举报。

开展汽车数据处理活动造成用户合法权益或者公共利益受到损害的，汽车数据处理者应当依法承担相应责任。

第十八条 汽车数据处理者违反本规定的，由省级以上网信、工业和信息化、公安、交通运输等有关部门依照《中华人民共和国网络安全法》、《中华人民共和国数据安全法》等法律、行政法规的规定进行处罚；构成犯罪的，依法追究刑事责任。

第十九条 本规定自 2021 年 10 月 1 日起施行。

（四）反垄断与反不正当竞争合规

1. 中华人民共和国反垄断法（略）

（2022 年 6 月 24 日修正）

2. 中华人民共和国反不正当竞争法（略）

（2019 年 4 月 23 日修正）

3. 经营者反垄断合规指南

（国反垄发〔2020〕1 号　2020 年 9 月 11 日印发）

第一章　总　则

第一条　目的和依据

为鼓励经营者培育公平竞争的合规文化，建立反垄断合规管理制度，提高对垄断行为的认识，防范反垄断合规风险，保障经营者持续健康发展，促进《中华人民共和国反垄断法》（以下简称《反垄断法》）的全面实施，根据《反垄断法》等法律规定，制定本指南。

第二条　适用范围

本指南适用于《反垄断法》规定的经营者。

第三条　基本概念

本指南所称合规，是指经营者及其员工的经营管理行为符合《反垄断法》等法律、法规、规章及其他规范性文件（以下统称反垄断法相关规定）的要求。

本指南所称合规风险，是指经营者及其员工因反垄断不合规行为，引发法律责任、造成经济或者声誉损失以及其他负面影响的可能性。

本指南所称合规管理，是指以预防和降低反垄断合规风险为目的，以经营者及其员工经营管理行为为对象，开展包括制度制定、风险识别、风险应对、考核评价、合规培训等管理活动。

第四条　合规文化倡导

经营者应当诚实守信，公平竞争，倡导和培育良好的合规文化，在生产经营活动中严格守法，避免从事反垄断法相关规定禁止的垄断行为。

第二章　合规管理制度

第五条　建立合规制度

经营者建立并有效执行反垄断合规管理制度，有助于提高经营管理水平，避免引发合规风险，树立依法经营的良好形象。

经营者可以根据业务状况、规模大小、行业特性等，建立反垄断合规管理制度，或者在现有合规管理制度中开展反垄断合规管理专项工作。

第六条　合规承诺

鼓励经营者的高级管理人员作出并履行明确、公开的反垄断合规承诺。鼓励其他员工作出并履行相应的反垄断合规承诺。

经营者可以在相关管理制度中明确有关人员违反承诺的后果。

第七条　合规报告

鼓励经营者全面、有效开展反垄断合规管理工作，防范合规风险。经营者可以向反垄断执法机构书面报告反垄断合规管理制度及实施效果。

第八条　合规管理机构

鼓励具备条件的经营者建立反垄断合规管理部门，或者将反垄断合规管理纳入现有合规管理体系；明确合规工作职责和负责人，完善反垄断合规咨询、合规检查、合规汇报、合规培训、合规考核等内部机制，降低经营者及员工的合规风险。反垄断合规管理部门及其负责人应当具备足够的独立性和权威性，可以有效实施反垄断合规管理。

第九条　合规管理负责人

反垄断合规负责人领导合规管理部门执行决策管理层对反垄断合规管理的各项要求，协调反垄断合规管理与各项业务的关系，监督合规管理执行情况。

鼓励经营者高级管理人员领导或者分管反垄断合规管理部门，承担合规管理的组织实施和统筹协调工作。

第十条　合规管理职责

反垄断合规管理部门和合规管理人员一般履行以下职责：

（一）加强对国内外反垄断法相关规定的研究，推动完善合规管理制度，明确经营者合规管理战略目标和规划等，保障经营者依法开展生产经营活动；

（二）制定经营者内部合规管理办法，明确合规管理要求和流程，督促各部门贯彻落实，确保合规要求融入各项业务领域；

（三）组织开展合规检查，监督、审核、评估经营者及员工经营活动和业务行为的合规性，及时制止并纠正不合规的经营行为，对违规人员进行责任追究或者提出处理建议；

（四）组织或者协助业务部门、人事部门开展反垄断合规教育培训，为业务部门和员工提供反垄断合规咨询；

（五）建立反垄断合规报告和记录台账，组织或者协助业务部门、人事部门将合规责任纳入岗位职责和员工绩效考评体系，建立合规绩效指标；

（六）妥善应对反垄断合规风险事件，组织协调资源配合反垄断执法机构进行调查并及时制定和推动实施整改措施；

（七）其他与经营者反垄断合规有关的工作。

鼓励经营者为反垄断合规管理部门和合规管理人员履行职责提供必要的资源和保障。

第三章　合规风险重点

第十一条　禁止达成垄断协议

经营者不得与其他经营者达成或者组织其他经营者达成《反垄断法》第十三条和第十四条禁

止的垄断协议。

是否构成垄断协议、垄断协议的具体表现形式，经营者可以依据《反垄断法》、《禁止垄断协议暂行规定》作出评估、判断。

经营者不得参与或者支持行业协会组织的垄断协议。

经营者因行政机关和法律、法规授权的具有管理公共事务职能的组织滥用行政权力而达成垄断协议的，仍应承担法律责任。

第十二条　禁止滥用市场支配地位

经营者具有市场支配地位的，不得从事反垄断法相关规定所禁止的滥用市场支配地位行为。

经营者是否具有市场支配地位、是否构成滥用市场支配地位的行为，可以依据《反垄断法》、《禁止滥用市场支配地位行为暂行规定》作出评估、判断。

第十三条　依法实施经营者集中

经营者实施《反垄断法》规定的经营者集中行为，达到《国务院关于经营者集中申报标准的规定》第三条所规定的申报标准的，应当依法事先向反垄断执法机构申报，未申报的不得实施集中。

经营者集中未达到《国务院关于经营者集中申报标准的规定》第三条规定的申报标准，参与集中的经营者可以自愿提出申报。对符合《关于经营者集中简易案件适用标准的暂行规定》的经营者集中，经营者可以申请作为简易案件申报。

经营者应当遵守反垄断执法机构依法作出的经营者集中审查决定。

第十四条　经营者的法律责任

经营者违反《反垄断法》，应当依法承担相应的法律责任。

第十五条　承诺制度

对反垄断执法机构调查的涉嫌垄断行为，被调查的经营者承诺在反垄断执法机构认可的期限内采取具体措施消除该行为后果的，反垄断执法机构可以决定中止调查。经营者申请承诺的具体适用标准和程序等可以参考《禁止垄断协议暂行规定》、《禁止滥用市场支配地位行为暂行规定》、《国务院反垄断委员会垄断案件经营者承诺指南》。

反垄断执法机构根据经营者履行承诺情况，依法决定终止调查或者恢复调查。

第十六条　宽大制度

经营者主动向反垄断执法机构报告达成垄断协议的有关情况并提供重要证据的，反垄断执法机构可以酌情减轻或者免除对该经营者的处罚。经营者申请宽大的具体适用标准和程序等可以参考《禁止垄断协议暂行规定》、《国务院反垄断委员会横向垄断协议案件宽大制度适用指南》。

第十七条　配合调查义务

经营者及员工应当配合反垄断执法机构依法对涉嫌垄断行为进行调查，避免从事以下拒绝或者阻碍调查的行为：

（一）拒绝、阻碍执法人员进入经营场所；

（二）拒绝提供相关文件资料、信息或者获取文件资料、信息的权限；

（三）拒绝回答问题；

（四）隐匿、销毁、转移证据；

（五）提供误导性信息或者虚假信息；

（六）其他阻碍反垄断调查的行为。

经营者及员工在反垄断执法机构采取未预先通知的突击调查中应当全面配合执法人员。

第十八条　境外风险提示

经营者在境外开展业务时，应当了解并遵守业务所在国家或者地区的反垄断相关法律规定，可以咨询反垄断专业律师的意见。经营者在境外遇到反垄断调查或者诉讼时，可以向反垄断执法机构报告有关情况。

第四章　合规风险管理

第十九条　风险识别

经营者可以根据自身规模、所处行业特性、市场情况、反垄断法相关规定及执法环境识别面临的主要反垄断风险。有关合规风险重点可以参考本指南第三章。

第二十条　风险评估

经营者可以依据反垄断法相关规定，分析和评估合规风险的来源、发生的可能性以及后果的严重性等，并对合规风险进行分级。

经营者可以根据实际情况，建立符合自身需要的合规风险评估程序和标准。

第二十一条　风险提醒

经营者可以根据不同职位、级别和工作范围的员工面临的不同合规风险，对员工开展风险测评和风险提醒工作，提高风险防控的针对性和有效性，降低员工的违法风险。

第二十二条　风险处置

鼓励经营者建立健全风险处置机制，对识别、提示和评估的各类合规风险采取恰当的控制和应对措施。

经营者可以在发现合规风险已经发生或者反垄断执法机构已经立案并启动调查程序时，立即停止实施相关行为，主动向反垄断执法机构报告并与反垄断执法机构合作。

第五章　合规管理保障

第二十三条　合规奖惩

鼓励经营者建立健全对员工反垄断合规行为的考核及奖惩机制，将反垄断合规考核结果作为员工及其所属部门绩效考核的重要依据，对违规行为进行处罚，提高员工遵守反垄断法相关规定的激励。

第二十四条　内部举报

经营者可以采取适当的形式明确内部反垄断合规举报政策，并承诺为举报人的信息保密以及不因员工举报行为而采取任何对其不利的措施。

第二十五条　信息化建设

鼓励经营者强化合规管理信息化建设，通过信息化手段优化管理流程，依法运用大数据等工具，加强对经营管理行为合规情况的监控和分析。

第二十六条　合规队伍建设

鼓励经营者建立专业化、高素质的合规管理队伍，根据业务规模、合规风险水平等因素配备合规管理人员，提升队伍能力水平。

第二十七条　合规培训

经营者可以通过加强教育培训等方式，投入有效资源，帮助和督促员工了解并遵守反垄断法相关规定，增强员工的反垄断合规意识。

第六章　附　　则

第二十八条　指南的效力

本指南仅对经营者反垄断合规作出一般性指引，不具有强制性。法律法规对反垄断合规另有专门规定的，从其规定。

第二十九条　参考制定

行业协会可以参考本指南，制定本行业的合规管理制度。

网络平台经营者可以参考本指南，制定本平台内经营者合规管理制度。

第三十条　指南的解释

本指南由国务院反垄断委员会解释，自发布之日起实施。

4. 企业境外反垄断合规指引

（国市监反垄发〔2021〕72号　2021年11月15日发布）

第一章　总　　则

第一条　目的和依据

为了鼓励企业培育公平竞争的合规文化，引导企业建立和加强境外反垄断合规管理制度，增强企业境外经营反垄断合规管理意识，提升境外经营反垄断合规管理水平，防范境外反垄断法律风险，保障企业持续健康发展，根据工作实际，制定本指引。

第二条　反垄断合规的重要意义

反垄断法是市场经济国家调控经济的重要政策工具，制定并实施反垄断法是世界上大多数国家或者地区（以下称司法辖区）保护市场公平竞争、维护市场竞争秩序的普遍做法。不同司法辖区对反垄断法的表述有所不同，例如"反垄断法"、"竞争法"、"反托拉斯法"、"公平交易法"

等，本指引以下统称反垄断法。

企业境外经营应当坚持诚信守法、公平竞争。企业违反反垄断法可能面临高额罚款、罚金、损害赔偿诉讼和其他法律责任，企业相关负责人也可能面临罚款、罚金甚至刑事责任等严重后果。加强境外反垄断合规建设，可以帮助企业识别、评估和管控各类反垄断法律风险。

第三条　适用范围

本指引适用于在境外从事经营业务的中国企业以及在境内从事经营业务但可能对境外市场产生影响的中国企业，包括从事进出口贸易、境外投资、并购、知识产权转让或者许可、招投标等涉及境外的经营活动。

多数司法辖区反垄断法规定域外管辖制度，对在本司法辖区以外发生但对本司法辖区内市场产生排除、限制竞争影响的垄断行为，同样适用其反垄断法。

第二章　境外反垄断合规管理制度

第四条　建立境外反垄断合规管理制度

企业可以根据业务规模、业务涉及的主要司法辖区、所处行业特性及市场状况、业务经营面临的法律风险等制定境外反垄断合规制度，或者将境外反垄断合规要求嵌入现有整体合规制度中。

部分司法辖区对企业建立健全反垄断合规体系提出了具体指引，企业可以以此为基础制定相应的反垄断合规制度。企业建立并有效实施良好的合规制度在部分司法辖区可以作为减轻反垄断处罚责任的依据。

第五条　境外反垄断合规管理机构

鼓励企业尤其是大型企业设置境外反垄断合规管理部门或者岗位，或者依托现有合规管理制度开展境外反垄断合规管理专项工作。

反垄断合规管理部门和合规管理人员可以按照国务院反垄断委员会发布的《经营者反垄断合规指南》履行相应职责。

企业可以对境外反垄断合规管理制度进行定期评估，该评估可以由反垄断合规管理部门实施或者委托外部专业机构协助实施。

第六条　境外反垄断合规管理职责

境外反垄断合规管理职责主要包括以下方面：

（一）持续关注企业业务所涉司法辖区反垄断立法、执法及司法的发展动态，及时为决策层、高级管理层和业务部门提供反垄断合规建议；

（二）根据所涉司法辖区要求，制定并更新企业反垄断合规政策，明确企业内部反垄断合规要求和流程，督促各部门贯彻落实，确保合规要求融入各项业务领域；

（三）审核、评估企业竞争行为和业务经营的合规性，及时制止、纠正不合规的经营行为，并制定针对潜在不合规行为的应对措施；

（四）组织或者协助业务、人事等部门开展境外反垄断合规培训，并向业务部门和员工提供境外反垄断合规咨询；

（五）建立境外反垄断合规报告制度，组织开展企业内部反垄断合规检查，对发现的合规风险向管理层提出处理建议；

（六）妥善应对反垄断合规风险事件，就潜在或者已发生的反垄断调查或者诉讼，组织制定应对和整改措施；

（七）其他与企业境外反垄断合规有关的工作。

第七条　境外反垄断合规承诺机制

鼓励企业建立境外反垄断合规承诺机制。企业决策人员、在境外从事经营的高级管理人员和业务人员等可以作出反垄断合规承诺。

建立反垄断合规承诺机制，可以提高相关人员对反垄断法律风险的认识和重视程度，确保其对企业履行合规承诺负责。通常情况下，企业决策人员和相关高级管理人员对反垄断合规的承诺和参与是提升合规制度有效性的关键。

第三章　境外反垄断合规风险重点

第八条　反垄断涉及的主要行为

各司法辖区反垄断法调整的行为类型类似，

主要规制垄断协议、滥用市场支配地位和具有或者可能具有排除、限制竞争影响的经营者集中。各司法辖区对于相关行为的定义、具体类型和评估方法不尽相同，本章对此作简要阐述，具体合规要求应以各司法辖区反垄断法相关规定为准。

同时，企业应当根据相关司法辖区的情况，关注本章可能未涉及的特殊规制情形，例如有的司法辖区规定禁止滥用相对优势地位、禁止在竞争者中兼任董事等安排，规制行政性垄断行为等。

第九条　垄断协议

垄断协议一般是指企业间订立的排除、限制竞争的协议或者采取的协同行为，也被称为"卡特尔"、"限制竞争协议"、"不正当交易限制"等，主要包括固定价格、限制产量或分割市场、联合抵制交易等横向垄断协议以及转售价格维持、限定销售区域和客户或者排他性安排等纵向垄断协议。部分司法辖区反垄断法也禁止交换价格、成本、市场计划等竞争性敏感信息，某些情况下被动接收竞争性敏感信息不能成为免于处罚的理由。横向垄断协议，尤其是与价格相关的横向垄断协议，通常被视为非常严重的限制竞争行为，各司法辖区均对此严格规制。多数司法辖区也对纵向垄断协议予以规制，例如转售价格维持（RPM）可能具有较大的违法风险。

垄断协议的形式并不限于企业之间签署的书面协议，还包括口头协议、协同行为等行为。垄断协议的评估因素较为复杂，企业可以根据各司法辖区的具体规定、指南、司法判例及执法实践进行评估和判断。比如，有的司法辖区对垄断协议的评估可能适用本身违法或者合理原则，有的司法辖区可能会考虑其是否构成目的违法或者需要进行效果分析。适用本身违法或者目的违法的行为通常推定为本质上存在损害、限制竞争性质，而适用合理原则与效果分析时，会对相关行为促进和损害竞争效果进行综合分析。部分司法辖区对垄断协议行为设有行业豁免、集体豁免以及安全港制度，企业在分析和评估时可以参照有关规定。

此外，大多数司法辖区均规定协会不得组织企业从事垄断协议行为，企业也不会因协会组织的垄断协议而免于处罚。

第十条　滥用市场支配地位

市场支配地位一般是指企业能够控制某个相关市场，而在该市场内不再受到有效竞争约束的地位。一般来说，判断是否具有市场支配地位需要综合考虑业务规模、市场份额和其他相关因素，比如来自竞争者的竞争约束、客户的谈判能力、市场进入壁垒等。通常情况下，除非有相反证据，较低的市场份额不会被认定为具有市场支配地位。

企业具有市场支配地位本身并不违法，只有滥用市场支配地位才构成违法。滥用市场支配地位是指具有市场支配地位的企业没有正当理由，凭借该地位实施排除、限制竞争的行为，一般包括销售或采购活动中的不公平高价或者低价、低于成本价销售、附加不合理或者不公平的交易条款和条件、独家或者限定交易、拒绝交易、搭售、歧视性待遇等行为。企业在判断是否存在滥用市场支配地位时，可以根据有关司法辖区的规定，提出可能存在的正当理由及相关证据。

第十一条　经营者集中

经营者集中一般是指企业合并、收购、合营等行为，有的司法辖区称之为并购控制。经营者集中本身并不违法，但对于具有或可能具有排除、限制竞争效果的，可能被禁止或者附加限制性条件批准。

不同司法辖区判断是否构成集中、是否应当申报的标准不同。有的司法辖区主要考察经营者控制权的持久变动，通过交易取得对其他经营者的单独或者共同控制即构成集中，同时依据营业额设定申报标准；有的司法辖区设置交易规模、交易方资产额、营业额等多元指标判断是否达到申报标准；有的司法辖区考察集中是否会或者可能会对本辖区产生实质性限制竞争效果，主要以市场份额作为是否申报或者鼓励申报的初步判断标准。此外，设立合营企业是否构成经营者集中在不同司法辖区的标准也存在差异，需要根据相关规定具体分析。

多数司法辖区要求符合规定标准的集中必须在实施前向反垄断执法机构申报，否则不得实施；有的司法辖区根据集中类型、企业规模和交易规模确定了不同的申报时点；有的司法辖区采取自愿申报制度；有的司法辖区要求企业不晚于集中实施后的一定期限内申报；有的司法辖区可以在一定情况下调查未达到申报标准的交易。对于采取强制事前申报的司法辖区，未依法申报或者未经批准实施的经营者集中，通常构成违法行为并可能产生严重的法律后果，比如罚款、暂停交易、恢复原状等；采取自愿申报或者事后申报的司法辖区，比如交易对竞争产生不利影响，反垄断执法机构可以要求企业暂停交易、恢复原状、附加限制性条件等。

第十二条　境外反垄断调查方式

多数司法辖区反垄断执法机构都拥有强力而广泛的调查权。一般来说，反垄断执法机构可根据举报、投诉、违法公司的宽大申请或者依职权开展调查。

调查手段包括收集有关信息、复制文件资料、询问当事人及其他关系人（比如竞争对手和客户）、现场调查、采取强制措施等。部分司法辖区还可以开展"黎明突袭"，即在不事先通知企业的情况下，突然对与实施涉嫌垄断行为相关或者与调查相关的必要场所进行现场搜查。在黎明突袭期间，企业不得拒绝持有搜查证、搜查授权或者决定的调查人员进入。调查人员可以检查搜查证、搜查授权或者决定范围内的一切物品，可以查阅、复制文件，根据检查需要可以暂时查封有关场所，询问员工等。此外，在有的司法辖区，反垄断执法机构可以与边境管理部门合作，扣留和调查入境的被调查企业员工。

第十三条　配合境外反垄断调查

各司法辖区对于配合反垄断调查和诉讼以及证据保存均有相关规定，一般要求相关方不得拒绝提供有关材料或信息，提供虚假或者误导性信息、隐匿或者销毁证据，开展其他阻挠调查和诉讼程序并带来不利后果的行为，对于不配合调查的行为规定了相应的法律责任。有的司法辖区规定，提供错误或者误导性信息等情形可面临最高为集团上一财年全球总营业额1%的罚款，还可以要求每日缴纳最高为集团上一财年全球日均营业额5%的滞纳金；如果最终判定存在违法行为，则拒绝合作可能成为加重罚款的因素。有的司法辖区规定，拒绝配合调查可能被判藐视法庭或者妨碍司法公正，并处以罚金，情节严重的甚至可能被判处刑事责任，比如通过向调查人员提供重大不实陈述的方式故意阻碍调查等情形。通常情况下，企业对反垄断调查的配合程度是执法机构作出处罚以及宽大处理决定时的重要考量因素之一。

企业可以根据需要，由法务部门、外部律师、信息技术部门事先制定应对现场检查的方案和配合调查的计划。在面临反垄断调查和诉讼时，企业可以制定员工出行指南，确保员工在出行期间发生海关盘问、搜查等突发情况时能够遵守企业合规政策，同时保护其合法权利。

第十四条　企业在境外反垄断调查中的权利

多数司法辖区对反垄断执法机构开展调查的程序等作出明确要求，以保障被调查企业的合法权利。反垄断执法机构开展调查时应当遵循法定程序并出具相关证明文件，比如执法机构的身份证明或者法院批准的搜查令等。被调查的企业依法享有陈述、说明和申辩的权利，反垄断执法机构对调查过程中获取的信息应当依法予以保密。

在境外反垄断调查中，企业可以依照相关司法辖区的规定维护自身合法权益，比如就有关事项进行陈述和申辩，要求调查人员出示证件，向执法机构询问企业享有的合法权利，在保密的基础上查阅执法机构的部分调查文件；聘请律师到场，在有的司法辖区，被调查对象有权在律师到达前保持缄默。部分司法辖区对受律师客户特权保护的文件有除外规定，企业在提交文件时可以对相关文件主张律师客户特权，防止执法人员拿走他们无权调阅的特权资料。有的司法辖区规定，应当听取被调查企业或行业协会的意见，并使其享有就异议事项提出答辩的机会。无论是法律或者事实情况，如果被调查对象没有机会表达自己的观点，就不能作为案件裁决的依据。

第十五条　境外反垄断诉讼

企业在境外也可能面临反垄断诉讼。反垄断诉讼既可以由执法机构提起，也可以由民事主体提起。比如，在有的司法辖区，执法机构可以向法院提起刑事诉讼和民事诉讼；直接购买者、间接购买者也可以向法院提起诉讼，这些诉讼也有可能以集团诉讼的方式提起。在有的司法辖区，反垄断诉讼包括对反垄断执法机构决定的上诉，以及受损害主体提起的损害赔偿诉讼、停止垄断行为的禁令申请或者以合同包含违反竞争法律的限制性条款为由对该合同提起的合同无效之诉。

不同司法辖区的反垄断诉讼涉及程序复杂、耗时较长；有的司法辖区可能涉及范围极为宽泛的证据开示。企业在境外反垄断诉讼中一旦败诉，将面临巨额罚款或者赔偿、责令改变商业模式甚至承担刑事责任等严重不利后果。

第十六条　应对境外反垄断风险

企业可以建立对境外反垄断法律风险的应对和损害减轻机制。当发生重大境外反垄断法律风险时，可以立刻通知法务人员、反垄断合规管理人员、相关业务部门负责人开展内部联合调查，发现并及时终止不合规行为，制定内部应对流程以及诉讼或者辩护方案。

部分司法辖区设有豁免申请制度，在符合一定条件的情况下，企业可以针对可能存在损害竞争效果但也有一定效率提升、消费者福利提升或公平利益提升的相关行为，向反垄断执法机构事前提出豁免申请。获得批准后，企业从事相关行为将不会被反垄断执法机构调查或者被认定为违法。企业可以根据所在司法辖区的实际情况评估如何运用该豁免申请，提前防范反垄断法律风险。

企业可以聘请外部律师、法律或者经济学专家、其他专业机构协助企业应对反垄断法律风险，争取内部调查的结果在可适用的情况下可以受到律师客户特权的保护。

第十七条　可能适用的补救措施

出现境外反垄断法律风险时或者境外反垄断法律风险发生后，企业可以根据相关司法辖区的规定以及实际情况采取相应措施，包括运用相关司法辖区反垄断法中的宽大制度、承诺制度、和解程序等，最大程度降低风险和负面影响。

宽大制度，一般是指反垄断执法机构对于主动报告垄断协议行为并提供重要证据的企业，减轻或者免除处罚的制度。比如，有的司法辖区，宽大制度可能使申请企业减免罚款并豁免刑事责任；有的司法辖区，第一个申请宽大的企业可能被免除全部罚款，后续申请企业可能被免除部分罚款。申请适用宽大制度通常要求企业承认参与相关垄断协议，可能在后续民事诉讼中成为对企业的不利证据，同时要求企业承担更高的配合调查义务。

承诺制度，一般是指企业在反垄断调查过程中，主动承诺停止或者放弃被指控的垄断行为，并采取具体措施消除对竞争的不利影响，反垄断执法机构经评估后作出中止调查、接受承诺的决定。对于企业而言，承诺决定不会认定企业存在违法行为，也不会处以罚款；但企业后续如果未遵守承诺，可能面临重启调查和罚款的不利后果。

和解制度，一般是指企业在反垄断调查过程中与执法机构或者私人原告以和解的方式快速结案。有的司法辖区，涉案企业需主动承认其参与垄断协议的违法行为，以获得最多10%的额外罚款减免。有的司法辖区，和解包括在民事案件中与执法机构或者私人原告达成民事和解协议，或者在刑事案件中与执法机构达成刑事认罪协议。民事和解通常包括有约束力的同意调解书，其中包括纠正被诉损害竞争行为的承诺。执法机构也可能会要求被调查方退还通过损害竞争行为获得的非法所得。同意调解书同时要求企业对遵守承诺情况进行定期报告。不遵守同意调解书，企业可能被处以罚款，并且重新调查。在刑事程序中，企业可以和执法机构达成认罪协议，达到减轻罚款、更快结案的效果；企业可以综合考虑可能的罚款减免、效率、诉讼成本、确定性、胜诉可能性、对后续民事诉讼的影响等因素决定是否达成认罪协议。

第十八条　反垄断法律责任

垄断行为可能导致相关企业和个人被追究行政责任、民事责任和刑事责任。

行政责任主要包括被处以禁止令、罚款、拆分企业等。禁止令通常禁止继续实施垄断行为，也包括要求采取整改措施、定期报告、建立和实施有效的合规制度等。多数司法辖区对垄断行为规定大额罚款，有的司法辖区规定最高可以对企业处以集团上一年度全球总营业额10%的罚款。

民事责任主要有确认垄断协议无效和损害赔偿两种。有的司法辖区规定应当充分赔偿因垄断行为造成的损失，包括实际损失和利润损失，加上从损害发生之日起至支付赔偿金期间的利息；有的司法辖区规定企业最高承担三倍损害赔偿责任以及相关诉讼费用。

部分司法辖区还规定刑事责任，垄断行为涉及的高级管理人员、直接责任人等个人可能面临罚金甚至监禁，对公司违法者的罚金高达1亿美元，个人刑事罚金高达100万美元，最高监禁期为10年。如果违法所得或者受害者经济损失超过1亿美元，公司的最高罚金可以是违法所得或者经济损失的两倍。

有的司法辖区规定，如果母公司对子公司能够施加"决定性影响"，境外子公司违反反垄断法，母公司可能承担连带责任。同时，计算相关罚款的基础调整为整个集团营业额。

除法律责任外，企业受到反垄断调查或者诉讼还可能产生其他重大不利影响，对企业境外经营活动造成极大风险。反垄断执法机构的调查或者反垄断诉讼可能耗费公司大量的时间，产生高额法律费用，分散对核心业务活动的关注，影响企业正常经营。如果调查或者诉讼产生不利后果，企业财务状况和声誉会受到极大损害。

第四章　境外反垄断合规风险管理

第十九条　境外反垄断风险识别

企业可以根据境外业务规模、所处行业特点、市场情况、相关司法辖区反垄断法律法规以及执法环境等因素识别企业面临的主要反垄断风险。

（一）可能与垄断协议有关的风险。大多数司法辖区禁止企业与其他企业达成和实施垄断协议以及交换竞争性敏感信息。企业在境外开展业务时应当高度关注以下行为可能产生与垄断协议有关的风险：一是与竞争者接触相关的风险。比如，企业员工与竞争者员工之间在行业协会、会议以及其他场合的接触；竞争企业之间频繁的人员流动；通过同一个供应商或者客户交换敏感信息等。二是与竞争者之间合同、股权或其他合作相关的风险。比如，与竞争者达成合伙或者合作协议等可能排除、限制竞争的。三是在日常商业行为中与某些类型的协议或行为相关的风险。比如，与客户或供应商签订包含排他性条款的协议；对客户转售价格的限制等。

（二）可能与滥用市场支配地位有关的风险。企业应当对从事经营活动的市场、主要竞争者和自身市场力量做出评估和判断，并以此为基础评估和规范业务经营活动。当企业在某一市场中具有较高市场份额时，应当注意其市场行为的商业目的是否为限制竞争、行为是否对竞争造成不利影响，避免出现滥用市场支配地位的风险。

（三）可能与经营者集中有关的风险。大多数司法辖区设有集中申报制度，企业在全球范围内开展合并、收购、设立合营企业等交易时，同一项交易（包括在中国境内发生的交易）可能需要在多个司法辖区进行申报。企业在开展相关交易前，应当全面了解各相关司法辖区的申报要求，充分利用境外反垄断执法机构的事前商谈机制，评估申报义务并依法及时申报。企业收购境外目标公司还应当特别注意目标公司是否涉及反垄断法律责任或者正在接受反垄断调查，评估该法律责任在收购后是否可能被附加至母公司或者买方。

第二十条　境外反垄断风险评估

企业可以根据实际情况，建立境外反垄断法律风险评估程序和标准，定期分析和评估境外反垄断法律风险的来源、发生的可能性以及后果的严重性等，明确风险等级，并按照不同风险等级设计和实施相应的风险防控制度。评估可以由企业反垄断合规管理部门组织实施或者委托外部专业机构协助实施。

鼓励企业对以下情形开展专项评估：（一）对业务收购、公司合并、新设合营企业等事项作出投资决策之前；（二）实施重大营销计划、签订重大供销协议之前；（三）受到境外反垄断调查或者诉讼之后。

第二十一条　企业员工风险评级

企业根据员工面临境外反垄断法律风险的不同程度开展风险评级，进行更有效的风险防控。对高级管理人员，业务部门的管理人员，经常与同行竞争者交往的人员，销售、市场及采购部门的人员，知晓企业商业计划、价格等敏感信息的人员，曾在具有竞争关系的企业工作并知晓敏感信息的人员，负责企业并购项目的人员等；企业可以优先进行风险管理，采取措施强化其反垄断合规意识。对其他人员，企业可以根据风险管理的优先级采取反垄断风险管理的适当措施。

第二十二条　境外反垄断合规报告

企业可以建立境外反垄断合规报告机制。反垄断合规管理部门可以定期向企业决策层和高级管理层汇报境外反垄断合规管理情况。当发生重大境外反垄断风险时，反垄断合规管理机构应当及时向企业决策层和高级管理层汇报，组织内部调查，提出风险评估意见和风险应对措施；同时，企业可以通过境外企业和对外投资联络服务平台等渠道向商务部、市场监管总局等政府部门和驻外使领馆报告。

第二十三条　境外反垄断合规咨询

企业可以建立反垄断合规咨询机制。由于境外反垄断合规的高度复杂性，鼓励企业及员工尽早向反垄断合规管理部门咨询经营中遇到境外反垄断合规问题。企业反垄断合规管理部门可根据需要聘请外部律师或专家协助开展合规咨询，也可在相关司法辖区法律法规允许的情况下，在开展相关行为前向有关反垄断执法机构进行合规咨询。

第二十四条　境外反垄断合规审核

企业可以建立境外反垄断合规审核机制。反垄断合规管理部门可以对企业在境外实施的战略性决定、商业合同、交易计划、经销协议模板、销售渠道管理政策等进行反垄断合规审核。反垄断合规管理部门可以根据需要聘请外部律师协助评估反垄断法律风险，提出审核意见。

第二十五条　境外反垄断合规培训

企业可以对境外管理人员和员工进行定期反垄断合规培训。反垄断合规培训可以包括相关司法辖区反垄断法律法规、反垄断法律风险、可能导致反垄断法律风险的行为、日常合规行为准则、反垄断调查和诉讼的配合、反垄断宽大制度、承诺制度、和解制度、企业的反垄断合规政策和体系等相关内容。

企业可以定期审阅、更新反垄断合规培训内容；也可以通过员工行为准则、核查清单、反垄断合规手册等方式向员工提供书面指导。

第二十六条　其他防范反垄断风险的具体措施

除本章第十九条至第二十五条规定之外，企业还可以采取以下措施，防范境外反垄断风险。

（一）在加入行业协会之前，对行业协会目标和运营情况进行尽职调查，特别是会籍条款是否可能用来排除限制竞争，该协会是否有反垄断合规制度等。保存并更新所参加的行业协会活动及相关员工的清单。

（二）在参加行业协会组织的或者有竞争者参加的会议前了解议题，根据需要可以安排反垄断法律顾问出席会议和进行反垄断合规提醒；参加行业协会会议活动时认真审阅会议议程和会议纪要。

（三）在与竞争者进行交流之前应当明确范围，避免讨论竞争敏感性话题；记录与竞争者之间的对话或者其他形式的沟通，及时向上级或者反垄断合规管理部门报告。

（四）对与竞争者共同建立的合营企业和其他类型的合作，可以根据需要设立信息防火墙，避免通过合营企业或者其他类型的合作达成或者实施垄断协议。

（五）如果企业的部分产品或者服务在相关司法辖区可能具有较高的市场份额，可以对定价、营销、采购等部门进行专项培训，对可能存在风险的行为进行事前评估，及时防范潜在风险。

第五章 附 则

第二十七条 指引的效力

本指引仅对企业境外反垄断合规作出一般性指引，供企业参考。指引中关于境外反垄断法律法规的阐释多为原则性、概括性说明，建议在具体适用时查询相关司法辖区反垄断法律法规的最新版本。企业应当结合各司法辖区关于合规制度以及经营行为是否违反反垄断法等方面的具体要求，有针对性地建设反垄断合规体系和开展合规工作。

本指引未涉及事项，可以参照国务院反垄断委员会发布的《经营者反垄断合规指南》。

5. 禁止垄断协议暂行规定

（国家市场监督管理总局令第10号 2022年3月24日修改）

第一条 为了预防和制止垄断协议，根据《中华人民共和国反垄断法》（以下简称反垄断法），制定本规定。

第二条 国家市场监督管理总局（以下简称市场监管总局）负责垄断协议的反垄断执法工作。

市场监管总局根据反垄断法第十条第二款规定，授权各省、自治区、直辖市市场监督管理部门（以下简称省级市场监管部门）负责本行政区域内垄断协议的反垄断执法工作。

本规定所称反垄断执法机构包括市场监管总局和省级市场监管部门。

第三条 市场监管总局负责查处下列垄断协议：

（一）跨省、自治区、直辖市的；

（二）案情较为复杂或者在全国有重大影响的；

（三）市场监管总局认为有必要直接查处的。

前款所列垄断协议，市场监管总局可以指定省级市场监管部门查处。

省级市场监管部门根据授权查处垄断协议时，发现不属于本部门查处范围，或者虽属于本部门查处范围，但有必要由市场监管总局查处的，应当及时向市场监管总局报告。

第四条 反垄断执法机构查处垄断协议时，应当平等对待所有经营者。

第五条 垄断协议是指排除、限制竞争的协议、决定或者其他协同行为。

协议或者决定可以是书面、口头等形式。

其他协同行为是指经营者之间虽未明确订立协议或者决定，但实质上存在协调一致的行为。

第六条 认定其他协同行为，应当考虑下列因素：

（一）经营者的市场行为是否具有一致性；

（二）经营者之间是否进行过意思联络或者信息交流；

（三）经营者能否对行为的一致性作出合理解释；

（四）相关市场的市场结构、竞争状况、市场变化等情况。

第七条 禁止具有竞争关系的经营者就商品或者服务（以下统称商品）价格达成下列垄断协议：

（一）固定或者变更价格水平、价格变动幅度、利润水平或者折扣、手续费等其他费用；

（二）约定采用据以计算价格的标准公式；

（三）限制参与协议的经营者的自主定价权；

（四）通过其他方式固定或者变更价格。

第八条 禁止具有竞争关系的经营者就限制商品的生产数量或者销售数量达成下列垄断协议：

（一）以限制产量、固定产量、停止生产等方式限制商品的生产数量，或者限制特定品种、型号商品的生产数量；

（二）以限制商品投放量等方式限制商品的销售数量，或者限制特定品种、型号商品的销售数量；

（三）通过其他方式限制商品的生产数量或者销售数量。

第九条　禁止具有竞争关系的经营者就分割销售市场或者原材料采购市场达成下列垄断协议：

（一）划分商品销售地域、市场份额、销售对象、销售收入、销售利润或者销售商品的种类、数量、时间；

（二）划分原料、半成品、零部件、相关设备等原材料的采购区域、种类、数量、时间或者供应商；

（三）通过其他方式分割销售市场或者原材料采购市场。

前款规定中的原材料还包括经营者生产经营所必需的技术和服务。

第十条　禁止具有竞争关系的经营者就限制购买新技术、新设备或者限制开发新技术、新产品达成下列垄断协议：

（一）限制购买、使用新技术、新工艺；

（二）限制购买、租赁、使用新设备、新产品；

（三）限制投资、研发新技术、新工艺、新产品；

（四）拒绝使用新技术、新工艺、新设备、新产品；

（五）通过其他方式限制购买新技术、新设备或者限制开发新技术、新产品。

第十一条　禁止具有竞争关系的经营者就联合抵制交易达成下列垄断协议：

（一）联合拒绝向特定经营者供应或者销售商品；

（二）联合拒绝采购或者销售特定经营者的商品；

（三）联合限定特定经营者不得与其具有竞争关系的经营者进行交易；

（四）通过其他方式联合抵制交易。

第十二条　禁止经营者与交易相对人就商品价格达成下列垄断协议：

（一）固定向第三人转售商品的价格水平、价格变动幅度、利润水平或者折扣、手续费等其他费用；

（二）限定向第三人转售商品的最低价格，或者通过限定价格变动幅度、利润水平或者折扣、手续费等其他费用限定向第三人转售商品的最低价格；

（三）通过其他方式固定转售商品价格或者限定转售商品最低价格。

第十三条　不属于本规定第七条至第十二条所列情形的其他协议、决定或者协同行为，有证据证明排除、限制竞争的，应当认定为垄断协议并予以禁止。

前款规定的垄断协议由市场监管总局负责认定，认定时应当考虑下列因素：

（一）经营者达成、实施协议的事实；

（二）市场竞争状况；

（三）经营者在相关市场中的市场份额及其对市场的控制力；

（四）协议对商品价格、数量、质量等方面的影响；

（五）协议对市场进入、技术进步等方面的影响；

（六）协议对消费者、其他经营者的影响；

（七）与认定垄断协议有关的其他因素。

第十四条　禁止行业协会从事下列行为：

（一）制定、发布含有排除、限制竞争内容的行业协会章程、规则、决定、通知、标准等；

（二）召集、组织或者推动本行业的经营者达成含有排除、限制竞争内容的协议、决议、纪要、备忘录等；

（三）其他组织本行业经营者达成或者实施垄断协议的行为。

本规定所称行业协会是指由同行业经济组织和个人组成，行使行业服务和自律管理职能的各种协会、学会、商会、联合会、促进会等社会团体法人。

第十五条　反垄断执法机构依据职权，或者

通过举报、上级机关交办、其他机关移送、下级机关报告、经营者主动报告等途径，发现涉嫌垄断协议。

第十六条 举报采用书面形式并提供相关事实和证据的，反垄断执法机构应当进行必要的调查。书面举报一般包括下列内容：

（一）举报人的基本情况；

（二）被举报人的基本情况；

（三）涉嫌垄断协议的相关事实和证据；

（四）是否就同一事实已向其他行政机关举报或者向人民法院提起诉讼。

反垄断执法机构根据工作需要，可以要求举报人补充举报材料。

第十七条 反垄断执法机构经过对涉嫌垄断协议的必要调查，决定是否立案。

省级市场监管部门应当自立案之日起7个工作日内向市场监管总局备案。

第十八条 市场监管总局在查处垄断协议时，可以委托省级市场监管部门进行调查。

省级市场监管部门在查处垄断协议时，可以委托下级市场监管部门进行调查。

受委托的市场监管部门在委托范围内，以委托机关的名义实施调查，不得再委托其他行政机关、组织或者个人进行调查。

第十九条 省级市场监管部门查处涉嫌垄断协议时，可以根据需要商请相关省级市场监管部门协助调查，相关省级市场监管部门应当予以协助。

第二十条 反垄断执法机构对垄断协议进行行政处罚的，应当依法制作行政处罚决定书。

行政处罚决定书的内容包括：

（一）经营者的姓名或者名称、地址等基本情况；

（二）案件来源及调查经过；

（三）违法事实和相关证据；

（四）经营者陈述、申辩的采纳情况及理由；

（五）行政处罚的内容和依据；

（六）行政处罚的履行方式、期限；

（七）不服行政处罚决定，申请行政复议或者提起行政诉讼的途径和期限；

（八）作出行政处罚决定的反垄断执法机构名称和作出决定的日期。

第二十一条 涉嫌垄断协议的经营者在被调查期间，可以提出中止调查申请，承诺在反垄断执法机构认可的期限内采取具体措施消除行为影响。

中止调查申请应当以书面形式提出，并由经营者负责人签字并盖章。申请书应当载明下列事项：

（一）涉嫌垄断协议的事实；

（二）承诺采取消除行为后果的具体措施；

（三）履行承诺的时限；

（四）需要承诺的其他内容。

反垄断执法机构对涉嫌垄断协议调查核实后，认为构成垄断协议的，应当依法作出处理决定，不再接受经营者提出的中止调查申请。

第二十二条 反垄断执法机构根据被调查经营者的中止调查申请，在考虑行为的性质、持续时间、后果、社会影响、经营者承诺的措施及其预期效果等具体情况后，决定是否中止调查。

对于符合本规定第七条至第九条规定的涉嫌垄断协议，反垄断执法机构不得接受中止调查申请。

第二十三条 反垄断执法机构决定中止调查的，应当制作中止调查决定书。

中止调查决定书应当载明被调查经营者涉嫌达成垄断协议的事实、承诺的具体内容、消除影响的具体措施、履行承诺的时限以及未履行或者未完全履行承诺的法律后果等内容。

第二十四条 决定中止调查的，反垄断执法机构应当对经营者履行承诺的情况进行监督。

经营者应当在规定的时限内向反垄断执法机构书面报告承诺履行情况。

第二十五条 反垄断执法机构确定经营者已经履行承诺的，可以决定终止调查，并制作终止调查决定书。

终止调查决定书应当载明被调查经营者涉嫌垄断协议的事实、承诺的具体内容、履行承诺的情况、监督情况等内容。

有下列情形之一的，反垄断执法机构应当恢复调查：

（一）经营者未履行或者未完全履行承诺的；

（二）作出中止调查决定所依据的事实发生重大变化的；

（三）中止调查决定是基于经营者提供的不完整或者不真实的信息作出的。

第二十六条　经营者能够证明被调查的垄断协议属于反垄断法第十五条规定情形的，不适用本规定第七条至第十三条的规定。

第二十七条　反垄断执法机构认定被调查的垄断协议是否属于反垄断法第十五条规定的情形，应当考虑下列因素：

（一）协议实现该情形的具体形式和效果；

（二）协议与实现该情形之间的因果关系；

（三）协议是否是实现该情形的必要条件；

（四）其他可以证明协议属于相关情形的因素。

反垄断执法机构认定消费者能否分享协议产生的利益，应当考虑消费者是否因协议的达成、实施在商品价格、质量、种类等方面获得利益。

第二十八条　反垄断执法机构认定被调查的垄断协议属于反垄断法第十五条规定情形的，应当终止调查并制作终止调查决定书。终止调查决定书应当载明协议的基本情况、适用反垄断法第十五条的依据和理由等内容。

反垄断执法机构作出终止调查决定后，因情况发生重大变化，导致被调查的协议不再符合反垄断法第十五条规定情形的，反垄断执法机构应当重新启动调查。

第二十九条　省级市场监管部门作出中止调查决定、终止调查决定或者行政处罚告知前，应当向市场监管总局报告。

省级市场监管部门向被调查经营者送达中止调查决定书、终止调查决定书或者行政处罚决定书后，应当在7个工作日内向市场监管总局备案。

第三十条　反垄断执法机构作出行政处理决定后，依法向社会公布。其中，行政处罚信息应当依法通过国家企业信用信息公示系统向社会公示。

第三十一条　市场监管总局应当加强对省级市场监管部门查处垄断协议的指导和监督，统一执法标准。

省级市场监管部门应当严格按照市场监管总局相关规定查处垄断协议案件。

第三十二条　经营者违反本规定，达成并实施垄断协议的，由反垄断执法机构责令停止违法行为，没收违法所得，并处上一年度销售额百分之一以上百分之十以下的罚款；尚未实施所达成的垄断协议的，可以处五十万元以下的罚款。

行业协会违反本规定，组织本行业的经营者达成垄断协议的，反垄断执法机构可以对其处五十万元以下的罚款；情节严重的，反垄断执法机构可以提请社会团体登记管理机关依法撤销登记。

反垄断执法机构确定具体罚款数额时，应当考虑违法行为的性质、情节、程度、持续时间等因素。

经营者因行政机关和法律、法规授权的具有管理公共事务职能的组织滥用行政权力而达成垄断协议的，按照前款规定处理。经营者能够证明其达成垄断协议是被动遵守行政命令所导致的，可以依法从轻或者减轻处罚。

第三十三条　参与垄断协议的经营者主动报告达成垄断协议有关情况并提供重要证据的，可以申请依法减轻或者免除处罚。

重要证据是指能够对反垄断执法机构启动调查或者对认定垄断协议起到关键性作用的证据，包括参与垄断协议的经营者、涉及的商品范围、达成协议的内容和方式、协议的具体实施等情况。

第三十四条　经营者根据本规定第三十三条提出申请的，反垄断执法机构应当根据经营者主动报告的时间顺序、提供证据的重要程度以及达成、实施垄断协议的有关情况，决定是否减轻或者免除处罚。

对于第一个申请者，反垄断执法机构可以免

除处罚或者按照不低于百分之八十的幅度减轻罚款；对于第二个申请者，可以按照百分之三十至百分之五十的幅度减轻罚款；对于第三个申请者，可以按照百分之二十至百分之三十的幅度减轻罚款。

第三十五条 本规定对垄断协议调查、处罚程序未做规定的，依照《市场监督管理行政处罚程序规定》执行，有关时限、立案、案件管辖的规定除外。

反垄断执法机构组织行政处罚听证的，依照《市场监督管理行政处罚听证办法》执行。

第三十六条 本规定自2019年9月1日起施行。2009年5月26日原国家工商行政管理总局令第42号公布的《工商行政管理机关查处垄断协议、滥用市场支配地位案件程序规定》、2010年12月31日原国家工商行政管理总局令第53号公布的《工商行政管理机关禁止垄断协议行为的规定》同时废止。

6. 禁止滥用市场支配地位行为暂行规定

（国家市场监督管理总局令第11号 2022年3月24日修改）

第一条 为了预防和制止滥用市场支配地位行为，根据《中华人民共和国反垄断法》（以下简称反垄断法），制定本规定。

第二条 国家市场监督管理总局（以下简称市场监管总局）负责滥用市场支配地位行为的反垄断执法工作。

市场监管总局根据反垄断法第十条第二款规定，授权各省、自治区、直辖市市场监督管理部门（以下简称省级市场监管部门）负责本行政区域内滥用市场支配地位行为的反垄断执法工作。

本规定所称反垄断执法机构包括市场监管总局和省级市场监管部门。

第三条 市场监管总局负责查处下列滥用市场支配地位行为：

（一）跨省、自治区、直辖市的；

（二）案情较为复杂或者在全国有重大影响的；

（三）市场监管总局认为有必要直接查处的。

前款所列滥用市场支配地位行为，市场监管总局可以指定省级市场监管部门查处。

省级市场监管部门根据授权查处滥用市场支配地位行为时，发现不属于本部门查处范围，或者虽属于本部门查处范围，但有必要由市场监管总局查处的，应当及时向市场监管总局报告。

第四条 反垄断执法机构查处滥用市场支配地位行为时，应当平等对待所有经营者。

第五条 市场支配地位是指经营者在相关市场内具有能够控制商品或者服务（以下统称商品）价格、数量或者其他交易条件，或者能够阻碍、影响其他经营者进入相关市场能力的市场地位。

本条所称其他交易条件是指除商品价格、数量之外能够对市场交易产生实质影响的其他因素，包括商品品种、商品品质、付款条件、交付方式、售后服务、交易选择、技术约束等。

本条所称能够阻碍、影响其他经营者进入相关市场，包括排除其他经营者进入相关市场，或者延缓其他经营者在合理时间内进入相关市场，或者导致其他经营者虽能够进入该相关市场但进入成本大幅提高，无法与现有经营者开展有效竞争等情形。

第六条 根据反垄断法第十八条第一项，确定经营者在相关市场的市场份额，可以考虑一定时期内经营者的特定商品销售金额、销售数量或者其他指标在相关市场所占的比重。

分析相关市场竞争状况，可以考虑相关市场的发展状况、现有竞争者的数量和市场份额、商品差异程度、创新和技术变化、销售和采购模式、潜在竞争者情况等因素。

第七条 根据反垄断法第十八条第二项，确定经营者控制销售市场或者原材料采购市场的能力，可以考虑该经营者控制产业链上下游市场的能力，控制销售渠道或者采购渠道的能力，影响或者决定价格、数量、合同期限或者其他交易条件的能力，以及优先获得企业生产经营所必需的原料、半成品、零部件、相关设备以及需要投入的其他资源的能力等因素。

第八条 根据反垄断法第十八条第三项，确定经营者的财力和技术条件，可以考虑该经营者的资产规模、盈利能力、融资能力、研发能力、技术装备、技术创新和应用能力、拥有的知识产权等，以及该财力和技术条件能够以何种方式和程度促进该经营者业务扩张或者巩固、维持市场地位等因素。

第九条 根据反垄断法第十八条第四项，确定其他经营者对该经营者在交易上的依赖程度，可以考虑其他经营者与该经营者之间的交易关系、交易量、交易持续时间、在合理时间内转向其他交易相对人的难易程度等因素。

第十条 根据反垄断法第十八条第五项，确定其他经营者进入相关市场的难易程度，可以考虑市场准入、获取必要资源的难度、采购和销售渠道的控制情况、资金投入规模、技术壁垒、品牌依赖、用户转换成本、消费习惯等因素。

第十一条 根据反垄断法第十八条和本规定第六条至第十条规定认定互联网等新经济业态经营者具有市场支配地位，可以考虑相关行业竞争特点、经营模式、用户数量、网络效应、锁定效应、技术特性、市场创新、掌握和处理相关数据的能力及经营者在关联市场的市场力量等因素。

第十二条 根据反垄断法第十八条和本规定第六条至第十条认定知识产权领域经营者具有市场支配地位，可以考虑知识产权的替代性、下游市场对利用知识产权所提供商品的依赖程度、交易相对人对经营者的制衡能力等因素。

第十三条 认定两个以上的经营者具有市场支配地位，除考虑本规定第六条至第十二条规定的因素外，还应当考虑市场结构、相关市场透明度、相关商品同质化程度、经营者行为一致性等因素。

第十四条 禁止具有市场支配地位的经营者以不公平的高价销售商品或者以不公平的低价购买商品。

认定"不公平的高价"或者"不公平的低价"，可以考虑下列因素：

（一）销售价格或者购买价格是否明显高于或者明显低于其他经营者在相同或者相似市场条件下销售或者购买同种商品或者可比较商品的价格；

（二）销售价格或者购买价格是否明显高于或者明显低于同一经营者在其他相同或者相似市场条件区域销售或者购买商品的价格；

（三）在成本基本稳定的情况下，是否超过正常幅度提高销售价格或者降低购买价格；

（四）销售商品的提价幅度是否明显高于成本增长幅度，或者购买商品的降价幅度是否明显高于交易相对人成本降低幅度；

（五）需要考虑的其他相关因素。

认定市场条件相同或者相似，应当考虑销售渠道、销售模式、供求状况、监管环境、交易环节、成本结构、交易情况等因素。

第十五条 禁止具有市场支配地位的经营者没有正当理由，以低于成本的价格销售商品。

认定低于成本的价格销售商品，应当重点考虑价格是否低于平均可变成本。平均可变成本是指随着生产的商品数量变化而变动的每单位成本。涉及互联网等新经济业态中的免费模式，应当综合考虑经营者提供的免费商品以及相关收费商品等情况。

本条所称"正当理由"包括：

（一）降价处理鲜活商品、季节性商品、有效期限即将到期的商品和积压商品的；

（二）因清偿债务、转产、歇业降价销售商品的；

（三）在合理期限内为推广新商品进行促销的；

（四）能够证明行为具有正当性的其他理由。

第十六条 禁止具有市场支配地位的经营者没有正当理由，通过下列方式拒绝与交易相对人进行交易：

（一）实质性削减与交易相对人的现有交易数量；

（二）拖延、中断与交易相对人的现有交易；

（三）拒绝与交易相对人进行新的交易；

（四）设置限制性条件，使交易相对人难以与其进行交易；

（五）拒绝交易相对人在生产经营活动中，以合理条件使用其必需设施。

在依据前款第五项认定经营者滥用市场支配地位时，应当综合考虑以合理的投入另行投资建设或者另行开发建造该设施的可行性、交易相对人有效开展生产经营活动对该设施的依赖程度、该经营者提供该设施的可能性以及对自身生产经营活动造成的影响等因素。

本条所称"正当理由"包括：

（一）因不可抗力等客观原因无法进行交易；

（二）交易相对人有不良信用记录或者出现经营状况恶化等情况，影响交易安全；

（三）与交易相对人进行交易将使经营者利益发生不当减损；

（四）能够证明行为具有正当性的其他理由。

第十七条 禁止具有市场支配地位的经营者没有正当理由，从事下列限定交易行为：

（一）限定交易相对人只能与其进行交易；

（二）限定交易相对人只能与其指定的经营者进行交易；

（三）限定交易相对人不得与特定经营者进行交易。

从事上述限定交易行为可以是直接限定，也可以是以设定交易条件等方式变相限定。

本条所称"正当理由"包括：

（一）为满足产品安全要求所必须；

（二）为保护知识产权所必须；

（三）为保护针对交易进行的特定投资所必须；

（四）能够证明行为具有正当性的其他理由。

第十八条 禁止具有市场支配地位的经营者没有正当理由搭售商品，或者在交易时附加其他不合理的交易条件：

（一）违背交易惯例、消费习惯或者无视商品的功能，将不同商品捆绑销售或者组合销售；

（二）对合同期限、支付方式、商品的运输及交付方式或者服务的提供方式等附加不合理的限制；

（三）对商品的销售地域、销售对象、售后服务等附加不合理的限制；

（四）交易时在价格之外附加不合理费用；

（五）附加与交易标的无关的交易条件。

本条所称"正当理由"包括：

（一）符合正当的行业惯例和交易习惯；

（二）为满足产品安全要求所必须；

（三）为实现特定技术所必须；

（四）能够证明行为具有正当性的其他理由。

第十九条 禁止具有市场支配地位的经营者没有正当理由，对条件相同的交易相对人在交易条件上实行下列差别待遇：

（一）实行不同的交易价格、数量、品种、品质等级；

（二）实行不同的数量折扣等优惠条件；

（三）实行不同的付款条件、交付方式；

（四）实行不同的保修内容和期限、维修内容和时间、零配件供应、技术指导等售后服务条件。

条件相同是指交易相对人之间在交易安全、交易成本、规模和能力、信用状况、所处交易环节、交易持续时间等方面不存在实质性影响交易的差别。

本条所称"正当理由"包括：

（一）根据交易相对人实际需求且符合正当的交易习惯和行业惯例，实行不同交易条件；

（二）针对新用户的首次交易在合理期限内开展的优惠活动；

（三）能够证明行为具有正当性的其他理由。

第二十条 反垄断执法机构认定本规定第十四条所称的"不公平"和第十五条至第十九条所称的"正当理由"，还应当考虑下列因素：

（一）有关行为是否为法律、法规所规定；

（二）有关行为对社会公共利益的影响；

（三）有关行为对经济运行效率、经济发展的影响；

（四）有关行为是否为经营者正常经营及实现正常效益所必须；

（五）有关行为对经营者业务发展、未来投资、创新方面的影响；

（六）有关行为是否能够使交易相对人或者消费者获益。

第二十一条　市场监管总局认定其他滥用市场支配地位行为，应当同时符合下列条件：

（一）经营者具有市场支配地位；

（二）经营者实施了排除、限制竞争行为；

（三）经营者实施相关行为不具有正当理由；

（四）经营者相关行为对市场竞争具有排除、限制影响。

第二十二条　供水、供电、供气、供热、电信、有线电视、邮政、交通运输等公用事业领域经营者应当依法经营，不得滥用其市场支配地位损害消费者利益。

第二十三条　反垄断执法机构依据职权，或者通过举报、上级机关交办、其他机关移送、下级机关报告、经营者主动报告等途径，发现涉嫌滥用市场支配地位行为。

第二十四条　举报采用书面形式并提供相关事实和证据的，反垄断执法机构应当进行必要的调查。书面举报一般包括下列内容：

（一）举报人的基本情况；

（二）被举报人的基本情况；

（三）涉嫌滥用市场支配地位行为的相关事实和证据；

（四）是否就同一事实已向其他行政机关举报或者向人民法院提起诉讼。

反垄断执法机构根据工作需要，可以要求举报人补充举报材料。

第二十五条　反垄断执法机构经过对涉嫌滥用市场支配地位行为必要的调查，决定是否立案。

省级市场监管部门应当自立案之日起 7 个工作日内向市场监管总局备案。

第二十六条　市场监管总局在查处滥用市场支配地位行为时，可以委托省级市场监管部门进行调查。

省级市场监管部门在查处滥用市场支配地位行为时，可以委托下级市场监管部门进行调查。

受委托的市场监管部门在委托范围内，以委托机关的名义实施调查，不得再委托其他行政机关、组织或者个人进行调查。

第二十七条　省级市场监管部门查处涉嫌滥用市场支配地位行为时，可以根据需要商请相关省级市场监管部门协助调查，相关省级市场监管部门应当予以协助。

第二十八条　反垄断执法机构对滥用市场支配地位行为进行行政处罚的，应当依法制作行政处罚决定书。

行政处罚决定书的内容包括：

（一）经营者的姓名或者名称、地址等基本情况；

（二）案件来源及调查经过；

（三）违法事实和相关证据；

（四）经营者陈述、申辩的采纳情况及理由；

（五）行政处罚的内容和依据；

（六）行政处罚的履行方式、期限；

（七）不服行政处罚决定，申请行政复议或者提起行政诉讼的途径和期限；

（八）作出行政处罚决定的反垄断执法机构名称和作出决定的日期。

第二十九条　涉嫌滥用市场支配地位的经营者在被调查期间，可以提出中止调查申请，承诺在反垄断执法机构认可的期限内采取具体措施消除行为影响。

中止调查申请应当以书面形式提出，并由经营者负责人签字并盖章。申请书应当载明下列事项：

（一）涉嫌滥用市场支配地位行为的事实；

（二）承诺采取消除行为后果的具体措施；

（三）履行承诺的时限；

（四）需要承诺的其他内容。

反垄断执法机构对涉嫌滥用市场支配地位行

为调查核实后，认为构成涉嫌滥用市场支配地位行为的，应当依法作出处理决定，不再接受经营者提出的中止调查申请。

第三十条　反垄断执法机构根据被调查经营者的中止调查申请，在考虑行为的性质、持续时间、后果、社会影响、经营者承诺的措施及其预期效果等具体情况后，决定是否中止调查。

第三十一条　反垄断执法机构决定中止调查的，应当制作中止调查决定书。

中止调查决定书应当载明被调查经营者涉嫌滥用市场支配地位行为的事实、承诺的具体内容、消除影响的具体措施、履行承诺的时限以及未履行或者未完全履行承诺的法律后果等内容。

第三十二条　决定中止调查的，反垄断执法机构应当对经营者履行承诺的情况进行监督。

经营者应当在规定的时限内向反垄断执法机构书面报告承诺履行情况。

第三十三条　反垄断执法机构确定经营者已经履行承诺的，可以决定终止调查，并制作终止调查决定书。

终止调查决定书应当载明被调查经营者涉嫌滥用市场支配地位行为的事实、承诺的具体内容、履行承诺的情况、监督情况等内容。

有下列情形之一的，反垄断执法机构应当恢复调查：

（一）经营者未履行或者未完全履行承诺的；

（二）作出中止调查决定所依据的事实发生重大变化的；

（三）中止调查决定是基于经营者提供的不完整或者不真实的信息作出的。

第三十四条　省级市场监管部门作出中止调查决定、终止调查决定或者行政处罚告知前，应当向市场监管总局报告。

省级市场监管部门向被调查经营者送达中止调查决定书、终止调查决定书或者行政处罚决定书后，应当在7个工作日内向市场监管总局备案。

第三十五条　反垄断执法机构作出行政处理决定后，依法向社会公布。其中，行政处罚信息应当依法通过国家企业信用信息公示系统向社会公示。

第三十六条　市场监管总局应当加强对省级市场监管部门查处滥用市场支配地位行为的指导和监督，统一执法标准。

省级市场监管部门应当严格按照市场监管总局相关规定查处滥用市场支配地位行为。

第三十七条　经营者滥用市场支配地位的，由反垄断执法机构责令停止违法行为，没收违法所得，并处上一年度销售额百分之一以上百分之十以下的罚款。

反垄断执法机构确定具体罚款数额时，应当考虑违法行为的性质、情节、程度、持续时间等因素。

经营者因行政机关和法律、法规授权的具有管理公共事务职能的组织滥用行政权力而滥用市场支配地位的，按照前款规定处理。经营者能够证明其从事的滥用市场支配地位行为是被动遵守行政命令所导致的，可以依法从轻或者减轻处罚。

第三十八条　本规定对滥用市场支配地位行为调查、处罚程序未做规定的，依照《市场监督管理行政处罚程序规定》执行，有关时限、立案、案件管辖的规定除外。

反垄断执法机构组织行政处罚听证的，依照《市场监督管理行政处罚听证办法》执行。

第三十九条　本规定自2019年9月1日起施行。2010年12月31日原国家工商行政管理总局令第54号公布的《工商行政管理机关禁止滥用市场支配地位行为规定》同时废止。

7. 经营者集中审查暂行规定（节录）

（国家市场监督管理总局令第30号　2022年3月24日修改）

第一章　总　　则

第一条　为规范经营者集中反垄断审查工

作，根据《中华人民共和国反垄断法》（以下简称反垄断法）和《国务院关于经营者集中申报标准的规定》，制定本规定。

第二条 国家市场监督管理总局（以下简称市场监管总局）负责经营者集中反垄断审查工作，并对违法实施的经营者集中进行调查处理。

市场监管总局根据工作需要，可以委托省、自治区、直辖市市场监管部门实施经营者集中审查。

第三条 本规定所称经营者集中，是指反垄断法第二十条所规定的下列情形：

（一）经营者合并；

（二）经营者通过取得股权或者资产的方式取得对其他经营者的控制权；

（三）经营者通过合同等方式取得对其他经营者的控制权或者能够对其他经营者施加决定性影响。

第四条 判断经营者是否通过交易取得对其他经营者的控制权或者能够对其他经营者施加决定性影响，应当考虑下列因素：

（一）交易的目的和未来的计划；

（二）交易前后其他经营者的股权结构及其变化；

（三）其他经营者股东大会的表决事项及其表决机制，以及其历史出席率和表决情况；

（四）其他经营者董事会或者监事会的组成及其表决机制；

（五）其他经营者高级管理人员的任免等；

（六）其他经营者股东、董事之间的关系，是否存在委托行使投票权、一致行动人等；

（七）该经营者与其他经营者是否存在重大商业关系、合作协议等；

（八）其他应当考虑的因素。

第五条 市场监管总局开展经营者集中反垄断审查工作时，应当平等对待所有经营者。

8. 关于规范经营者集中案件申报名称的指导意见

（2018年9月29日修订）

为规范经营者集中案件申报名称，国家市场监督管理总局反垄断局依据《中华人民共和国反垄断法》以及《经营者集中申报办法》、《经营者集中审查办法》等规定，制定本指导意见。

第一条 经营者在申报材料中应当使用统一的经营者集中（以下简称集中）案件名称。

集中案件名称应当反映集中的基本情况，用语符合法律规定且规范、简洁、通顺。

第二条 集中情形是经营者A（简称A，下文其他字母情况相同）和B合并的，案件名称应表述为"A与B合并案"。

第三条 集中情形是A收购B股权的，案件名称应表述为"A收购B股权案"，不需要含有股权比例。

集中情形是A收购B持有的C股权的，案件名称应表述为"A收购C股权案"，不需要含有B的名称和股权比例，无论交易后B是否对C具有控制权。

集中情形是A通过一个或多个子公司收购B股权的，案件名称应表述为"A收购B股权案"，不需要含有子公司的名称。

增资扩股类集中属于股权收购情形，案件名称适用本条规定。

第四条 集中情形是A收购B、C等两家或两家以上公司股权的，案件名称应表述为"A收购B等n家公司股权案"，n为被收购的公司数量。

第五条 集中情形是A和B收购C股权的，一般情况下案件名称应表述为"A与B收购C股权案"，A和B按照收购股权比例高低排序；如果只有A通过集中取得了控制权，B并未取得控制权，则案件名称应表述为"A收购C股权案"。

集中情形是 A 和 B 等两个以上经营者收购 C 股权的，案件名称应表述为"A 与 B 等经营者收购 C 股权案"。

集中情形是 A 和 B 通过设立特殊目的公司 E 收购 C 股权的，案件名称应表述为"A 与 B 收购 C 股权案"。

第六条 集中情形是 A 收购 B 部分资产（或业务）的，案件名称应表述为"A 收购 B 部分资产（或业务）案"。

集中情形是 A 收购 B 持有的 C 资产（或业务）的，案件名称应表述为"A 收购 C 资产（或业务）案"，不需要含有 B 的名称。

集中情形是 A 收购 B 持有的 C 股权和 D 资产（或业务）的，案件名称应表述为"A 收购 B 部分业务案"，不需要含有 C 和 D 的名称。

经营者通过子公司收购资产（或业务）的，案件名称中关于子公司的处理，参照本指导意见第三条第三款规定。

第七条 集中情形是 A 通过合同等方式取得 B 的控制权的，案件名称应表述为"A 通过合同（或其他方式）取得 B 的控制权案"。

第八条 集中情形是 A 通过合同等方式能够对 B 施加决定性影响的，案件名称应表述为"A 通过合同（或其他方式）对 B 施加决定性影响案"。

第九条 集中情形是 A 和 B 新设合营企业的，案件名称应表述为"A 与 B 新设合营企业案"，A 和 B 按照持有合营企业股权比例高低排序。

集中情形是 A 和 B 等两个以上经营者新设合营企业的，案件名称应表述为"A 与 B 等经营者新设合营企业案"。

经营者通过子公司新设合营企业的，案件名称中关于子公司的处理，参照本指导意见第三条第三款规定。

第十条 集中案件名称中应当使用规范准确的经营者全称。经营者在中国市场监督管理部门登记注册的，应当使用登记注册的名称。没有在中国市场监督管理部门登记注册的境外经营者，应当使用准确汉语译名；没有准确汉语译名的，应当使用其在注册地登记注册的外文名称。

第十一条 集中案件名称中不应含有经营者集中申报、反垄断申报等词语。

第十二条 本指导意见自公布之日起施行。

9. 关于经营者集中简易案件申报的指导意见

（2018 年 9 月 29 日修订）

为方便经营者申报，国家市场监督管理总局反垄断局依据《中华人民共和国反垄断法》和《关于经营者集中简易案件适用标准的暂行规定》（以下简称《规定》）等规定，制定本指导意见（试行），供经营者在申报经营者集中简易案件时参考。

第一条 在正式申报前，经营者可以就拟申报的交易是否符合简易案件标准等问题向反垄断局申请商谈。商谈申请应以书面方式，通过传真、邮寄或专人递送等方式提交。

商谈不是经营者集中简易案件申报的必经程序，经营者自行决定是否申请商谈。

第二条 对于符合简易案件标准的经营者集中，申报人可以申请作为简易案件申报；申报人未申请的，应作为非简易案件申报。

第三条 申报的文件、资料包括如下内容：

（一）申报书。申报书应当载明参与集中的经营者的名称、住所、经营范围、预定实施集中的日期。申报人身份证明或注册登记证明，境外申报人须提交当地有关机构出具的公证和认证文件。集中委托代理人申报的，应当提交经申报人签字的授权委托书。

（二）集中对相关市场竞争状况影响的说明。包括：集中交易概况；相关市场界定；参与集中的经营者在相关市场的市场份额；主要竞争者及其市场份额；集中对相关市场竞争状况影响的效果评估及依据等。

（三）集中协议。包括各种形式的集中协议

文件，如协议书、合同以及相应的补充文件等。

（四）参与集中的经营者经会计师事务所审计的上一会计年度财务会计报告。

（五）反垄断局要求提交的其他文件资料。

第四条 申报人可以通过《经营者集中反垄断审查申报表》客户端申报软件，选择填报《经营者集中简易案件反垄断审查申报表》（见附件1）编辑申报文件材料，该客户端申报软件可在国家市场监督管理总局反垄断局网站下载。

第五条 反垄断局收到申报文件、资料后，出具《国家市场监督管理总局经营者集中材料接收单》，但接收单不表明申报文件、资料符合《反垄断法》第23条规定。

第六条 申报人应同时提交申报文件资料的公开版本和保密版本。申报人应对申报文件资料中的商业秘密进行标注。

第七条 经审核申报材料，符合简易案件标准的经营者集中，反垄断局按简易案件立案；不符合简易案件标准的经营者集中，申报人应按非简易案件重新申报。

申报人提交的文件、资料不齐备、不完整或不准确的，应在反垄断局规定的时限内补充、修改、澄清或说明。

第八条 申报人在申报时应填报《经营者集中简易案件公示表》（以下简称《公示表》，见附件2）。

简易案件立案后，反垄断局对申报人《公示表》在国家市场监督管理总局反垄断局网站（待总局三定方案明确后，由信息中心统一建设并确定网址）予以公示，公示期为10日。

第九条 在公示期内，任何单位和个人（第三方）均可对该案是否应被认定为简易案件向反垄断局提交书面意见。第三方认为公示案件不应被认定为简易案件的，应在公示期内向反垄断局提出异议，并提供相关证据和联系方法。

反垄断局应对第三方的意见和证据进行核实。对于没有提供联系方法，或提供虚假联系方法，致使无法核实意见和证据的，反垄断局不予采信。

反垄断局在审查时发现根据《规定》不应认定为简易案件的，应撤销简易案件认定，并要求申报人按非简易案件重新申报。

第十条 反垄断局在立案前拟退回简易案件申请，或立案后拟撤销简易案件认定时，应听取申报人的意见，并对其提出的事实、理由和证据进行核实。

第十一条 申报人隐瞒重要情况或者提供虚假材料、误导性信息的，反垄断局可以责令申报人按非简易案件重新申报，并依据《反垄断法》第52条规定追究相关经营者和个人的法律责任。

附件：1. 经营者集中简易案件反垄断审查申报表（略）

2. 经营者集中简易案件公示表（略）

10. 制止滥用行政权力排除、限制竞争行为暂行规定

（国家市场监督管理总局令第12号 2019年9月1日施行）

第一条 为了预防和制止滥用行政权力排除、限制竞争行为，根据《中华人民共和国反垄断法》（以下简称反垄断法），制定本规定。

第二条 国家市场监督管理总局（以下简称市场监管总局）负责滥用行政权力排除、限制竞争行为的反垄断执法工作。

市场监管总局根据反垄断法第十条第二款规定，授权各省、自治区、直辖市人民政府市场监督管理部门（以下统称省级市场监管部门）负责本行政区域内滥用行政权力排除、限制竞争行为的反垄断执法工作。

本规定所称反垄断执法机构包括市场监管总局和省级市场监管部门。

第三条 市场监管总局负责对下列滥用行政权力排除、限制竞争行为进行调查，提出依法处理的建议（以下简称查处）：

（一）在全国范围内有影响的；
（二）省级人民政府实施的；
（三）案情较为复杂或者市场监管总局认为有必要直接查处的。

前款所列的滥用行政权力排除、限制竞争行为，市场监管总局可以指定省级市场监管部门查处。

省级市场监管部门查处滥用行政权力排除、限制竞争行为时，发现不属于本部门查处范围，或者虽属于本部门查处范围，但有必要由市场监管总局查处的，应当及时向市场监管总局报告。

第四条 行政机关和法律、法规授权的具有管理公共事务职能的组织不得滥用行政权力，实施下列行为，限定或者变相限定单位或者个人经营、购买、使用其指定的经营者提供的商品和服务（以下统称商品）：

（一）以明确要求、暗示、拒绝或者拖延行政审批、重复检查、不予接入平台或者网络等方式，限定或者变相限定经营、购买、使用特定经营者提供的商品；
（二）通过限制投标人所在地、所有制形式、组织形式等方式，限定或者变相限定经营、购买、使用特定投标人提供的商品；
（三）没有法律、法规依据，通过设置项目库、名录库等方式，限定或者变相限定经营、购买、使用特定经营者提供的商品；
（四）限定或者变相限定单位或者个人经营、购买、使用其指定的经营者提供的商品的其他行为。

第五条 行政机关和法律、法规授权的具有管理公共事务职能的组织不得滥用行政权力，实施下列行为，妨碍商品在地区之间的自由流通：

（一）对外地商品设定歧视性收费项目、实行歧视性收费标准，或者规定歧视性价格、实行歧视性补贴政策；
（二）对外地商品规定与本地同类商品不同的技术要求、检验标准，或者对外地商品采取重复检验、重复认证等措施，阻碍、限制外地商品进入本地市场；
（三）没有法律、法规依据，采取专门针对外地商品的行政许可、备案，或者对外地商品实施行政许可、备案时，设定不同的许可或者备案条件、程序、期限等，阻碍、限制外地商品进入本地市场；
（四）没有法律、法规依据，设置关卡、通过软件或者互联网设置屏蔽等手段，阻碍、限制外地商品进入本地市场或者本地商品运往外地市场；
（五）妨碍商品在地区之间自由流通的其他行为。

第六条 行政机关和法律、法规授权的具有管理公共事务职能的组织不得滥用行政权力，实施下列行为，排斥或者限制外地经营者参加本地的招标投标活动：

（一）不依法发布信息；
（二）明确外地经营者不能参与本地特定的招标投标活动；
（三）对外地经营者设定歧视性的资质要求或者评审标准；
（四）通过设定与招标项目的具体特点和实际需要不相适应或者与合同履行无关的资格、技术和商务条件，变相限制外地经营者参加本地招标投标活动；
（五）排斥或者限制外地经营者参加本地招标投标活动的其他行为。

第七条 行政机关和法律、法规授权的具有管理公共事务职能的组织不得滥用行政权力，实施下列行为，排斥或者限制外地经营者在本地投资或者设立分支机构：

（一）拒绝外地经营者在本地投资或者设立分支机构；
（二）没有法律、法规依据，对外地经营者在本地投资的规模、方式以及设立分支机构的地址、商业模式等进行限制；
（三）对外地经营者在本地的投资或者设立的分支机构在投资、经营规模、经营方式、税费缴纳等方面规定与本地经营者不同的要求，在安全生产、节能环保、质量标准等方面实行歧视性待遇；

（四）排斥或者限制外地经营者在本地投资或者设立分支机构的其他行为。

第八条　行政机关和法律、法规授权的具有管理公共事务职能的组织不得滥用行政权力，强制或者变相强制经营者从事反垄断法规定的垄断行为。

第九条　行政机关不得滥用行政权力，以规定、办法、决定、公告、通知、意见、会议纪要等形式，制定、发布含有排除、限制竞争内容的市场准入、产业发展、招商引资、招标投标、政府采购、经营行为规范、资质标准等涉及市场主体经济活动的规章、规范性文件和其他政策措施。

第十条　反垄断执法机构依据职权，或者通过举报、上级机关交办、其他机关移送、下级机关报告等途径，发现涉嫌滥用行政权力排除、限制竞争行为的。

第十一条　对涉嫌滥用行政权力排除、限制竞争行为，任何单位和个人有权向反垄断执法机构举报。反垄断执法机构应当为举报人保密。

第十二条　举报采用书面形式并提供相关事实和证据的，反垄断执法机构应当进行必要的调查。书面举报一般包括下列内容：

（一）举报人的基本情况；

（二）被举报人的基本情况；

（三）涉嫌滥用行政权力排除、限制竞争行为的相关事实和证据；

（四）是否就同一事实已向其他行政机关举报或者向人民法院提起诉讼。

第十三条　反垄断执法机构负责所管辖案件的受理。省级以下市场监管部门收到举报材料或者发现案件线索的，应当在7个工作日内将相关材料报送省级市场监管部门。

对于被举报人信息不完整、相关事实不清晰的举报，受理机关可以通知举报人及时补正。

第十四条　反垄断执法机构经过对涉嫌滥用行政权力排除、限制竞争行为的必要调查，决定是否立案。

当事人在上述调查期间已经采取措施停止相关行为，消除相关后果的，可以不予立案。

省级市场监管部门应当自立案之日起7个工作日内向市场监管总局备案。

第十五条　立案后，反垄断执法机构应当及时进行调查，依法向有关单位和个人了解情况，收集、调取证据。

第十六条　市场监管总局在查处涉嫌滥用行政权力排除、限制竞争行为时，可以委托省级市场监管部门进行调查。

省级市场监管部门在查处涉嫌滥用行政权力排除、限制竞争行为时，可以委托下级市场监管部门进行调查。

受委托的市场监管部门在委托范围内，以委托机关的名义进行调查，不得再委托其他行政机关、组织或者个人进行调查。

第十七条　省级市场监管部门查处涉嫌滥用行政权力排除、限制竞争行为时，可以根据需要商请相关省级市场监管部门协助调查，相关省级市场监管部门应当予以协助。

第十八条　被调查单位和个人有权陈述意见。反垄断执法机构应当对被调查单位和个人提出的事实、理由和证据进行核实。

第十九条　经调查，反垄断执法机构认为构成滥用行政权力排除、限制竞争行为的，可以向有关上级机关提出依法处理的建议。

在调查期间，当事人主动采取措施停止相关行为，消除相关后果的，反垄断执法机构可以结束调查。

经调查，反垄断执法机构认为不构成滥用行政权力排除、限制竞争行为的，应当结束调查。

第二十条　反垄断执法机构向有关上级机关提出依法处理建议的，应当制作行政建议书。行政建议书应当载明以下事项：

（一）主送单位名称；

（二）被调查单位名称；

（三）违法事实；

（四）被调查单位的陈述意见及采纳情况；

（五）处理建议及依据；

（六）反垄断执法机构名称、公章及日期。

前款第五项规定的处理建议应当具体、明确，可以包括停止实施有关行为、废止有关文件并向社会公开、修改文件的有关内容并向社会公开文件的修改情况等。

第二十一条 省级市场监管部门在提出依法处理的建议或者结束调查前，应当向市场监管总局报告。提出依法处理的建议后7个工作日内，向市场监管总局备案。

反垄断执法机构认为构成滥用行政权力排除、限制竞争行为的，依法向社会公布。

第二十二条 市场监管总局应当加强对省级市场监管部门查处滥用行政权力排除、限制竞争行为的指导和监督，统一执法标准。

省级市场监管部门应当严格按照市场监管总局相关规定查处滥用行政权力排除、限制竞争行为。

第二十三条 对反垄断执法机构依法实施的调查，当事人拒绝提供有关材料、信息，或者提供虚假材料、信息，或者隐匿、销毁、转移证据，或者有其他拒绝、阻碍调查行为的，反垄断执法机构可以向其上级机关、监察机关等反映情况。

第二十四条 反垄断执法机构工作人员滥用职权、玩忽职守、徇私舞弊或者泄露执法过程中知悉的国家秘密和商业秘密的，依照有关规定处理。

第二十五条 本规定自2019年9月1日起施行。2009年5月26日原国家工商行政管理总局令第41号公布的《工商行政管理机关制止滥用行政权力排除、限制竞争行为程序规定》、2010年12月31日原国家工商行政管理总局令第55号公布的《工商行政管理机关制止滥用行政权力排除、限制竞争行为的规定》同时废止。

11. 公平竞争审查制度实施细则

（国市监反垄规〔2021〕2号 2021年6月29日印发）

第一章 总　　则

第一条 为全面落实公平竞争审查制度，健全公平竞争审查机制，规范有效开展审查工作，根据《中华人民共和国反垄断法》、《国务院关于在市场体系建设中建立公平竞争审查制度的意见》（国发〔2016〕34号，以下简称《意见》），制定本细则。

第二条 行政机关以及法律、法规授权的具有管理公共事务职能的组织（以下统称政策制定机关），在制定市场准入和退出、产业发展、招商引资、招标投标、政府采购、经营行为规范、资质标准等涉及市场主体经济活动的规章、规范性文件、其他政策性文件以及"一事一议"形式的具体政策措施（以下统称政策措施）时，应当进行公平竞争审查，评估对市场竞争的影响，防止排除、限制市场竞争。

经公平竞争审查认为不具有排除、限制竞争效果或者符合例外规定的，可以实施；具有排除、限制竞争效果且不符合例外规定的，应当不予出台或者调整至符合相关要求后出台；未经公平竞争审查的，不得出台。

第三条 涉及市场主体经济活动的行政法规、国务院制定的政策措施，以及政府部门负责起草的地方性法规、自治条例和单行条例，由起草部门在起草过程中按本细则规定进行公平竞争审查。未经公平竞争审查的，不得提交审议。

以县级以上地方各级人民政府名义出台的政策措施，由起草部门或者本级人民政府指定的相关部门进行公平竞争审查。起草部门在审查过程中，可以会同本级市场监管部门进行公平竞争审查。未经审查的，不得提交审议。

以多个部门名义联合制定出台的政策措施，

由牵头部门负责公平竞争审查，其他部门在各自职责范围内参与公平竞争审查。政策措施涉及其他部门职权的，政策制定机关在公平竞争审查中应当充分征求其意见。

第四条　市场监管总局、发展改革委、财政部、商务部会同有关部门，建立健全公平竞争审查工作部际联席会议制度，统筹协调和监督指导全国公平竞争审查工作。

县级以上地方各级人民政府负责建立健全本地区公平竞争审查工作联席会议制度（以下简称联席会议），统筹协调和监督指导本地区公平竞争审查工作，原则上由本级人民政府分管负责同志担任联席会议召集人。联席会议办公室设在市场监管部门，承担联席会议日常工作。

地方各级联席会议应当每年向本级人民政府和上一级联席会议报告本地区公平竞争审查制度实施情况，接受其指导和监督。

第二章　审查机制和程序

第五条　政策制定机关应当建立健全公平竞争内部审查机制，明确审查机构和程序，可以由政策制定机关的具体业务机构负责，也可以采取内部特定机构统一审查或者由具体业务机构初审后提交特定机构复核等方式。

第六条　政策制定机关开展公平竞争审查应当遵循审查基本流程（可参考附件1），识别相关政策措施是否属于审查对象、判断是否违反审查标准、分析是否适用例外规定。属于审查对象的，经审查后应当形成明确的书面审查结论。审查结论应当包括政策措施名称、涉及行业领域、性质类别、起草机构、审查机构、征求意见情况、审查结论、适用例外规定情况、审查机构主要负责人意见等内容（可参考附件2）。政策措施出台后，审查结论由政策制定机关存档备查。

未形成书面审查结论出台政策措施的，视为未进行公平竞争审查。

第七条　政策制定机关开展公平竞争审查，应当以适当方式征求利害关系人意见，或者通过政府部门网站、政务新媒体等便于社会公众知晓的方式公开征求意见，并在书面审查结论中说明征求意见情况。

在起草政策措施的其他环节已征求过利害关系人意见或者向社会公开征求意见的，可以不再专门就公平竞争审查问题征求意见。对出台前需要保密或者有正当理由需要限定知悉范围的政策措施，由政策制定机关按照相关法律法规处理。

利害关系人指参与相关市场竞争的经营者、上下游经营者、行业协会商会、消费者以及政策措施可能影响其公平参与市场竞争的其他市场主体。

第八条　政策制定机关进行公平竞争审查，可以咨询专家学者、法律顾问、专业机构的意见。征求上述方面意见的，应当在书面审查结论中说明有关情况。

各级联席会议办公室可以根据实际工作需要，建立公平竞争审查工作专家库，便于政策制定机关进行咨询。

第九条　政策制定机关可以就公平竞争审查中遇到的具体问题，向本级联席会议办公室提出咨询。提出咨询请求的政策制定机关，应当提供书面咨询函、政策措施文稿、起草说明、相关法律法规依据及其他相关材料。联席会议办公室应当在收到书面咨询函后及时研究回复。

对涉及重大公共利益，且在制定过程中被多个单位或者个人反映或者举报涉嫌排除、限制竞争的政策措施，本级联席会议办公室可以主动向政策制定机关提出公平竞争审查意见。

第十条　对多个部门联合制定或者涉及多个部门职责的政策措施，在公平竞争审查中出现较大争议或者部门意见难以协调一致时，政策制定机关可以提请本级联席会议协调。联席会议办公室认为确有必要的，可以根据相关工作规则召开会议进行协调。仍无法协调一致的，由政策制定机关提交上级机关决定。

第十一条　政策制定机关应当对本年度公平竞争审查工作进行总结，于次年1月15日前将书面总结报告报送本级联席会议办公室。

地方各级联席会议办公室汇总形成本级公平竞争审查工作总体情况，于次年1月20日前报送本级人民政府和上一级联席会议办公室，并以适当方式向社会公开。

第十二条 对经公平竞争审查后出台的政策措施，政策制定机关应当对其影响统一市场和公平竞争的情况进行定期评估。评估报告应当向社会公开征求意见，评估结果应当向社会公开。经评估认为妨碍统一市场和公平竞争的，应当及时废止或者修改完善。定期评估可以每三年进行一次，或者在定期清理规章、规范性文件时一并评估。

第三章 审查标准

第十三条 市场准入和退出标准。

（一）不得设置不合理或者歧视性的准入和退出条件，包括但不限于：

1. 设置明显不必要或者超出实际需要的准入和退出条件，排斥或者限制经营者参与市场竞争；

2. 没有法律、行政法规或者国务院规定依据，对不同所有制、地区、组织形式的经营者实施不合理的差别化待遇，设置不平等的市场准入和退出条件；

3. 没有法律、行政法规或者国务院规定依据，以备案、登记、注册、目录、年检、年报、监制、认定、认证、认可、检验、监测、审定、指定、配号、复检、复审、换证、要求设立分支机构以及其他任何形式，设定或者变相设定市场准入障碍；

4. 没有法律、行政法规或者国务院规定依据，对企业注销、破产、挂牌转让、搬迁转移等设定或者变相设定市场退出障碍；

5. 以行政许可、行政检查、行政处罚、行政强制等方式，强制或者变相强制企业转让技术，设定或者变相设定市场准入和退出障碍。

（二）未经公平竞争不得授予经营者特许经营权，包括但不限于：

1. 在一般竞争性领域实施特许经营或者以特许经营为名增设行政许可；

2. 未明确特许经营权期限或者未经法定程序延长特许经营权期限；

3. 未依法采取招标、竞争性谈判等竞争方式，直接将特许经营权授予特定经营者；

4. 设置歧视性条件，使经营者无法公平参与特许经营权竞争。

（三）不得限定经营、购买、使用特定经营者提供的商品和服务，包括但不限于：

1. 以明确要求、暗示、拒绝或者拖延行政审批、重复检查、不予接入平台或者网络、违法违规给予奖励补贴等方式，限定或者变相限定经营、购买、使用特定经营者提供的商品和服务；

2. 在招标投标、政府采购中限定投标人所在地、所有制形式、组织形式，或者设定其他不合理的条件排斥或者限制经营者参与招标投标、政府采购活动；

3. 没有法律、行政法规或者国务院规定依据，通过设置不合理的项目库、名录库、备选库、资格库等条件，排斥或限制潜在经营者提供商品和服务。

（四）不得设置没有法律、行政法规或者国务院规定依据的审批或者具有行政审批性质的事前备案程序，包括但不限于：

1. 没有法律、行政法规或者国务院规定依据，增设行政审批事项，增加行政审批环节、条件和程序；

2. 没有法律、行政法规或者国务院规定依据，设置具有行政审批性质的前置性备案程序。

（五）不得对市场准入负面清单以外的行业、领域、业务等设置审批程序，主要指没有法律、行政法规或者国务院规定依据，采取禁止进入、限制市场主体资质、限制股权比例、限制经营范围和商业模式等方式，限制或者变相限制市场准入。

第十四条 商品和要素自由流动标准。

（一）不得对外地和进口商品、服务实行歧视性价格和歧视性补贴政策，包括但不限于：

1. 制定政府定价或者政府指导价时，对外地和进口同类商品、服务制定歧视性价格；

2. 对相关商品、服务进行补贴时，对外地同类商品、服务，国际经贸协定允许外的进口同类商品以及我国作出国际承诺的进口同类服务不予补贴或者给予较低补贴。

（二）不得限制外地和进口商品、服务进入本地市场或者阻碍本地商品运出、服务输出，包括但不限于：

1. 对外地商品、服务规定与本地同类商品、服务不同的技术要求、检验标准，或者采取重复检验、重复认证等歧视性技术措施；

2. 对进口商品规定与本地同类商品不同的技术要求、检验标准，或者采取重复检验、重复认证等歧视性技术措施；

3. 没有法律、行政法规或者国务院规定依据，对进口服务规定与本地同类服务不同的技术要求、检验标准，或者采取重复检验、重复认证等歧视性技术措施；

4. 设置专门针对外地和进口商品、服务的专营、专卖、审批、许可、备案，或者规定不同的条件、程序和期限等；

5. 在道路、车站、港口、航空港或者本行政区域边界设置关卡，阻碍外地和进口商品、服务进入本地市场或者本地商品运出和服务输出；

6. 通过软件或者互联网设置屏蔽以及采取其他手段，阻碍外地和进口商品、服务进入本地市场或者本地商品运出和服务输出。

（三）不得排斥或者限制外地经营者参加本地招标投标活动，包括但不限于：

1. 不依法及时、有效、完整地发布招标信息；

2. 直接规定外地经营者不能参与本地特定的招标投标活动；

3. 对外地经营者设定歧视性的资质资格要求或者评标评审标准；

4. 将经营者在本地区的业绩、所获得的奖项荣誉作为投标条件、加分条件、中标条件或者用于评价企业信用等级，限制或者变相限制外地经营者参加本地招标投标活动；

5. 没有法律、行政法规或者国务院规定依据，要求经营者在本地注册设立分支机构，在本地拥有一定办公面积，在本地缴纳社会保险等，限制或者变相限制外地经营者参加本地招标投标活动；

6. 通过设定与招标项目的具体特点和实际需要不相适应或者与合同履行无关的资格、技术和商务条件，限制或者变相限制外地经营者参加本地招标投标活动。

（四）不得排斥、限制或者强制外地经营者在本地投资或者设立分支机构，包括但不限于：

1. 直接拒绝外地经营者在本地投资或者设立分支机构；

2. 没有法律、行政法规或者国务院规定依据，对外地经营者在本地投资的规模、方式以及设立分支机构的地址、模式等进行限制；

3. 没有法律、行政法规或者国务院规定依据，直接强制外地经营者在本地投资或者设立分支机构；

4. 没有法律、行政法规或者国务院规定依据，将在本地投资或者设立分支机构作为参与本地招标投标、享受补贴和优惠政策等的必要条件，变相强制外地经营者在本地投资或者设立分支机构。

（五）不得对外地经营者在本地的投资或者设立的分支机构实行歧视性待遇，侵害其合法权益，包括但不限于：

1. 对外地经营者在本地的投资不给予与本地经营者同等的政策待遇；

2. 对外地经营者在本地设立的分支机构在经营规模、经营方式、税费缴纳等方面规定与本地经营者不同的要求；

3. 在节能环保、安全生产、健康卫生、工程质量、市场监管等方面，对外地经营者在本地设立的分支机构规定歧视性监管标准和要求。

第十五条 影响生产经营成本标准。

（一）不得违法给予特定经营者优惠政策，包括但不限于：

1. 没有法律、行政法规或者国务院规定依据，给予特定经营者财政奖励和补贴；

2. 没有专门的税收法律、法规和国务院规定依据，给予特定经营者税收优惠政策；

3. 没有法律、行政法规或者国务院规定依据，在土地、劳动力、资本、技术、数据等要素获取方面，给予特定经营者优惠政策；

4. 没有法律、行政法规或者国务院规定依据，在环保标准、排污权限等方面给予特定经营者特殊待遇；

5. 没有法律、行政法规或者国务院规定依据，对特定经营者减免、缓征或停征行政事业性收费、政府性基金、住房公积金等。

给予特定经营者的优惠政策应当依法公开。

（二）安排财政支出一般不得与特定经营者缴纳的税收或非税收入挂钩，主要指根据特定经营者缴纳的税收或者非税收入情况，采取列收列支或者违法违规采取先征后返、即征即退等形式，对特定经营者进行返还，或者给予特定经营者财政奖励或补贴、减免土地等自然资源有偿使用收入等优惠政策。

（三）不得违法违规减免或者缓征特定经营者应当缴纳的社会保险费用，主要指没有法律、行政法规或者国务院规定依据，根据经营者规模、所有制形式、组织形式、地区等因素，减免或者缓征特定经营者需要缴纳的基本养老保险费、基本医疗保险费、失业保险费、工伤保险费、生育保险费等。

（四）不得在法律规定之外要求经营者提供或扣留经营者各类保证金，包括但不限于：

1. 没有法律、行政法规依据或者经国务院批准，要求经营者交纳各类保证金；

2. 限定只能以现金形式交纳投标保证金或履约保证金；

3. 在经营者履行相关程序或者完成相关事项后，不依法退还经营者交纳的保证金及银行同期存款利息。

第十六条 影响生产经营行为标准。

（一）不得强制经营者从事《中华人民共和国反垄断法》禁止的垄断行为，主要指以行政命令、行政授权、行政指导等方式或者通过行业协会商会，强制、组织或者引导经营者达成垄断协议、滥用市场支配地位，以及实施具有或者可能具有排除、限制竞争效果的经营者集中等行为。

（二）不得违法披露或者违法要求经营者披露生产经营敏感信息，为经营者实施垄断行为提供便利条件。生产经营敏感信息是指除依据法律、行政法规或者国务院规定需要公开之外，生产经营者未主动公开，通过公开渠道无法采集的生产经营数据。主要包括：拟定价格、成本、营业收入、利润、生产数量、销售数量、生产销售计划、进出口数量、经销商信息、终端客户信息等。

（三）不得超越定价权限进行政府定价，包括但不限于：

1. 对实行政府指导价的商品、服务进行政府定价；

2. 对不属于本级政府定价目录范围内的商品、服务制定政府定价或者政府指导价；

3. 违反《中华人民共和国价格法》等法律法规采取价格干预措施。

（四）不得违法干预实行市场调节价的商品和服务的价格水平，包括但不限于：

1. 制定公布商品和服务的统一执行价、参考价；

2. 规定商品和服务的最高或者最低限价；

3. 干预影响商品和服务价格水平的手续费、折扣或者其他费用。

第四章　例外规定

第十七条 属于下列情形之一的政策措施，虽然在一定程度上具有限制竞争的效果，但在符合规定的情况下可以出台实施：

（一）维护国家经济安全、文化安全、科技安全或者涉及国防建设的；

（二）为实现扶贫开发、救灾救助等社会保

障目的；

（三）为实现节约能源资源、保护生态环境、维护公共卫生健康安全等社会公共利益的；

（四）法律、行政法规规定的其他情形。

属于前款第一项至第三项情形的，政策制定机关应当说明相关政策措施对实现政策目的不可或缺，且不会严重限制市场竞争，并明确实施期限。

第十八条 政策制定机关应当在书面审查结论中说明政策措施是否适用例外规定。认为适用例外规定的，应当对符合适用例外规定的情形和条件进行详细说明。

第十九条 政策制定机关应当逐年评估适用例外规定的政策措施的实施效果，形成书面评估报告。实施期限到期或者未达到预期效果的政策措施，应当及时停止执行或者进行调整。

第五章 第三方评估

第二十条 政策制定机关可以根据工作实际，委托具备相应评估能力的高等院校、科研院所、专业咨询公司等第三方机构，对有关政策措施进行公平竞争评估，或者对公平竞争审查有关工作进行评估。

各级联席会议办公室可以委托第三方机构，对本地公平竞争审查制度总体实施情况开展评估。

第二十一条 政策制定机关在开展公平竞争审查工作的以下阶段和环节，均可以采取第三方评估方式进行：

（一）对拟出台的政策措施进行公平竞争审查；

（二）对经公平竞争审查出台的政策措施进行定期评估；

（三）对适用例外规定出台的政策措施进行逐年评估；

（四）对公平竞争审查制度实施情况进行综合评价；

（五）与公平竞争审查工作相关的其他阶段和环节。

第二十二条 对拟出台的政策措施进行公平竞争审查时，存在以下情形之一的，应当引入第三方评估：

（一）政策制定机关拟适用例外规定的；

（二）被多个单位或者个人反映或者举报涉嫌违反公平竞争审查标准的。

第二十三条 第三方评估结果作为政策制定机关开展公平竞争审查、评价制度实施成效、制定工作推进方案的重要参考。对拟出台的政策措施进行第三方评估的，政策制定机关应当在书面审查结论中说明评估情况。最终做出的审查结论与第三方评估结果不一致的，应当在书面审查结论中说明理由。

第二十四条 第三方评估经费纳入预算管理。政策制定机关依法依规做好第三方评估经费保障。

第六章 监督与责任追究

第二十五条 政策制定机关涉嫌未进行公平竞争审查或者违反审查标准出台政策措施的，任何单位和个人可以向政策制定机关反映，也可以向政策制定机关的上级机关或者本级及以上市场监管部门举报。反映或者举报采用书面形式并提供相关事实依据的，有关部门要及时予以处理。涉嫌违反《中华人民共和国反垄断法》的，由反垄断执法机构依法调查。

第二十六条 政策制定机关未进行公平竞争审查出台政策措施的，应当及时补做审查。发现存在违反公平竞争审查标准问题的，应当按照相关程序停止执行或者调整相关政策措施。停止执行或者调整相关政策措施的，应当依照《中华人民共和国政府信息公开条例》要求向社会公开。

第二十七条 政策制定机关的上级机关经核实认定政策制定机关未进行公平竞争审查或者违反审查标准出台政策措施的，应当责令其改正；拒不改正或者不及时改正的，对直接负责的主管人员和其他直接责任人员依据《中华人民共和国公务员法》、《中华人民共和国公职人员政务处分法》、《行政机关公务员处分条例》等法律法规给予处分。本级及以上市场监管部门可以向政策制定机关或者其上级机关提出整改建议；整改情况要及时向有关方面反馈。违反《中华人民共和国反垄断法》的，反垄断执法机构可以向有关上级机关提出依法处理的建议。相关处理决定和建议依法向社会公开。

第二十八条 市场监管总局负责牵头组织政策措施抽查，检查有关政策措施是否履行审查程序、审查流程是否规范、审查结论是否准确等。对市场主体反映比较强烈、问题比较集中、滥用行政权力排除限制竞争行为多发的行业和地区，进行重点抽查。抽查结果及时反馈被抽查单位，并以适当方式向社会公开。对抽查发现的排除、限制竞争问题，被抽查单位应当及时整改。

各地应当结合实际，建立本地区政策措施抽查机制。

第二十九条 县级以上地方各级人民政府建立健全公平竞争审查考核制度，对落实公平竞争审查制度成效显著的单位予以表扬激励，对工作推进不力的进行督促整改，对工作中出现问题并造成不良后果的依法依规严肃处理。

第七章 附 则

第三十条 各地区、各部门在遵循《意见》和本细则规定的基础上，可以根据本地区、本行业实际情况，制定公平竞争审查工作办法和具体措施。

第三十一条 本细则自公布之日起实施。《公平竞争审查制度实施细则（暂行）》（发改价监〔2017〕1849号）同时废止。

附件：1. 公平竞争审查基本流程（略）
2. 公平竞争审查表（略）

12. 市场监管总局关于反垄断执法授权的通知

（国市监反垄断〔2018〕265号 2018年12月28日发布）

各省、自治区、直辖市市场监督管理局（厅、委）：

为了加强和优化政府反垄断职能，充实反垄断执法力量，有效维护市场公平竞争，促进全国统一开放、竞争有序市场体系建设，根据工作需要，按照《中华人民共和国反垄断法》有关规定，现授权各省、自治区、直辖市人民政府市场监督管理部门（以下统称省级市场监管部门），负责本行政区域内有关反垄断执法工作，并就有关事宜通知如下：

一、建立科学高效反垄断执法机制

（一）市场监管总局负责反垄断统一执法，直接管辖或者授权有关省级市场监管部门管辖下列案件：

1. 跨省、自治区、直辖市的垄断协议、滥用市场支配地位和滥用行政权力排除限制竞争案件，以及省级人民政府实施的滥用行政权力排除限制竞争行为。

2. 案情较为复杂或者在全国有重大影响的垄断协议、滥用市场支配地位和滥用行政权力排除限制竞争案件。

3. 总局认为有必要直接管辖的垄断协议、滥用市场支配地位和滥用行政权力排除限制竞争案件。

（二）省级市场监管部门负责本行政区域内垄断协议、滥用市场支配地位、滥用行政权力排除限制竞争案件反垄断执法工作，以本机关名义依法作出处理。省级市场监管部门发现案件属于总局管辖范围的，要及时将案件移交总局。省级市场监管部门对属于本机关管辖范围的案件，认为有必要由总局管辖的，可以报请总局决定。

（三）总局在案件审查和调查过程中，可以委托省级市场监管部门开展相应的调查。省级市场监管部门应当积极配合总局做好反垄断执法工作。省级市场监管部门在反垄断执法过程中，可以委托其他省级市场监管部门或者下级市场监管部门开展调查。受委托的市场监管部门在委托范围内，以委托机关的名义实施调查，不得再委托其他行政机关、组织或者个人实施调查。

（四）省级市场监管部门对案件管辖产生异议的，报请总局决定。

二、严格依法履行法定职责

（一）积极开展反垄断执法。总局和省级市场监管部门要将执法作为推进反垄断工作的主要内容，切实加强反垄断案件查办，着力预防和制止垄断行为。省级市场监管部门要严格依法做好管辖范围内反垄断有关举报受理、线索核查、立案调查和案件处理等工作，做到有案必查、违法必究，坚决防止和克服地方保护主义和市场分割。对不依法行政、违反法律规定执法办案的，总局将视情况改变授权方式或者撤销授权。工作人员滥用职权、玩忽职守、徇私舞弊或者泄露执法过程中知悉的商业秘密的，要严肃追究法律责任。

（二）统一执法尺度和标准。总局要加强对全国反垄断工作的指导和协调。省级市场监管部门要严格依照法律规定和总局统一要求，按照事实清楚、证据确凿、定性准确、处理恰当、手续完备、程序合法的原则，开展反垄断执法工作。省级市场监管部门要在立案后10个工作日内，将立案情况向总局备案；立案前可以就相关事宜与总局沟通。在拟作出销案决定、行政处罚事先告知、行政处罚决定、中止调查、恢复调查和终止调查决定，以及拟对滥用行政权力排除限制竞争行为提出依法处理建议前，要将案件有关情况和文书草稿向总局报告，接受总局的指导和监督。案件调查和处理中的其他重大或者疑难事项，要及时向总局报告。

（三）加强案件信息公开。总局和省级市场监管部门要按照有关规定要求，通过国家企业信用信息公示系统，做好相关涉企信息的公示工作。总局建设和进一步完善反垄断执法信息发布平台。省级市场监管部门要在作出行政处罚决定、中止和终止调查决定以及对滥用行政权力排除限制竞争行为提出依法处理建议后5个工作日内，将有关文书报送总局。总局与省级市场监管部门同步向社会公布反垄断执法信息。

三、切实加强组织保障

（一）加强对反垄断工作的组织领导。反垄断工作是优化营商环境的重要内容，是市场在资源配置中起决定性作用的重要保障。省级市场监管部门要充分认识反垄断工作的重要意义，结合本地实际，研究采取切实有效的反垄断工作举措，当好市场公平竞争的维护者和消费者利益的保护者。每年年底前，省级市场监管部门要将当年反垄断工作总体情况及时上报总局。

（二）配备反垄断专业执法资源。反垄断执法任务繁重、专业性很强。省级市场监管部门要科学配置执法资源，明确专门负责反垄断执法的机构和人员，为有效开展反垄断执法工作提供有力的组织保障。建立健全反垄断执法人才选拔和培养机制，逐步建立省级反垄断执法人才库，形成一支高素质、专业化、相对稳定的反垄断执法队伍。

（三）不断增强反垄断执法能力。省级市场监管部门要在总局指导下，定期组织开展反垄断执法人员培训，通过专家授课、交流研讨、案例剖析等多种方式，学习反垄断有关法律规定、理论基础、典型案例和执法经验。加强与高等院校等科研机构的沟通交流，开展反垄断立法执法重点难点问题研究，提升反垄断执法能力和水平。

（四）深入开展竞争宣传倡导。省级市场监管部门要结合本地实际，切实做好本行政区域内的竞争宣传倡导工作。严格落实"谁执法谁普法"的普法责任制要求，大力宣传反垄断法律法规和要求。建立行政执法人员以案释法制度，充分发挥典型案例的引导、规范、预防与教育功能，增强市场主体和社会公众的竞争法律意识，营造有利于公平竞争的社会氛围。

13. 国务院反垄断委员会垄断案件经营者承诺指南

(国反垄发〔2019〕2号　2019年1月4日印发)

第一条　指南的目的和依据

为了指导在垄断案件调查过程中适用经营者承诺及中止调查、终止调查程序（以下统称"经营者承诺制度"），提高反垄断执法工作透明度，根据《中华人民共和国反垄断法》（下称《反垄断法》），制定本指南。

在垄断案件调查中，依据《反垄断法》第四十五条的规定，被调查的经营者可以提出承诺，采取具体措施消除其行为后果，国务院反垄断执法机构（下称执法机构）可以接受经营者的承诺，决定中止调查和终止调查。这有助于提高反垄断执法效率，节约行政执法资源，同时也能够有效实现保护市场公平竞争、维护消费者利益和社会公共利益的目标。

第二条　经营者承诺制度的适用范围

对于具有竞争关系的经营者之间固定或者变更商品价格、限制商品生产或者销售数量、分割销售市场或者原材料采购市场的横向垄断协议案件，执法机构不应接受经营者提出承诺，实施中止调查。

对于其他垄断案件，经营者主动提出承诺，执法机构可以决定中止调查及终止调查程序。

第三条　中止调查及终止调查决定的法律后果

执法机构的中止调查及终止调查决定，不是对经营者的行为是否构成垄断行为作出认定。执法机构仍然可以依法对其他类似行为实施调查并作出行政处罚。中止调查及终止调查决定也不应作为认定该行为是否构成垄断行为的相关证据。

第四条　经营者提出与撤回承诺

执法机构对涉嫌垄断行为调查核实后，认为构成垄断行为的，应当依法作出处理决定，不再接受经营者提出承诺。

鼓励经营者在执法机构采取《反垄断法》第三十九条所规定的任何措施后、作出行政处罚事先告知前提出承诺；经营者在行政处罚事先告知后提出承诺的，执法机构一般不再接受。

执法机构作出中止调查决定前，经营者可以撤回承诺。经营者撤回承诺的，执法机构将终止对经营者承诺的审查，继续对该涉嫌垄断行为进行调查，并不再接受经营者提出承诺。

第五条　经营者提出承诺前与执法机构的沟通

执法机构鼓励经营者在尽可能早的阶段提出承诺。经营者提出承诺前，可以与执法机构进行必要的沟通。

执法机构可以告知经营者涉嫌垄断行为的基本事实以及可能造成的影响，并可以与经营者进行沟通。在沟通基础上，由经营者自愿提出承诺。

第六条　经营者承诺的提出

经营者应以书面形式提出承诺。承诺通常载明下列事项：

（一）被调查的涉嫌垄断行为及可能造成的影响；

（二）承诺采取消除行为后果的具体措施；

（三）承诺采取的具体措施能够消除行为后果的说明；

（四）履行承诺的时间安排及方式；

（五）需要承诺的其他内容。

执法机构在收到经营者承诺后，向经营者出具书面回执，明确收到承诺的时间及材料清单。

第七条　经营者的承诺措施

经营者承诺的措施可以是结构性措施、行为性措施和综合性措施。承诺的措施需要明确、可行且可以自主实施。如果承诺的措施需经第三方同意方可实施，经营者需要提交第三方同意的书面意见。

前款所指的行为性措施包括调整定价策略、取消或者更改各类交易限制措施、开放网络或者平台等基础设施，许可专利、技术秘密或者其他知识产权等；结构性措施包括剥离有形资产、知识产权等无形资产或者相关权益等。

第八条 经营者与执法机构的沟通

经营者与执法机构可以就承诺内容进行沟通，包括案件事实的具体表述、承诺的措施能否有效消除涉嫌垄断行为的后果以及是否限于解决执法机构所关注的竞争问题等。

在沟通过程中，经执法机构和经营者一致同意，可以共同邀请第三方经营者、行业主管部门、行业协会、专家学者等共同参加讨论。

第九条 承诺措施公开征求意见与修改

执法机构认为经营者的涉嫌垄断行为已经影响到其他不特定多数的经营者、消费者的合法权益或者社会公共利益，可以就经营者承诺的措施向社会公开征求意见。征求意见的时间一般不少于30日。

对社会公众等各方提出的意见，执法机构认为需要采纳的，可以建议经营者对承诺的措施进行修改或者重新提出承诺措施。经营者不愿意对承诺的措施进行修改并且无法给出合理解释或者提出可行替代方案的，执法机构可以终止经营者承诺的审查与沟通程序，继续对涉嫌垄断行为进行调查。

如果修改后承诺的措施在性质或者范围上发生了重大改变，执法机构可以再次向社会公开征求意见。

第十条 经营者履行承诺措施的期限

经营者履行承诺措施的期限，由执法机构根据具体案情决定。

经营者在履行期限前已经完全履行承诺或者由于市场竞争状况发生重大变化已经没有必要继续履行承诺的，经营者可以申请提前终止调查。

第十一条 对承诺措施的分析审查

执法机构在对经营者的承诺进行审查时，可以综合考虑以下因素：

（一）经营者实施涉嫌垄断行为的主观态度；

（二）经营者实施涉嫌垄断行为的性质、持续时间、后果及社会影响；

（三）经营者承诺的措施及其预期效果。

第十二条 中止调查决定

执法机构决定中止调查的，应当制作中止调查决定书，载明下列内容：

（一）涉嫌垄断行为的事实及对竞争产生或者可能产生的影响；

（二）经营者承诺的消除行为后果的措施；

（三）经营者履行承诺的期限及方式；

（四）经营者在规定的时限内向执法机构报告承诺履行情况的义务；

（五）对经营者履行承诺的监督措施；

（六）不履行或者不完全履行承诺的法律后果等。

第十三条 经营者承诺履行情况的报告与监督

经营者按照中止调查决定书的要求，向执法机构书面报告承诺的履行情况。

执法机构应当对经营者履行承诺的情况进行监督。

第十四条 经营者承诺措施的变更

经营者在履行承诺的过程中，因自身经营状况或者市场竞争状况等发生重大变化，可以向执法机构申请变更承诺的措施。

执法机构将对经营者变更申请进行审查，并将是否同意经营者变更承诺措施的结果书面告知经营者。

执法机构认为经营者对承诺措施的变更可能影响到其他不特定多数的经营者、消费者的合法权益或者社会公共利益，可以就经营者变更的承诺措施向社会公开征求意见。

第十五条 终止调查决定

经营者履行承诺的，执法机构可以决定终止调查，并制作终止调查决定书。

终止调查决定书需要载明下列内容：

（一）执法机构调查的经营者涉嫌垄断行为；

（二）经营者承诺的消除行为后果的措施；

（三）经营者履行承诺的情况；

（四）对经营者履行承诺的监督情况；

（五）终止涉嫌垄断行为的调查决定。

第十六条　中止调查、终止调查决定的公布

执法机构应当将中止调查决定、终止调查决定及时向社会公布。

第十七条　恢复调查决定

如果出现《反垄断法》第四十五条第三款所规定的情形，执法机构应当恢复对涉嫌垄断行为的调查。

行业主管部门、消费者或者其他经营者认为符合上述情形的，可以向执法机构提出恢复调查的建议，由执法机构审查后决定是否恢复调查。

第十八条　恢复调查后的中止调查和处罚

执法机构恢复调查后，不再接受经营者提出承诺。但是，依据《反垄断法》第四十五条第三款第（二）项恢复调查的，执法机构可以基于新的事实接受经营者提出承诺。

14. 国家市场监督管理总局关于禁止滥用知识产权排除、限制竞争行为的规定

（国家市场监督管理局令第31号　2020年10月23日修订）

第一条　为了保护市场公平竞争和激励创新，制止经营者滥用知识产权排除、限制竞争的行为，根据《中华人民共和国反垄断法》（以下简称《反垄断法》），制定本规定。

第二条　反垄断与保护知识产权具有共同的目标，即促进竞争和创新，提高经济运行效率，维护消费者利益和社会公共利益。

经营者依照有关知识产权的法律、行政法规规定行使知识产权的行为，不适用《反垄断法》；但是，经营者滥用知识产权，排除、限制竞争的行为，适用《反垄断法》。

第三条　本规定所称滥用知识产权排除、限制竞争行为，是指经营者违反《反垄断法》的规定行使知识产权，实施垄断协议、滥用市场支配地位等垄断行为。

本规定所称相关市场，包括相关商品市场和相关地域市场，依据《反垄断法》和《国务院反垄断委员会关于相关市场界定的指南》进行界定，并考虑知识产权、创新等因素的影响。在涉及知识产权许可等反垄断执法工作中，相关商品市场可以是技术市场，也可以是含有特定知识产权的产品市场。相关技术市场是指由行使知识产权所涉及的技术和可以相互替代的同类技术之间相互竞争所构成的市场。

第四条　经营者之间不得利用行使知识产权的方式达成《反垄断法》第十三条、第十四条所禁止的垄断协议。但是，经营者能够证明所达成的协议符合《反垄断法》第十五条规定的除外。

第五条　经营者行使知识产权的行为有下列情形之一的，可以不被认定为《反垄断法》第十三条第一款第六项和第十四条第三项所禁止的垄断协议，但是有相反的证据证明该协议具有排除、限制竞争效果的除外：

（一）具有竞争关系的经营者在受其行为影响的相关市场上的市场份额合计不超过百分之二十，或者在相关市场上存在至少四个可以以合理成本得到的其他独立控制的替代性技术；

（二）经营者与交易相对人在相关市场上的市场份额均不超过百分之三十，或者在相关市场上存在至少两个可以以合理成本得到的其他独立控制的替代性技术。

第六条　具有市场支配地位的经营者不得在行使知识产权的过程中滥用市场支配地位，排除、限制竞争。

市场支配地位根据《反垄断法》第十八条和第十九条的规定进行认定和推定。经营者拥有知识产权可以构成认定其市场支配地位的因素之一，但不能仅根据经营者拥有知识产权推定其在相关市场上具有市场支配地位。

第七条　具有市场支配地位的经营者没有正当理由，不得在其知识产权构成生产经营活动必需设施的情况下，拒绝许可其他经营者以合理条件使用该知识产权，排除、限制竞争。

认定前款行为需要同时考虑下列因素：

（一）该项知识产权在相关市场上不能被合理替代，为其他经营者参与相关市场的竞争所必需；

（二）拒绝许可该知识产权将会导致相关市场上的竞争或者创新受到不利影响，损害消费者利益或者公共利益；

（三）许可该知识产权对该经营者不会造成不合理的损害。

第八条 具有市场支配地位的经营者没有正当理由，不得在行使知识产权的过程中，实施下列限定交易行为，排除、限制竞争：

（一）限定交易相对人只能与其进行交易；

（二）限定交易相对人只能与其指定的经营者进行交易。

第九条 具有市场支配地位的经营者没有正当理由，不得在行使知识产权的过程中，实施同时符合下列条件的搭售行为，排除、限制竞争：

（一）违背交易惯例、消费习惯等或者无视商品的功能，将不同商品强制捆绑销售或者组合销售；

（二）实施搭售行为使该经营者将其在搭售品市场的支配地位延伸到被搭售品市场，排除、限制了其他经营者在搭售品或者被搭售品市场上的竞争。

第十条 具有市场支配地位的经营者没有正当理由，不得在行使知识产权的过程中，实施下列附加不合理限制条件的行为，排除、限制竞争：

（一）要求交易相对人将其改进的技术进行独占性的回授；

（二）禁止交易相对人对其知识产权的有效性提出质疑；

（三）限制交易相对人在许可协议期限届满后，在不侵犯知识产权的情况下利用竞争性的商品或者技术；

（四）对保护期已经届满或者被认定无效的知识产权继续行使权利；

（五）禁止交易相对人与第三方进行交易；

（六）对交易相对人附加其他不合理的限制条件。

第十一条 具有市场支配地位的经营者没有正当理由，不得在行使知识产权的过程中，对条件相同的交易相对人实行差别待遇，排除、限制竞争。

第十二条 经营者不得在行使知识产权的过程中，利用专利联营从事排除、限制竞争的行为。

专利联营的成员不得利用专利联营交换产量、市场划分等有关竞争的敏感信息，达成《反垄断法》第十三条、第十四条所禁止的垄断协议。但是，经营者能够证明所达成的协议符合《反垄断法》第十五条规定的除外。

具有市场支配地位的专利联营管理组织没有正当理由，不得利用专利联营实施下列滥用市场支配地位的行为，排除、限制竞争：

（一）限制联营成员在联营之外作为独立许可人许可专利；

（二）限制联营成员或者被许可人独立或者与第三方联合研发与联营专利相竞争的技术；

（三）强迫被许可人将其改进或者研发的技术独占性地回授给专利联营管理组织或者联营成员；

（四）禁止被许可人质疑联营专利的有效性；

（五）对条件相同的联营成员或者同一相关市场的被许可人在交易条件上实行差别待遇；

（六）国家市场监督管理总局认定的其他滥用市场支配地位行为。

本规定所称专利联营，是指两个或者两个以上的专利权人通过某种形式将各自拥有的专利共同许可给第三方的协议安排。其形式可以是为此目的成立的专门合资公司，也可以是委托某一联营成员或者某独立的第三方进行管理。

第十三条 经营者不得在行使知识产权的过程中，利用标准（含国家技术规范的强制性要求，下同）的制定和实施从事排除、限制竞争的行为。

具有市场支配地位的经营者没有正当理由，不得在标准的制定和实施过程中实施下列排除、限制竞争行为：

（一）在参与标准制定的过程中，故意不向

标准制定组织披露其权利信息，或者明确放弃其权利，但是在某项标准涉及该专利后却对该标准的实施者主张其专利权。

（二）在其专利成为标准必要专利后，违背公平、合理和无歧视原则，实施拒绝许可、搭售商品或者在交易时附加其他不合理交易条件等排除、限制竞争的行为。

本规定所称标准必要专利，是指实施该项标准所必不可少的专利。

第十四条 经营者涉嫌滥用知识产权排除、限制竞争行为的，反垄断执法机构依据《反垄断法》和《禁止垄断协议暂行规定》、《禁止滥用市场支配地位行为暂行规定》进行调查。

本规定所称反垄断执法机构包括国家市场监督管理总局和各省、自治区、直辖市市场监督管理部门。

第十五条 分析认定经营者涉嫌滥用知识产权排除、限制竞争行为，可以采取以下步骤：

（一）确定经营者行使知识产权行为的性质和表现形式；

（二）确定行使知识产权的经营者之间相互关系的性质；

（三）界定行使知识产权所涉及的相关市场；

（四）认定行使知识产权的经营者的市场地位；

（五）分析经营者行使知识产权的行为对相关市场竞争的影响。

分析认定经营者之间关系的性质需要考虑行使知识产权行为本身的特点。在涉及知识产权许可的情况下，原本具有竞争关系的经营者之间在许可合同中是交易关系，而在许可人和被许可人都利用该知识产权生产产品的市场上则又是竞争关系。但是，如果当事人之间在订立许可协议时不是竞争关系，在协议订立之后才产生竞争关系的，则仍然不视为竞争者之间的协议，除非原协议发生实质性的变更。

第十六条 分析认定经营者行使知识产权的行为对竞争的影响，应当考虑下列因素：

（一）经营者与交易相对人的市场地位；

（二）相关市场的市场集中度；

（三）进入相关市场的难易程度；

（四）产业惯例与产业的发展阶段；

（五）在产量、区域、消费者等方面进行限制的时间和效力范围；

（六）对促进创新和技术推广的影响；

（七）经营者的创新能力和技术变化的速度；

（八）与认定行使知识产权的行为对竞争影响有关的其他因素。

第十七条 经营者滥用知识产权排除、限制竞争的行为构成垄断协议的，由反垄断执法机构责令停止违法行为，没收违法所得，并处上一年度销售额百分之一以上百分之十以下的罚款；尚未实施所达成的垄断协议的，可以处五十万元以下的罚款。

经营者滥用知识产权排除、限制竞争的行为构成滥用市场支配地位的，由反垄断执法机构责令停止违法行为，没收违法所得，并处上一年度销售额百分之一以上百分之十以下的罚款。

反垄断执法机构确定具体罚款数额时，应当考虑违法行为的性质、情节、程度、持续的时间等因素。

第十八条 本规定由国家市场监督管理总局负责解释。

第十九条 本规定自 2015 年 8 月 1 日起施行。

15. 国务院反垄断委员会关于知识产权领域的反垄断指南

（国反垄发〔2019〕2号 2019年1月4日印发）

第一章 总　　则

第一条　指南的目的和依据

反垄断与保护知识产权具有共同的目标，即保护竞争和激励创新，提高经济运行效率，维护消费者利益和社会公共利益。根据《中华人民共和国反垄断法》（下称《反垄断法》），经营者依照有关知识产权的法律、行政法规规定行使知识产权的行为，不适用《反垄断法》；但是，经营者滥用知识产权，排除、限制竞争的行为，适用《反垄断法》。

经营者滥用知识产权，排除、限制竞争的行为不是一种独立的垄断行为。经营者在行使知识产权或者从事相关行为时，达成或者实施垄断协议，滥用市场支配地位，或者实施具有或者可能具有排除、限制竞争效果的经营者集中，可能构成滥用知识产权排除、限制竞争的行为。为对滥用知识产权行为适用《反垄断法》提供指引，提高反垄断执法工作的透明度，根据《反垄断法》、《国务院反垄断委员会关于相关市场界定的指南》（下称《关于相关市场界定的指南》）等法律规定，制定本指南。

第二条 分析原则

分析经营者是否滥用知识产权排除、限制竞争，遵循以下基本原则：

（一）采用与其他财产性权利相同的规制标准，遵循《反垄断法》相关规定；

（二）考虑知识产权的特点；

（三）不因经营者拥有知识产权而推定其在相关市场具有市场支配地位；

（四）根据个案情况考虑相关行为对效率和创新的积极影响。

第三条 分析思路

分析经营者是否滥用知识产权排除、限制竞争，通常遵循以下思路：

（一）分析行为的特征和表现形式

经营者滥用知识产权，排除、限制竞争的行为，可能是行使知识产权的行为，也可能是与行使知识产权相关的行为。通常根据经营者行为的特征和表现形式，分析可能构成的垄断行为。

（二）界定相关市场

界定相关市场，通常遵循相关市场界定的基本依据和一般方法，同时考虑知识产权的特殊性。

（三）分析行为对市场竞争产生的排除、限制影响

分析行为对市场竞争产生的排除、限制影响，通常需要结合市场竞争状况，对具体行为进行分析。

（四）分析行为对创新和效率的积极影响

经营者行为对创新和效率可能产生积极影响，包括促进技术的传播利用、提高资源的利用效率等。分析上述积极影响，需考虑其是否满足本指南第六条规定的条件。

第四条 相关市场

知识产权既可以直接作为交易的标的，也可以被用于提供商品或者服务（以下统称商品）。通常情况下，需依据《关于相关市场界定的指南》界定相关市场。如果仅界定相关商品市场难以全面评估行为的竞争影响，可能需要界定相关技术市场。根据个案情况，还可以考虑行为对创新、研发等因素的影响。

相关技术市场是指由需求者认为具有较为紧密替代关系的一组或者一类技术所构成的市场。界定相关技术市场可以考虑以下因素：技术的属性、用途、许可费、兼容程度、所涉知识产权的期限、需求者转向其他具有替代关系技术的可能性及成本等。通常情况下，如果利用不同技术能够提供具有替代关系的商品，这些技术可能具有替代关系。在考虑一项技术与知识产权所涉技术是否具有替代关系时，不仅要考虑该技术目前的应用领域，还需考虑其潜在的应用领域。

界定相关市场，需界定相关地域市场并考虑知识产权的地域性。当相关交易涉及多个国家和地区时，还需考虑交易条件对相关地域市场界定的影响。

第五条 分析排除、限制竞争影响的考虑因素

（一）评估市场的竞争状况，可以考虑以下因素：行业特点与行业发展状况；主要竞争者及其市场份额；市场集中度；市场进入的难易程度；交易相对人的市场地位及对相关知识产权的依赖程度；相关技术更新、发展趋势及研发情况等。

计算经营者在相关技术市场的市场份额，可

根据个案情况，考虑利用该技术生产的商品在相关市场的份额、该技术的许可费收入占相关技术市场总许可费收入的比重、具有替代关系技术的数量等。

（二）对具体行为进行分析，可以考虑以下因素：经营者之间的竞争关系；经营者的市场份额及其对市场的控制力；行为对产量、区域、消费者等方面产生限制的时间、范围和程度；行为设置或者提高市场进入壁垒的可能性；行为对技术创新、传播和发展的阻碍；行为对行业发展的阻碍；行为对潜在竞争的影响等。

判断经营者之间的竞争关系，根据个案情况，可以考虑在没有该行为的情况下，经营者是否具有实际或者潜在的竞争关系。

第六条 竞争积极影响需要满足的条件

通常情况下，经营者行为对创新和效率的积极影响需同时满足下列条件：

（一）该行为与促进创新、提高效率具有因果关系；

（二）相对于其他促进创新、提高效率的行为，在经营者合理商业选择范围内，该行为对市场竞争产生的排除、限制影响更小；

（三）该行为不会排除、严重限制市场竞争；

（四）该行为不会严重阻碍其他经营者的创新；

（五）消费者能够分享促进创新、提高效率所产生的利益。

第二章　可能排除、限制竞争的知识产权协议

涉及知识产权的协议，特别是联合研发、交叉许可等，通常具有激励创新、促进竞争的效果，不同的协议类型产生的积极影响有所不同。但是，涉及知识产权的协议也可能对市场竞争产生排除、限制影响，适用《反垄断法》第二章规定。

第七条　联合研发

联合研发是指经营者共同研发技术、产品等，及利用研发成果的行为。联合研发通常可以节约研发成本，提高研发效率，但是也可能对市场竞争产生排除、限制影响，分析时可以考虑以下因素：

（一）是否限制经营者在与联合研发无关的领域独立或者与第三方合作进行研发；

（二）是否限制经营者在联合研发完成后进行后续研发；

（三）是否限定经营者在与联合研发无关的领域研发的新技术或者新产品所涉知识产权的归属和行使。

第八条　交叉许可

交叉许可是指经营者将各自拥有的知识产权相互许可使用。交叉许可通常可以降低知识产权许可成本，促进知识产权实施，但是也可能对市场竞争产生排除、限制影响，分析时可以考虑以下因素：

（一）是否为排他性许可；

（二）是否构成第三方进入市场的壁垒；

（三）是否排除、限制下游市场的竞争；

（四）是否提高了相关商品的成本。

第九条　排他性回授和独占性回授

回授是指被许可人将其利用被许可的知识产权所作的改进，或者通过使用被许可的知识产权所获得的新成果授权给许可人。回授通常可以推动对新成果的投资和运用，但是排他性回授和独占性回授可能降低被许可人的创新动力，对市场竞争产生排除、限制影响。

如果仅有许可人或者其指定的第三方和被许可人有权实施回授的改进或者新成果，这种回授是排他性的。如果仅有许可人或者其指定的第三方有权实施回授的改进或者新成果，这种回授是独占性的。通常情况下，独占性回授比排他性回授排除、限制竞争的可能性更大。分析排他性回授和独占性回授对市场竞争产生的排除、限制影响时可以考虑以下因素：

（一）许可人是否就回授提供实质性的对价；

（二）许可人与被许可人在交叉许可中是否相互要求独占性回授或者排他性回授；

（三）回授是否导致改进或者新成果向单一经营者集中，使其获得或者增强市场控制力；

（四）回授是否影响被许可人进行改进的积极性。

如果许可人要求被许可人将上述改进或者新成果转让给许可人，或者其指定的第三方，分析该行为是否排除、限制竞争，同样考虑上述因素。

第十条　不质疑条款

不质疑条款是指在与知识产权许可相关的协议中，许可人要求被许可人不得对其知识产权有效性提出异议的一类条款。分析不质疑条款对市场竞争产生的排除、限制影响，可以考虑以下因素：

（一）许可人是否要求所有的被许可人不质疑其知识产权的有效性；

（二）不质疑条款涉及的知识产权许可是否有偿；

（三）不质疑条款涉及的知识产权是否可能构成下游市场的进入壁垒；

（四）不质疑条款涉及的知识产权是否阻碍其他竞争性知识产权的实施；

（五）不质疑条款涉及的知识产权许可是否具有排他性；

（六）被许可人质疑许可人知识产权的有效性是否可能因此遭受重大损失。

第十一条　标准制定

本指南所称标准制定，是指经营者共同制定或参与制定在一定范围内统一实施的涉及知识产权的标准。标准制定有助于实现不同产品之间的通用性，降低成本，提高效率，保证产品质量。但是，具有竞争关系的经营者共同参与标准制定可能排除、限制竞争，具体分析时可以考虑以下因素：

（一）是否没有正当理由，排除其他特定经营者；

（二）是否没有正当理由，排斥特定经营者的相关方案；

（三）是否约定不实施其他竞争性标准；

（四）对行使标准中所包含的知识产权是否有必要、合理的约束机制。

第十二条　其他限制

经营者许可知识产权，还可能涉及下列限制：

（一）限制知识产权的使用领域；

（二）限制利用知识产权提供的商品的销售或传播渠道、范围或者对象；

（三）限制经营者利用知识产权提供的商品数量；

（四）限制经营者使用具有竞争关系的技术或者提供具有竞争关系的商品。

上述限制通常具有商业合理性，能够提高效率，促进知识产权实施，但是也可能对市场竞争产生排除、限制影响，分析时可以考虑以下因素：

（一）限制的内容、程度及实施方式；

（二）利用知识产权提供的商品的特点；

（三）限制与知识产权许可条件的关系；

（四）是否包含多项限制；

（五）如果其他经营者拥有的知识产权涉及具有替代关系的技术，其他经营者是否实施相同或者类似的限制。

第十三条　安全港规则

为了提高执法效率，给市场主体提供明确的预期，设立安全港规则。安全港规则是指，如果经营者符合下列条件之一，通常不将其达成的涉及知识产权的协议认定为《反垄断法》第十三条第一款第六项和第十四条第三项规定的垄断协议，但是有相反的证据证明该协议对市场竞争产生排除、限制影响的除外。

（一）具有竞争关系的经营者在相关市场的市场份额合计不超过20%；

（二）经营者与交易相对人在受到涉及知识产权的协议影响的任一相关市场上的市场份额均不超过30%；

（三）如果经营者在相关市场的份额难以获得，或者市场份额不能准确反映经营者的市场地位，但在相关市场上除协议各方控制的技术外，存在四个或者四个以上能够以合理成本得到的由其他经营者独立控制的具有替代关系的技术。

第三章 涉及知识产权的滥用市场支配地位行为

认定涉及知识产权的滥用市场支配地位行为，适用《反垄断法》第三章规定。通常情况下，首先界定相关市场，认定经营者在相关市场是否具有市场支配地位，再根据个案情况，具体分析行为是否构成滥用知识产权，排除、限制竞争的行为。

第十四条 知识产权与市场支配地位的认定

经营者拥有知识产权，并不意味着其必然具有市场支配地位。认定拥有知识产权的经营者在相关市场上是否具有支配地位，应依据《反垄断法》第十八条、第十九条规定的认定或者推定经营者具有市场支配地位的因素和情形进行分析，结合知识产权的特点，还可具体考虑以下因素：

（一）交易相对人转向具有替代关系的技术或者商品等的可能性及转换成本；

（二）下游市场对利用知识产权所提供的商品的依赖程度；

（三）交易相对人对经营者的制衡能力。

第十五条 以不公平的高价许可知识产权

具有市场支配地位的经营者，可能滥用其市场支配地位，以不公平的高价许可知识产权，排除、限制竞争。分析其是否构成滥用市场支配地位行为，可以考虑以下因素：

（一）许可费的计算方法，及知识产权对相关商品价值的贡献；

（二）经营者对知识产权许可作出的承诺；

（三）知识产权的许可历史或者可比照的许可费标准；

（四）导致不公平高价的许可条件，包括超出知识产权的地域范围或者覆盖的商品范围收取许可费等；

（五）在一揽子许可时是否就过期或者无效的知识产权收取许可费。

分析经营者是否以不公平的高价许可标准必要专利，还可考虑符合相关标准的商品所承担的整体许可费情况及其对相关产业正常发展的影响。

第十六条 拒绝许可知识产权

拒绝许可是经营者行使知识产权的一种表现形式，一般情况下，经营者不承担与竞争对手或者交易相对人进行交易的义务。但是，具有市场支配地位的经营者，没有正当理由拒绝许可知识产权，可能构成滥用市场支配地位行为，排除、限制竞争。具体分析时，可以考虑以下因素：

（一）经营者对该知识产权许可做出的承诺；

（二）其他经营者进入相关市场是否必须获得该知识产权的许可；

（三）拒绝许可相关知识产权对市场竞争和经营者进行创新的影响及程度；

（四）被拒绝方是否缺乏支付合理许可费的意愿和能力等；

（五）经营者是否曾对被拒绝方提出过合理要约；

（六）拒绝许可相关知识产权是否会损害消费者利益或者社会公共利益。

第十七条 涉及知识产权的搭售

涉及知识产权的搭售，是指知识产权的许可、转让，以经营者接受其他知识产权的许可、转让，或者接受其他商品为条件。知识产权的一揽子许可也可能是搭售的一种形式。具有市场支配地位的经营者，没有正当理由，可能通过上述搭售行为，排除、限制竞争。

分析涉及知识产权的搭售是否构成滥用市场支配地位行为，可以考虑以下因素：

（一）是否违背交易相对人意愿；

（二）是否符合交易惯例或者消费习惯；

（三）是否无视相关知识产权或者商品的性质差异及相互关系；

（四）是否具有合理性和必要性，如为实现技术兼容、产品安全、产品性能等所必不可少的措施等；

（五）是否排除、限制其他经营者的交易机会；

（六）是否限制消费者的选择权。

第十八条　涉及知识产权的附加不合理交易条件

具有市场支配地位的经营者，没有正当理由，在涉及知识产权的交易中附加下列交易条件，可能产生排除、限制竞争效果：

（一）要求进行独占性回授或者排他性回授；

（二）禁止交易相对人对其知识产权的有效性提出质疑，或者禁止交易相对人对其提起知识产权侵权诉讼；

（三）限制交易相对人实施自有知识产权，限制交易相对人利用或者研发具有竞争关系的技术或者商品；

（四）对期限届满或者被宣告无效的知识产权主张权利；

（五）在不提供合理对价的情况下要求交易相对人与其进行交叉许可；

（六）迫使或者禁止交易相对人与第三方进行交易，或者限制交易相对人与第三方进行交易的条件。

第十九条　涉及知识产权的差别待遇

在涉及知识产权的交易中，具有市场支配地位的经营者，没有正当理由，可能对条件实质相同的交易相对人实施不同的许可条件，排除、限制竞争。分析经营者实行的差别待遇是否构成滥用市场支配地位行为，可以考虑以下因素：

（一）交易相对人的条件是否实质相同，包括相关知识产权的使用范围、不同交易相对人利用相关知识产权提供的商品是否存在替代关系等；

（二）许可条件是否实质不同，包括许可数量、地域和期限等。除分析许可协议条款外，还需综合考虑许可人和被许可人之间达成的其他商业安排对许可条件的影响；

（三）该差别待遇是否对被许可人参与市场竞争产生显著不利影响。

第四章　涉及知识产权的经营者集中

涉及知识产权的经营者集中有一定特殊性，主要体现在构成经营者集中的情形、审查的考虑因素和附加限制性条件等方面。审查涉及知识产权的经营者集中，适用《反垄断法》第四章规定。

第二十条　涉及知识产权的交易可能构成经营者集中的情形

经营者通过涉及知识产权的交易取得对其他经营者的控制权或者能够对其他经营者施加决定性影响，可能构成经营者集中。其中，分析知识产权转让或许可构成经营者集中情形时，可以考虑以下因素：

（一）知识产权是否构成独立业务；

（二）知识产权在上一会计年度是否产生了独立且可计算的营业额；

（三）知识产权许可的方式和期限。

第二十一条　涉及知识产权的经营者集中审查

如果涉及知识产权的安排是集中交易的实质性组成部分或者对交易目的的实现具有重要意义，在经营者集中审查过程中，考虑《反垄断法》第二十七条规定的因素，同时考虑知识产权的特点。

第二十二条　涉及知识产权的限制性条件类型

涉及知识产权的限制性条件包括结构性条件、行为性条件和综合性条件。附加涉及知识产权的限制性条件，通常根据个案情况，针对经营者集中具有或可能具有的排除、限制竞争效果，对限制性条件建议进行评估后确定。

第二十三条　涉及知识产权的结构性条件

经营者可以提出剥离知识产权或者知识产权所涉业务的限制性条件建议。经营者通常需确保知识产权受让方拥有必要的资源、能力并有意愿通过使用被剥离的知识产权或者从事所涉业务参与市场竞争。剥离应有效、可行、及时，以避免市场的竞争状况受到影响。

第二十四条　涉及知识产权的行为性条件

涉及知识产权的行为性条件根据个案情况确定，限制性条件建议可能涉及以下内容：

（一）知识产权许可；

（二）保持知识产权相关业务的独立运营，相关业务应具备在一定期间内进行有效竞争的条件；

（三）对知识产权许可条件进行约束，包括要求经营者在实施专利许可时遵守公平、合理、无歧视义务，不进行搭售等，经营者通常需通过具体安排确保其遵守该义务；

（四）收取合理的许可使用费，经营者通常应详细说明许可费率的计算方法、许可费的支付方式、公平的谈判条件和机会等。

第二十五条　涉及知识产权的综合性条件

经营者可将结构性条件和行为性条件相结合，提出涉及知识产权的综合性限制性条件建议。

第五章　涉及知识产权的其他情形

一些涉及知识产权的情形可能构成不同类型的垄断行为，也可能涉及特定主体，可根据个案情况进行分析，适用《反垄断法》的相关规定。

第二十六条　专利联营

专利联营，是指两个或者两个以上经营者将各自的专利共同许可给联营成员或者第三方。专利联营各方通常委托联营成员或者独立第三方对联营进行管理。联营具体方式包括达成协议，设立公司或者其他实体等。

专利联营一般可以降低交易成本，提高许可效率，具有促进竞争的效果。但是，专利联营也可能排除、限制竞争，具体分析时可以考虑以下因素：

（一）经营者在相关市场的市场份额及其对市场的控制力；

（二）联营中的专利是否涉及具有替代关系的技术；

（三）是否限制联营成员单独对外许可专利或研发技术；

（四）经营者是否通过联营交换商品价格、产量等信息；

（五）经营者是否通过联营进行交叉许可、独占性回授或者排他性回授、订立不质疑条款及实施其他限制等；

（六）经营者是否通过联营以不公平高价许可专利、搭售、附加不合理交易条件或者实行差别待遇等。

第二十七条　标准必要专利涉及的特殊问题

标准必要专利是指实施某项标准必不可少的专利。认定拥有标准必要专利的经营者是否具有市场支配地位，应依据本指南第十四条进行分析，同时还可以考虑以下因素：

（一）标准的市场价值、应用范围和程度；

（二）是否存在具有替代关系的标准或者技术，包括使用具有替代关系标准或者技术的可能性和转换成本；

（三）行业对相关标准的依赖程度；

（四）相关标准的演进情况与兼容性；

（五）纳入标准的相关技术被替换的可能性。

拥有市场支配地位的标准必要专利权人通过请求法院或者相关部门作出或者颁发禁止使用相关知识产权的判决、裁定或者决定，迫使被许可人接受其提出的不公平高价许可费或者其他不合理的许可条件，可能排除、限制竞争。具体分析时，可以考虑以下因素：

（一）谈判双方在谈判过程中的行为表现及其体现出的真实意愿；

（二）相关标准必要专利所负担的有关承诺；

（三）谈判双方在谈判过程中所提出的许可条件；

（四）请求法院或者相关部门作出或者颁发禁止使用相关知识产权的判决、裁定或者决定对许可谈判的影响；

（五）请求法院或者相关部门作出或者颁发禁止使用相关知识产权的判决、裁定或者决定对下游市场竞争和消费者利益的影响。

第二十八条　著作权集体管理

著作权集体管理通常有利于单个著作权人权利的行使，降低个人维权以及用户获得授权的成本，促进作品的传播和著作权保护。但是，著作权集体管理组织在开展活动过程中，有可能滥用知识产权，排除、限制竞争。具体分析时，可以根据行为的特征和表现形式，认定可能构成的垄断行为并分析相关因素。

16. 国务院反垄断委员会关于原料药领域的反垄断指南

（国反垄发〔2021〕3号　2021年11月15日印发）

第一章　总　　则

第一条　目的和依据

为了预防和制止原料药领域垄断行为，进一步明确市场竞争规则，维护原料药领域市场竞争秩序，保护消费者利益和社会公共利益，根据《中华人民共和国反垄断法》（以下简称《反垄断法》）等法律规定，制定本指南。

第二条　相关概念

（一）原料药，是指符合药品管理相关法律法规要求、用于生产各类药品的原材料，是药品中的有效成份。本指南所称原料药包括化学原料药、中药材。

（二）药品，是指用于预防、诊断、治疗人的疾病，有目的地调节人的生理机能并规定有适应症或者功能主治、用法和用量的物质，包括中药、化学药和生物制品等。

（三）原料药经营者，是指经相关监督管理部门批准，从事原料药生产、经营的各类企业。

（四）原料药生产企业，是指经相关监督管理部门批准，采用化学合成、动植物提取、生物技术等方式生产并销售原料药的企业。

（五）原料药经销企业，是指经相关监督管理部门批准，不生产原料药，仅从事原料药经营销售的企业。

（六）药品生产企业，是指经相关监督管理部门批准，取得药品生产许可证，生产、销售药品的企业。

（七）药品经销企业，是指经相关监督管理部门批准，取得药品经营许可证，从事药品经营销售业务的企业。

第三条　基本原则

反垄断执法机构对原料药领域开展反垄断监管坚持以下原则：

（一）保护市场公平竞争。坚持对市场主体一视同仁、平等对待，依法加强规范和监管，着力预防和制止原料药领域垄断行为，保护市场公平竞争，维护良好竞争秩序，支持原料药经营者创新发展，增强国际竞争力。

（二）依法科学高效监管。《反垄断法》及有关配套法规、规章、指南确定的基本制度、规制原则和分析框架适用于原料药领域市场主体。反垄断执法机构根据原料药领域案件具体情况，强化竞争分析和法律论证，不断加强和改进反垄断监管，增强反垄断执法的针对性和科学性。

（三）注重保护消费者利益。反垄断执法机构严厉打击各种类型的原料药垄断行为，促进企业提高运营效率，维护市场竞争价格，引导和鼓励原料药经营者将更多资源用于工艺改进、质量和效率提升，促进原料药有效供给和药品稳定供应，保护消费者利益。

（四）持续强化法律威慑。反垄断执法机构持续加大原料药领域执法力度，对明知有关行为违反《反垄断法》故意实施或者采取措施规避调查的，依法从严从重作出处理，强化法律威慑，有效遏制原料药领域垄断行为，着力增进民生福祉。

第四条　相关市场界定

原料药产业链涵盖生产、运输、经销等环节，涉及业务类型多样，界定相关商品市场和地域市场需要遵循《反垄断法》和《国务院反垄断委员会关于相关市场界定的指南》确定的一般原则，同时考虑原料药行业特点，结合个案进行具体分析。

（一）相关商品市场

原料药领域相关商品市场界定的基本方法是

替代性分析。在个案中界定相关市场时，可以基于原料药的产品特性、质量标准、用途、价格等因素进行需求替代分析。必要时，可以同时基于市场进入、生产能力、生产设施改造、技术壁垒等因素进行供给替代分析。

根据具体情形，可能需要将相关商品市场进一步细分为原料药生产市场和原料药经销市场。

由于原料药对于生产药品具有特殊作用，一种原料药一般构成单独的相关商品市场，并可能根据具体情况作进一步细分。如不同品种原料药之间具有替代关系，可能根据具体情况认定多个品种原料药构成同一相关商品市场。

（二）相关地域市场

原料药领域相关地域市场界定采用需求替代和供给替代分析。不同国家关于原料药生产、经销的相关资质和监管标准不同。在中国生产、经销原料药，原料药经营者应当按照核准的工艺组织生产，严格遵守药品生产质量管理规范和药品经营质量管理规范，确保生产和经营过程符合法定要求；进口原料药需获得中国相关监督管理部门批准。因此，生产、经销原料药的相关地域市场一般界定为中国市场。

根据不同原料药运输的特点和成本，特定品种原料药的地域市场可能界定为一定的地域范围。

第二章 垄断协议

《反垄断法》禁止经营者达成、实施垄断协议。认定原料药领域的垄断协议，适用《反垄断法》第三章和《禁止垄断协议暂行规定》。对《反垄断法》第十三条、第十四条明确列举的垄断协议，依法予以禁止；对符合《反垄断法》第十五条规定条件的垄断协议，依法予以豁免。

第五条 垄断协议的形式

原料药领域垄断协议是指经营者排除、限制竞争的协议、决定或者其他协同行为。协议、决定可以是书面、口头等形式。其他协同行为是指经营者虽未明确订立协议或者决定，但通过其他方式实质上存在协调一致的行为，有关经营者基于独立意思表示所作出的价格跟随等平行行为除外。

第六条 横向垄断协议

禁止具有竞争关系的原料药经营者达成《反垄断法》第十三条规定的横向垄断协议。原料药经营者下列行为，一般会构成《反垄断法》第十三条禁止的垄断协议行为：

（一）原料药生产企业与具有竞争关系的其他经营者通过联合生产协议、联合采购协议、联合销售协议、联合投标协议等方式商定原料药生产数量、销售数量、销售价格、销售对象、销售区域等；

（二）原料药生产企业通过第三方（如原料药经销企业、下游药品生产企业）及展销会、行业会议等沟通协调原料药销售价格、产能产量、产销计划等敏感信息；

（三）原料药生产企业与具有竞争关系的其他原料药经营者达成不生产或者不销售原料药、其他原料药经营者给予补偿的协议；

（四）原料药经销企业与具有竞争关系的其他原料药经营者就采购数量、采购对象、销售价格、销售数量、销售对象等进行沟通协调。

原料药领域与其他领域和行业横向垄断协议在竞争分析方面并无显著差别，本指南不再进一步细化。

第七条 纵向垄断协议

禁止原料药经营者与交易相对人达成《反垄断法》第十四条规定的纵向垄断协议。原料药经营者下列行为，一般会构成《反垄断法》第十四条禁止的垄断协议行为：

（一）通过合同协议、口头约定、书面函件、电子邮件、调价通知等形式对原料药经销企业、药品生产企业等实施直接固定转售价格和限定最低转售价格（以下简称转售价格限制）；

（二）采取固定经销企业利润、折扣和返点等手段对原料药经销企业、药品生产企业等实施变相转售价格限制；

以提供返利、优先供货、提供支持等奖励措施，或者以取消返利、减少折扣甚至拒绝供货或者解除协议等惩罚措施相威胁,对原料药经销企业、药品生产企业进行转售价格限制,一般会认为是实施纵向垄断协议而设置的监督和惩罚措施。

原料药经营者实施地域限制或者客户限制,可能构成《反垄断法》第十四条禁止的垄断协议行为。其中,地域限制是指原料药经营者限定交易相对人只在特定经销区域对下游一个或者若干个原料药经销企业供货,下游原料药经销企业不向其他经销区域销售;客户限制是指原料药经营者限定交易相对人只能将原料药销售给或者不得销售给特定的原料药经销企业、药品生产企业。地域限制和客户限制可能导致市场分割、价格歧视,削弱原料药市场竞争,也可能导致其他原料药经销企业或者药品生产企业难以获得相关产品供应,使原料药和药品价格维持在高位。

通常情形下,单个原料药经营者实施纵向垄断协议会限制品牌内竞争,损害原料药经销企业、药品生产企业利益。特别是如果相关市场上多个甚至全部经营者均采用相似纵向垄断协议,原料药市场竞争将被明显削弱,损害原料药经销企业、药品生产企业利益,使原料药及相关药品的价格明显高于竞争水平,损害原料药及相关药品市场竞争。

第八条 协同行为的认定

认定原料药领域协同行为,可以通过直接证据判定是否存在协同行为的实施。如果直接证据较难获取,可以根据《禁止垄断协议暂行规定》第六条规定,按照逻辑一致的间接证据,认定经营者对相关信息的知悉情况,判定经营者之间是否存在协同行为。经营者可以提供相反证据证明不存在协同行为。

第九条 轴辐协议

经营者不得组织原料药经营者达成垄断协议或者为其达成垄断协议提供实质性帮助。

具有竞争关系的原料药经营者可能借助与其他经营者之间的纵向关系,或者由其他经营者组织、协调,达成具有横向垄断协议效果的轴辐协议。分析该协议是否属于《反垄断法》第十三条规制的垄断协议,主要考虑原料药经营者是否应知或者明知其他经营者与同一原料药经销企业签订相同、相似或者具有相互配合关系的协议。

第十条 豁免

原料药经营者如果主张其协议可以适用《反垄断法》第十五条,需要提交其协议符合《反垄断法》第十五条规定法定条件的证据。反垄断执法机构根据个案具体情况依法作出判定。

第十一条 宽大制度

反垄断执法机构鼓励参与横向垄断协议的原料药领域经营者主动报告横向垄断协议有关情况并提供重要证据,同时停止涉嫌违法行为并配合调查。对符合宽大适用条件的经营者,反垄断执法机构可以减轻或者免除处罚。

经营者申请宽大的具体标准和程序等,适用《禁止垄断协议暂行规定》和《国务院反垄断委员会横向垄断协议案件宽大制度适用指南》。

第十二条 行业协会

行业协会不得组织原料药经营者达成垄断协议,也不得为原料药经营者达成垄断协议提供便利条件。

第三章 滥用市场支配地位

《反垄断法》禁止具有市场支配地位的经营者从事滥用市场支配地位,排除、限制竞争的行为。认定原料药领域的滥用市场支配地位行为,适用《反垄断法》第三章和《禁止滥用市场支配地位行为暂行规定》。通常情况下,首先需要界定相关市场,分析经营者在相关市场是否具有市场支配地位,再根据个案情况具体分析是否构成滥用市场支配地位行为。

第十三条 市场支配地位的认定

认定原料药经营者在相关市场上是否具有支配地位,应依据《反垄断法》第十八条、第十九条规定的认定或者推定经营者具有市场支配地位的因素和情形进行分析。结合原料药行业的特点,可以具体考虑以下因素:

(一) 原料药经营者的市场份额;

（二）相关市场竞争状况；
（三）原料药经营者的实际产能和产量；
（四）原料药经营者控制原料药销售市场或者采购市场的能力；
（五）原料药经营者的财力和技术条件；
（六）交易相对人对原料药经营者的依赖程度；
（七）现实和潜在交易相对人的数量，以及交易相对人对原料药经营者的制衡能力；
（八）其他原料药经营者进入相关市场的难易程度。

评估原料药经销企业市场份额时，可以考虑其销售额、销售量、库存量，以及该经销企业控制生产企业销售量的比例等因素。在有证据证明原料药经营者对其他经营者进行实际控制时，一般将该原料药经营者与被实际控制经营者的市场份额合并计算。

第十四条 常见的滥用市场支配地位行为

从执法实践看，原料药领域常见的滥用市场支配地位行为包括以不公平的高价销售原料药、拒绝与交易相对人交易、限定交易相对人只能与其交易、搭售商品或者在交易时附加不合理交易条件、对条件相同的交易相对人实行差别待遇等。

第十五条 不公平高价

具有市场支配地位的原料药经营者，滥用其市场支配地位，以不公平的高价销售原料药，不仅排除、限制市场竞争，推高原料药及相关药品市场价格，损害交易相对人合法权益和消费者利益，而且造成国家医保基金浪费。分析是否构成上述行为，可以考虑以下因素：

（一）销售价格明显高于其他经营者在相同或者相似市场条件下销售同种原料药或者可比较原料药的价格，以及相关期间的成本变化；

（二）销售价格明显高于同一经营者在其他相同或者相似市场条件区域销售原料药的价格；

（三）在市场环境稳定、成本（进价）未受显著影响的情况下，超过合理幅度提高原料药销售价格；

（四）在成本（进价）增长的情况下，销售原料药的提价幅度明显高于成本增长幅度；

（五）通过其他经营者以流转过票等方式，高价销售原料药。

第十六条 拒绝交易

具有市场支配地位的原料药经营者，滥用其市场支配地位，没有正当理由拒绝销售原料药，排除、限制市场竞争，影响药品正常供应，损害交易相对人合法权益和消费者利益。分析是否构成上述行为，可以考虑以下因素：

（一）没有正当理由，在与交易相对人开展交易过程中，实质性削减与交易相对人的现有销售数量或者拖延、中断与交易相对人的现有交易；

（二）没有正当理由，拒绝与交易相对人开展新的交易；

（三）没有正当理由，将原料药包销后，拒绝与交易相对人交易；

（四）没有正当理由，设置限制性条件，变相导致交易相对人难以与其进行交易。

第十七条 限定交易

具有市场支配地位的原料药经营者，滥用其市场支配地位，没有正当理由限定交易相对人只能与其进行交易或者只能与其指定的经营者进行交易，排除、限制市场竞争，影响药品正常供应，损害交易相对人合法权益和消费者利益。分析是否构成上述行为，可以考虑以下因素：

（一）没有正当理由，限定交易相对人只能向其购买或者销售原料药，不得与其他经营者进行交易；

（二）没有正当理由，限定交易相对人只能向其指定的经营者购买或者销售原料药；

（三）没有正当理由，限定交易相对人不得与特定的经营者进行原料药交易。

第十八条 搭售

具有市场支配地位的原料药经营者，滥用其市场支配地位，没有正当理由搭售商品，排除、限制市场竞争，损害交易相对人合法权益和消费者利益。分析是否构成上述行为，可以考虑以下因素：

（一）搭售其他原料药；

（二）搭售药用辅料、包材、医疗器械等；

（三）搭售药品；

（四）搭售其他商品。

第十九条　附加不合理交易条件

具有市场支配地位的原料药经营者，滥用其市场支配地位，在涉及原料药的交易中附加不合理交易条件，排除、限制市场竞争，损害交易相对人合法权益和消费者利益。分析是否构成上述行为，可以考虑以下因素：

（一）要求药品生产企业将全部或者部分药品交由其销售；

（二）要求药品生产企业按照指定的交易对象、价格、数量等条件销售药品；

（三）要求药品生产企业或者经销企业提供药品收入分成；

（四）要求提供不合理的保证金，或者在原料药价款之外附加其他不合理费用；

（五）对原料药销售的合同期限、支付方式、运输及交付方式等附加不合理的限制；

（六）对原料药或者药品的销售地域、销售对象等附加不合理限制；

（七）附加与交易标的无关的其他不合理交易条件。

第二十条　差别待遇

具有市场支配地位的原料药经营者，滥用其市场支配地位，没有正当理由对条件实质相同的交易相对人实施不同的交易条件，排除、限制竞争，损害交易相对人合法权益和消费者利益。分析是否构成上述行为，在同等交易条件下，可以考虑以下因素：

（一）原料药的交易价格或者给予的折扣明显不同；

（二）原料药的品质、等级等明显不同；

（三）原料药交易的付款方式、交付方式等其他影响交易相对人参与市场竞争的条件明显不同。

第二十一条　其他滥用市场支配地位行为

原料药领域经营者实施以不公平的低价购买商品、以低于成本的价格销售商品以及国务院反垄断执法机构认定的其他滥用市场支配地位行为的，依据《反垄断法》第三章和《禁止滥用市场支配地位行为暂行规定》分析。

第二十二条　共同滥用市场支配地位

两个以上的原料药经营者分工负责、相互配合实施本章规定的垄断行为，可能构成共同滥用市场支配地位行为。认定两个以上的原料药经营者具有市场支配地位，还应当考虑市场结构、相关市场透明度、相关商品同质化程度、经营者行为一致性等因素。

第四章　经营者集中

《反垄断法》禁止经营者实施具有或者可能具有排除、限制竞争效果的经营者集中。原料药行业经营者集中的反垄断审查与其他行业并无显著差别，达到《国务院关于经营者集中申报标准的规定》（以下简称《规定》）中申报标准的经营者集中，应当事先向国务院反垄断执法机构申报，未依法申报的不得实施集中。国务院反垄断执法机构依据《反垄断法》《规定》和《经营者集中审查暂行规定》，对原料药领域的经营者集中进行审查，并对违法实施的经营者集中进行调查处理。

第二十三条　未达申报标准的经营者集中

由于部分原料药品种市场规模相对较小，经营者年度营业额可能没有达到《规定》中的申报标准。但当该品种原料药经营者数量较少，在相关市场的市场份额和市场集中度较高时，经营者实施的集中具有或者可能具有排除、限制竞争的效果，参与集中的经营者可以主动申报。

原料药领域的经营者集中未达到《规定》的申报标准，但有证据表明该经营者集中具有或者可能具有排除、限制竞争效果的，国务院反垄断执法机构应当依法进行调查。

第二十四条　经营者与执法机构的商谈

对于可能符合本指南第二十三条情形的经营者集中，鼓励原料药经营者在实施集中前，尽早就相关问题与反垄断执法机构进行商谈。

第五章 滥用行政权力排除、限制竞争

《反垄断法》禁止行政机关和法律法规授权的具有管理公共事务职能的组织滥用行政权力排除、限制竞争。滥用行政权力排除、限制原料药市场竞争的行为，由反垄断执法机构依据《反垄断法》等相关法律、法规处理。

第二十五条 滥用行政权力限定交易或者限制商品自由流通行为

行政机关和法律法规授权的具有管理公共事务职能的组织从事下列行为，排除、限制原料药市场竞争，属于《反垄断法》所禁止的行为：

（一）限定或者变相限定单位或者个人经营、购买、使用其指定的经营者提供的原料药；

（二）对外地原料药经营者设定歧视性标准、政策，采取歧视性技术措施，或者采用专门针对外地原料药经营者的行政许可、备案、关卡、屏蔽手段等，限制外地原料药经营者进入本地市场，妨碍外地原料药在本地自由流通；

（三）以设定歧视性资质要求、评审标准或者不依法发布信息等方式，排斥或者限制外地原料药经营者参加本地的招标投标活动；

（四）采取与本地原料药经营者不平等待遇等方式，排斥或者限制外地原料药经营者在本地投资或者设立分支机构。

第二十六条 滥用行政权力强制经营者从事垄断行为

行政机关和法律、法规授权的具有管理公共事务职能的组织强制或者变相强制原料药经营者从事垄断行为，属于《反垄断法》所禁止的行为。

第二十七条 公平竞争审查

行政机关和法律、法规授权的具有管理公共事务职能的组织制定市场准入和退出、产业发展、招商引资、招标投标、政府采购、经营行为规范、资质标准等涉及原料药领域市场主体经济活动的规章、规范性文件、其他政策性文件以及"一事一议"形式的具体政策措施，应当按照国务院的规定进行公平竞争审查。

第六章 附 则

第二十八条 适用范围

生产原料药和药用辅料所需的上游化工原料、医药中间体等适用本指南。

第二十九条 指南的解释

本指南由国务院反垄断委员会解释，自发布之日起施行。

17. 国务院反垄断委员会关于汽车业的反垄断指南

（国反垄发〔2019〕2号 2019年1月4日印发）

第一章 总 则

第一条 指南的目的和依据

汽车业是国民经济的重要支柱产业，在促进经济增长、技术创新、就业与社会发展等方面发挥着重要作用。公平竞争是发挥市场配置资源的决定性作用、促进汽车业健康发展、维护消费者利益和社会公共利益的重要保障。为预防和制止汽车业垄断行为，降低行政执法和经营者合规成本，推进科学、有效的反垄断监管，根据《中华人民共和国反垄断法》（下称《反垄断法》）、《国务院反垄断委员会关于相关市场界定的指南》（下称《关于相关市场界定的指南》）、《关于经营者集中申报标准的规定》等法律规定，制定本指南。

第二条 相关概念

（一）汽车，是指由动力驱动、具有四个或四个以上车轮的非轨道承载的车辆，主要用于载运人员和/或货物、牵引载运人员和/或货物的车辆、特殊用途，分为乘用车和商用车两大类。乘用车和商用车的进一步分类，参见国家相关标准（GB/T3730.1《汽车和挂车类型的术语和定义》）。

（二）新能源汽车，是指采用新型动力系统，完全或主要依靠新型能源驱动的汽车，主要包括纯电动汽车、插电式混合动力（含增程式）汽车及燃料电池汽车等。

（三）二手车，是指从办理完注册登记手续至达到国家强制报废标准之前进行交易并转移所有权的汽车。

（四）汽车供应商，是指为经销商提供汽车资源的经营者，包括：汽车制造商、接受汽车制造商转让销售环节权益并进行分销的经营者、从境外进口汽车的经营者。

（五）配件供应商，是指生产或提供汽车初装零部件和售后配件的经营者。

（六）汽车经销商，是指从事汽车经销与服务的经营者。在实务中，汽车经销商可以同时承担汽车维修商的角色，但汽车销售和售后服务环节也可以相互分离。

（七）售后服务商是指提供汽车维护、修理等服务的经营者。

（八）最终用户，就汽车而言，是指汽车所有人和其他对汽车拥有合法使用权的人（如汽车承租人）。就汽车售后配件及用品而言，包括：1. 购买该等产品的机动车所有人和其他对汽车拥有合法使用权的人；2. 将该等产品用于维修而非转售目的的售后服务商。

（九）汽车配件，按用途、品牌、供应渠道与质量等标准分类，包括初装零部件、双标件、售后配件、原厂配件、同质配件等。

初装零部件，是指用于生产组装新车的零部件。

双标件，是指同时标有汽车制造商和配件制造商商标、标识和零件代码的初装零部件和售后配件。

售后配件，是指安装于汽车、用来替换该汽车初装零部件的产品，包括汽车所必需的润滑剂等，但不包括燃料。

原厂配件，是指汽车供应商或者汽车供应商指定的第三方所提供的，使用汽车供应商品牌或汽车供应商指定品牌，按照汽车初装零部件规格和产品标准制造的售后配件。

同质配件，又称质量相当配件，是指质量不低于汽车初装零部件的售后配件，但不包括原厂配件。

（十）维修技术信息，是指汽车在使用过程中，为维持或恢复汽车出厂时的技术状况和工作能力，延长汽车使用寿命，确保汽车符合安全、环保使用要求所进行的汽车诊断、检测与维修作业必需的技术信息资料的总称。

第三条 相关市场

汽车业产业链长，上中下游业务类型多样，界定相关商品市场和地域市场应遵循《反垄断法》和《关于相关市场界定的指南》所确定的一般原则和方法，同时考虑汽车业的特点，结合个案具体分析。

（一）相关商品市场

汽车业相关商品市场界定的基本方法是替代性分析，在个案中界定相关商品市场时，可以基于商品的特征、用途、价格等因素进行需求替代分析，必要时进行供给替代分析。比如，汽车经销由批发和零售两个环节构成，批发由汽车供应商面向经销商，零售由经销商面向最终用户。根据个案具体情形，可能需要将汽车批发和零售分别界定为细分的相关商品市场；汽车经销市场还可以从需求替代和供给替代的角度进一步细分。汽车售后市场可以分为售后配件经销市场和售后维修保养市场，也可以根据替代性分析进一步界定。

（二）相关地域市场

汽车业相关地域市场界定的基本方法同样是替代性分析，以下以乘用车为例进行分析：

从供给替代的角度看，乘用车制造市场很大程度上是全球化的。但从需求替代的角度看，各国竞争环境（技术和贸易壁垒、机动车税费、经销体系、价格、竞争者市场渗透度等）存在显著差异，因此乘用车制造市场可以界定为国别市场。

对于乘用车经销市场，一般来说汽车供应商在全国范围内开展批发业务，因此可以将乘用车批发的地域市场界定为国别市场。在零售层面，由于汽车牌照、汽车通行、售后服务、保修条款等种种限制，并考虑到选购汽车的时间、交通等成本因素，最终用户未必能够去外地购车，乘用车零售市场可以界定为省级或地区性市场。

（三）相关市场界定在各类垄断案件中的作用

由于案件性质与评估路径的差异，不同类型垄断案件中相关市场界定的作用不尽相同。垄断协议和滥用市场支配地位案件均关注已发生的限制竞争行为。当竞争者之间达成固定价格、分割市场、限制产量等横向垄断协议，实务中通常没有必要明确界定相关市场，但对于滥用市场支配地位案件，相关市场界定通常是认定滥用市场支配地位行为的第一步。

此外，应认识到相关市场界定在横向协议和纵向协议竞争评估中的作用。当根据《反垄断法》第十五条主张协议不适用第十三条或第十四条的规定时，经营者需要证明其协议符合第十五条规定的条件。除"为保障对外贸易和对外经济合作中的正当利益的"等情形，"证明所达成的协议不会严重限制相关市场的竞争"是第十五条规定的条件之一，相关市场界定因而成为经营者证明其协议符合法定豁免的必要步骤。

第二章　垄断协议

《反垄断法》第十三条禁止横向垄断协议，第十四条禁止纵向垄断协议，第十五条规定了垄断协议的豁免情形和条件。根据《反垄断法》第十五条，经营者主张协议不适用《反垄断法》第十三条或第十四条，首先需要证明协议属于第十五条第一款列出的情形之一；其次，除"为保障对外贸易和对外经济合作中的正当利益的"和"法律和国务院规定的其他情形"，经营者还应当证明协议不会严重限制相关市场的竞争，并且能够使消费者分享由此产生的利益。

为证明协议不会严重限制相关市场的竞争，经营者可以评估其在相关市场的市场力量。评估经营者的市场力量，可以参考《反垄断法》第十八条所列举的各项因素。

评估一项协议是否能够使消费者分享由此产生的利益，可以从价格降低、质量提高、技术创新、技术升级、产品和服务的更多选择等角度加以考察。

第四条　豁免

（一）推定豁免

为降低行政执法成本和经营者合规成本，本指南列出了不具有显著市场力量的经营者设置的纵向地域限制和客户限制若干情形，可以推定适用《反垄断法》第十五条的规定。执法实践和理论研究证明，该等情形通常能够提高经销服务质量、增进经销效率、增强中小经销商经营效率和竞争力，一般不会严重限制相关市场的竞争，并且能够使消费者分享由此产生的利益，因而符合《反垄断法》第十五条规定的条件。

评估经营者是否具有显著市场力量，设置一个固定的市场份额标准并不必然具有合理性与科学性。但是，以纵向协议的竞争评估为例，执法实践和理论研究表明，在相关市场占有30%以下市场份额的经营者有可能被推定为不具有显著市场力量。

但是，市场份额标准不应被僵化运用。根据个案具体情形，如果有证据能够证明经营者的行为不符合《反垄断法》第十五条规定，国务院反垄断执法机构（下称执法机构）仍然可以对相关行为适用《反垄断法》第十四条。

（二）个案豁免

除本指南列出的可以推定适用《反垄断法》第十五条的情形之外，经营者如果主张其协议可以适用《反垄断法》第十五条，需要根据个案具体情形证明其协议符合《反垄断法》第十五条的法定条件，判断其协议能否被个案豁免。

第五条　汽车业横向垄断协议

（一）某些类型的横向协议，如研究与开发协议、专业化协议、技术标准化协议、联合生产协议、联合采购协议等，通常能够增进效率和促进竞争，有利于增加消费者福利。比如新能源汽车研发与生产过程中的横向协议，可以使经营者分担投资风险、提高效率、促进社会公共利益。因此，达成前述能够增进效率和促进竞争的横向协议的汽车业经营者，可以根据《反垄断法》第十五条证明其协议不适用《反垄断法》第十三条规定。

（二）关于横向垄断协议的竞争分析，汽车业与其他行业并无显著差别，因此本指南不再进一步细化。关于汽车业横向垄断协议的反垄断规制，由执法机构根据《反垄断法》等相关法律规定依法处理。

第六条　汽车业纵向垄断协议

分析和评估纵向垄断协议，需要首先判断一项协议是否构成《反垄断法》第十四条所禁止的协议。其次，评估该协议能否根据《反垄断法》第十五条适用推定豁免。如果该协议不能被推定豁免，则需要评估该协议能否被个案豁免。

（一）协议的形式

纵向垄断协议可以表现为直接限制，比如合同条款规定经销商的转售价格；也可以表现为间接限制，比如固定经销商的利润率和折扣水平，通过实施价格监测对不遵守建议价的经销商取消返利、拒绝供货或提前解除授权协议等。

在中国汽车市场上，纵向垄断协议可能体现在经销商协议，也可能通过商务政策、通函、资讯、通知等形式达成。通常情形下，单个经营者实施纵向垄断协议会限制品牌内竞争，损害消费者利益。特别是当相关市场上多数甚至全部经营者均采用相似纵向垄断协议，各类纵向限制形成网络，全面覆盖相关市场，品牌间竞争将被明显削弱。相似纵向协议导致的累积效果能够显著限制相关市场的竞争，使相关产品和服务在竞争水平之上定价，最终导致消费者福利损失。

（二）固定转售价和限定最低转售价

《反垄断法》第十四条明确禁止固定转售价和限定最低转售价。转售价格限制的负面效应主要表现在维持高价、促进横向共谋、削弱品牌间竞争和品牌内竞争、排斥竞争者等方面。

当然，如果经营者能够证明该等价格限制不会严重限制相关市场竞争，并且能够使消费者分享由此产生的利益，经营者可以根据《反垄断法》第十五条规定对固定转售价和限定最低转售价主张个案豁免。

在实务中，汽车业经营者基于《反垄断法》第十五条主张个案豁免的转售价格限制的常见情形包括：

1. 新能源汽车的短期转售价格限制。为节约能源、保护环境、避免"服务搭便车"，新能源汽车的短期（现阶段为9个月以内，从汽车供应商就具体车型发出第一张批售发票之日起算，并可以根据新能源汽车产业和技术发展对豁免期进行调整）的固定转售价和限定最低转售价对于激励经销商努力推广新能源产品，加大销售力度，扩大市场对新产品的需求是必要的，进而能够促进新产品成功上市，给予消费者更多选择。

2. 仅承担中间商角色的经销商销售中的转售价格限制。仅承担中间商角色的经销商销售是指汽车供应商与特定第三人或特定终端客户（如：汽车供应商和经销商的员工、大客户、广告及赞助对象等）直接协商达成销售价，仅通过经销商完成交车、收款、开票等交易环节的销售。在该等交易中，经销商仅承担中间商的角色协助完成交易，与一般意义的经销商有所不同。

3. 政府采购中的转售价格限制。在实务中，政府采购项目通常要求参加联合投标的汽车供应商与其经销商协调后提供一致或固定的零售价格报价。对于全国范围的采购项目，政府采购部门有时与汽车供应商直接接洽，汽车供应商没有销售资质的，需要与特定经销商就零售价格达成一致，以实现对政府采购的报价。与仅承担中间商角色的经销商销售类似，政府采购中的经销商如果仅协助完成交易，则与一般意义的经销商有所不同。

4. 汽车供应商电商销售中的转售价格限制。电商销售中的定价行为适用《反垄断法》等法律规定。但是，实务中存在汽车供应商通过电商平台在一定时期以统一价格销售汽车，与不特定的最终用户直接达成交易，仅通过经销商完成交车、收款、开票等交易环节的销售。在此种情况下，经销商如果仅协助完成交易，则与一般意义的经销商有所不同。

（三）建议价、指导价和限定最高价

汽车供应商对经销商和维修商设置转售汽车与汽车售后配件及用品的建议价、指导价或最高价，以及对经销商和维修商设置售后服务工时费的建议价、指导价或最高价，如果由于协议一方的压力或激励，建议价、指导价或最高价被多数或全部经销商所执行，在实质效果上等同于固定转售价或限定最低转售价时，根据个案具体情形，该等行为有可能被认定为固定转售价或限定最低转售价。

（四）地域限制和客户限制

地域限制是指供应商承诺在特定经销区域对一个或若干经销商供货，经销商承诺不向其他经销区域销售。客户限制是指供应商限定经销商只能将商品售予或不得售予特定客户。

地域限制和客户限制可能削弱品牌内竞争、分割市场、形成价格歧视。有效实施的地域限制和客户限制导致其他经销商难以获得供货，阻碍更有效率的新型经销模式的推广，使商品和服务价格维持在高位。但是，有时地域限制和客户限制也能够提高经销效率，比如，在经销商需要为保护和建立品牌形象进行特定投资时，地域限制能产生显著的效率。

1. 不具有显著市场力量的汽车业经营者设置的具有经济效率和正当化理由的地域限制和客户限制，通常能够符合《反垄断法》第十五条的规定，可以推定适用《反垄断法》第十五条。前述情形主要包括：

（1）约定经销商仅在其营业场所进行经销活动，但不限制该经销商的被动销售，也不限制授权经销商之间交叉供货。

被动销售，是指经销商未主动营销，但应个别客户的要求，向该客户交付商品或服务。比如，甲地消费者到乙地购车的行为即为乙地经销商的被动销售。

相对于传统销售方式，电商销售面向更广大、更多样的客户。如果一个客户浏览经销商网站或第三方网站并联络该经销商，且该联络产生了一笔销售交易，这笔销售将被视为被动销售。对于经销商通过其自有或第三方网站向不特定受众发出的信息，如果客户主动选择接受（如：在线订阅经销商的推广信息）并主动接洽经销商而产生一笔销售交易，该交易将被视为经销商的被动销售。但是，如果经销商向特定受众发出广告或促销信息，则该等行为将构成主动销售。

（2）限制经销商对汽车供应商为另一经销商保留的独占地域或专有客户进行主动销售。

（3）限制批发商直接向最终用户进行销售。

（4）为避免配件被客户用于生产与汽车供应商相同的产品，限制经销商向该类客户销售配件。

2. 通常能够限制竞争、导致高价并减少消费者选择的地域限制和客户限制，不能推定适用《反垄断法》第十五条的规定，包括但不限于：

（1）限制经销商的被动销售；

（2）限制经销商之间交叉供货；

（3）限制经销商和维修商向最终用户销售汽车维修服务所需配件。

（五）通过质量担保条款对售后维修服务和配件流通施加间接的纵向限制

对在质量担保范围内的维修保养工作和替换配件，汽车供应商通常要求汽车最终用户到授权维修网络使用原厂配件完成维修保养工作。但是，如果汽车供应商与汽车经销商、汽车维修商达成协议，通过质量担保条款对售后服务和售后配件流通间接施加不合理的纵向限制，能够排斥独立维修商，减少配件供应和经销渠道，最终提高汽车维修保养服务的价格。

上述不合理的纵向限制情形包括但不限于：

1. 汽车供应商以汽车最终用户将不在质量担保范围的维修保养工作全部交由授权维修网络完成，作为汽车供应商履行质量担保责任的条件；

2. 对不在质量担保范围的配件，汽车供应商要求汽车经销商、汽车维修商使用原厂配件作为其履行质量担保责任的条件；

3. 汽车供应商没有正当理由，限制其维修网络对平行进口车提供售后维修保养服务。

（六）有关经销商和维修商销售与服务能力的其他纵向限制

汽车供应商通过协议和商务政策等实施的下述纵向限制，有可能不当限制经销商和维修商的销售与服务能力，如果导致排除、限制竞争效果，提高汽车经销和维修渠道的价格，损害消费者利益，则相关协议和商务政策可能被认定为《反垄断法》所规制的纵向垄断协议。

1. 汽车供应商向经销商或维修商强制搭售其未订购的汽车、售后配件、精品、耗材、修理工具、检测仪器等，有可能导致搭卖品的排他购买义务，因而排除、限制搭卖品市场的竞争。

2. 汽车供应商强制经销商或维修商接受不合理的汽车或售后配件销售目标、库存品种和数量。

供应商和经销商之间可以通过平等协商约定合同产品的销售目标、库存品种和数量。但是，供应商单方制定并强制经销商接受不合理的销售目标、库存品种和数量，有可能导致经销商承担合同产品的排他购买义务，因而排除、限制相关市场的竞争。

3. 汽车供应商强制要求经销商承担以汽车供应商名义开展的广告、车展等宣传推广费用，或强制限定经销商自担费用开展广告宣传的特定方式和特定媒体。

汽车供应商通常与经销商约定参与共同推广和营销活动并要求经销商分摊合理费用。此外，为确保品牌推广的整体效果，汽车供应商通常为经销商设置遴选媒体的合理的质量型标准。但是，强制要求经销商承担以汽车供应商名义开展的宣传推广费用，或强制限定经销商自担费用开展广告宣传的特定方式和特定媒体，有可能限制经销商自主决定推广和营销活动的能力，间接增加经销和售后渠道的成本，最终增加消费者的负担。

4. 汽车供应商强制要求经销商和维修商只能使用特定有偿设计单位或建筑单位的服务，或强制要求经销商和维修商所需建筑材料、通用设备、信息管理系统和办公设施等只能使用特定品牌、供应商和供应渠道。

为保证品牌形象，汽车供应商通常会通过协议或商务政策对经销商和维修商经营场所的设计、装饰、办公设施等约定或规定质量型标准。此外，基于知识产权保护的考虑，汽车供应商通常指定其汽车品牌标识的采购渠道。但是，限定经营场所的设计、办公设施等只能使用特定第三方品牌、供应商和供应渠道对于保证汽车品牌形象通常并非必要，可能排除、限制相关市场的竞争，间接增加经销和售后渠道的成本。

5. 汽车供应商限制经销商经营其他供应商的商品。

汽车供应商可以对经销商营销本企业的商品进行必要的约定或提出必要的服务标准，并给予相关培训和指导。但如果汽车供应商限制经销商代理其他供应商的商品，或限制经销商在经营场所销售其他企业或品牌商品（可以要求为本企业品牌汽车设立单独展区），可能导致市场中新进入的或原来的竞争者无法找到可替代的良好流通渠道，使得经销商承担合同产品的排他购买义务，从而排除、限制相关市场的竞争。

6. 汽车供应商因经销商或维修商从事促进竞争的行为而拒绝供货或提前解除经销协议。

当经销商或维修商从事了促进竞争的行为，如拒绝执行汽车供应商设置的最低转售价、从汽车供应商以外的渠道购进原厂配件和同质配件用于售后维修等，汽车供应商不得拒绝向经销商供货或提前解除经销协议。

第三章　滥用市场支配地位

《反垄断法》第十七条禁止滥用市场支配地位行为。目前，我国新车销售市场竞争较为激烈，但汽车售后市场由于存在锁定效应和兼容性问题，可能限制、削弱售后市场的有效竞争，损害消费者利益。在个案中界定汽车售后市场，汽车品牌是需要考虑的一个重要因素。因此，根据

《反垄断法》第十七条对市场支配地位的定义，以及第十八条关于认定经营者具有市场支配地位应当依据的因素，在新车销售市场上不具有支配地位的汽车供应商，在其品牌汽车售后市场上可能被认定为具有支配地位。

对于未达到《反垄断法》第十九条规定的市场支配地位推定标准的经营者，其在售后配件的生产、供应与流通以及维修技术信息、测试仪器和维修工具的供应过程中实施的纵向限制，根据《反垄断法》第十四条与第十五条进行评估。

第七条　售后配件的生产

除根据代工协议生产的配件以外，在其品牌汽车售后市场上具有支配地位的汽车制造商没有正当理由，不应限制为初装汽车配套的配件供应商生产双标件。即汽车制造商不应禁止为其提供初装零部件的配件供应商在相关初装零部件上加贴自有商标、标识和零件代码。双标件旨在提高消费者和维修商辨识同质配件的能力，促进汽车售后市场有效竞争。

关于代工协议的认定，参见本指南第十一条。

第八条　售后配件的供应与流通

在汽车售后市场上具有支配地位的汽车供应商没有正当理由，不应限制售后配件的供应与流通，包括：

（一）限制经销商和维修商外采售后配件，即限制经销商和维修商购买同质配件或从其他渠道购买原厂配件（包括平行进口配件）。

不具有市场支配地位的供应商对其经销渠道设置一定期限的排他采购义务，能够提高经销网络的质量标准，有助于建立和保持品牌形象，提高品牌对最终消费者的吸引力，提升销量。但是，如果相关市场存在显著的进入或扩张壁垒，排他采购义务有可能封锁竞争性供应商，削弱创新激励机制，提高经销渠道的商品价格，限制消费者的选择。

在实务中，在其品牌汽车售后市场上具有支配地位的汽车供应商，对经销商规定不合理的配件销售数量目标、库存品种和数量，通常能够实质限制经销商和维修商外采配件。

但是，汽车供应商可以依法要求其授权体系成员仅使用原厂配件和同质配件，该授权体系成员应当依法保证消费者的知情权和配件可追溯性。汽车供应商可以依法要求，仅当消费者知情并明确选择且保证配件可追溯性的条件下，授权体系成员才可以在维修工作中使用再制造件和回用件。

再制造件，是指旧汽车零部件经过再制造技术、工艺生产后，性能和质量达到原型新品要求的零部件。

回用件，是指从报废汽车上拆解或维修车辆上替换的能够继续使用的零部件。

（二）限制配件供应商、经销商和维修商外销售后配件，包括：

1. 除根据代工协议生产的配件以外，要求配件全部"返厂"，即限制配件供应商向售后渠道以自有品牌供应配件；

2. 限制经销商之间、维修商之间、以及经销商和维修商之间交叉供应售后配件；

3. 限制经销商和维修商向最终用户销售汽车维修服务所需配件。

第九条　维修技术信息、测试仪器和维修工具的可获得性

汽车售后维修通常需要由具备相应资质的技工基于特定品牌汽车的技术信息而完成。汽车供应商通常是其品牌汽车全部维修技术信息的唯一供应源。如果维修商不能获得检测、维修汽车以及替换汽车配件所必需的技术信息，提供的维修保养服务可能导致危险驾驶、高排放和空气污染等风险；同时，维修商市场地位受挤压，导致维修渠道减少、汽车维修保养价格升高、消费者选择受限。

汽车售后市场有效竞争需要保障售后维修技术信息的可获得性，同时保障测试仪器和维修工具的可获得性。因此，在其品牌汽车售后市场上具有支配地位的汽车供应商，无正当理由，不应限制维修技术信息、测试仪器和维修工具的可获得性，包括：

（一）限制维修商获取特定品牌汽车维修技

术信息的权利和渠道；

（二）限制测试仪器、维修工具或其他设备供应商向经销商和维修商销售有关测试仪器、维修工具或其他设备；

（三）对维修技术信息设置过高市场价格，限制维修技术信息有效公开，制约汽车维修商获取有关技术信息。

第四章 经营者集中

对于经营者集中的竞争分析，汽车业与其他行业并无显著差别。关于汽车业经营者集中的反垄断审查，由执法机构依据《反垄断法》、《关于经营者集中申报标准的规定》等法律规定依法处理。

第五章 滥用行政权力排除、限制竞争

《反垄断法》禁止行政机关和法律、法规授权的具有管理公共事务职能的组织滥用行政权力排除、限制竞争。滥用行政权力排除、限制汽车业市场竞争的行为，由执法机构依据《反垄断法》及相关规定依法处理。

第十条 汽车业的滥用行政权力排除、限制竞争行为

汽车交易中的滥用行政权力排除、限制竞争行为，阻碍汽车市场健康发展，损害消费者利益。比如，二手车交易中的滥用行政权力排除、限制竞争行为，不利于绿色循环消费和汽车市场可持续发展，还限制了汽车所有人的物权处置权益，延长消费者换车周期，间接影响新车销售市场。

行政机关和法律、法规授权的具有管理汽车流通事务职能的组织，不应违反《反垄断法》第五章规定实施排除、限制竞争的行为，包括但不限于：

（一）制定含有限制汽车销售和汽车自由流通等内容的规定；

（二）通过设定具有排除、限制竞争效果的开业条件或资质要求，限制或者变相限制经营者经营汽车业务；

（三）限定或者变相限定单位或者个人购买、租用、使用其指定的经营者提供的汽车交易系统、设施和经营场所；

（四）二手车限迁行为，即对外地二手车迁入设定高于本地在用车辆标准的限制行为；

（五）限制或变相限制二手车交易地点，即要求二手车必须在车辆注册登记所在地交易；

（六）限制二手车交易必须由二手车交易市场开具发票；

（七）限制或变相限制外地生产的汽车（如新能源汽车）进入本地市场，限制或变相限制消费者购买外地或某一类汽车（如新能源汽车）。

第六章 附 则

第十一条 配件代工协议

代工协议，实务中又称委托加工协议、代加工合同、承揽合同、贴牌加工合同，是指委托方与被委托方约定由委托方提供必需的技术、设备，由被委托方为委托方代为生产产品、提供服务或完成相关工作等的协议。

如果配件制造商使用汽车制造商的知识产权，根据汽车制造商的要求加工汽车配件，汽车制造商和配件制造商之间是委托加工关系，达成的是代工协议。代工协议与使用自有知识产权的配件制造商和汽车制造商之间形成的配件供应协议存在显著区别。

一项协议是否构成真实代工协议，需要进行个案评估，通过评估协议实质内容之后加以认定，而不能仅仅根据协议的形式直接认定。简言之，如果汽车制造商（委托方）所提供的技术、设备是配件制造商（被委托方）根据汽车制造商的要求，在合理条件下生产合同产品或提供合同服务所必需的，则配件制造商的身份是"代工厂"，不被视为市场上的独立配件供应商。

但是，当汽车制造商向配件制造商提供工具、知识产权或专有技术时，如果该配件制造商已拥有可自主使用的该等工具、知识产权或专有技术，或者能够以合理条件获得该等工具、知识

产权或专有技术，该等情形下汽车制造商的技术和设备并非配件制造商履行协议所必需的。比如，如果汽车制造商仅提供了合同产品一般的描述性信息，但限制配件制造商向售后市场以自有品牌供应配件，汽车制造商实质上剥夺了配件制造商在协议相关领域拓展业务的可能性，排除、限制相关市场的竞争，可能导致高价，减少了消费者的选择。

评估"生产合同产品或提供合同服务所必需的技术或设备"可以考虑的具体因素包括但不限于：

（一）委托方拥有或有权处置的知识产权，包括：发明专利、实用新型专利、外观设计专利或其他知识产权；

（二）委托方拥有或有权处置的生产工艺等专有技术；

（三）委托方准备的与其提供的信息配套使用的研究报告、方案等文件。

18. 国务院反垄断委员会关于平台经济领域的反垄断指南

（国反垄发〔2021〕1号　2021年2月7日印发）

第一章　总　　则

第一条　指南的目的和依据

为了预防和制止平台经济领域垄断行为，保护市场公平竞争，促进平台经济规范有序创新健康发展，维护消费者利益和社会公共利益，根据《中华人民共和国反垄断法》（以下简称《反垄断法》）等法律规定，制定本指南。

第二条　相关概念

（一）平台，本指南所称平台为互联网平台，是指通过网络信息技术，使相互依赖的双边或者多边主体在特定载体提供的规则下交互，以此共同创造价值的商业组织形态。

（二）平台经营者，是指向自然人、法人及其他市场主体提供经营场所、交易撮合、信息交流等互联网平台服务的经营者。

（三）平台内经营者，是指在互联网平台内提供商品或者服务（以下统称商品）的经营者。

平台经营者在运营平台的同时，也可能直接通过平台提供商品。

（四）平台经济领域经营者，包括平台经营者、平台内经营者以及其他参与平台经济的经营者。

第三条　基本原则

反垄断执法机构对平台经济领域开展反垄断监管应当坚持以下原则：

（一）保护市场公平竞争。坚持对市场主体一视同仁、平等对待，着力预防和制止垄断行为，完善平台企业垄断认定的法律规范，保护平台经济领域公平竞争，防止资本无序扩张，支持平台企业创新发展，增强国际竞争力。

（二）依法科学高效监管。《反垄断法》及有关配套法规、规章、指南确定的基本制度、规制原则和分析框架适用于平台经济领域所有市场主体。反垄断执法机构将根据平台经济的发展状况、发展规律和自身特点，结合案件具体情况，强化竞争分析和法律论证，不断加强和改进反垄断监管，增强反垄断执法的针对性和科学性。

（三）激发创新创造活力。营造竞争有序开放包容发展环境，降低市场进入壁垒，引导和激励平台经营者将更多资源用于技术革新、质量改进、服务提升和模式创新，防止和制止排除、限制竞争行为抑制平台经济创新发展和经济活力，有效激发全社会创新创造动力，构筑经济社会发展新优势和新动能。

（四）维护各方合法利益。平台经济发展涉及多方主体。反垄断监管在保护平台经济领域公平竞争，充分发挥平台经济推动资源配置优化、技术进步、效率提升的同时，着力维护平台内经营者、消费者和从业人员等各方主体的合法权益，加强反垄断执法与行业监管统筹协调，使全社会共享平台技术进步和经济发展成果，实现平台经济整体生态和谐共生和健康发展。

第四条 相关市场界定

平台经济业务类型复杂、竞争动态多变，界定平台经济领域相关商品市场和相关地域市场需要遵循《反垄断法》和《国务院反垄断委员会关于相关市场界定的指南》所确定的一般原则，同时考虑平台经济的特点，结合个案进行具体分析。

（一）相关商品市场

平台经济领域相关商品市场界定的基本方法是替代性分析。在个案中界定相关商品市场时，可以基于平台功能、商业模式、应用场景、用户群体、多边市场、线下交易等因素进行需求替代分析；当供给替代对经营者行为产生的竞争约束类似于需求替代时，可以基于市场进入、技术壁垒、网络效应、锁定效应、转移成本、跨界竞争等因素考虑供给替代分析。具体而言，可以根据平台一边的商品界定相关商品市场；也可以根据平台所涉及的多边商品，分别界定多个相关商品市场，并考虑各相关商品市场之间的相互关系和影响。当该平台存在的跨平台网络效应能够给平台经营者施加足够的竞争约束时，可以根据该平台整体界定相关商品市场。

（二）相关地域市场

平台经济领域相关地域市场界定同样采用需求替代和供给替代分析。在个案中界定相关地域市场时，可以综合评估考虑多数用户选择商品的实际区域、用户的语言偏好和消费习惯、相关法律法规的规定、不同区域竞争约束程度、线上线下融合等因素。

根据平台特点，相关地域市场通常界定为中国市场或者特定区域市场，根据个案情况也可以界定为全球市场。

（三）相关市场界定在各类垄断案件中的作用

坚持个案分析原则，不同类型垄断案件对于相关市场界定的实际需求不同。

调查平台经济领域垄断协议、滥用市场支配地位案件和开展经营者集中反垄断审查，通常需要界定相关市场。

第二章 垄 断 协 议

《反垄断法》禁止经营者达成、实施垄断协议。认定平台经济领域的垄断协议，适用《反垄断法》第二章和《禁止垄断协议暂行规定》。对《反垄断法》第十三条、第十四条明确列举的垄断协议，依法予以禁止；对符合《反垄断法》第十五条规定条件的垄断协议，依法予以豁免。

根据《反垄断法》第十三条第（六）项和第十四条第（三）项认定相关行为是否构成垄断协议时，可以考虑平台相关市场竞争状况、平台经营者及平台内经营者的市场力量、对其他经营者进入相关市场的阻碍程度、对创新的影响等因素。

第五条 垄断协议的形式

平台经济领域垄断协议是指经营者排除、限制竞争的协议、决定或者其他协同行为。协议、决定可以是书面、口头等形式。其他协同行为是指经营者虽未明确订立协议或者决定，但通过数据、算法、平台规则或者其他方式实质上存在协调一致的行为，有关经营者基于独立意思表示所作出的价格跟随等平行行为除外。

第六条 横向垄断协议

具有竞争关系的平台经济领域经营者可能通过下列方式达成固定价格、分割市场、限制产（销）量、限制新技术（产品）、联合抵制交易等横向垄断协议：

（一）利用平台收集并且交换价格、销量、成本、客户等敏感信息；

（二）利用技术手段进行意思联络；

（三）利用数据、算法、平台规则等实现协调一致行为；

（四）其他有助于实现协同的方式。

本指南所称价格，包括但不限于商品价格以及经营者收取的佣金、手续费、会员费、推广费等服务收费。

第七条 纵向垄断协议

平台经济领域经营者与交易相对人可能通过

下列方式达成固定转售价格、限定最低转售价格等纵向垄断协议：

（一）利用技术手段对价格进行自动化设定；

（二）利用平台规则对价格进行统一；

（三）利用数据和算法对价格进行直接或者间接限定；

（四）利用技术手段、平台规则、数据和算法等方式限定其他交易条件，排除、限制市场竞争。

平台经营者要求平台内经营者在商品价格、数量等方面向其提供等于或者优于其他竞争性平台的交易条件的行为可能构成垄断协议，也可能构成滥用市场支配地位行为。

分析上述行为是否构成《反垄断法》第十四条第（三）项规定的纵向垄断协议，可以综合考虑平台经营者的市场力量、相关市场竞争状况、对其他经营者进入相关市场的阻碍程度、对消费者利益和创新的影响等因素。

第八条 轴辐协议

具有竞争关系的平台内经营者可能借助与平台经营者之间的纵向关系，或者由平台经营者组织、协调，达成具有横向垄断协议效果的轴辐协议。分析该协议是否属于《反垄断法》第十三条、第十四条规制的垄断协议，可以考虑具有竞争关系的平台内经营者之间是否利用技术手段、平台规则、数据和算法等方式，达成、实施垄断协议，排除、限制相关市场竞争。

第九条 协同行为的认定

认定平台经济领域协同行为，可以通过直接证据判定是否存在协同行为的事实。如果直接证据较难获取，可以根据《禁止垄断协议暂行规定》第六条规定，按照逻辑一致的间接证据，认定经营者对相关信息的知悉状况，判定经营者之间是否存在协同行为。经营者可以提供相反证据证明其不存在协同行为。

第十条 宽大制度

反垄断执法机构鼓励参与横向垄断协议的平台经济领域经营者主动报告横向垄断协议有关情况并提供重要证据，同时停止涉嫌违法行为并配合调查。对符合宽大适用条件的经营者，反垄断执法机构可以减轻或者免除处罚。

经营者申请宽大的具体标准和程序等，适用《禁止垄断协议暂行规定》和《国务院反垄断委员会横向垄断协议案件宽大制度适用指南》。

第三章 滥用市场支配地位

《反垄断法》禁止具有市场支配地位的经营者从事滥用市场支配地位行为。认定平台经济领域的滥用市场支配地位行为，适用《反垄断法》第三章和《禁止滥用市场支配地位行为暂行规定》。通常情况下，首先界定相关市场，分析经营者在相关市场是否具有支配地位，再根据个案情况具体分析是否构成滥用市场支配地位行为。

第十一条 市场支配地位的认定

反垄断执法机构依据《反垄断法》第十八条、第十九条规定，认定或者推定经营者具有市场支配地位。结合平台经济的特点，可以具体考虑以下因素：

（一）经营者的市场份额以及相关市场竞争状况。确定平台经济领域经营者市场份额，可以考虑交易金额、交易数量、销售额、活跃用户数、点击量、使用时长或者其他指标在相关市场所占比重，同时考虑该市场份额持续的时间。

分析相关市场竞争状况，可以考虑相关平台市场的发展状况、现有竞争者数量和市场份额、平台竞争特点、平台差异程度、规模经济、潜在竞争者情况、创新和技术变化等。

（二）经营者控制市场的能力。可以考虑该经营者控制上下游市场或者其他关联市场的能力，阻碍、影响其他经营者进入相关市场的能力，相关平台经营模式、网络效应，以及影响或者决定价格、流量或者其他交易条件的能力等。

（三）经营者的财力和技术条件。可以考虑该经营者的投资者情况、资产规模、资本来源、盈利能力、融资能力、技术创新和应用能力、拥有的知识产权、掌握和处理相关数据的能力，以及该财力和技术条件能够以何种程度促进该经营者业务扩张或者巩固、维持市场地位等。

（四）其他经营者对该经营者在交易上的依赖程度。可以考虑其他经营者与该经营者的交易关系、交易量、交易持续时间、锁定效应、用户黏性，以及其他经营者转向其他平台的可能性及转换成本等。

（五）其他经营者进入相关市场的难易程度。可以考虑市场准入、平台规模效应、资金投入规模、技术壁垒、用户多栖性、用户转换成本、数据获取的难易程度、用户习惯等。

（六）其他因素。可以考虑基于平台经济特点认定经营者具有市场支配地位的其他因素。

第十二条 不公平价格行为

具有市场支配地位的平台经济领域经营者，可能滥用市场支配地位，以不公平的高价销售商品或者以不公平的低价购买商品。分析是否构成不公平价格行为，可以考虑以下因素：

（一）该价格是否明显高于或者明显低于其他同类业务经营者在相同或者相似市场条件下同种商品或者可比较商品的价格；

（二）该价格是否明显高于或者明显低于该平台经济领域经营者在其他相同或者相似市场条件下同种商品或者可比较商品的价格；

（三）在成本基本稳定的情况下，该平台经济领域经营者是否超过正常幅度提高销售价格或者降低购买价格；

（四）该平台经济领域经营者销售商品提价幅度是否明显高于成本增长幅度，或者采购商品降价幅度是否明显低于成本降低幅度。

认定市场条件相同或者相似，一般可以考虑平台类型、经营模式、交易环节、成本结构、交易具体情况等因素。

第十三条 低于成本销售

具有市场支配地位的平台经济领域经营者，可能滥用市场支配地位，没有正当理由，以低于成本的价格销售商品，排除、限制市场竞争。

分析是否构成低于成本销售，一般重点考虑平台经济领域经营者是否以低于成本的价格排挤具有竞争关系的其他经营者，以及是否可能在将

其他经营者排挤出市场后，提高价格获取不当利益、损害市场公平竞争和消费者合法权益等情况。

在计算成本时，一般需要综合考虑平台涉及多边市场中各相关市场之间的成本关联情况。

平台经济领域经营者低于成本销售可能具有以下正当理由：

（一）在合理期限内为发展平台内其他业务；

（二）在合理期限内为促进新商品进入市场；

（三）在合理期限内为吸引新用户；

（四）在合理期限内开展促销活动；

（五）能够证明行为具有正当性的其他理由。

第十四条 拒绝交易

具有市场支配地位的平台经济领域经营者，可能滥用其市场支配地位，无正当理由拒绝与交易相对人进行交易，排除、限制市场竞争。分析是否构成拒绝交易，可以考虑以下因素：

（一）停止、拖延、中断与交易相对人的现有交易；

（二）拒绝与交易相对人开展新的交易；

（三）实质性削减与交易相对人的现有交易数量；

（四）在平台规则、算法、技术、流量分配等方面设置不合理的限制和障碍，使交易相对人难以开展交易；

（五）控制平台经济领域必需设施的经营者拒绝与交易相对人以合理条件进行交易。

认定相关平台是否构成必需设施，一般需要综合考虑该平台占有数据情况、其他平台的可替代性、是否存在潜在可用平台、发展竞争性平台的可行性、交易相对人对该平台的依赖程度、开放平台对该平台经营者可能造成的影响等因素。

平台经济领域经营者拒绝交易可能具有以下正当理由：

（一）因不可抗力等客观原因无法进行交易；

（二）因交易相对人原因，影响交易安全；

（三）与交易相对人交易将使平台经济领域经营者利益发生不当减损；

（四）交易相对人明确表示或者实际不遵守

公平、合理、无歧视的平台规则；

（五）能够证明行为具有正当性的其他理由。

第十五条　限定交易

具有市场支配地位的平台经济领域经营者，可能滥用市场支配地位，无正当理由对交易相对人进行限定交易，排除、限制市场竞争。分析是否构成限定交易行为，可以考虑以下因素：

（一）要求平台内经营者在竞争性平台间进行"二选一"，或者限定交易相对人与其进行独家交易的其他行为；

（二）限定交易相对人只能与其指定的经营者进行交易，或者通过其指定渠道等限定方式进行交易；

（三）限定交易相对人不得与特定经营者进行交易。

上述限定可能通过书面协议的方式实现，也可能通过电话、口头方式与交易相对人商定的方式实现，还可能通过平台规则、数据、算法、技术等方面的实际设置限制或者障碍的方式实现。

分析是否构成限定交易，可以重点考虑以下两种情形：一是平台经营者通过屏蔽店铺、搜索降权、流量限制、技术障碍、扣取保证金等惩罚性措施实施的限制，因对市场竞争和消费者利益产生直接损害，一般可以认定构成限定交易行为。二是平台经营者通过补贴、折扣、优惠、流量资源支持等激励性方式实施的限制，可能对平台内经营者、消费者利益和社会整体福利具有一定积极效果，但如果有证据证明对市场竞争产生明显的排除、限制影响，也可能被认定构成限定交易行为。

平台经济领域经营者限定交易可能具有以下正当理由：

（一）为保护交易相对人和消费者利益所必须；

（二）为保护知识产权、商业机密或者数据安全所必须；

（三）为保护针对交易进行的特定资源投入所必须；

（四）为维护合理的经营模式所必须；

（五）能够证明行为具有正当性的其他理由。

第十六条　搭售或者附加不合理交易条件

具有市场支配地位的平台经济领域经营者，可能滥用市场支配地位，无正当理由实施搭售或者附加不合理交易条件，排除、限制市场竞争。分析是否构成搭售或者附加不合理交易条件，可以考虑以下因素：

（一）利用格式条款、弹窗、操作必经步骤等交易相对人无法选择、更改、拒绝的方式，将不同商品进行捆绑销售；

（二）以搜索降权、流量限制、技术障碍等惩罚性措施，强制交易相对人接受其他商品；

（三）对交易条件和方式、服务提供方式、付款方式和手段、售后保障等附加不合理限制；

（四）在交易价格之外额外收取不合理费用；

（五）强制收集非必要用户信息或者附加与交易标的无关的交易条件、交易流程、服务项目。

平台经济领域经营者实施搭售可能具有以下正当理由：

（一）符合正当的行业惯例和交易习惯；

（二）为保护交易相对人和消费者利益所必须；

（三）为提升商品使用价值或者效率所必须；

（四）能够证明行为具有正当性的其他理由。

第十七条　差别待遇

具有市场支配地位的平台经济领域经营者，可能滥用市场支配地位，无正当理由对交易条件相同的交易相对人实施差别待遇，排除、限制市场竞争。分析是否构成差别待遇，可以考虑以下因素：

（一）基于大数据和算法，根据交易相对人的支付能力、消费偏好、使用习惯等，实行差异性交易价格或者其他交易条件；

（二）实行差异性标准、规则、算法；

（三）实行差异性付款条件和交易方式。

条件相同是指交易相对人之间在交易安全、交易成本、信用状况、所处交易环节、交易持续时间等方面不存在实质性影响交易的差别。平台在交易中获取的交易相对人的隐私信息、交易历史、个体偏好、消费习惯等方面存在的差异不影响认定交易相对人条件相同。

平台经济领域经营者实施差别待遇行为可能具有以下正当理由：

（一）根据交易相对人实际需求且符合正当的交易习惯和行业惯例，实行不同交易条件；

（二）针对新用户在合理期限内开展的优惠活动；

（三）基于平台公平、合理、无歧视的规则实施的随机性交易；

（四）能够证明行为具有正当性的其他理由。

第四章　经营者集中

《反垄断法》禁止经营者实施具有或者可能具有排除、限制竞争效果的集中。国务院反垄断执法机构依据《反垄断法》《国务院关于经营者集中申报标准的规定》和《经营者集中审查暂行规定》，对平台经济领域的经营者集中进行审查，并对违法实施的经营者集中进行调查处理。

第十八条　申报标准

在平台经济领域，经营者的营业额包括其销售商品和提供服务所获得的收入。根据行业惯例、收费方式、商业模式、平台经营者的作用等不同，营业额的计算可能有所区别。对于仅提供信息匹配、收取佣金等服务费的平台经营者，可以按照平台所收取的服务费及平台其他收入计算营业额；平台经营者具体参与平台一侧市场竞争或者发挥主导作用的，还可以计算平台所涉交易金额。

经营者集中达到国务院规定的申报标准的，经营者应当事先向国务院反垄断执法机构申报，未申报的不得实施集中。涉及协议控制架构的经营者集中，属于经营者集中反垄断审查范围。

第十九条　国务院反垄断执法机构主动调查

根据《国务院关于经营者集中申报标准的规定》第四条，经营者集中未达到申报标准，但按照规定程序收集的事实和证据表明该经营者集中具有或者可能具有排除、限制竞争效果的，国务院反垄断执法机构应当依法进行调查。

经营者可以就未达到申报标准的经营者集中主动向国务院反垄断执法机构申报。

国务院反垄断执法机构高度关注参与集中的一方经营者为初创企业或者新兴平台、参与集中的经营者因采取免费或者低价模式导致营业额较低、相关市场集中度较高、参与竞争者数量较少等类型的平台经济领域的经营者集中，对未达到申报标准但具有或者可能具有排除、限制竞争效果的，国务院反垄断执法机构将依法进行调查处理。

第二十条　考量因素

国务院反垄断执法机构将依据《反垄断法》第二十七条和《经营者集中审查暂行规定》第三章有关规定，评估平台经济领域经营者集中的竞争影响。结合平台经济的特点，可以具体考虑以下因素：

（一）经营者在相关市场的市场份额。计算市场份额，除以营业额为指标外，还可以考虑采用交易金额、交易数量、活跃用户数、点击量、使用时长或者其他指标在相关市场所占比重，并可以视情况对较长时间段内的市场份额进行综合评估，判断其动态变化趋势。

（二）经营者对市场的控制力。可以考虑经营者是否对关键性、稀缺性资源拥有独占权利以及该独占权利持续时间，平台用户黏性、多栖性，经营者掌握和处理数据的能力，对数据接口的控制能力，向其他市场渗透或者扩展的能力，经营者的盈利能力及利润率水平，技术创新的频率和速度、商品的生命周期、是否存在或者可能出现颠覆性创新等。

（三）相关市场的集中度。可以考虑相关平台市场的发展状况、现有竞争者数量和市场份额等。

（四）经营者集中对市场进入的影响。可以考虑市场准入情况，经营者获得技术、知识产权、数据、渠道、用户等必要资源和必需设施的难度，进入相关市场需要的资金投入规模，用户在费用、数据迁移、谈判、学习、搜索等各方面的转换成本，并考虑进入的可能性、及时性和充分性。

（五）经营者集中对技术进步的影响。可以考虑现有市场竞争者在技术和商业模式等创新方面的竞争，对经营者创新动机和能力的影响，对初创企业、新兴平台的收购是否会影响创新。

（六）经营者集中对消费者的影响。可以考虑集中后经营者是否有能力和动机以提高商品价格、降低商品质量、减少商品多样性、损害消费者选择能力和范围、区别对待不同消费者群体、不恰当使用消费者数据等方式损害消费者利益。

（七）国务院反垄断执法机构认为应当考虑的影响市场竞争的其他因素。包括对其他经营者的影响、对国民经济发展的影响等。

对涉及双边或者多边平台的经营者集中，可能需要综合考虑平台的双边或者多边业务，以及经营者从事的其他业务，并对直接和间接网络外部性进行评估。

第二十一条　救济措施

对于具有或者可能具有排除、限制竞争效果的经营者集中，国务院反垄断执法机构应当根据《反垄断法》第二十八条规定作出决定。对不予禁止的经营者集中，国务院反垄断执法机构可以决定附加以下类型的限制性条件：

（一）剥离有形资产，剥离知识产权、技术、数据等无形资产或者剥离相关权益等结构性条件；

（二）开放网络、数据或者平台等基础设施，许可关键技术、终止排他性协议、修改平台规则或者算法、承诺兼容或者不降低互操作性水平等行为性条件；

（三）结构性条件和行为性条件相结合的综合性条件。

第五章　滥用行政权力排除、限制竞争

《反垄断法》禁止行政机关和法律、法规授权的具有管理公共事务职能的组织滥用行政权力排除、限制竞争。对于平台经济领域的滥用行政权力排除、限制竞争行为，反垄断执法机构依法进行调查，并提出处理建议。

第二十二条　滥用行政权力排除、限制竞争行为表现

行政机关和法律、法规授权的具有管理公共事务职能的组织从事下列行为，排除、限制平台经济领域市场竞争，可能构成滥用行政权力排除、限制竞争行为：

（一）限定或者变相限定单位或者个人经营、购买、使用其指定的平台经济领域经营者提供的商品，或者其他经营者提供的与平台服务相关的商品；

（二）对外地平台经济领域经营者设定歧视性标准、实行歧视性政策，采取专门针对外地平台经济领域经营者的行政许可、备案，或者通过软件、互联网设置屏蔽等手段，阻碍、限制外地平台经济领域经营者进入本地市场，妨碍商品在地区之间的自由流通；

（三）以设定歧视性资质要求、评标评审标准或者不依法发布信息等方式，排斥或者限制外地平台经济领域经营者参加本地的招标采购活动；

（四）对外地平台经济领域经营者实行歧视性待遇，排斥、限制或者强制外地经营者在本地投资或者设立分支机构；

（五）强制或者变相强制平台经济领域经营者从事《反垄断法》规定的垄断行为；

（六）行政机关以规定、办法、决定、公告、通知、意见、会议纪要等形式，制定、发布含有排除、限制竞争内容的市场准入、产业发展、招商引资、招标投标、政府采购、经营行为规范、资质标准等涉及平台经济领域市场主体经济活动的规章、规范性文件和其他政策性文件以及"一事一议"形式的具体政策措施。

第二十三条　公平竞争审查

行政机关和法律、法规授权的具有管理公共事务职能的组织制定涉及平台经济领域市场主体

经济活动的规章、规范性文件、其他政策性文件以及"一事一议"形式的具体政策措施，应当按照国家有关规定进行公平竞争审查。

第六章 附 则

第二十四条 指南的解释

本指南由国务院反垄断委员会解释，自发布之日起实施。

19. 国务院反垄断委员会横向垄断协议案件宽大制度适用指南

（国反垄发〔2019〕2号 2019年1月4日印发）

第一条 指南的目的和依据

根据《中华人民共和国反垄断法》（下称《反垄断法》）第四十六条第二款规定，经营者主动向国务院反垄断执法机构（下称执法机构）报告达成垄断协议的有关情况并提供重要证据，执法机构可以酌情减轻或者免除对该经营者的处罚（下称宽大制度）。为指导在横向垄断协议案件中适用上述规定，提高执法机构工作的透明度，便于经营者申请宽大，根据《反垄断法》，制定本指南。

第二条 宽大制度的意义

横向垄断协议通常具有严重排除、限制竞争的效果，同时具有高度隐秘性，且经营者之间相对稳定，如果相关经营者能够主动配合，将极大降低执法机构发现横向垄断协议并展开调查的难度。因此，执法机构认为，对于愿意主动报告横向垄断协议并提供重要证据，同时停止涉嫌违法行为并配合执法机构调查的经营者，执法机构相应地对其减轻或者免除处罚，有助于提高执法机构发现并查处垄断协议行为的效率，节约行政执法成本，维护消费者的利益。同时，执法机构也认为，给予经营者宽大的额度应当与经营者协助执法机构查处横向垄断协议案件的贡献程度相匹配。

第三条 指南的适用范围

本指南仅适用于横向垄断协议案件。

横向垄断协议是指《反垄断法》第十三条第一款所规定的具有竞争关系的经营者达成的垄断协议。本指南下文中所指的垄断协议均指横向垄断协议。

第四条 经营者申请宽大的时间

参与垄断协议的经营者可以在执法机构立案前或者依据《反垄断法》启动调查程序前，也可以在执法机构立案后或者依据《反垄断法》启动调查程序后、作出行政处罚事先告知前，向执法机构申请宽大。

第五条 经营者与执法机构的事先沟通

执法机构鼓励经营者尽可能早地报告垄断协议有关情况。经营者申请宽大前，可以匿名或者实名通过口头或者书面方式与执法机构进行沟通。

第六条 经营者申请免除处罚应提交的材料

第一个向执法机构提交垄断协议有关情况的报告及重要证据的经营者，可以申请免除处罚。

报告应当明确承认经营者从事了涉嫌违反《反垄断法》的垄断协议行为，详细说明达成和实施垄断协议的具体情况。报告需要包括以下信息：（一）垄断协议的参与者基本信息（包括但不限于名称、地址、联系方式及参与代表等）；（二）垄断协议的情况（包括但不限于联络的时间、地点、内容以及具体参与人员）；（三）垄断协议主要内容（包括但不限于涉及的商品或者服务、价格、数量等）及经营者达成和实施垄断协议情况；（四）影响的地域范围和市场规模；（五）实施垄断协议的持续时间；（六）证据材料的说明；（七）是否向其他境外执法机构申请宽大；（八）其他有关文件、材料。

经营者提供的重要证据是指：（一）执法机构尚未掌握案件线索或者证据的，足以使执法机构立案或者依据《反垄断法》启动调查程序的证据；（二）执法机构立案后或者依据《反垄断法》

启动调查程序后，经营者提供的证据是执法机构尚未掌握的，并且能够认定构成《反垄断法》第十三条规定的垄断协议的。

第七条　经营者申请免除处罚的登记

第一个申请免除处罚的经营者向执法机构提交本指南第六条关于垄断协议的报告及重要证据的，执法机构向经营者出具书面回执，明确收到的时间及材料清单。

第一个申请免除处罚的经营者向执法机构提交的报告不符合本指南第六条第二款要求的，执法机构将不出具书面回执。

第一个申请免除处罚的经营者向执法机构提交的报告符合本指南第六条第二款要求，但未提供证据或者证据不全的，执法机构可以进行登记，将出具本条第一款的书面回执，并要求经营者在规定的期限内补充相关证据。该期限一般最长不超过 30 日，特殊情况下可以延长至 60 日。如果经营者在执法机构要求的期限内补充提交相关证据，执法机构将以其收到报告的时间为申请宽大时间；经营者未在期限内按要求补充提交相关证据的，执法机构将取消其登记资格。

第一个申请免除处罚的经营者被取消登记资格后，在没有其他经营者申请宽大情况下，仍然可以完善相关证据，按照本条第一款规定向执法机构申请免除处罚；若其再次申请免除处罚前，已有其他经营者申请宽大的，被取消登记资格的经营者可以申请减轻处罚。

除前款规定的情形外，申请免除处罚的经营者被取消登记资格的，第一个已申请减轻处罚的经营者自动调整为免除处罚的申请者。

第八条　经营者申请减轻处罚应提交的证据

第一个之后提交垄断协议有关情况的报告及重要证据的经营者，可以向执法机构申请减轻处罚。执法机构向经营者出具书面回执，明确收到的时间及材料清单。

报告需要包括垄断协议的参与者、涉及的产品或者服务、达成和实施的时间、地域等。

经营者提供的重要证据，是执法机构尚未掌握的，并对最终认定垄断协议行为具有显著证明效力的证据，包括：（一）在垄断协议的达成方式和实施行为方面具有更大证明力或者补充证明价值的证据；（二）在垄断协议的内容、达成和实施的时间、涉及的产品或者服务范畴、参与成员等方面具有补充证明价值的证据；（三）其他能够证明和固定垄断协议证明力的证据。

第九条　经营者申请宽大的形式

经营者申请宽大的报告可以是口头或者书面形式。以口头形式报告的，将在执法机构办公场所进行录音、书面记录并由经营者授权的报告人签名确认；书面形式包括通过电子邮件、传真或者书面纸质材料等，但经营者需要签名、盖章或者以其他方式确认。

第十条　经营者获得宽大需要满足的其他条件

经营者申请宽大应按照本指南要求提交报告、证据，并且全部满足下列条件，可以获得宽大：

（一）申请宽大后立即停止涉嫌违法行为，但执法机构为保证调查工作顺利进行而要求经营者继续实施上述行为的情况除外。经营者已经向境外执法机构申请宽大，并被要求继续实施上述行为的，应当向执法机构报告；

（二）迅速、持续、全面、真诚地配合执法机构的调查工作；

（三）妥善保存并提供证据和信息，不得隐匿、销毁、转移证据或者提供虚假材料、信息；

（四）未经执法机构同意不得对外披露向执法机构申请宽大的情况；

（五）不得有其他影响反垄断执法调查的行为。

经营者组织、胁迫其他经营者参与达成、实施垄断协议或者妨碍其他经营者停止该违法行为的，执法机构不对其免除处罚，但可以相应给予减轻处罚。

第十一条　经营者申请宽大顺位的确定

执法机构按照经营者申请宽大的时间先后为经营者排序，确定经营者申请宽大的顺位。

经营者未履行本指南第十条第一款所列义务的，执法机构将取消其顺位。申请免除处罚的经营者顺位被取消的，不得递补；申请减轻处罚的经营者顺位被取消后，其后顺位的经营者可以依次向前递补。

第十二条 执法机构的审理审查

执法机构调查认定垄断协议行为成立的，将根据经营者违法行为的情节轻重确定对经营者的处罚金额，并根据经营者申请宽大的顺位及本指南第十条情形作出是否给予经营者宽大以及处罚减免幅度。

一般情况下，执法机构在同一垄断协议案件中最多给予三个经营者宽大。如果案件重大复杂、涉及经营者众多，并且申请宽大的经营者确实提供了不同的重要证据，执法机构可以考虑给予更多的经营者宽大。

执法机构不予宽大的，不以经营者提交的材料作为认定经营者从事垄断协议行为的证据。

第十三条 执法机构免除、减轻经营者的罚款

对于第一顺位的经营者，执法机构可以对经营者免除全部罚款或者按照不低于80%的幅度减轻罚款。在执法机构立案前或者依据《反垄断法》启动调查程序前申请宽大并确定为第一顺位的经营者，执法机构将免除全部罚款，存在本指南第十条第二款情形的除外。

对于第二顺位的经营者，执法机构可以按照30%至50%的幅度减轻罚款；对于第三顺位的经营者，可以按照20%至30%的幅度减轻罚款；对于后序顺位的经营者，可以按照不高于20%的幅度减轻罚款。

本指南所称罚款是指，将申请罚款减免以外的所有情节综合考虑后确定对经营者作出的罚款金额。

第十四条 执法机构减免没收经营者的违法所得

为鼓励经营者主动报告垄断协议行为并提供重要证据，执法机构在减免罚款的同时可以考虑参考本指南第十三条处理经营者的违法所得。

第十五条 执法机构决定的公开

执法机构决定给予经营者宽大的，应当在决定中写明给予经营者宽大的结果和理由，并依法将决定及时向社会公布。

第十六条 执法机构的保密义务

对经营者依据本指南申请宽大所提交的报告、形成的文书等材料，未经经营者同意不得对外公开，任何单位、个人均无权查阅。

（五）税务合规

1. 中华人民共和国税收征收管理法

（2015年4月24日修正）

第一章 总 则

第一条 为了加强税收征收管理，规范税收征收和缴纳行为，保障国家税收收入，保护纳税人的合法权益，促进经济和社会发展，制定本法。

第二条 凡依法由税务机关征收的各种税收的征收管理，均适用本法。

第三条 税收的开征、停征以及减税、免税、退税、补税，依照法律的规定执行；法律授权国务院规定的，依照国务院制定的行政法规的规定执行。

任何机关、单位和个人不得违反法律、行政法规的规定，擅自作出税收开征、停征以及减税、免税、退税、补税和其他同税收法律、行政法规相抵触的决定。

第四条 法律、行政法规规定负有纳税义务的单位和个人为纳税人。

法律、行政法规规定负有代扣代缴、代收代缴税款义务的单位和个人为扣缴义务人。

纳税人、扣缴义务人必须依照法律、行政法规的规定缴纳税款、代扣代缴、代收代缴税款。

第五条 国务院税务主管部门主管全国税收征收管理工作。各地国家税务局和地方税务局应当按照国务院规定的税收征收管理范围分别进行征收管理。

地方各级人民政府应当依法加强对本行政区域内税收征收管理工作的领导或者协调，支持税务机关依法执行职务，依照法定税率计算税额，依法征收税款。

各有关部门和单位应当支持、协助税务机关依法执行职务。

税务机关依法执行职务，任何单位和个人不得阻挠。

第六条 国家有计划地用现代信息技术装备各级税务机关，加强税收征收管理信息系统的现代化建设，建立、健全税务机关与政府其他管理机关的信息共享制度。

纳税人、扣缴义务人和其他有关单位应当按照国家有关规定如实向税务机关提供与纳税和代扣代缴、代收代缴税款有关的信息。

第七条 税务机关应当广泛宣传税收法律、行政法规，普及纳税知识，无偿地为纳税人提供纳税咨询服务。

第八条 纳税人、扣缴义务人有权向税务机关了解国家税收法律、行政法规的规定以及与纳税程序有关的情况。

纳税人、扣缴义务人有权要求税务机关为纳税人、扣缴义务人的情况保密。税务机关应当依法为纳税人、扣缴义务人的情况保密。

纳税人依法享有申请减税、免税、退税的权利。

纳税人、扣缴义务人对税务机关所作出的决定，享有陈述权、申辩权；依法享有申请行政复议、提起行政诉讼、请求国家赔偿等权利。

纳税人、扣缴义务人有权控告和检举税务机关、税务人员的违法违纪行为。

第九条 税务机关应当加强队伍建设，提高税务人员的政治业务素质。

税务机关、税务人员必须秉公执法，忠于职守，清正廉洁，礼貌待人，文明服务，尊重和保护纳税人、扣缴义务人的权利，依法接受监督。

税务人员不得索贿受贿、徇私舞弊、玩忽职守，不征或者少征应征税款；不得滥用职权多征税款或者故意刁难纳税人和扣缴义务人。

第十条 各级税务机关应当建立、健全内部制约和监督管理制度。

上级税务机关应当对下级税务机关的执法活动依法进行监督。

各级税务机关应当对其工作人员执行法律、行政法规和廉洁自律准则的情况进行监督检查。

第十一条 税务机关负责征收、管理、稽查、行政复议的人员的职责应当明确，并相互分离、相互制约。

第十二条 税务人员征收税款和查处税收违法案件，与纳税人、扣缴义务人或者税收违法案件有利害关系的，应当回避。

第十三条 任何单位和个人都有权检举违反税收法律、行政法规的行为。收到检举的机关和负责查处的机关应当为检举人保密。税务机关应当按照规定对检举人给予奖励。

第十四条 本法所称税务机关是指各级税务局、税务分局、税务所和按照国务院规定设立的并向社会公告的税务机构。

第二章 税务管理

第一节 税务登记

第十五条 企业，企业在外地设立的分支机构和从事生产、经营的场所，个体工商户和从事生产、经营的事业单位（以下统称从事生产、经营的纳税人）自领取营业执照之日起三十日内，持有关证件，向税务机关申报办理税务登记。税务机关应当于收到申报的当日办理登记并发给税务登记证件。

工商行政管理机关应当将办理登记注册、核发营业执照的情况，定期向税务机关通报。

本条第一款规定以外的纳税人办理税务登记和扣缴义务人办理扣缴税款登记的范围和办法，由国务院规定。

第十六条 从事生产、经营的纳税人，税务登记内容发生变化的，自工商行政管理机关办理变更登记之日起三十日内或者在向工商行政管理机关申请办理注销登记之前，持有关证件向税务机关申报办理变更或者注销税务登记。

第十七条 从事生产、经营的纳税人应当按照国家有关规定，持税务登记证件，在银行或者其他金融机构开立基本存款帐户和其他存款帐户，并将其全部帐号向税务机关报告。

银行和其他金融机构应当在从事生产、经营的纳税人的帐户中登录税务登记证件号码，并在税务登记证件中登录从事生产、经营的纳税人的帐户帐号。

税务机关依法查询从事生产、经营的纳税人开立帐户的情况时，有关银行和其他金融机构应当予以协助。

第十八条 纳税人按照国务院税务主管部门的规定使用税务登记证件。税务登记证件不得转借、涂改、损毁、买卖或者伪造。

第二节 帐簿、凭证管理

第十九条 纳税人、扣缴义务人按照有关法律、行政法规和国务院财政、税务主管部门的规定设置帐簿，根据合法、有效凭证记帐，进行核算。

第二十条 从事生产、经营的纳税人的财务、会计制度或者财务、会计处理办法和会计核算软件，应当报送税务机关备案。

纳税人、扣缴义务人的财务、会计制度或者财务、会计处理办法与国务院或者国务院财政、税务主管部门有关税收的规定抵触的，依照国务院或者国务院财政、税务主管部门有关税收的规定计算应纳税款、代扣代缴和代收代缴税款。

第二十一条 税务机关是发票的主管机关，负责发票印制、领购、开具、取得、保管、缴销的管理和监督。

单位、个人在购销商品、提供或者接受经营服务以及从事其他经营活动中，应当按照规定开具、使用、取得发票。

发票的管理办法由国务院规定。

第二十二条 增值税专用发票由国务院税务主管部门指定的企业印制；其他发票，按照国务院税务主管部门的规定，分别由省、自治区、直辖市国家税务局、地方税务局指定企业印制。

未经前款规定的税务机关指定，不得印制发票。

第二十三条 国家根据税收征收管理的需要，积极推广使用税控装置。纳税人应当按照规定安装、使用税控装置，不得损毁或者擅自改动税控装置。

第二十四条 从事生产、经营的纳税人、扣缴义务人必须按照国务院财政、税务主管部门规定的保管期限保管帐簿、记帐凭证、完税凭证及其他有关资料。

帐簿、记帐凭证、完税凭证及其他有关资料不得伪造、变造或者擅自损毁。

第三节 纳税申报

第二十五条 纳税人必须依照法律、行政法规规定或者税务机关依照法律、行政法规的规定确定的申报期限、申报内容如实办理纳税申报，报送纳税申报表、财务会计报表以及税务机关根据实际需要要求纳税人报送的其他纳税资料。

扣缴义务人必须依照法律、行政法规规定或者税务机关依照法律、行政法规的规定确定的申报期限、申报内容如实报送代扣代缴、代收代缴税款报告表以及税务机关根据实际需要要求扣缴义务人报送的其他有关资料。

第二十六条 纳税人、扣缴义务人可以直接到税务机关办理纳税申报或者报送代扣代缴、代收代缴税款报告表，也可以按照规定采取邮寄、数据电文或者其他方式办理上述申报、报送事项。

第二十七条 纳税人、扣缴义务人不能按期办理纳税申报或者报送代扣代缴、代收代缴税款报告表的，经税务机关核准，可以延期申报。

经核准延期办理前款规定的申报、报送事项的，应当在纳税期内按照上期实际缴纳的税额或者税务机关核定的税额预缴税款，并在核准的延期内办理税款结算。

第三章 税款征收

第二十八条 税务机关依照法律、行政法规的规定征收税款，不得违反法律、行政法规的规定开征、停征、多征、少征、提前征收、延缓征收或者摊派税款。

农业税应纳税额按照法律、行政法规的规定核定。

第二十九条 除税务机关、税务人员以及经税务机关依照法律、行政法规委托的单位和人员外，任何单位和个人不得进行税款征收活动。

第三十条 扣缴义务人依照法律、行政法规的规定履行代扣、代收税款的义务。对法律、行政法规没有规定负有代扣、代收税款义务的单位和个人，税务机关不得要求其履行代扣、代收税款义务。

扣缴义务人依法履行代扣、代收税款义务时，纳税人不得拒绝。纳税人拒绝的，扣缴义务人应当及时报告税务机关处理。

税务机关按照规定付给扣缴义务人代扣、代收手续费。

第三十一条 纳税人、扣缴义务人按照法律、行政法规规定或者税务机关依照法律、行政法规的规定确定的期限，缴纳或者解缴税款。

纳税人因有特殊困难，不能按期缴纳税款的，经省、自治区、直辖市国家税务局、地方税务局批准，可以延期缴纳税款，但是最长不得超过三个月。

第三十二条 纳税人未按照规定期限缴纳税款的，扣缴义务人未按照规定期限解缴税款的，税务机关除责令限期缴纳外，从滞纳税款之日起，按日加收滞纳税款万分之五的滞纳金。

第三十三条 纳税人依照法律、行政法规的规定办理减税、免税。

地方各级人民政府、各级人民政府主管部门、单位和个人违反法律、行政法规规定，擅自作出的减税、免税决定无效，税务机关不得执行，并向上级税务机关报告。

第三十四条 税务机关征收税款时，必须给纳税人开具完税凭证。扣缴义务人代扣、代收税款时，纳税人要求扣缴义务人开具代扣、代收税款凭证的，扣缴义务人应当开具。

第三十五条 纳税人有下列情形之一的，税务机关有权核定其应纳税额：

（一）依照法律、行政法规的规定可以不设置帐簿的；

（二）依照法律、行政法规的规定应当设置帐簿但未设置的；

（三）擅自销毁帐簿或者拒不提供纳税资料的；

（四）虽设置帐簿，但帐目混乱或者成本资料、收入凭证、费用凭证残缺不全，难以查帐的；

（五）发生纳税义务，未按照规定的期限办理纳税申报，经税务机关责令限期申报，逾期仍不申报的；

（六）纳税人申报的计税依据明显偏低，又无正当理由的。

税务机关核定应纳税额的具体程序和方法由国务院税务主管部门规定。

第三十六条 企业或者外国企业在中国境内设立的从事生产、经营的机构、场所与其关联企业之间的业务往来，应当按照独立企业之间的业务往来收取或者支付价款、费用；不按照独立企业之间的业务往来收取或者支付价款、费用，而减少其应纳税的收入或者所得额的，税务机关有权进行合理调整。

第三十七条 对未按照规定办理税务登记的从事生产、经营的纳税人以及临时从事经营的纳税人，由税务机关核定其应纳税额，责令缴纳；不缴纳的，税务机关可以扣押其价值相当于应纳税款的商品、货物。扣押后缴纳应纳税款的，税务机关必须立即解除扣押，并归还所扣押的商品、货物；扣押后仍不缴纳应纳税款的，经县以上税务局（分局）局长批准，依法拍卖或者变卖所扣押的商品、货物，以拍卖或者变卖所得抵缴税款。

第三十八条 税务机关有根据认为从事生产、经营的纳税人有逃避纳税义务行为的，可以在规定的纳税期之前，责令限期缴纳应纳税款；在限期内发现纳税人有明显的转移、隐匿其应纳税的商品、货物以及其他财产或者应纳税的收入的迹象的，税务机关可以责成纳税人提供纳税担保。如果纳税人不能提供纳税担保，经县以上税务局（分局）局长批准，税务机关可以采取下列税收保全措施：

（一）书面通知纳税人开户银行或者其他金融机构冻结纳税人的金额相当于应纳税款的存款；

（二）扣押、查封纳税人的价值相当于应纳税款的商品、货物或者其他财产。

纳税人在前款规定的限期内缴纳税款的，税务机关必须立即解除税收保全措施；限期期满仍未缴纳税款的，经县以上税务局（分局）局长批准，税务机关可以书面通知纳税人开户银行或者其他金融机构从其冻结的存款中扣缴税款，或者依法拍卖或者变卖所扣押、查封的商品、货物或者其他财产，以拍卖或者变卖所得抵缴税款。

个人及其所扶养家属维持生活必需的住房和用品，不在税收保全措施的范围之内。

第三十九条 纳税人在限期内已缴纳税款，税务机关未立即解除税收保全措施，使纳税人的合法利益遭受损失的，税务机关应当承担赔偿责任。

第四十条 从事生产、经营的纳税人、扣缴义务人未按照规定的期限缴纳或者解缴税款，纳税担保人未按照规定的期限缴纳所担保的税款，由税务机关责令限期缴纳，逾期仍未缴纳的，经县以上税务局（分局）局长批准，税务机关可以采取下列强制执行措施：

（一）书面通知其开户银行或者其他金融机构从其存款中扣缴税款；

（二）扣押、查封、依法拍卖或者变卖其价值相当于应纳税款的商品、货物或者其他财产，以拍卖或者变卖所得抵缴税款。

税务机关采取强制执行措施时，对前款所列纳税人、扣缴义务人、纳税担保人未缴纳的滞纳金同时强制执行。

个人及其所扶养家属维持生活必需的住房和用品，不在强制执行措施的范围之内。

第四十一条 本法第三十七条、第三十八条、第四十条规定的采取税收保全措施、强制执行措施的权力，不得由法定的税务机关以外的单位和个人行使。

第四十二条 税务机关采取税收保全措施和强制执行措施必须依照法定权限和法定程序，不得查封、扣押纳税人个人及其所扶养家属维持生活必需的住房和用品。

第四十三条 税务机关滥用职权违法采取税收保全措施、强制执行措施，或者采取税收保全措施、强制执行措施不当，使纳税人、扣缴义务人或者纳税担保人的合法权益遭受损失的，应当依法承担赔偿责任。

第四十四条 欠缴税款的纳税人或者他的法定代表人需要出境的，应当在出境前向税务机关结清应纳税款、滞纳金或者提供担保。未结清税款、滞纳金，又不提供担保的，税务机关可以通知出境管理机关阻止其出境。

第四十五条 税务机关征收税款，税收优先于无担保债权，法律另有规定的除外；纳税人欠缴的税款发生在纳税人以其财产设定抵押、质押或者纳税人的财产被留置之前的，税收应当先于抵押权、质权、留置权执行。

纳税人欠缴税款，同时又被行政机关决定处以罚款、没收违法所得的，税收优先于罚款、没收违法所得。

税务机关应当对纳税人欠缴税款的情况定期予以公告。

第四十六条 纳税人有欠税情形而以其财产设定抵押、质押的，应当向抵押权人、质权人说明其欠税情况。抵押权人、质权人可以请求税务机关提供有关的欠税情况。

第四十七条 税务机关扣押商品、货物或者其他财产时，必须开付收据；查封商品、货物或者其他财产时，必须开付清单。

第四十八条 纳税人有合并、分立情形的，应当向税务机关报告，并依法缴清税款。纳税人合并时未缴清税款的，应当由合并后的纳税人继续履行未履行的纳税义务；纳税人分立时未缴清税款的，分立后的纳税人对未履行的纳税义务应当承担连带责任。

第四十九条 欠缴税款数额较大的纳税人在处分其不动产或者大额资产之前，应当向税务机关报告。

第五十条 欠缴税款的纳税人因怠于行使到期债权，或者放弃到期债权，或者无偿转让财产，或者以明显不合理的低价转让财产而受让人知道该情形，对国家税收造成损害的，税务机关可以依照合同法第七十三条、第七十四条的规定行使代位权、撤销权。

税务机关依照前款规定行使代位权、撤销权的，不免除欠缴税款的纳税人尚未履行的纳税义务和应承担的法律责任。

第五十一条 纳税人超过应纳税额缴纳的税款，税务机关发现后应当立即退还；纳税人自结算缴纳税款之日起三年内发现的，可以向税务机关要求退还多缴的税款并加算银行同期存款利息，税务机关及时查实后应当立即退还；涉及从国库中退库的，依照法律、行政法规有关国库管理的规定退还。

第五十二条 因税务机关的责任，致使纳税人、扣缴义务人未缴或者少缴税款的，税务机关在三年内可以要求纳税人、扣缴义务人补缴税款，但是不得加收滞纳金。

因纳税人、扣缴义务人计算错误等失误，未缴或者少缴税款的，税务机关在三年内可以追征税款、滞纳金；有特殊情况的，追征期可以延长到五年。

对偷税、抗税、骗税的，税务机关追征其未缴或者少缴的税款、滞纳金或者所骗取的税款，不受前款规定期限的限制。

第五十三条 国家税务局和地方税务局应当按照国家规定的税收征收管理范围和税款入库预算级次，将征收的税款缴入国库。

对审计机关、财政机关依法查出的税收违法行为，税务机关应当根据有关机关的决定、意见书，依法将应收的税款、滞纳金按照税款入库预算级次缴入国库，并将结果及时回复有关机关。

第四章 税务检查

第五十四条 税务机关有权进行下列税务检查：

（一）检查纳税人的帐簿、记帐凭证、报表和有关资料，检查扣缴义务人代扣代缴、代收代缴税款帐簿、记帐凭证和有关资料；

（二）到纳税人的生产、经营场所和货物存放地检查纳税人应纳税的商品、货物或者其他财产，检查扣缴义务人与代扣代缴、代收代缴税款有关的经营情况；

（三）责成纳税人、扣缴义务人提供与纳税或者代扣代缴、代收代缴税款有关的文件、证明材料和有关资料；

（四）询问纳税人、扣缴义务人与纳税或者代扣代缴、代收代缴税款有关的问题和情况；

（五）到车站、码头、机场、邮政企业及其分支机构检查纳税人托运、邮寄应纳税商品、货物或者其他财产的有关单据、凭证和有关资料；

（六）经县以上税务局（分局）局长批准，凭全国统一格式的检查存款帐户许可证明，查询从事生产、经营的纳税人、扣缴义务人在银行或者其他金融机构的存款帐户。税务机关在调查税收违法案件时，经设区的市、自治州以上税务局（分局）局长批准，可以查询案件涉嫌人员的储蓄存款。税务机关查询所获得的资料，不得用于税收以外的用途。

第五十五条 税务机关对从事生产、经营的纳税人以前纳税期的纳税情况依法进行税务检查时，发现纳税人有逃避纳税义务行为，并有明显的转移、隐匿其应纳税的商品、货物以及其他财产或者应纳税的收入的迹象的，可以按照本法规定的批准权限采取税收保全措施或者强制执行措施。

第五十六条　纳税人、扣缴义务人必须接受税务机关依法进行的税务检查，如实反映情况，提供有关资料，不得拒绝、隐瞒。

第五十七条　税务机关依法进行税务检查时，有权向有关单位和个人调查纳税人、扣缴义务人和其他当事人与纳税或者代扣代缴、代收代缴税款有关的情况，有关单位和个人有义务向税务机关如实提供有关资料及证明材料。

第五十八条　税务机关调查税务违法案件时，对与案件有关的情况和资料，可以记录、录音、录像、照相和复制。

第五十九条　税务机关派出的人员进行税务检查时，应当出示税务检查证和税务检查通知书，并有责任为被检查人保守秘密；未出示税务检查证和税务检查通知书的，被检查人有权拒绝检查。

第五章　法律责任

第六十条　纳税人有下列行为之一的，由税务机关责令限期改正，可以处二千元以下的罚款；情节严重的，处二千元以上一万元以下的罚款：

（一）未按照规定的期限申报办理税务登记、变更或者注销登记的；

（二）未按照规定设置、保管帐簿或者保管记帐凭证和有关资料的；

（三）未按照规定将财务、会计制度或者财务、会计处理办法和会计核算软件报送税务机关备查的；

（四）未按照规定将其全部银行帐号向税务机关报告的；

（五）未按照规定安装、使用税控装置，或者损毁或者擅自改动税控装置的。

纳税人不办理税务登记的，由税务机关责令限期改正；逾期不改正的，经税务机关提请，由工商行政管理机关吊销其营业执照。

纳税人未按照规定使用税务登记证件，或者转借、涂改、损毁、买卖、伪造税务登记证件的，处二千元以上一万元以下的罚款；情节严重的，处一万元以上五万元以下的罚款。

第六十一条　扣缴义务人未按照规定设置、保管代扣代缴、代收代缴税款帐簿或者保管代扣代缴、代收代缴税款记帐凭证及有关资料的，由税务机关责令限期改正，可以处二千元以下的罚款；情节严重的，处二千元以上五千元以下的罚款。

第六十二条　纳税人未按照规定的期限办理纳税申报和报送纳税资料的，或者扣缴义务人未按照规定的期限向税务机关报送代扣代缴、代收代缴税款报告表和有关资料的，由税务机关责令限期改正，可以处二千元以下的罚款；情节严重的，可以处二千元以上一万元以下的罚款。

第六十三条　纳税人伪造、变造、隐匿、擅自销毁帐簿、记帐凭证，或者在帐簿上多列支出或者不列、少列收入，或者经税务机关通知申报而拒不申报或者进行虚假的纳税申报，不缴或者少缴应纳税款的，是偷税。对纳税人偷税的，由税务机关追缴其不缴或者少缴的税款、滞纳金，并处不缴或者少缴的税款百分之五十以上五倍以下的罚款；构成犯罪的，依法追究刑事责任。

扣缴义务人采取前款所列手段，不缴或者少缴已扣、已收税款，由税务机关追缴其不缴或者少缴的税款、滞纳金，并处不缴或者少缴的税款百分之五十以上五倍以下的罚款；构成犯罪的，依法追究刑事责任。

第六十四条　纳税人、扣缴义务人编造虚假计税依据的，由税务机关责令限期改正，并处五万元以下的罚款。

纳税人不进行纳税申报，不缴或者少缴应纳税款的，由税务机关追缴其不缴或者少缴的税款、滞纳金，并处不缴或者少缴的税款百分之五十以上五倍以下的罚款。

第六十五条　纳税人欠缴应纳税款，采取转移或者隐匿财产的手段，妨碍税务机关追缴欠缴的税款的，由税务机关追缴欠缴的税款、滞纳金，并处欠缴税款百分之五十以上五倍以下的罚款；构成犯罪的，依法追究刑事责任。

第六十六条 以假报出口或者其他欺骗手段，骗取国家出口退税款的，由税务机关追缴其骗取的退税款，并处骗取税款一倍以上五倍以下的罚款；构成犯罪的，依法追究刑事责任。

对骗取国家出口退税款的，税务机关可以在规定期间内停止为其办理出口退税。

第六十七条 以暴力、威胁方法拒不缴纳税款的，是抗税，除由税务机关追缴其拒缴的税款、滞纳金外，依法追究刑事责任。情节轻微，未构成犯罪的，由税务机关追缴其拒缴的税款、滞纳金，并处拒缴税款一倍以上五倍以下的罚款。

第六十八条 纳税人、扣缴义务人在规定期限内不缴或者少缴应纳或者应解缴的税款，经税务机关责令限期缴纳，逾期仍未缴纳的，税务机关除依照本法第四十条的规定采取强制执行措施追缴其不缴或者少缴的税款外，可以处不缴或者少缴的税款百分之五十以上五倍以下的罚款。

第六十九条 扣缴义务人应扣未扣、应收而不收税款的，由税务机关向纳税人追缴税款，对扣缴义务人处应扣未扣、应收未收税款百分之五十以上三倍以下的罚款。

第七十条 纳税人、扣缴义务人逃避、拒绝或者以其他方式阻挠税务机关检查的，由税务机关责令改正，可以处一万元以下的罚款；情节严重的，处一万元以上五万元以下的罚款。

第七十一条 违反本法第二十二条规定，非法印制发票的，由税务机关销毁非法印制的发票，没收违法所得和作案工具，并处一万元以上五万元以下的罚款；构成犯罪的，依法追究刑事责任。

第七十二条 从事生产、经营的纳税人、扣缴义务人有本法规定的税收违法行为，拒不接受税务机关处理的，税务机关可以收缴其发票或者停止向其发售发票。

第七十三条 纳税人、扣缴义务人的开户银行或者其他金融机构拒绝接受税务机关依法检查纳税人、扣缴义务人存款帐户，或者拒绝执行税务机关作出的冻结存款或者扣缴税款的决定，或者在接到税务机关的书面通知后帮助纳税人、扣缴义务人转移存款，造成税款流失的，由税务机关处十万元以上五十万元以下的罚款，对直接负责的主管人员和其他直接责任人员处一千元以上一万元以下的罚款。

第七十四条 本法规定的行政处罚，罚款额在二千元以下的，可以由税务所决定。

第七十五条 税务机关和司法机关的涉税罚没收入，应当按照税款入库预算级次上缴国库。

第七十六条 税务机关违反规定擅自改变税收征收管理范围和税款入库预算级次的，责令限期改正，对直接负责的主管人员和其他直接责任人员依法给予降级或者撤职的行政处分。

第七十七条 纳税人、扣缴义务人有本法第六十三条、第六十五条、第六十六条、第六十七条、第七十一条规定的行为涉嫌犯罪的，税务机关应当依法移交司法机关追究刑事责任。

税务人员徇私舞弊，对依法应当移交司法机关追究刑事责任的不移交，情节严重的，依法追究刑事责任。

第七十八条 未经税务机关依法委托征收税款的，责令退还收取的财物，依法给予行政处分或者行政处罚；致使他人合法权益受到损失的，依法承担赔偿责任；构成犯罪的，依法追究刑事责任。

第七十九条 税务机关、税务人员查封、扣押纳税人个人及其所扶养家属维持生活必需的住房和用品的，责令退还，依法给予行政处分；构成犯罪的，依法追究刑事责任。

第八十条 税务人员与纳税人、扣缴义务人勾结，唆使或者协助纳税人、扣缴义务人有本法第六十三条、第六十五条、第六十六条规定的行为，构成犯罪的，依法追究刑事责任；尚不构成犯罪的，依法给予行政处分。

第八十一条 税务人员利用职务上的便利，收受或者索取纳税人、扣缴义务人财物或者谋取其他不正当利益，构成犯罪的，依法追究刑事责任；尚不构成犯罪的，依法给予行政处分。

第八十二条 税务人员徇私舞弊或者玩忽职守，不征或者少征应征税款，致使国家税收遭受重大损失,构成犯罪的,依法追究刑事责任;尚不构成犯罪的,依法给予行政处分。

税务人员滥用职权,故意刁难纳税人、扣缴义务人的,调离税收工作岗位,并依法给予行政处分。

税务人员对控告、检举税收违法违纪行为的纳税人、扣缴义务人以及其他检举人进行打击报复的,依法给予行政处分;构成犯罪的,依法追究刑事责任。

税务人员违反法律、行政法规的规定,故意高估或者低估农业税计税产量,致使多征或者少征税款,侵犯农民合法权益或者损害国家利益,构成犯罪的,依法追究刑事责任;尚不构成犯罪的,依法给予行政处分。

第八十三条 违反法律、行政法规的规定提前征收、延缓征收或者摊派税款的,由其上级机关或者行政监察机关责令改正,对直接负责的主管人员和其他直接责任人员依法给予行政处分。

第八十四条 违反法律、行政法规的规定,擅自作出税收的开征、停征或者减税、免税、退税、补税以及其他同税收法律、行政法规相抵触的决定的,除依照本法规定撤销其擅自作出的决定外,补征应征未征税款,退还不应征收而征收的税款,并由上级机关追究直接负责的主管人员和其他直接责任人员的行政责任;构成犯罪的,依法追究刑事责任。

第八十五条 税务人员在征收税款或者查处税收违法案件时,未按照本法规定进行回避的,对直接负责的主管人员和其他直接责任人员,依法给予行政处分。

第八十六条 违反税收法律、行政法规应当给予行政处罚的行为,在五年内未被发现的,不再给予行政处罚。

第八十七条 未按照本法规定为纳税人、扣缴义务人、检举人保密的,对直接负责的主管人员和其他直接责任人员,由所在单位或者有关单位依法给予行政处分。

第八十八条 纳税人、扣缴义务人、纳税担保人同税务机关在纳税上发生争议时,必须先依照税务机关的纳税决定缴纳或者解缴税款及滞纳金或者提供相应的担保,然后可以依法申请行政复议;对行政复议决定不服的,可以依法向人民法院起诉。

当事人对税务机关的处罚决定、强制执行措施或者税收保全措施不服的,可以依法申请行政复议,也可以依法向人民法院起诉。

当事人对税务机关的处罚决定逾期不申请行政复议也不向人民法院起诉、又不履行的,作出处罚决定的税务机关可以采取本法第四十条规定的强制执行措施,或者申请人民法院强制执行。

第六章 附 则

第八十九条 纳税人、扣缴义务人可以委托税务代理人代为办理税务事宜。

第九十条 耕地占用税、契税、农业税、牧业税征收管理的具体办法,由国务院另行制定。

关税及海关代征税收的征收管理,依照法律、行政法规的有关规定执行。

第九十一条 中华人民共和国同外国缔结的有关税收的条约、协定同本法有不同规定的,依照条约、协定的规定办理。

第九十二条 本法施行前颁布的税收法律与本法有不同规定的,适用本法规定。

第九十三条 国务院根据本法制定实施细则。

第九十四条 本法自 2001 年 5 月 1 日起施行。

2. 中华人民共和国企业所得税法

(2018 年 12 月 29 日修正)

第一章 总 则

第一条 在中华人民共和国境内,企业和其他取得收入的组织(以下统称企业)为企业所得税的纳税人,依照本法的规定缴纳企业所得税。

个人独资企业、合伙企业不适用本法。

第二条 企业分为居民企业和非居民企业。

本法所称居民企业，是指依法在中国境内成立，或者依照外国（地区）法律成立但实际管理机构在中国境内的企业。

本法所称非居民企业，是指依照外国（地区）法律成立且实际管理机构不在中国境内，但在中国境内设立机构、场所的，或者在中国境内未设立机构、场所，但有来源于中国境内所得的企业。

第三条 居民企业应当就其来源于中国境内、境外的所得缴纳企业所得税。

非居民企业在中国境内设立机构、场所的，应当就其所设机构、场所取得的来源于中国境内的所得，以及发生在中国境外但与其所设机构、场所有实际联系的所得，缴纳企业所得税。

非居民企业在中国境内未设立机构、场所的，或者虽设立机构、场所但取得的所得与其所设机构、场所没有实际联系的，应当就其来源于中国境内的所得缴纳企业所得税。

第四条 企业所得税的税率为25%。

非居民企业取得本法第三条第三款规定的所得，适用税率为20%。

第二章 应纳税所得额

第五条 企业每一纳税年度的收入总额，减除不征税收入、免税收入、各项扣除以及允许弥补的以前年度亏损后的余额，为应纳税所得额。

第六条 企业以货币形式和非货币形式从各种来源取得的收入，为收入总额。包括：

（一）销售货物收入；

（二）提供劳务收入；

（三）转让财产收入；

（四）股息、红利等权益性投资收益；

（五）利息收入；

（六）租金收入；

（七）特许权使用费收入；

（八）接受捐赠收入；

（九）其他收入。

第七条 收入总额中的下列收入为不征税收入：

（一）财政拨款；

（二）依法收取并纳入财政管理的行政事业性收费、政府性基金；

（三）国务院规定的其他不征税收入。

第八条 企业实际发生的与取得收入有关的、合理的支出，包括成本、费用、税金、损失和其他支出，准予在计算应纳税所得额时扣除。

第九条 企业发生的公益性捐赠支出，在年度利润总额12%以内的部分，准予在计算应纳税所得额时扣除；超过年度利润总额12%的部分，准予结转以后三年内在计算应纳税所得额时扣除。

第十条 在计算应纳税所得额时，下列支出不得扣除：

（一）向投资者支付的股息、红利等权益性投资收益款项；

（二）企业所得税税款；

（三）税收滞纳金；

（四）罚金、罚款和被没收财物的损失；

（五）本法第九条规定以外的捐赠支出；

（六）赞助支出；

（七）未经核定的准备金支出；

（八）与取得收入无关的其他支出。

第十一条 在计算应纳税所得额时，企业按照规定计算的固定资产折旧，准予扣除。

下列固定资产不得计算折旧扣除：

（一）房屋、建筑物以外未投入使用的固定资产；

（二）以经营租赁方式租入的固定资产；

（三）以融资租赁方式租出的固定资产；

（四）已足额提取折旧仍继续使用的固定资产；

（五）与经营活动无关的固定资产；

（六）单独估价作为固定资产入账的土地；

（七）其他不得计算折旧扣除的固定资产。

第十二条 在计算应纳税所得额时，企业按照规定计算的无形资产摊销费用，准予扣除。

下列无形资产不得计算摊销费用扣除：

（一）自行开发的支出已在计算应纳税所得额时扣除的无形资产；

（二）自创商誉；

（三）与经营活动无关的无形资产；

（四）其他不得计算摊销费用扣除的无形资产。

第十三条 在计算应纳税所得额时，企业发生的下列支出作为长期待摊费用，按照规定摊销的，准予扣除：

（一）已足额提取折旧的固定资产的改建支出；

（二）租入固定资产的改建支出；

（三）固定资产的大修理支出；

（四）其他应当作为长期待摊费用的支出。

第十四条 企业对外投资期间，投资资产的成本在计算应纳税所得额时不得扣除。

第十五条 企业使用或者销售存货，按照规定计算的存货成本，准予在计算应纳税所得额时扣除。

第十六条 企业转让资产，该项资产的净值，准予在计算应纳税所得额时扣除。

第十七条 企业在汇总计算缴纳企业所得税时，其境外营业机构的亏损不得抵减境内营业机构的盈利。

第十八条 企业纳税年度发生的亏损，准予向以后年度结转，用以后年度的所得弥补，但结转年限最长不得超过五年。

第十九条 非居民企业取得本法第三条第三款规定的所得，按照下列方法计算其应纳税所得额：

（一）股息、红利等权益性投资收益和利息、租金、特许权使用费所得，以收入全额为应纳税所得额；

（二）转让财产所得，以收入全额减除财产净值后的余额为应纳税所得额；

（三）其他所得，参照前两项规定的方法计算应纳税所得额。

第二十条 本章规定的收入、扣除的具体范围、标准和资产的税务处理的具体办法，由国务院财政、税务主管部门规定。

第二十一条 在计算应纳税所得额时，企业财务、会计处理办法与税收法律、行政法规的规定不一致的，应当依照税收法律、行政法规的规定计算。

第三章 应 纳 税 额

第二十二条 企业的应纳税所得额乘以适用税率，减除依照本法关于税收优惠的规定减免和抵免的税额后的余额，为应纳税额。

第二十三条 企业取得的下列所得已在境外缴纳的所得税税额，可以从其当期应纳税额中抵免，抵免限额为该项所得依照本法规定计算的应纳税额；超过抵免限额的部分，可以在以后五个年度内，用每年度抵免限额抵免当年应抵税额后的余额进行抵补：

（一）居民企业来源于中国境外的应税所得；

（二）非居民企业在中国境内设立机构、场所，取得发生在中国境外但与该机构、场所有实际联系的应税所得。

第二十四条 居民企业从其直接或者间接控制的外国企业分得的来源于中国境外的股息、红利等权益性投资收益，外国企业在境外实际缴纳的所得税税额中属于该项所得负担的部分，可以作为该居民企业的可抵免境外所得税税额，在本法第二十三条规定的抵免限额内抵免。

第四章 税 收 优 惠

第二十五条 国家对重点扶持和鼓励发展的产业和项目，给予企业所得税优惠。

第二十六条 企业的下列收入为免税收入：

（一）国债利息收入；

（二）符合条件的居民企业之间的股息、红利等权益性投资收益；

（三）在中国境内设立机构、场所的非居民企业从居民企业取得与该机构、场所有实际联系的股息、红利等权益性投资收益；

（四）符合条件的非营利组织的收入。

第二十七条　企业的下列所得，可以免征、减征企业所得税：

（一）从事农、林、牧、渔业项目的所得；

（二）从事国家重点扶持的公共基础设施项目投资经营的所得；

（三）从事符合条件的环境保护、节能节水项目的所得；

（四）符合条件的技术转让所得；

（五）本法第三条第三款规定的所得。

第二十八条　符合条件的小型微利企业，减按20%的税率征收企业所得税。

国家需要重点扶持的高新技术企业，减按15%的税率征收企业所得税。

第二十九条　民族自治地方的自治机关对本民族自治地方的企业应缴纳的企业所得税中属于地方分享的部分，可以决定减征或者免征。自治州、自治县决定减征或者免征的，须报省、自治区、直辖市人民政府批准。

第三十条　企业的下列支出，可以在计算应纳税所得额时加计扣除：

（一）开发新技术、新产品、新工艺发生的研究开发费用；

（二）安置残疾人员及国家鼓励安置的其他就业人员所支付的工资。

第三十一条　创业投资企业从事国家需要重点扶持和鼓励的创业投资，可以按投资额的一定比例抵扣应纳税所得额。

第三十二条　企业的固定资产由于技术进步等原因，确需加速折旧的，可以缩短折旧年限或者采取加速折旧的方法。

第三十三条　企业综合利用资源，生产符合国家产业政策规定的产品所取得的收入，可以在计算应纳税所得额时减计收入。

第三十四条　企业购置用于环境保护、节能节水、安全生产等专用设备的投资额，可以按一定比例实行税额抵免。

第三十五条　本法规定的税收优惠的具体办法，由国务院规定。

第三十六条　根据国民经济和社会发展的需要，或者由于突发事件等原因对企业经营活动产生重大影响的，国务院可以制定企业所得税专项优惠政策，报全国人民代表大会常务委员会备案。

第五章　源泉扣缴

第三十七条　对非居民企业取得本法第三条第三款规定的所得应缴纳的所得税，实行源泉扣缴，以支付人为扣缴义务人。税款由扣缴义务人在每次支付或者到期应支付时，从支付或者到期应支付的款项中扣缴。

第三十八条　对非居民企业在中国境内取得工程作业和劳务所得应缴纳的所得税，税务机关可以指定工程价款或者劳务费的支付人为扣缴义务人。

第三十九条　依照本法第三十七条、第三十八条规定应当扣缴的所得税，扣缴义务人未依法扣缴或者无法履行扣缴义务的，由纳税人在所得发生地缴纳。纳税人未依法缴纳的，税务机关可以从该纳税人在中国境内其他收入项目的支付人应付的款项中，追缴该纳税人的应纳税款。

第四十条　扣缴义务人每次代扣的税款，应当自代扣之日起七日内缴入国库，并向所在地的税务机关报送扣缴企业所得税报告表。

第六章　特别纳税调整

第四十一条　企业与其关联方之间的业务往来，不符合独立交易原则而减少企业或者其关联方应纳税收入或者所得额的，税务机关有权按照合理方法调整。

企业与其关联方共同开发、受让无形资产，或者共同提供、接受劳务发生的成本，在计算应纳税所得额时应当按照独立交易原则进行分摊。

第四十二条　企业可以向税务机关提出与其关联方之间业务往来的定价原则和计算方法，税务机关与企业协商、确认后，达成预约定价安排。

第四十三条 企业向税务机关报送年度企业所得税纳税申报表时，应当就其与关联方之间的业务往来，附送年度关联业务往来报告表。

税务机关在进行关联业务调查时，企业及其关联方，以及与关联业务调查有关的其他企业，应当按照规定提供相关资料。

第四十四条 企业不提供与其关联方之间业务往来资料，或者提供虚假、不完整资料，未能真实反映其关联业务往来情况的，税务机关有权依法核定其应纳税所得额。

第四十五条 由居民企业，或者由居民企业和中国居民控制的设立在实际税负明显低于本法第四条第一款规定税率水平的国家（地区）的企业，并非由于合理的经营需要而对利润不作分配或者减少分配的，上述利润中应归属于该居民企业的部分，应当计入该居民企业的当期收入。

第四十六条 企业从其关联方接受的债权性投资与权益性投资的比例超过规定标准而发生的利息支出，不得在计算应纳税所得额时扣除。

第四十七条 企业实施其他不具有合理商业目的的安排而减少其应纳税收入或者所得额的，税务机关有权按照合理方法调整。

第四十八条 税务机关依照本章规定作出纳税调整，需要补征税款的，应当补征税款，并按照国务院规定加收利息。

第七章 征收管理

第四十九条 企业所得税的征收管理除本法规定外，依照《中华人民共和国税收征收管理法》的规定执行。

第五十条 除税收法律、行政法规另有规定外，居民企业以企业登记注册地为纳税地点；但登记注册地在境外的，以实际管理机构所在地为纳税地点。

居民企业在中国境内设立不具有法人资格的营业机构的，应当汇总计算并缴纳企业所得税。

第五十一条 非居民企业取得本法第三条第二款规定的所得，以机构、场所所在地为纳税地点。非居民企业在中国境内设立两个或者两个以上机构、场所，符合国务院税务主管部门规定条件的，可以选择由其主要机构、场所汇总缴纳企业所得税。

非居民企业取得本法第三条第三款规定的所得，以扣缴义务人所在地为纳税地点。

第五十二条 除国务院另有规定外，企业之间不得合并缴纳企业所得税。

第五十三条 企业所得税按纳税年度计算。纳税年度自公历1月1日起至12月31日止。

企业在一个纳税年度中间开业，或者终止经营活动，使该纳税年度的实际经营期不足十二个月的，应当以其实际经营期为一个纳税年度。

企业依法清算时，应当以清算期间作为一个纳税年度。

第五十四条 企业所得税分月或者分季预缴。

企业应当自月份或者季度终了之日起十五日内，向税务机关报送预缴企业所得税纳税申报表，预缴税款。

企业应当自年度终了之日起五个月内，向税务机关报送年度企业所得税纳税申报表，并汇算清缴，结清应缴应退税款。

企业在报送企业所得税纳税申报表时，应当按照规定附送财务会计报告和其他有关资料。

第五十五条 企业在年度中间终止经营活动的，应当自实际经营终止之日起六十日内，向税务机关办理当期企业所得税汇算清缴。

企业应当在办理注销登记前，就其清算所得向税务机关申报并依法缴纳企业所得税。

第五十六条 依照本法缴纳的企业所得税，以人民币计算。所得以人民币以外的货币计算的，应当折合成人民币计算并缴纳税款。

第八章 附　则

第五十七条 本法公布前已经批准设立的企业，依照当时的税收法律、行政法规规定，享受低税率优惠的，按照国务院规定，可以在本法施行后五年内，逐步过渡到本法规定的税率；享受定期减免税优惠的，按照国务院规定，可以在本法施行后继续享受到期满为止，但因未获利而尚未享受优惠的，优惠期限从本法施行年度起计算。

法律设置的发展对外经济合作和技术交流的特定地区内，以及国务院已规定执行上述地区特殊政策的地区内新设立的国家需要重点扶持的高新技术企业，可以享受过渡性税收优惠，具体办法由国务院规定。

国家已确定的其他鼓励类企业，可以按照国务院规定享受减免税优惠。

第五十八条 中华人民共和国政府同外国政府订立的有关税收的协定与本法有不同规定的，依照协定的规定办理。

第五十九条 国务院根据本法制定实施条例。

第六十条 本法自2008年1月1日起施行。1991年4月9日第七届全国人民代表大会第四次会议通过的《中华人民共和国外商投资企业和外国企业所得税法》和1993年12月13日国务院发布的《中华人民共和国企业所得税暂行条例》同时废止。

3. 中华人民共和国印花税法（节录）

（2021年6月10日公布　2022年7月1日施行）

第一条 在中华人民共和国境内书立应税凭证、进行证券交易的单位和个人，为印花税的纳税人，应当依照本法规定缴纳印花税。

在中华人民共和国境外书立在境内使用的应税凭证的单位和个人，应当依照本法规定缴纳印花税。

4. 中华人民共和国城市维护建设税法

（2020年8月11日公布　2021年9月1日施行）

第一条 在中华人民共和国境内缴纳增值税、消费税的单位和个人，为城市维护建设税的纳税人，应当依照本法规定缴纳城市维护建设税。

第二条 城市维护建设税以纳税人依法实际缴纳的增值税、消费税税额为计税依据。

城市维护建设税的计税依据应当按照规定扣除期末留抵退税退还的增值税税额。

城市维护建设税计税依据的具体确定办法，由国务院依据本法和有关税收法律、行政法规规定，报全国人民代表大会常务委员会备案。

第三条 对进口货物或者境外单位和个人向境内销售劳务、服务、无形资产缴纳的增值税、消费税税额，不征收城市维护建设税。

第四条 城市维护建设税税率如下：

（一）纳税人所在地在市区的，税率为百分之七；

（二）纳税人所在地在县城、镇的，税率为百分之五；

（三）纳税人所在地不在市区、县城或者镇的，税率为百分之一。

前款所称纳税人所在地，是指纳税人住所地或者与纳税人生产经营活动相关的其他地点，具体地点由省、自治区、直辖市确定。

第五条 城市维护建设税的应纳税额按照计税依据乘以具体适用税率计算。

第六条 根据国民经济和社会发展的需要，国务院对重大公共基础设施建设、特殊产业和群体以及重大突发事件应对等情形可以规定减征或者免征城市维护建设税，报全国人民代表大会常务委员会备案。

第七条 城市维护建设税的纳税义务发生时

间与增值税、消费税的纳税义务发生时间一致，分别与增值税、消费税同时缴纳。

第八条 城市维护建设税的扣缴义务人为负有增值税、消费税扣缴义务的单位和个人，在扣缴增值税、消费税的同时扣缴城市维护建设税。

第九条 城市维护建设税由税务机关依照本法和《中华人民共和国税收征收管理法》的规定征收管理。

第十条 纳税人、税务机关及其工作人员违反本法规定的，依照《中华人民共和国税收征收管理法》和有关法律法规的规定追究法律责任。

第十一条 本法自 2021 年 9 月 1 日起施行。1985 年 2 月 8 日国务院发布的《中华人民共和国城市维护建设税暂行条例》同时废止。

5. 中华人民共和国刑法（节录）

（2020 年 12 月 26 日修正）

第二百零一条 纳税人采取欺骗、隐瞒手段进行虚假纳税申报或者不申报，逃避缴纳税款数额较大并且占应纳税额百分之十以上的，处三年以下有期徒刑或者拘役，并处罚金；数额巨大并且占应纳税额百分之三十以上的，处三年以上七年以下有期徒刑，并处罚金。

扣缴义务人采取前款所列手段，不缴或者少缴已扣、已收税款，数额较大的，依照前款的规定处罚。

对多次实施前两款行为，未经处理的，按照累计数额计算。

有第一款行为，经税务机关依法下达追缴通知后，补缴应纳税款，缴纳滞纳金，已受行政处罚的，不予追究刑事责任；但是，五年内因逃避缴纳税款受过刑事处罚或者被税务机关给予二次以上行政处罚的除外。

第二百零二条 以暴力、威胁方法拒不缴纳税款的，处三年以下有期徒刑或者拘役，并处拒缴税款一倍以上五倍以下罚金；情节严重的，处三年以上七年以下有期徒刑，并处拒缴税款一倍以上五倍以下罚金。

第二百零三条 纳税人欠缴应纳税款，采取转移或者隐匿财产的手段，致使税务机关无法追缴欠缴的税款，数额在一万元以上不满十万元的，处三年以下有期徒刑或者拘役，并处或者单处欠缴税款一倍以上五倍以下罚金；数额在十万元以上的，处三年以上七年以下有期徒刑，并处欠缴税款一倍以上五倍以下罚金。

第二百零四条第一款 以假报出口或者其他欺骗手段，骗取国家出口退税款，数额较大的，处五年以下有期徒刑或者拘役，并处骗取税款一倍以上五倍以下罚金；数额巨大或者有其他严重情节的，处五年以上十年以下有期徒刑，并处骗取税款一倍以上五倍以下罚金；数额特别巨大或者有其他特别严重情节的，处十年以上有期徒刑或者无期徒刑，并处骗取税款一倍以上五倍以下罚金或者没收财产。

第二百零五条 虚开增值税专用发票或者虚开用于骗取出口退税、抵扣税款的其他发票的，处三年以下有期徒刑或者拘役，并处二万元以上二十万元以下罚金；虚开的税款数额较大或者有其他严重情节的，处三年以上十年以下有期徒刑，并处五万元以上五十万元以下罚金；虚开的税款数额巨大或者有其他特别严重情节的，处十年以上有期徒刑或者无期徒刑，并处五万元以上五十万元以下罚金或者没收财产。

单位犯本条规定之罪的，对单位判处罚金，并对其直接负责的主管人员和其他直接责任人员，处三年以下有期徒刑或者拘役；虚开的税款数额较大或者有其他严重情节的，处三年以上十年以下有期徒刑；虚开的税款数额巨大或者有其他特别严重情节的，处十年以上有期徒刑或者无期徒刑。

虚开增值税专用发票或者虚开用于骗取出口退税、抵扣税款的其他发票，是指有为他人虚开、为自己虚开、让他人为自己虚开、介绍他人虚开行为之一的。

第二百零五条之一 虚开本法第二百零五条规定以外的其他发票，情节严重的，处二年以下有期徒刑、拘役或者管制，并处罚金；情节特别严重的，处二年以上七年以下有期徒刑，并处罚金。

单位犯前款罪的，对单位判处罚金，并对其直接负责的主管人员和其他直接责任人员，依照前款的规定处罚。

第二百零六条　伪造或者出售伪造的增值税专用发票的，处三年以下有期徒刑、拘役或者管制，并处二万元以上二十万元以下罚金；数量较大或者有其他严重情节的，处三年以上十年以下有期徒刑，并处五万元以上五十万元以下罚金；数量巨大或者有其他特别严重情节的，处十年以上有期徒刑或者无期徒刑，并处五万元以上五十万元以下罚金或者没收财产。

单位犯本条规定之罪的，对单位判处罚金，并对其直接负责的主管人员和其他直接责任人员，处三年以下有期徒刑、拘役或者管制；数量较大或者有其他严重情节的，处三年以上十年以下有期徒刑；数量巨大或者有其他特别严重情节的，处十年以上有期徒刑或者无期徒刑。

第二百零七条　非法出售增值税专用发票的，处三年以下有期徒刑、拘役或者管制，并处二万元以上二十万元以下罚金；数量较大的，处三年以上十年以下有期徒刑，并处五万元以上五十万元以下罚金；数量巨大的，处十年以上有期徒刑或者无期徒刑，并处五万元以上五十万元以下罚金或者没收财产。

第二百零八条第一款　非法购买增值税专用发票或者购买伪造的增值税专用发票的，处五年以下有期徒刑或者拘役，并处或者单处二万元以上二十万元以下罚金。

第二百零九条　伪造、擅自制造或者出售伪造、擅自制造的可以用于骗取出口退税、抵扣税款的其他发票的，处三年以下有期徒刑、拘役或者管制，并处二万元以上二十万元以下罚金；数量巨大的，处三年以上七年以下有期徒刑，并处五万元以上五十万元以下罚金；数量特别巨大的，处七年以上有期徒刑，并处五万元以上五十万元以下罚金或者没收财产。

伪造、擅自制造或者出售伪造、擅自制造的前款规定以外的其他发票的，处二年以下有期徒刑、拘役或者管制，并处或者单处一万元以上五万元以下罚金；情节严重的，处二年以上七年以下有期徒刑，并处五万元以上五十万元以下罚金。

非法出售可以用于骗取出口退税、抵扣税款的其他发票的，依照第一款的规定处罚。

非法出售第三款规定以外的其他发票的，依照第二款的规定处罚。

第二百一十一条　单位犯本节第二百零一条、第二百零三条、第二百零四条、第二百零七条、第二百零八条、第二百零九条规定之罪的，对单位判处罚金，并对其直接负责的主管人员和其他直接责任人员，依照各该条的规定处罚。

6. 中华人民共和国税收征收管理法实施细则

（2016年2月6日修订）

第一章　总　　则

第一条　根据《中华人民共和国税收征收管理法》（以下简称税收征管法）的规定，制定本细则。

第二条　凡依法由税务机关征收的各种税收的征收管理，均适用税收征管法及本细则；税收征管法及本细则没有规定的，依照其他有关税收法律、行政法规的规定执行。

第三条　任何部门、单位和个人作出的与税收法律、行政法规相抵触的决定一律无效，税务机关不得执行，并应当向上级税务机关报告。

纳税人应当依照税收法律、行政法规的规定履行纳税义务；其签订的合同、协议等与税收法律、行政法规相抵触的，一律无效。

第四条　国家税务总局负责制定全国税务系统信息化建设的总体规划、技术标准、技术方案与实施办法；各级税务机关应当按照国家税务总局的总体规划、技术标准、技术方案与实施办法，做好本地区税务系统信息化建设的具体工作。

地方各级人民政府应当积极支持税务系统信息化建设，并组织有关部门实现相关信息的共享。

第五条 税收征管法第八条所称为纳税人、扣缴义务人保密的情况，是指纳税人、扣缴义务人的商业秘密及个人隐私。纳税人、扣缴义务人的税收违法行为不属于保密范围。

第六条 国家税务总局应当制定税务人员行为准则和服务规范。

上级税务机关发现下级税务机关的税收违法行为，应当及时予以纠正；下级税务机关应当按照上级税务机关的决定及时改正。

下级税务机关发现上级税务机关的税收违法行为，应当向上级税务机关或者有关部门报告。

第七条 税务机关根据检举人的贡献大小给予相应的奖励，奖励所需资金列入税务部门年度预算，单项核定。奖励资金具体使用办法以及奖励标准，由国家税务总局会同财政部制定。

第八条 税务人员在核定应纳税额、调整税收定额、进行税务检查、实施税务行政处罚、办理税务行政复议时，与纳税人、扣缴义务人或者其法定代表人、直接责任人有下列关系之一的，应当回避：

（一）夫妻关系；

（二）直系血亲关系；

（三）三代以内旁系血亲关系；

（四）近姻亲关系；

（五）可能影响公正执法的其他利害关系。

第九条 税收征管法第十四条所称按照国务院规定设立的并向社会公告的税务机构，是指省以下税务局的稽查局。稽查局专司偷税、逃避追缴欠税、骗税、抗税案件的查处。

国家税务总局应当明确划分税务局和稽查局的职责，避免职责交叉。

第二章 税 务 登 记

第十条 国家税务局、地方税务局对同一纳税人的税务登记应当采用同一代码，信息共享。

税务登记的具体办法由国家税务总局制定。

第十一条 各级工商行政管理机关应当向同级国家税务局和地方税务局定期通报办理开业、变更、注销登记以及吊销营业执照的情况。

通报的具体办法由国家税务总局和国家工商行政管理总局联合制定。

第十二条 从事生产、经营的纳税人应当自领取营业执照之日起30日内，向生产、经营地或者纳税义务发生地的主管税务机关申报办理税务登记，如实填写税务登记表，并按照税务机关的要求提供有关证件、资料。

前款规定以外的纳税人，除国家机关和个人外，应当自纳税义务发生之日起30日内，持有关证件向所在地的主管税务机关申报办理税务登记。

个人所得税的纳税人办理税务登记的办法由国务院另行规定。

税务登记证件的式样，由国家税务总局制定。

第十三条 扣缴义务人应当自扣缴义务发生之日起30日内，向所在地的主管税务机关申报办理扣缴税款登记，领取扣缴税款登记证件；税务机关对已办理税务登记的扣缴义务人，可以只在其税务登记证件上登记扣缴税款事项，不再发给扣缴税款登记证件。

第十四条 纳税人税务登记内容发生变化的，应当自工商行政管理机关或者其他机关办理变更登记之日起30日内，持有关证件向原税务登记机关申报办理变更税务登记。

纳税人税务登记内容发生变化，不需要到工商行政管理机关或者其他机关办理变更登记的，应当自发生变化之日起30日内，持有关证件向原税务登记机关申报办理变更税务登记。

第十五条 纳税人发生解散、破产、撤销以及其他情形，依法终止纳税义务的，应当在向工商行政管理机关或者其他机关办理注销登记前，持有关证件向原税务登记机关申报办理注销税务登记；按照规定不需要在工商行政管理机关或者其他机关办理注册登记的，应当自有关机关批准或者宣告终止之日起15日内，持有关证件向原税务登记机关申报办理注销税务登记。

纳税人因住所、经营地点变动，涉及改变税务登记机关的，应当在向工商行政管理机关或者其他机关申请办理变更或者注销登记前或者住所、经营地点变动前，向原税务登记机关申报办理注销税务登记，并在30日内向迁达地税务机关申报办理税务登记。

纳税人被工商行政管理机关吊销营业执照或者被其他机关予以撤销登记的，应当自营业执照被吊销或者被撤销登记之日起15日内，向原税务登记机关申报办理注销税务登记。

第十六条 纳税人在办理注销税务登记前，应当向税务机关结清应纳税款、滞纳金、罚款，缴销发票、税务登记证件和其他税务证件。

第十七条 从事生产、经营的纳税人应当自开立基本存款账户或者其他存款账户之日起15日内，向主管税务机关书面报告其全部账号；发生变化的，应当自变化之日起15日内，向主管税务机关书面报告。

第十八条 除按照规定不需要发给税务登记证件的外，纳税人办理下列事项时，必须持税务登记证件：

（一）开立银行账户；
（二）申请减税、免税、退税；
（三）申请办理延期申报、延期缴纳税款；
（四）领购发票；
（五）申请开具外出经营活动税收管理证明；
（六）办理停业、歇业；
（七）其他有关税务事项。

第十九条 税务机关对税务登记证件实行定期验证和换证制度。纳税人应当在规定的期限内持有关证件到主管税务机关办理验证或者换证手续。

第二十条 纳税人应当将税务登记证件正本在其生产、经营场所或者办公场所公开悬挂，接受税务机关检查。

纳税人遗失税务登记证件的，应当在15日内书面报告主管税务机关，并登报声明作废。

第二十一条 从事生产、经营的纳税人到外县（市）临时从事生产、经营活动的，应当持税务登记证副本和所在地税务机关填开的外出经营活动税收管理证明，向营业地税务机关报验登记，接受税务管理。

从事生产、经营的纳税人外出经营，在同一地累计超过180天的，应当在营业地办理税务登记手续。

第三章 账簿、凭证管理

第二十二条 从事生产、经营的纳税人应当自领取营业执照或者发生纳税义务之日起15日内，按照国家有关规定设置账簿。

前款所称账簿，是指总账、明细账、日记账以及其他辅助性账簿。总账、日记账应当采用订本式。

第二十三条 生产、经营规模小又确无建账能力的纳税人，可以聘请经批准从事会计代理记账业务的专业机构或者财会人员代为建账和办理账务。

第二十四条 从事生产、经营的纳税人应当自领取税务登记证件之日起15日内，将其财务、会计制度或者财务、会计处理办法报送主管税务机关备案。

纳税人使用计算机记账的，应当在使用前将会计电算化系统的会计核算软件、使用说明书及有关资料报送主管税务机关备案。

纳税人建立的会计电算化系统应当符合国家有关规定，并能正确、完整核算其收入或者所得。

第二十五条 扣缴义务人应当自税收法律、行政法规规定的扣缴义务发生之日起10日内，按照所代扣、代收的税种，分别设置代扣代缴、代收代缴税款账簿。

第二十六条 纳税人、扣缴义务人会计制度健全，能够通过计算机正确、完整计算其收入和所得或者代扣代缴、代收代缴税款情况的，其计算机输出的完整的书面会计记录，可视同会计账簿。

纳税人、扣缴义务人会计制度不健全，不能通过计算机正确、完整计算其收入和所得或者代扣代缴、代收代缴税款情况的，应当建立总账及与纳税或者代扣代缴、代收代缴税款有关的其他账簿。

第二十七条 账簿、会计凭证和报表，应当使用中文。民族自治地方可以同时使用当地通用的一种民族文字。外商投资企业和外国企业可以同时使用一种外国文字。

第二十八条 纳税人应当按照税务机关的要求安装、使用税控装置，并按照税务机关的规定报送有关数据和资料。

税控装置推广应用的管理办法由国家税务总局另行制定，报国务院批准后实施。

第二十九条 账簿、记账凭证、报表、完税凭证、发票、出口凭证以及其他有关涉税资料应当合法、真实、完整。

账簿、记账凭证、报表、完税凭证、发票、出口凭证以及其他有关涉税资料应当保存10年；但是，法律、行政法规另有规定的除外。

第四章 纳税申报

第三十条 税务机关应当建立、健全纳税人自行申报纳税制度。纳税人、扣缴义务人可以采取邮寄、数据电文方式办理纳税申报或者报送代扣代缴、代收代缴税款报告表。

数据电文方式，是指税务机关确定的电话语音、电子数据交换和网络传输等电子方式。

第三十一条 纳税人采取邮寄方式办理纳税申报的，应当使用统一的纳税申报专用信封，并以邮政部门收据作为申报凭据。邮寄申报以寄出的邮戳日期为实际申报日期。

纳税人采取电子方式办理纳税申报的，应当按照税务机关规定的期限和要求保存有关资料，并定期书面报送主管税务机关。

第三十二条 纳税人在纳税期内没有应纳税款的，也应当按照规定办理纳税申报。

纳税人享受减税、免税待遇的，在减税、免税期间应当按照规定办理纳税申报。

第三十三条 纳税人、扣缴义务人的纳税申报或者代扣代缴、代收代缴税款报告表的主要内容包括：税种、税目，应纳税项目或者应代扣代缴、代收代缴税款项目，计税依据，扣除项目及标准，适用税率或者单位税额，应退税项目及税额、应减免税项目及税额，应纳税额或者应代扣代缴、代收代缴税额，税款所属期限、延期缴纳税款、欠税、滞纳金等。

第三十四条 纳税人办理纳税申报时，应当如实填写纳税申报表，并根据不同的情况相应报送下列有关证件、资料：

（一）财务会计报表及其说明材料；

（二）与纳税有关的合同、协议书及凭证；

（三）税控装置的电子报税资料；

（四）外出经营活动税收管理证明和异地完税凭证；

（五）境内或者境外公证机构出具的有关证明文件；

（六）税务机关规定应当报送的其他有关证件、资料。

第三十五条 扣缴义务人办理代扣代缴、代收代缴税款报告时，应当如实填写代扣代缴、代收代缴税款报告表，并报送代扣代缴、代收代缴税款的合法凭证以及税务机关规定的其他有关证件、资料。

第三十六条 实行定期定额缴纳税款的纳税人，可以实行简易申报、简并征期等申报纳税方式。

第三十七条 纳税人、扣缴义务人按照规定的期限办理纳税申报或者报送代扣代缴、代收代缴税款报告表确有困难，需要延期的，应当在规定的期限内向税务机关提出书面延期申请，经税务机关核准，在核准的期限内办理。

纳税人、扣缴义务人因不可抗力，不能按期办理纳税申报或者报送代扣代缴、代收代缴税款报告表的，可以延期办理；但是，应当在不可抗力情形消除后立即向税务机关报告。税务机关应当查明事实，予以核准。

第五章 税款征收

第三十八条 税务机关应当加强对税款征收的管理，建立、健全责任制度。

税务机关根据保证国家税款及时足额入库、方便纳税人、降低税收成本的原则，确定税款征收的方式。

税务机关应当加强对纳税人出口退税的管理，具体管理办法由国家税务总局会同国务院有关部门制定。

第三十九条 税务机关应当将各种税收的税款、滞纳金、罚款，按照国家规定的预算科目和预算级次及时缴入国库，税务机关不得占压、挪用、截留，不得缴入国库以外或者国家规定的税款账户以外的任何账户。

已缴入国库的税款、滞纳金、罚款，任何单位和个人不得擅自变更预算科目和预算级次。

第四十条 税务机关应当根据方便、快捷、安全的原则，积极推广使用支票、银行卡、电子结算方式缴纳税款。

第四十一条 纳税人有下列情形之一的，属于税收征管法第三十一条所称特殊困难：

（一）因不可抗力，导致纳税人发生较大损失，正常生产经营活动受到较大影响的；

（二）当期货币资金在扣除应付职工工资、社会保险费后，不足以缴纳税款的。

计划单列市国家税务局、地方税务局可以参照税收征管法第三十一条第二款的批准权限，审批纳税人延期缴纳税款。

第四十二条 纳税人需要延期缴纳税款的，应当在缴纳税款期限届满前提出申请，并报送下列材料：申请延期缴纳税款报告，当期货币资金余额情况及所有银行存款账户的对账单，资产负债表，应付职工工资和社会保险费等税务机关要求提供的支出预算。

税务机关应当自收到申请延期缴纳税款报告之日起20日内作出批准或者不予批准的决定；不予批准的，从缴纳税款期限届满之日起加收滞纳金。

第四十三条 享受减税、免税优惠的纳税人，减税、免税期满，应当自期满次日起恢复纳税；减税、免税条件发生变化的，应当在纳税申报时向税务机关报告；不再符合减税、免税条件的，应当依法履行纳税义务；未依法纳税的，税务机关应当予以追缴。

第四十四条 税务机关根据有利于税收控管和方便纳税的原则，可以按照国家有关规定委托有关单位和人员代征零星分散和异地缴纳的税收，并发给委托代征证书。受托单位和人员按照代征证书的要求，以税务机关的名义依法征收税款，纳税人不得拒绝；纳税人拒绝的，受托代征单位和人员应当及时报告税务机关。

第四十五条 税收征管法第三十四条所称完税凭证，是指各种完税证、缴款书、印花税票、扣（收）税凭证以及其他完税证明。

未经税务机关指定，任何单位、个人不得印制完税凭证。完税凭证不得转借、倒卖、变造或者伪造。

完税凭证的式样及管理办法由国家税务总局制定。

第四十六条 税务机关收到税款后，应当向纳税人开具完税凭证。纳税人通过银行缴纳税款的，税务机关可以委托银行开具完税凭证。

第四十七条 纳税人有税收征管法第三十五条或者第三十七条所列情形之一的，税务机关有权采用下列任何一种方法核定其应纳税额：

（一）参照当地同类行业或者类似行业中经营规模和收入水平相近的纳税人的税负水平核定；

（二）按照营业收入或者成本加合理的费用和利润的方法核定；

（三）按照耗用的原材料、燃料、动力等推算或者测算核定；

（四）按照其他合理方法核定。

采用前款所列一种方法不足以正确核定应纳税额时，可以同时采用两种以上的方法核定。

纳税人对税务机关采取本条规定的方法核定的应纳税额有异议的，应当提供相关证据，经税务机关认定后，调整应纳税额。

第四十八条 税务机关负责纳税人纳税信誉等级评定工作。纳税人纳税信誉等级的评定办法由国家税务总局制定。

第四十九条 承包人或者承租人有独立的生产经营权，在财务上独立核算，并定期向发包人或者出租人上缴承包费或者租金的，承包人或者承租人应当就其生产、经营收入和所得纳税，并接受税务管理；但是，法律、行政法规另有规定的除外。

发包人或者出租人应当自发包或者出租之日起30日内将承包人或者承租人的有关情况向主管税务机关报告。发包人或者出租人不报告的，发包人或者出租人与承包人或者承租人承担纳税连带责任。

第五十条 纳税人有解散、撤销、破产情形的，在清算前应当向其主管税务机关报告；未结清税款的，由其主管税务机关参加清算。

第五十一条 税收征管法第三十六条所称关联企业，是指有下列关系之一的公司、企业和其他经济组织：

（一）在资金、经营、购销等方面，存在直接或者间接的拥有或者控制关系；

（二）直接或者间接地同为第三者所拥有或者控制；

（三）在利益上具有相关联的其他关系。

纳税人有义务就其与关联企业之间的业务往来，向当地税务机关提供有关的价格、费用标准等资料。具体办法由国家税务总局制定。

第五十二条 税收征管法第三十六条所称独立企业之间的业务往来，是指没有关联关系的企业之间按照公平成交价格和营业常规所进行的业务往来。

第五十三条 纳税人可以向主管税务机关提出与其关联企业之间业务往来的定价原则和计算方法，主管税务机关审核、批准后，与纳税人预先约定有关定价事项，监督纳税人执行。

第五十四条 纳税人与其关联企业之间的业务往来有下列情形之一的，税务机关可以调整其应纳税额：

（一）购销业务未按照独立企业之间的业务往来作价；

（二）融通资金所支付或者收取的利息超过或者低于没有关联关系的企业之间所能同意的数额，或者利率超过或者低于同类业务的正常利率；

（三）提供劳务，未按照独立企业之间业务往来收取或者支付劳务费用；

（四）转让财产、提供财产使用权等业务往来，未按照独立企业之间业务往来作价或者收取、支付费用；

（五）未按照独立企业之间业务往来作价的其他情形。

第五十五条 纳税人有本细则第五十四条所列情形之一的，税务机关可以按照下列方法调整计税收入额或者所得额：

（一）按照独立企业之间进行的相同或者类似业务活动的价格；

（二）按照再销售给无关联关系的第三者的价格所应取得的收入和利润水平；

（三）按照成本加合理的费用和利润；

（四）按照其他合理的方法。

第五十六条 纳税人与其关联企业未按照独立企业之间的业务往来支付价款、费用的，税务机关自该业务往来发生的纳税年度起3年内进行调整；有特殊情况的，可以自该业务往来发生的纳税年度起10年内进行调整。

第五十七条 税收征管法第三十七条所称未按照规定办理税务登记从事生产、经营的纳税人，包括到外县（市）从事生产、经营而未向营业地税务机关报验登记的纳税人。

第五十八条 税务机关依照税收征管法第三

十七条的规定，扣押纳税人商品、货物的，纳税人应当自扣押之日起 15 日内缴纳税款。

对扣押的鲜活、易腐烂变质或者易失效的商品、货物，税务机关根据被扣押物品的保质期，可以缩短前款规定的扣押期限。

第五十九条 税收征管法第三十八条、第四十条所称其他财产，包括纳税人的房地产、现金、有价证券等不动产和动产。

机动车辆、金银饰品、古玩字画、豪华住宅或者一处以外的住房不属于税收征管法第三十八条、第四十条、第四十二条所称个人及其所扶养家属维持生活必需的住房和用品。

税务机关对单价 5000 元以下的其他生活用品，不采取税收保全措施和强制执行措施。

第六十条 税收征管法第三十八条、第四十条、第四十二条所称个人所扶养家属，是指与纳税人共同居住生活的配偶、直系亲属以及无生活来源并由纳税人扶养的其他亲属。

第六十一条 税收征管法第三十八条、第八十八条所称担保，包括经税务机关认可的纳税保证人为纳税人提供的纳税保证，以及纳税人或者第三人以其未设置或者未全部设置担保物权的财产提供的担保。

纳税保证人，是指在中国境内具有纳税担保能力的自然人、法人或者其他经济组织。

法律、行政法规规定的没有担保资格的单位和个人，不得作为纳税担保人。

第六十二条 纳税担保人同意为纳税人提供纳税担保的，应当填写纳税担保书，写明担保对象、担保范围、担保期限和担保责任以及其他有关事项。担保书须经纳税人、纳税担保人签字盖章并经税务机关同意，方为有效。

纳税人或者第三人以其财产提供纳税担保的，应当填写财产清单，并写明财产价值以及其他有关事项。纳税担保财产清单须经纳税人、第三人签字盖章并经税务机关确认，方为有效。

第六十三条 税务机关执行扣押、查封商品、货物或者其他财产时，应当由两名以上税务人员执行，并通知被执行人。被执行人是自然人的，应当通知被执行人本人或者其成年家属到场；被执行人是法人或者其他组织的，应当通知其法定代表人或者主要负责人到场；拒不到场的，不影响执行。

第六十四条 税务机关执行税收征管法第三十七条、第三十八条、第四十条的规定，扣押、查封价值相当于应纳税款的商品、货物或者其他财产时，参照同类商品的市场价、出厂价或者评估价估算。

税务机关按照前款方法确定应扣押、查封的商品、货物或者其他财产的价值时，还应当包括滞纳金和拍卖、变卖所发生的费用。

第六十五条 对价值超过应纳税额且不可分割的商品、货物或者其他财产，税务机关在纳税人、扣缴义务人或者纳税担保人无其他可供强制执行的财产的情况下，可以整体扣押、查封、拍卖。

第六十六条 税务机关执行税收征管法第三十七条、第三十八条、第四十条的规定，实施扣押、查封时，对有产权证件的动产或者不动产，税务机关可以责令当事人将产权证件交税务机关保管，同时可以向有关机关发出协助执行通知书，有关机关在扣押、查封期间不再办理该动产或者不动产的过户手续。

第六十七条 对查封的商品、货物或者其他财产，税务机关可以指令被执行人负责保管，保管责任由被执行人承担。

继续使用被查封的财产不会减少其价值的，税务机关可以允许被执行人继续使用；因被执行人保管或者使用的过错造成的损失，由被执行人承担。

第六十八条 纳税人在税务机关采取税收保全措施后，按照税务机关规定的期限缴纳税款的，税务机关应当自收到税款或者银行转回的完税凭证之日起 1 日内解除税收保全。

第六十九条 税务机关将扣押、查封的商品、货物或者其他财产变价抵缴税款时，应当交由依法成立的拍卖机构拍卖；无法委托拍卖或者不适于拍卖的，可以交由当地商业企业代为销售，也可以责令纳税人限期处理；无法委托商业企业销售，纳税人也无法处理的，可以由税务机关变价处理，具体办法由国家税务总局规定。国家禁止自由买卖的商品，应当交由有关单位按照国家规定的价格收购。

拍卖或者变卖所得抵缴税款、滞纳金、罚款以及拍卖、变卖等费用后，剩余部分应当在3日内退还被执行人。

第七十条 税收征管法第三十九条、第四十三条所称损失，是指因税务机关的责任，使纳税人、扣缴义务人或纳税担保人的合法利益遭受的直接损失。

第七十一条 税收征管法所称其他金融机构，是指信托投资公司、信用合作社、邮政储蓄机构以及经中国人民银行、中国证券监督管理委员会等批准设立的其他金融机构。

第七十二条 税收征管法所称存款，包括独资企业投资人、合伙企业合伙人、个体工商户的储蓄存款以及股东资金账户中的资金等。

第七十三条 从事生产、经营的纳税人、扣缴义务人未按照规定的期限缴纳或者解缴税款的，纳税担保人未按照规定的期限缴纳所担保的税款的，由税务机关发出限期缴纳税款通知书，责令缴纳或者解缴税款的最长期限不得超过15日。

第七十四条 欠缴税款的纳税人或者其法定代表人在出境前未按照规定结清应纳税款、滞纳金或者提供纳税担保的，税务机关可以通知出入境管理机关阻止其出境。阻止出境的具体办法，由国家税务总局会同公安部制定。

第七十五条 税收征管法第三十二条规定的加收滞纳金的起止时间，为法律、行政法规规定或者税务机关依照法律、行政法规的规定确定的税款缴纳期限届满次日起至纳税人、扣缴义务人实际缴纳或者解缴税款之日止。

第七十六条 县级以上各级税务机关应当将纳税人的欠税情况，在办税场所或者广播、电视、报纸、期刊、网络等新闻媒体上定期公告。

对纳税人欠缴税款的情况实行定期公告的办法，由国家税务总局制定。

第七十七条 税收征管法第四十九条所称欠缴税款数额较大，是指欠缴税款5万元以上。

第七十八条 税务机关发现纳税人多缴税款的，应当自发现之日起10日内办理退还手续；纳税人发现多缴税款，要求退还的，税务机关应当自接到纳税人退还申请之日起30日内查实并办理退还手续。

税收征管法第五十一条规定的加算银行同期存款利息的多缴税款退税，不包括依法预缴税款形成的结算退税、出口退税和各种减免退税。

退税利息按照税务机关办理退税手续当天中国人民银行规定的活期存款利率计算。

第七十九条 当纳税人既有应退税款又有欠缴税款的，税务机关可以将应退税款和利息先抵扣欠缴税款；抵扣后有余额的，退还纳税人。

第八十条 税收征管法第五十二条所称税务机关的责任，是指税务机关适用税收法律、行政法规不当或者执法行为违法。

第八十一条 税收征管法第五十二条所称纳税人、扣缴义务人计算错误等失误，是指非主观故意的计算公式运用错误以及明显的笔误。

第八十二条 税收征管法第五十二条所称特殊情况，是指纳税人或者扣缴义务人因计算错误等失误，未缴或者少缴、未扣或者少扣、未收或者少收税款，累计数额在10万元以上的。

第八十三条 税收征管法第五十二条规定的补缴和追征税款、滞纳金的期限，自纳税人、扣缴义务人应缴未缴或者少缴税款之日起计算。

第八十四条 审计机关、财政机关依法进行审计、检查时，对税务机关的税收违法行为作出的决定，税务机关应当执行；发现被审计、检查单位有税收违法行为的，向被审计、检查单位下达决定、意见书，责成被审计、检查单位向税务机关缴纳应当缴纳的税款、滞纳金。税务机关应当根据有关机关的决定、意见书，依照税收法律、行政法规的规定，将应收的税款、滞纳金按照国家规定的税收征收管理范围和税款入库预算级次缴入国库。

税务机关应当自收到审计机关、财政机关的决定、意见书之日起30日内将执行情况书面回复审计机关、财政机关。

有关机关不得将其履行职责过程中发现的税款、滞纳金自行征收入库或者以其他款项的名义自行处理、占压。

第六章 税务检查

第八十五条 税务机关应当建立科学的检查制度，统筹安排检查工作，严格控制对纳税人、扣缴义务人的检查次数。

税务机关应当制定合理的税务稽查工作规程，负责选案、检查、审理、执行的人员的职责应当明确，并相互分离、相互制约，规范选案程序和检查行为。

税务检查工作的具体办法，由国家税务总局制定。

第八十六条 税务机关行使税收征管法第五十四条第（一）项职权时，可以在纳税人、扣缴义务人的业务场所进行；必要时，经县以上税务局（分局）局长批准，可以将纳税人、扣缴义务人以前会计年度的账簿、记账凭证、报表和其他有关资料调回税务机关检查，但是税务机关必须向纳税人、扣缴义务人开付清单，并在3个月内完整退还；有特殊情况的，经设区的市、自治州以上税务局局长批准，税务机关可以将纳税人、扣缴义务人当年的账簿、记账凭证、报表和其他有关资料调回检查，但是税务机关必须在30日内退还。

第八十七条 税务机关行使税收征管法第五十四条第（六）项职权时，应当指定专人负责，凭全国统一格式的检查存款账户许可证明进行，并有责任为被检查人保守秘密。

检查存款账户许可证明，由国家税务总局制定。

税务机关查询的内容，包括纳税人存款账户余额和资金往来情况。

第八十八条 依照税收征管法第五十五条规定，税务机关采取税收保全措施的期限一般不得超过6个月；重大案件需要延长的，应当报国家税务总局批准。

第八十九条 税务机关和税务人员应当依照税收征管法及本细则的规定行使税务检查职权。

税务人员进行税务检查时，应当出示税务检查证和税务检查通知书；无税务检查证和税务检查通知书的，纳税人、扣缴义务人及其他当事人有权拒绝检查。税务机关对集贸市场及集中经营业户进行检查时，可以使用统一的税务检查通知书。

税务检查证和税务检查通知书的式样、使用和管理的具体办法，由国家税务总局制定。

第七章 法律责任

第九十条 纳税人未按照规定办理税务登记证件验证或者换证手续的，由税务机关责令限期改正，可以处2000元以下的罚款；情节严重的，处2000元以上1万元以下的罚款。

第九十一条 非法印制、转借、倒卖、变造或者伪造完税凭证的，由税务机关责令改正，处2000元以上1万元以下的罚款；情节严重的，处1万元以上5万元以下的罚款；构成犯罪的，依法追究刑事责任。

第九十二条 银行和其他金融机构未依照税收征管法的规定在从事生产、经营的纳税人的账户中登录税务登记证件号码，或者未按规定在税务登记证件中登录从事生产、经营的纳税人的账户账号的，由税务机关责令其限期改正，处2000元以上2万元以下的罚款；情节严重的，处2万元以上5万元以下的罚款。

第九十三条 为纳税人、扣缴义务人非法提供银行账户、发票、证明或者其他方便，导致未缴、少缴税款或者骗取国家出口退税款的，税务机关除没收其违法所得外，可以处未缴、少缴或者骗取的税款1倍以下的罚款。

第九十四条 纳税人拒绝代扣、代收税款的，扣缴义务人应当向税务机关报告，由税务机关直接向纳税人追缴税款、滞纳金；纳税人拒不缴纳的，依照税收征管法第六十八条的规定执行。

第九十五条 税务机关依照税收征管法第五十四条第（五）项的规定，到车站、码头、机场、邮政企业及其分支机构检查纳税人有关情况时，有关单位拒绝的，由税务机关责令改正，可以处1万元以下的罚款；情节严重的，处1万元以上5万元以下的罚款。

第九十六条 纳税人、扣缴义务人有下列情形之一的，依照税收征管法第七十条的规定处罚：

（一）提供虚假资料，不如实反映情况，或者拒绝提供有关资料的；

（二）拒绝或者阻止税务机关记录、录音、录像、照相和复制与案件有关的情况和资料的；

（三）在检查期间，纳税人、扣缴义务人转移、隐匿、销毁有关资料的；

（四）有不依法接受税务检查的其他情形的。

第九十七条 税务人员私分扣押、查封的商品、货物或者其他财产，情节严重，构成犯罪的，依法追究刑事责任；尚不构成犯罪的，依法给予行政处分。

第九十八条 税务代理人违反税收法律、行政法规，造成纳税人未缴或者少缴税款的，除由纳税人缴纳或者补缴应纳税款、滞纳金外，对税务代理人处纳税人未缴或者少缴税款50%以上3倍以下的罚款。

第九十九条 税务机关对纳税人、扣缴义务人及其他当事人处以罚款或者没收违法所得时，应当开付罚没凭证；未开付罚没凭证的，纳税人、扣缴义务人以及其他当事人有权拒绝给付。

第一百条 税收征管法第八十八条规定的纳税争议，是指纳税人、扣缴义务人、纳税担保人对税务机关确定纳税主体、征税对象、征税范围、减税、免税及退税、适用税率、计税依据、纳税环节、纳税期限、纳税地点以及税款征收方式等具体行政行为有异议而发生的争议。

第八章 文书送达

第一百零一条 税务机关送达税务文书，应当直接送交受送达人。

受送达人是公民的，应当由本人直接签收；本人不在的，交其同住成年家属签收。

受送达人是法人或者其他组织的，应当由法人的法定代表人、其他组织的主要负责人或者该法人、组织的财务负责人、负责收件的人签收。受送达人有代理人的，可以送交其代理人签收。

第一百零二条 送达税务文书应当有送达回证，并由受送达人或者本细则规定的其他签收人在送达回证上记明收到日期，签名或者盖章，即为送达。

第一百零三条 受送达人或者本细则规定的其他签收人拒绝签收税务文书的，送达人应当在送达回证上记明拒收理由和日期，并由送达人和见证人签名或者盖章，将税务文书留在受送达人处，即视为送达。

第一百零四条 直接送达税务文书有困难的，可以委托其他有关机关或者其他单位代为送达，或者邮寄送达。

第一百零五条 直接或者委托送达税务文书的，以签收人或者见证人在送达回证上的签收或者注明的收件日期为送达日期；邮寄送达的，以挂号函件回执上注明的收件日期为送达日期，并视为已送达。

第一百零六条 有下列情形之一的，税务机关可以公告送达税务文书，自公告之日起满30日，即视为送达：

（一）同一送达事项的受送达人众多；

（二）采用本章规定的其他送达方式无法送达。

第一百零七条 税务文书的格式由国家税务总局制定。本细则所称税务文书，包括：

（一）税务事项通知书；

（二）责令限期改正通知书；

（三）税收保全措施决定书；

（四）税收强制执行决定书；

（五）税务检查通知书；

（六）税务处理决定书；

（七）税务行政处罚决定书；

（八）行政复议决定书；

（九）其他税务文书。

第九章 附 则

第一百零八条 税收征管法及本细则所称"以上"、"以下"、"日内"、"届满"均含本数。

第一百零九条 税收征管法及本细则所规定期限的最后一日是法定休假日的，以休假日期满的次日为期限的最后一日；在期限内有连续3日以上法定休假日的，按休假日天数顺延。

第一百一十条 税收征管法第三十条第三款规定的代扣、代收手续费，纳入预算管理，由税务机关依照法律、行政法规的规定付给扣缴义务人。

第一百一十一条 纳税人、扣缴义务人委托税务代理人代为办理税务事宜的办法，由国家税务总局规定。

第一百一十二条 耕地占用税、契税、农业税、牧业税的征收管理，按照国务院的有关规定执行。

第一百一十三条 本细则自2002年10月15日起施行。1993年8月4日国务院发布的《中华人民共和国税收征收管理法实施细则》同时废止。

7. 中华人民共和国企业所得税法实施条例

（2019年4月23日修订）

第一章 总 则

第一条 根据《中华人民共和国企业所得税法》（以下简称企业所得税法）的规定，制定本条例。

第二条 企业所得税法第一条所称个人独资企业、合伙企业，是指依照中国法律、行政法规成立的个人独资企业、合伙企业。

第三条 企业所得税法第二条所称依法在中国境内成立的企业，包括依照中国法律、行政法规在中国境内成立的企业、事业单位、社会团体以及其他取得收入的组织。

企业所得税法第二条所称依照外国（地区）法律成立的企业，包括依照外国（地区）法律成立的企业和其他取得收入的组织。

第四条 企业所得税法第二条所称实际管理机构，是指对企业的生产经营、人员、账务、财产等实施实质性全面管理和控制的机构。

第五条 企业所得税法第二条第三款所称机构、场所，是指在中国境内从事生产经营活动的机构、场所，包括：

（一）管理机构、营业机构、办事机构；

（二）工厂、农场、开采自然资源的场所；

（三）提供劳务的场所；

（四）从事建筑、安装、装配、修理、勘探等工程作业的场所；

（五）其他从事生产经营活动的机构、场所。

非居民企业委托营业代理人在中国境内从事生产经营活动的，包括委托单位或者个人经常代其签订合同，或者储存、交付货物等，该营业代理人视为非居民企业在中国境内设立的机构、场所。

第六条 企业所得税法第三条所称所得，包括销售货物所得、提供劳务所得、转让财产所得、股息红利等权益性投资所得、利息所得、租金所得、特许权使用费所得、接受捐赠所得和其他所得。

第七条 企业所得税法第三条所称来源于中国境内、境外的所得，按照以下原则确定：

（一）销售货物所得，按照交易活动发生地确定；

（二）提供劳务所得，按照劳务发生地确定；

（三）转让财产所得，不动产转让所得按照不动产所在地确定，动产转让所得按照转让动产的企业或者机构、场所所在地确定，权益性投资资产转让所得按照被投资企业所在地确定；

（四）股息、红利等权益性投资所得，按照

分配所得的企业所在地确定；

（五）利息所得、租金所得、特许权使用费所得，按照负担、支付所得的企业或者机构、场所所在地确定，或者按照负担、支付所得的个人的住所地确定；

（六）其他所得，由国务院财政、税务主管部门确定。

第八条 企业所得税法第三条所称实际联系，是指非居民企业在中国境内设立的机构、场所拥有据以取得所得的股权、债权，以及拥有、管理、控制据以取得所得的财产等。

第二章 应纳税所得额

第一节 一般规定

第九条 企业应纳税所得额的计算，以权责发生制为原则，属于当期的收入和费用，不论款项是否收付，均作为当期的收入和费用；不属于当期的收入和费用，即使款项已经在当期收付，均不作为当期的收入和费用。本条例和国务院财政、税务主管部门另有规定的除外。

第十条 企业所得税法第五条所称亏损，是指企业依照企业所得税法和本条例的规定将每一纳税年度的收入总额减除不征税收入、免税收入和各项扣除后小于零的数额。

第十一条 企业所得税法第五十五条所称清算所得，是指企业的全部资产可变现价值或者交易价格减除资产净值、清算费用以及相关税费等后的余额。

投资方企业从被清算企业分得的剩余资产，其中相当于从被清算企业累计未分配利润和累计盈余公积中应当分得的部分，应当确认为股息所得；剩余资产减除上述股息所得后的余额，超过或者低于投资成本的部分，应当确认为投资资产转让所得或者损失。

第二节 收 入

第十二条 企业所得税法第六条所称企业取得收入的货币形式，包括现金、存款、应收账款、应收票据、准备持有至到期的债券投资以及债务的豁免等。

企业所得税法第六条所称企业取得收入的非货币形式，包括固定资产、生物资产、无形资产、股权投资、存货、不准备持有至到期的债券投资、劳务以及有关权益等。

第十三条 企业所得税法第六条所称企业以非货币形式取得的收入，应当按照公允价值确定收入额。

前款所称公允价值，是指按照市场价格确定的价值。

第十四条 企业所得税法第六条第（一）项所称销售货物收入，是指企业销售商品、产品、原材料、包装物、低值易耗品以及其他存货取得的收入。

第十五条 企业所得税法第六条第（二）项所称提供劳务收入，是指企业从事建筑安装、修理修配、交通运输、仓储租赁、金融保险、邮电通信、咨询经纪、文化体育、科学研究、技术服务、教育培训、餐饮住宿、中介代理、卫生保健、社区服务、旅游、娱乐、加工以及其他劳务服务活动取得的收入。

第十六条 企业所得税法第六条第（三）项所称转让财产收入，是指企业转让固定资产、生物资产、无形资产、股权、债权等财产取得的收入。

第十七条 企业所得税法第六条第（四）项所称股息、红利等权益性投资收益，是指企业因权益性投资从被投资方取得的收入。

股息、红利等权益性投资收益，除国务院财政、税务主管部门另有规定外，按照被投资方作出利润分配决定的日期确认收入的实现。

第十八条 企业所得税法第六条第（五）项所称利息收入，是指企业将资金提供他人使用但不构成权益性投资，或者因他人占用本企业资金取得的收入，包括存款利息、贷款利息、债券利息、欠款利息等收入。

利息收入，按照合同约定的债务人应付利息

的日期确认收入的实现。

第十九条 企业所得税法第六条第（六）项所称租金收入，是指企业提供固定资产、包装物或者其他有形资产的使用权取得的收入。

租金收入，按照合同约定的承租人应付租金的日期确认收入的实现。

第二十条 企业所得税法第六条第（七）项所称特许权使用费收入，是指企业提供专利权、非专利技术、商标权、著作权以及其他特许权的使用权取得的收入。

特许权使用费收入，按照合同约定的特许权使用人应付特许权使用费的日期确认收入的实现。

第二十一条 企业所得税法第六条第（八）项所称接受捐赠收入，是指企业接受的来自其他企业、组织或者个人无偿给予的货币性资产、非货币性资产。

接受捐赠收入，按照实际收到捐赠资产的日期确认收入的实现。

第二十二条 企业所得税法第六条第（九）项所称其他收入，是指企业取得的除企业所得税法第六条第（一）项至第（八）项规定的收入外的其他收入，包括企业资产溢余收入、逾期未退包装物押金收入、确实无法偿付的应付款项、已作坏账损失处理后又收回的应收款项、债务重组收入、补贴收入、违约金收入、汇兑收益等。

第二十三条 企业的下列生产经营业务可以分期确认收入的实现：

（一）以分期收款方式销售货物的，按照合同约定的收款日期确认收入的实现；

（二）企业受托加工制造大型机械设备、船舶、飞机，以及从事建筑、安装、装配工程业务或者提供其他劳务等，持续时间超过12个月的，按照纳税年度内完工进度或者完成的工作量确认收入的实现。

第二十四条 采取产品分成方式取得收入的，按照企业分得产品的日期确认收入的实现，其收入额按照产品的公允价值确定。

第二十五条 企业发生非货币性资产交换，以及将货物、财产、劳务用于捐赠、偿债、赞助、集资、广告、样品、职工福利或者利润分配等用途的，应当视同销售货物、转让财产或者提供劳务，但国务院财政、税务主管部门另有规定的除外。

第二十六条 企业所得税法第七条第（一）项所称财政拨款，是指各级人民政府对纳入预算管理的事业单位、社会团体等组织拨付的财政资金，但国务院和国务院财政、税务主管部门另有规定的除外。

企业所得税法第七条第（二）项所称行政事业性收费，是指依照法律法规等有关规定，按照国务院规定程序批准，在实施社会公共管理，以及在向公民、法人或者其他组织提供特定公共服务过程中，向特定对象收取并纳入财政管理的费用。

企业所得税法第七条第（二）项所称政府性基金，是指企业依照法律、行政法规等有关规定，代政府收取的具有专项用途的财政资金。

企业所得税法第七条第（三）项所称国务院规定的其他不征税收入，是指企业取得的，由国务院财政、税务主管部门规定专项用途并经国务院批准的财政性资金。

第三节 扣 除

第二十七条 企业所得税法第八条所称有关的支出，是指与取得收入直接相关的支出。

企业所得税法第八条所称合理的支出，是指符合生产经营活动常规，应当计入当期损益或者有关资产成本的必要和正常的支出。

第二十八条 企业发生的支出应当区分收益性支出和资本性支出。收益性支出在发生当期直接扣除；资本性支出应当分期扣除或者计入有关资产成本，不得在发生当期直接扣除。

企业的不征税收入用于支出所形成的费用或者财产，不得扣除或者计算对应的折旧、摊销扣除。

除企业所得税法和本条例另有规定外，企业实际发生的成本、费用、税金、损失和其他支出，不得重复扣除。

第二十九条 企业所得税法第八条所称成本，是指企业在生产经营活动中发生的销售成本、销货成本、业务支出以及其他耗费。

第三十条 企业所得税法第八条所称费用，是指企业在生产经营活动中发生的销售费用、管理费用和财务费用，已经计入成本的有关费用除外。

第三十一条 企业所得税法第八条所称税金，是指企业发生的除企业所得税和允许抵扣的增值税以外的各项税金及其附加。

第三十二条 企业所得税法第八条所称损失，是指企业在生产经营活动中发生的固定资产和存货的盘亏、毁损、报废损失，转让财产损失，呆账损失，坏账损失，自然灾害等不可抗力因素造成的损失以及其他损失。

企业发生的损失，减除责任人赔偿和保险赔款后的余额，依照国务院财政、税务主管部门的规定扣除。

企业已经作为损失处理的资产，在以后纳税年度又全部收回或者部分收回时，应当计入当期收入。

第三十三条 企业所得税法第八条所称其他支出，是指除成本、费用、税金、损失外，企业在生产经营活动中发生的与生产经营活动有关的、合理的支出。

第三十四条 企业发生的合理的工资薪金支出，准予扣除。

前款所称工资薪金，是指企业每一纳税年度支付给在本企业任职或者受雇的员工的所有现金形式或者非现金形式的劳动报酬，包括基本工资、奖金、津贴、补贴、年终加薪、加班工资，以及与员工任职或者受雇有关的其他支出。

第三十五条 企业依照国务院有关主管部门或者省级人民政府规定的范围和标准为职工缴纳的基本养老保险费、基本医疗保险费、失业保险费、工伤保险费、生育保险费等基本社会保险费和住房公积金，准予扣除。

企业为投资者或者职工支付的补充养老保险费、补充医疗保险费，在国务院财政、税务主管部门规定的范围和标准内，准予扣除。

第三十六条 除企业依照国家有关规定为特殊工种职工支付的人身安全保险费和国务院财政、税务主管部门规定可以扣除的其他商业保险费外，企业为投资者或者职工支付的商业保险费，不得扣除。

第三十七条 企业在生产经营活动中发生的合理的不需要资本化的借款费用，准予扣除。

企业为购置、建造固定资产、无形资产和经过12个月以上的建造才能达到预定可销售状态的存货发生借款的，在有关资产购置、建造期间发生的合理的借款费用，应当作为资本性支出计入有关资产的成本，并依照本条例的规定扣除。

第三十八条 企业在生产经营活动中发生的下列利息支出，准予扣除：

（一）非金融企业向金融企业借款的利息支出、金融企业的各项存款利息支出和同业拆借利息支出、企业经批准发行债券的利息支出；

（二）非金融企业向非金融企业借款的利息支出，不超过按照金融企业同期同类贷款利率计算的数额的部分。

第三十九条 企业在货币交易中，以及纳税年度终了时将人民币以外的货币性资产、负债按照期末即期人民币汇率中间价折算为人民币时产生的汇兑损失，除已经计入有关资产成本以及与向所有者进行利润分配相关的部分外，准予扣除。

第四十条 企业发生的职工福利费支出，不超过工资薪金总额14%的部分，准予扣除。

第四十一条 企业拨缴的工会经费，不超过工资薪金总额2%的部分，准予扣除。

第四十二条 除国务院财政、税务主管部门另有规定外，企业发生的职工教育经费支出，不超过工资薪金总额2.5%的部分，准予扣除；超过部分，准予在以后纳税年度结转扣除。

第四十三条 企业发生的与生产经营活动有关的业务招待费支出，按照发生额的60%扣除，但最高不得超过当年销售（营业）收入的5‰。

第四十四条 企业发生的符合条件的广告费和业务宣传费支出，除国务院财政、税务主管部门另有规定外，不超过当年销售（营业）收入15%的部分，准予扣除；超过部分，准予在以后纳税年度结转扣除。

第四十五条 企业依照法律、行政法规有关规定提取的用于环境保护、生态恢复等方面的专项资金，准予扣除。上述专项资金提取后改变用途的，不得扣除。

第四十六条 企业参加财产保险，按照规定缴纳的保险费，准予扣除。

第四十七条 企业根据生产经营活动的需要租入固定资产支付的租赁费，按照以下方法扣除：

（一）以经营租赁方式租入固定资产发生的租赁费支出，按照租赁期限均匀扣除；

（二）以融资租赁方式租入固定资产发生的租赁费支出，按照规定构成融资租入固定资产价值的部分应当提取折旧费用，分期扣除。

第四十八条 企业发生的合理的劳动保护支出，准予扣除。

第四十九条 企业之间支付的管理费、企业内营业机构之间支付的租金和特许权使用费，以及非银行企业内营业机构之间支付的利息，不得扣除。

第五十条 非居民企业在中国境内设立的机构、场所，就其中国境外总机构发生的与该机构、场所生产经营有关的费用，能够提供总机构出具的费用汇集范围、定额、分配依据和方法等证明文件，并合理分摊的，准予扣除。

第五十一条 企业所得税法第九条所称公益性捐赠，是指企业通过公益性社会组织或者县级以上人民政府及其部门，用于符合法律规定的慈善活动、公益事业的捐赠。

第五十二条 本条例第五十一条所称公益性社会组织，是指同时符合下列条件的慈善组织以及其他社会组织：

（一）依法登记，具有法人资格；

（二）以发展公益事业为宗旨，且不以营利为目的；

（三）全部资产及其增值为该法人所有；

（四）收益和营运结余主要用于符合该法人设立目的的事业；

（五）终止后的剩余财产不归属任何个人或者营利组织；

（六）不经营与其设立目的无关的业务；

（七）有健全的财务会计制度；

（八）捐赠者不以任何形式参与该法人财产的分配；

（九）国务院财政、税务主管部门会同国务院民政部门等登记管理部门规定的其他条件。

第五十三条 企业当年发生以及以前年度结转的公益性捐赠支出，不超过年度利润总额12%的部分，准予扣除。

年度利润总额，是指企业依照国家统一会计制度的规定计算的年度会计利润。

第五十四条 企业所得税法第十条第（六）项所称赞助支出，是指企业发生的与生产经营活动无关的各种非广告性质支出。

第五十五条 企业所得税法第十条第（七）项所称未经核定的准备金支出，是指不符合国务院财政、税务主管部门规定的各项资产减值准备、风险准备等准备金支出。

第四节 资产的税务处理

第五十六条 企业的各项资产，包括固定资产、生物资产、无形资产、长期待摊费用、投资资产、存货等，以历史成本为计税基础。

前款所称历史成本，是指企业取得该项资产时实际发生的支出。

企业持有各项资产期间资产增值或者减值，除国务院财政、税务主管部门规定可以确认损益外，不得调整该资产的计税基础。

第五十七条 企业所得税法第十一条所称固定资产，是指企业为生产产品、提供劳务、出租或者经营管理而持有的、使用时间超过12个月的非货币性资产，包括房屋、建筑物、机器、机械、运输工具以及其他与生产经营活动有关的设备、器具、工具等。

第五十八条 固定资产按照以下方法确定计税基础：

（一）外购的固定资产，以购买价款和支付的相关税费以及直接归属于使该资产达到预定用途发生的其他支出为计税基础；

（二）自行建造的固定资产，以竣工结算前发生的支出为计税基础；

（三）融资租入的固定资产，以租赁合同约定的付款总额和承租人在签订租赁合同过程中发生的相关费用为计税基础，租赁合同未约定付款总额的，以该资产的公允价值和承租人在签订租赁合同过程中发生的相关费用为计税基础；

（四）盘盈的固定资产，以同类固定资产的重置完全价值为计税基础；

（五）通过捐赠、投资、非货币性资产交换、债务重组等方式取得的固定资产，以该资产的公允价值和支付的相关税费为计税基础；

（六）改建的固定资产，除企业所得税法第十三条第（一）项和第（二）项规定的支出外，以改建过程中发生的改建支出增加计税基础。

第五十九条 固定资产按照直线法计算的折旧，准予扣除。

企业应当自固定资产投入使用月份的次月起计算折旧；停止使用的固定资产，应当自停止使用月份的次月起停止计算折旧。

企业应当根据固定资产的性质和使用情况，合理确定固定资产的预计净残值。固定资产的预计净残值一经确定，不得变更。

第六十条 除国务院财政、税务主管部门另有规定外，固定资产计算折旧的最低年限如下：

（一）房屋、建筑物，为20年；

（二）飞机、火车、轮船、机器、机械和其他生产设备，为10年；

（三）与生产经营活动有关的器具、工具、家具等，为5年；

（四）飞机、火车、轮船以外的运输工具，为4年；

（五）电子设备，为3年。

第六十一条 从事开采石油、天然气等矿产资源的企业，在开始商业性生产前发生的费用和有关固定资产的折耗、折旧方法，由国务院财政、税务主管部门另行规定。

第六十二条 生产性生物资产按照以下方法确定计税基础：

（一）外购的生产性生物资产，以购买价款和支付的相关税费为计税基础；

（二）通过捐赠、投资、非货币性资产交换、债务重组等方式取得的生产性生物资产，以该资产的公允价值和支付的相关税费为计税基础。

前款所称生产性生物资产，是指企业为生产农产品、提供劳务或者出租等而持有的生物资产，包括经济林、薪炭林、产畜和役畜等。

第六十三条 生产性生物资产按照直线法计算的折旧，准予扣除。

企业应当自生产性生物资产投入使用月份的次月起计算折旧；停止使用的生产性生物资产，应当自停止使用月份的次月起停止计算折旧。

企业应当根据生产性生物资产的性质和使用情况，合理确定生产性生物资产的预计净残值。生产性生物资产的预计净残值一经确定，不得变更。

第六十四条 生产性生物资产计算折旧的最低年限如下：

（一）林木类生产性生物资产，为10年；

（二）畜类生产性生物资产，为3年。

第六十五条 企业所得税法第十二条所称无形资产，是指企业为生产产品、提供劳务、出租或者经营管理而持有的、没有实物形态的非货币性长期资产，包括专利权、商标权、著作权、土地使用权、非专利技术、商誉等。

第六十六条 无形资产按照以下方法确定计税基础：

（一）外购的无形资产，以购买价款和支付的相关税费以及直接归属于使该资产达到预定用途发生的其他支出为计税基础；

（二）自行开发的无形资产，以开发过程中该资产符合资本化条件后至达到预定用途前发生的支出为计税基础；

（三）通过捐赠、投资、非货币性资产交换、债务重组等方式取得的无形资产，以该资产的公允价值和支付的相关税费为计税基础。

第六十七条 无形资产按照直线法计算的摊销费用，准予扣除。

无形资产的摊销年限不得低于10年。

作为投资或者受让的无形资产，有关法律规定或者合同约定了使用年限的，可以按照规定或者约定的使用年限分期摊销。

外购商誉的支出，在企业整体转让或者清算时，准予扣除。

第六十八条 企业所得税法第十三条第（一）项和第（二）项所称固定资产的改建支出，是指改变房屋或者建筑物结构、延长使用年限等发生的支出。

企业所得税法第十三条第（一）项规定的支出，按照固定资产预计尚可使用年限分期摊销；第（二）项规定的支出，按照合同约定的剩余租赁期限分期摊销。

改建的固定资产延长使用年限的，除企业所得税法第十三条第（一）项和第（二）项规定外，应当适当延长折旧年限。

第六十九条 企业所得税法第十三条第（三）项所称固定资产的大修理支出，是指同时符合下列条件的支出：

（一）修理支出达到取得固定资产时的计税基础50%以上；

（二）修理后固定资产的使用年限延长2年以上。

企业所得税法第十三条第（三）项规定的支出，按照固定资产尚可使用年限分期摊销。

第七十条 企业所得税法第十三条第（四）项所称其他应当作为长期待摊费用的支出，自支出发生月份的次月起，分期摊销，摊销年限不得低于3年。

第七十一条 企业所得税法第十四条所称投资资产，是指企业对外进行权益性投资和债权性投资形成的资产。

企业在转让或者处置投资资产时，投资资产的成本，准予扣除。

投资资产按照以下方法确定成本：

（一）通过支付现金方式取得的投资资产，以购买价款为成本；

（二）通过支付现金以外的方式取得的投资资产，以该资产的公允价值和支付的相关税费为成本。

第七十二条 企业所得税法第十五条所称存货，是指企业持有以备出售的产品或者商品、处在生产过程中的在产品、在生产或者提供劳务过程中耗用的材料和物料等。

存货按照以下方法确定成本：

（一）通过支付现金方式取得的存货，以购买价款和支付的相关税费为成本；

（二）通过支付现金以外的方式取得的存货，以该存货的公允价值和支付的相关税费为成本；

（三）生产性生物资产收获的农产品，以产出或者采收过程中发生的材料费、人工费和分摊的间接费用等必要支出为成本。

第七十三条 企业使用或者销售的存货的成本计算方法，可以在先进先出法、加权平均法、个别计价法中选用一种。计价方法一经选用，不得随意变更。

第七十四条 企业所得税法第十六条所称资产的净值和第十九条所称财产净值，是指有关资产、财产的计税基础减除已经按照规定扣除的折旧、折耗、摊销、准备金等后的余额。

第七十五条 除国务院财政、税务主管部门另有规定外，企业在重组过程中，应当在交易发生时确认有关资产的转让所得或者损失，相关资产应当按照交易价格重新确定计税基础。

第三章 应纳税额

第七十六条 企业所得税法第二十二条规定的应纳税额的计算公式为：

应纳税额=应纳税所得额×适用税率-减免税额-抵免税额

公式中的减免税额和抵免税额，是指依照企业所得税法和国务院的税收优惠规定减征、免征和抵免的应纳税额。

第七十七条 企业所得税法第二十三条所称已在境外缴纳的所得税税额，是指企业来源于中国境外的所得依照中国境外税收法律以及相关规定应当缴纳并已经实际缴纳的企业所得税性质的税款。

第七十八条 企业所得税法第二十三条所称抵免限额，是指企业来源于中国境外的所得，依照企业所得税法和本条例的规定计算的应纳税额。除国务院财政、税务主管部门另有规定外，该抵免限额应当分国（地区）不分项计算，计算公式如下：

抵免限额＝中国境内、境外所得依照企业所得税法和本条例的规定计算的应纳税总额×来源于某国（地区）的应纳税所得额÷中国境内、境外应纳税所得总额

第七十九条 企业所得税法第二十三条所称5个年度，是指从企业取得的来源于中国境外的所得，已经在中国境外缴纳的企业所得税性质的税额超过抵免限额的当年的次年起连续5个纳税年度。

第八十条 企业所得税法第二十四条所称直接控制，是指居民企业直接持有外国企业20%以上股份。

企业所得税法第二十四条所称间接控制，是指居民企业以间接持股方式持有外国企业20%以上股份，具体认定办法由国务院财政、税务主管部门另行制定。

第八十一条 企业依照企业所得税法第二十三条、第二十四条的规定抵免企业所得税税额时，应当提供中国境外税务机关出具的税款所属年度的有关纳税凭证。

第四章 税收优惠

第八十二条 企业所得税法第二十六条第（一）项所称国债利息收入，是指企业持有国务院财政部门发行的国债取得的利息收入。

第八十三条 企业所得税法第二十六条第（二）项所称符合条件的居民企业之间的股息、红利等权益性投资收益，是指居民企业直接投资于其他居民企业取得的投资收益。企业所得税法第二十六条第（二）项和第（三）项所称股息、红利等权益性投资收益，不包括连续持有居民企业公开发行并上市流通的股票不足12个月取得的投资收益。

第八十四条 企业所得税法第二十六条第（四）项所称符合条件的非营利组织，是指同时符合下列条件的组织：

（一）依法履行非营利组织登记手续；

（二）从事公益性或者非营利性活动；

（三）取得的收入除用于与该组织有关的、合理的支出外，全部用于登记核定或者章程规定的公益性或者非营利性事业；

（四）财产及其孳息不用于分配；

（五）按照登记核定或者章程规定，该组织注销后的剩余财产用于公益性或者非营利性目的，或者由登记管理机关转赠给与该组织性质、宗旨相同的组织，并向社会公告；

（六）投入人对投入该组织的财产不保留或者享有任何财产权利；

（七）工作人员工资福利开支控制在规定的比例内，不变相分配该组织的财产。

前款规定的非营利组织的认定管理办法由国务院财政、税务主管部门会同国务院有关部门制定。

第八十五条 企业所得税法第二十六条第（四）项所称符合条件的非营利组织的收入，不包括非营利组织从事营利性活动取得的收入，但国务院财政、税务主管部门另有规定的除外。

第八十六条 企业所得税法第二十七条第（一）项规定的企业从事农、林、牧、渔业项目的所得，可以免征、减征企业所得税，是指：

（一）企业从事下列项目的所得，免征企业所得税：

1. 蔬菜、谷物、薯类、油料、豆类、棉花、

麻类、糖料、水果、坚果的种植；

2. 农作物新品种的选育；

3. 中药材的种植；

4. 林木的培育和种植；

5. 牲畜、家禽的饲养；

6. 林产品的采集；

7. 灌溉、农产品初加工、兽医、农技推广、农机作业和维修等农、林、牧、渔服务业项目；

8. 远洋捕捞。

（二）企业从事下列项目的所得，减半征收企业所得税：

1. 花卉、茶以及其他饮料作物和香料作物的种植；

2. 海水养殖、内陆养殖。

企业从事国家限制和禁止发展的项目，不得享受本条规定的企业所得税优惠。

第八十七条 企业所得税法第二十七条第（二）项所称国家重点扶持的公共基础设施项目，是指《公共基础设施项目企业所得税优惠目录》规定的港口码头、机场、铁路、公路、城市公共交通、电力、水利等项目。

企业从事前款规定的国家重点扶持的公共基础设施项目的投资经营的所得，自项目取得第一笔生产经营收入所属纳税年度起，第一年至第三年免征企业所得税，第四年至第六年减半征收企业所得税。

企业承包经营、承包建设和内部自建自用本条规定的项目，不得享受本条规定的企业所得税优惠。

第八十八条 企业所得税法第二十七条第（三）项所称符合条件的环境保护、节能节水项目，包括公共污水处理、公共垃圾处理、沼气综合开发利用、节能减排技术改造、海水淡化等。项目的具体条件和范围由国务院财政、税务主管部门商国务院有关部门制订，报国务院批准后公布施行。

企业从事前款规定的符合条件的环境保护、节能节水项目的所得，自项目取得第一笔生产经营收入所属纳税年度起，第一年至第三年免征企业所得税，第四年至第六年减半征收企业所得税。

第八十九条 依照本条例第八十七条和第八十八条规定享受减免税优惠的项目，在减免税期限内转让的，受让方自受让之日起，可以在剩余期限内享受规定的减免税优惠；减免税期限届满后转让的，受让方不得就该项目重复享受减免税优惠。

第九十条 企业所得税法第二十七条第（四）项所称符合条件的技术转让所得免征、减征企业所得税，是指一个纳税年度内，居民企业技术转让所得不超过500万元的部分，免征企业所得税；超过500万元的部分，减半征收企业所得税。

第九十一条 非居民企业取得企业所得税法第二十七条第（五）项规定的所得，减按10%的税率征收企业所得税。

下列所得可以免征企业所得税：

（一）外国政府向中国政府提供贷款取得的利息所得；

（二）国际金融组织向中国政府和居民企业提供优惠贷款取得的利息所得；

（三）经国务院批准的其他所得。

第九十二条 企业所得税法第二十八条第一款所称符合条件的小型微利企业，是指从事国家非限制和禁止行业，并符合下列条件的企业：

（一）工业企业，年度应纳税所得额不超过30万元，从业人数不超过100人，资产总额不超过3000万元；

（二）其他企业，年度应纳税所得额不超过30万元，从业人数不超过80人，资产总额不超过1000万元。

第九十三条 企业所得税法第二十八条第二款所称国家需要重点扶持的高新技术企业，是指拥有核心自主知识产权，并同时符合下列条件的企业：

（一）产品（服务）属于《国家重点支持的高新技术领域》规定的范围；

（二）研究开发费用占销售收入的比例不低

于规定比例；

（三）高新技术产品（服务）收入占企业总收入的比例不低于规定比例；

（四）科技人员占企业职工总数的比例不低于规定比例；

（五）高新技术企业认定管理办法规定的其他条件。

《国家重点支持的高新技术领域》和高新技术企业认定管理办法由国务院科技、财政、税务主管部门商国务院有关部门制订，报国务院批准后公布施行。

第九十四条 企业所得税法第二十九条所称民族自治地方，是指依照《中华人民共和国民族区域自治法》的规定，实行民族区域自治的自治区、自治州、自治县。

对民族自治地方内国家限制和禁止行业的企业，不得减征或者免征企业所得税。

第九十五条 企业所得税法第三十条第（一）项所称研究开发费用的加计扣除，是指企业为开发新技术、新产品、新工艺发生的研究开发费用，未形成无形资产计入当期损益的，在按照规定据实扣除的基础上，按照研究开发费用的50%加计扣除；形成无形资产的，按照无形资产成本的150%摊销。

第九十六条 企业所得税法第三十条第（二）项所称企业安置残疾人员所支付的工资的加计扣除，是指企业安置残疾人员的，在按照支付给残疾职工工资据实扣除的基础上，按照支付给残疾职工工资的100%加计扣除。残疾人员的范围适用《中华人民共和国残疾人保障法》的有关规定。

企业所得税法第三十条第（二）项所称企业安置国家鼓励安置的其他就业人员所支付的工资的加计扣除办法，由国务院另行规定。

第九十七条 企业所得税法第三十一条所称抵扣应纳税所得额，是指创业投资企业采取股权投资方式投资于未上市的中小高新技术企业2年以上的，可以按照其投资额的70%在股权持有满2年的当年抵扣该创业投资企业的应纳税所得额；当年不足抵扣的，可以在以后纳税年度结转抵扣。

第九十八条 企业所得税法第三十二条所称可以采取缩短折旧年限或者采取加速折旧的方法的固定资产，包括：

（一）由于技术进步，产品更新换代较快的固定资产；

（二）常年处于强震动、高腐蚀状态的固定资产。

采取缩短折旧年限方法的，最低折旧年限不得低于本条例第六十条规定折旧年限的60%；采取加速折旧方法的，可以采取双倍余额递减法或者年数总和法。

第九十九条 企业所得税法第三十三条所称减计收入，是指企业以《资源综合利用企业所得税优惠目录》规定的资源作为主要原材料，生产国家非限制和禁止并符合国家和行业相关标准的产品取得的收入，减按90%计入收入总额。

前款所称原材料占生产产品材料的比例不得低于《资源综合利用企业所得税优惠目录》规定的标准。

第一百条 企业所得税法第三十四条所称税额抵免，是指企业购置并实际使用《环境保护专用设备企业所得税优惠目录》、《节能节水专用设备企业所得税优惠目录》和《安全生产专用设备企业所得税优惠目录》规定的环境保护、节能节水、安全生产等专用设备的，该专用设备的投资额的10%可以从企业当年的应纳税额中抵免；当年不足抵免的，可以在以后5个纳税年度结转抵免。

享受前款规定的企业所得税优惠的企业，应当实际购置并自身实际投入使用前款规定的专用设备；企业购置上述专用设备在5年内转让、出租的，应当停止享受企业所得税优惠，并补缴已经抵免的企业所得税税款。

第一百零一条 本章第八十七、第九十九条、第一百条规定的企业所得税优惠目录，由国务院财政、税务主管部门商国务院有关部门制订，报国务院批准后公布施行。

第一百零二条 企业同时从事适用不同企业所得税待遇的项目的，其优惠项目应当单独计算所得，并合理分摊企业的期间费用；没有单独计算的，不得享受企业所得税优惠。

第五章 源泉扣缴

第一百零三条 依照企业所得税法对非居民企业应当缴纳的企业所得税实行源泉扣缴的，应当依照企业所得税法第十九条的规定计算应纳税所得额。

企业所得税法第十九条所称收入全额，是指非居民企业向支付人收取的全部价款和价外费用。

第一百零四条 企业所得税法第三十七条所称支付人，是指依照有关法律规定或者合同约定对非居民企业直接负有支付相关款项义务的单位或者个人。

第一百零五条 企业所得税法第三十七条所称支付，包括现金支付、汇拨支付、转账支付和权益兑价支付等货币支付和非货币支付。

企业所得税法第三十七条所称到期应支付的款项，是指支付人按照权责发生制原则应当计入相关成本、费用的应付款项。

第一百零六条 企业所得税法第三十八条规定的可以指定扣缴义务人的情形，包括：

（一）预计工程作业或者提供劳务期限不足一个纳税年度，且有证据表明不履行纳税义务的；

（二）没有办理税务登记或者临时税务登记，且未委托中国境内的代理人履行纳税义务的；

（三）未按照规定期限办理企业所得税纳税申报或者预缴申报的。

前款规定的扣缴义务人，由县级以上税务机关指定，并同时告知扣缴义务人所扣税款的计算依据、计算方法、扣缴期限和扣缴方式。

第一百零七条 企业所得税法第三十九条所称所得发生地，是指依照本条例第七条规定的原则确定的所得发生地。在中国境内存在多处所得发生地的，由纳税人选择其中之一申报缴纳企业所得税。

第一百零八条 企业所得税法第三十九条所称该纳税人在中国境内其他收入，是指该纳税人在中国境内取得的其他各种来源的收入。

税务机关在追缴该纳税人应纳税款时，应当将追缴理由、追缴数额、缴纳期限和缴纳方式等告知该纳税人。

第六章 特别纳税调整

第一百零九条 企业所得税法第四十一条所称关联方，是指与企业有下列关联关系之一的企业、其他组织或者个人：

（一）在资金、经营、购销等方面存在直接或者间接的控制关系；

（二）直接或者间接地同为第三者控制；

（三）在利益上具有相关联的其他关系。

第一百一十条 企业所得税法第四十一条所称独立交易原则，是指没有关联关系的交易各方，按照公平成交价格和营业常规进行业务往来遵循的原则。

第一百一十一条 企业所得税法第四十一条所称合理方法，包括：

（一）可比非受控价格法，是指按照没有关联关系的交易各方进行相同或者类似业务往来的价格进行定价的方法；

（二）再销售价格法，是指按照从关联方购进商品再销售给没有关联关系的交易方的价格，减除相同或者类似业务的销售毛利进行定价的方法；

（三）成本加成法，是指按照成本加合理的费用和利润进行定价的方法；

（四）交易净利润法，是指按照没有关联关系的交易各方进行相同或者类似业务往来取得的净利润水平确定利润的方法；

（五）利润分割法，是指将企业与其关联方的合并利润或者亏损在各方之间采用合理标准进行分配的方法；

（六）其他符合独立交易原则的方法。

第一百一十二条 企业可以依照企业所得税法第四十一条第二款的规定，按照独立交易原则与其关联方分摊共同发生的成本，达成成本分摊协议。

企业与其关联方分摊成本时，应当按照成本与预期收益相配比的原则进行分摊，并在税务机关规定的期限内，按照税务机关的要求报送有关资料。

企业与其关联方分摊成本时违反本条第一款、第二款规定的，其自行分摊的成本不得在计算应纳税所得额时扣除。

第一百一十三条 企业所得税法第四十二条所称预约定价安排，是指企业就其未来年度关联交易的定价原则和计算方法，向税务机关提出申请，与税务机关按照独立交易原则协商、确认后达成的协议。

第一百一十四条 企业所得税法第四十三条所称相关资料，包括：

（一）与关联业务往来有关的价格、费用的制定标准、计算方法和说明等同期资料；

（二）关联业务往来所涉及的财产、财产使用权、劳务等的再销售（转让）价格或者最终销售（转让）价格的相关资料；

（三）与关联业务调查有关的其他企业应当提供的与被调查企业可比的产品价格、定价方式以及利润水平等资料；

（四）其他与关联业务往来有关的资料。

企业所得税法第四十三条所称与关联业务调查有关的其他企业，是指与被调查企业在生产经营内容和方式上相类似的企业。

企业应当在税务机关规定的期限内提供与关联业务往来有关的价格、费用的制定标准、计算方法和说明等资料。关联方以及与关联业务调查有关的其他企业应当在税务机关与其约定的期限内提供相关资料。

第一百一十五条 税务机关依照企业所得税法第四十四条的规定核定企业的应纳税所得额时，可以采用下列方法：

（一）参照同类或者类似企业的利润率水平核定；

（二）按照企业成本加合理的费用和利润的方法核定；

（三）按照关联企业集团整体利润的合理比例核定；

（四）按照其他合理方法核定。

企业对税务机关按照前款规定的方法核定的应纳税所得额有异议的，应当提供相关证据，经税务机关认定后，调整核定的应纳税所得额。

第一百一十六条 企业所得税法第四十五条所称中国居民，是指根据《中华人民共和国个人所得税法》的规定，就其从中国境内、境外取得的所得在中国缴纳个人所得税的个人。

第一百一十七条 企业所得税法第四十五条所称控制，包括：

（一）居民企业或者中国居民直接或者间接单一持有外国企业10%以上有表决权股份，且由其共同持有该外国企业50%以上股份；

（二）居民企业，或者居民企业和中国居民持股比例没有达到第（一）项规定的标准，但在股份、资金、经营、购销等方面对该外国企业构成实质控制。

第一百一十八条 企业所得税法第四十五条所称实际税负明显低于企业所得税法第四条第一款规定税率水平，是指低于企业所得税法第四条第一款规定税率的50%。

第一百一十九条 企业所得税法第四十六条所称债权性投资，是指企业直接或者间接从关联方获得的，需要偿还本金和支付利息或者需要以其他具有支付利息性质的方式予以补偿的融资。

企业间接从关联方获得的债权性投资，包括：

（一）关联方通过无关联第三方提供的债权性投资；

（二）无关联第三方提供的、由关联方担保且负有连带责任的债权性投资；

（三）其他间接从关联方获得的具有负债实

质的债权性投资。

企业所得税法第四十六条所称权益性投资，是指企业接受的不需要偿还本金和支付利息，投资人对企业净资产拥有所有权的投资。

企业所得税法第四十六条所称标准，由国务院财政、税务主管部门另行规定。

第一百二十条 企业所得税法第四十七条所称不具有合理商业目的，是指以减少、免除或者推迟缴纳税款为主要目的。

第一百二十一条 税务机关根据税收法律、行政法规的规定，对企业作出特别纳税调整的，应当对补征的税款，自税款所属纳税年度的次年6月1日起至补缴税款之日止的期间，按日加收利息。

前款规定加收的利息，不得在计算应纳税所得额时扣除。

第一百二十二条 企业所得税法第四十八条所称利息，应当按照税款所属纳税年度中国人民银行公布的与补税期间同期的人民币贷款基准利率加5个百分点计算。

企业依照企业所得税法第四十三条和本条例的规定提供有关资料的，可以只按前款规定的人民币贷款基准利率计算利息。

第一百二十三条 企业与其关联方之间的业务往来，不符合独立交易原则，或者企业实施其他不具有合理商业目的的安排的，税务机关有权在该业务发生的纳税年度起10年内，进行纳税调整。

第七章 征收管理

第一百二十四条 企业所得税法第五十条所称企业登记注册地，是指企业依照国家有关规定登记注册的住所地。

第一百二十五条 企业汇总计算并缴纳企业所得税时，应当统一核算应纳税所得额，具体办法由国务院财政、税务主管部门另行制定。

第一百二十六条 企业所得税法第五十一条所称主要机构、场所，应当同时符合下列条件：

（一）对其他各机构、场所的生产经营活动负有监督管理责任；

（二）设有完整的账簿、凭证，能够准确反映各机构、场所的收入、成本、费用和盈亏情况。

第一百二十七条 企业所得税分月或者分季预缴，由税务机关具体核定。

企业根据企业所得税法第五十四条规定分月或者分季预缴企业所得税时，应当按照月度或者季度的实际利润额预缴；按照月度或者季度的实际利润额预缴有困难的，可以按照上一纳税年度应纳税所得额的月度或者季度平均额预缴，或者按照经税务机关认可的其他方法预缴。预缴方法一经确定，该纳税年度内不得随意变更。

第一百二十八条 企业在纳税年度内无论盈利或者亏损，都应当依照企业所得税法第五十四条规定的期限，向税务机关报送预缴企业所得税纳税申报表、年度企业所得税纳税申报表、财务会计报告和税务机关规定应当报送的其他有关资料。

第一百二十九条 企业所得以人民币以外的货币计算的，预缴企业所得税时，应当按照月度或者季度最后一日的人民币汇率中间价，折合成人民币计算应纳税所得额。年度终了汇算清缴时，对已经按照月度或者季度预缴税款的，不再重新折合计算，只就该纳税年度内未缴纳企业所得税的部分，按照纳税年度最后一日的人民币汇率中间价，折合成人民币计算应纳税所得额。

经税务机关检查确认，企业少计或者多计前款规定的所得的，应当按照检查确认补或者退税时的上一个月最后一日的人民币汇率中间价，将少计或者多计的所得折合成人民币计算应纳税所得额，再计算应补缴或者应退的税款。

第八章 附 则

第一百三十条 企业所得税法第五十七条第一款所称本法公布前已经批准设立的企业，是指企业所得税法公布前已经完成登记注册的企业。

第一百三十一条 在香港特别行政区、澳门特别行政区和台湾地区成立的企业，参照适用企业所得税法第二条第二款、第三款的有关规定。

第一百三十二条 本条例自2008年1月1日起施行。1991年6月30日国务院发布的《中华人民共和国外商投资企业和外国企业所得税法实施细则》和1994年2月4日财政部发布的《中华人民共和国企业所得税暂行条例实施细则》同时废止。

8. 中华人民共和国进出口关税条例

（2017年3月1日修订）

第一章 总 则

第一条 为了贯彻对外开放政策，促进对外经济贸易和国民经济的发展，根据《中华人民共和国海关法》（以下简称《海关法》）的有关规定，制定本条例。

第二条 中华人民共和国准许进出口的货物、进境物品，除法律、行政法规另有规定外，海关依照本条例规定征收进出口关税。

第三条 国务院制定《中华人民共和国进出口税则》（以下简称《税则》）、《中华人民共和国进境物品进口税税率表》（以下简称《进境物品进口税税率表》），规定关税的税目、税则号列和税率，作为本条例的组成部分。

第四条 国务院设立关税税则委员会，负责《税则》和《进境物品进口税税率表》的税目、税则号列和税率的调整和解释，报国务院批准后执行；决定实行暂定税率的货物、税率和期限；决定关税配额税率；决定征收反倾销税、反补贴税、保障措施关税、报复性关税以及决定实施其他关税措施；决定特殊情况下税率的适用，以及履行国务院规定的其他职责。

第五条 进口货物的收货人、出口货物的发货人、进境物品的所有人，是关税的纳税义务人。

第六条 海关及其工作人员应当依照法定职权和法定程序履行关税征管职责，维护国家利益，保护纳税人合法权益，依法接受监督。

第七条 纳税义务人有权要求海关对其商业秘密予以保密，海关应当依法为纳税义务人保密。

第八条 海关对检举或者协助查获违反本条例行为的单位和个人，应当按照规定给予奖励，并负责保密。

第二章 进出口货物关税税率的设置和适用

第九条 进口关税设置最惠国税率、协定税率、特惠税率、普通税率、关税配额税率等税率。对进口货物在一定期限内可以实行暂定税率。

出口关税设置出口税率。对出口货物在一定期限内可以实行暂定税率。

第十条 原产于共同适用最惠国待遇条款的世界贸易组织成员的进口货物，原产于与中华人民共和国签订含有相互给予最惠国待遇条款的双边贸易协定的国家或者地区的进口货物，以及原产于中华人民共和国境内的进口货物，适用最惠国税率。

原产于与中华人民共和国签订含有关税优惠条款的区域性贸易协定的国家或者地区的进口货物，适用协定税率。

原产于与中华人民共和国签订含有特殊关税优惠条款的贸易协定的国家或者地区的进口货物，适用特惠税率。

原产于本条第一款、第二款和第三款所列以外国家或者地区的进口货物，以及原产地不明的进口货物，适用普通税率。

第十一条 适用最惠国税率的进口货物有暂定税率的，应当适用暂定税率；适用协定税率、特惠税率的进口货物有暂定税率的，应当从低适用税率；适用普通税率的进口货物，不适用暂定税率。

适用出口税率的出口货物有暂定税率的，应

当适用暂定税率。

第十二条 按照国家规定实行关税配额管理的进口货物，关税配额内的，适用关税配额税率；关税配额外的，其税率的适用按照本条例第十条、第十一条的规定执行。

第十三条 按照有关法律、行政法规的规定对进口货物采取反倾销、反补贴、保障措施的，其税率的适用按照《中华人民共和国反倾销条例》、《中华人民共和国反补贴条例》和《中华人民共和国保障措施条例》的有关规定执行。

第十四条 任何国家或者地区违反与中华人民共和国签订或者共同参加的贸易协定及相关协定，对中华人民共和国在贸易方面采取禁止、限制、加征关税或者其他影响正常贸易的措施的，对原产于该国家或者地区的进口货物可以征收报复性关税，适用报复性关税税率。

征收报复性关税的货物、适用国别、税率、期限和征收办法，由国务院关税税则委员会决定并公布。

第十五条 进出口货物，应当适用海关接受该货物申报进口或者出口之日实施的税率。

进口货物到达前，经海关核准先行申报的，应当适用装载该货物的运输工具申报进境之日实施的税率。

转关运输货物税率的适用日期，由海关总署另行规定。

第十六条 有下列情形之一，需缴纳税款的，应当适用海关接受申报办理纳税手续之日实施的税率：

（一）保税货物经批准不复运出境的；

（二）减免税货物经批准转让或者移作他用的；

（三）暂时进境货物经批准不复运出境，以及暂时出境货物经批准不复运进境的；

（四）租赁进口货物，分期缴纳税款的。

第十七条 补征和退还进出口货物关税，应当按照本条例第十五条或者第十六条的规定确定适用的税率。

因纳税义务人违反规定需要追征税款的，应当适用该行为发生之日实施的税率；行为发生之日不能确定的，适用海关发现该行为之日实施的税率。

第三章 进出口货物完税价格的确定

第十八条 进口货物的完税价格由海关以符合本条第三款所列条件的成交价格以及该货物运抵中华人民共和国境内输入地点起卸前的运输及其相关费用、保险费为基础审查确定。

进口货物的成交价格，是指卖方向中华人民共和国境内销售该货物时买方为进口该货物向卖方实付、应付的，并按照本条例第十九条、第二十条规定调整后的价款总额，包括直接支付的价款和间接支付的价款。

进口货物的成交价格应当符合下列条件：

（一）对买方处置或者使用该货物不予限制，但法律、行政法规规定实施的限制、对货物转售地域的限制和对货物价格无实质性影响的限制除外；

（二）该货物的成交价格没有因搭售或者其他因素的影响而无法确定；

（三）卖方不得从买方直接或者间接获得因该货物进口后转售、处置或者使用而产生的任何收益，或者虽有收益但能够按照本条例第十九条、第二十条的规定进行调整；

（四）买卖双方没有特殊关系，或者虽有特殊关系但未对成交价格产生影响。

第十九条 进口货物的下列费用应当计入完税价格：

（一）由买方负担的购货佣金以外的佣金和经纪费；

（二）由买方负担的在审查确定完税价格时与该货物视为一体的容器的费用；

（三）由买方负担的包装材料费用和包装劳务费用；

（四）与该货物的生产和向中华人民共和国境内销售有关的，由买方以免费或者以低于成本的方式提供并可以按适当比例分摊的料件、工具、模具、消耗材料及类似货物的价款，以及在境外开发、设计等相关服务的费用；

（五）作为该货物向中华人民共和国境内销售的条件，买方必须支付的、与该货物有关的特许权使用费；

（六）卖方直接或者间接从买方获得的该货物进口后转售、处置或者使用的收益。

第二十条　进口时在货物的价款中列明的下列税收、费用，不计入该货物的完税价格：

（一）厂房、机械、设备等货物进口后进行建设、安装、装配、维修和技术服务的费用；

（二）进口货物运抵境内输入地点起卸后的运输及其相关费用、保险费；

（三）进口关税及国内税收。

第二十一条　进口货物的成交价格不符合本条例第十八条第三款规定条件的，或者成交价格不能确定的，海关经了解有关情况，并与纳税义务人进行价格磋商后，依次以下列价格估定该货物的完税价格：

（一）与该货物同时或者大约同时向中华人民共和国境内销售的相同货物的成交价格。

（二）与该货物同时或者大约同时向中华人民共和国境内销售的类似货物的成交价格。

（三）与该货物进口的同时或者大约同时，将该进口货物、相同或者类似进口货物在第一级销售环节销售给无特殊关系买方最大销售总量的单位价格，但应当扣除本条例第二十二条规定的项目。

（四）按照下列各项总和计算的价格：生产该货物所使用的料件成本和加工费用，向中华人民共和国境内销售同等级或者同种类货物通常的利润和一般费用，该货物运抵境内输入地点起卸前的运输及其相关费用、保险费。

（五）以合理方法估定的价格。

纳税义务人向海关提供有关资料后，可以提出申请，颠倒前款第（三）项和第（四）项的适用次序。

第二十二条　按照本条例第二十一条第一款第（三）项规定估定完税价格，应当扣除的项目是指：

（一）同等级或者同种类货物在中华人民共和国境内第一级销售环节销售时通常的利润和一般费用以及通常支付的佣金；

（二）进口货物运抵境内输入地点起卸后的运输及其相关费用、保险费；

（三）进口关税及国内税收。

第二十三条　以租赁方式进口的货物，以海关审查确定的该货物的租金作为完税价格。

纳税义务人要求一次性缴纳税款的，纳税义务人可以选择按照本条例第二十一条的规定估定完税价格，或者按照海关审查确定的租金总额作为完税价格。

第二十四条　运往境外加工的货物，出境时已向海关报明并在海关规定的期限内复运进境的，应当以境外加工费和料件费以及复运进境的运输及其相关费用和保险费审查确定完税价格。

第二十五条　运往境外修理的机械器具、运输工具或者其他货物，出境时已向海关报明并在海关规定的期限内复运进境的，应当以境外修理费和料件费审查确定完税价格。

第二十六条　出口货物的完税价格由海关以该货物的成交价格以及该货物运至中华人民共和国境内输出地点装载前的运输及其相关费用、保险费为基础审查确定。

出口货物的成交价格，是指该货物出口时卖方为出口该货物应当向买方直接收取和间接收取的价款总额。

出口关税不计入完税价格。

第二十七条　出口货物的成交价格不能确定的，海关经了解有关情况，并与纳税义务人进行价格磋商后，依次以下列价格估定该货物的完税价格：

（一）与该货物同时或者大约同时向同一国家或者地区出口的相同货物的成交价格。

（二）与该货物同时或者大约同时向同一国家或者地区出口的类似货物的成交价格。

（三）按照下列各项总和计算的价格：境内生产相同或者类似货物的料件成本、加工费用，通常的利润和一般费用，境内发生的运输及其相关费用、保险费。

（四）以合理方法估定的价格。

第二十八条 按照本条例规定计入或者不计入完税价格的成本、费用、税收，应当以客观、可量化的数据为依据。

第四章 进出口货物关税的征收

第二十九条 进口货物的纳税义务人应当自运输工具申报进境之日起 14 日内，出口货物的纳税义务人除海关特准的外，应当在货物运抵海关监管区后、装货的 24 小时以前，向货物的进出境地海关申报。进出口货物转关运输的，按照海关总署的规定执行。

进口货物到达前，纳税义务人经海关核准可以先行申报。具体办法由海关总署另行规定。

第三十条 纳税义务人应当依法如实向海关申报，并按照海关的规定提供有关确定完税价格、进行商品归类、确定原产地以及采取反倾销、反补贴或者保障措施等所需的资料；必要时，海关可以要求纳税义务人补充申报。

第三十一条 纳税义务人应当按照《税则》规定的目录条文和归类总规则、类注、章注、子目注释以及其他归类注释，对其申报的进出口货物进行商品归类，并归入相应的税则号列；海关应当依法审核确定该货物的商品归类。

第三十二条 海关可以要求纳税义务人提供确定商品归类所需的有关资料；必要时，海关可以组织化验、检验，并将海关认定的化验、检验结果作为商品归类的依据。

第三十三条 海关为审查申报价格的真实性和准确性，可以查阅、复制与进出口货物有关的合同、发票、账册、结付汇凭证、单据、业务函电、录音录像制品和其他反映买卖双方关系及交易活动的资料。

海关对纳税义务人申报的价格有怀疑并且所涉关税数额较大的，经直属海关关长或者其授权的隶属海关关长批准，凭海关总署统一格式的协助查询账户通知书及有关工作人员的工作证件，可以查询纳税义务人在银行或者其他金融机构开立的单位账户的资金往来情况，并向银行业监督管理机构通报有关情况。

第三十四条 海关对纳税义务人申报的价格有怀疑的，应当将怀疑的理由书面告知纳税义务人，要求其在规定的期限内书面作出说明、提供有关资料。

纳税义务人在规定的期限内未作说明、未提供有关资料的，或者海关仍有理由怀疑申报价格的真实性和准确性的，海关可以不接受纳税义务人申报的价格，并按照本条例第三章的规定估定完税价格。

第三十五条 海关审查确定进出口货物的完税价格后，纳税义务人可以以书面形式要求海关就如何确定其进出口货物的完税价格作出书面说明，海关应当向纳税义务人作出书面说明。

第三十六条 进出口货物关税，以从价计征、从量计征或者国家规定的其他方式征收。

从价计征的计算公式为：应纳税额＝完税价格×关税税率

从量计征的计算公式为：应纳税额＝货物数量×单位税额

第三十七条 纳税义务人应当自海关填发税款缴款书之日起 15 日内向指定银行缴纳税款。纳税义务人未按期缴纳税款的，从滞纳税款之日起，按日加收滞纳税款万分之五的滞纳金。

海关可以对纳税义务人欠缴税款的情况予以公告。

海关征收关税、滞纳金等，应当制发缴款凭证，缴款凭证格式由海关总署规定。

第三十八条 海关征收关税、滞纳金等，应当按人民币计征。

进出口货物的成交价格以及有关费用以外币计价的，以中国人民银行公布的基准汇率折合为人民币计算完税价格；以基准汇率币种以外的外币计价的，按照国家有关规定套算为人民币计算完税价格。适用汇率的日期由海关总署规定。

第三十九条 纳税义务人因不可抗力或者在

国家税收政策调整的情形下，不能按期缴纳税款的，经依法提供税款担保后，可以延期缴纳税款，但是最长不得超过 6 个月。

第四十条 进出口货物的纳税义务人在规定的纳税期限内有明显的转移、藏匿其应税货物以及其他财产迹象的，海关可以责令纳税义务人提供担保；纳税义务人不能提供担保的，海关可以按照《海关法》第六十一条的规定采取税收保全措施。

纳税义务人、担保人自缴纳税款期限届满之日起超过 3 个月仍未缴纳税款的，海关可以按照《海关法》第六十条的规定采取强制措施。

第四十一条 加工贸易的进口料件按照国家规定保税进口的，其制成品或者进口料件未在规定的期限内出口的，海关按照规定征收进口关税。

加工贸易的进口料件进境时按照国家规定征收进口关税的，其制成品或者进口料件在规定的期限内出口的，海关按照有关规定退还进境时已征收的关税税款。

第四十二条 暂时进境或者暂时出境的下列货物，在进境或者出境时纳税义务人向海关缴纳相当于应纳税款的保证金或者提供其他担保的，可以暂不缴纳关税，并应当自进境或者出境之日起 6 个月内复运出境或者复运进境；需要延长复运出境或者复运进境期限的，纳税义务人应当根据海关总署的规定向海关办理延期手续：

（一）在展览会、交易会、会议及类似活动中展示或者使用的货物；

（二）文化、体育交流活动中使用的表演、比赛用品；

（三）进行新闻报道或者摄制电影、电视节目使用的仪器、设备及用品；

（四）开展科研、教学、医疗活动使用的仪器、设备及用品；

（五）在本款第（一）项至第（四）项所列活动中使用的交通工具及特种车辆；

（六）货样；

（七）供安装、调试、检测设备时使用的仪器、工具；

（八）盛装货物的容器；

（九）其他用于非商业目的的货物。

第一款所列暂时进境货物在规定的期限内未复运出境的，或者暂时出境货物在规定的期限内未复运进境的，海关应当依法征收关税。

第一款所列可以暂时免征关税范围以外的其他暂时进境货物，应当按照该货物的完税价格和其在境内滞留时间与折旧时间的比例计算征收进口关税。具体办法由海关总署规定。

第四十三条 因品质或者规格原因，出口货物自出口之日起 1 年内原状复运进境的，不征收进口关税。

因品质或者规格原因，进口货物自进口之日起 1 年内原状复运出境的，不征收出口关税。

第四十四条 因残损、短少、品质不良或者规格不符原因，由进出口货物的发货人、承运人或者保险公司免费补偿或者更换的相同货物，进出口时不征收关税。被免费更换的原进口货物不退运出境或者原出口货物不退运进境的，海关应当对原进出口货物重新按照规定征收关税。

第四十五条 下列进出口货物，免征关税：

（一）关税税额在人民币 50 元以下的一票货物；

（二）无商业价值的广告品和货样；

（三）外国政府、国际组织无偿赠送的物资；

（四）在海关放行前损失的货物；

（五）进出境运输工具装载的途中必需的燃料、物料和饮食用品。

在海关放行前遭受损坏的货物，可以根据海关认定的受损程度减征关税。

法律规定的其他免征或者减征关税的货物，海关根据规定予以免征或者减征。

第四十六条 特定地区、特定企业或者有特定用途的进出口货物减征或者免征关税，以及临时减征或者免征关税，按照国务院的有关规定执行。

第四十七条 进口货物减征或者免征进口环节海关代征税，按照有关法律、行政法规的规定执行。

第四十八条 纳税义务人进出口减免税货物的,除另有规定外,应当在进出口该货物之前,按照规定持有关文件向海关办理减免税审批手续。经海关审查符合规定的,予以减征或者免征关税。

第四十九条 需由海关监管使用的减免税进口货物,在监管年限内转让或者移作他用需要补税的,海关应当根据该货物进口时间折旧估价,补征进口关税。

特定减免税进口货物的监管年限由海关总署规定。

第五十条 有下列情形之一的,纳税义务人自缴纳税款之日起1年内,可以申请退还关税,并应当以书面形式向海关说明理由,提供原缴款凭证及相关资料:

(一)已征进口关税的货物,因品质或者规格原因,原状退货复运出境的;

(二)已征出口关税的货物,因品质或者规格原因,原状退货复运进境,并已重新缴纳因出口而退还的国内环节有关税收的;

(三)已征出口关税的货物,因故未装运出口,申报退关的。

海关应当自受理退税申请之日起30日内查实并通知纳税义务人办理退还手续。纳税义务人应当自收到通知之日起3个月内办理有关退税手续。

按照其他有关法律、行政法规规定应当退还关税的,海关应当按照有关法律、行政法规的规定退税。

第五十一条 进出口货物放行后,海关发现少征或者漏征税款的,应当自缴纳税款或者货物放行之日起1年内,向纳税义务人补征税款。但因纳税义务人违反规定造成少征或者漏征税款的,海关可以自缴纳税款或者货物放行之日起3年内追征税款,并从缴纳税款或者货物放行之日起按日加收少征或者漏征税款万分之五的滞纳金。

海关发现海关监管货物因纳税义务人违反规定造成少征或者漏征税款的,应当自纳税义务人应缴纳税款之日起3年内追征税款,并从应缴纳税款之日起按日加收少征或者漏征税款万分之五的滞纳金。

第五十二条 海关发现多征税款的,应当立即通知纳税义务人办理退还手续。

纳税义务人发现多缴税款的,自缴纳税款之日起1年内,可以以书面形式要求海关退还多缴的税款并加算银行同期活期存款利息;海关应当自受理退税申请之日起30日内查实并通知纳税义务人办理退还手续。

纳税义务人应当自收到通知之日起3个月内办理有关退税手续。

第五十三条 按照本条例第五十条、第五十二条的规定退还税款、利息涉及从国库中退库的,按照法律、行政法规有关国库管理的规定执行。

第五十四条 报关企业接受纳税义务人的委托,以纳税义务人的名义办理报关纳税手续,因报关企业违反规定而造成海关少征、漏征税款的,报关企业对少征或者漏征的税款、滞纳金与纳税义务人承担纳税的连带责任。

报关企业接受纳税义务人的委托,以报关企业的名义办理报关纳税手续的,报关企业与纳税义务人承担纳税的连带责任。

除不可抗力外,在保管海关监管货物期间,海关监管货物损毁或者灭失的,对海关监管货物负有保管义务的人应当承担相应的纳税责任。

第五十五条 欠税的纳税义务人,有合并、分立情形的,在合并、分立前,应当向海关报告,依法缴清税款。纳税义务人合并时未缴清税款的,由合并后的法人或者其他组织继续履行未履行的纳税义务;纳税义务人分立时未缴清税款的,分立后的法人或者其他组织对未履行的纳税义务承担连带责任。

纳税义务人在减免税货物、保税货物监管期间,有合并、分立或者其他资产重组情形的,应当向海关报告。按照规定需要缴税的,应当依法缴清税款;按照规定可以继续享受减免税、保税待遇的，应当到海关办理变更纳税义务人的手续。

纳税义务人欠税或者在减免税货物、保税货物监管期间，有撤销、解散、破产或者其他依法终止经营情形的，应当在清算前向海关报告。海关应当依法对纳税义务人的应缴税款予以清缴。

第五章　进境物品进口税的征收

第五十六条　进境物品的关税以及进口环节海关代征税合并为进口税，由海关依法征收。

第五十七条　海关总署规定数额以内的个人自用进境物品，免征进口税。

超过海关总署规定数额但仍在合理数量以内的个人自用进境物品，由进境物品的纳税义务人在进境物品放行前按照规定缴纳进口税。

超过合理、自用数量的进境物品应当按照进口货物依法办理相关手续。

国务院关税税则委员会规定按货物征税的进境物品，按照本条例第二章至第四章的规定征收关税。

第五十八条　进境物品的纳税义务人是指，携带物品进境的入境人员、进境邮递物品的收件人以及以其他方式进口物品的收件人。

第五十九条　进境物品的纳税义务人可以自行办理纳税手续，也可以委托他人办理纳税手续。接受委托的人应当遵守本章对纳税义务人的各项规定。

第六十条　进口税从价计征。

进口税的计算公式为：进口税税额＝完税价格×进口税税率

第六十一条　海关应当按照《进境物品进口税税率表》及海关总署制定的《中华人民共和国进境物品归类表》、《中华人民共和国进境物品完税价格表》对进境物品进行归类、确定完税价格和确定适用税率。

第六十二条　进境物品，适用海关填发税款缴款书之日实施的税率和完税价格。

第六十三条　进口税的减征、免征、补征、追征、退还以及对暂准进境物品征收进口税参照本条例对货物征收进口关税的有关规定执行。

第六章　附　　则

第六十四条　纳税义务人、担保人对海关确定纳税义务人、确定完税价格、商品归类、确定原产地、适用税率或者汇率、减征或者免征税款、补税、退税、征收滞纳金、确定计征方式以及确定纳税地点有异议的，应当缴纳税款，并可以依法向上一级海关申请复议。对复议决定不服的，可以依法向人民法院提起诉讼。

第六十五条　进口环节海关代征税的征收管理，适用关税征收管理的规定。

第六十六条　有违反本条例规定行为的，按照《海关法》、《中华人民共和国海关行政处罚实施条例》和其他有关法律、行政法规的规定处罚。

第六十七条　本条例自 2004 年 1 月 1 日起施行。1992 年 3 月 18 日国务院修订发布的《中华人民共和国进出口关税条例》同时废止。

9. 中华人民共和国增值税暂行条例

（2017 年 11 月 19 日修订）

第一条　在中华人民共和国境内销售货物或者加工、修理修配劳务（以下简称劳务），销售服务、无形资产、不动产以及进口货物的单位和个人，为增值税的纳税人，应当依照本条例缴纳增值税。

第二条　增值税税率：

（一）纳税人销售货物、劳务、有形动产租赁服务或者进口货物，除本条第二项、第四项、第五项另有规定外，税率为 17%。

（二）纳税人销售交通运输、邮政、基础电信、建筑、不动产租赁服务，销售不动产，转让土地使用权，销售或者进口下列货物，税率为 11%：

1. 粮食等农产品、食用植物油、食用盐；

2. 自来水、暖气、冷气、热水、煤气、石油液化气、天然气、二甲醚、沼气、居民用煤炭制品；

3. 图书、报纸、杂志、音像制品、电子出版物；

4. 饲料、化肥、农药、农机、农膜；

5. 国务院规定的其他货物。

（三）纳税人销售服务、无形资产，除本条第一项、第二项、第五项另有规定外，税率为6%。

（四）纳税人出口货物，税率为零；但是，国务院另有规定的除外。

（五）境内单位和个人跨境销售国务院规定范围内的服务、无形资产，税率为零。

税率的调整，由国务院决定。

第三条 纳税人兼营不同税率的项目，应当分别核算不同税率项目的销售额；未分别核算销售额的，从高适用税率。

第四条 除本条例第十一条规定外，纳税人销售货物、劳务、服务、无形资产、不动产（以下统称应税销售行为），应纳税额为当期销项税额抵扣当期进项税额后的余额。应纳税额计算公式：

应纳税额＝当期销项税额－当期进项税额

当期销项税额小于当期进项税额不足抵扣时，其不足部分可以结转下期继续抵扣。

第五条 纳税人发生应税销售行为，按照销售额和本条例第二条规定的税率计算收取的增值税额，为销项税额。销项税额计算公式：

销项税额＝销售额×税率

第六条 销售额为纳税人发生应税销售行为收取的全部价款和价外费用，但是不包括收取的销项税额。

销售额以人民币计算。纳税人以人民币以外的货币结算销售额的，应当折合成人民币计算。

第七条 纳税人发生应税销售行为的价格明显偏低并无正当理由的，由主管税务机关核定其销售额。

第八条 纳税人购进货物、劳务、服务、无形资产、不动产支付或者负担的增值税额，为进项税额。

下列进项税额准予从销项税额中抵扣：

（一）从销售方取得的增值税专用发票上注明的增值税额。

（二）从海关取得的海关进口增值税专用缴款书上注明的增值税额。

（三）购进农产品，除取得增值税专用发票或者海关进口增值税专用缴款书外，按照农产品收购发票或者销售发票上注明的农产品买价和11%的扣除率计算的进项税额，国务院另有规定的除外。进项税额计算公式：

进项税额＝买价×扣除率

（四）自境外单位或者个人购进劳务、服务、无形资产或者境内的不动产，从税务机关或者扣缴义务人取得的代扣代缴税款的完税凭证上注明的增值税额。

准予抵扣的项目和扣除率的调整，由国务院决定。

第九条 纳税人购进货物、劳务、服务、无形资产、不动产，取得的增值税扣税凭证不符合法律、行政法规或者国务院税务主管部门有关规定的，其进项税额不得从销项税额中抵扣。

第十条 下列项目的进项税额不得从销项税额中抵扣：

（一）用于简易计税方法计税项目、免征增值税项目、集体福利或个人消费的购进货物、劳务、服务、无形资产和不动产；

（二）非正常损失的购进货物，以及相关的劳务和交通运输服务；

（三）非正常损失的在产品、产成品所耗用的购进货物（不包括固定资产）、劳务和交通运输服务；

（四）国务院规定的其他项目。

第十一条 小规模纳税人发生应税销售行为，实行按照销售额和征收率计算应纳税额的简易办法，并不得抵扣进项税额。应纳税额计算公式：

应纳税额＝销售额×征收率

小规模纳税人的标准由国务院财政、税务主

管部门规定。

第十二条　小规模纳税人增值税征收率为3%，国务院另有规定的除外。

第十三条　小规模纳税人以外的纳税人应当向主管税务机关办理登记。具体登记办法由国务院税务主管部门制定。

小规模纳税人会计核算健全，能够提供准确税务资料的，可以向主管税务机关办理登记，不作为小规模纳税人，依照本条例有关规定计算应纳税额。

第十四条　纳税人进口货物，按照组成计税价格和本条例第二条规定的税率计算应纳税额。组成计税价格和应纳税额计算公式：

组成计税价格＝关税完税价格＋关税＋消费税

应纳税额＝组成计税价格×税率

第十五条　下列项目免征增值税：

（一）农业生产者销售的自产农产品；

（二）避孕药品和用具；

（三）古旧图书；

（四）直接用于科学研究、科学试验和教学的进口仪器、设备；

（五）外国政府、国际组织无偿援助的进口物资和设备；

（六）由残疾人的组织直接进口供残疾人专用的物品；

（七）销售的自己使用过的物品。

除前款规定外，增值税的免税、减税项目由国务院规定。任何地区、部门均不得规定免税、减税项目。

第十六条　纳税人兼营免税、减税项目的，应当分别核算免税、减税项目的销售额；未分别核算销售额的，不得免税、减税。

第十七条　纳税人销售额未达到国务院财政、税务主管部门规定的增值税起征点的，免征增值税；达到起征点的，依照本条例规定全额计算缴纳增值税。

第十八条　中华人民共和国境外的单位或者个人在境内销售劳务，在境内未设有经营机构的，以其境内代理人为扣缴义务人；在境内没有代理人的，以购买方为扣缴义务人。

第十九条　增值税纳税义务发生时间：

（一）发生应税销售行为，为收讫销售款项或者取得索取销售款项凭据的当天；先开具发票的，为开具发票的当天。

（二）进口货物，为报关进口的当天。

增值税扣缴义务发生时间为纳税人增值税纳税义务发生的当天。

第二十条　增值税由税务机关征收，进口货物的增值税由海关代征。

个人携带或者邮寄进境自用物品的增值税，连同关税一并计征。具体办法由国务院关税税则委员会会同有关部门制定。

第二十一条　纳税人发生应税销售行为，应当向索取增值税专用发票的购买方开具增值税专用发票，并在增值税专用发票上分别注明销售额和销项税额。

属于下列情形之一的，不得开具增值税专用发票：

（一）应税销售行为的购买方为消费者个人的；

（二）发生应税销售行为适用免税规定的。

第二十二条　增值税纳税地点：

（一）固定业户应当向其机构所在地的主管税务机关申报纳税。总机构和分支机构不在同一县（市）的，应当分别向各自所在地的主管税务机关申报纳税；经国务院财政、税务主管部门或者其授权的财政、税务机关批准，可以由总机构汇总向总机构所在地的主管税务机关申报纳税。

（二）固定业户到外县（市）销售货物或者劳务，应当向其机构所在地的主管税务机关报告外出经营事项，并向其机构所在地的主管税务机关申报纳税；未报告的，应当向销售地或者劳务发生地的主管税务机关申报纳税；未向销售地或者劳务发生地的主管税务机关申报纳税的，由其机构所在地的主管税务机关补征税款。

（三）非固定业户销售货物或者劳务，应当向销售地或者劳务发生地的主管税务机关申报纳税；未向销售地或者劳务发生地的主管税务机关申报纳税的,由其机构所在地或者居住地的主管税务机关补征税款。

(四)进口货物,应当向报关地海关申报纳税。

扣缴义务人应当向其机构所在地或者居住地的主管税务机关申报缴纳其扣缴的税款。

第二十三条 增值税的纳税期限分别为 1 日、3 日、5 日、10 日、15 日、1 个月或者 1 个季度。纳税人的具体纳税期限,由主管税务机关根据纳税人应纳税额的大小分别核定;不能按照固定期限纳税的,可以按次纳税。

纳税人以 1 个月或者 1 个季度为 1 个纳税期的,自期满之日起 15 日内申报纳税;以 1 日、3 日、5 日、10 日或者 15 日为 1 个纳税期的,自期满之日起 5 日内预缴税款,于次月 1 日起 15 日内申报纳税并结清上月应纳税款。

扣缴义务人解缴税款的期限,依照前两款规定执行。

第二十四条 纳税人进口货物,应当自海关填发海关进口增值税专用缴款书之日起 15 日内缴纳税款。

第二十五条 纳税人出口货物适用退(免)税规定的,应当向海关办理出口手续,凭出口报关单等有关凭证,在规定的出口退(免)税申报期内按月向主管税务机关申报办理该项出口货物的退(免)税;境内单位和个人跨境销售服务和无形资产适用退(免)税规定的,应当按期向主管税务机关申报办理退(免)税。具体办法由国务院财政、税务主管部门制定。

出口货物办理退税后发生退货或者退关的,纳税人应当依法补缴已退的税款。

第二十六条 增值税的征收管理,依照《中华人民共和国税收征收管理法》及本条例有关规定执行。

第二十七条 纳税人缴纳增值税的有关事项,国务院或者国务院财政、税务主管部门经国务院同意另有规定的,依照其规定。

第二十八条 本条例自 2009 年 1 月 1 日起施行。

10. 中华人民共和国消费税暂行条例

(2008 年 11 月 10 日修订)

第一条 在中华人民共和国境内生产、委托加工和进口本条例规定的消费品的单位和个人,以及国务院确定的销售本条例规定的消费品的其他单位和个人,为消费税的纳税人,应当依照本条例缴纳消费税。

第二条 消费税的税目、税率,依照本条例所附的《消费税税目税率表》执行。

消费税税目、税率的调整,由国务院决定。

第三条 纳税人兼营不同税率的应当缴纳消费税的消费品(以下简称应税消费品),应当分别核算不同税率应税消费品的销售额、销售数量;未分别核算销售额、销售数量,或者将不同税率的应税消费品组成成套消费品销售的,从高适用税率。

第四条 纳税人生产的应税消费品,于纳税人销售时纳税。纳税人自产自用的应税消费品,用于连续生产应税消费品的,不纳税;用于其他方面的,于移送使用时纳税。

委托加工的应税消费品,除受托方为个人外,由受托方在向委托方交货时代收代缴税款。委托加工的应税消费品,委托方用于连续生产应税消费品的,所纳税款准予按规定抵扣。

进口的应税消费品,于报关进口时纳税。

第五条 消费税实行从价定率、从量定额,或者从价定率和从量定额复合计税(以下简称复合计税)的办法计算应纳税额。应纳税额计算公式:

实行从价定率办法计算的应纳税额=销售额×比例税率

实行从量定额办法计算的应纳税额=销售数量×定额税率

实行复合计税办法计算的应纳税额=销售额×比例税率+销售数量×定额税率

纳税人销售的应税消费品,以人民币计算销

售额。纳税人以人民币以外的货币结算销售额的，应当折合成人民币计算。

第六条 销售额为纳税人销售应税消费品向购买方收取的全部价款和价外费用。

第七条 纳税人自产自用的应税消费品，按照纳税人生产的同类消费品的销售价格计算纳税；没有同类消费品销售价格的，按照组成计税价格计算纳税。

实行从价定率办法计算纳税的组成计税价格计算公式：

组成计税价格＝（成本＋利润）÷（1－比例税率）

实行复合计税办法计算纳税的组成计税价格计算公式：

组成计税价格＝（成本＋利润＋自产自用数量×定额税率）÷（1－比例税率）

第八条 委托加工的应税消费品，按照受托方的同类消费品的销售价格计算纳税；没有同类消费品销售价格的，按照组成计税价格计算纳税。

实行从价定率办法计算纳税的组成计税价格计算公式：

组成计税价格＝（材料成本＋加工费）÷（1－比例税率）

实行复合计税办法计算纳税的组成计税价格计算公式：

组成计税价格＝（材料成本＋加工费＋委托加工数量×定额税率）÷（1－比例税率）

第九条 进口的应税消费品，按照组成计税价格计算纳税。

实行从价定率办法计算纳税的组成计税价格计算公式：

组成计税价格＝（关税完税价格＋关税）÷（1－消费税比例税率）

实行复合计税办法计算纳税的组成计税价格计算公式：

组成计税价格＝（关税完税价格＋关税＋进口数量×消费税定额税率）÷（1－消费税比例税率）

第十条 纳税人应税消费品的计税价格明显偏低并无正当理由的，由主管税务机关核定其计税价格。

第十一条 对纳税人出口应税消费品，免征消费税；国务院另有规定的除外。出口应税消费品的免税办法，由国务院财政、税务主管部门规定。

第十二条 消费税由税务机关征收，进口的应税消费品的消费税由海关代征。

个人携带或者邮寄进境的应税消费品的消费税，连同关税一并计征。具体办法由国务院关税税则委员会同有关部门制定。

第十三条 纳税人销售的应税消费品，以及自产自用的应税消费品，除国务院财政、税务主管部门另有规定外，应当向纳税人机构所在地或者居住地的主管税务机关申报纳税。

委托加工的应税消费品，除受托方为个人外，由受托方向机构所在地或者居住地的主管税务机关解缴消费税税款。

进口的应税消费品，应当向报关地海关申报纳税。

第十四条 消费税的纳税期限分别为1日、3日、5日、10日、15日、1个月或者1个季度。纳税人的具体纳税期限，由主管税务机关根据纳税人应纳税额的大小分别核定；不能按照固定期限纳税的，可以按次纳税。

纳税人以1个月或者1个季度为1个纳税期的，自期满之日起15日内申报纳税；以1日、3日、5日、10日或者15日为1个纳税期的，自期满之日起5日内预缴税款，于次月1日起15日内申报纳税并结清上月应纳税款。

第十五条 纳税人进口应税消费品，应当自海关填发海关进口消费税专用缴款书之日起15日内缴纳税款。

第十六条 消费税的征收管理，依照《中华人民共和国税收征收管理法》及本条例有关规定执行。

第十七条 本条例自2009年1月1日起施行。

附：

消费税税目税率表

税　　目	税　　率
一、烟	
1. 卷烟	
（1）甲类卷烟	45%加0.003元/支
（2）乙类卷烟	30%加0.003元/支
2. 雪茄烟	25%
3. 烟丝	30%
二、酒及酒精	
1. 白酒	20%加0.5元/500克（或者500毫升）
2. 黄酒	240元/吨
3. 啤酒	
（1）甲类啤酒	250元/吨
（2）乙类啤酒	220元/吨
4. 其他酒	10%
5. 酒精	5%
三、化妆品	30%
四、贵重首饰及珠宝玉石	
1. 金银首饰、铂金首饰和钻石及钻石饰品	5%
2. 其他贵重首饰和珠宝玉石	10%
五、鞭炮、焰火	15%
六、成品油	
1. 汽油	
（1）含铅汽油	0.28元/升
（2）无铅汽油	0.20元/升
2. 柴油	0.10元/升
3. 航空煤油	0.10元/升
4. 石脑油	0.20元/升
5. 溶剂油	0.20元/升
6. 润滑油	0.20元/升
7. 燃料油	0.10元/升
七、汽车轮胎	3%
八、摩托车	
1. 气缸容量（排气量，下同）在250毫升（含250毫升）以下的	3%
2. 气缸容量在250毫升以上的	10%

税　　目	税　率
九、小汽车	
1. 乘用车	
（1）气缸容量（排气量，下同）在1.0升（含1.0升）以下的	1%
（2）气缸容量在1.0升以上至1.5升（含1.5升）的	3%
（3）气缸容量在1.5升以上至2.0升（含2.0升）的	5%
（4）气缸容量在2.0升以上至2.5升（含2.5升）的	9%
（5）气缸容量在2.5升以上至3.0升（含3.0升）的	12%
（6）气缸容量在3.0升以上至4.0升（含4.0升）的	25%
（7）气缸容量在4.0升以上的	40%
2. 中轻型商用客车	5%
十、高尔夫球及球具	10%
十一、高档手表	20%
十二、游艇	10%
十三、木制一次性筷子	5%
十四、实木地板	5%

11. 税收违法行为检举管理办法

（国家税务总局令第49号　2019年11月26日公布　2020年1月1日施行）

第一章　总　则

第一条　为了保障单位、个人依法检举纳税人、扣缴义务人违反税收法律、行政法规行为的权利，规范检举秩序，根据《中华人民共和国税收征收管理法》及其实施细则的有关规定，制定本办法。

第二条　本办法所称检举，是指单位、个人采用书信、电话、传真、网络、来访等形式，向税务机关提供纳税人、扣缴义务人税收违法行为线索的行为。

采用前款所述的形式，检举税收违法行为的单位、个人称检举人；被检举的纳税人、扣缴义务人称被检举人。

检举人可以实名检举，也可以匿名检举。

第三条　本办法所称税收违法行为，是指涉嫌偷税（逃避缴纳税款）、逃避追缴欠税、骗税、虚开、伪造、变造发票，以及其他与逃避缴纳税款相关的税收违法行为。

第四条　检举管理工作坚持依法依规、分级分类、属地管理、严格保密的原则。

第五条　市（地、州、盟）以上税务局稽查局设立税收违法案件举报中心。国家税务总局稽查局税收违法案件举报中心负责接收税收违法行为检举，督促、指导、协调处理重要检举事项；省、自治区、直辖市、计划单列市和市（地、州、盟）税务局稽查局税收违法案件举报中心负责税收违法行为检举的接收、受理、处理和管理；各级跨区域稽查局和县税务局应当指定行使税收违法案件举报中心职能的部门，负责税收违法行为检举的接收，并按规定职责处理。

本办法所称举报中心是指前款所称的税收违法案件举报中心和指定行使税收违法案件举报中心职能的部门。举报中心应当对外挂标识牌。

第六条　税务机关应当向社会公布举报中心的电话（传真）号码、通讯地址、邮政编码、网络检举途径，设立检举接待场所和检举箱。

税务机关同时通过12366纳税服务热线接收税收违法行为检举。

第七条　税务机关应当与公安、司法、纪检监察和信访等单位加强联系和合作，做好检举管理工作。

第八条 检举税收违法行为是检举人的自愿行为，检举人因检举而产生的支出应当由其自行承担。

第九条 检举人在检举过程中应当遵守法律、行政法规等规定；应当对其所提供检举材料的真实性负责，不得捏造、歪曲事实，不得诬告、陷害他人；不得损害国家、社会、集体的利益和其他公民的合法权益。

第二章 检举事项的接收与受理

第十条 检举人检举税收违法行为应当提供被检举人的名称（姓名）、地址（住所）和税收违法行为线索；尽可能提供被检举人统一社会信用代码（身份证件号码），法定代表人、实际控制人信息和其他相关证明资料。

鼓励检举人提供书面检举材料。

第十一条 举报中心接收实名检举，应当准确登记实名检举人信息。

检举人以个人名义实名检举应当由其本人提出；以单位名义实名检举应当委托本单位工作人员提出。

多人联名进行实名检举的，应当确定第一联系人；未确定的，以检举材料的第一署名人为第一联系人。

第十二条 12366纳税服务热线接收电话检举后，应当按照以下分类转交相关部门：

（一）符合本办法第三条规定的检举事项，应当及时转交举报中心；

（二）对应开具而未开具发票、未申报办理税务登记及其他轻微税收违法行为的检举事项，按照有关规定直接转交被检举人主管税务机关相关业务部门处理；

（三）其他检举事项转交有处理权的单位或者部门。

税务机关的其他单位或者部门接到符合本办法第三条规定的检举材料后，应当及时转交举报中心。

第十三条 以来访形式实名检举的，检举人应当提供营业执照、居民身份证等有效身份证件的原件和复印件。

以来信、网络、传真形式实名检举的，检举人应当提供营业执照、居民身份证等有效身份证件的复印件。

以电话形式要求实名检举的，税务机关应当告知检举人采取本条第一款、第二款的形式进行检举。

检举人未采取本条第一款、第二款的形式进行检举的，视同匿名检举。

举报中心可以应来访的实名检举人要求出具接收回执；对多人联名进行实名来访检举的，向其确定的第一联系人或者第一署名人出具接收回执。

第十四条 来访检举应当到税务机关设立的检举接待场所；多人来访提出相同检举事项的，应当推选代表，代表人数应当在3人以内。

第十五条 接收来访口头检举，应当准确记录检举事项，交检举人阅读或者向检举人宣读确认。实名检举的，由检举人签名或者盖章；匿名检举的，应当记录在案。

接收电话检举，应当细心接听、询问清楚、准确记录。

接收电话、来访检举，经告知检举人后可以录音、录像。

接收书信、传真等书面形式检举，应当保持检举材料的完整，及时登记处理。

第十六条 税务机关应当合理设置检举接待场所。检举接待场所应当与办公区域适当分开，配备使用必要的录音、录像等监控设施，保证监控设施对接待场所全覆盖并正常运行。

第十七条 举报中心对接收的检举事项，应当及时审查，有下列情形之一的，不予受理：

（一）无法确定被检举对象，或者不能提供税收违法行为线索的；

（二）检举事项已经或者依法应当通过诉讼、仲裁、行政复议以及其他法定途径解决的；

（三）对已经查结的同一检举事项再次检举，

没有提供新的有效线索的。

除前款规定外，举报中心自接收检举事项之日起即为受理。

举报中心可以应实名检举人要求，视情况采取口头或者书面方式解释不予受理原因。

国家税务总局稽查局举报中心对本级收到的检举事项应当进行甄别。对本办法第三条规定以外的检举事项，转送有处理权的单位或者部门；对本办法第三条规定范围内的检举事项，按属地管理原则转送相关举报中心，由该举报中心审查并决定是否受理。国家税务总局稽查局举报中心应当定期向相关举报中心了解所转送检举事项的受理情况，对应受理未受理的应予以督办。

第十八条　未设立稽查局的县税务局受理的检举事项，符合本办法第三条规定的，提交上一级税务局稽查局举报中心统一处理。

各级跨区域稽查局受理的检举事项，符合本办法第三条规定的，提交同级税务局稽查局备案后处理。

第十九条　检举事项管辖有争议的，由争议各方本着有利于案件查处的原则协商解决；不能协商一致的，报请共同的上一级税务机关协调或者决定。

第三章　检举事项的处理

第二十条　检举事项受理后，应当分级分类，按照以下方式处理：

（一）检举内容详细、税收违法行为线索清楚、证明资料充分的，由稽查局立案检查。

（二）检举内容与线索较明确但缺少必要证明资料，有可能存在税收违法行为的，由稽查局调查核实。发现存在税收违法行为的，立案检查；未发现的，作查结处理。

（三）检举对象明确，但其他检举事项不完整或者内容不清、线索不明的，可以暂存待查，待检举人将情况补充完整以后，再进行处理。

（四）已经受理尚未查结的检举事项，再次检举的，可以合并处理。

（五）本办法第三条规定以外的检举事项，转交有处理权的单位或者部门。

第二十一条　举报中心可以税务机关或者以自己的名义向下级税务机关督办、交办检举事项。

第二十二条　举报中心应当在检举事项受理之日起十五个工作日内完成分级分类处理，特殊情况除外。

查处部门应当在收到举报中心转来的检举材料之日起三个月内办理完毕；案情复杂无法在期限内办理完毕的，可以延期。

第二十三条　税务局稽查局对督办案件的处理结果应当认真审查。对于事实不清、处理不当的，应当通知承办机关补充调查或者重新调查，依法处理。

第四章　检举事项的管理

第二十四条　举报中心应当严格管理检举材料，逐件登记已受理检举事项的主要内容、办理情况和检举人、被检举人的基本情况。

第二十五条　已接收的检举材料原则上不予退还。不予受理的检举材料，登记检举事项的基本信息和不予受理原因后，经本级稽查局负责人批准可以销毁。

第二十六条　暂存待查的检举材料，若在受理之日起两年内未收到有价值的补充材料，可以销毁。

第二十七条　督办案件的检举材料应当专门管理，并按照规定办理督办案件材料的转送、报告等具体事项。

第二十八条　检举材料的保管和整理，应当按照档案管理的有关规定办理。

第二十九条　举报中心每年度对检举案件和有关事项的数量、类别及办理情况等进行汇总分析，形成年度分析报告，并按规定报送。

第五章　检举人的答复和奖励

第三十条　实名检举人可以要求答复检举事

项的处理情况与查处结果。

实名检举人要求答复处理情况时，应当配合核对身份；要求答复查处结果时，应当出示检举时所提供的有效身份证件。

举报中心可以视具体情况采取口头或者书面方式答复实名检举人。

第三十一条　实名检举事项的处理情况，由作出处理行为的税务机关的举报中心答复。

将检举事项督办、交办、提交或者转交的，应当告知去向；暂存待查的，应当建议检举人补充资料。

第三十二条　实名检举事项的查处结果，由负责查处的税务机关的举报中心答复。

实名检举人要求答复检举事项查处结果的，检举事项查结以后，举报中心可以将与检举线索有关的查处结果简要告知检举人，但不得告知其检举线索以外的税收违法行为的查处情况，不得提供执法文书及有关案情资料。

第三十三条　12366纳税服务热线接收检举事项并转交举报中心或者相关业务部门后，可以应检举人要求将举报中心或者相关业务部门反馈的受理情况告知检举人。

第三十四条　检举事项经查证属实，为国家挽回或者减少损失的，按照财政部和国家税务总局的有关规定对实名检举人给予相应奖励。

第六章　权利保护

第三十五条　检举人不愿提供个人信息或者不愿公开检举行为的，税务机关应当予以尊重和保密。

第三十六条　税务机关应当在职责范围内依法保护检举人、被检举人的合法权益。

第三十七条　税务机关工作人员与检举事项或者检举人、被检举人有直接利害关系的，应当回避。

检举人有正当理由并且有证据证明税务机关工作人员应当回避的，经本级税务机关负责人或者稽查局负责人批准以后，予以回避。

第三十八条　税务机关工作人员必须严格遵守以下保密规定：

（一）检举事项的受理、登记、处理及查处，应当依照国家有关法律、行政法规等规定严格保密，并建立健全工作责任制，不得私自摘抄、复制、扣压、销毁检举材料；

（二）严禁泄露检举人的姓名、身份、单位、地址、联系方式等情况，严禁将检举情况透露给被检举人及与案件查处无关的人员；

（三）调查核实情况和立案检查时不得出示检举信原件或者复印件，不得暴露检举人的有关信息，对匿名的检举书信及材料，除特殊情况以外，不得鉴定笔迹；

（四）宣传报道和奖励检举有功人员，未经检举人书面同意，不得公开检举人的姓名、身份、单位、地址、联系方式等情况。

第七章　法律责任

第三十九条　税务机关工作人员违反本办法规定，将检举人的检举材料或者有关情况提供给被检举人或者与案件查处无关人员的，依法给予行政处分。

第四十条　税务机关工作人员打击报复检举人的，视情节和后果，依法给予行政处分；涉嫌犯罪的，移送司法机关依法处理。

第四十一条　税务机关工作人员不履行职责、玩忽职守、徇私舞弊，给检举工作造成损失的，应当给予批评教育；情节严重的，依法给予行政处分并调离工作岗位；涉嫌犯罪的，移送司法机关依法处理。

第四十二条　税收违法检举案件中涉及税务机关或者税务人员违纪违法问题的，应当按照规定移送有关部门依纪依法处理。

第四十三条　检举人违反本办法第九条规定的，税务机关工作人员应当对检举人进行劝阻、批评和教育；经劝阻、批评和教育无效的，可以联系有关部门依法处理。

第八章 附　则

第四十四条 本办法所称的检举事项查结，是指检举案件的结论性文书生效，或者检举事项经调查核实后未发现税收违法行为。

第四十五条 国家税务总局各省、自治区、直辖市和计划单列市税务局可以根据本办法制定具体的实施办法。

第四十六条 本办法自2020年1月1日起施行。《税收违法行为检举管理办法》（国家税务总局令第24号公布）同时废止。

12. 税收政策合规工作实施办法（试行）

（税总发〔2015〕117号　2015年11月1日实施）

第一条 为了规范税收政策合规工作，根据国务院办公厅《关于进一步加强贸易政策合规工作的通知》（国办发〔2014〕29号），制定本办法。

第二条 本办法所称税收政策，是指依法制定的可能影响货物贸易、服务贸易以及与贸易有关的知识产权的税务部门规章、税收规范性文件，以及税务机关与其他部门联合制定文件中涉及的税收政策和管理措施，不包括针对特定行政相对人实施的具体行政行为。

前款中的税收政策和管理措施包括但不限于：

（一）直接影响进出口的税收政策，包括：

1. 影响进口的间接税；
2. 出口税；
3. 出口退税；
4. 加工贸易税收减让。

（二）可能影响贸易的税收优惠政策；

（三）执行上述税收政策的管理措施。

第三条 本办法所称合规，是指税收政策应当符合世界贸易组织规则。

世界贸易组织规则，包括《世界贸易组织协定》及其附件和后续协定、《中华人民共和国加入议定书》和《中国加入工作组报告书》。

第四条 设区的市（盟、州、地区）以上税务机关应当按照本办法的规定，对税收政策进行合规性评估。

第五条 设区的市（盟、州、地区）以上税务机关从事政策法规工作的部门或人员（以下简称政策法规部门）负责对税收政策进行合规性评估。

税收政策未经政策法规部门进行合规性评估的，办公厅（室）不予核稿，局领导不予签发。

第六条 税收政策在送交合规性评估时，税收政策起草部门应当对其制定背景、制定依据、政策目标等进行说明。

起草部门未按前款规定对税收政策进行说明的，政策法规部门应将起草文本退回起草部门，由其进行补充说明。

第七条 政策法规部门主要依据以下内容，对税收政策起草文本是否合规进行评估：

（一）最惠国待遇原则；

（二）国民待遇原则；

（三）透明度原则；

（四）有关补贴的规定；

（五）其他世界贸易组织规则。

第八条 政策法规部门根据不同情形，分别提出以下评估意见：

（一）认为起草文本符合世界贸易组织规则的，提出无异议评估意见；

（二）认为起草文本可能引发国际贸易争端的，向起草部门作出风险提示；

（三）认为起草文本不符合世界贸易组织规则、必然引发国际贸易争端的，向起草部门作出风险提示，并提出修改的意见和理由。

第九条 经评估，政策法规部门对起草文本提出无异议评估意见的，在签署同意意见后，按公文处理程序办理。

第十条 政策法规部门认为起草文本可能或必然引发国际贸易争端，起草部门同意政策法规部门意见的，由起草部门根据政策法规部门的风险提示进行分析，按公文处理程序办理。

第十一条 政策法规部门认为起草文本可能或必然引发国际贸易争端，起草部门不同意政策法规部门的意见，经充分协商仍不能达成一致的，由起草部门在起草说明中注明各方意见和理由，报局领导确定。

第十二条 设区的市（盟、州、地区）以上税务机关难以确定税收政策是否合规的，可由政策起草部门征求同级商务部门意见后，报局领导确定。

如有必要，设区的市（盟、州、地区）以上税务机关可以邀请有关部门、专家学者、中介机构等对税收政策的合规性和引发国际贸易争端的风险进行论证。

第十三条 合规性评估过程中发现起草文本所依据的税收政策不符合世界贸易组织规则的，由起草机关层报该税收政策制定机关处理。

第十四条 设区的市（盟、州、地区）以上税务机关应当在税收政策印发之日起30日内将正式文本报上级税务机关政策法规部门备案。

第十五条 上级税务机关政策法规部门应当对下级税务机关报备的税收政策进行合规性评估，提出处理意见。

根据世界贸易组织规则发展变化情况，税务总局及时组织设区的市（盟、州、地区）以上税务机关对税收政策进行专项清理。

第十六条 各省、自治区、直辖市和计划单列市税务机关应当于每年1月31日前向国家税务总局报告本地区上一年度合规性评估工作开展情况，包括当年合规性评估文件数量、名称、政策法规部门的评估意见以及文件最终制定情况。

第十七条 税收政策文本印发后，应当按照世界贸易组织规则的要求翻译成英文。

税收政策翻译工作实施办法由税务总局另行制定。

第十八条 国务院商务主管部门转来的世贸组织成员提出的税收政策合规问题，由税务总局统一负责，参照本办法的规定办理。

第十九条 设区的市（盟、州、地区）以上税务机关可以根据需要，建立合规工作专家支持体系。

第二十条 本办法自2015年11月1日起实施。

附件：

税收政策合规工作指引

为方便各级税务机关做好税收政策合规性评估工作，根据世界贸易组织规则，本指引对《税收政策合规工作实施办法（试行）》第七条进行了细化。世界贸易组织规则篇幅宏大、内容庞杂，《税收政策合规工作实施办法（试行）》和本指引只作择要归纳。评估过程中如有疑义，应查阅世界贸易组织规则正式文本。

一、最惠国待遇原则是指，在货物贸易、服务贸易和与贸易有关的知识产权领域，给予任一国家或地区的税收待遇，应立即和无条件地给予其他世界贸易组织成员。

符合下列情形之一的，不适用最惠国待遇原则：

（一）在货物贸易、服务贸易和与贸易有关的知识产权领域，为推动区域经济一体化和便利边境贸易而给予的更加优惠的待遇，包括建立关税同盟、自由贸易区，以及与毗连国家的边境贸易等；

（二）在货物贸易、服务贸易领域，为维护公共道德、保护人类或动植物的生命和健康、保护文物及可能枯竭的天然资源所采取的必要措施；

（三）在服务贸易领域，为执行避免双重征税的国际协定或安排的规定使其他成员实际获得的更优惠待遇；

（四）世界贸易组织规则规定的其他例外。

二、国民待遇原则是指，在同等条件下，对其他世界贸易组织成员的产品、服务或服务提供者、知识产权所有者或持有者所提供的税收待遇，应不低于本国同类对象。

符合下列情形之一的，不适用国民待遇原则：

（一）在货物和服务贸易领域，为维护公共道德、保护人类或动植物的生命和健康、保护文物及可能枯竭的天然资源所采取的必要措施；

（二）在我国《服务贸易具体承诺减让表》中未做出承诺的服务部门；

（三）在服务贸易领域，为保证对其他成员的服务或服务提供者公平或有效地课征直接税而实施的差别待遇；

（四）世界贸易组织规则规定的其他例外。

三、透明度原则是指，对于影响国际贸易的税收政策或管理措施，最迟应当在生效之时公布。

对于一经披露可能妨碍执法、违背公共利益或者损害特定企业合法商业利益的机密信息，不属于对外提供和公布的范围。

四、世界贸易组织规则规定的补贴是指在我国境内因政府或公共机构提供资助或其他任何形式的收入或价格支持而获得的利益，主要适用于货物贸易。

税收优惠是补贴的一种形式，具体包括税收减免、税收返还、税收抵免、退税、延期纳税以及其他旨在减少或延缓应纳税额的各类税收政策或管理措施。

补贴可分为禁止性补贴和可诉性补贴。

五、禁止性补贴包括：

（一）视出口实绩而给予的补贴，即与出口产品或出口实绩直接相关的税收政策；

（二）视使用国产货物而非进口货物的情况而给予的税收优惠。

税收政策或管理措施不应给予禁止性补贴。

六、除禁止性补贴之外的其他补贴均为可诉性补贴。

如果一项可诉性补贴给予我国境内特定的企业、产业或地域，则可以被视为专向性补贴。"专向性"包括法律专向性与事实专向性。法律专向性是指税收政策或管理措施的适用对象明确规定为特定的企业、产业或地域。事实专向性是指税收政策或管理措施虽然规定了普遍适用的客观标准和条件，但事实上只有有限数量的企业可获得补贴。

13. 企业所得税税前扣除凭证管理办法（节录）

（国家税务总局公告 2018 年第 28 号　2018 年 6 月 6 日公布　2018 年 7 月 1 日施行）

第十四条　企业在补开、换开发票、其他外部凭证过程中，因对方注销、撤销、依法被吊销营业执照、被税务机关认定为非正常户等特殊原因无法补开、换开发票、其他外部凭证的，可凭以下资料证实支出真实性后，其支出允许税前扣除：

（一）无法补开、换开发票、其他外部凭证原因的证明资料（包括工商注销、机构撤销、列入非正常经营户、破产公告等证明资料）；

（二）相关业务活动的合同或者协议；

（三）采用非现金方式支付的付款凭证；

（四）货物运输的证明资料；

（五）货物入库、出库内部凭证；

（六）企业会计核算记录以及其他资料。

前款第一项至第三项为必备资料。

（六）海外投资并购合规

1. 中华人民共和国反外国制裁法

（2021 年 6 月 10 日公布施行）

第一条　为了维护国家主权、安全、发展利益，保护我国公民、组织的合法权益，根据宪法，制定本法。

第二条　中华人民共和国坚持独立自主的和平外交政策，坚持互相尊重主权和领土完整、互不侵犯、互不干涉内政、平等互利、和平共处的五项原则，维护以联合国为核心的国际体系和以国际法为基础的国际秩序，发展同世界各国的友好合作，推动构建人类命运共同体。

第三条 中华人民共和国反对霸权主义和强权政治，反对任何国家以任何借口、任何方式干涉中国内政。

外国国家违反国际法和国际关系基本准则，以各种借口或者依据其本国法律对我国进行遏制、打压，对我国公民、组织采取歧视性限制措施，干涉我国内政的，我国有权采取相应反制措施。

第四条 国务院有关部门可以决定将直接或者间接参与制定、决定、实施本法第三条规定的歧视性限制措施的个人、组织列入反制清单。

第五条 除根据本法第四条规定列入反制清单的个人、组织以外，国务院有关部门还可以决定对下列个人、组织采取反制措施：

（一）列入反制清单个人的配偶和直系亲属；

（二）列入反制清单组织的高级管理人员或者实际控制人；

（三）由列入反制清单个人担任高级管理人员的组织；

（四）由列入反制清单个人和组织实际控制或者参与设立、运营的组织。

第六条 国务院有关部门可以按照各自职责和任务分工，对本法第四条、第五条规定的个人、组织，根据实际情况决定采取下列一种或者几种措施：

（一）不予签发签证、不准入境、注销签证或者驱逐出境；

（二）查封、扣押、冻结在我国境内的动产、不动产和其他各类财产；

（三）禁止或者限制我国境内的组织、个人与其进行有关交易、合作等活动；

（四）其他必要措施。

第七条 国务院有关部门依据本法第四条至第六条规定作出的决定为最终决定。

第八条 采取反制措施所依据的情形发生变化的，国务院有关部门可以暂停、变更或者取消有关反制措施。

第九条 反制清单和反制措施的确定、暂停、变更或者取消，由外交部或者国务院其他有关部门发布命令予以公布。

第十条 国家设立反外国制裁工作协调机制，负责统筹协调相关工作。

国务院有关部门应当加强协同配合和信息共享，按照各自职责和任务分工确定和实施有关反制措施。

第十一条 我国境内的组织和个人应当执行国务院有关部门采取的反制措施。

对违反前款规定的组织和个人，国务院有关部门依法予以处理，限制或者禁止其从事相关活动。

第十二条 任何组织和个人均不得执行或者协助执行外国国家对我国公民、组织采取的歧视性限制措施。

组织和个人违反前款规定，侵害我国公民、组织合法权益的，我国公民、组织可以依法向人民法院提起诉讼，要求其停止侵害、赔偿损失。

第十三条 对于危害我国主权、安全、发展利益的行为，除本法规定外，有关法律、行政法规、部门规章可以规定采取其他必要的反制措施。

第十四条 任何组织和个人不执行、不配合实施反制措施的，依法追究法律责任。

第十五条 对于外国国家、组织或者个人实施、协助、支持危害我国主权、安全、发展利益的行为，需要采取必要反制措施的，参照本法有关规定执行。

第十六条 本法自公布之日起施行。

2. 企业境外投资管理办法

（中华人民共和国国家发展和改革委员会令第 11 号 2017 年 12 月 26 日公布 2018 年 3 月 1 日施行）

第一章 总 则

第一条 为加强境外投资宏观指导，优化境外投资综合服务，完善境外投资全程监管，促进境外投资持续健康发展，维护我国国家利益和国家安全，根据《中华人民共和国行政许可法》《国务院关于投资体制改革的决定》《国务院对确需保留的行政审批项目设定行政许可的决定》等法律法规，制定本办法。

第二条 本办法所称境外投资，是指中华人民共和国境内企业（以下称"投资主体"）直接或通过其控制的境外企业，以投入资产、权益或提供融资、担保等方式，获得境外所有权、控制权、经营管理权及其他相关权益的投资活动。

前款所称投资活动，主要包括但不限于下列情形：

（一）获得境外土地所有权、使用权等权益；

（二）获得境外自然资源勘探、开发特许权等权益；

（三）获得境外基础设施所有权、经营管理权等权益；

（四）获得境外企业或资产所有权、经营管理权等权益；

（五）新建或改扩建境外固定资产；

（六）新建境外企业或向既有境外企业增加投资；

（七）新设或参股境外股权投资基金；

（八）通过协议、信托等方式控制境外企业或资产。

本办法所称企业，包括各种类型的非金融企业和金融企业。

本办法所称控制，是指直接或间接拥有企业半数以上表决权，或虽不拥有半数以上表决权，但能够支配企业的经营、财务、人事、技术等重要事项。

第三条 投资主体依法享有境外投资自主权，自主决策、自担风险。

第四条 投资主体开展境外投资，应当履行境外投资项目（以下称"项目"）核准、备案等手续，报告有关信息，配合监督检查。

第五条 投资主体开展境外投资，不得违反我国法律法规，不得威胁或损害我国国家利益和国家安全。

第六条 国家发展和改革委员会（以下称"国家发展改革委"）在国务院规定的职责范围内，履行境外投资主管部门职责，根据维护我国国家利益和国家安全的需要，对境外投资进行宏观指导、综合服务和全程监管。

第七条 国家发展改革委建立境外投资管理和服务网络系统（以下称"网络系统"）。投资主体可以通过网络系统履行核准和备案手续、报告有关信息；涉及国家秘密或不适宜使用网络系统的事项，投资主体可以另行使用纸质材料提交。网络系统操作指南由国家发展改革委发布。

第二章 境外投资指导和服务

第八条 投资主体可以就境外投资向国家发展改革委咨询政策和信息、反映情况和问题、提出意见和建议。

第九条 国家发展改革委在国务院规定的职责范围内，会同有关部门根据国民经济和社会发展需要制定完善相关领域专项规划及产业政策，为投资主体开展境外投资提供宏观指导。

第十条 国家发展改革委在国务院规定的职责范围内，会同有关部门加强国际投资形势分析，发布境外投资有关数据、情况等信息，为投资主体提供信息服务。

第十一条 国家发展改革委在国务院规定的职责范围内，会同有关部门参与国际投资规则制定，建立健全投资合作机制，加强政策交流和协调，推动有关国家和地区为我国企业开展投资提供公平环境。

第十二条 国家发展改革委在国务院规定的职责范围内，推动海外利益安全保护体系和能力建设，指导投资主体防范和应对重大风险，维护我国企业合法权益。

第三章 境外投资项目核准和备案

第一节 核准、备案的范围

第十三条 实行核准管理的范围是投资主体

直接或通过其控制的境外企业开展的敏感类项目。核准机关是国家发展改革委。

本办法所称敏感类项目包括：

（一）涉及敏感国家和地区的项目；

（二）涉及敏感行业的项目。

本办法所称敏感国家和地区包括：

（一）与我国未建交的国家和地区；

（二）发生战争、内乱的国家和地区；

（三）根据我国缔结或参加的国际条约、协定等，需要限制企业对其投资的国家和地区；

（四）其他敏感国家和地区。

本办法所称敏感行业包括：

（一）武器装备的研制生产维修；

（二）跨境水资源开发利用；

（三）新闻传媒；

（四）根据我国法律法规和有关调控政策，需要限制企业境外投资的行业。

敏感行业目录由国家发展改革委发布。

第十四条 实行备案管理的范围是投资主体直接开展的非敏感类项目，也即涉及投资主体直接投入资产、权益或提供融资、担保的非敏感类项目。

实行备案管理的项目中，投资主体是中央管理企业（含中央管理金融企业、国务院或国务院所属机构直接管理的企业，下同）的，备案机关是国家发展改革委；投资主体是地方企业，且中方投资额3亿美元及以上的，备案机关是国家发展改革委；投资主体是地方企业，且中方投资额3亿美元以下的，备案机关是投资主体注册地的省级政府发展改革部门。

本办法所称非敏感类项目，是指不涉及敏感国家和地区且不涉及敏感行业的项目。

本办法所称中方投资额，是指投资主体直接以及通过其控制的境外企业为项目投入的货币、证券、实物、技术、知识产权、股权、债权等资产、权益以及提供融资、担保的总额。

本办法所称省级政府发展改革部门，包括各省、自治区、直辖市及计划单列市人民政府发展改革部门和新疆生产建设兵团发展改革部门。

第十五条 投资主体可以向核准、备案机关咨询拟开展的项目是否属于核准、备案范围，核准、备案机关应当及时予以告知。

第十六条 两个以上投资主体共同开展的项目，应当由投资额较大一方在征求其他投资方书面同意后提出核准、备案申请。如各方投资额相等，应当协商一致后由其中一方提出核准、备案申请。

第十七条 对项目所需前期费用（包括履约保证金、保函手续费、中介服务费、资源勘探费等）规模较大的，投资主体可以参照本办法第十三条、第十四条规定对项目前期费用提出核准、备案申请。经核准或备案的项目前期费用计入项目中方投资额。

第二节 核准的程序和时限

第十八条 实行核准管理的项目，投资主体应当通过网络系统向核准机关提交项目申请报告并附具有关文件。其中，投资主体是中央管理企业的，由其集团公司或总公司向核准机关提交；投资主体是地方企业的，由其直接向核准机关提交。

第十九条 项目申请报告应当包括以下内容：

（一）投资主体情况；

（二）项目情况，包括项目名称、投资目的地、主要内容和规模、中方投资额等；

（三）项目对我国国家利益和国家安全的影响分析；

（四）投资主体关于项目真实性的声明。

项目申请报告的通用文本以及应当附具的文件（以下称"附件"）清单由国家发展改革委发布。

第二十条 项目申请报告可以由投资主体自行编写，也可以由投资主体自主委托具有相关经验和能力的中介服务机构编写。

第二十一条 项目申请报告和附件齐全、符合法定形式的，核准机关应当予以受理。

项目申请报告或附件不齐全、不符合法定形

式的，核准机关应当在收到项目申请报告之日起5个工作日内一次性告知投资主体需要补正的内容。逾期不告知的，自收到项目申请报告之日起即为受理。

核准机关受理或不予受理项目申请报告，都应当通过网络系统告知投资主体。投资主体需要受理或不予受理凭证的，可以通过网络系统自行打印或要求核准机关出具。

第二十二条 项目涉及有关部门职责的，核准机关应当商请有关部门在7个工作日内出具书面审查意见。有关部门逾期没有反馈书面审查意见的，视为同意。

第二十三条 核准机关在受理项目申请报告后，如确有必要，应当在4个工作日内委托咨询机构进行评估。除项目情况复杂的，评估时限不得超过30个工作日。项目情况复杂的，经核准机关同意，可以延长评估时限，但延长的时限不得超过60个工作日。

核准机关应当将咨询机构进行评估所需的时间告知投资主体。

接受委托的咨询机构应当在规定时限内提出评估报告，并对评估结论承担责任。

评估费用由核准机关承担，咨询机构及其工作人员不得收取投资主体任何费用。

第二十四条 核准机关可以结合有关单位意见、评估意见等，建议投资主体对项目申请报告有关内容进行调整，或要求投资主体对有关情况或材料作进一步澄清、补充。

第二十五条 核准机关应当在受理项目申请报告后20个工作日内作出是否予以核准的决定。项目情况复杂或需要征求有关单位意见的，经核准机关负责人批准，可以延长核准时限，但延长的核准时限不得超过10个工作日，并应当将延长时限的理由告知投资主体。

前款规定的核准时限，包括征求有关单位意见的时间，不包括咨询机构评估的时间。

第二十六条 核准机关对项目予以核准的条件为：

（一）不违反我国法律法规；

（二）不违反我国有关发展规划、宏观调控政策、产业政策和对外开放政策；

（三）不违反我国缔结或参加的国际条约、协定；

（四）不威胁、不损害我国国家利益和国家安全。

第二十七条 对符合核准条件的项目，核准机关应当予以核准，并向投资主体出具书面核准文件。

对不符合核准条件的项目，核准机关应当出具不予核准书面通知，并说明不予核准的理由。

第二十八条 项目违反有关法律法规、违反有关规划或政策、违反有关国际条约或协定、威胁或损害我国国家利益和国家安全的，核准机关可以不经过征求意见、委托评估等程序，直接作出不予核准的决定。

第三节 备案的程序和时限

第二十九条 实行备案管理的项目，投资主体应当通过网络系统向备案机关提交项目备案表并附具有关文件。其中，投资主体是中央管理企业的，由其集团公司或总公司向备案机关提交；投资主体是地方企业的，由其直接向备案机关提交。

项目备案表格式文本及附件清单由国家发展改革委发布。

第三十条 项目备案表和附件齐全、符合法定形式的，备案机关应当予以受理。

项目备案表或附件不齐全、项目备案表或附件不符合法定形式、项目不属于备案管理范围、项目不属于备案机关管理权限的，备案机关应当在收到项目备案表之日起5个工作日内一次性告知投资主体。逾期不告知的，自收到项目备案表之日起即为受理。

备案机关受理或不予受理项目备案表，都应当通过网络系统告知投资主体。投资主体需要受理或不予受理凭证的，可以通过网络系统自行打印或要求备案机关出具。

第三十一条 备案机关在受理项目备案表之

日起 7 个工作日内向投资主体出具备案通知书。

备案机关发现项目违反有关法律法规、违反有关规划或政策、违反有关国际条约或协定、威胁或损害我国国家利益和国家安全的，应当在受理项目备案表之日起 7 个工作日内向投资主体出具不予备案书面通知，并说明不予备案的理由。

第四节 核准、备案的效力、变更和延期

第三十二条 属于核准、备案管理范围的项目，投资主体应当在项目实施前取得项目核准文件或备案通知书。

本办法所称项目实施前，是指投资主体或其控制的境外企业为项目投入资产、权益（已按照本办法第十七条办理核准、备案的项目前期费用除外）或提供融资、担保之前。

第三十三条 属于核准、备案管理范围的项目，投资主体未取得有效核准文件或备案通知书的，外汇管理、海关等有关部门依法不予办理相关手续，金融企业依法不予办理相关资金结算和融资业务。

第三十四条 已核准、备案的项目，发生下列情形之一的，投资主体应当在有关情形发生前向出具该项目核准文件或备案通知书的机关提出变更申请：

（一）投资主体增加或减少；

（二）投资地点发生重大变化；

（三）主要内容和规模发生重大变化；

（四）中方投资额变化幅度达到或超过原核准、备案金额的 20%，或中方投资额变化 1 亿美元及以上；

（五）需要对项目核准文件或备案通知书有关内容进行重大调整的其他情形。

核准机关应当在受理变更申请之日起 20 个工作日内作出是否同意变更核准的书面决定。备案机关应当在受理变更申请之日起 7 个工作日内作出是否同意变更备案的书面决定。

第三十五条 核准文件、备案通知书有效期 2 年。确需延长有效期的，投资主体应当在有效期届满的 30 个工作日前向出具该项目核准文件或备案通知书的机关提出延长有效期的申请。

核准机关应当在受理延期申请之日起 20 个工作日内作出是否同意延长核准文件有效期的书面决定。备案机关应当在受理延期申请之日起 7 个工作日内作出是否同意延长备案通知书有效期的书面决定。

第三十六条 核准、备案机关应当依法履行职责，严格按照规定权限、程序、时限等要求实施核准、备案行为，提高行政效能，提供优质服务。

第三十七条 对核准、备案机关实施的核准、备案行为，相关利害关系人有权依法申请行政复议或提起行政诉讼。

第三十八条 对不符合本办法规定条件的项目予以核准、备案，或违反本办法规定权限和程序予以核准、备案的，应当依法予以撤销。

第三十九条 核准、备案机关应当按照《政府信息公开条例》规定将核准、备案有关信息予以公开。

第四章 境外投资监管

第四十条 国家发展改革委和省级政府发展改革部门根据境外投资有关法律法规和政策，按照本办法第十三条、第十四条规定的分工，联合同级政府有关部门建立协同监管机制，通过在线监测、约谈函询、抽查核实等方式对境外投资进行监督检查，对违法违规行为予以处理。

第四十一条 倡导投资主体创新境外投资方式、坚持诚信经营原则、避免不当竞争行为、保障员工合法权益、尊重当地公序良俗、履行必要社会责任、注重生态环境保护、树立中国投资者良好形象。

第四十二条 投资主体通过其控制的境外企业开展大额非敏感类项目的，投资主体应当在项目实施前通过网络系统提交大额非敏感类项目情况报告表，将有关信息告知国家发展改革委。

投资主体提交的大额非敏感类项目情况报告表内容不完整的，国家发展改革委应当在收到之

日起5个工作日内一次性告知投资主体需要补正的内容。逾期不告知的，视作内容完整。大额非敏感类项目情况报告表格式文本由国家发展改革委发布。

本办法所称大额非敏感类项目，是指中方投资额3亿美元及以上的非敏感类项目。

第四十三条 境外投资过程中发生外派人员重大伤亡、境外资产重大损失、损害我国与有关国家外交关系等重大不利情况的，投资主体应当在有关情况发生之日起5个工作日内通过网络系统提交重大不利情况报告表。重大不利情况报告表格式文本由国家发展改革委发布。

第四十四条 属于核准、备案管理范围的项目，投资主体应当在项目完成之日起20个工作日内通过网络系统提交项目完成情况报告表。项目完成情况报告表格式文本由国家发展改革委发布。

前款所称项目完成，是指项目所属的建设工程竣工、投资标的股权或资产交割、中方投资额支出完毕等情形。

第四十五条 国家发展改革委、省级政府发展改革部门可以就境外投资过程中的重大事项向投资主体发出重大事项问询函。投资主体应当按照重大事项问询函载明的问询事项和时限要求提交书面报告。

国家发展改革委、省级政府发展改革部门认为确有必要的，可以公示重大事项问询函及投资主体提交的书面报告。

第四十六条 投资主体按照本办法第四十二条、第四十三条、第四十四条、第四十五条规定提交有关报告表或书面报告后，需要凭证的，可以通过网络系统自行打印提交完成凭证。

第四十七条 国家发展改革委、省级政府发展改革部门可以根据其掌握的国际国内经济社会运行情况和风险状况，向投资主体或利益相关方发出风险提示，供投资主体或利益相关方参考。

第四十八条 投资主体应当对自身通过网络系统和线下提交的各类材料的真实性、合法性、完整性负责，不得有虚假、误导性陈述和重大遗漏。

第四十九条 有关部门和单位、驻外使领馆等发现企业违反本办法规定的，可以告知核准、备案机关。公民、法人或其他组织发现企业违反本办法规定的，可以据实向核准、备案机关举报。

国家发展改革委建立境外投资违法违规行为记录，公布并更新企业违反本办法规定的行为及相应的处罚措施，将有关信息纳入全国信用信息共享平台、国家企业信用信息公示系统、"信用中国"网站等进行公示，会同有关部门和单位实施联合惩戒。

第五章 法律责任

第五十条 国家发展改革委工作人员有下列行为之一的，责令其限期改正，并依法追究有关责任人的行政责任；构成犯罪的，依法追究刑事责任：

（一）滥用职权、玩忽职守、徇私舞弊、索贿受贿的；

（二）违反本办法规定程序和条件办理项目核准、备案的；

（三）其他违反本办法规定的行为。

第五十一条 投资主体通过恶意分拆项目、隐瞒有关情况或提供虚假材料等手段申请核准、备案的，核准、备案机关不予受理或不予核准、备案，对投资主体及主要责任人处以警告。

第五十二条 投资主体通过欺骗、贿赂等不正当手段取得项目核准文件或备案通知书的，核准、备案机关应当撤销该核准文件或备案通知书，对投资主体及主要责任人处以警告；构成犯罪的，依法追究刑事责任。

第五十三条 属于核准、备案管理范围的项目，投资主体有下列行为之一的，由核准、备案机关责令投资主体中止或停止实施该项目并限期改正，对投资主体及有关责任人处以警告；构成犯罪的，依法追究刑事责任：

（一）未取得核准文件或备案通知书而擅自

实施的；

（二）应当履行核准、备案变更手续，但未经核准、备案机关同意而擅自实施变更的。

第五十四条 投资主体有下列行为之一的，由国家发展改革委或投资主体注册地的省级政府发展改革部门责令投资主体限期改正；情节严重或逾期不改正的，对投资主体及有关责任人处以警告：

（一）未按本办法第四十二条、第四十三条、第四十四条、第四十五条规定报告有关信息的；

（二）违反本办法第四十八条规定的。

第五十五条 投资主体在境外投资过程中实施不正当竞争行为、扰乱境外投资市场秩序的，由国家发展改革委或投资主体注册地的省级政府发展改革部门责令投资主体中止或停止开展该项目并限期改正，对投资主体及主要责任人处以警告。

第五十六条 境外投资威胁我国国家利益和国家安全的，由国家发展改革委或投资主体注册地的省级政府发展改革部门责令投资主体中止实施项目并限期改正。

境外投资损害我国国家利益和国家安全的，由国家发展改革委或投资主体注册地的省级政府发展改革部门责令投资主体停止实施项目、限期改正并采取补救措施，对投资主体及有关责任人处以警告；构成犯罪的，依法追究刑事责任。

投资主体按照本办法第四十三条规定及时提交重大不利情况报告表并主动改正的，可以减轻或免除本条规定的行政处罚。

第五十七条 金融企业为属于核准、备案管理范围但未取得核准文件或备案通知书的项目提供融资、担保的，由国家发展改革委通报该违规行为并商请有关金融监管部门依法依规处罚该金融企业及有关责任人。

第六章 附 则

第五十八条 各省级政府发展改革部门要加强对本地企业境外投资的指导、服务和监管，可以按照本办法的规定制定具体实施办法。

第五十九条 国家发展改革委对省级政府发展改革部门的境外投资管理工作进行指导和监督，对发现的问题及时予以纠正。

第六十条 核准、备案机关及其工作人员，以及被核准机关征求意见、受核准机关委托进行评估的单位及其工作人员，依法对投资主体根据本办法提交的材料负有保守商业秘密的义务。

第六十一条 事业单位、社会团体等非企业组织对境外开展投资参照本办法执行。

第六十二条 投资主体直接或通过其控制的企业对香港、澳门、台湾地区开展投资的，参照本办法执行。

投资主体通过其控制的香港、澳门、台湾地区企业对境外开展投资的，参照本办法执行。

第六十三条 境内自然人通过其控制的境外企业或香港、澳门、台湾地区企业对境外开展投资的，参照本办法执行。

境内自然人直接对境外开展投资不适用本办法。境内自然人直接对香港、澳门、台湾地区开展投资不适用本办法。

第六十四条 法律、行政法规对境外投资管理有专门规定的，从其规定。

第六十五条 本办法由国家发展改革委负责解释。

第六十六条 本办法自2018年3月1日起施行。《境外投资项目核准和备案管理办法》（国家发展和改革委员会令第9号）同时废止。

3. 对外投资备案（核准）报告暂行办法

（商合发〔2018〕24号　2018年1月18日实施）

第一章 总 则

第一条 为进一步完善对外投资管理制度，有效防范风险，引导对外投资健康有序发展，推进"一带一路"建设顺利实施，依据有关规定和规范企业海外经营行为的相关要求，制定本《办法》。

第二条　本办法所称对外投资备案（核准），系指境内投资主体在境外设立（包括兼并、收购及其他方式）企业前，按规定向有关主管部门提交相关信息和材料；符合法定要求的，相关主管部门为其办理备案或核准。

前款所述境内投资主体是指开展对外投资活动的境内机构，另有规定的除外；前款所述企业为最终目的地企业，最终目的地指境内投资主体投资最终用于项目建设或持续生产经营的所在地。

第三条　境内投资主体在开展对外投资的过程中，按规定向相关主管部门报告其对外投资情况并提供相关信息；相关主管部门依据其报告的情况和信息制定对外投资政策，开展对外投资监督、管理和服务。

第四条　对外投资备案（核准）报告工作由各部门分工协作，实行管理分级分类、信息统一归口、违规联合惩戒的管理模式。商务部牵头对外投资备案（核准）报告信息统一汇总。商务、金融、国资等主管部门依各自职能依法开展境内投资主体对外投资备案（核准）报告等工作，按照"横向协作、纵向联动"的原则，形成监管合力。

第五条　境内投资主体是对外投资的市场主体、决策主体、执行主体和责任主体，按照"政府引导、企业主导、市场化运作"的原则开展对外投资，自主决策，自担风险，自负盈亏。

第二章　备案和核准

第六条　商务主管部门、金融管理部门依据各自职责负责境内投资主体对外投资的备案或核准管理。国务院国资委负责履行出资人职责的中央企业对外投资的监督和管理。

相关主管部门应根据各自职责按照"鼓励发展+负面清单"的模式建立健全相应的对外投资备案（核准）办法。

第七条　鼓励相关主管部门运用电子政务手段实行对外投资网上备案（核准）管理，提高办事效率，提供优质服务。

第八条　相关主管部门应根据境内投资主体提交的备案（核准）材料进行相关审查；符合要求的，应正式受理，并按有关规定办理。境内投资主体对外投资应提供的材料由相关主管部门规定。

第九条　国务院国资委履行出资人职责的中央企业的对外投资，属于《中央企业境外投资监督管理办法》（国资委令第35号）规定的"特别监管类"项目的，应按照国有资产监督管理要求履行相应手续。

第十条　人民银行、国务院国资委、银监会、证监会、保监会将每个月度办理的对外投资备案（核准）事项情况，于次月15个工作日内通报商务部汇总。商务部定期将汇总信息反馈给上述部门和机构。

第十一条　境内投资主体履行对外投资备案（核准）手续后，应根据外汇管理部门要求办理相关外汇登记。

第三章　报　　告

第十二条　境内投资主体应按照"凡备案（核准）必报"的原则向为其办理备案（核准）手续的相关主管部门定期报送对外投资关键环节信息。

第十三条　境内投资主体报送的信息包括但不限于以下信息：根据《对外直接投资统计制度》规定应填报的月度、年度信息；对外投资并购前期事项；对外投资在建项目进展情况；对外投资存在主要问题以及遵守当地法律法规、保护资源环境、保障员工合法权益、履行社会责任、安全保护制度落实情况等。

境内投资主体报送信息的具体内容、途径、频率等由相关主管部门依据职责另行规定。

第十四条　人民银行、国务院国资委、银监会、证监会、保监会对负责的境内投资主体报送的对外投资信息，每半年后 1 个月内通报商务部统一汇总。商务部定期将汇总信息反馈给上述部门。

第十五条 商务部建立"境外企业和对外投资联络服务平台"（以下简称平台），相关主管部门可通过平台将对外投资备案（核准）报告信息转商务部，实现信息数据共享，共同做好对外投资监管。

第十六条 境内投资主体对外投资出现重大不利事件或突发安全事件时，按"一事一报"原则及时向相关主管部门报送，相关主管部门将情况通报商务部。

第十七条 相关主管部门应按照本部门职责和分工，充分利用商务部汇总收集的信息，动态跟踪研判对外投资领域涉及国民经济运行、国家利益、行为规范、安全保护、汇率、外汇储备、跨境资本流动等问题和风险，按轻重缓急发出提示预警，引导企业加强风险管理、促进对外投资健康发展。

第四章 监　　管

第十八条 相关主管部门应对所负责的对外投资进行监督管理，对以下对外投资情形进行重点督查：

（一）中方投资额等值 3 亿美元（含 3 亿美元）以上的对外投资；

（二）敏感国别（地区）、敏感行业的对外投资；

（三）出现重大经营亏损的对外投资；

（四）出现重大安全事故及群体性事件的对外投资；

（五）存在严重违规行为的对外投资；

（六）其他情形的重大对外投资。

第十九条 商务部牵头开展对外投资"双随机、一公开"抽查工作，定期进行对外投资备案（核准）报告的真实性、完整性、及时性的事中事后监管工作。相关主管部门应根据各自职责制定相应的"双随机、一公开"抽查工作实施细则并开展抽查工作。

第二十条 相关主管部门每半年将重点督查和随机抽查的情况通报商务部汇总。

第五章 事后举措

第二十一条 境内投资主体未按本《办法》规定履行备案（核准）手续和信息报告义务的，商务部会同相关主管部门视情采取提醒、约谈、通报等措施，必要时将其违规信息录入全国信用信息共享平台，对企业的行政处罚通过国家企业信息公示系统记于企业名下并向社会公示。

第二十二条 境内投资主体未按本《办法》规定履行备案（核准）手续和信息报告义务，情节严重的，相关主管部门根据各自职责，暂停为其办理对外投资备案（核准）手续，同时采取相应措施。

第二十三条 相关主管部门在开展监管工作过程中，如发现境内投资主体存在偷逃税款、骗取外汇等行为，应将有关问题线索转交税务、公安、工商、外汇管理等部门依法处理。

第六章 附　　则

第二十四条 中央管理的其他单位对外投资备案（核准）报告工作参照本《办法》执行。

第二十五条 本《办法》由发布部门共同负责解释。

第二十六条 本《办法》自发布之日起实施。

4. 阻断外国法律与措施不当域外适用办法

（中华人民共和国商务部令 2021 年第 1 号 2021 年 1 月 9 日公布施行）

第一条 为了阻断外国法律与措施不当域外适用对中国的影响，维护国家主权、安全、发展利益，保护中国公民、法人或者其他组织的合法权益，根据《中华人民共和国国家安全法》等有关法律，制定本办法。

第二条 本办法适用于外国法律与措施的域外适用违反国际法和国际关系基本准则，不当禁止或者限制中国公民、法人或者其他组织与第三国（地区）及其公民、法人或者其他组织进行正常的经贸及相关活动的情形。

第三条 中国政府坚持独立自主的对外政策，坚持互相尊重主权、互不干涉内政和平等互利等国际关系基本准则，遵守所缔结的国际条约、协定，履行承担的国际义务。

第四条 国家建立由中央国家机关有关部门参加的工作机制（以下简称工作机制），负责外国法律与措施不当域外适用的应对工作。工作机制由国务院商务主管部门牵头，具体事宜由国务院商务主管部门、发展改革部门会同其他有关部门负责。

第五条 中国公民、法人或者其他组织遇到外国法律与措施禁止或者限制其与第三国（地区）及其公民、法人或者其他组织正常的经贸及相关活动情形的，应当在30日内向国务院商务主管部门如实报告有关情况。报告人要求保密的，国务院商务主管部门及其工作人员应当为其保密。

第六条 有关外国法律与措施是否存在不当域外适用情形，由工作机制综合考虑下列因素评估确认：

（一）是否违反国际法和国际关系基本准则；

（二）对中国国家主权、安全、发展利益可能产生的影响；

（三）对中国公民、法人或者其他组织合法权益可能产生的影响；

（四）其他应当考虑的因素。

第七条 工作机制经评估，确认有关外国法律与措施存在不当域外适用情形的，可以决定由国务院商务主管部门发布不得承认、不得执行、不得遵守有关外国法律与措施的禁令（以下简称禁令）。

工作机制可以根据实际情况，决定中止或者撤销禁令。

第八条 中国公民、法人或者其他组织可以向国务院商务主管部门申请豁免遵守禁令。

申请豁免遵守禁令的，申请人应当向国务院商务主管部门提交书面申请，书面申请应当包括申请豁免的理由以及申请豁免的范围等内容。国务院商务主管部门应当自受理申请之日起30日内作出是否批准的决定；情况紧急时应当及时作出决定。

第九条 当事人遵守禁令范围内的外国法律与措施，侵害中国公民、法人或者其他组织合法权益的，中国公民、法人或者其他组织可以依法向人民法院提起诉讼，要求该当事人赔偿损失；但是，当事人依照本办法第八条规定获得豁免的除外。

根据禁令范围内的外国法律作出的判决、裁定致使中国公民、法人或者其他组织遭受损失的，中国公民、法人或者其他组织可以依法向人民法院提起诉讼，要求在该判决、裁定中获益的当事人赔偿损失。

本条第一款、第二款规定的当事人拒绝履行人民法院生效的判决、裁定的，中国公民、法人或者其他组织可以依法申请人民法院强制执行。

第十条 工作机制成员单位应当依照各自职责，为中国公民、法人或者其他组织应对外国法律与措施不当域外适用提供指导和服务。

第十一条 中国公民、法人或者其他组织根据禁令，未遵守有关外国法律与措施并因此受到重大损失的，政府有关部门可以根据具体情况给予必要的支持。

第十二条 对外国法律与措施不当域外适用，中国政府可以根据实际情况和需要，采取必要的反制措施。

第十三条 中国公民、法人或者其他组织未按照规定如实报告有关情况或者不遵守禁令的，国务院商务主管部门可以给予警告，责令限期改正，并可以根据情节轻重处以罚款。

第十四条 国务院商务主管部门工作人员未

按照规定为报告有关情况的中国公民、法人或者其他组织保密的，依法给予处分；构成犯罪的，依法追究刑事责任。

第十五条 中华人民共和国缔结或者参加的国际条约、协定规定的外国法律与措施域外适用情形，不适用本办法。

第十六条 本办法自公布之日起施行。

5. 国务院办公厅关于完善反洗钱、反恐怖融资、反逃税监管体制机制的意见

（国办函〔2017〕84号　2017年8月29日实施）

反洗钱工作部际联席会议各成员单位：

反洗钱、反恐怖融资、反逃税（以下统称"三反"）监管体制机制是建设中国特色社会主义法治体系和现代金融监管体系的重要内容，是推进国家治理体系和治理能力现代化、维护经济社会安全稳定的重要保障，是参与全球治理、扩大金融业双向开放的重要手段。反洗钱法公布实施以来，我国"三反"监管体制机制建设取得重大进展，工作成效明显，与国际通行标准基本保持一致。同时也要看到，相关领域仍然存在一些突出矛盾和问题，主要是监管制度尚不健全、协调合作机制仍不顺畅、跨部门数据信息共享程度不高、履行反洗钱义务的机构（以下简称反洗钱义务机构）履职能力不足、国际参与度和话语权与我国国际地位不相称等。为深入持久推进"三反"监管体制机制建设，完善"三反"监管措施，经国务院同意，现提出如下意见。

一、总体要求

（一）指导思想。

全面贯彻党的十八大和十八届三中、四中、五中、六中全会精神，以邓小平理论、"三个代表"重要思想、科学发展观为指导，深入贯彻习近平总书记系列重要讲话精神和治国理政新理念新思想新战略，认真落实党中央、国务院决策部署，坚持总体国家安全观，遵循推进国家治理体系和治理能力现代化的要求，完善"三反"监管体制机制。

（二）基本原则。

坚持问题导向，发挥工作合力。进一步解放思想，从基本国情和实际工作需要出发，深入研究、有效解决"三反"监管体制机制存在的问题。反洗钱行政主管部门、税务机关、公安机关要切实履职，国务院银行业、证券、保险监督管理机构及其他相关单位要发挥工作积极性，形成"三反"合力。探索建立以金融情报为纽带、以资金监测为手段、以数据信息共享为基础、符合国家治理需要的"三反"监管体制机制。

坚持防控为本，有效化解风险。开展全面科学的风险评估，根据风险水平和分布进一步优化监管资源配置，强化高风险领域监管。同时，不断优化风险评估机制和监测分析系统，健全风险预防体系，有效防控洗钱、恐怖融资和逃税风险。

坚持立足国情，为双向开放提供服务保障。根据国内洗钱、恐怖融资和逃税风险实际情况，逐步建立健全"三反"法律制度和监管规则。根据有关国际条约或者按照平等互利原则开展国际合作。忠实履行我国应当承担的国际义务，严格执行国际标准，加强跨境监管合作，切实维护我国金融机构合法权益，为金融业双向开放保驾护航。

坚持依法行政，充分发挥反洗钱义务机构主体作用。依法确定相关单位职责，确保各司其职，主动作为，严控风险。重视和发挥反洗钱义务机构在预防洗钱、恐怖融资和逃税方面的"第一道防线"作用。

（三）目标要求。

到2020年，初步形成适应社会主义市场经济要求、适合中国国情、符合国际标准的"三反"法律法规体系，建立职责清晰、权责对等、配合有力的"三反"监管协调合作机制，有效防控洗钱、恐怖融资和逃税风险。

二、健全工作机制

（四）加强统筹协调，完善组织机制。进一

步完善反洗钱工作部际联席会议制度，统筹"三反"监管工作。以反洗钱工作部际联席会议为依托，强化部门间"三反"工作组织协调机制，制定整体战略、重要政策和措施，推动贯彻落实，指导"三反"领域国际合作，加强监管合作。

（五）研究设计洗钱和恐怖融资风险评估体系，建立反洗钱和反恐怖融资战略形成机制。积极发挥风险评估在发现问题、完善体制机制、配置资源方面的基础性作用，开展风险导向的反洗钱和反恐怖融资战略研究。建立国家层面的洗钱和恐怖融资风险评估指标体系和评估机制，成立由反洗钱行政主管部门、税务机关、公安机关、国家安全机关、司法机关以及国务院银行业、证券、保险监督管理机构和其他行政机关组成的洗钱和恐怖融资风险评估工作组，定期开展洗钱和恐怖融资风险评估工作。以风险评估发现的问题为导向，制定并定期更新反洗钱和反恐怖融资战略，确定反洗钱和反恐怖融资工作的阶段性目标、主要任务和重大举措，明确任务分工，加大高风险领域反洗钱监管力度。建立多层次评估结果运用机制，由相关单位和反洗钱义务机构根据评估结果有针对性地完善反洗钱和反恐怖融资工作，提升资源配置效率，提高风险防控有效性。

（六）强化线索移送和案件协查，优化打击犯罪合作机制。加强反洗钱行政主管部门、税务机关与监察机关、侦查机关、行政执法机关间的沟通协调，进一步完善可疑交易线索合作机制，加强情报会商和信息反馈机制，分析洗钱、恐怖融资和逃税的形势与趋势，不断优化反洗钱调查的策略、方法和技术。反洗钱行政主管部门要加强可疑交易线索移送和案件协查工作，相关单位要加强对线索使用查处情况的及时反馈，形成打击洗钱、恐怖融资和逃税的合力，维护金融秩序和社会稳定。

（七）加强监管协调，健全监管合作机制。在行业监管规则中嵌入反洗钱监管要求，构建涵盖事前、事中、事后的完整监管链条。充分发挥反洗钱工作部际联席会议作用，加强反洗钱行政主管部门和金融监管部门之间的协调，完善监管制度、政策和措施，开展联合监管行动，共享监管信息，协调跨境监管合作。

（八）依法使用政务数据，健全数据信息共享机制。以依法合规为前提、资源整合为目标，探索研究"三反"数据信息共享标准和统计指标体系，明确相关单位的数据提供责任和数据使用权限。稳步推进数据信息共享机制建设，既要严格依法行政，保护商业秘密和个人隐私，又要推进相关数据库建设，鼓励各方参与共享。建立相关单位间的电子化网络，为实现安全、高效的数据信息共享提供支撑。

（九）优化监管资源配置，研究完善监管资源保障机制。按照金融领域全覆盖、特定非金融行业高风险领域重点监管的目标，适时扩大反洗钱、反恐怖融资监管范围。优化监管资源配置与使用，统筹考虑"三反"监管资源保障问题，为"三反"监管提供充足人力物力。

三、完善法律制度

（十）推动研究完善相关刑事立法，修改惩治洗钱犯罪和恐怖融资犯罪相关规定。按照我国参加的国际公约和明确承诺执行的国际标准要求，研究扩大洗钱罪的上游犯罪范围，将上游犯罪本犯纳入洗钱罪的主体范围。对照国际公约要求，根据我国反恐实际需要，推动逐步完善有关恐怖融资犯罪的刑事立法，加强司法解释工作。研究建立相关司法工作激励机制，提升反洗钱工作追偿效果。

（十一）明确执行联合国安理会反恐怖融资相关决议的程序。建立定向金融制裁名单的认定发布制度，明确相关单位在名单提交、审议、发布、监督执行、除名等方面的职责分工。完善和细化各行政主管部门、金融监管部门和反洗钱义务机构执行联合国安理会反恐怖融资决议要求的程序规定和监管措施，进一步明确资产冻结时效、范围、程序、善意第三人保护及相关法律责任，保证联合国安理会相关决议执行时效。

（十二）加强特定非金融机构风险监测，探索建立特定非金融机构反洗钱和反恐怖融资监管制度。加强反洗钱行政主管部门、税务机关与特定非金融行业主管部门间的协调配合，密切关注非金融领域的洗钱、恐怖融资和逃税风险变化情况，对高风险行业开展风险评估，研究分析行业洗钱、恐怖融资和逃税风险分布及发展趋势，提出"三反"监管政策建议。对于反洗钱国际标准明确提出要求的房地产中介、贵金属和珠宝玉石销售、公司服务等行业及其他存在较高风险的特定非金融行业，逐步建立反洗钱和反恐怖融资监管制度。按照"一业一策"原则，由反洗钱行政主管部门会同特定非金融行业主管部门发布特定行业的反洗钱和反恐怖融资监管制度，根据行业监管现状、被监管机构经营特点等确定行业反洗钱和反恐怖融资监管模式。积极发挥行业协会和自律组织的作用，指导行业协会制定本行业反洗钱和反恐怖融资工作指引。

（十三）加强监管政策配套，健全风险防控制度。研究建立各监管部门对新成立反洗钱义务机构、非营利组织及其董事、监事和高级管理人员的反洗钱背景审查制度，严格审核发起人、股东、实际控制人、最终受益人和董事、监事、高级管理人员背景，审查资金来源和渠道，从源头上防止不法分子通过创设组织机构进行洗钱、恐怖融资和逃税活动。研究各类无记名可转让有价证券的洗钱风险以及需纳入监管的重点，研究无记名可转让有价证券价值甄别和真伪核验技术，明确反洗钱行政主管部门与海关监管分工，推动对跨境携带无记名可转让有价证券的监管及通报制度尽快出台。制定海关向反洗钱行政主管部门、公安机关、国家安全机关通报跨境携带现金信息的具体程序，完善跨境异常资金监测制度。

四、健全预防措施

（十四）建立健全防控风险为本的监管机制，引导反洗钱义务机构有效化解风险。以有效防控风险为目标，持续优化反洗钱监管政策框架，合理确定反洗钱监管风险容忍度，建立健全监管政策传导机制，督促、引导、激励反洗钱义务机构积极主动加强洗钱和恐怖融资风险管理，充分发挥其在预防洗钱、恐怖融资和逃税方面的"第一道防线"作用。综合运用反洗钱监管政策工具，推行分类监管，完善风险预警和应急处置机制，切实强化对高风险市场、高风险业务和高风险机构的反洗钱监管。

（十五）强化法人监管措施，提升监管工作效率。反洗钱行政主管部门和国务院银行业、证券、保险监督管理机构要加强反洗钱监管，以促进反洗钱义务机构自我管理、自主管理风险为目标，逐步建立健全法人监管框架。围绕法人机构和分支机构、集团公司和子公司在风险管理中的不同定位和功能，对反洗钱监管政策适度分层分类。加强反洗钱义务机构总部内控机制要求，强化董事、监事和高级管理人员责任，督促反洗钱义务机构提高履行反洗钱义务的执行力。探索建立与法人监管相适应的监管分工合作机制，搭建满足法人监管需要的技术平台，逐步实现反洗钱监管信息跨区域共享。在严格遵守保密规定的前提下，研究建立反洗钱义务机构之间的反洗钱工作信息交流平台和交流机制。

（十六）健全监测分析体系，提升监测分析水平。不断拓宽反洗钱监测分析数据信息来源，依法推动数据信息在相关单位间的双向流动和共享。强化反洗钱监测分析工作的组织协调，有针对性地做好对重点领域、重点地区、重点人群的监测分析工作。不断延伸反洗钱监管触角，将相关单位关于可疑交易报告信息使用情况的反馈信息和评价意见，作为反洗钱行政主管部门开展反洗钱义务机构可疑交易报告评价工作的重要依据。丰富非现场监管政策工具，弥补书面审查工作的不足。发挥会计师事务所、律师事务所等专业服务机构在反洗钱监测预警和依法处置中的积极作用，研究专业服务机构有关反洗钱的制度措施。

（十七）鼓励创新和坚守底线并重，妥善应对伴随新业务和新业态出现的风险。建立健全反洗钱义务机构洗钱和恐怖融资风险自评估制度，对新产品、新业务、新技术、新渠道产生的洗钱和恐怖融资风险自主进行持续识别和评估，动态监测市场风险变化，完善有关反洗钱监管要求。强化反洗钱义务机构自主管理风险的责任，反洗钱义务机构推出新产品、新业务前，须开展洗钱和恐怖融资风险自评估，并按照风险评估结果采取有效的风险防控措施。鼓励反洗钱义务机构利用大数据、云计算等新技术提升反洗钱和反恐怖融资工作有效性。

（十八）完善跨境异常资金监控机制，预防打击跨境金融犯罪活动。以加强异常交易监测为切入点，综合运用外汇交易监测、跨境人民币交易监测和反洗钱资金交易监测等信息，及时发现跨境洗钱和恐怖融资风险。遵循反洗钱国际标准有关支付清算透明度的要求，指导金融机构加强风险管理，增强跨境人民币清算体系的"三反"监测预警功能，维护人民币支付清算体系的良好声誉，降低金融机构跨境业务风险。

（十九）建立健全培训教育机制，培养建设专业人才队伍。建立全面覆盖各类反洗钱义务机构的反洗钱培训教育机制，提升相关人员反洗钱工作水平。积极鼓励创新反洗钱培训教育形式，充分利用现代科技手段扩大受众范围，加大对基层人员的教育培训力度。

五、严惩违法犯罪活动

（二十）有效整合稽查资源，严厉打击涉税违法犯罪。建立健全随机抽查制度和案源管理制度，增强稽查质效。推行风险管理导向下的定向稽查模式，增强稽查的精准性和震慑力。防范和打击税基侵蚀及利润转移。在全国范围内开展跨部门、跨区域专项打击行动，联合查处一批骗取出口退税和虚开增值税专用发票重大案件，摧毁一批职业化犯罪团伙和网络，严惩一批违法犯罪企业和人员，挽回国家税款损失，有效遏制骗取出口退税和虚开增值税专用发票违法犯罪活动高发多发势头，维护国家税收秩序和税收安全。

（二十一）建立打击关税违法犯罪活动合作机制。加强反洗钱行政主管部门与海关缉私部门的协作配合，合力打击偷逃关税违法犯罪活动。反洗钱行政主管部门要与海关缉私部门联合开展有关偷逃关税非法资金流动特征模型的研究，提升对偷逃关税违法犯罪资金线索的监测分析能力，及时向海关缉私部门通报；会同国务院银行业监督管理机构积极协助海关缉私部门打击偷逃关税违法犯罪活动资金交易，扩大打击偷逃关税违法犯罪活动成果，形成打击合力。海关缉私部门要及时将工作中发现的洗钱活动线索通报反洗钱行政主管部门及相关有权机关，积极协助反洗钱行政主管部门及相关有权机关开展工作。

（二十二）加大反洗钱调查工作力度，建立健全洗钱类型分析工作机制。进一步规范反洗钱调查工作程序，完善反洗钱调查流程，优化调查手段，加强可疑交易线索分析研判，加强反洗钱调查和线索移送，积极配合有权机关的协查请求，不断增强反洗钱调查工作实效。加强洗钱类型分析和风险提示，指导反洗钱义务机构开展洗钱类型分析，及时向反洗钱义务机构发布洗钱风险提示，督促反洗钱义务机构加强风险预警。

六、深化国际合作

（二十三）做好反洗钱和反恐怖融资互评估，树立良好国际形象。切实履行成员义务，积极做好金融行动特别工作组（FATF）反洗钱和反恐怖融资互评估。将国际组织评估作为完善和改进反洗钱工作的重要契机，组织动员相关单位和反洗钱义务机构，严格对照反洗钱国际标准，结合我国实际情况，切实提高反洗钱工作合规性和有效性。

（二十四）深化反洗钱国际合作，促进我国总体战略部署顺利实施。进一步深入参与反洗钱国际标准研究、制定和监督执行，积极参与反洗钱国际（区域）组织内部治理改革和重大决策，提升我国在反洗钱国际（区域）组织中的话语权和影响力。继续加强反洗钱双边交流与合作，推进中美反洗钱和反恐怖融资监管合作。建立与部分重点国家（地区）的反洗钱监管合作机制，督促指导中资金融机构及其海外分支机构提升反洗钱工作意识和水平，维护其合法权益。配合"一带一路"倡议，做好与周边国家（地区）的反洗钱交流与合作。加强沟通协调，稳步推进加入埃格蒙特集团相关工作。利用国际金融情报交流平台，拓展反洗钱情报渠道。

（二十五）深化反逃税国际合作，维护我国税收权益。深度参与二十国集团税制改革成果转化，积极参与国际税收规则制定，积极发出中国声音，提出中国方案，贡献中国智慧，切实提升中国税务话语权。加强双多边税收合作，充分发挥国际税收信息交换的作用，提高税收透明度，严厉打击国际逃避税，充分发挥反逃避税对反洗钱的积极作用，同时运用好反洗钱机制，不断提高反逃避税的精准度。

七、创造良好社会氛围

（二十六）加强自律管理，充分发挥自律组织积极作用。各主管部门要指导相关行业协会积极参与"三反"工作，制定反洗钱自律规则和工作指引，加强自律管理，强化反洗钱义务机构守法、诚信、自律意识，推动反洗钱义务机构积极参与和配合"三反"工作，促进反洗钱义务机构之间交流信息和经验，营造积极健康的反洗钱合规环境。

（二十七）持续开展宣传教育，提升社会公众参与配合意识。建立常态化的"三反"宣传教育机制，向社会公众普及"三反"基本常识，提示风险，提高社会公众自我保护能力。采取灵活多样的形式开展宣传教育，提升社会公众"三反"意识，增强其主动配合"三反"工作的意愿，为开展"三反"工作营造良好氛围。

国务院办公厅
2017 年 8 月 29 日

6. 银行业金融机构反洗钱和反恐怖融资管理办法（节录）

（中国银行保险监督管理委员会令 2019 年第 1 号　2019 年 1 月 29 日公布施行）

第一章　总　则

第一条　为预防洗钱和恐怖融资活动，做好银行业金融机构反洗钱和反恐怖融资工作，根据《中华人民共和国银行业监督管理法》《中华人民共和国反洗钱法》《中华人民共和国反恐怖主义法》等有关法律、行政法规，制定本办法。

第二条　国务院银行业监督管理机构根据法律、行政法规规定，配合国务院反洗钱行政主管部门，履行银行业金融机构反洗钱和反恐怖融资监督管理职责。

国务院银行业监督管理机构的派出机构根据法律、行政法规及本办法的规定，负责辖内银行业金融机构反洗钱和反恐怖融资监督管理工作。

第三条　本办法所称银行业金融机构，是指在中华人民共和国境内设立的商业银行、农村合作银行、农村信用合作社等吸收公众存款的金融机构以及政策性银行和国家开发银行。

对在中华人民共和国境内设立的金融资产管理公司、信托公司、企业集团财务公司、金融租赁公司、汽车金融公司、货币经纪公司、消费金融公司以及经国务院银行业监督管理机构批准设立的其他金融机构的反洗钱和反恐怖融资管理，参照本办法对银行业金融机构的规定执行。

第四条　银行业金融机构境外分支机构和附属机构，应当遵循驻在国家（地区）反洗钱和反恐怖融资方面的法律规定，协助配合驻在国家（地区）监管机构的工作，同时在驻在国家（地区）法律规定允许的范围内，执行本办法的有关要求。

驻在国家（地区）不允许执行本办法的有关要求的，银行业金融机构应当采取适当的额外措施应对洗钱和恐怖融资风险，并向国务院银行业监督管理机构报告。

第二章　银行业金融机构反洗钱和反恐怖融资义务

第五条　银行业金融机构应当建立健全洗钱和恐怖融资风险管理体系，全面识别和评估自身面临的洗钱和恐怖融资风险，采取与风险相适应的政策和程序。

第六条　银行业金融机构应当将洗钱和恐怖融资风险管理纳入全面风险管理体系，将反洗钱和反恐怖融资要求嵌入合规管理、内部控制制度，确保洗钱和恐怖融资风险管理体系能够全面覆盖各项产品及服务。

第七条 银行业金融机构应当依法建立反洗钱和反恐怖融资内部控制制度，并对分支机构和附属机构的执行情况进行管理。反洗钱和反恐怖融资内部控制制度应当包括下列内容：

（一）反洗钱和反恐怖融资内部控制职责划分；

（二）反洗钱和反恐怖融资内部控制措施；

（三）反洗钱和反恐怖融资内部控制评价机制；

（四）反洗钱和反恐怖融资内部控制监督制度；

（五）重大洗钱和恐怖融资风险事件应急处置机制；

（六）反洗钱和反恐怖融资工作信息保密制度；

（七）国务院银行业监督管理机构及国务院反洗钱行政主管部门规定的其他内容。

第八条 银行业金融机构应当建立组织架构健全、职责边界清晰的洗钱和恐怖融资风险治理架构，明确董事会、监事会、高级管理层、业务部门、反洗钱和反恐怖融资管理部门和内审部门等在洗钱和恐怖融资风险管理中的职责分工。

第九条 银行业金融机构董事会应当对反洗钱和反恐怖融资工作承担最终责任。

第十条 银行业金融机构的高级管理层应当承担洗钱和恐怖融资风险管理的实施责任。

银行业金融机构应当任命或者授权一名高级管理人员牵头负责洗钱和恐怖融资风险管理工作，其有权独立开展工作。银行业金融机构应当确保其能够充分获取履职所需的权限和资源，避免可能影响其履职的利益冲突。

第十一条 银行业金融机构应当设立反洗钱和反恐怖融资专门机构或者指定内设机构负责反洗钱和反恐怖融资管理工作。反洗钱和反恐怖融资管理部门应当设立专门的反洗钱和反恐怖融资岗位，并配备足够人员。

银行业金融机构应当明确相关业务部门的反洗钱和反恐怖融资职责，保证反洗钱和反恐怖融资内部控制制度在业务流程中的贯彻执行。

第十二条 银行业金融机构应当按照规定建立健全和执行客户身份识别制度，遵循"了解你的客户"的原则，针对不同客户、业务关系或者交易，采取有效措施，识别和核实客户身份，了解客户及其建立、维持业务关系的目的和性质，了解非自然人客户受益所有人。在与客户的业务关系存续期间，银行业金融机构应当采取持续的客户身份识别措施。

第十三条 银行业金融机构应当按照规定建立健全和执行客户身份资料和交易记录保存制度，妥善保存客户身份资料和交易记录，确保能重现该项交易，以提供监测分析交易情况、调查可疑交易活动和查处洗钱案件所需的信息。

第十四条 银行业金融机构应当按照规定建立健全和执行大额交易和可疑交易报告制度。

第十五条 银行业金融机构与金融机构开展业务合作时，应当在合作协议中明确双方的反洗钱和反恐怖融资职责，承担相应的法律义务，相互间提供必要的协助，采取有效的风险管控措施。

第十六条 银行业金融机构解散、撤销或者破产时，应当将客户身份资料和交易记录移交国务院有关部门指定的机构。

第十七条 银行业金融机构应当按照客户特点或者账户属性，以客户为单位合理确定洗钱和恐怖融资风险等级，根据风险状况采取相应的控制措施，并在持续关注的基础上适时调整风险等级。

第十八条 银行业金融机构应当建立健全和执行洗钱和恐怖融资风险自评估制度，对本机构的内外部洗钱和恐怖融资风险及相关风险控制措施有效性进行评估。

银行业金融机构开展新业务、应用新技术之前应当进行洗钱和恐怖融资风险评估。

第十九条 银行业金融机构应当建立反恐怖融资管理机制，按照国家反恐怖主义工作领导机构发布的恐怖活动组织及恐怖活动人员名单、冻结资产的决定，依法对相关资产采取冻结措施。

银行业金融机构应当根据监管要求密切关注涉恐人员名单，及时对本机构客户和交易进行风险排查，依法采取相应措施。

第二十条 银行业金融机构应当依法执行联合国安理会制裁决议要求。

第二十一条 银行业金融机构应当每年开展反洗钱和反恐怖融资内部审计，内部审计可以是专项审计，或者与其他审计项目结合进行。

第二十二条 对依法履行反洗钱和反恐怖融资义务获得的客户身份资料和交易信息，银行业金融机构及其工作人员应当予以保密；非依法律规定，不得向任何单位和个人提供。

第二十三条 银行业金融机构应当将可量化的反洗钱和反恐怖融资控制指标嵌入信息系统，使风险信息能够在业务部门和反洗钱和反恐怖融资管理部门之间有效传递、集中和共享，满足对洗钱和恐怖融资风险进行预警、信息提取、分析和报告等各项要求。

第二十四条 银行业金融机构应当配合银行业监督管理机构做好反洗钱和反恐怖融资监督检查工作。

第二十五条 银行业金融机构应当按照法律、行政法规及银行业监督管理机构的相关规定，履行协助查询、冻结、扣划义务，配合公安机关、司法机关等做好洗钱和恐怖融资案件调查工作。

第二十六条 银行业金融机构应当做好境外洗钱和恐怖融资风险管控和合规经营工作。境外分支机构和附属机构要加强与境外监管当局的沟通，严格遵守境外反洗钱和反恐怖融资法律法规及相关监管要求。

银行业金融机构境外分支机构和附属机构受到当地监管部门或者司法部门现场检查、行政处罚、刑事调查或者发生其他重大风险事项时，应当及时向银行业监督管理机构报告。

第二十七条 银行业金融机构应当对跨境业务开展尽职调查和交易监测工作，做好跨境业务洗钱风险、制裁风险和恐怖融资风险防控，严格落实代理行尽职调查与风险分类评级义务。

第二十八条 对依法履行反洗钱和反恐怖融资义务获得的客户身份资料和交易信息，非依法律、行政法规规定，银行业金融机构不得向境外提供。

银行业金融机构对于涉及跨境信息提供的相关问题应当及时向银行业监督管理机构报告，并按照法律法规要求采取相应措施。

第二十九条 银行业金融机构应当制定反洗钱和反恐怖融资培训制度，定期开展反洗钱和反恐怖融资培训。

第三十条 银行业金融机构应当开展反洗钱和反恐怖融资宣传，保存宣传资料和宣传工作记录。

（七）财务合规管理

1. 中华人民共和国会计法（节录）

（2017年11月4日修正）

第一条 为了规范会计行为，保证会计资料真实、完整，加强经济管理和财务管理，提高经济效益，维护社会主义市场经济秩序，制定本法。

第二条 国家机关、社会团体、公司、企业、事业单位和其他组织（以下统称单位）必须依照本法办理会计事务。

第九条 各单位必须根据实际发生的经济业务事项进行会计核算，填制会计凭证，登记会计帐簿，编制财务会计报告。

任何单位不得以虚假的经济业务事项或者资料进行会计核算。

第十四条第三款 会计机构、会计人员必须按照国家统一的会计制度的规定对原始凭证进行审核，对不真实、不合法的原始凭证有权不予接受，并向单位负责人报告；对记载不准确、不完整的原始凭证予以退回，并要求按照国家统一的会计制度的规定更正、补充。

第十六条 各单位发生的各项经济业务事项

应当在依法设置的会计帐簿上统一登记、核算，不得违反本法和国家统一的会计制度的规定私设会计帐簿登记、核算。

第三十七条 会计机构内部应当建立稽核制度。

出纳人员不得兼任稽核、会计档案保管和收入、支出、费用、债权债务帐目的登记工作。

2. 中华人民共和国证券法（节录）

（2019年12月28日修订 2020年3月1日施行）

第四章 上市公司的收购

第六十二条 投资者可以采取要约收购、协议收购及其他合法方式收购上市公司。

第六十三条 通过证券交易所的证券交易，投资者持有或者通过协议、其他安排与他人共同持有一个上市公司已发行的有表决权股份达到百分之五时，应当在该事实发生之日起三日内，向国务院证券监督管理机构、证券交易所作出书面报告，通知该上市公司，并予公告，在上述期限内不得再行买卖该上市公司的股票，但国务院证券监督管理机构规定的情形除外。

投资者持有或者通过协议、其他安排与他人共同持有一个上市公司已发行的有表决权股份达到百分之五后，其所持该上市公司已发行的有表决权股份比例每增加或者减少百分之五，应当依照前款规定进行报告和公告，在该事实发生之日起至公告后三日内，不得再行买卖该上市公司的股票，但国务院证券监督管理机构规定的情形除外。

投资者持有或者通过协议、其他安排与他人共同持有一个上市公司已发行的有表决权股份达到百分之五后，其所持该上市公司已发行的有表决权股份比例每增加或者减少百分之一，应当在该事实发生的次日通知该上市公司，并予公告。

违反第一款、第二款规定买入上市公司有表决权的股份的，在买入后的三十六个月内，对该超过规定比例部分的股份不得行使表决权。

第六十四条 依照前条规定所作的公告，应当包括下列内容：

（一）持股人的名称、住所；

（二）持有的股票的名称、数额；

（三）持股达到法定比例或者持股增减变化达到法定比例的日期、增持股份的资金来源；

（四）在上市公司中拥有有表决权的股份变动的时间及方式。

第六十五条 通过证券交易所的证券交易，投资者持有或者通过协议、其他安排与他人共同持有一个上市公司已发行的有表决权股份达到百分之三十时，继续进行收购的，应当依法向该上市公司所有股东发出收购上市公司全部或者部分股份的要约。

收购上市公司部分股份的要约应当约定，被收购公司股东承诺出售的股份数额超过预定收购的股份数额的，收购人按比例进行收购。

第六十六条 依照前条规定发出收购要约，收购人必须公告上市公司收购报告书，并载明下列事项：

（一）收购人的名称、住所；

（二）收购人关于收购的决定；

（三）被收购的上市公司名称；

（四）收购目的；

（五）收购股份的详细名称和预定收购的股份数额；

（六）收购期限、收购价格；

（七）收购所需资金额及资金保证；

（八）公告上市公司收购报告书时持有被收购公司股份数占该公司已发行的股份总数的比例。

第六十七条 收购要约约定的收购期限不得少于三十日，并不得超过六十日。

第六十八条 在收购要约确定的承诺期限内，收购人不得撤销其收购要约。收购人需要变更收购要约的，应当及时公告，载明具体变更事项，且不得存在下列情形：

（一）降低收购价格；

（二）减少预定收购股份数额；

（三）缩短收购期限；

（四）国务院证券监督管理机构规定的其他情形。

第六十九条 收购要约提出的各项收购条件，适用于被收购公司的所有股东。

上市公司发行不同种类股份的，收购人可以针对不同种类股份提出不同的收购条件。

第七十条 采取要约收购方式的，收购人在收购期限内，不得卖出被收购公司的股票，也不得采取要约规定以外的形式和超出要约的条件买入被收购公司的股票。

第七十一条 采取协议收购方式的，收购人可以依照法律、行政法规的规定同被收购公司的股东以协议方式进行股份转让。

以协议方式收购上市公司时，达成协议后，收购人必须在三日内将该收购协议向国务院证券监督管理机构及证券交易所作出书面报告，并予公告。

在公告前不得履行收购协议。

第七十二条 采取协议收购方式的，协议双方可以临时委托证券登记结算机构保管协议转让的股票，并将资金存放于指定的银行。

第七十三条 采取协议收购方式的，收购人收购或者通过协议、其他安排与他人共同收购一个上市公司已发行的有表决权股份达到百分之三十时，继续进行收购的，应当依法向该上市公司所有股东发出收购上市公司全部或者部分股份的要约。但是，按照国务院证券监督管理机构的规定免除发出要约的除外。

收购人依照前款规定以要约方式收购上市公司股份，应当遵守本法第六十五条第二款、第六十六条至第七十条的规定。

第七十四条 收购期限届满，被收购公司股权分布不符合证券交易所规定的上市交易要求的，该上市公司的股票应当由证券交易所依法终止上市交易；其余仍持有被收购公司股票的股东，有权向收购人以收购要约的同等条件出售其股票，收购人应当收购。

收购行为完成后，被收购公司不再具备股份有限公司条件的，应当依法变更企业形式。

第七十五条 在上市公司收购中，收购人持有的被收购的上市公司的股票，在收购行为完成后的十八个月内不得转让。

第七十六条 收购行为完成后，收购人与被收购公司合并，并将该公司解散的，被解散公司的原有股票由收购人依法更换。

收购行为完成后，收购人应当在十五日内将收购情况报告国务院证券监督管理机构和证券交易所，并予公告。

第七十七条 国务院证券监督管理机构依照本法制定上市公司收购的具体办法。

上市公司分立或者被其他公司合并，应当向国务院证券监督管理机构报告，并予公告。

第五章 信息披露

第七十八条 发行人及法律、行政法规和国务院证券监督管理机构规定的其他信息披露义务人，应当及时依法履行信息披露义务。

信息披露义务人披露的信息，应当真实、准确、完整，简明清晰，通俗易懂，不得有虚假记载、误导性陈述或者重大遗漏。

证券同时在境内境外公开发行、交易的，其信息披露义务人在境外披露的信息，应当在境内同时披露。

第七十九条 上市公司、公司债券上市交易的公司、股票在国务院批准的其他全国性证券交易场所交易的公司，应当按照国务院证券监督管理机构和证券交易场所规定的内容和格式编制定期报告，并按照以下规定报送和公告：

（一）在每一会计年度结束之日起四个月内，报送并公告年度报告，其中的年度财务会计报告应当经符合本法规定的会计师事务所审计；

（二）在每一会计年度的上半年结束之日起二个月内，报送并公告中期报告。

第八十条 发生可能对上市公司、股票在国务院批准的其他全国性证券交易场所交易的公司的股票交易价格产生较大影响的重大事件，投资者尚未得知时，公司应当立即将有关该重大事件的情况向国务院证券监督管理机构和证券交易场所报送临时报告，并予公告，说明事件的起因、目前的状态和可能产生的法律后果。

前款所称重大事件包括：

（一）公司的经营方针和经营范围的重大变化；

（二）公司的重大投资行为，公司在一年内购买、出售重大资产超过公司资产总额百分之三十，或者公司营业用主要资产的抵押、质押、出售或者报废一次超过该资产的百分之三十；

（三）公司订立重要合同、提供重大担保或者从事关联交易，可能对公司的资产、负债、权益和经营成果产生重要影响；

（四）公司发生重大债务和未能清偿到期重大债务的违约情况；

（五）公司发生重大亏损或者重大损失；

（六）公司生产经营的外部条件发生的重大变化；

（七）公司的董事、三分之一以上监事或者经理发生变动，董事长或者经理无法履行职责；

（八）持有公司百分之五以上股份的股东或者实际控制人持有股份或者控制公司的情况发生较大变化，公司的实际控制人及其控制的其他企业从事与公司相同或者相似业务的情况发生较大变化；

（九）公司分配股利、增资的计划，公司股权结构的重要变化，公司减资、合并、分立、解散及申请破产的决定，或者依法进入破产程序、被责令关闭；

（十）涉及公司的重大诉讼、仲裁，股东大会、董事会决议被依法撤销或者宣告无效；

（十一）公司涉嫌犯罪被依法立案调查，公司的控股股东、实际控制人、董事、监事、高级管理人员涉嫌犯罪被依法采取强制措施；

（十二）国务院证券监督管理机构规定的其他事项。

公司的控股股东或者实际控制人对重大事件的发生、进展产生较大影响的，应当及时将其知悉的有关情况书面告知公司，并配合公司履行信息披露义务。

第八十一条 发生可能对上市交易公司债券的交易价格产生较大影响的重大事件，投资者尚未得知时，公司应当立即将有关该重大事件的情况向国务院证券监督管理机构和证券交易场所报送临时报告，并予公告，说明事件的起因、目前的状态和可能产生的法律后果。

前款所称重大事件包括：

（一）公司股权结构或者生产经营状况发生重大变化；

（二）公司债券信用评级发生变化；

（三）公司重大资产抵押、质押、出售、转让、报废；

（四）公司发生未能清偿到期债务的情况；

（五）公司新增借款或者对外提供担保超过上年末净资产的百分之二十；

（六）公司放弃债权或者财产超过上年末净资产的百分之十；

（七）公司发生超过上年末净资产百分之十的重大损失；

（八）公司分配股利，作出减资、合并、分立、解散及申请破产的决定，或者依法进入破产程序、被责令关闭；

（九）涉及公司的重大诉讼、仲裁；

（十）公司涉嫌犯罪被依法立案调查，公司的控股股东、实际控制人、董事、监事、高级管理人员涉嫌犯罪被依法采取强制措施；

（十一）国务院证券监督管理机构规定的其他事项。

第八十二条 发行人的董事、高级管理人员应当对证券发行文件和定期报告签署书面确认意见。

发行人的监事会应当对董事会编制的证券发行文件和定期报告进行审核并提出书面审核意见。监事应当签署书面确认意见。

发行人的董事、监事和高级管理人员应当保证发行人及时、公平地披露信息，所披露的信息真实、准确、完整。

董事、监事和高级管理人员无法保证证券发行文件和定期报告内容的真实性、准确性、完整性或者有异议的，应当在书面确认意见中发表意见并陈述理由，发行人应当披露。发行人不予披露的，董事、监事和高级管理人员可以直接申请披露。

第八十三条　信息披露义务人披露的信息应当同时向所有投资者披露，不得提前向任何单位和个人泄露。但是，法律、行政法规另有规定的除外。

任何单位和个人不得非法要求信息披露义务人提供依法需要披露但尚未披露的信息。任何单位和个人提前获知的前述信息，在依法披露前应当保密。

第八十四条　除依法需要披露的信息之外，信息披露义务人可以自愿披露与投资者作出价值判断和投资决策有关的信息，但不得与依法披露的信息相冲突，不得误导投资者。

发行人及其控股股东、实际控制人、董事、监事、高级管理人员等作出公开承诺的，应当披露。不履行承诺给投资者造成损失的，应当依法承担赔偿责任。

第八十五条　信息披露义务人未按照规定披露信息，或者公告的证券发行文件、定期报告、临时报告及其他信息披露资料存在虚假记载、误导性陈述或者重大遗漏，致使投资者在证券交易中遭受损失的，信息披露义务人应当承担赔偿责任；发行人的控股股东、实际控制人、董事、监事、高级管理人员和其他直接责任人员以及保荐人、承销的证券公司及其直接责任人员，应当与发行人承担连带赔偿责任，但是能够证明自己没有过错的除外。

第八十六条　依法披露的信息，应当在证券交易场所的网站和符合国务院证券监督管理机构规定条件的媒体发布，同时将其置备于公司住所、证券交易场所，供社会公众查阅。

第八十七条　国务院证券监督管理机构对信息披露义务人的信息披露行为进行监督管理。

证券交易场所应当对其组织交易的证券的信息披露义务人的信息披露行为进行监督，督促其依法及时、准确地披露信息。

3. 中华人民共和国公司法（节录）

（2018 年 10 月 26 日修正）

第八章　公司财务、会计

第一百六十三条　公司应当依照法律、行政法规和国务院财政部门的规定建立本公司的财务、会计制度。

第一百六十四条　公司应当在每一会计年度终了时编制财务会计报告，并依法经会计师事务所审计。

财务会计报告应当依照法律、行政法规和国务院财政部门的规定制作。

第一百六十五条　有限责任公司应当依照公司章程规定的期限将财务会计报告送交各股东。

股份有限公司的财务会计报告应当在召开股东大会年会的二十日前置备于本公司，供股东查阅；公开发行股票的股份有限公司必须公告其财务会计报告。

第一百六十六条　公司分配当年税后利润时，应当提取利润的百分之十列入公司法定公积金。公司法定公积金累计额为公司注册资本的百分之五十以上的，可以不再提取。

公司的法定公积金不足以弥补以前年度亏损的，在依照前款规定提取法定公积金之前，应当先用当年利润弥补亏损。

公司从税后利润中提取法定公积金后，经股东会或者股东大会决议，还可以从税后利润中提取任意公积金。

公司弥补亏损和提取公积金后所余税后利润，有限责任公司依照本法第三十四条的规定分配；股份有限公司按照股东持有的股份比例分配，但股份有限公司章程规定不按持股比例分配的除外。

股东会、股东大会或者董事会违反前款规定，在公司弥补亏损和提取法定公积金之前向股东分配利润的，股东必须将违反规定分配的利润退还公司。

公司持有的本公司股份不得分配利润。

第一百六十七条 股份有限公司以超过股票票面金额的发行价格发行股份所得的溢价款以及国务院财政部门规定列入资本公积金的其他收入，应当列为公司资本公积金。

第一百六十八条 公司的公积金用于弥补公司的亏损、扩大公司生产经营或者转为增加公司资本。但是，资本公积金不得用于弥补公司的亏损。

法定公积金转为资本时，所留存的该项公积金不得少于转增前公司注册资本的百分之二十五。

第一百六十九条 公司聘用、解聘承办公司审计业务的会计师事务所，依照公司章程的规定，由股东会、股东大会或者董事会决定。

公司股东会、股东大会或者董事会就解聘会计师事务所进行表决时，应当允许会计师事务所陈述意见。

第一百七十条 公司应当向聘用的会计师事务所提供真实、完整的会计凭证、会计账簿、财务会计报告及其他会计资料，不得拒绝、隐匿、谎报。

第一百七十一条 公司除法定的会计账簿外，不得另立会计账簿。

对公司资产，不得以任何个人名义开立账户存储。

4. 企业财务会计报告条例（节录）

（2000年6月21日公布　2001年1月1日施行）

第二条 企业（包括公司，下同）编制和对外提供财务会计报告，应当遵守本条例。

本条例所称财务会计报告，是指企业对外提供的反映企业某一特定日期财务状况和某一会计期间经营成果、现金流量的文件。

第三条 企业不得编制和对外提供虚假的或者隐瞒重要事实的财务会计报告。

企业负责人对本企业财务会计报告的真实性、完整性负责。

5. 会计档案管理办法（节录）

（中华人民共和国财政部、中华人民共和国国家档案局令第79号　2015年12月11日修订　2016年1月1日施行）

第十一条 当年形成的会计档案，在会计年度终了后，可由单位会计管理机构临时保管一年，再移交单位档案管理机构保管。因工作需要确需推迟移交的，应当经单位档案管理机构同意。

单位会计管理机构临时保管会计档案最长不超过三年。临时保管期间，会计档案的保管应当符合国家档案管理的有关规定，且出纳人员不得兼管会计档案。

6. 上市公司信息披露管理办法（节录）

（中国证券监督管理委员会令第182号　2021年3月18日修订　2021年5月1日施行）

第三十二条 上市公司应当制定定期报告的编制、审议、披露程序。经理、财务负责人、董事会秘书等高级管理人员应当及时编制定期报告草案，提请董事会审议；董事会秘书负责送达董事审阅；董事长负责召集和主持董事会会议审议定期报告；监事会负责审核董事会编制的定期报告；董事会秘书负责组织定期报告的披露工作。

第三十八条 董事会秘书负责组织和协调公司信息披露事务，汇集上市公司应予披露的信息并报告董事会，持续关注媒体对公司的报道并主动求证报道的真实情况。董事会秘书有权参加股东大会、董事会会议、监事会会议和高级管理人员相关会议，有权了解公司的财务和经营情况，查阅涉及信息披露事宜的所有文件。董事会秘书负责办理上市公司信息对外公布等相关事宜。

上市公司应当为董事会秘书履行职责提供便利条件，财务负责人应当配合董事会秘书在财务信息披露方面的相关工作。

第五十一条 上市公司董事、监事、高级管理人员应当对公司信息披露的真实性、准确性、完整性、及时性、公平性负责，但有充分证据表明其已经履行勤勉尽责义务的除外。

上市公司董事长、经理、董事会秘书，应当对公司临时报告信息披露的真实性、准确性、完整性、及时性、公平性承担主要责任。

上市公司董事长、经理、财务负责人应当对公司财务会计报告的真实性、准确性、完整性、及时性、公平性承担主要责任。

7. 上市公司监管指引第 8 号——上市公司资金往来、对外担保的监管要求（节录）

（中国证券监督管理委员会公告〔2022〕26号 2022 年 1 月 28 日公布实施）

第二条 上市公司应建立有效的内部控制制度，防范控股股东、实际控制人及其他关联方的资金占用，严格控制对外担保产生的债务风险，依法履行关联交易和对外担保的审议程序和信息披露义务。

第五条 上市公司不得以下列方式将资金直接或者间接地提供给控股股东、实际控制人及其他关联方使用：

（一）为控股股东、实际控制人及其他关联方垫支工资、福利、保险、广告等费用、承担成本和其他支出；

（二）有偿或者无偿地拆借公司的资金（含委托贷款）给控股股东、实际控制人及其他关联方使用，但上市公司参股公司的其他股东同比例提供资金的除外。前述所称"参股公司"，不包括由控股股东、实际控制人控制的公司；

（三）委托控股股东、实际控制人及其他关联方进行投资活动；

（四）为控股股东、实际控制人及其他关联方开具没有真实交易背景的商业承兑汇票，以及在没有商品和劳务对价情况下或者明显有悖商业逻辑情况下以采购款、资产转让款、预付款等方式提供资金；

（五）代控股股东、实际控制人及其他关联方偿还债务；

（六）中国证券监督管理委员会（以下简称中国证监会）认定的其他方式。

第九条 应由股东大会审批的对外担保，必须经董事会审议通过后，方可提交股东大会审批。须经股东大会审批的对外担保，包括但不限于下列情形：

（一）上市公司及其控股子公司的对外担保总额，超过最近一期经审计净资产百分之五十以后提供的任何担保；

（二）为资产负债率超过百分之七十的担保对象提供的担保；

（三）单笔担保额超过最近一期经审计净资产百分之十的担保；

（四）对股东、实际控制人及其关联方提供的担保。

股东大会在审议为股东、实际控制人及其关联方提供的担保议案时，该股东或者受该实际控制人支配的股东，不得参与该项表决，该项表决由出席股东大会的其他股东所持表决权的半数以上通过。

第十三条 上市公司在办理贷款担保业务时，应向银行业金融机构提交《公司章程》、有关该担保事项董事会决议或者股东大会决议原件、该担保事项的披露信息等材料。

第二十条 上市公司应对其与控股股东、实际控制人及其他关联方已经发生的资金往来、对外担保情况进行自查。对于存在资金占用、违规担保问题的公司，应及时完成整改，维护上市公司和中小股东的利益。

（八）HSE（安全、环境、健康）、社会责任与公司治理

1. 中华人民共和国公司法（节录）

（2018年10月26日修正）

第五条 公司从事经营活动，必须遵守法律、行政法规，遵守社会公德、商业道德，诚实守信，接受政府和社会公众的监督，承担社会责任。

公司的合法权益受法律保护，不受侵犯。

2. 中华人民共和国民法典（节录）

（2020年5月28日公布　2021年1月1日施行）

第八十六条 营利法人从事经营活动，应当遵守商业道德，维护交易安全，接受政府和社会的监督，承担社会责任。

3. 中华人民共和国刑法（节录）

（2020年12月26日修正）

第一百三十四条 在生产、作业中违反有关安全管理的规定，因而发生重大伤亡事故或者造成其他严重后果的，处三年以下有期徒刑或者拘役；情节特别恶劣的，处三年以上七年以下有期徒刑。

强令他人违章冒险作业，或者明知存在重大事故隐患而不排除，仍冒险组织作业，因而发生重大伤亡事故或者造成其他严重后果的，处五年以下有期徒刑或者拘役；情节特别恶劣的，处五年以上有期徒刑。

第一百三十四条之一 在生产、作业中违反有关安全管理的规定，有下列情形之一，具有发生重大伤亡事故或者其他严重后果的现实危险的，处一年以下有期徒刑、拘役或者管制：

（一）关闭、破坏直接关系生产安全的监控、报警、防护、救生设备、设施，或者篡改、隐瞒、销毁其相关数据、信息的；

（二）因存在重大事故隐患被依法责令停产停业、停止施工、停止使用有关设备、设施、场所或者立即采取排除危险的整改措施，而拒不执行的；

（三）涉及安全生产的事项未经依法批准或者许可，擅自从事矿山开采、金属冶炼、建筑施工，以及危险物品生产、经营、储存等高度危险的生产作业活动的。

第一百三十五条 安全生产设施或者安全生产条件不符合国家规定，因而发生重大伤亡事故或者造成其他严重后果的，对直接负责的主管人员和其他直接责任人员，处三年以下有期徒刑或者拘役；情节特别恶劣的，处三年以上七年以下有期徒刑。

第一百三十五条之一 举办大型群众性活动违反安全管理规定，因而发生重大伤亡事故或者造成其他严重后果的，对直接负责的主管人员和其他直接责任人员，处三年以下有期徒刑或者拘役；情节特别恶劣的，处三年以上七年以下有期徒刑。

第一百三十六条 违反爆炸性、易燃性、放射性、毒害性、腐蚀性物品的管理规定，在生产、储存、运输、使用中发生重大事故，造成严重后果的，处三年以下有期徒刑或者拘役；后果特别严重的，处三年以上七年以下有期徒刑。

第一百三十七条 建设单位、设计单位、施工单位、工程监理单位违反国家规定，降低工程质量标准，造成重大安全事故的，对直接责任人员，处五年以下有期徒刑或者拘役，并处罚金；后果特别严重的，处五年以上十年以下有期徒刑，并处罚金。

第一百三十九条 违反消防管理法规，经消

防监督机构通知采取改正措施而拒绝执行，造成严重后果的，对直接责任人员，处三年以下有期徒刑或者拘役；后果特别严重的，处三年以上七年以下有期徒刑。

第二百二十九条 承担资产评估、验资、验证、会计、审计、法律服务、保荐、安全评价、环境影响评价、环境监测等职责的中介组织的人员故意提供虚假证明文件，情节严重的，处五年以下有期徒刑或者拘役，并处罚金；有下列情形之一的，处五年以上十年以下有期徒刑，并处罚金：

（一）提供与证券发行相关的虚假的资产评估、会计、审计、法律服务、保荐等证明文件，情节特别严重的；

（二）提供与重大资产交易相关的虚假的资产评估、会计、审计等证明文件，情节特别严重的；

（三）在涉及公共安全的重大工程、项目中提供虚假的安全评价、环境影响评价等证明文件，致使公共财产、国家和人民利益遭受特别重大损失的。

有前款行为，同时索取他人财物或者非法收受他人财物构成犯罪的，依照处罚较重的规定定罪处罚。

第一款规定的人员，严重不负责任，出具的证明文件有重大失实，造成严重后果的，处三年以下有期徒刑或者拘役，并处或者单处罚金。

4. 中华人民共和国证券法（节录）

（2019 年 12 月 28 日修订）

第七十八条第二款 信息披露义务人披露的信息，应当真实、准确、完整，简明清晰，通俗易懂，不得有虚假记载、误导性陈述或者重大遗漏。

第八十二条第三款 发行人的董事、监事和高级管理人员应当保证发行人及时、公平地披露信息，所披露的信息真实、准确、完整。

5. 中华人民共和国环境保护法（节录）

（2014 年 4 月 24 日修订）

第十四条 国务院有关部门和省、自治区、直辖市人民政府组织制定经济、技术政策，应当充分考虑对环境的影响，听取有关方面和专家的意见。

6. 安全生产许可证条例

（2014 年 7 月 29 日修订）

第一条 为了严格规范安全生产条件，进一步加强安全生产监督管理，防止和减少生产安全事故，根据《中华人民共和国安全生产法》的有关规定，制定本条例。

第二条 国家对矿山企业、建筑施工企业和危险化学品、烟花爆竹、民用爆炸物品生产企业（以下统称企业）实行安全生产许可制度。

企业未取得安全生产许可证的，不得从事生产活动。

第三条 国务院安全生产监督管理部门负责中央管理的非煤矿矿山企业和危险化学品、烟花爆竹生产企业安全生产许可证的颁发和管理。

省、自治区、直辖市人民政府安全生产监督管理部门负责前款规定以外的非煤矿矿山企业和危险化学品、烟花爆竹生产企业安全生产许可证的颁发和管理，并接受国务院安全生产监督管理部门的指导和监督。

国家煤矿安全监察机构负责中央管理的煤矿企业安全生产许可证的颁发和管理。

在省、自治区、直辖市设立的煤矿安全监察机构负责前款规定以外的其他煤矿企业安全生产许可证的颁发和管理，并接受国家煤矿安全监察机构的指导和监督。

第四条 省、自治区、直辖市人民政府建设主管部门负责建筑施工企业安全生产许可证的颁发和管理，并接受国务院建设主管部门的指导和监督。

第五条 省、自治区、直辖市人民政府民用爆炸物品行业主管部门负责民用爆炸物品生产企业安全生产许可证的颁发和管理，并接受国务院民用爆炸物品行业主管部门的指导和监督。

第六条 企业取得安全生产许可证，应当具备下列安全生产条件：

（一）建立、健全安全生产责任制，制定完备的安全生产规章制度和操作规程；

（二）安全投入符合安全生产要求；

（三）设置安全生产管理机构，配备专职安全生产管理人员；

（四）主要负责人和安全生产管理人员经考核合格；

（五）特种作业人员经有关业务主管部门考核合格，取得特种作业操作资格证书；

（六）从业人员经安全生产教育和培训合格；

（七）依法参加工伤保险，为从业人员缴纳保险费；

（八）厂房、作业场所和安全设施、设备、工艺符合有关安全生产法律、法规、标准和规程的要求；

（九）有职业危害防治措施，并为从业人员配备符合国家标准或者行业标准的劳动防护用品；

（十）依法进行安全评价；

（十一）有重大危险源检测、评估、监控措施和应急预案；

（十二）有生产安全事故应急救援预案、应急救援组织或者应急救援人员，配备必要的应急救援器材、设备；

（十三）法律、法规规定的其他条件。

第七条 企业进行生产前，应当依照本条例的规定向安全生产许可证颁发管理机关申请领取安全生产许可证，并提供本条例第六条规定的相关文件、资料。安全生产许可证颁发管理机关应当自收到申请之日起45日内审查完毕，经审查符合本条例规定的安全生产条件的，颁发安全生产许可证；不符合本条例规定的安全生产条件的，不予颁发安全生产许可证，书面通知企业并说明理由。

煤矿企业应当以矿（井）为单位，依照本条例的规定取得安全生产许可证。

第八条 安全生产许可证由国务院安全生产监督管理部门规定统一的式样。

第九条 安全生产许可证的有效期为3年。安全生产许可证有效期满需要延期的，企业应当于期满前3个月向原安全生产许可证颁发管理机关办理延期手续。

企业在安全生产许可证有效期内，严格遵守有关安全生产的法律法规，未发生死亡事故的，安全生产许可证有效期届满时，经原安全生产许可证颁发管理机关同意，不再审查，安全生产许可证有效期延期3年。

第十条 安全生产许可证颁发管理机关应当建立、健全安全生产许可证档案管理制度，并定期向社会公布企业取得安全生产许可证的情况。

第十一条 煤矿企业安全生产许可证颁发管理机关、建筑施工企业安全生产许可证颁发管理机关、民用爆炸物品生产企业安全生产许可证颁发管理机关，应当每年向同级安全生产监督管理部门通报其安全生产许可证颁发和管理情况。

第十二条 国务院安全生产监督管理部门和省、自治区、直辖市人民政府安全生产监督管理部门对建筑施工企业、民用爆炸物品生产企业、煤矿企业取得安全生产许可证的情况进行监督。

第十三条 企业不得转让、冒用安全生产许可证或者使用伪造的安全生产许可证。

第十四条 企业取得安全生产许可证后，不得降低安全生产条件，并应当加强日常安全生产管理，接受安全生产许可证颁发管理机关的监督检查。

安全生产许可证颁发管理机关应当加强对取得安全生产许可证的企业的监督检查，发现其不再具备本条例规定的安全生产条件的，应当暂扣或者吊销安全生产许可证。

第十五条 安全生产许可证颁发管理机关工作人员在安全生产许可证颁发、管理和监督检查工作中，不得索取或者接受企业的财物，不得谋取其他利益。

第十六条 监察机关依照《中华人民共和国行政监察法》的规定，对安全生产许可证颁发管理机关及其工作人员履行本条例规定的职责实施监察。

第十七条 任何单位或者个人对违反本条例规定的行为，有权向安全生产许可证颁发管理机关或者监察机关等有关部门举报。

第十八条 安全生产许可证颁发管理机关工作人员有下列行为之一的，给予降级或者撤职的行政处分；构成犯罪的，依法追究刑事责任：

（一）向不符合本条例规定的安全生产条件的企业颁发安全生产许可证的；

（二）发现企业未依法取得安全生产许可证擅自从事生产活动，不依法处理的；

（三）发现取得安全生产许可证的企业不再具备本条例规定的安全生产条件，不依法处理的；

（四）接到对违反本条例规定行为的举报后，不及时处理的；

（五）在安全生产许可证颁发、管理和监督检查工作中，索取或者接受企业的财物，或者谋取其他利益的。

第十九条 违反本条例规定，未取得安全生产许可证擅自进行生产的，责令停止生产，没收违法所得，并处10万元以上50万元以下的罚款；造成重大事故或者其他严重后果，构成犯罪的，依法追究刑事责任。

第二十条 违反本条例规定，安全生产许可证有效期满未办理延期手续，继续进行生产的，责令停止生产，限期补办延期手续，没收违法所得，并处5万元以上10万元以下的罚款；逾期仍不办理延期手续，继续进行生产的，依照本条例第十九条的规定处罚。

第二十一条 违反本条例规定，转让安全生产许可证的，没收违法所得，处10万元以上50万元以下的罚款，并吊销其安全生产许可证；构成犯罪的，依法追究刑事责任；接受转让的，依照本条例第十九条的规定处罚。

冒用安全生产许可证或者使用伪造的安全生产许可证的，依照本条例第十九条的规定处罚。

第二十二条 本条例施行前已经进行生产的企业，应当自本条例施行之日起1年内，依照本条例的规定向安全生产许可证颁发管理机关申请办理安全生产许可证；逾期不办理安全生产许可证，或者经审查不符合本条例规定的安全生产条件，未取得安全生产许可证，继续进行生产的，依照本条例第十九条的规定处罚。

第二十三条 本条例规定的行政处罚，由安全生产许可证颁发管理机关决定。

第二十四条 本条例自公布之日起施行。

7. 危险化学品安全管理条例

（2013年12月7日修订）

第一章 总 则

第一条 为了加强危险化学品的安全管理，预防和减少危险化学品事故，保障人民群众生命财产安全，保护环境，制定本条例。

第二条 危险化学品生产、储存、使用、经营和运输的安全管理，适用本条例。

废弃危险化学品的处置，依照有关环境保护的法律、行政法规和国家有关规定执行。

第三条 本条例所称危险化学品，是指具有毒害、腐蚀、爆炸、燃烧、助燃等性质，对人体、设施、环境具有危害的剧毒化学品和其他化学品。

危险化学品目录，由国务院安全生产监督管理部门会同国务院工业和信息化、公安、环境保护、卫生、质量监督检验检疫、交通运输、铁路、民用航空、农业主管部门，根据化学品危险特性的鉴别和分类标准确定、公布，并适时调整。

第四条 危险化学品安全管理，应当坚持安全第一、预防为主、综合治理的方针，强化和落实企业的主体责任。

生产、储存、使用、经营、运输危险化学品的单位（以下统称危险化学品单位）的主要负责人对本单位的危险化学品安全管理工作全面负责。

危险化学品单位应当具备法律、行政法规规定和国家标准、行业标准要求的安全条件，建立、健全安全管理规章制度和岗位安全责任制度，对从业人员进行安全教育、法制教育和岗位技术培训。从业人员应当接受教育和培训，考核合格后上岗作业；对有资格要求的岗位，应当配备依法取得相应资格的人员。

第五条 任何单位和个人不得生产、经营、使用国家禁止生产、经营、使用的危险化学品。

国家对危险化学品的使用有限制性规定的，任何单位和个人不得违反限制性规定使用危险化学品。

第六条 对危险化学品的生产、储存、使用、经营、运输实施安全监督管理的有关部门（以下统称负有危险化学品安全监督管理职责的部门），依照下列规定履行职责：

（一）安全生产监督管理部门负责危险化学品安全监督管理综合工作，组织确定、公布、调整危险化学品目录，对新建、改建、扩建生产、储存危险化学品（包括使用长输管道输送危险化学品，下同）的建设项目进行安全条件审查，核发危险化学品安全生产许可证、危险化学品安全使用许可证和危险化学品经营许可证，并负责危险化学品登记工作。

（二）公安机关负责危险化学品的公共安全管理，核发剧毒化学品购买许可证、剧毒化学品道路运输通行证，并负责危险化学品运输车辆的道路交通安全管理。

（三）质量监督检验检疫部门负责核发危险化学品及其包装物、容器（不包括储存危险化学品的固定式大型储罐，下同）生产企业的工业产品生产许可证，并依法对其产品质量实施监督，负责对进出口危险化学品及其包装实施检验。

（四）环境保护主管部门负责废弃危险化学品处置的监督管理，组织危险化学品的环境危害性鉴定和环境风险程度评估，确定实施重点环境管理的危险化学品，负责危险化学品环境管理登记和新化学物质环境管理登记；依照职责分工调查相关危险化学品环境污染事故和生态破坏事件，负责危险化学品事故现场的应急环境监测。

（五）交通运输主管部门负责危险化学品道路运输、水路运输的许可以及运输工具的安全管理，对危险化学品水路运输安全实施监督，负责危险化学品道路运输企业、水路运输企业驾驶人员、船员、装卸管理人员、押运人员、申报人员、集装箱装箱现场检查员的资格认定。铁路监管部门负责危险化学品铁路运输及其运输工具的安全管理。民用航空主管部门负责危险化学品航空运输以及航空运输企业及其运输工具的安全管理。

（六）卫生主管部门负责危险化学品毒性鉴定的管理，负责组织、协调危险化学品事故受伤人员的医疗卫生救援工作。

（七）工商行政管理部门依据有关部门的许可证件，核发危险化学品生产、储存、经营、运输企业营业执照，查处危险化学品经营企业违法采购危险化学品的行为。

（八）邮政管理部门负责依法查处寄递危险化学品的行为。

第七条 负有危险化学品安全监督管理职责的部门依法进行监督检查，可以采取下列措施：

（一）进入危险化学品作业场所实施现场检查，向有关单位和人员了解情况，查阅、复制有关文件、资料；

（二）发现危险化学品事故隐患，责令立即消除或者限期消除；

（三）对不符合法律、行政法规、规章规定或者国家标准、行业标准要求的设施、设备、装置、器材、运输工具，责令立即停止使用；

（四）经本部门主要负责人批准，查封违法

生产、储存、使用、经营危险化学品的场所，扣押违法生产、储存、使用、经营、运输的危险化学品以及用于违法生产、使用、运输危险化学品的原材料、设备、运输工具；

（五）发现影响危险化学品安全的违法行为，当场予以纠正或者责令限期改正。

负有危险化学品安全监督管理职责的部门依法进行监督检查，监督检查人员不得少于2人，并应当出示执法证件；有关单位和个人对依法进行的监督检查应当予以配合，不得拒绝、阻碍。

第八条 县级以上人民政府应当建立危险化学品安全监督管理工作协调机制，支持、督促负有危险化学品安全监督管理职责的部门依法履行职责，协调、解决危险化学品安全监督管理工作中的重大问题。

负有危险化学品安全监督管理职责的部门应当相互配合、密切协作，依法加强对危险化学品的安全监督管理。

第九条 任何单位和个人对违反本条例规定的行为，有权向负有危险化学品安全监督管理职责的部门举报。负有危险化学品安全监督管理职责的部门接到举报，应当及时依法处理；对不属于本部门职责的，应当及时移送有关部门处理。

第十条 国家鼓励危险化学品生产企业和使用危险化学品从事生产的企业采用有利于提高安全保障水平的先进技术、工艺、设备以及自动控制系统，鼓励对危险化学品实行专门储存、统一配送、集中销售。

第二章 生产、储存安全

第十一条 国家对危险化学品的生产、储存实行统筹规划、合理布局。

国务院工业和信息化主管部门以及国务院其他有关部门依据各自职责，负责危险化学品生产、储存的行业规划和布局。

地方人民政府组织编制城乡规划，应当根据本地区的实际情况，按照确保安全的原则，规划适当区域专门用于危险化学品的生产、储存。

第十二条 新建、改建、扩建生产、储存危险化学品的建设项目（以下简称建设项目），应当由安全生产监督管理部门进行安全条件审查。

建设单位应当对建设项目进行安全条件论证，委托具备国家规定的资质条件的机构对建设项目进行安全评价，并将安全条件论证和安全评价的情况报告报建设项目所在地设区的市级以上人民政府安全生产监督管理部门；安全生产监督管理部门应当自收到报告之日起45日内作出审查决定，并书面通知建设单位。具体办法由国务院安全生产监督管理部门制定。

新建、改建、扩建储存、装卸危险化学品的港口建设项目，由港口行政管理部门按照国务院交通运输主管部门的规定进行安全条件审查。

第十三条 生产、储存危险化学品的单位，应当对其铺设的危险化学品管道设置明显标志，并对危险化学品管道定期检查、检测。

进行可能危及危险化学品管道安全的施工作业，施工单位应当在开工的7日前书面通知管道所属单位，并与管道所属单位共同制定应急预案，采取相应的安全防护措施。管道所属单位应当指派专门人员到现场进行管道安全保护指导。

第十四条 危险化学品生产企业进行生产前，应当依照《安全生产许可证条例》的规定，取得危险化学品安全生产许可证。

生产列入国家实行生产许可证制度的工业产品目录的危险化学品的企业，应当依照《中华人民共和国工业产品生产许可证管理条例》的规定，取得工业产品生产许可证。

负责颁发危险化学品安全生产许可证、工业产品生产许可证的部门，应当将其颁发许可证的情况及时向同级工业和信息化主管部门、环境保护主管部门和公安机关通报。

第十五条 危险化学品生产企业应当提供与其生产的危险化学品相符的化学品安全技术说明书，并在危险化学品包装（包括外包装件）上粘贴或者拴挂与包装内危险化学品相符的化学品安全标签。化学品安全技术说明书和化学品安全标签所载明的内容应当符合国家标准的要求。

危险化学品生产企业发现其生产的危险化学品有新的危险特性的,应当立即公告,并及时修订其化学品安全技术说明书和化学品安全标签。

第十六条 生产实施重点环境管理的危险化学品的企业,应当按照国务院环境保护主管部门的规定,将该危险化学品向环境中释放等相关信息向环境保护主管部门报告。环境保护主管部门可以根据情况采取相应的环境风险控制措施。

第十七条 危险化学品的包装应当符合法律、行政法规、规章的规定以及国家标准、行业标准的要求。

危险化学品包装物、容器的材质以及危险化学品包装的型式、规格、方法和单件质量(重量),应当与所包装的危险化学品的性质和用途相适应。

第十八条 生产列入国家实行生产许可证制度的工业产品目录的危险化学品包装物、容器的企业,应当依照《中华人民共和国工业产品生产许可证管理条例》的规定,取得工业产品生产许可证;其生产的危险化学品包装物、容器经国务院质量监督检验检疫部门认定的检验机构检验合格,方可出厂销售。

运输危险化学品的船舶及其配载的容器,应当按照国家船舶检验规范进行生产,并经海事管理机构认定的船舶检验机构检验合格,方可投入使用。

对重复使用的危险化学品包装物、容器,使用单位在重复使用前应当进行检查;发现存在安全隐患的,应当维修或者更换。使用单位应当对检查情况作出记录,记录的保存期限不得少于2年。

第十九条 危险化学品生产装置或者储存数量构成重大危险源的危险化学品储存设施(运输工具加油站、加气站除外),与下列场所、设施、区域的距离应当符合国家有关规定:

(一)居住区以及商业中心、公园等人员密集场所;

(二)学校、医院、影剧院、体育场(馆)等公共设施;

(三)饮用水源、水厂以及水源保护区;

(四)车站、码头(依法经许可从事危险化学品装卸作业的除外)、机场以及通信干线、通信枢纽、铁路线路、道路交通干线、水路交通干线、地铁风亭以及地铁站出入口;

(五)基本农田保护区、基本草原、畜禽遗传资源保护区、畜禽规模化养殖场(养殖小区)、渔业水域以及种子、种畜禽、水产苗种生产基地;

(六)河流、湖泊、风景名胜区、自然保护区;

(七)军事禁区、军事管理区;

(八)法律、行政法规规定的其他场所、设施、区域。

已建的危险化学品生产装置或者储存数量构成重大危险源的危险化学品储存设施不符合前款规定的,由所在地设区的市级人民政府安全生产监督管理部门会同有关部门监督其所属单位在规定期限内进行整改;需要转产、停产、搬迁、关闭的,由本级人民政府决定并组织实施。

储存数量构成重大危险源的危险化学品储存设施的选址,应当避开地震活动断层和容易发生洪灾、地质灾害的区域。

本条例所称重大危险源,是指生产、储存、使用或者搬运危险化学品,且危险化学品的数量等于或者超过临界量的单元(包括场所和设施)。

第二十条 生产、储存危险化学品的单位,应当根据其生产、储存的危险化学品的种类和危险特性,在作业场所设置相应的监测、监控、通风、防晒、调温、防火、灭火、防爆、泄压、防毒、中和、防潮、防雷、防静电、防腐、防泄漏以及防护围堤或者隔离操作等安全设施、设备,并按照国家标准、行业标准或者国家有关规定对安全设施、设备进行经常性维护、保养,保证安全设施、设备的正常使用。

生产、储存危险化学品的单位,应当在其作业场所和安全设施、设备上设置明显的安全警示标志。

第二十一条 生产、储存危险化学品的单位，应当在其作业场所设置通信、报警装置，并保证处于适用状态。

第二十二条 生产、储存危险化学品的企业，应当委托具备国家规定的资质条件的机构，对本企业的安全生产条件每3年进行一次安全评价，提出安全评价报告。安全评价报告的内容应当包括对安全生产条件存在的问题进行整改的方案。

生产、储存危险化学品的企业，应当将安全评价报告以及整改方案的落实情况报所在地县级人民政府安全生产监督管理部门备案。在港区内储存危险化学品的企业，应当将安全评价报告以及整改方案的落实情况报港口行政管理部门备案。

第二十三条 生产、储存剧毒化学品或者国务院公安部门规定的可用于制造爆炸物品的危险化学品（以下简称易制爆危险化学品）的单位，应当如实记录其生产、储存的剧毒化学品、易制爆危险化学品的数量、流向，并采取必要的安全防范措施，防止剧毒化学品、易制爆危险化学品丢失或者被盗；发现剧毒化学品、易制爆危险化学品丢失或者被盗的，应当立即向当地公安机关报告。

生产、储存剧毒化学品、易制爆危险化学品的单位，应当设置治安保卫机构，配备专职治安保卫人员。

第二十四条 危险化学品应当储存在专用仓库、专用场地或者专用储存室（以下统称专用仓库）内，并由专人负责管理；剧毒化学品以及储存数量构成重大危险源的其他危险化学品，应当在专用仓库内单独存放，并实行双人收发、双人保管制度。

危险化学品的储存方式、方法以及储存数量应当符合国家标准或者国家有关规定。

第二十五条 储存危险化学品的单位应当建立危险化学品出入库核查、登记制度。

对剧毒化学品以及储存数量构成重大危险源的其他危险化学品，储存单位应当将其储存数量、储存地点以及管理人员的情况，报所在地县级人民政府安全生产监督管理部门（在港区内储存的，报港口行政管理部门）和公安机关备案。

第二十六条 危险化学品专用仓库应当符合国家标准、行业标准的要求，并设置明显的标志。储存剧毒化学品、易制爆危险化学品的专用仓库，应当按照国家有关规定设置相应的技术防范设施。

储存危险化学品的单位应当对其危险化学品专用仓库的安全设施、设备定期进行检测、检验。

第二十七条 生产、储存危险化学品的单位转产、停产、停业或者解散的，应当采取有效措施，及时、妥善处置其危险化学品生产装置、储存设施以及库存的危险化学品，不得丢弃危险化学品；处置方案应当报所在地县级人民政府安全生产监督管理部门、工业和信息化主管部门、环境保护主管部门和公安机关备案。安全生产监督管理部门应当会同环境保护主管部门和公安机关对处置情况进行监督检查，发现未依照规定处置的，应当责令其立即处置。

第三章 使用安全

第二十八条 使用危险化学品的单位，其使用条件（包括工艺）应当符合法律、行政法规的规定和国家标准、行业标准的要求，并根据所使用的危险化学品的种类、危险特性以及使用量和使用方式，建立、健全使用危险化学品的安全管理规章制度和安全操作规程，保证危险化学品的安全使用。

第二十九条 使用危险化学品从事生产并且使用量达到规定数量的化工企业（属于危险化学品生产企业的除外，下同），应当依照本条例的规定取得危险化学品安全使用许可证。

前款规定的危险化学品使用量的数量标准，由国务院安全生产监督管理部门会同国务院公安部门、农业主管部门确定并公布。

第三十条 申请危险化学品安全使用许可证的化工企业，除应当符合本条例第二十八条的规定外，还应当具备下列条件：

（一）有与所使用的危险化学品相适应的专业技术人员；

（二）有安全管理机构和专职安全管理人员；

（三）有符合国家规定的危险化学品事故应急预案和必要的应急救援器材、设备；

（四）依法进行了安全评价。

第三十一条 申请危险化学品安全使用许可证的化工企业，应当向所在地设区的市级人民政府安全生产监督管理部门提出申请，并提交其符合本条例第三十条规定条件的证明材料。设区的市级人民政府安全生产监督管理部门应当依法进行审查，自收到证明材料之日起45日内作出批准或者不予批准的决定。予以批准的，颁发危险化学品安全使用许可证；不予批准的，书面通知申请人并说明理由。

安全生产监督管理部门应当将其颁发危险化学品安全使用许可证的情况及时向同级环境保护主管部门和公安机关通报。

第三十二条 本条例第十六条关于生产实施重点环境管理的危险化学品的企业的规定，适用于使用实施重点环境管理的危险化学品从事生产的企业；第二十条、第二十一条、第二十三条第一款、第二十七条关于生产、储存危险化学品的单位的规定，适用于使用危险化学品的单位；第二十二条关于生产、储存危险化学品的企业的规定，适用于使用危险化学品从事生产的企业。

第四章　经营安全

第三十三条 国家对危险化学品经营（包括仓储经营，下同）实行许可制度。未经许可，任何单位和个人不得经营危险化学品。

依法设立的危险化学品生产企业在其厂区范围内销售本企业生产的危险化学品，不需要取得危险化学品经营许可。

依照《中华人民共和国港口法》的规定取得港口经营许可证的港口经营人，在港区内从事危险化学品仓储经营，不需要取得危险化学品经营许可。

第三十四条 从事危险化学品经营的企业应当具备下列条件：

（一）有符合国家标准、行业标准的经营场所，储存危险化学品的，还应当有符合国家标准、行业标准的储存设施；

（二）从业人员经过专业技术培训并经考核合格；

（三）有健全的安全管理规章制度；

（四）有专职安全管理人员；

（五）有符合国家规定的危险化学品事故应急预案和必要的应急救援器材、设备；

（六）法律、法规规定的其他条件。

第三十五条 从事剧毒化学品、易制爆危险化学品经营的企业，应当向所在地设区的市级人民政府安全生产监督管理部门提出申请，从事其他危险化学品经营的企业，应当向所在地县级人民政府安全生产监督管理部门提出申请（有储存设施的，应当向所在地设区的市级人民政府安全生产监督管理部门提出申请）。申请人应当提交其符合本条例第三十四条规定条件的证明材料。设区的市级人民政府安全生产监督管理部门或者县级人民政府安全生产监督管理部门应当依法进行审查，并对申请人的经营场所、储存设施进行现场核查，自收到证明材料之日起30日内作出批准或者不予批准的决定。予以批准的，颁发危险化学品经营许可证；不予批准的，书面通知申请人并说明理由。

设区的市级人民政府安全生产监督管理部门和县级人民政府安全生产监督管理部门应当将其颁发危险化学品经营许可证的情况及时向同级环境保护主管部门和公安机关通报。

申请人持危险化学品经营许可证向工商行政管理部门办理登记手续后，方可从事危险化学品经营活动。法律、行政法规或者国务院规定经营危险化学品还需要经其他有关部门许可的，申请人向工商行政管理部门办理登记手续时还应当持相应的许可证件。

第三十六条 危险化学品经营企业储存危险

化学品的，应当遵守本条例第二章关于储存危险化学品的规定。危险化学品商店内只能存放民用小包装的危险化学品。

第三十七条 危险化学品经营企业不得向未经许可从事危险化学品生产、经营活动的企业采购危险化学品，不得经营没有化学品安全技术说明书或者化学品安全标签的危险化学品。

第三十八条 依法取得危险化学品安全生产许可证、危险化学品安全使用许可证、危险化学品经营许可证的企业，凭相应的许可证件购买剧毒化学品、易制爆危险化学品。民用爆炸物品生产企业凭民用爆炸物品生产许可证购买易制爆危险化学品。

前款规定以外的单位购买剧毒化学品的，应当向所在地县级人民政府公安机关申请取得剧毒化学品购买许可证；购买易制爆危险化学品的，应当持本单位出具的合法用途说明。

个人不得购买剧毒化学品（属于剧毒化学品的农药除外）和易制爆危险化学品。

第三十九条 申请取得剧毒化学品购买许可证，申请人应当向所在地县级人民政府公安机关提交下列材料：

（一）营业执照或者法人证书（登记证书）的复印件；

（二）拟购买的剧毒化学品品种、数量的说明；

（三）购买剧毒化学品用途的说明；

（四）经办人的身份证明。

县级人民政府公安机关应当自收到前款规定的材料之日起3日内，作出批准或者不予批准的决定。予以批准的，颁发剧毒化学品购买许可证；不予批准的，书面通知申请人并说明理由。

剧毒化学品购买许可证管理办法由国务院公安部门制定。

第四十条 危险化学品生产企业、经营企业销售剧毒化学品、易制爆危险化学品，应当查验本条例第三十八条第一款、第二款规定的相关许可证件或者证明文件，不得向不具有相关许可证件或者证明文件的单位销售剧毒化学品、易制爆危险化学品。对持剧毒化学品购买许可证购买剧毒化学品的，应当按照许可证载明的品种、数量销售。

禁止向个人销售剧毒化学品（属于剧毒化学品的农药除外）和易制爆危险化学品。

第四十一条 危险化学品生产企业、经营企业销售剧毒化学品、易制爆危险化学品，应当如实记录购买单位的名称、地址、经办人的姓名、身份证号码以及所购买的剧毒化学品、易制爆危险化学品的品种、数量、用途。销售记录以及经办人的身份证明复印件、相关许可证件复印件或者证明文件的保存期限不得少于1年。

剧毒化学品、易制爆危险化学品的销售企业、购买单位应当在销售、购买后5日内，将所销售、购买的剧毒化学品、易制爆危险化学品的品种、数量以及流向信息报所在地县级人民政府公安机关备案，并输入计算机系统。

第四十二条 使用剧毒化学品、易制爆危险化学品的单位不得出借、转让其购买的剧毒化学品、易制爆危险化学品；因转产、停产、搬迁、关闭等确需转让的，应当向具有本条例第三十八条第一款、第二款规定的相关许可证件或者证明文件的单位转让，并在转让后将有关情况及时向所在地县级人民政府公安机关报告。

第五章 运输安全

第四十三条 从事危险化学品道路运输、水路运输的，应当分别依照有关道路运输、水路运输的法律、行政法规的规定，取得危险货物道路运输许可、危险货物水路运输许可，并向工商行政管理部门办理登记手续。

危险化学品道路运输企业、水路运输企业应当配备专职安全管理人员。

第四十四条 危险化学品道路运输企业、水路运输企业的驾驶人员、船员、装卸管理人员、押运人员、申报人员、集装箱装箱现场检查员应当经交通运输主管部门考核合格，取得从业资格。具体办法由国务院交通运输主管部门制定。

危险化学品的装卸作业应当遵守安全作业标准、规程和制度，并在装卸管理人员的现场指挥或者监控下进行。水路运输危险化学品的集装箱装箱作业应当在集装箱装箱现场检查员的指挥或者监控下进行，并符合积载、隔离的规范和要求；装箱作业完毕后，集装箱装箱现场检查员应当签署装箱证明书。

第四十五条 运输危险化学品，应当根据危险化学品的危险特性采取相应的安全防护措施，并配备必要的防护用品和应急救援器材。

用于运输危险化学品的槽罐以及其他容器应当封口严密，能够防止危险化学品在运输过程中因温度、湿度或者压力的变化发生渗漏、洒漏；槽罐以及其他容器的溢流和泄压装置应当设置准确、起闭灵活。

运输危险化学品的驾驶人员、船员、装卸管理人员、押运人员、申报人员、集装箱装箱现场检查员，应当了解所运输的危险化学品的危险特性及其包装物、容器的使用要求和出现危险情况时的应急处置方法。

第四十六条 通过道路运输危险化学品的，托运人应当委托依法取得危险货物道路运输许可的企业承运。

第四十七条 通过道路运输危险化学品的，应当按照运输车辆的核定载质量装载危险化学品，不得超载。

危险化学品运输车辆应当符合国家标准要求的安全技术条件，并按照国家有关规定定期进行安全技术检验。

危险化学品运输车辆应当悬挂或者喷涂符合国家标准要求的警示标志。

第四十八条 通过道路运输危险化学品的，应当配备押运人员，并保证所运输的危险化学品处于押运人员的监控之下。

运输危险化学品途中因住宿或者发生影响正常运输的情况，需要较长时间停车的，驾驶人员、押运人员应当采取相应的安全防范措施；运输剧毒化学品或者易制爆危险化学品的，还应当向当地公安机关报告。

第四十九条 未经公安机关批准，运输危险化学品的车辆不得进入危险化学品运输车辆限制通行的区域。危险化学品运输车辆限制通行的区域由县级人民政府公安机关划定，并设置明显的标志。

第五十条 通过道路运输剧毒化学品的，托运人应当向运输始发地或者目的地县级人民政府公安机关申请剧毒化学品道路运输通行证。

申请剧毒化学品道路运输通行证，托运人应当向县级人民政府公安机关提交下列材料：

（一）拟运输的剧毒化学品品种、数量的说明；

（二）运输始发地、目的地、运输时间和运输路线的说明；

（三）承运人取得危险货物道路运输许可、运输车辆取得营运证以及驾驶人员、押运人员取得上岗资格的证明文件；

（四）本条例第三十八条第一款、第二款规定的购买剧毒化学品的相关许可证件，或者海关出具的进出口证明文件。

县级人民政府公安机关应当自收到前款规定的材料之日起7日内，作出批准或者不予批准的决定。予以批准的，颁发剧毒化学品道路运输通行证；不予批准的，书面通知申请人并说明理由。

剧毒化学品道路运输通行证管理办法由国务院公安部门制定。

第五十一条 剧毒化学品、易制爆危险化学品在道路运输途中丢失、被盗、被抢或者出现流散、泄漏等情况的，驾驶人员、押运人员应当立即采取相应的警示措施和安全措施，并向当地公安机关报告。公安机关接到报告后，应当根据实际情况立即向安全生产监督管理部门、环境保护主管部门、卫生主管部门通报。有关部门应当采取必要的应急处置措施。

第五十二条 通过水路运输危险化学品的，应当遵守法律、行政法规以及国务院交通运输主管部门关于危险货物水路运输安全的规定。

第五十三条 海事管理机构应当根据危险化

学品的种类和危险特性，确定船舶运输危险化学品的相关安全运输条件。

拟交付船舶运输的化学品的相关安全运输条件不明确的，货物所有人或者代理人应当委托相关技术机构进行评估，明确相关安全运输条件并经海事管理机构确认后，方可交付船舶运输。

第五十四条 禁止通过内河封闭水域运输剧毒化学品以及国家规定禁止通过内河运输的其他危险化学品。

前款规定以外的内河水域，禁止运输国家规定禁止通过内河运输的剧毒化学品以及其他危险化学品。

禁止通过内河运输的剧毒化学品以及其他危险化学品的范围，由国务院交通运输主管部门会同国务院环境保护主管部门、工业和信息化主管部门、安全生产监督管理部门，根据危险化学品的危险特性、危险化学品对人体和水环境的危害程度以及消除危害后果的难易程度等因素规定并公布。

第五十五条 国务院交通运输主管部门应当根据危险化学品的危险特性，对通过内河运输本条例第五十四条规定以外的危险化学品（以下简称通过内河运输危险化学品）实行分类管理，对各类危险化学品的运输方式、包装规范和安全防护措施等分别作出规定并监督实施。

第五十六条 通过内河运输危险化学品，应当由依法取得危险货物水路运输许可的水路运输企业承运，其他单位和个人不得承运。托运人应当委托依法取得危险货物水路运输许可的水路运输企业承运，不得委托其他单位和个人承运。

第五十七条 通过内河运输危险化学品，应当使用依法取得危险货物适装证书的运输船舶。水路运输企业应当针对所运输的危险化学品的危险特性，制定运输船舶危险化学品事故应急救援预案，并为运输船舶配备充足、有效的应急救援器材和设备。

通过内河运输危险化学品的船舶，其所有人或者经营人应当取得船舶污染损害责任保险证书或者财务担保证明。船舶污染损害责任保险证书或者财务担保证明的副本应当随船携带。

第五十八条 通过内河运输危险化学品，危险化学品包装物的材质、型式、强度以及包装方法应当符合水路运输危险化学品包装规范的要求。国务院交通运输主管部门对单船运输的危险化学品数量有限制性规定的，承运人应当按照规定安排运输数量。

第五十九条 用于危险化学品运输作业的内河码头、泊位应当符合国家有关安全规范，与饮用水取水口保持国家规定的距离。有关管理单位应当制定码头、泊位危险化学品事故应急预案，并为码头、泊位配备充足、有效的应急救援器材和设备。

用于危险化学品运输作业的内河码头、泊位，经交通运输主管部门按照国家有关规定验收合格后方可投入使用。

第六十条 船舶载运危险化学品进出内河港口，应当将危险化学品的名称、危险特性、包装以及进出港时间等事项，事先报告海事管理机构。海事管理机构接到报告后，应当在国务院交通运输主管部门规定的时间内作出是否同意的决定，通知报告人，同时通报港口行政管理部门。定船舶、定航线、定货种的船舶可以定期报告。

在内河港口内进行危险化学品的装卸、过驳作业，应当将危险化学品的名称、危险特性、包装和作业的时间、地点等事项报告港口行政管理部门。港口行政管理部门接到报告后，应当在国务院交通运输主管部门规定的时间内作出是否同意的决定，通知报告人，同时通报海事管理机构。

载运危险化学品的船舶在内河航行，通过过船建筑物的，应当提前向交通运输主管部门申报，并接受交通运输主管部门的管理。

第六十一条 载运危险化学品的船舶在内河航行、装卸或者停泊，应当悬挂专用的警示标志，按照规定显示专用信号。

载运危险化学品的船舶在内河航行，按照国务院交通运输主管部门的规定需要引航的，应当申请引航。

第六十二条 载运危险化学品的船舶在内河航行，应当遵守法律、行政法规和国家其他有关饮用水水源保护的规定。内河航道发展规划应当与依法经批准的饮用水水源保护区划定方案相协调。

第六十三条 托运危险化学品的，托运人应当向承运人说明所托运的危险化学品的种类、数量、危险特性以及发生危险情况的应急处置措施，并按照国家有关规定对所托运的危险化学品妥善包装，在外包装上设置相应的标志。

运输危险化学品需要添加抑制剂或者稳定剂的，托运人应当添加，并将有关情况告知承运人。

第六十四条 托运人不得在托运的普通货物中夹带危险化学品，不得将危险化学品匿报或者谎报为普通货物托运。

任何单位和个人不得交寄危险化学品或者在邮件、快件内夹带危险化学品，不得将危险化学品匿报或者谎报为普通物品交寄。邮政企业、快递企业不得收寄危险化学品。

对涉嫌违反本条第一款、第二款规定的，交通运输主管部门、邮政管理部门可以依法开拆查验。

第六十五条 通过铁路、航空运输危险化学品的安全管理，依照有关铁路、航空运输的法律、行政法规、规章的规定执行。

第六章　危险化学品登记与事故应急救援

第六十六条 国家实行危险化学品登记制度，为危险化学品安全管理以及危险化学品事故预防和应急救援提供技术、信息支持。

第六十七条 危险化学品生产企业、进口企业，应当向国务院安全生产监督管理部门负责危险化学品登记的机构（以下简称危险化学品登记机构）办理危险化学品登记。

危险化学品登记包括下列内容：

（一）分类和标签信息；
（二）物理、化学性质；
（三）主要用途；
（四）危险特性；
（五）储存、使用、运输的安全要求；
（六）出现危险情况的应急处置措施。

对同一企业生产、进口的同一品种的危险化学品，不进行重复登记。危险化学品生产企业、进口企业发现其生产、进口的危险化学品有新的危险特性的，应当及时向危险化学品登记机构办理登记内容变更手续。

危险化学品登记的具体办法由国务院安全生产监督管理部门制定。

第六十八条 危险化学品登记机构应当定期向工业和信息化、环境保护、公安、卫生、交通运输、铁路、质量监督检验检疫等部门提供危险化学品登记的有关信息和资料。

第六十九条 县级以上地方人民政府安全生产监督管理部门应当会同工业和信息化、环境保护、公安、卫生、交通运输、铁路、质量监督检验检疫等部门，根据本地区实际情况，制定危险化学品事故应急预案，报本级人民政府批准。

第七十条 危险化学品单位应当制定本单位危险化学品事故应急预案，配备应急救援人员和必要的应急救援器材、设备，并定期组织应急救援演练。

危险化学品单位应当将其危险化学品事故应急预案报所在地设区的市级人民政府安全生产监督管理部门备案。

第七十一条 发生危险化学品事故，事故单位主要负责人应当立即按照本单位危险化学品应急预案组织救援，并向当地安全生产监督管理部门和环境保护、公安、卫生主管部门报告；道路运输、水路运输过程中发生危险化学品事故的，驾驶人员、船员或者押运人员还应当向事故发生地交通运输主管部门报告。

第七十二条 发生危险化学品事故，有关地方人民政府应当立即组织安全生产监督管理、环境保护、公安、卫生、交通运输等有关部门，按照本地区危险化学品事故应急预案组织实施救援，不得拖延、推诿。

有关地方人民政府及其有关部门应当按照下

列规定，采取必要的应急处置措施，减少事故损失，防止事故蔓延、扩大：

（一）立即组织营救和救治受害人员，疏散、撤离或者采取其他措施保护危害区域内的其他人员；

（二）迅速控制危害源，测定危险化学品的性质、事故的危害区域及危害程度；

（三）针对事故对人体、动植物、土壤、水源、大气造成的现实危害和可能产生的危害，迅速采取封闭、隔离、洗消等措施；

（四）对危险化学品事故造成的环境污染和生态破坏状况进行监测、评估，并采取相应的环境污染治理和生态修复措施。

第七十三条　有关危险化学品单位应当为危险化学品事故应急救援提供技术指导和必要的协助。

第七十四条　危险化学品事故造成环境污染的，由设区的市级以上人民政府环境保护主管部门统一发布有关信息。

第七章　法律责任

第七十五条　生产、经营、使用国家禁止生产、经营、使用的危险化学品的，由安全生产监督管理部门责令停止生产、经营、使用活动，处20万元以上50万元以下的罚款，有违法所得的，没收违法所得；构成犯罪的，依法追究刑事责任。

有前款规定行为的，安全生产监督管理部门还应当责令其对所生产、经营、使用的危险化学品进行无害化处理。

违反国家关于危险化学品使用的限制性规定使用危险化学品的，依照本条第一款的规定处理。

第七十六条　未经安全条件审查，新建、改建、扩建生产、储存危险化学品的建设项目的，由安全生产监督管理部门责令停止建设，限期改正；逾期不改正的，处50万元以上100万元以下的罚款；构成犯罪的，依法追究刑事责任。

未经安全条件审查，新建、改建、扩建储存、装卸危险化学品的港口建设项目的，由港口行政管理部门依照前款规定予以处罚。

第七十七条　未依法取得危险化学品安全生产许可证从事危险化学品生产，或者未依法取得工业产品生产许可证从事危险化学品及其包装物、容器生产的，分别依照《安全生产许可证条例》、《中华人民共和国工业产品生产许可证管理条例》的规定处罚。

违反本条例规定，化工企业未取得危险化学品安全使用许可证，使用危险化学品从事生产的，由安全生产监督管理部门责令限期改正，处10万元以上20万元以下的罚款；逾期不改正的，责令停产整顿。

违反本条例规定，未取得危险化学品经营许可证从事危险化学品经营的，由安全生产监督管理部门责令停止经营活动，没收违法经营的危险化学品以及违法所得，并处10万元以上20万元以下的罚款；构成犯罪的，依法追究刑事责任。

第七十八条　有下列情形之一的，由安全生产监督管理部门责令改正，可以处5万元以下的罚款；拒不改正的，处5万元以上10万元以下的罚款；情节严重的，责令停产停业整顿：

（一）生产、储存危险化学品的单位未对其铺设的危险化学品管道设置明显的标志，或者未对危险化学品管道定期检查、检测的；

（二）进行可能危及危险化学品管道安全的施工作业，施工单位未按照规定书面通知管道所属单位，或者未与管道所属单位共同制定应急预案、采取相应的安全防护措施，或者管道所属单位未指派专门人员到现场进行管道安全保护指导的；

（三）危险化学品生产企业未提供化学品安全技术说明书，或者未在包装（包括外包装件）上粘贴、拴挂化学品安全标签的；

（四）危险化学品生产企业提供的化学品安全技术说明书与其生产的危险化学品不相符，或者在包装（包括外包装件）粘贴、拴挂的化学品安全标签与包装内危险化学品不相符，或者化学品安全技术说明书、化学品安全标签所载明的内容不符合国家标准要求的；

（五）危险化学品生产企业发现其生产的危险化学品有新的危险特性不立即公告，或者不及时修订其化学品安全技术说明书和化学品安全标签的；

（六）危险化学品经营企业经营没有化学品安全技术说明书和化学品安全标签的危险化学品的；

（七）危险化学品包装物、容器的材质以及包装的型式、规格、方法和单件质量（重量）与所包装的危险化学品的性质和用途不相适应的；

（八）生产、储存危险化学品的单位未在作业场所和安全设施、设备上设置明显的安全警示标志，或者未在作业场所设置通信、报警装置的；

（九）危险化学品专用仓库未设专人负责管理，或者对储存的剧毒化学品以及储存数量构成重大危险源的其他危险化学品未实行双人收发、双人保管制度的；

（十）储存危险化学品的单位未建立危险化学品出入库核查、登记制度的；

（十一）危险化学品专用仓库未设置明显标志的；

（十二）危险化学品生产企业、进口企业不办理危险化学品登记，或者发现其生产、进口的危险化学品有新的危险特性不办理危险化学品登记内容变更手续的。

从事危险化学品仓储经营的港口经营人有前款规定情形的，由港口行政管理部门依照前款规定予以处罚。储存剧毒化学品、易制爆危险化学品的专用仓库未按照国家有关规定设置相应的技术防范设施的，由公安机关依照前款规定予以处罚。

生产、储存剧毒化学品、易制爆危险化学品的单位未设置治安保卫机构、配备专职治安保卫人员的，依照《企业事业单位内部治安保卫条例》的规定处罚。

第七十九条 危险化学品包装物、容器生产企业销售未经检验或者经检验不合格的危险化学品包装物、容器的，由质量监督检验检疫部门责令改正，处10万元以上20万元以下的罚款，有违法所得的，没收违法所得；拒不改正的，责令停产停业整顿；构成犯罪的，依法追究刑事责任。

将未经检验合格的运输危险化学品的船舶及其配载的容器投入使用的，由海事管理机构依照前款规定予以处罚。

第八十条 生产、储存、使用危险化学品的单位有下列情形之一的，由安全生产监督管理部门责令改正，处5万元以上10万元以下的罚款；拒不改正的，责令停产停业整顿直至由原发证机关吊销其相关许可证件，并由工商行政管理部门责令其办理经营范围变更登记或者吊销其营业执照；有关责任人员构成犯罪的，依法追究刑事责任：

（一）对重复使用的危险化学品包装物、容器，在重复使用前不进行检查的；

（二）未根据其生产、储存的危险化学品的种类和危险特性，在作业场所设置相关安全设施、设备，或者未按照国家标准、行业标准或者国家有关规定对安全设施、设备进行经常性维护、保养的；

（三）未依照本条例规定对其安全生产条件定期进行安全评价的；

（四）未将危险化学品储存在专用仓库内，或者未将剧毒化学品以及储存数量构成重大危险源的其他危险化学品在专用仓库内单独存放的；

（五）危险化学品的储存方式、方法或者储存数量不符合国家标准或者国家有关规定的；

（六）危险化学品专用仓库不符合国家标准、行业标准的要求的；

（七）未对危险化学品专用仓库的安全设施、设备定期进行检测、检验的。

从事危险化学品仓储经营的港口经营人有前款规定情形的，由港口行政管理部门依照前款规定予以处罚。

第八十一条 有下列情形之一的，由公安机

关责令改正，可以处1万元以下的罚款；拒不改正的，处1万元以上5万元以下的罚款：

（一）生产、储存、使用剧毒化学品、易制爆危险化学品的单位不如实记录生产、储存、使用的剧毒化学品、易制爆危险化学品的数量、流向的；

（二）生产、储存、使用剧毒化学品、易制爆危险化学品的单位发现剧毒化学品、易制爆危险化学品丢失或者被盗，不立即向公安机关报告的；

（三）储存剧毒化学品的单位未将剧毒化学品的储存数量、储存地点以及管理人员的情况报所在地县级人民政府公安机关备案的；

（四）危险化学品生产企业、经营企业不如实记录剧毒化学品、易制爆危险化学品购买单位的名称、地址、经办人的姓名、身份证号码以及所购买的剧毒化学品、易制爆危险化学品的品种、数量、用途，或者保存销售记录和相关材料的时间少于1年的；

（五）剧毒化学品、易制爆危险化学品的销售企业、购买单位未在规定的时限内将所销售、购买的剧毒化学品、易制爆危险化学品的品种、数量以及流向信息报所在地县级人民政府公安机关备案的；

（六）使用剧毒化学品、易制爆危险化学品的单位依照本条例规定转让其购买的剧毒化学品、易制爆危险化学品，未将有关情况向所在地县级人民政府公安机关报告的。

生产、储存危险化学品的企业或者使用危险化学品从事生产的企业未按照本条例规定将安全评价报告以及整改方案的落实情况报安全生产监督管理部门或者港口行政管理部门备案，或者储存危险化学品的单位未将其剧毒化学品以及储存数量构成重大危险源的其他危险化学品的储存数量、储存地点以及管理人员的情况报安全生产监督管理部门或者港口行政管理部门备案的，分别由安全生产监督管理部门或者港口行政管理部门依照前款规定予以处罚。

生产实施重点环境管理的危险化学品的企业或者使用实施重点环境管理的危险化学品从事生产的企业未按照规定将相关信息向环境保护主管部门报告的，由环境保护主管部门依照本条第一款的规定予以处罚。

第八十二条　生产、储存、使用危险化学品的单位转产、停产、停业或者解散，未采取有效措施及时、妥善处置其危险化学品生产装置、储存设施以及库存的危险化学品，或者丢弃危险化学品的，由安全生产监督管理部门责令改正，处5万元以上10万元以下的罚款；构成犯罪的，依法追究刑事责任。

生产、储存、使用危险化学品的单位转产、停产、停业或者解散，未依照本条例规定将其危险化学品生产装置、储存设施以及库存危险化学品的处置方案报有关部门备案的，分别由有关部门责令改正，可以处1万元以下的罚款；拒不改正的，处1万元以上5万元以下的罚款。

第八十三条　危险化学品经营企业向未经许可违法从事危险化学品生产、经营活动的企业采购危险化学品的，由工商行政管理部门责令改正，处10万元以上20万元以下的罚款；拒不改正的，责令停业整顿直至由原发证机关吊销其危险化学品经营许可证，并由工商行政管理部门责令其办理经营范围变更登记或吊销其营业执照。

第八十四条　危险化学品生产企业、经营企业有下列情形之一的，由安全生产监督管理部门责令改正，没收违法所得，并处10万元以上20万元以下的罚款；拒不改正的，责令停产停业整顿直至吊销其危险化学品安全生产许可证、危险化学品经营许可证，并由工商行政管理部门责令其办理经营范围变更登记或者吊销其营业执照：

（一）向不具有本条例第三十八条第一款、第二款规定的相关许可证件或者证明文件的单位销售剧毒化学品、易制爆危险化学品的；

（二）不按照剧毒化学品购买许可证载明的品种、数量销售剧毒化学品的；

（三）向个人销售剧毒化学品（属于剧毒化学品的农药除外）、易制爆危险化学品的。

不具有本条例第三十八条第一款、第二款规

定的相关许可证件或者证明文件的单位购买剧毒化学品、易制爆危险化学品，或者个人购买剧毒化学品（属于剧毒化学品的农药除外）、易制爆危险化学品的，由公安机关没收所购买的剧毒化学品、易制爆危险化学品，可以并处 5000 元以下的罚款。

使用剧毒化学品、易制爆危险化学品的单位出借或者向不具有本条例第三十八条第一款、第二款规定的相关许可证件的单位转让其购买的剧毒化学品、易制爆危险化学品，或者向个人转让其购买的剧毒化学品（属于剧毒化学品的农药除外）、易制爆危险化学品的，由公安机关责令改正，处 10 万元以上 20 万元以下的罚款；拒不改正的，责令停产停业整顿。

第八十五条 未依法取得危险货物道路运输许可、危险货物水路运输许可，从事危险化学品道路运输、水路运输的，分别依照有关道路运输、水路运输的法律、行政法规的规定处罚。

第八十六条 有下列情形之一的，由交通运输主管部门责令改正，处 5 万元以上 10 万元以下的罚款；拒不改正的，责令停产停业整顿；构成犯罪的，依法追究刑事责任：

（一）危险化学品道路运输企业、水路运输企业的驾驶人员、船员、装卸管理人员、押运人员、申报人员、集装箱装箱现场检查员未取得从业资格上岗作业的；

（二）运输危险化学品，未根据危险化学品的危险特性采取相应的安全防护措施，或者未配备必要的防护用品和应急救援器材的；

（三）使用未依法取得危险货物适装证书的船舶，通过内河运输危险化学品的；

（四）通过内河运输危险化学品的承运人违反国务院交通运输主管部门对单船运输的危险化学品数量的限制性规定运输危险化学品的；

（五）用于危险化学品运输作业的内河码头、泊位不符合国家有关安全规范，或者未与饮用水取水口保持国家规定的安全距离，或者未经交通运输主管部门验收合格投入使用的；

（六）托运人不向承运人说明所托运的危险化学品的种类、数量、危险特性以及发生危险情况的应急处置措施，或者未按照国家有关规定对所托运的危险化学品妥善包装并在外包装上设置相应标志的；

（七）运输危险化学品需要添加抑制剂或者稳定剂，托运人未添加或者未将有关情况告知承运人的。

第八十七条 有下列情形之一的，由交通运输主管部门责令改正，处 10 万元以上 20 万元以下的罚款，有违法所得的，没收违法所得；拒不改正的，责令停产停业整顿；构成犯罪的，依法追究刑事责任：

（一）委托未依法取得危险货物道路运输许可、危险货物水路运输许可的企业承运危险化学品的；

（二）通过内河封闭水域运输剧毒化学品以及国家规定禁止通过内河运输的其他危险化学品的；

（三）通过内河运输国家规定禁止通过内河运输的剧毒化学品以及其他危险化学品的；

（四）在托运的普通货物中夹带危险化学品，或者将危险化学品谎报或者匿报为普通货物托运的。

在邮件、快件内夹带危险化学品，或者将危险化学品谎报为普通物品交寄的，依法给予治安管理处罚；构成犯罪的，依法追究刑事责任。

邮政企业、快递企业收寄危险化学品的，依照《中华人民共和国邮政法》的规定处罚。

第八十八条 有下列情形之一的，由公安机关责令改正，处 5 万元以上 10 万元以下的罚款；构成违反治安管理行为的，依法给予治安管理处罚；构成犯罪的，依法追究刑事责任：

（一）超过运输车辆的核定载质量装载危险化学品的；

（二）使用安全技术条件不符合国家标准要求的车辆运输危险化学品的；

（三）运输危险化学品的车辆未经公安机关批准进入危险化学品运输车辆限制通行的区域的；

（四）未取得剧毒化学品道路运输通行证，通过道路运输剧毒化学品的。

第八十九条　有下列情形之一的，由公安机关责令改正，处1万元以上5万元以下的罚款；构成违反治安管理行为的，依法给予治安管理处罚：

（一）危险化学品运输车辆未悬挂或者喷涂警示标志，或者悬挂或者喷涂的警示标志不符合国家标准要求的；

（二）通过道路运输危险化学品，不配备押运人员的；

（三）运输剧毒化学品或者易制爆危险化学品途中需要较长时间停车，驾驶人员、押运人员不向当地公安机关报告的；

（四）剧毒化学品、易制爆危险化学品在道路运输途中丢失、被盗、被抢或者发生流散、泄露等情况，驾驶人员、押运人员不采取必要的警示措施和安全措施，或者不向当地公安机关报告的。

第九十条　对发生交通事故负有全部责任或者主要责任的危险化学品道路运输企业，由公安机关责令消除安全隐患，未消除安全隐患的危险化学品运输车辆，禁止上道路行驶。

第九十一条　有下列情形之一的，由交通运输主管部门责令改正，可以处1万元以下的罚款；拒不改正的，处1万元以上5万元以下的罚款：

（一）危险化学品道路运输企业、水路运输企业未配备专职安全管理人员的；

（二）用于危险化学品运输作业的内河码头、泊位的管理单位未制定码头、泊位危险化学品事故应急救援预案，或者未为码头、泊位配备充足、有效的应急救援器材和设备的。

第九十二条　有下列情形之一的，依照《中华人民共和国内河交通安全管理条例》的规定处罚：

（一）通过内河运输危险化学品的水路运输企业未制定运输船舶危险化学品事故应急救援预案，或者未为运输船舶配备充足、有效的应急救援器材和设备的；

（二）通过内河运输危险化学品的船舶的所有人或者经营人未取得船舶污染损害责任保险证书或者财务担保证明的；

（三）船舶载运危险化学品进出内河港口，未将有关事项事先报告海事管理机构并经其同意的；

（四）载运危险化学品的船舶在内河航行、装卸或者停泊，未悬挂专用的警示标志，或者未按照规定显示专用信号，或者未按照规定申请引航的。

未向港口行政管理部门报告并经其同意，在港口内进行危险化学品的装卸、过驳作业的，依照《中华人民共和国港口法》的规定处罚。

第九十三条　伪造、变造或者出租、出借、转让危险化学品安全生产许可证、工业产品生产许可证，或者使用伪造、变造的危险化学品安全生产许可证、工业产品生产许可证的，分别依照《安全生产许可证条例》、《中华人民共和国工业产品生产许可证管理条例》的规定处罚。

伪造、变造或者出租、出借、转让本条例规定的其他许可证，或者使用伪造、变造的本条例规定的其他许可证，分别由相关许可证的颁发管理机关处10万元以上20万元以下的罚款，有违法所得的，没收违法所得；构成违反治安管理行为的，依法给予治安管理处罚；构成犯罪的，依法追究刑事责任。

第九十四条　危险化学品单位发生危险化学品事故，其主要负责人不立即组织救援或者不立即向有关部门报告的，依照《生产安全事故报告和调查处理条例》的规定处罚。

危险化学品单位发生危险化学品事故，造成他人人身伤害或者财产损失的，依法承担赔偿责任。

第九十五条　发生危险化学品事故，有关地方人民政府及其有关部门不立即组织实施救援，或者不采取必要的应急处置措施减少事故损失，防止事故蔓延、扩大的，对直接负责的主管人员和其他直接责任人员依法给予处分；构成犯罪的，依法追究刑事责任。

第九十六条　负有危险化学品安全监督管理

职责的部门的工作人员，在危险化学品安全监督管理工作中滥用职权、玩忽职守、徇私舞弊，构成犯罪的，依法追究刑事责任；尚不构成犯罪的，依法给予处分。

第八章　附　　则

第九十七条　监控化学品、属于危险化学品的药品和农药的安全管理，依照本条例的规定执行；法律、行政法规另有规定的，依照其规定。

民用爆炸物品、烟花爆竹、放射性物品、核能物质以及用于国防科研生产的危险化学品的安全管理，不适用本条例。

法律、行政法规对燃气的安全管理另有规定的，依照其规定。

危险化学品容器属于特种设备的，其安全管理依照有关特种设备安全的法律、行政法规的规定执行。

第九十八条　危险化学品的进出口管理，依照有关对外贸易的法律、行政法规、规章的规定执行；进口的危险化学品的储存、使用、经营、运输的安全管理，依照本条例的规定执行。

危险化学品环境管理登记和新化学物质环境管理登记，依照有关环境保护的法律、行政法规、规章的规定执行。危险化学品环境管理登记，按照国家有关规定收取费用。

第九十九条　公众发现、捡拾的无主危险化学品，由公安机关接收。公安机关接收或者有关部门依法没收的危险化学品，需要进行无害化处理的，交由环境保护主管部门组织其认定的专业单位进行处理，或者交由有关危险化学品生产企业进行处理。处理所需费用由国家财政负担。

第一百条　化学品的危险特性尚未确定的，由国务院安全生产监督管理部门、国务院环境保护主管部门、国务院卫生主管部门分别负责组织对该化学品的物理危险性、环境危害性、毒理特性进行鉴定。根据鉴定结果，需要调整危险化学品目录的，依照本条例第三条第二款的规定办理。

第一百零一条　本条例施行前已经使用危险化学品从事生产的化工企业，依照本条例规定需要取得危险化学品安全使用许可证的，应当在国务院安全生产监督管理部门规定的期限内，申请取得危险化学品安全使用许可证。

第一百零二条　本条例自2011年12月1日起施行。

8. 建设工程安全生产管理条例

（2003年11月24日公布　2004年2月1日施行）

第一章　总　　则

第一条　为了加强建设工程安全生产监督管理，保障人民群众生命和财产安全，根据《中华人民共和国建筑法》、《中华人民共和国安全生产法》，制定本条例。

第二条　在中华人民共和国境内从事建设工程的新建、扩建、改建和拆除等有关活动及实施对建设工程安全生产的监督管理，必须遵守本条例。

本条例所称建设工程，是指土木工程、建筑工程、线路管道和设备安装工程及装修工程。

第三条　建设工程安全生产管理，坚持安全第一、预防为主的方针。

第四条　建设单位、勘察单位、设计单位、施工单位、工程监理单位及其他与建设工程安全生产有关的单位，必须遵守安全生产法律、法规的规定，保证建设工程安全生产，依法承担建设工程安全生产责任。

第五条　国家鼓励建设工程安全生产的科学技术研究和先进技术的推广应用，推进建设工程安全生产的科学管理。

第二章　建设单位的安全责任

第六条　建设单位应当向施工单位提供施工现场及毗邻区域内供水、排水、供电、供气、供热、通信、广播电视等地下管线资料，气象和水文观测资料，相邻建筑物和构筑物、地下工程的有关资料,并保证资料的真实、准确、完整。

建设单位因建设工程需要,向有关部门或者单位查询前款规定的资料时,有关部门或者单位应当及时提供。

第七条 建设单位不得对勘察、设计、施工、工程监理等单位提出不符合建设工程安全生产法律、法规和强制性标准规定的要求,不得压缩合同约定的工期。

第八条 建设单位在编制工程概算时,应当确定建设工程安全作业环境及安全施工措施所需费用。

第九条 建设单位不得明示或者暗示施工单位购买、租赁、使用不符合安全施工要求的安全防护用具、机械设备、施工机具及配件、消防设施和器材。

第十条 建设单位在申请领取施工许可证时,应当提供建设工程有关安全施工措施的资料。

依法批准开工报告的建设工程,建设单位应当自开工报告批准之日起15日内,将保证安全施工的措施报送建设工程所在地的县级以上地方人民政府建设行政主管部门或者其他有关部门备案。

第十一条 建设单位应当将拆除工程发包给具有相应资质等级的施工单位。

建设单位应当在拆除工程施工15日前,将下列资料报送建设工程所在地的县级以上地方人民政府建设行政主管部门或者其他有关部门备案:

(一)施工单位资质等级证明;

(二)拟拆除建筑物、构筑物及可能危及毗邻建筑的说明;

(三)拆除施工组织方案;

(四)堆放、清除废弃物的措施。

实施爆破作业的,应当遵守国家有关民用爆炸物品管理的规定。

第三章 勘察、设计、工程监理及其他有关单位的安全责任

第十二条 勘察单位应当按照法律、法规和工程建设强制性标准进行勘察,提供的勘察文件应当真实、准确,满足建设工程安全生产的需要。

勘察单位在勘察作业时,应当严格执行操作规程,采取措施保证各类管线、设施和周边建筑物、构筑物的安全。

第十三条 设计单位应当按照法律、法规和工程建设强制性标准进行设计,防止因设计不合理导致生产安全事故的发生。

设计单位应当考虑施工安全操作和防护的需要,对涉及施工安全的重点部位和环节在设计文件中注明,并对防范生产安全事故提出指导意见。

采用新结构、新材料、新工艺的建设工程和特殊结构的建设工程,设计单位应当在设计中提出保障施工作业人员安全和预防生产安全事故的措施建议。

设计单位和注册建筑师等注册执业人员应当对其设计负责。

第十四条 工程监理单位应当审查施工组织设计中的安全技术措施或者专项施工方案是否符合工程建设强制性标准。

工程监理单位在实施监理过程中,发现存在安全事故隐患的,应当要求施工单位整改;情况严重的,应当要求施工单位暂时停止施工,并及时报告建设单位。施工单位拒不整改或者不停止施工的,工程监理单位应当及时向有关主管部门报告。

工程监理单位和监理工程师应当按照法律、法规和工程建设强制性标准实施监理,并对建设工程安全生产承担监理责任。

第十五条 为建设工程提供机械设备和配件的单位,应当按照安全施工的要求配备齐全有效的保险、限位等安全设施和装置。

第十六条 出租的机械设备和施工机具及配件,应当具有生产(制造)许可证、产品合格证。

出租单位应当对出租的机械设备和施工机具及配件的安全性能进行检测,在签订租赁协议时,应当出具检测合格证明。

禁止出租检测不合格的机械设备和施工机具

及配件。

第十七条 在施工现场安装、拆卸施工起重机械和整体提升脚手架、模板等自升式架设设施，必须由具有相应资质的单位承担。

安装、拆卸施工起重机械和整体提升脚手架、模板等自升式架设设施，应当编制拆装方案、制定安全施工措施，并由专业技术人员现场监督。

施工起重机械和整体提升脚手架、模板等自升式架设设施安装完毕后，安装单位应当自检，出具自检合格证明，并向施工单位进行安全使用说明，办理验收手续并签字。

第十八条 施工起重机械和整体提升脚手架、模板等自升式架设设施的使用达到国家规定的检验检测期限的，必须经具有专业资质的检验检测机构检测。经检测不合格的，不得继续使用。

第十九条 检验检测机构对检测合格的施工起重机械和整体提升脚手架、模板等自升式架设设施，应当出具安全合格证明文件，并对检测结果负责。

第四章 施工单位的安全责任

第二十条 施工单位从事建设工程的新建、扩建、改建和拆除等活动，应当具备国家规定的注册资本、专业技术人员、技术装备和安全生产等条件，依法取得相应等级的资质证书，并在其资质等级许可的范围内承揽工程。

第二十一条 施工单位主要负责人依法对本单位的安全生产工作全面负责。施工单位应当建立健全安全生产责任制度和安全生产教育培训制度，制定安全生产规章制度和操作规程，保证本单位安全生产条件所需资金的投入，对所承担的建设工程进行定期和专项安全检查，并做好安全检查记录。

施工单位的项目负责人应当由取得相应执业资格的人员担任，对建设工程项目的安全施工负责，落实安全生产责任制度、安全生产规章制度

和操作规程，确保安全生产费用的有效使用，并根据工程的特点组织制定安全施工措施，消除安全事故隐患，及时、如实报告生产安全事故。

第二十二条 施工单位对列入建设工程概算的安全作业环境及安全施工措施所需费用，应当用于施工安全防护用具及设施的采购和更新、安全施工措施的落实、安全生产条件的改善，不得挪作他用。

第二十三条 施工单位应当设立安全生产管理机构，配备专职安全生产管理人员。

专职安全生产管理人员负责对安全生产进行现场监督检查。发现安全事故隐患，应当及时向项目负责人和安全生产管理机构报告；对违章指挥、违章操作的，应当立即制止。

专职安全生产管理人员的配备办法由国务院建设行政主管部门会同国务院其他有关部门制定。

第二十四条 建设工程实行施工总承包的，由总承包单位对施工现场的安全生产负总责。

总承包单位应当自行完成建设工程主体结构的施工。

总承包单位依法将建设工程分包给其他单位的，分包合同中应当明确各自的安全生产方面的权利、义务。总承包单位和分包单位对分包工程的安全生产承担连带责任。

分包单位应当服从总承包单位的安全生产管理，分包单位不服从管理导致生产安全事故的，由分包单位承担主要责任。

第二十五条 垂直运输机械作业人员、安装拆卸工、爆破作业人员、起重信号工、登高架设作业人员等特种作业人员，必须按照国家有关规定经过专门的安全作业培训，并取得特种作业操作资格证书后，方可上岗作业。

第二十六条 施工单位应当在施工组织设计中编制安全技术措施和施工现场临时用电方案，对下列达到一定规模的危险性较大的分部分项工程编制专项施工方案，并附具安全验算结果，经施工单位技术负责人、总监理工程师签字后实施，由专职安全生产管理人员进行现场监督：

（一）基坑支护与降水工程；

（二）土方开挖工程；

（三）模板工程；

（四）起重吊装工程；

（五）脚手架工程；

（六）拆除、爆破工程；

（七）国务院建设行政主管部门或者其他有关部门规定的其他危险性较大的工程。

对前款所列工程中涉及深基坑、地下暗挖工程、高大模板工程的专项施工方案，施工单位还应当组织专家进行论证、审查。

本条第一款规定的达到一定规模的危险性较大工程的标准，由国务院建设行政主管部门会同国务院其他有关部门制定。

第二十七条 建设工程施工前，施工单位负责项目管理的技术人员应当对有关安全施工的技术要求向施工作业班组、作业人员作出详细说明，并由双方签字确认。

第二十八条 施工单位应当在施工现场入口处、施工起重机械、临时用电设施、脚手架、出入通道口、楼梯口、电梯井口、孔洞口、桥梁口、隧道口、基坑边沿、爆破物及有害危险气体和液体存放处等危险部位，设置明显的安全警示标志。安全警示标志必须符合国家标准。

施工单位应当根据不同施工阶段和周围环境及季节、气候的变化，在施工现场采取相应的安全施工措施。施工现场暂时停止施工的，施工单位应当做好现场防护，所需费用由责任方承担，或者按照合同约定执行。

第二十九条 施工单位应当将施工现场的办公、生活区与作业区分开设置，并保持安全距离；办公、生活区的选址应当符合安全性要求。职工的膳食、饮水、休息场所等应当符合卫生标准。施工单位不得在尚未竣工的建筑物内设置员工集体宿舍。

施工现场临时搭建的建筑物应当符合安全使用要求。施工现场使用的装配式活动房屋应当具有产品合格证。

第三十条 施工单位对因建设工程施工可能造成损害的毗邻建筑物、构筑物和地下管线等，应当采取专项防护措施。

施工单位应当遵守有关环境保护法律、法规的规定，在施工现场采取措施，防止或者减少粉尘、废气、废水、固体废物、噪声、振动和施工照明对人和环境的危害和污染。

在城市市区内的建设工程，施工单位应当对施工现场实行封闭围挡。

第三十一条 施工单位应当在施工现场建立消防安全责任制度，确定消防安全责任人，制定用火、用电、使用易燃易爆材料等各项消防安全管理制度和操作规程，设置消防通道、消防水源，配备消防设施和灭火器材，并在施工现场入口处设置明显标志。

第三十二条 施工单位应当向作业人员提供安全防护用具和安全防护服装，并书面告知危险岗位的操作规程和违章操作的危害。

作业人员有权对施工现场的作业条件、作业程序和作业方式中存在的安全问题提出批评、检举和控告，有权拒绝违章指挥和强令冒险作业。

在施工中发生危及人身安全的紧急情况时，作业人员有权立即停止作业或者在采取必要的应急措施后撤离危险区域。

第三十三条 作业人员应当遵守安全施工的强制性标准、规章制度和操作规程，正确使用安全防护用具、机械设备等。

第三十四条 施工单位采购、租赁的安全防护用具、机械设备、施工机具及配件，应当具有生产（制造）许可证、产品合格证，并在进入施工现场前进行查验。

施工现场的安全防护用具、机械设备、施工机具及配件必须由专人管理，定期进行检查、维修和保养，建立相应的资料档案，并按照国家有关规定及时报废。

第三十五条 施工单位在使用施工起重机械和整体提升脚手架、模板等自升式架设设施前，应当组织有关单位进行验收，也可以委托具有相应资质的检验检测机构进行验收；使用承租的机械设备和施工机具及配件的，由施工总承包单位、分包单位、出租单位和安装单位共同进行验收。验收合格的方可使用。

《特种设备安全监察条例》规定的施工起重机械，在验收前应当经有相应资质的检验检测机构监督检验合格。

施工单位应当自施工起重机械和整体提升脚手架、模板等自升式架设设施验收合格之日起30日内，向建设行政主管部门或者其他有关部门登记。登记标志应当置于或者附着于该设备的显著位置。

第三十六条 施工单位的主要负责人、项目负责人、专职安全生产管理人员应当经建设行政主管部门或者其他有关部门考核合格后方可任职。

施工单位应当对管理人员和作业人员每年至少进行一次安全生产教育培训，其教育培训情况记入个人工作档案。安全生产教育培训考核不合格的人员，不得上岗。

第三十七条 作业人员进入新的岗位或者新的施工现场前，应当接受安全生产教育培训。未经教育培训或者教育培训考核不合格的人员，不得上岗作业。

施工单位在采用新技术、新工艺、新设备、新材料时，应当对作业人员进行相应的安全生产教育培训。

第三十八条 施工单位应当为施工现场从事危险作业的人员办理意外伤害保险。

意外伤害保险费由施工单位支付。实行施工总承包的，由总承包单位支付意外伤害保险费。意外伤害保险期限自建设工程开工之日起至竣工验收合格止。

第五章 监督管理

第三十九条 国务院负责安全生产监督管理的部门依照《中华人民共和国安全生产法》的规定，对全国建设工程安全生产工作实施综合监督管理。

县级以上地方人民政府负责安全生产监督管理的部门依照《中华人民共和国安全生产法》的规定，对本行政区域内建设工程安全生产工作实施综合监督管理。

第四十条 国务院建设行政主管部门对全国的建设工程安全生产实施监督管理。国务院铁路、交通、水利等有关部门按照国务院规定的职责分工，负责有关专业建设工程安全生产的监督管理。

县级以上地方人民政府建设行政主管部门对本行政区域内的建设工程安全生产实施监督管理。县级以上地方人民政府交通、水利等有关部门在各自的职责范围内，负责本行政区域内的专业建设工程安全生产的监督管理。

第四十一条 建设行政主管部门和其他有关部门应当将本条例第十条、第十一条规定的有关资料的主要内容抄送同级负责安全生产监督管理的部门。

第四十二条 建设行政主管部门在审核发放施工许可证时，应当对建设工程是否有安全施工措施进行审查，对没有安全施工措施的，不得颁发施工许可证。

建设行政主管部门或者其他有关部门对建设工程是否有安全施工措施进行审查时，不得收取费用。

第四十三条 县级以上人民政府负有建设工程安全生产监督管理职责的部门在各自的职责范围内履行安全监督检查职责时，有权采取下列措施：

（一）要求被检查单位提供有关建设工程安全生产的文件和资料；

（二）进入被检查单位施工现场进行检查；

（三）纠正施工中违反安全生产要求的行为；

（四）对检查中发现的安全事故隐患，责令立即排除；重大安全事故隐患排除前或者排除过程中无法保证安全的，责令从危险区域内撤出作业人员或者暂时停止施工。

第四十四条 建设行政主管部门或者其他有关部门可以将施工现场的监督检查委托给建设工程安全监督机构具体实施。

第四十五条 国家对严重危及施工安全的工艺、设备、材料实行淘汰制度。具体目录由国务院建设行政主管部门会同国务院其他有关部门制定并公布。

第四十六条 县级以上人民政府建设行政主管部门和其他有关部门应当及时受理对建设工程生产安全事故及安全事故隐患的检举、控告和投诉。

第六章 生产安全事故的应急救援和调查处理

第四十七条 县级以上地方人民政府建设行政主管部门应当根据本级人民政府的要求，制定本行政区域内建设工程特大生产安全事故应急救援预案。

第四十八条 施工单位应当制定本单位生产安全事故应急救援预案，建立应急救援组织或者配备应急救援人员，配备必要的应急救援器材、设备，并定期组织演练。

第四十九条 施工单位应当根据建设工程施工的特点、范围，对施工现场易发生重大事故的部位、环节进行监控，制定施工现场生产安全事故应急救援预案。实行施工总承包的，由总承包单位统一组织编制建设工程生产安全事故应急救援预案，工程总承包单位和分包单位按照应急救援预案，各自建立应急救援组织或者配备应急救援人员，配备救援器材、设备，并定期组织演练。

第五十条 施工单位发生生产安全事故，应当按照国家有关伤亡事故报告和调查处理的规定，及时、如实地向负责安全生产监督管理的部门、建设行政主管部门或者其他有关部门报告；特种设备发生事故的，还应当同时向特种设备安全监督管理部门报告。接到报告的部门应当按照国家有关规定，如实上报。

实行施工总承包的建设工程，由总承包单位负责上报事故。

第五十一条 发生生产安全事故后，施工单位应当采取措施防止事故扩大，保护事故现场。需要移动现场物品时，应当做出标记和书面记录，妥善保管有关证物。

第五十二条 建设工程生产安全事故的调查、对事故责任单位和责任人的处罚与处理，按照有关法律、法规的规定执行。

第七章 法律责任

第五十三条 违反本条例的规定，县级以上人民政府建设行政主管部门或者其他有关行政管理部门的工作人员，有下列行为之一的，给予降级或者撤职的行政处分；构成犯罪的，依照刑法有关规定追究刑事责任：

（一）对不具备安全生产条件的施工单位颁发资质证书的；

（二）对没有安全施工措施的建设工程颁发施工许可证的；

（三）发现违法行为不予查处的；

（四）不依法履行监督管理职责的其他行为。

第五十四条 违反本条例的规定，建设单位未提供建设工程安全生产作业环境及安全施工措施所需费用的，责令限期改正；逾期未改正的，责令该建设工程停止施工。

建设单位未将保证安全施工的措施或者拆除工程的有关资料报送有关部门备案的，责令限期改正，给予警告。

第五十五条 违反本条例的规定，建设单位有下列行为之一的，责令限期改正，处20万元以上50万元以下的罚款；造成重大安全事故，构成犯罪的，对直接责任人员，依照刑法有关规定追究刑事责任；造成损失的，依法承担赔偿责任：

（一）对勘察、设计、施工、工程监理等单位提出不符合安全生产法律、法规和强制性标准规定的要求的；

（二）要求施工单位压缩合同约定的工期的；

（三）将拆除工程发包给不具有相应资质等级的施工单位的。

第五十六条 违反本条例的规定，勘察单位、设计单位有下列行为之一的，责令限期改正，处10万元以上30万元以下的罚款；情节严重的，责令停业整顿，降低资质等级，直至吊销资质证书；造成重大安全事故，构成犯罪的，对直接责任人员，依照刑法有关规定追究刑事责任；造成损失的，依法承担赔偿责任：

（一）未按照法律、法规和工程建设强制性标准进行勘察、设计的；

（二）采用新结构、新材料、新工艺的建设工程和特殊结构的建设工程，设计单位未在设计中提出保障施工作业人员安全和预防生产安全事故的措施建议的。

第五十七条 违反本条例的规定，工程监理单位有下列行为之一的，责令限期改正；逾期未改正的，责令停业整顿，并处10万元以上30万元以下的罚款；情节严重的，降低资质等级，直至吊销资质证书；造成重大安全事故，构成犯罪的，对直接责任人员，依照刑法有关规定追究刑事责任；造成损失的，依法承担赔偿责任：

（一）未对施工组织设计中的安全技术措施或者专项施工方案进行审查的；

（二）发现安全事故隐患未及时要求施工单位整改或者暂时停止施工的；

（三）施工单位拒不整改或者不停止施工，未及时向有关主管部门报告的；

（四）未依照法律、法规和工程建设强制性标准实施监理的。

第五十八条 注册执业人员未执行法律、法规和工程建设强制性标准的，责令停止执业3个月以上1年以下；情节严重的，吊销执业资格证书，5年内不予注册；造成重大安全事故的，终身不予注册；构成犯罪的，依照刑法有关规定追究刑事责任。

第五十九条 违反本条例的规定，为建设工程提供机械设备和配件的单位，未按照安全施工的要求配备齐全有效的保险、限位等安全设施和装置的，责令限期改正，处合同价款1倍以上3倍以下的罚款；造成损失的，依法承担赔偿责任。

第六十条 违反本条例的规定，出租单位出租未经安全性能检测或者经检测不合格的机械设备和施工机具及配件的，责令停业整顿，并处5万元以上10万元以下的罚款；造成损失的，依法承担赔偿责任。

第六十一条 违反本条例的规定，施工起重机械和整体提升脚手架、模板等自升式架设设施安装、拆卸单位有下列行为之一的，责令限期改正，处5万元以上10万元以下的罚款；情节严重的，责令停业整顿，降低资质等级，直至吊销资质证书；造成损失的，依法承担赔偿责任：

（一）未编制拆装方案、制定安全施工措施的；

（二）未由专业技术人员现场监督的；

（三）未出具自检合格证明或者出具虚假证明的；

（四）未向施工单位进行安全使用说明，办理移交手续的。

施工起重机械和整体提升脚手架、模板等自升式架设设施安装、拆卸单位有前款规定的第（一）项、第（三）项行为，经有关部门或者单位职工提出后，对事故隐患仍不采取措施，因而发生重大伤亡事故或者造成其他严重后果，构成犯罪的，对直接责任人员，依照刑法有关规定追究刑事责任。

第六十二条 违反本条例的规定，施工单位有下列行为之一的，责令限期改正；逾期未改正的，责令停业整顿，依照《中华人民共和国安全生产法》的有关规定处以罚款；造成重大安全事故，构成犯罪的，对直接责任人员，依照刑法有关规定追究刑事责任：

（一）未设立安全生产管理机构、配备专职安全生产管理人员或者分部分项工程施工时无专职安全生产管理人员现场监督的；

（二）施工单位的主要负责人、项目负责人、专职安全生产管理人员、作业人员或者特种作业人员，未经安全教育培训或者经考核不合格即从事相关工作的；

（三）未在施工现场的危险部位设置明显的安全警示标志，或者未按照国家有关规定在施工现场设置消防通道、消防水源、配备消防设施和灭火器材的；

（四）未向作业人员提供安全防护用具和安全防护服装的；

（五）未按照规定在施工起重机械和整体提升脚手架、模板等自升式架设设施验收合格后登记的；

（六）使用国家明令淘汰、禁止使用的危及施工安全的工艺、设备、材料的。

第六十三条 违反本条例的规定，施工单位挪用列入建设工程概算的安全生产作业环境及安全施工措施所需费用的，责令限期改正，处挪用费用20%以上50%以下的罚款；造成损失的，依法承担赔偿责任。

第六十四条 违反本条例的规定，施工单位有下列行为之一的，责令限期改正；逾期未改正的，责令停业整顿，并处5万元以上10万元以下的罚款；造成重大安全事故，构成犯罪的，对直接责任人员，依照刑法有关规定追究刑事责任：

（一）施工前未对有关安全施工的技术要求作出详细说明的；

（二）未根据不同施工阶段和周围环境及季节、气候的变化，在施工现场采取相应的安全施工措施，或者在城市市区内的建设工程的施工现场未实行封闭围挡的；

（三）在尚未竣工的建筑物内设置员工集体宿舍的；

（四）施工现场临时搭建的建筑物不符合安全使用要求的；

（五）未对因建设工程施工可能造成损害的毗邻建筑物、构筑物和地下管线等采取专项防护措施的。

施工单位有前款规定第（四）项、第（五）项行为，造成损失的，依法承担赔偿责任。

第六十五条 违反本条例的规定，施工单位有下列行为之一的，责令限期改正；逾期未改正的，责令停业整顿，并处10万元以上30万元以下的罚款；情节严重的，降低资质等级，直至吊销资质证书；造成重大安全事故，构成犯罪的，对直接责任人员，依照刑法有关规定追究刑事责任；造成损失的，依法承担赔偿责任：

（一）安全防护用具、机械设备、施工机具及配件在进入施工现场前未经查验或者查验不合格即投入使用的；

（二）使用未经验收或者验收不合格的施工起重机械和整体提升脚手架、模板等自升式架设设施的；

（三）委托不具有相应资质的单位承担施工现场安装、拆卸施工起重机械和整体提升脚手架、模板等自升式架设设施的；

（四）在施工组织设计中未编制安全技术措施、施工现场临时用电方案或者专项施工方案的。

第六十六条 违反本条例的规定，施工单位的主要负责人、项目负责人未履行安全生产管理职责的，责令限期改正；逾期未改正的，责令施工单位停业整顿；造成重大安全事故、重大伤亡事故或者其他严重后果，构成犯罪的，依照刑法有关规定追究刑事责任。

作业人员不服管理、违反规章制度和操作规程冒险作业造成重大伤亡事故或者其他严重后果，构成犯罪的，依照刑法有关规定追究刑事责任。

施工单位的主要负责人、项目负责人有前款违法行为，尚不够刑事处罚的，处2万元以上20万元以下的罚款或者按照管理权限给予撤职处分；自刑罚执行完毕或者受处分之日起，5年内不得担任任何施工单位的主要负责人、项目负责人。

第六十七条 施工单位取得资质证书后，降低安全生产条件的，责令限期改正；经整改仍未达到与其资质等级相适应的安全生产条件的，责令停业整顿，降低其资质等级直至吊销资质证书。

第六十八条 本条例规定的行政处罚，由建设行政主管部门或者其他有关部门依照法定职权决定。

违反消防安全管理规定的行为，由公安消防机构依法处罚。

有关法律、行政法规对建设工程安全生产违法行为的行政处罚决定机关另有规定的，从其规定。

第八章 附 则

第六十九条 抢险救灾和农民自建低层住宅的安全生产管理，不适用本条例。

第七十条 军事建设工程的安全生产管理，按照中央军事委员会的有关规定执行。

第七十一条 本条例自2004年2月1日起施行。

9. 上市公司治理准则（节录）

（中国证券监督管理委员会公告〔2018〕29号 2018年9月30日实施）

第八十七条 上市公司在保持公司持续发展、提升经营业绩、保障股东利益的同时，应当在社区福利、救灾助困、公益事业等方面，积极履行社会责任。

鼓励上市公司结对帮扶贫困县或者贫困村，主动对接、积极支持贫困地区发展产业、培养人才、促进就业。

10. 关于中央企业履行社会责任的指导意见（节录）

（国资发研究〔2008〕1号 2007年12月29日实施）

（十八）建立社会责任报告制度。有条件的企业要定期发布社会责任报告或可持续发展报告，公布企业履行社会责任的现状、规划和措施，完善社会责任沟通方式和对话机制，及时了解和回应利益相关者的意见建议，主动接受利益相关者和社会的监督。

11. 生态文明体制改革总体方案（节录）

（2015年9月21日）

（四十五）建立绿色金融体系。推广绿色信贷，研究采取财政贴息等方式加大扶持力度，鼓励各类金融机构加大绿色信贷的发放力度，明确贷款人的尽职免责要求和环境保护法律责任。加强资本市场相关制度建设，研究设立绿色股票指数和发展相关投资产品，研究银行和企业发行绿色债券，鼓励对绿色信贷资产实行证券化。支持设立各类绿色发展基金，实行市场化运作。建立上市公司环保信息强制性披露机制。完善对节能低碳、生态环保项目的各类担保机制，加大风险补偿力度。在环境高风险领域建立环境污染强制责任保险制度。建立绿色评级体系以及公益性的环境成本核算和影响评估体系。积极推动绿色金融领域各类国际合作。

12. 生态环境损害赔偿制度改革方案

（中共中央办公厅、国务院办公厅印发 2018年1月1日实施）

生态环境损害赔偿制度是生态文明制度体系的重要组成部分。党中央、国务院高度重视生态环境损害赔偿工作，党的十八届三中全会明确提出对造成生态环境损害的责任者严格实行赔偿制度。2015年，中央办公厅、国务院办公厅印发《生态环境损害赔偿制度改革试点方案》（中办发〔2015〕57号），在吉林等7个省市部署开展改革试点，取得明显成效。为进一步在全国范围内加快构建生态环境损害赔偿制度，在总结各地区改革试点实践经验基础上，制定本方案。

一、总体要求和目标

通过在全国范围内试行生态环境损害赔偿制度，进一步明确生态环境损害赔偿范围、责任主体、索赔主体、损害赔偿解决途径等，形成相应的鉴定评估管理和技术体系、资金保障和运行机制，逐步建立生态环境损害的修复和赔偿制度，加快推进生态文明建设。

自2018年1月1日起，在全国试行生态环境损害赔偿制度。到2020年，力争在全国范围内初步构建责任明确、途径畅通、技术规范、保障有力、赔偿到位、修复有效的生态环境损害赔偿制度。

二、工作原则

——依法推进，鼓励创新。按照相关法律法规规定，立足国情和地方实际，由易到难、稳妥有序开展生态环境损害赔偿制度改革工作。对法律未作规定的具体问题，根据需要提出政策和立法建议。

——环境有价，损害担责。体现环境资源生态功能价值，促使赔偿义务人对受损的生态环境进行修复。生态环境损害无法修复的，实施货币赔偿，用于替代修复。赔偿义务人因同一生态环境损害行为需承担行政责任或刑事责任的，不影响其依法承担生态环境损害赔偿责任。

——主动磋商，司法保障。生态环境损害发生后，赔偿权利人组织开展生态环境损害调查、鉴定评估、修复方案编制等工作，主动与赔偿义务人磋商。磋商未达成一致，赔偿权利人可依法提起诉讼。

——信息共享，公众监督。实施信息公开，推进政府及其职能部门共享生态环境损害赔偿信息。生态环境损害调查、鉴定评估、修复方案编制等工作中涉及公共利益的重大事项应当向社会公开，并邀请专家和利益相关的公民、法人、其他组织参与。

三、适用范围

本方案所称生态环境损害，是指因污染环境、破坏生态造成大气、地表水、地下水、土壤、森林等环境要素和植物、动物、微生物等生物要素的不利改变，以及上述要素构成的生态系统功能退化。

（一）有下列情形之一的，按本方案要求依法追究生态环境损害赔偿责任：

1. 发生较大及以上突发环境事件的；

2. 在国家和省级主体功能区规划中划定的重点生态功能区、禁止开发区发生环境污染、生态破坏事件的；

3. 发生其他严重影响生态环境后果的。各地区应根据实际情况，综合考虑造成的环境污染、生态破坏程度以及社会影响等因素，明确具体情形。

（二）以下情形不适用本方案：

1. 涉及人身伤害、个人和集体财产损失要求赔偿的，适用侵权责任法等法律规定；

2. 涉及海洋生态环境损害赔偿的，适用海洋环境保护法等法律及相关规定。

四、工作内容

（一）明确赔偿范围。生态环境损害赔偿范围包括清除污染费用、生态环境修复费用、生态环境修复期间服务功能的损失、生态环境功能永久性损害造成的损失以及生态环境损害赔偿调查、鉴定评估等合理费用。各地区可根据生态环境损害赔偿工作进展情况和需要，提出细化赔偿范围的建议。鼓励各地区开展环境健康损害赔偿探索性研究与实践。

（二）确定赔偿义务人。违反法律法规，造成生态环境损害的单位或个人，应当承担生态环境损害赔偿责任，做到应赔尽赔。现行民事法律和资源环境保护法律有相关免除或减轻生态环境损害赔偿责任规定的，按相应规定执行。各地区可根据需要扩大生态环境损害赔偿义务人范围，提出相关立法建议。

（三）明确赔偿权利人。国务院授权省级、市地级政府（包括直辖市所辖的区县级政府，下同）作为本行政区域内生态环境损害赔偿权利人。省域内跨市地的生态环境损害，由省级政府管辖；其他工作范围划分由省级政府根据本地区实际情况确定。省级、市地级政府可指定相关部门或机构负责生态环境损害赔偿具体工作。省级、市地级政府及其指定的部门或机构均有权提起诉讼。跨省域的生态环境损害，由生态环境损害地的相关省级政府协商开展生态环境损害赔偿工作。

在健全国家自然资源资产管理体制试点区，受委托的省级政府可指定统一行使全民所有自然资源资产所有者职责的部门负责生态环境损害赔偿具体工作；国务院直接行使全民所有自然资源资产所有权的，由受委托代行该所有权的部门作为赔偿权利人开展生态环境损害赔偿工作。

各省（自治区、直辖市）政府应当制定生态环境损害索赔启动条件、鉴定评估机构选定程序、信息公开等工作规定，明确国土资源、环境保护、住房城乡建设、水利、农业、林业等相关部门开展索赔工作的职责分工。建立对生态环境损害索赔行为的监督机制，赔偿权利人及其指定的相关部门或机构的负责人、工作人员在索赔工作中存在滥用职权、玩忽职守、徇私舞弊的，依纪依法追究责任；涉嫌犯罪的，移送司法机关。

对公民、法人和其他组织举报要求提起生态环境损害赔偿的，赔偿权利人及其指定的部门或机构应当及时研究处理和答复。

（四）开展赔偿磋商。经调查发现生态环境损害需要修复或赔偿的，赔偿权利人根据生态环境损害鉴定评估报告，就损害事实和程度、修复启动时间和期限、赔偿的责任承担方式和期限等具体问题与赔偿义务人进行磋商，统筹考虑修复方案技术可行性、成本效益最优化、赔偿义务人赔偿能力、第三方治理可行性等情况，达成赔偿协议。对经磋商达成的赔偿协议，可以依照民事诉讼法向人民法院申请司法确认。经司法确认的赔偿协议，赔偿义务人不履行或不完全履行的，赔偿权利人及其指定的部门或机构可向人民法院申请强制执行。磋商未达成一致的，赔偿权利人及其指定的部门或机构应当及时提起生态环境损害赔偿民事诉讼。

（五）完善赔偿诉讼规则。各地人民法院要按照有关法律规定、依托现有资源，由环境资源审判庭或指定专门法庭审理生态环境损害赔偿民事案件；根据赔偿义务人主观过错、经营状况等因素试行分期赔付，探索多样化责任承担方式。

各地人民法院要研究符合生态环境损害赔偿需要的诉前证据保全、先予执行、执行监督等制度；可根据试行情况，提出有关生态环境损害赔偿诉讼的立法和制定司法解释建议。鼓励法定的机关和符合条件的社会组织依法开展生态环境损害赔偿诉讼。

生态环境损害赔偿制度与环境公益诉讼之间衔接等问题，由最高人民法院商有关部门根据实际情况制定指导意见予以明确。

（六）加强生态环境修复与损害赔偿的执行和监督。赔偿权利人及其指定的部门或机构对磋商或诉讼后的生态环境修复效果进行评估，确保生态环境得到及时有效修复。生态环境损害赔偿款项使用情况、生态环境修复效果要向社会公开，接受公众监督。

（七）规范生态环境损害鉴定评估。各地区要加快推进生态环境损害鉴定评估专业力量建设，推动组建符合条件的专业评估队伍，尽快形成评估能力。研究制定鉴定评估管理制度和工作程序，保障独立开展生态环境损害鉴定评估，并做好与司法程序的衔接。为磋商提供鉴定意见的鉴定评估机构应当符合国家有关要求；为诉讼提供鉴定意见的鉴定评估机构应当遵守司法行政机关等的相关规定规范。

（八）加强生态环境损害赔偿资金管理。经磋商或诉讼确定赔偿义务人的，赔偿义务人应当根据磋商或判决要求，组织开展生态环境损害的修复。赔偿义务人无能力开展修复工作的，可以委托具备修复能力的社会第三方机构进行修复。修复资金由赔偿义务人向委托的社会第三方机构支付。赔偿义务人自行修复或委托修复的，赔偿权利人前期开展生态环境损害调查、鉴定评估、修复效果后评估等费用由赔偿义务人承担。

赔偿义务人造成的生态环境损害无法修复的，其赔偿资金作为政府非税收入，全额上缴同级国库，纳入预算管理。赔偿权利人及其指定的部门或机构根据磋商或判决要求，结合本区域生态环境损害情况开展替代修复。

五、保障措施

（一）落实改革责任。各省（自治区、直辖市）、市（地、州、盟）党委和政府要加强对生态环境损害赔偿制度改革的统一领导，及时制定本地区实施方案，明确改革任务和时限要求，大胆探索，扎实推进，确保各项改革措施落到实处。省（自治区、直辖市）政府成立生态环境损害赔偿制度改革工作领导小组。省级、市地级政府指定的部门或机构，要明确有关人员专门负责生态环境损害赔偿工作。国家自然资源资产管理体制试点部门要明确任务、细化责任。

吉林、江苏、山东、湖南、重庆、贵州、云南7个试点省市试点期间的实施方案可以结合试点情况和本方案要求进行调整完善。

各省（自治区、直辖市）在改革试行过程中，要及时总结经验，完善相关制度。自2019年起，每年3月底前将上年度本行政区域生态环境损害赔偿制度改革工作情况送环境保护部汇总后报告党中央、国务院。

（二）加强业务指导。环境保护部会同相关部门负责指导有关生态环境损害调查、鉴定评估、修复方案编制、修复效果后评估等业务工作。最高人民法院负责指导有关生态环境损害赔偿的审判工作。最高人民检察院负责指导有关生态环境损害赔偿的检察工作。司法部负责指导有关生态环境损害司法鉴定管理工作。财政部负责指导有关生态环境损害赔偿资金管理工作。国家卫生计生委、环境保护部对各地区环境健康问题开展调查研究或指导地方开展调查研究，加强环境与健康综合监测与风险评估。

（三）加快技术体系建设。国家建立健全统一的生态环境损害鉴定评估技术标准体系。环境保护部负责制定完善生态环境损害鉴定评估技术标准体系框架和技术总纲；会同相关部门出台或修订生态环境损害鉴定评估的专项技术规范；会同相关部门建立服务于生态环境损害鉴定评估的数据平台。相关部门针对基线确定、因果关系判定、损害数额量化等损害鉴定关键环节，组织加强关键技术与标准研究。

（四）做好经费保障。生态环境损害赔偿制度改革工作所需经费由同级财政予以安排。

（五）鼓励公众参与。不断创新公众参与方式，邀请专家和利益相关的公民、法人、其他组织参加生态环境修复或赔偿磋商工作。依法公开生态环境损害调查、鉴定评估、赔偿、诉讼裁判文书、生态环境修复效果报告等信息，保障公众知情权。

六、其他事项

2015年印发的《生态环境损害赔偿制度改革试点方案》自2018年1月1日起废止。

13. 安全生产违法行为行政处罚办法

（中华人民共和国国家安全监管总局令第77号　2015年4月2日修正）

第一章　总　　则

第一条　为了制裁安全生产违法行为，规范安全生产行政处罚工作，依照行政处罚法、安全生产法及其他有关法律、行政法规的规定，制定本办法。

第二条　县级以上人民政府安全生产监督管理部门对生产经营单位及其有关人员在生产经营活动中违反有关安全生产的法律、行政法规、部门规章、国家标准、行业标准和规程的违法行为（以下统称安全生产违法行为）实施行政处罚，适用本办法。

煤矿安全监察机构依照本办法和煤矿安全监察行政处罚办法，对煤矿、煤矿安全生产中介机构等生产经营单位及其有关人员的安全生产违法行为实施行政处罚。

有关法律、行政法规对安全生产违法行为行政处罚的种类、幅度或者决定机关另有规定的，依照其规定。

第三条　对安全生产违法行为实施行政处

罚，应当遵循公平、公正、公开的原则。

安全生产监督管理部门或者煤矿安全监察机构（以下统称安全监管监察部门）及其行政执法人员实施行政处罚，必须以事实为依据。行政处罚应当与安全生产违法行为的事实、性质、情节以及社会危害程度相当。

第四条 生产经营单位及其有关人员对安全监管监察部门给予的行政处罚，依法享有陈述权、申辩权和听证权；对行政处罚不服的，有权依法申请行政复议或者提起行政诉讼；因违法给予行政处罚受到损害的，有权依法申请国家赔偿。

第二章 行政处罚的种类、管辖

第五条 安全生产违法行为行政处罚的种类：

（一）警告；

（二）罚款；

（三）没收违法所得、没收非法开采的煤炭产品、采掘设备；

（四）责令停产停业整顿、责令停产停业、责令停止建设、责令停止施工；

（五）暂扣或者吊销有关许可证，暂停或者撤销有关执业资格、岗位证书；

（六）关闭；

（七）拘留；

（八）安全生产法律、行政法规规定的其他行政处罚。

第六条 县级以上安全监管监察部门应当按照本章的规定，在各自的职责范围内对安全生产违法行为行政处罚行使管辖权。

安全生产违法行为的行政处罚，由安全生产违法行为发生地的县级以上安全监管监察部门管辖。中央企业及其所属企业、有关人员的安全生产违法行为的行政处罚，由安全生产违法行为发生地的设区的市级以上安全监管监察部门管辖。

暂扣、吊销有关许可证和暂停、撤销有关执业资格、岗位证书的行政处罚，由发证机关决定。其中，暂扣有关许可证和暂停有关执业资格、岗位证书的期限一般不得超过6个月；法律、行政法规另有规定的，依照其规定。

给予关闭的行政处罚，由县级以上安全监管监察部门报请县级以上人民政府按照国务院规定的权限决定。

给予拘留的行政处罚，由县级以上安全监管监察部门建议公安机关依照治安管理处罚法的规定决定。

第七条 两个以上安全监管监察部门因行政处罚管辖权发生争议的，由其共同的上一级安全监管监察部门指定管辖。

第八条 对报告或者举报的安全生产违法行为，安全监管监察部门应当受理；发现不属于自己管辖的，应当及时移送有管辖权的部门。

受移送的安全监管监察部门对管辖权有异议的，应当报请共同的上一级安全监管监察部门指定管辖。

第九条 安全生产违法行为涉嫌犯罪的，安全监管监察部门应当将案件移送司法机关，依法追究刑事责任；尚不够刑事处罚但依法应当给予行政处罚的，由安全监管监察部门管辖。

第十条 上级安全监管监察部门可以直接查处下级安全监管监察部门管辖的案件，也可以将自己管辖的案件交由下级安全监管监察部门管辖。

下级安全监管监察部门可以将重大、疑难案件报请上级安全监管监察部门管辖。

第十一条 上级安全监管监察部门有权对下级安全监管监察部门违法或者不适当的行政处罚予以纠正或者撤销。

第十二条 安全监管监察部门根据需要，可以在其法定职权范围内委托符合《行政处罚法》第十九条规定条件的组织或者乡、镇人民政府以及街道办事处、开发区管理机构等地方人民政府的派出机构实施行政处罚。受委托的单位在委托范围内，以委托的安全监管监察部门名义实施行政处罚。

委托的安全监管监察部门应当监督检查受委托的单位实施行政处罚，并对其实施行政处罚的后果承担法律责任。

第三章 行政处罚的程序

第十三条 安全生产行政执法人员在执行公务时，必须出示省级以上安全生产监督管理部门或者县级以上地方人民政府统一制作的有效行政执法证件。其中对煤矿进行安全监察，必须出示国家安全生产监督管理总局统一制作的煤矿安全监察员证。

第十四条 安全监管监察部门及其行政执法人员在监督检查时发现生产经营单位存在事故隐患的，应当按照下列规定采取现场处理措施：

（一）能够立即排除的，应当责令立即排除；

（二）重大事故隐患排除前或者排除过程中无法保证安全的，应当责令从危险区域撤出作业人员，并责令暂时停产停业、停止建设、停止施工或者停止使用相关设施、设备，限期排除隐患。

隐患排除后，经安全监管监察部门审查同意，方可恢复生产经营和使用。

本条第一款第（二）项规定的责令暂时停产停业、停止建设、停止施工或者停止使用相关设施、设备的期限一般不超过 6 个月；法律、行政法规另有规定的，依照其规定。

第十五条 对有根据认为不符合安全生产的国家标准或者行业标准的在用设施、设备、器材，违法生产、储存、使用、经营、运输的危险物品，以及违法生产、储存、使用、经营危险物品的作业场所，安全监管监察部门应当依照《行政强制法》的规定予以查封或者扣押。查封或者扣押的期限不得超过 30 日，情况复杂的，经安全监管监察部门负责人批准，最多可以延长 30 日，并在查封或者扣押期限内作出处理决定：

（一）对违法事实清楚、依法应当没收的非法财物予以没收；

（二）法律、行政法规规定应当销毁的，依法销毁；

（三）法律、行政法规规定应当解除查封、扣押的，作出解除查封、扣押的决定。

实施查封、扣押，应当制作并当场交付查封、扣押决定书和清单。

第十六条 安全监管监察部门依法对存在重大事故隐患的生产经营单位作出停产停业、停止施工、停止使用相关设施、设备的决定，生产经营单位应当依法执行，及时消除事故隐患。生产经营单位拒不执行，有发生生产安全事故的现实危险的，在保证安全的前提下，经本部门主要负责人批准，安全监管监察部门可以采取通知有关单位停止供电、停止供应民用爆炸物品等措施，强制生产经营单位履行决定。通知应当采用书面形式，有关单位应当予以配合。

安全监管监察部门依照前款规定采取停止供电措施，除有危及生产安全的紧急情形外，应当提前 24 小时通知生产经营单位。生产经营单位依法履行行政决定、采取相应措施消除事故隐患的，安全监管监察部门应当及时解除前款规定的措施。

第十七条 生产经营单位被责令限期改正或者限期进行隐患排除治理的，应当在规定限期内完成。因不可抗力无法在规定限期内完成的，应当在进行整改或者治理的同时，于限期届满前 10 日内提出书面延期申请，安全监管监察部门应当在收到申请之日起 5 日内书面答复是否准予延期。

生产经营单位提出复查申请或者整改、治理限期届满的，安全监管监察部门应当自申请或者限期届满之日起 10 日内进行复查，填写复查意见书，由被复查单位和安全监管监察部门复查人员签名后存档。逾期未整改、未治理或者整改、治理不合格的，安全监管监察部门应当依法给予行政处罚。

第十八条 安全监管监察部门在作出行政处罚决定前，应当填写行政处罚告知书，告知当事人作出行政处罚决定的事实、理由、依据，以及当事人依法享有的权利，并送达当事人。当事人应当在收到行政处罚告知书之日起3日内进行陈述、申辩，或者依法提出听证要求，逾期视为放弃上述权利。

第十九条 安全监管监察部门应当充分听取当事人的陈述和申辩，对当事人提出的事实、理由和证据，应当进行复核；当事人提出的事实、理由和证据成立的，安全监管监察部门应当采纳。

安全监管监察部门不得因当事人陈述或者申辩而加重处罚。

第二十条 安全监管监察部门对安全生产违法行为实施行政处罚，应当符合法定程序，制作行政执法文书。

第一节 简易程序

第二十一条 违法事实确凿并有法定依据，对个人处以50元以下罚款、对生产经营单位处以1千元以下罚款或者警告的行政处罚的，安全生产行政执法人员可以当场作出行政处罚决定。

第二十二条 安全生产行政执法人员当场作出行政处罚决定，应当填写预定格式、编有号码的行政处罚决定书并当场交付当事人。

安全生产行政执法人员当场作出行政处罚决定后应当及时报告，并在5日内报所属安全监管监察部门备案。

第二节 一般程序

第二十三条 除依照简易程序当场作出的行政处罚外，安全监管监察部门发现生产经营单位及其有关人员有应当给予行政处罚的行为的，应当予以立案，填写立案审批表，并全面、客观、公正地进行调查，收集有关证据。对确需立即查处的安全生产违法行为，可以先行调查取证，并在5日内补办立案手续。

第二十四条 对已经立案的案件，由立案审批人指定两名或者两名以上安全生产行政执法人员进行调查。

有下列情形之一的，承办案件的安全生产行政执法人员应当回避：

（一）本人是本案的当事人或者当事人的近亲属的；

（二）本人或者其近亲属与本案有利害关系的；

（三）与本人有其他利害关系，可能影响案件的公正处理的。

安全生产行政执法人员的回避，由派出其进行调查的安全监管监察部门的负责人决定。进行调查的安全监管监察部门负责人的回避，由该部门负责人集体讨论决定。回避决定作出之前，承办案件的安全生产行政执法人员不得擅自停止对案件的调查。

第二十五条 进行案件调查时，安全生产行政执法人员不得少于两名。当事人或者有关人员应当如实回答安全生产行政执法人员的询问，并协助调查或者检查，不得拒绝、阻挠或者提供虚假情况。

询问或者检查应当制作笔录。笔录应当记载时间、地点、询问和检查情况，并由被询问人、被检查单位和安全生产行政执法人员签名或者盖章；被询问人、被检查单位要求补正的，应当允许。被询问人或者被检查单位拒绝签名或者盖章的，安全生产行政执法人员应当在笔录上注明原因并签名。

第二十六条 安全生产行政执法人员应当收集、调取与案件有关的原始凭证作为证据。调取原始凭证确有困难的，可以复制，复制件应当注明"经核对与原件无异"的字样和原始凭证存放的单位及其处所，并由出具证据的人员签名或者单位盖章。

第二十七条 安全生产行政执法人员在收集证据时，可以采取抽样取证的方法；在证据可能灭失或者以后难以取得的情况下，经本单位负责人批准，可以先行登记保存，并应当在7日内作出处理决定：

（一）违法事实成立依法应当没收的，作出行政处罚决定，予以没收；依法应当扣留或者封存的，予以扣留或者封存；

（二）违法事实不成立，或者依法不应当予

以没收、扣留、封存的，解除登记保存。

第二十八条 安全生产行政执法人员对与案件有关的物品、场所进行勘验检查时，应当通知当事人到场，制作勘验笔录，并由当事人核对无误后签名或者盖章。当事人拒绝到场的，可以邀请在场的其他人员作证，并在勘验笔录中注明原因并签名；也可以采用录音、录像等方式记录有关物品、场所的情况后，再进行勘验检查。

第二十九条 案件调查终结后，负责承办案件的安全生产行政执法人员应当填写案件处理呈批表，连同有关证据材料一并报本部门负责人审批。

安全监管监察部门负责人应当及时对案件调查结果进行审查，根据不同情况，分别作出以下决定：

（一）确有应受行政处罚的违法行为的，根据情节轻重及具体情况，作出行政处罚决定；

（二）违法行为轻微，依法可以不予行政处罚的，不予行政处罚；

（三）违法事实不能成立，不得给予行政处罚；

（四）违法行为涉嫌犯罪的，移送司法机关处理。

对严重安全生产违法行为给予责令停产停业整顿、责令停产停业、责令停止建设、责令停止施工、吊销有关许可证、撤销有关执业资格或者岗位证书、5万元以上罚款、没收违法所得、没收非法开采的煤炭产品或者采掘设备价值5万元以上的行政处罚的，应当由安全监管监察部门的负责人集体讨论决定。

第三十条 安全监管监察部门依照本办法第二十九条的规定给予行政处罚，应当制作行政处罚决定书。行政处罚决定书应当载明下列事项：

（一）当事人的姓名或者名称、地址或者住址；

（二）违法事实和证据；

（三）行政处罚的种类和依据；

（四）行政处罚的履行方式和期限；

（五）不服行政处罚决定，申请行政复议或者提起行政诉讼的途径和期限；

（六）作出行政处罚决定的安全监管监察部门的名称和作出决定的日期。

行政处罚决定书必须盖有作出行政处罚决定的安全监管监察部门的印章。

第三十一条 行政处罚决定书应当在宣告后当场交付当事人；当事人不在场的，安全监管监察部门应当在7日内依照民事诉讼法的有关规定，将行政处罚决定书送达当事人或者其他的法定受送达人：

（一）送达必须有送达回执，由受送达人在送达回执上注明收到日期，签名或者盖章；

（二）送达应当直接送交受送达人。受送达人是个人的，本人不在交他的同住成年家属签收，并在行政处罚决定书送达回执的备注栏内注明与受送达人的关系；

（三）受送达人是法人或者其他组织的，应当由法人的法定代表人、其他组织的主要负责人或者该法人、组织负责收件的人签收；

（四）受送达人指定代收人的，交代收人签收并注明受当事人委托的情况；

（五）直接送达确有困难的，可以挂号邮寄送达，也可以委托当地安全监管监察部门代为送达，代为送达的安全监管监察部门收到文书后，必须立即交受送达人签收；

（六）当事人或者他的同住成年家属拒绝接收的，送达人应当邀请有关基层组织或者所在单位的代表到场，说明情况，在行政处罚决定书送达回执上记明拒收的事由和日期，由送达人、见证人签名或者盖章，将行政处罚决定书留在当事人的住所；也可以把行政处罚决定书留在受送达人的住所，并采用拍照、录像等方式记录送达过程，即视为送达；

（七）受送达人下落不明，或者用以上方式无法送达的，可以公告送达，自公告发布之日起经过60日，即视为送达。公告送达，应当在案卷中注明原因和经过。

安全监管监察部门送达其他行政处罚执法文书，按照前款规定办理。

第三十二条 行政处罚案件应当自立案之日起 30 日内作出行政处罚决定；由于客观原因不能完成的，经安全监管监察部门负责人同意，可以延长，但不得超过 90 日；特殊情况需进一步延长的，应当经上一级安全监管监察部门批准，可延长至 180 日。

第三节 听证程序

第三十三条 安全监管监察部门作出责令停产停业整顿、责令停产停业、吊销有关许可证、撤销有关执业资格、岗位证书或者较大数额罚款的行政处罚决定之前，应当告知当事人有要求举行听证的权利；当事人要求听证的，安全监管监察部门应当组织听证，不得向当事人收取听证费用。

前款所称较大数额罚款，为省、自治区、直辖市人大常委会或者人民政府规定的数额；没有规定数额的，其数额对个人罚款为 2 万元以上，对生产经营单位罚款为 5 万元以上。

第三十四条 当事人要求听证的，应当在安全监管监察部门依照本办法第十八条规定告知后 3 日内以书面方式提出。

第三十五条 当事人提出听证要求后，安全监管监察部门应当在收到书面申请之日起 15 日内举行听证会，并在举行听证会的 7 日前，通知当事人举行听证的时间、地点。

当事人应当按期参加听证。当事人有正当理由要求延期的，经组织听证的安全监管监察部门负责人批准可以延期 1 次；当事人未按期参加听证，并且未事先说明理由的，视为放弃听证权利。

第三十六条 听证参加人由听证主持人、听证员、案件调查人员、当事人及其委托代理人、书记员组成。

听证主持人、听证员、书记员应当由组织听证的安全监管监察部门负责人指定的非本案调查人员担任。

当事人可以委托 1 至 2 名代理人参加听证，并提交委托书。

第三十七条 除涉及国家秘密、商业秘密或者个人隐私外，听证应当公开举行。

第三十八条 当事人在听证中的权利和义务：

（一）有权对案件涉及的事实、适用法律及有关情况进行陈述和申辩；

（二）有权对案件调查人员提出的证据质证并提出新的证据；

（三）如实回答主持人的提问；

（四）遵守听证会场纪律，服从听证主持人指挥。

第三十九条 听证按照下列程序进行：

（一）书记员宣布听证会场纪律、当事人的权利和义务。听证主持人宣布案由，核实听证参加人名单，宣布听证开始；

（二）案件调查人员提出当事人的违法事实、出示证据，说明拟作出的行政处罚的内容及法律依据；

（三）当事人或者其委托代理人对案件的事实、证据、适用的法律等进行陈述和申辩，提交新的证据材料；

（四）听证主持人就案件的有关问题向当事人、案件调查人员、证人询问；

（五）案件调查人员、当事人或者其委托代理人相互辩论；

（六）当事人或者其委托代理人作最后陈述；

（七）听证主持人宣布听证结束。

听证笔录应当当场交当事人核对无误后签名或者盖章。

第四十条 有下列情形之一的，应当中止听证：

（一）需要重新调查取证的；

（二）需要通知新证人到场作证的；

（三）因不可抗力无法继续进行听证的。

第四十一条 有下列情形之一的，应当终止听证：

（一）当事人撤回听证要求的；

（二）当事人无正当理由不按时参加听证的；

（三）拟作出的行政处罚决定已经变更，不

适用听证程序的。

第四十二条 听证结束后,听证主持人应当依据听证情况,填写听证会报告书,提出处理意见并附听证笔录报安全监管监察部门负责人审查。安全监管监察部门依照本办法第二十九条的规定作出决定。

第四章 行政处罚的适用

第四十三条 生产经营单位的决策机构、主要负责人、个人经营的投资人(包括实际控制人,下同)未依法保证下列安全生产所必需的资金投入之一,致使生产经营单位不具备安全生产条件的,责令限期改正,提供必需的资金,可以对生产经营单位处1万元以上3万元以下罚款,对生产经营单位的主要负责人、个人经营的投资人处5000元以上1万元以下罚款;逾期未改正的,责令生产经营单位停产停业整顿:

(一)提取或者使用安全生产费用;
(二)用于配备劳动防护用品的经费;
(三)用于安全生产教育和培训的经费;
(四)国家规定的其他安全生产所必须的资金投入。

生产经营单位主要负责人、个人经营的投资人有前款违法行为,导致发生生产安全事故的,依照《生产安全事故罚款处罚规定(试行)》的规定给予处罚。

第四十四条 生产经营单位的主要负责人未依法履行安全生产管理职责,导致生产安全事故发生的,依照《生产安全事故罚款处罚规定(试行)》的规定给予处罚。

第四十五条 生产经营单位及其主要负责人或者其他人员有下列行为之一的,给予警告,并可以对生产经营单位处1万元以上3万元以下罚款,对其主要负责人、其他有关人员处1千元以上1万元以下的罚款:

(一)违反操作规程或者安全管理规定作业的;
(二)违章指挥从业人员或者强令从业人员违章、冒险作业的;
(三)发现从业人员违章作业不加制止的;
(四)超过核定的生产能力、强度或者定员进行生产的;
(五)对被查封或者扣押的设施、设备、器材、危险物品和作业场所,擅自启封或者使用的;
(六)故意提供虚假情况或者隐瞒存在的事故隐患以及其他安全问题的;
(七)拒不执行安全监管监察部门依法下达的安全监管监察指令的。

第四十六条 危险物品的生产、经营、储存单位以及矿山、金属冶炼单位有下列行为之一的,责令改正,并可以处1万元以上3万元以下的罚款:

(一)未建立应急救援组织或者生产经营规模较小、未指定兼职应急救援人员的;
(二)未配备必要的应急救援器材、设备和物资,并进行经常性维护、保养,保证正常运转的。

第四十七条 生产经营单位与从业人员订立协议,免除或者减轻其对从业人员因生产安全事故伤亡依法应承担的责任的,该协议无效;对生产经营单位的主要负责人、个人经营的投资人按照下列规定处以罚款:

(一)在协议中减轻因生产安全事故伤亡对从业人员依法应承担的责任的,处2万元以上5万元以下的罚款;
(二)在协议中免除因生产安全事故伤亡对从业人员依法应承担的责任的,处5万元以上10万元以下的罚款。

第四十八条 生产经营单位不具备法律、行政法规和国家标准、行业标准规定的安全生产条件,经责令停产停业整顿仍不具备安全生产条件的,安全监管监察部门应当提请有管辖权的人民政府予以关闭;人民政府决定关闭的,安全监管监察部门应当依法吊销其有关许可证。

第四十九条 生产经营单位转让安全生产许可证的,没收违法所得,吊销安全生产许可证,并按照下列规定处以罚款：

（一）接受转让的单位和个人未发生生产安全事故的，处10万元以上30万元以下的罚款；

（二）接受转让的单位和个人发生生产安全事故但没有造成人员死亡的，处30万元以上40万元以下的罚款；

（三）接受转让的单位和个人发生人员死亡生产安全事故的，处40万元以上50万元以下的罚款。

第五十条　知道或者应当知道生产经营单位未取得安全生产许可证或者其他批准文件擅自从事生产经营活动，仍为其提供生产经营场所、运输、保管、仓储等条件的，责令立即停止违法行为，有违法所得的，没收违法所得，并处违法所得1倍以上3倍以下的罚款，但是最高不得超过3万元；没有违法所得的，并处5千元以上1万元以下的罚款。

第五十一条　生产经营单位及其有关人员弄虚作假、骗取或者勾结、串通行政审批工作人员取得安全生产许可证书及其他批准文件的，撤销许可及批准文件，并按照下列规定处以罚款：

（一）生产经营单位有违法所得的，没收违法所得，并处违法所得1倍以上3倍以下的罚款，但是最高不得超过3万元；没有违法所得的，并处5千元以上1万元以下的罚款；

（二）对有关人员处1千元以上1万元以下的罚款。

有前款规定违法行为的生产经营单位及其有关人员在3年内不得再次申请该行政许可。

生产经营单位及其有关人员未依法办理安全生产许可证书变更手续的，责令限期改正，并对生产经营单位处1万元以上3万元以下的罚款，对有关人员处1千元以上5千元以下的罚款。

第五十二条　未取得相应资格、资质证书的机构及其有关人员从事安全评价、认证、检测、检验工作，责令停止违法行为，并按照下列规定处以罚款：

（一）机构有违法所得的，没收违法所得，并处违法所得1倍以上3倍以下的罚款，但是最高不得超过3万元；没有违法所得的，并处5千元以上1万元以下的罚款；

（二）有关人员处5千元以上1万元以下的罚款。

第五十三条　生产经营单位及其有关人员触犯不同的法律规定，有两个以上应当给予行政处罚的安全生产违法行为的，安全监管监察部门应当适用不同的法律规定，分别裁量，合并处罚。

第五十四条　对同一生产经营单位及其有关人员的同一安全生产违法行为，不得给予两次以上罚款的行政处罚。

第五十五条　生产经营单位及其有关人员有下列情形之一的，应当从重处罚：

（一）危及公共安全或者其他生产经营单位安全的，经责令限期改正，逾期未改正的；

（二）一年内因同一违法行为受到两次以上行政处罚的；

（三）拒不整改或者整改不力，其违法行为呈持续状态的；

（四）拒绝、阻碍或者以暴力威胁行政执法人员的。

第五十六条　生产经营单位及其有关人员有下列情形之一的，应当依法从轻或者减轻行政处罚：

（一）已满14周岁不满18周岁的公民实施安全生产违法行为的；

（二）主动消除或者减轻安全生产违法行为危害后果的；

（三）受他人胁迫实施安全生产违法行为的；

（四）配合安全监管监察部门查处安全生产违法行为，有立功表现的；

（五）主动投案，向安全监管监察部门如实交待自己的违法行为的；

（六）具有法律、行政法规规定的其他从轻或者减轻处罚情形的。

有从轻处罚情节的，应当在法定处罚幅度的中档以下确定行政处罚标准，但不得低于法定处罚幅度的下限。

本条第一款第四项所称的立功表现，是指当

事人有揭发他人安全生产违法行为，并经查证属实；或者提供查处其他安全生产违法行为的重要线索，并经查证属实；或者阻止他人实施安全生产违法行为；或者协助司法机关抓捕其他违法犯罪嫌疑人的行为。

安全生产违法行为轻微并及时纠正，没有造成危害后果的，不予行政处罚。

第五章 行政处罚的执行和备案

第五十七条 安全监管监察部门实施行政处罚时，应当同时责令生产经营单位及其有关人员停止、改正或者限期改正违法行为。

第五十八条 本办法所称的违法所得，按照下列规定计算：

（一）生产、加工产品的，以生产、加工产品的销售收入作为违法所得；

（二）销售商品的，以销售收入作为违法所得；

（三）提供安全生产中介、租赁等服务的，以服务收入或者报酬作为违法所得；

（四）销售收入无法计算的，按当地同类同等规模的生产经营单位的平均销售收入计算；

（五）服务收入、报酬无法计算的，按照当地同行业同种服务的平均收入或者报酬计算。

第五十九条 行政处罚决定依法作出后，当事人应当在行政处罚决定的期限内，予以履行；当事人逾期不履行的，作出行政处罚决定的安全监管监察部门可以采取下列措施：

（一）到期不缴纳罚款的，每日按罚款数额的3%加处罚款，但不得超过罚款数额；

（二）根据法律规定，将查封、扣押的设施、设备、器材和危险物品拍卖所得价款抵缴罚款；

（三）申请人民法院强制执行。

当事人对行政处罚决定不服申请行政复议或者提起行政诉讼的，行政处罚不停止执行，法律另有规定的除外。

第六十条 安全生产行政执法人员当场收缴罚款的，应当出具省、自治区、直辖市财政部门统一制发的罚款收据；当场收缴的罚款，应当自收缴罚款之日起2日内，交至所属安全监管监察部门；安全监管监察部门应当在2日内将罚款缴付指定的银行。

第六十一条 除依法应当予以销毁的物品外，需要将查封、扣押的设施、设备、器材和危险物品拍卖抵缴罚款的，依照法律或者国家有关规定处理。销毁物品，依照国家有关规定处理；没有规定的，经县级以上安全监管监察部门负责人批准，由两名以上安全生产行政执法人员监督销毁，并制作销毁记录。处理物品，应当制作清单。

第六十二条 罚款、没收违法所得的款项和没收非法开采的煤炭产品、采掘设备，必须按照有关规定上缴，任何单位和个人不得截留、私分或者变相私分。

第六十三条 县级安全生产监督管理部门处以5万元以上罚款、没收违法所得、没收非法生产的煤炭产品或者采掘设备价值5万元以上、责令停产停业、停止建设、停止施工、停产停业整顿、吊销有关资格、岗位证书或者许可证的行政处罚的，应当自作出行政处罚决定之日起10日内报设区的市级安全生产监督管理部门备案。

第六十四条 设区的市级安全生产监管监察部门处以10万元以上罚款、没收违法所得、没收非法生产的煤炭产品或者采掘设备价值10万元以上、责令停产停业、停止建设、停止施工、停产停业整顿、吊销有关资格、岗位证书或者许可证的行政处罚的，应当自作出行政处罚决定之日起10日内报省级安全监管监察部门备案。

第六十五条 省级安全监管监察部门处以50万元以上罚款、没收违法所得、没收非法生产的煤炭产品或者采掘设备价值50万元以上、责令停产停业、停止建设、停止施工、停产停业整顿、吊销有关资格、岗位证书或者许可证的行政处罚的，应当自作出行政处罚决定之日起10日内报国家安全生产监督管理总局或者国家煤矿安全监察局备案。

对上级安全监管监察部门交办案件给予行政

处罚的，由决定行政处罚的安全监管监察部门自作出行政处罚决定之日起10日内报上级安全监管监察部门备案。

第六十六条　行政处罚执行完毕后，案件材料应当按照有关规定立卷归档。

案卷立案归档后，任何单位和个人不得擅自增加、抽取、涂改和销毁案卷材料。未经安全监管监察部门负责人批准，任何单位和个人不得借阅案卷。

第六章　附　　则

第六十七条　安全生产监督管理部门所用的行政处罚文书式样，由国家安全生产监督管理总局统一制定。

煤矿安全监察机构所用的行政处罚文书式样，由国家煤矿安全监察局统一制定。

第六十八条　本办法所称的生产经营单位，是指合法和非法从事生产或者经营活动的基本单元，包括企业法人、不具备企业法人资格的合伙组织、个体工商户和自然人等生产经营主体。

第六十九条　本办法自2008年1月1日起施行。原国家安全生产监督管理局（国家煤矿安全监察局）2003年5月19日公布的《安全生产违法行为行政处罚办法》、2001年4月27日公布的《煤矿安全监察程序暂行规定》同时废止。

14. 生产安全事故罚款处罚规定（试行）

（中华人民共和国国家安全监管总局令第77号　2015年4月2日修正）

第一条　为防止和减少生产安全事故，严格追究生产安全事故发生单位及其有关责任人员的法律责任，正确适用事故罚款的行政处罚，依照《安全生产法》、《生产安全事故报告和调查处理条例》（以下简称《条例》）的规定，制定本规定。

第二条　安全生产监督管理部门和煤矿安全监察机构对生产安全事故发生单位（以下简称事故发生单位）及其主要负责人、直接负责的主管人员和其他责任人员等有关责任人员依照《安全生产法》和《条例》实施罚款的行政处罚，适用本规定。

第三条　本规定所称事故发生单位是指对事故发生负有责任的生产经营单位。

本规定所称主要负责人是指有限责任公司、股份有限公司的董事长或者总经理或者个人经营的投资人，其他生产经营单位的厂长、经理、局长、矿长（含实际控制人）等人员。

第四条　本规定所称事故发生单位主要负责人、直接负责的主管人员和其他直接责任人员的上一年年收入，属于国有生产经营单位的，是指该单位上级主管部门所确定的上一年年收入总额；属于非国有生产经营单位的，是指经财务、税务部门核定的上一年年收入总额。

生产经营单位提供虚假资料或者由于财务、税务部门无法核定等原因致使有关人员的上一年年收入难以确定的，按照下列办法确定：

（一）主要负责人的上一年年收入，按照本省、自治区、直辖市上一年度职工平均工资的5倍以上10倍以下计算；

（二）直接负责的主管人员和其他直接责任人员的上一年年收入，按照本省、自治区、直辖市上一年度职工平均工资的1倍以上5倍以下计算。

第五条　《条例》所称的迟报、漏报、谎报和瞒报，依照下列情形认定：

（一）报告事故的时间超过规定时限的，属于迟报；

（二）因过失对应当上报的事故或者事故发生的时间、地点、类别、伤亡人数、直接经济损失等内容遗漏未报的，属于漏报；

（三）故意不如实报告事故发生的时间、地点、初步原因、性质、伤亡人数和涉险人数、直接经济损失等有关内容的，属于谎报；

（四）隐瞒已经发生的事故，超过规定时限

未向安全监管监察部门和有关部门报告，经查证属实的，属于瞒报。

第六条 对事故发生单位及其有关责任人员处以罚款的行政处罚，依照下列规定决定：

（一）对发生特别重大事故的单位及其有关责任人员罚款的行政处罚，由国家安全生产监督管理总局决定；

（二）对发生重大事故的单位及其有关责任人员罚款的行政处罚，由省级人民政府安全生产监督管理部门决定；

（三）对发生较大事故的单位及其有关责任人员罚款的行政处罚，由设区的市级人民政府安全生产监督管理部门决定；

（四）对发生一般事故的单位及其有关责任人员罚款的行政处罚，由县级人民政府安全生产监督管理部门决定。

上级安全生产监督管理部门可以指定下一级安全生产监督管理部门对事故发生单位及其有关责任人员实施行政处罚。

第七条 对煤矿事故发生单位及其有关责任人员处以罚款的行政处罚，依照下列规定执行：

（一）对发生特别重大事故的煤矿及其有关责任人员罚款的行政处罚，由国家煤矿安全监察局决定；

（二）对发生重大事故和较大事故的煤矿及其有关责任人员罚款的行政处罚，由省级煤矿安全监察机构决定；

（三）对发生一般事故的煤矿及其有关责任人员罚款的行政处罚，由省级煤矿安全监察机构所属分局决定。

上级煤矿安全监察机构可以指定下一级煤矿安全监察机构对事故发生单位及其有关责任人员实施行政处罚。

第八条 特别重大事故以下等级事故，事故发生地与事故发生单位所在地不在同一个县级以上行政区域的，由事故发生地的安全生产监督管理部门或者煤矿安全监察机构依照本规定第六条或者第七条规定的权限实施行政处罚。

第九条 安全生产监督管理部门和煤矿安全监察机构对事故发生单位及其有关责任人员实施罚款的行政处罚，依照《安全生产违法行为行政处罚办法》规定的程序执行。

第十条 事故发生单位及其有关责任人员对安全生产监督管理部门和煤矿安全监察机构给予的行政处罚，享有陈述、申辩的权利；对行政处罚不服的，有权依法申请行政复议或者提起行政诉讼。

第十一条 事故发生单位主要负责人有《安全生产法》第一百零六条、《条例》第三十五条规定的下列行为之一的，依照下列规定处以罚款：

（一）事故发生单位主要负责人在事故发生后不立即组织事故抢救的，处上一年年收入100%的罚款；

（二）事故发生单位主要负责人迟报事故的，处上一年年收入60%至80%的罚款；漏报事故的，处上一年年收入40%至60%的罚款；

（三）事故发生单位主要负责人在事故调查处理期间擅离职守的，处上一年年收入80%至100%的罚款。

第十二条 事故发生单位有《条例》第三十六条规定行为之一的，依照《国家安全监管总局关于印发〈安全生产行政处罚自由裁量标准〉的通知》（安监总政法〔2010〕137号）等规定给予罚款。

第十三条 事故发生单位的主要负责人、直接负责的主管人员和其他直接责任人员有《安全生产法》第一百零六条、《条例》第三十六条规定的下列行为之一的，依照下列规定处以罚款：

（一）伪造、故意破坏事故现场，或者转移、隐匿资金、财产，销毁有关证据、资料，或者拒绝接受调查，或者拒绝提供有关情况和资料，或者在事故调查中作伪证，或者指使他人作伪证的，处上一年年收入80%至90%的罚款；

（二）谎报、瞒报事故或者事故发生后逃匿的，处上一年年收入100%的罚款。

第十四条 事故发生单位对造成3人以下死亡，或者3人以上10人以下重伤（包括急性工业中毒，下同），或者300万元以上1000万元以下直接经济损失的一般事故负有责任的，处20万元以上50万元以下的罚款。

事故发生单位有本条第一款规定的行为且有谎报或者瞒报事故情节的，处50万元的罚款。

第十五条　事故发生单位对较大事故发生负有责任的，依照下列规定处以罚款：

（一）造成3人以上6人以下死亡，或者10人以上30人以下重伤，或者1000万元以上3000万元以下直接经济损失的，处50万元以上70万元以下的罚款；

（二）造成6人以上10人以下死亡，或者30人以上50人以下重伤，或者3000万元以上5000万元以下直接经济损失的，处70万元以上100万元以下的罚款。

事故发生单位对较大事故发生负有责任且有谎报或者瞒报情节的，处100万元的罚款。

第十六条　事故发生单位对重大事故发生负有责任的，依照下列规定处以罚款：

（一）造成10人以上15人以下死亡，或者50人以上70人以下重伤，或者5000万元以上7000万元以下直接经济损失的，处100万元以上300万元以下的罚款；

（二）造成15人以上30人以下死亡，或者70人以上100人以下重伤，或者7000万元以上1亿元以下直接经济损失的，处300万元以上500万元以下的罚款。

事故发生单位对重大事故发生负有责任且有谎报或者瞒报情节的，处500万元的罚款。

第十七条　事故发生单位对特别重大事故发生负有责任的，依照下列规定处以罚款：

（一）造成30人以上40人以下死亡，或者100人以上120人以下重伤，或者1亿元以上1.2亿元以下直接经济损失的，处500万元以上1000万元以下的罚款；

（二）造成40人以上50人以下死亡，或者120人以上150人以下重伤，或者1.2亿元以上1.5亿元以下直接经济损失的，处1000万元以上1500万元以下的罚款；

（三）造成50人以上死亡，或者150人以上重伤，或者1.5亿元以上直接经济损失的，处1500万元以上2000万元以下的罚款。

事故发生单位对特别重大事故发生负有责任且有下列情形之一的，处2000万元的罚款：

（一）谎报特别重大事故的；

（二）瞒报特别重大事故的；

（三）未依法取得有关行政审批或者证照擅自从事生产经营活动的；

（四）拒绝、阻碍行政执法的；

（五）拒不执行有关停产停业、停止施工、停止使用相关设备或者设施的行政执法指令的；

（六）明知存在事故隐患，仍然进行生产经营活动的；

（七）一年内已经发生2起以上较大事故，或者1起重大以上事故，再次发生特别重大事故的；

（八）地下矿山负责人未按照规定带班下井的。

第十八条　事故发生单位主要负责人未依法履行安全生产管理职责，导致事故发生的，依照下列规定处以罚款：

（一）发生一般事故的，处上一年年收入30%的罚款；

（二）发生较大事故的，处上一年年收入40%的罚款；

（三）发生重大事故的，处上一年年收入60%的罚款；

（四）发生特别重大事故的，处上一年年收入80%的罚款。

第十九条　个人经营的投资人未依照《安全生产法》的规定保证安全生产所必需的资金投入，致使生产经营单位不具备安全生产条件，导致发生生产安全事故的，依照下列规定对个人经营的投资人处以罚款：

（一）发生一般事故的，处2万元以上5万元以下的罚款；

（二）发生较大事故的，处5万元以上10万元以下的罚款；

（三）发生重大事故的，处10万元以上15

万元以下的罚款；

（四）发生特别重大事故的，处15万元以上20万元以下的罚款。

第二十条 违反《条例》和本规定，事故发生单位及其有关责任人员有两种以上应当处以罚款的行为的，安全生产监督管理部门或者煤矿安全监察机构应当分别裁量，合并作出处罚决定。

第二十一条 对事故发生负有责任的其他单位及其有关责任人员处以罚款的行政处罚，依照相关法律、法规和规章的规定实施。

第二十二条 本规定自公布之日起施行。

15. 安全生产事故隐患排查治理暂行规定

（中华人民共和国国家安全生产监督管理总局令第16号 2007年12月28日公布 2008年2月1日施行）

第一章 总 则

第一条 为了建立安全生产事故隐患排查治理长效机制，强化安全生产主体责任，加强事故隐患监督管理，防止和减少事故，保障人民群众生命财产安全，根据安全生产法等法律、行政法规，制定本规定。

第二条 生产经营单位安全生产事故隐患排查治理和安全生产监督管理部门、煤矿安全监察机构（以下统称安全监管监察部门）实施监管监察，适用本规定。

有关法律、行政法规对安全生产事故隐患排查治理另有规定的，依照其规定。

第三条 本规定所称安全生产事故隐患（以下简称事故隐患），是指生产经营单位违反安全生产法律、法规、规章、标准、规程和安全生产管理制度的规定，或者因其他因素在生产经营活动中存在可能导致事故发生的物的危险状态、人的不安全行为和管理上的缺陷。

事故隐患分为一般事故隐患和重大事故隐患。一般事故隐患，是指危害和整改难度较小，发现后能够立即整改排除的隐患。重大事故隐患，是指危害和整改难度较大，应当全部或者局部停产停业，并经过一定时间整改治理方能排除的隐患，或者因外部因素影响致使生产经营单位自身难以排除的隐患。

第四条 生产经营单位应当建立健全事故隐患排查治理制度。

生产经营单位主要负责人对本单位事故隐患排查治理工作全面负责。

第五条 各级安全监管监察部门按照职责对所辖区域内生产经营单位排查治理事故隐患工作依法实施综合监督管理；各级人民政府有关部门在各自职责范围内对生产经营单位排查治理事故隐患工作依法实施监督管理。

第六条 任何单位和个人发现事故隐患，均有权向安全监管监察部门和有关部门报告。

安全监管监察部门接到事故隐患报告后，应当按照职责分工立即组织核实并予以查处；发现所报告事故隐患应当由其他有关部门处理的，应当立即移送有关部门并记录备查。

第二章 生产经营单位的职责

第七条 生产经营单位应当依照法律、法规、规章、标准和规程的要求从事生产经营活动。严禁非法从事生产经营活动。

第八条 生产经营单位是事故隐患排查、治理和防控的责任主体。

生产经营单位应当建立健全事故隐患排查治理和建档监控等制度，逐级建立并落实从主要负责人到每个从业人员的隐患排查治理和监控责任制。

第九条 生产经营单位应当保证事故隐患排查治理所需的资金，建立资金使用专项制度。

第十条 生产经营单位应当定期组织安全生产管理人员、工程技术人员和其他相关人员排查本单位的事故隐患。对排查出的事故隐患，应当按照事故隐患的等级进行登记，建立事故隐患信息档案，并按照职责分工实施监控治理。

第十一条 生产经营单位应当建立事故隐患报告和举报奖励制度，鼓励、发动职工发现和排除事故隐患，鼓励社会公众举报。对发现、排除和举报事故隐患的有功人员，应当给予物质奖励和表彰。

第十二条 生产经营单位将生产经营项目、场所、设备发包、出租的，应当与承包、承租单位签订安全生产管理协议，并在协议中明确各方对事故隐患排查、治理和防控的管理职责。生产经营单位对承包、承租单位的事故隐患排查治理负有统一协调和监督管理的职责。

第十三条 安全监管监察部门和有关部门的监督检查人员依法履行事故隐患监督检查职责时，生产经营单位应当积极配合，不得拒绝和阻挠。

第十四条 生产经营单位应当每季、每年对本单位事故隐患排查治理情况进行统计分析，并分别于下一季度15日前和下一年1月31日前向安全监管监察部门和有关部门报送书面统计分析表。统计分析表应由生产经营单位主要负责人签字。

对于重大事故隐患，生产经营单位除依照前款规定报送外，应当及时向安全监管监察部门和有关部门报告。重大事故隐患报告内容应当包括：

（一）隐患的现状及其产生原因；

（二）隐患的危害程度和整改难易程度分析；

（三）隐患的治理方案。

第十五条 对于一般事故隐患，由生产经营单位（车间、分厂、区队等）负责人或者有关人员立即组织整改。

对于重大事故隐患，由生产经营单位主要负责人组织制定并实施事故隐患治理方案。重大事故隐患治理方案应当包括以下内容：

（一）治理的目标和任务；

（二）采取的方法和措施；

（三）经费和物资的落实；

（四）负责治理的机构和人员；

（五）治理的时限和要求；

（六）安全措施和应急预案。

第十六条 生产经营单位在事故隐患治理过程中，应当采取相应的安全防范措施，防止事故发生。事故隐患排除前或者排除过程中无法保证安全的，应当从危险区域内撤出作业人员，并疏散可能危及的其他人员，设置警戒标志，暂时停产停业或者停止使用；对暂时难以停产或者停止使用的相关生产储存装置、设施、设备，应当加强维护和保养，防止事故发生。

第十七条 生产经营单位应当加强对自然灾害的预防。对于因自然灾害可能导致事故灾难的隐患，应当按照有关法律、法规、标准和本规定的要求排查治理，采取可靠的预防措施，制定应急预案。在接到有关自然灾害预报时，应当及时向下属单位发出预警通知；发生自然灾害可能危及生产经营单位和人员安全的情况时，应当采取撤离人员、停止作业、加强监测等安全措施，并及时向当地人民政府及其有关部门报告。

第十八条 地方人民政府或者安全监管监察部门及有关部门挂牌督办并责令全部或者局部停产停业治理的重大事故隐患，治理工作结束后，有条件的生产经营单位应当组织本单位的技术人员和专家对重大事故隐患的治理情况进行评估；其他生产经营单位应当委托具备相应资质的安全评价机构对重大事故隐患的治理情况进行评估。

经治理后符合安全生产条件的，生产经营单位应当向安全监管监察部门和有关部门提出恢复生产的书面申请，经安全监管监察部门和有关部门审查同意后，方可恢复生产经营。申请报告应当包括治理方案的内容、项目和安全评价机构出具的评价报告等。

第三章 监督管理

第十九条 安全监管监察部门应当指导、监督生产经营单位按照有关法律、法规、规章、标准和规程的要求，建立健全事故隐患排查治理等各项制度。

第二十条 安全监管监察部门应当建立事故

隐患排查治理监督检查制度，定期组织对生产经营单位事故隐患排查治理情况开展监督检查；应当加强对重点单位的事故隐患排查治理情况的监督检查。对检查过程中发现的重大事故隐患，应当下达整改指令书，并建立信息管理台账。必要时，报告同级人民政府并对重大事故隐患实行挂牌督办。

安全监管监察部门应当配合有关部门做好对生产经营单位事故隐患排查治理情况开展的监督检查，依法查处事故隐患排查治理的非法和违法行为及其责任者。

安全监管监察部门发现属于其他有关部门职责范围内的重大事故隐患的，应该及时将有关资料移送有管辖权的有关部门，并记录备查。

第二十一条 已经取得安全生产许可证的生产经营单位，在其被挂牌督办的重大事故隐患治理结束前，安全监管监察部门应当加强监督检查。必要时，可以提请原许可证颁发机关依法暂扣其安全生产许可证。

第二十二条 安全监管监察部门应当会同有关部门把重大事故隐患整改纳入重点行业领域安全专项整治中加以治理，落实相应责任。

第二十三条 对挂牌督办并采取全部或者局部停产停业治理的重大事故隐患，安全监管监察部门收到生产经营单位恢复生产的申请报告后，应当在10日内进行现场审查。审查合格的，对事故隐患进行核销，同意恢复生产经营；审查不合格的，依法责令改正或者下达停产整改指令。对整改无望或者生产经营单位拒不执行整改指令的，依法实施行政处罚；不具备安全生产条件的，依法提请县级以上人民政府按照国务院规定的权限予以关闭。

第二十四条 安全监管监察部门应当每季将本行政区域重大事故隐患的排查治理情况和统计分析表逐级报至省级安全监管监察部门备案。

省级安全监管监察部门应当每半年将本行政区域重大事故隐患的排查治理情况和统计分析表报国家安全生产监督管理总局备案。

第四章 罚 则

第二十五条 生产经营单位及其主要负责人未履行事故隐患排查治理职责，导致发生生产安全事故的，依法给予行政处罚。

第二十六条 生产经营单位违反本规定，有下列行为之一的，由安全监管监察部门给予警告，并处三万元以下的罚款：

（一）未建立安全生产事故隐患排查治理等各项制度的；

（二）未按规定上报事故隐患排查治理统计分析表的；

（三）未制定事故隐患治理方案的；

（四）重大事故隐患不报或者未及时报告的；

（五）未对事故隐患进行排查治理擅自生产经营的；

（六）整改不合格或者未经安全监管监察部门审查同意擅自恢复生产经营的。

第二十七条 承担检测检验、安全评价的中介机构，出具虚假评价证明，尚不够刑事处罚的，没收违法所得，违法所得在五千元以上的，并处违法所得二倍以上五倍以下的罚款，没有违法所得或者违法所得不足五千元的，单处或者并处五千元以上二万元以下的罚款，同时可对其直接负责的主管人员和其他直接责任人员处五千元以上五万元以下的罚款；给他人造成损害的，与生产经营单位承担连带赔偿责任。

对有前款违法行为的机构，撤销其相应的资质。

第二十八条 生产经营单位事故隐患排查治理过程中违反有关安全生产法律、法规、规章、标准和规程规定的，依法给予行政处罚。

第二十九条 安全监管监察部门的工作人员未依法履行职责的，按照有关规定处理。

第五章 附 则

第三十条 省级安全监管监察部门可以根据

本规定，制定事故隐患排查治理和监督管理实施细则。

第三十一条 事业单位、人民团体以及其他经济组织的事故隐患排查治理，参照本规定执行。

第三十二条 本规定自2008年2月1日起施行。

（九）知识产权合规

1. 中华人民共和国商标法（节录）

（2019年4月23日修正）

第四条 自然人、法人或者其他组织在生产经营活动中，对其商品或者服务需要取得商标专用权的，应当向商标局申请商标注册。不以使用为目的的恶意商标注册申请，应当予以驳回。

本法有关商品商标的规定，适用于服务商标。

第六条 法律、行政法规规定必须使用注册商标的商品，必须申请商标注册，未经核准注册的，不得在市场销售。

第十条 下列标志不得作为商标使用：

（一）同中华人民共和国的国家名称、国旗、国徽、国歌、军旗、军徽、军歌、勋章等相同或者近似的，以及同中央国家机关的名称、标志、所在地特定地点的名称或者标志性建筑物的名称、图形相同的；

（二）同外国的国家名称、国旗、国徽、军旗等相同或者近似的，但经该国政府同意的除外；

（三）同政府间国际组织的名称、旗帜、徽记等相同或者近似的，但经该组织同意或者不易误导公众的除外；

（四）与表明实施控制、予以保证的官方标志、检验印记相同或者近似的，但经授权的除外；

（五）同"红十字"、"红新月"的名称、标志相同或者近似的；

（六）带有民族歧视性的；

（七）带有欺骗性，容易使公众对商品的质量等特点或者产地产生误认的；

（八）有害于社会主义道德风尚或者有其他不良影响的。

县级以上行政区划的地名或者公众知晓的外国地名，不得作为商标。但是，地名具有其他含义或者作为集体商标、证明商标组成部分的除外；已经注册的使用地名的商标继续有效。

第十一条 下列标志不得作为商标注册：

（一）仅有本商品的通用名称、图形、型号的；

（二）仅直接表示商品的质量、主要原料、功能、用途、重量、数量及其他特点的；

（三）其他缺乏显著特征的。

前款所列标志经过使用取得显著特征，并便于识别的，可以作为商标注册。

第十二条 以三维标志申请注册商标的，仅由商品自身的性质产生的形状、为获得技术效果而需有的商品形状或者使商品具有实质性价值的形状，不得注册。

第十三条 为相关公众所熟知的商标，持有人认为其权利受到侵害时，可以依照本法规定请求驰名商标保护。

就相同或者类似商品申请注册的商标是复制、摹仿或者翻译他人未在中国注册的驰名商标，容易导致混淆的，不予注册并禁止使用。

就不相同或者不相类似商品申请注册的商标是复制、摹仿或者翻译他人已经在中国注册的驰名商标，误导公众，致使该驰名商标注册人的利益可能受到损害的，不予注册并禁止使用。

第十五条 未经授权，代理人或者代表人以自己的名义将被代理人或者被代表人的商标进行注册，被代理人或者被代表人提出异议的，不予注册并禁止使用。

就同一种商品或者类似商品申请注册的商标

与他人在先使用的未注册商标相同或者近似，申请人与该他人具有前款规定以外的合同、业务往来关系或者其他关系而明知该他人商标存在，该他人提出异议的，不予注册。

第十六条 商标中有商品的地理标志，而该商品并非来源于该标志所标示的地区，误导公众的，不予注册并禁止使用；但是，已经善意取得注册的继续有效。

前款所称地理标志，是指标示某商品来源于某地区，该商品的特定质量、信誉或者其他特征，主要由该地区的自然因素或者人文因素所决定的标志。

第十九条 商标代理机构应当遵循诚实信用原则，遵守法律、行政法规，按照被代理人的委托办理商标注册申请或者其他商标事宜；对在代理过程中知悉的被代理人的商业秘密，负有保密义务。

委托人申请注册的商标可能存在本法规定不得注册情形的，商标代理机构应当明确告知委托人。

商标代理机构知道或者应当知道委托人申请注册的商标属于本法第四条、第十五条和第三十二条规定情形的，不得接受其委托。

商标代理机构除对其代理服务申请商标注册外，不得申请注册其他商标。

第三十条 申请注册的商标，凡不符合本法有关规定或者同他人在同一种商品或者类似商品上已经注册的或者初步审定的商标相同或者近似的，由商标局驳回申请，不予公告。

第三十一条 两个或者两个以上的商标注册申请人，在同一种商品或者类似商品上，以相同或者近似的商标申请注册的，初步审定并公告申请在先的商标；同一天申请的，初步审定并公告使用在先的商标，驳回其他人的申请，不予公告。

第三十二条 申请商标注册不得损害他人现有的在先权利，也不得以不正当手段抢先注册他人已经使用并有一定影响的商标。

第四十条 注册商标有效期满，需要继续使用的，商标注册人应当在期满前十二个月内按照规定办理续展手续；在此期间未能办理的，可以给予六个月的宽展期。每次续展注册的有效期为十年，自该商标上一届有效期满次日起计算。期满未办理续展手续的，注销其注册商标。

商标局应当对续展注册的商标予以公告。

第四十一条 注册商标需要变更注册人的名义、地址或者其他注册事项的，应当提出变更申请。

第四十二条 转让注册商标的，转让人和受让人应当签订转让协议，并共同向商标局提出申请。受让人应当保证使用该注册商标的商品质量。

转让注册商标的，商标注册人对其在同一种商品上注册的近似的商标，或者在类似商品上注册的相同或者近似的商标，应当一并转让。

对容易导致混淆或者有其他不良影响的转让，商标局不予核准，书面通知申请人并说明理由。

转让注册商标经核准后，予以公告。受让人自公告之日起享有商标专用权。

第四十三条 商标注册人可以通过签订商标使用许可合同，许可他人使用其注册商标。许可人应当监督被许可人使用其注册商标的商品质量。被许可人应当保证使用该注册商标的商品质量。

经许可使用他人注册商标的，必须在使用该注册商标的商品上标明被许可人的名称和商品产地。

许可他人使用其注册商标的，许可人应当将其商标使用许可报商标局备案，由商标局公告。商标使用许可未经备案不得对抗善意第三人。

第五十条 注册商标被撤销、被宣告无效或者期满不再续展的，自撤销、宣告无效或者注销之日起一年内，商标局对与该商标相同或者近似的商标注册申请，不予核准。

第五十一条 违反本法第六条规定的，由地方工商行政管理部门责令限期申请注册，违法经营额五万元以上的，可以处违法经营额百分之二十以下的罚款，没有违法经营额或者违法经营额不足五万元的，可以处一万元以下的罚款。

第五十二条 将未注册商标冒充注册商标使用的，或者使用未注册商标违反本法第十条规定的，由地方工商行政管理部门予以制止，限期改正，并可以予以通报，违法经营额五万元以上的，可以处违法经营额百分之二十以下的罚款，没有违法经营额或者违法经营额不足五万元的，可以处一万元以下的罚款。

第五十三条 违反本法第十四条第五款规定的，由地方工商行政管理部门责令改正，处十万元罚款。

第五十七条 有下列行为之一的，均属侵犯注册商标专用权：

（一）未经商标注册人的许可，在同一种商品上使用与其注册商标相同的商标的；

（二）未经商标注册人的许可，在同一种商品上使用与其注册商标近似的商标，或者在类似商品上使用与其注册商标相同或者近似的商标，容易导致混淆的；

（三）销售侵犯注册商标专用权的商品的；

（四）伪造、擅自制造他人注册商标标识或者销售伪造、擅自制造的注册商标标识的；

（五）未经商标注册人同意，更换其注册商标并将该更换商标的商品又投入市场的；

（六）故意为侵犯他人商标专用权行为提供便利条件，帮助他人实施侵犯商标专用权行为的；

（七）给他人的注册商标专用权造成其他损害的。

第五十八条 将他人注册商标、未注册的驰名商标作为企业名称中的字号使用，误导公众，构成不正当竞争行为的，依照《中华人民共和国反不正当竞争法》处理。

第五十九条 注册商标中含有的本商品的通用名称、图形、型号，或者直接表示商品的质量、主要原料、功能、用途、重量、数量及其他特点，或者含有的地名，注册商标专用权人无权禁止他人正当使用。

三维标志注册商标中含有的商品自身的性质产生的形状、为获得技术效果而需有的商品形状或者使商品具有实质性价值的形状，注册商标专用权人无权禁止他人正当使用。

商标注册人申请商标注册前，他人已经在同一种商品或者类似商品上先于商标注册人使用与注册商标相同或者近似并有一定影响的商标的，注册商标专用权人无权禁止该使用人在原使用范围内继续使用该商标，但可以要求其附加适当区别标识。

第六十条 有本法第五十七条所列侵犯注册商标专用权行为之一，引起纠纷的，由当事人协商解决；不愿协商或者协商不成的，商标注册人或者利害关系人可以向人民法院起诉，也可以请求工商行政管理部门处理。

工商行政管理部门处理时，认定侵权行为成立的，责令立即停止侵权行为，没收、销毁侵权商品和主要用于制造侵权商品、伪造注册商标标识的工具，违法经营额五万元以上的，可以处违法经营额五倍以下的罚款，没有违法经营额或者违法经营额不足五万元的，可以处二十五万元以下的罚款。对五年内实施两次以上商标侵权行为或者有其他严重情节的，应当从重处罚。销售不知道是侵犯注册商标专用权的商品，能证明该商品是自己合法取得并说明提供者的，由工商行政管理部门责令停止销售。

对侵犯商标专用权的赔偿数额的争议，当事人可以请求进行处理的工商行政管理部门调解，也可以依照《中华人民共和国民事诉讼法》向人民法院起诉。经工商行政管理部门调解，当事人未达成协议或者调解书生效后不履行的，当事人可以依照《中华人民共和国民事诉讼法》向人民法院起诉。

第六十一条 对侵犯注册商标专用权的行为，工商行政管理部门有权依法查处；涉嫌犯罪的，应当及时移送司法机关依法处理。

第六十二条 县级以上工商行政管理部门根据已经取得的违法嫌疑证据或者举报，对涉嫌侵犯他人注册商标专用权的行为进行查处时，可以行使下列职权：

（一）询问有关当事人，调查与侵犯他人注册商标专用权有关的情况；

（二）查阅、复制当事人与侵权活动有关的合同、发票、账簿以及其他有关资料；

（三）对当事人涉嫌从事侵犯他人注册商标专用权活动的场所实施现场检查；

（四）检查与侵权活动有关的物品；对有证据证明是侵犯他人注册商标专用权的物品，可以查封或者扣押。

工商行政管理部门依法行使前款规定的职权时，当事人应当予以协助、配合，不得拒绝、阻挠。

在查处商标侵权案件过程中，对商标权属存在争议或者权利人同时向人民法院提起商标侵权诉讼的，工商行政管理部门可以中止案件的查处。中止原因消除后，应当恢复或者终结案件查处程序。

第六十三条 侵犯商标专用权的赔偿数额，按照权利人因被侵权所受到的实际损失确定；实际损失难以确定的，可以按照侵权人因侵权所获得的利益确定；权利人的损失或者侵权人获得的利益难以确定的，参照该商标许可使用费的倍数合理确定。对恶意侵犯商标专用权，情节严重的，可以在按照上述方法确定数额的一倍以上五倍以下确定赔偿数额。赔偿数额应当包括权利人为制止侵权行为所支付的合理开支。

人民法院为确定赔偿数额，在权利人已经尽力举证，而与侵权行为相关的账簿、资料主要由侵权人掌握的情况下，可以责令侵权人提供与侵权行为相关的账簿、资料；侵权人不提供或者提供虚假的账簿、资料的，人民法院可以参考权利人的主张和提供的证据判定赔偿数额。

权利人因被侵权所受到的实际损失、侵权人因侵权所获得的利益、注册商标许可使用费难以确定的，由人民法院根据侵权行为的情节判决给予五百万元以下的赔偿。

人民法院审理商标纠纷案件，应权利人请求，对属于假冒注册商标的商品，除特殊情况外，责令销毁；对主要用于制造假冒注册商标的商品的材料、工具，责令销毁，且不予补偿；或者在特殊情况下，责令禁止前述材料、工具进入商业渠道，且不予补偿。

假冒注册商标的商品不得在仅去除假冒注册商标后进入商业渠道。

2. 中华人民共和国专利法（节录）

（2020年10月17日修正）

第四条 申请专利的发明创造涉及国家安全或者重大利益需要保密的，按照国家有关规定办理。

第五条 对违反法律、社会公德或者妨害公共利益的发明创造，不授予专利权。

对违反法律、行政法规的规定获取或者利用遗传资源，并依赖该遗传资源完成的发明创造，不授予专利权。

第六条 执行本单位的任务或者主要是利用本单位的物质技术条件所完成的发明创造为职务发明创造。职务发明创造申请专利的权利属于该单位，申请被批准后，该单位为专利权人。该单位可以依法处置其职务发明创造申请专利的权利和专利权，促进相关发明创造的实施和运用。

非职务发明创造，申请专利的权利属于发明人或者设计人；申请被批准后，该发明人或者设计人为专利权人。

利用本单位的物质技术条件所完成的发明创造，单位与发明人或者设计人订有合同，对申请专利的权利和专利权的归属作出约定的，从其约定。

第七条 对发明人或者设计人的非职务发明创造专利申请，任何单位或者个人不得压制。

第八条 两个以上单位或者个人合作完成的发明创造、一个单位或者个人接受其他单位或者个人委托所完成的发明创造，除另有协议的以外，申请专利的权利属于完成或者共同完成的单位或者个人；申请被批准后，申请的单位或者个人为专利权人。

第十条 专利申请权和专利权可以转让。

中国单位或者个人向外国人、外国企业或者外国其他组织转让专利申请权或者专利权的，应当依照有关法律、行政法规的规定办理手续。

转让专利申请权或者专利权的，当事人应当订立书面合同，并向国务院专利行政部门登记，由国务院专利行政部门予以公告。专利申请权或者专利权的转让自登记之日起生效。

第十一条 发明和实用新型专利权被授予后，除本法另有规定的以外，任何单位或者个人未经专利权人许可，都不得实施其专利，即不得为生产经营目的制造、使用、许诺销售、销售、进口其专利产品，或者使用其专利方法以及使用、许诺销售、销售、进口依照该专利方法直接获得的产品。

外观设计专利权被授予后，任何单位或者个人未经专利权人许可，都不得实施其专利，即不得为生产经营目的制造、许诺销售、销售、进口其外观设计专利产品。

第十二条 任何单位或者个人实施他人专利的，应当与专利权人订立实施许可合同，向专利权人支付专利使用费。被许可人无权允许合同规定以外的任何单位或者个人实施该专利。

第十四条 专利申请权或者专利权的共有人对权利的行使有约定的，从其约定。没有约定的，共有人可以单独实施或者以普通许可方式许可他人实施该专利；许可他人实施该专利的，收取的使用费应当在共有人之间分配。

除前款规定的情形外，行使共有的专利申请权或者专利权应当取得全体共有人的同意。

第十五条 被授予专利权的单位应当对职务发明创造的发明人或者设计人给予奖励；发明创造专利实施后，根据其推广应用的范围和取得的经济效益，对发明人或者设计人给予合理的报酬。

国家鼓励被授予专利权的单位实行产权激励，采取股权、期权、分红等方式，使发明人或者设计人合理分享创新收益。

第十九条 任何单位或者个人将在中国完成的发明或者实用新型向外国申请专利的，应当事先报经国务院专利行政部门进行保密审查。保密审查的程序、期限等按照国务院的规定执行。

中国单位或者个人可以根据中华人民共和国参加的有关国际条约提出专利国际申请。申请人提出专利国际申请的，应当遵守前款规定。

国务院专利行政部门依照中华人民共和国参加的有关国际条约、本法和国务院有关规定处理专利国际申请。

对违反本条第一款规定向外国申请专利的发明或者实用新型，在中国申请专利的，不授予专利权。

第二十二条 授予专利权的发明和实用新型，应当具备新颖性、创造性和实用性。

新颖性，是指该发明或者实用新型不属于现有技术；也没有任何单位或者个人就同样的发明或者实用新型在申请日以前向国务院专利行政部门提出过申请，并记载在申请日以后公布的专利申请文件或者公告的专利文件中。

创造性，是指与现有技术相比，该发明具有突出的实质性特点和显著的进步，该实用新型具有实质性特点和进步。

实用性，是指该发明或者实用新型能够制造或者使用，并且能够产生积极效果。

本法所称现有技术，是指申请日以前在国内外为公众所知的技术。

第二十三条 授予专利权的外观设计，应当不属于现有设计；也没有任何单位或者个人就同样的外观设计在申请日以前向国务院专利行政部门提出过申请，并记载在申请日以后公告的专利文件中。

授予专利权的外观设计与现有设计或者现有设计特征的组合相比，应当具有明显区别。

授予专利权的外观设计不得与他人在申请日以前已经取得的合法权利相冲突。

本法所称现有设计，是指申请日以前在国内外为公众所知的设计。

第二十四条 申请专利的发明创造在申请日以前六个月内，有下列情形之一的，不丧失新颖性：

（一）在国家出现紧急状态或者非常情况时，为公共利益目的首次公开的；

（二）在中国政府主办或者承认的国际展览会上首次展出的；

（三）在规定的学术会议或者技术会议上首次发表的；

（四）他人未经申请人同意而泄露其内容的。

第二十五条 对下列各项，不授予专利权：

（一）科学发现；

（二）智力活动的规则和方法；

（三）疾病的诊断和治疗方法；

（四）动物和植物品种；

（五）原子核变换方法以及用原子核变换方法获得的物质；

（六）对平面印刷品的图案、色彩或者二者的结合作出的主要起标识作用的设计。

对前款第（四）项所列产品的生产方法，可以依照本法规定授予专利权。

第六十五条 未经专利权人许可，实施其专利，即侵犯其专利权，引起纠纷的，由当事人协商解决；不愿协商或者协商不成的，专利权人或者利害关系人可以向人民法院起诉，也可以请求管理专利工作的部门处理。管理专利工作的部门处理时，认定侵权行为成立的，可以责令侵权人立即停止侵权行为，当事人不服的，可以自收到处理通知之日起十五日内依照《中华人民共和国行政诉讼法》向人民法院起诉；侵权人期满不起诉又不停止侵权行为的，管理专利工作的部门可以申请人民法院强制执行。进行处理的管理专利工作的部门应当事人的请求，可以就侵犯专利权的赔偿数额进行调解；调解不成的，当事人可以依照《中华人民共和国民事诉讼法》向人民法院起诉。

第六十八条 假冒专利的，除依法承担民事责任外，由负责专利执法的部门责令改正并予公告，没收违法所得，可以处违法所得五倍以下的罚款；没有违法所得或者违法所得在五万元以下的，可以处二十五万元以下的罚款；构成犯罪的，依法追究刑事责任。

第六十九条 负责专利执法的部门根据已经取得的证据，对涉嫌假冒专利行为进行查处时，有权采取下列措施：

（一）询问有关当事人，调查与涉嫌违法行为有关的情况；

（二）对当事人涉嫌违法行为的场所实施现场检查；

（三）查阅、复制与涉嫌违法行为有关的合同、发票、账簿以及其他有关资料；

（四）检查与涉嫌违法行为有关的产品；

（五）对有证据证明是假冒专利的产品，可以查封或者扣押。

管理专利工作的部门应专利权人或者利害关系人的请求处理专利侵权纠纷时，可以采取前款第（一）项、第（二）项、第（四）项所列措施。

负责专利执法的部门、管理专利工作的部门依法行使前两款规定的职权时，当事人应当予以协助、配合，不得拒绝、阻挠。

第七十条 国务院专利行政部门可以应专利权人或者利害关系人的请求处理在全国有重大影响的专利侵权纠纷。

地方人民政府管理专利工作的部门应专利权人或者利害关系人请求处理专利侵权纠纷，对在本行政区域内侵犯其同一专利权的案件可以合并处理；对跨区域侵犯其同一专利权的案件可以请求上级地方人民政府管理专利工作的部门处理。

第七十一条 侵犯专利权的赔偿数额按照权利人因被侵权所受到的实际损失或者侵权人因侵权所获得的利益确定；权利人的损失或者侵权人获得的利益难以确定的，参照该专利许可使用费的倍数合理确定。对故意侵犯专利权，情节严重的，可以在按照上述方法确定数额的一倍以上五倍以下确定赔偿数额。

权利人的损失、侵权人获得的利益和专利许可使用费均难以确定的，人民法院可以根据专利权的类型、侵权行为的性质和情节等因素，确定给予三万元以上五百万元以下的赔偿。

赔偿数额还应当包括权利人为制止侵权行为所支付的合理开支。

人民法院为确定赔偿数额，在权利人已经尽力举证，而与侵权行为相关的账簿、资料主要由侵权人掌握的情况下，可以责令侵权人提供与侵权行为相关的账簿、资料；侵权人不提供或者提供虚假的账簿、资料的，人民法院可以参考权利人的主张和提供的证据判定赔偿数额。

第七十八条 违反本法第十九条规定向外国申请专利，泄露国家秘密的，由所在单位或者上级主管机关给予行政处分；构成犯罪的，依法追究刑事责任。

3. 中华人民共和国著作权法（节录）

（2020年11月11日修正）

第十条 著作权包括下列人身权和财产权：

（一）发表权，即决定作品是否公之于众的权利；

（二）署名权，即表明作者身份，在作品上署名的权利；

（三）修改权，即修改或者授权他人修改作品的权利；

（四）保护作品完整权，即保护作品不受歪曲、篡改的权利；

（五）复制权，即以印刷、复印、拓印、录音、录像、翻录、翻拍、数字化等方式将作品制作一份或者多份的权利；

（六）发行权，即以出售或者赠与方式向公众提供作品的原件或者复制件的权利；

（七）出租权，即有偿许可他人临时使用视听作品、计算机软件的原件或者复制件的权利，计算机软件不是出租的主要标的除外；

（八）展览权，即公开陈列美术作品、摄影作品的原件或者复制件的权利；

（九）表演权，即公开表演作品，以及用各种手段公开播送作品的表演的权利；

（十）放映权，即通过放映机、幻灯机等技术设备公开再现美术、摄影、视听作品等的权利；

（十一）广播权，即以有线或者无线方式公开传播或者转播作品，以及通过扩音器或者其他传送符号、声音、图像的类似工具向公众传播广播的作品的权利，但不包括本款第十二项规定的权利；

（十二）信息网络传播权，即以有线或者无线方式向公众提供，使公众可以在其选定的时间和地点获得作品的权利；

（十三）摄制权，即以摄制视听作品的方法将作品固定在载体上的权利；

（十四）改编权，即改变作品，创作出具有独创性的新作品的权利；

（十五）翻译权，即将作品从一种语言文字转换成另一种语言文字的权利；

（十六）汇编权，即将作品或者作品的片段通过选择或者编排，汇集成新作品的权利；

（十七）应当由著作权人享有的其他权利。

著作权人可以许可他人行使前款第五项至第十七项规定的权利，并依照约定或者本法有关规定获得报酬。

著作权人可以全部或者部分转让本条第一款第五项至第十七项规定的权利，并依照约定或者本法有关规定获得报酬。

第十四条 两人以上合作创作的作品，著作权由合作作者共同享有。没有参加创作的人，不能成为合作作者。

合作作品的著作权由合作作者通过协商一致行使；不能协商一致，又无正当理由的，任何一方不得阻止他方行使除转让、许可他人专有使用、出质以外的其他权利，但是所得收益应当合理分配给所有合作作者。

合作作品可以分割使用的，作者对各自创作的部分可以单独享有著作权，但行使著作权时不得侵犯合作作品整体的著作权。

第十八条 自然人为完成法人或者非法人组织工作任务所创作的作品是职务作品，除本条第二款的规定以外，著作权由作者享有，但法人或者非法人组织有权在其业务范围内优先使用。作品完成两年内，未经单位同意，作者不得许可第三人以与单位使用的相同方式使用该作品。

有下列情形之一的职务作品，作者享有署名权，著作权的其他权利由法人或者非法人组织享有，法人或者非法人组织可以给予作者奖励：

（一）主要是利用法人或者非法人组织的物质技术条件创作，并由法人或者非法人组织承担责任的工程设计图、产品设计图、地图、示意图、计算机软件等职务作品；

（二）报社、期刊社、通讯社、广播电台、电视台的工作人员创作的职务作品；

（三）法律、行政法规规定或者合同约定著作权由法人或者非法人组织享有的职务作品。

第十九条 受委托创作的作品，著作权的归属由委托人和受托人通过合同约定。合同未作明确约定或者没有订立合同的，著作权属于受托人。

第二十二条 作者的署名权、修改权、保护作品完整权的保护期不受限制。

第二十四条 在下列情况下使用作品，可以不经著作权人许可，不向其支付报酬，但应当指明作者姓名或者名称、作品名称，并且不得影响该作品的正常使用，也不得不合理地损害著作权人的合法权益：

（一）为个人学习、研究或者欣赏，使用他人已经发表的作品；

（二）为介绍、评论某一作品或者说明某一问题，在作品中适当引用他人已经发表的作品；

（三）为报道新闻，在报纸、期刊、广播电台、电视台等媒体中不可避免地再现或者引用已经发表的作品；

（四）报纸、期刊、广播电台、电视台等媒体刊登或者播放其他报纸、期刊、广播电台、电视台等媒体已经发表的关于政治、经济、宗教问题的时事性文章，但著作权人声明不许刊登、播放的除外；

（五）报纸、期刊、广播电台、电视台等媒体刊登或者播放在公众集会上发表的讲话，但作者声明不许刊登、播放的除外；

（六）为学校课堂教学或者科学研究，翻译、改编、汇编、播放或者少量复制已经发表的作品，供教学或者科研人员使用，但不得出版发行；

（七）国家机关为执行公务在合理范围内使用已经发表的作品；

（八）图书馆、档案馆、纪念馆、博物馆、美术馆、文化馆等为陈列或者保存版本的需要，复制本馆收藏的作品；

（九）免费表演已经发表的作品，该表演未向公众收取费用，也未向表演者支付报酬，且不以营利为目的；

（十）对设置或者陈列在公共场所的艺术作品进行临摹、绘画、摄影、录像；

（十一）将中国公民、法人或者非法人组织已经发表的以国家通用语言文字创作的作品翻译成少数民族语言文字作品在国内出版发行；

（十二）以阅读障碍者能够感知的无障碍方式向其提供已经发表的作品；

（十三）法律、行政法规规定的其他情形。

前款规定适用于对与著作权有关的权利的限制。

第二十五条 为实施义务教育和国家教育规划而编写出版教科书，可以不经著作权人许可，在教科书中汇编已经发表的作品片段或者短小的文字作品、音乐作品或者单幅的美术作品、摄影作品、图形作品，但应当按照规定向著作权人支付报酬，指明作者姓名或者名称、作品名称，并且不得侵犯著作权人依照本法享有的其他权利。

前款规定适用于对与著作权有关的权利的限制。

第二十六条 使用他人作品应当同著作权人订立许可使用合同，本法规定可以不经许可的除外。

许可使用合同包括下列主要内容：

（一）许可使用的权利种类；

（二）许可使用的权利是专有使用权或者非专有使用权；

（三）许可使用的地域范围、期间；

（四）付酬标准和办法；

（五）违约责任；

（六）双方认为需要约定的其他内容。

第二十七条 转让本法第十条第一款第五项至第十七项规定的权利，应当订立书面合同。

权利转让合同包括下列主要内容：

（一）作品的名称；

（二）转让的权利种类、地域范围；

（三）转让价金；

（四）交付转让价金的日期和方式；

（五）违约责任；

（六）双方认为需要约定的其他内容。

第二十八条 以著作权中的财产权出质的，由出质人和质权人依法办理出质登记。

第二十九条 许可使用合同和转让合同中著作权人未明确许可、转让的权利，未经著作权人同意，另一方当事人不得行使。

第三十一条 出版者、表演者、录音录像制作者、广播电台、电视台等依照本法有关规定使用他人作品的，不得侵犯作者的署名权、修改权、保护作品完整权和获得报酬的权利。

第四十九条 为保护著作权和与著作权有关的权利，权利人可以采取技术措施。

未经权利人许可，任何组织或者个人不得故意避开或者破坏技术措施，不得以避开或者破坏技术措施为目的制造、进口或者向公众提供有关装置或者部件，不得故意为他人避开或者破坏技术措施提供技术服务。但是，法律、行政法规规定可以避开的情形除外。

本法所称的技术措施，是指用于防止、限制未经权利人许可浏览、欣赏作品、表演、录音录像制品或者通过信息网络向公众提供作品、表演、录音录像制品的有效技术、装置或者部件。

第五十条 下列情形可以避开技术措施，但不得向他人提供避开技术措施的技术、装置或者部件，不得侵犯权利人依法享有的其他权利：

（一）为学校课堂教学或者科学研究，提供少量已经发表的作品，供教学或者科研人员使用，而该作品无法通过正常途径获取；

（二）不以营利为目的，以阅读障碍者能够感知的无障碍方式向其提供已经发表的作品，而该作品无法通过正常途径获取；

（三）国家机关依照行政、监察、司法程序执行公务；

（四）对计算机及其系统或者网络的安全性能进行测试；

（五）进行加密研究或者计算机软件反向工程研究。

前款规定适用于对与著作权有关的权利的限制。

第五十一条 未经权利人许可，不得进行下列行为：

（一）故意删除或者改变作品、版式设计、表演、录音录像制品或者广播、电视上的权利管理信息，但由于技术上的原因无法避免的除外；

（二）知道或者应当知道作品、版式设计、表演、录音录像制品或者广播、电视上的权利管理信息未经许可被删除或者改变，仍然向公众提供。

第五十二条 有下列侵权行为的，应当根据情况，承担停止侵害、消除影响、赔礼道歉、赔偿损失等民事责任：

（一）未经著作权人许可，发表其作品的；

（二）未经合作作者许可，将与他人合作创作的作品当作自己单独创作的作品发表的；

（三）没有参加创作，为谋取个人名利，在他人作品上署名的；

（四）歪曲、篡改他人作品的；

（五）剽窃他人作品的；

（六）未经著作权人许可，以展览、摄制视听作品的方法使用作品，或者以改编、翻译、注释等方式使用作品的，本法另有规定的除外；

（七）使用他人作品，应当支付报酬而未支付的；

（八）未经视听作品、计算机软件、录音录像制品的著作权人、表演者或者录音录像制作者许可，出租其作品或者录音录像制品的原件或者复制件的，本法另有规定的除外；

（九）未经出版者许可，使用其出版的图书、期刊的版式设计的；

（十）未经表演者许可，从现场直播或者公开传送其现场表演，或者录制其表演的；

（十一）其他侵犯著作权以及与著作权有关的权利的行为。

第五十三条 有下列侵权行为的，应当根据情况，承担本法第五十二条规定的民事责任；侵权行为同时损害公共利益的，由主管著作权的部门责令停止侵权行为，予以警告，没收违法所得，没收、无害化销毁处理侵权复制品以及主要用于制作侵权复制品的材料、工具、设备等，违法经营额五万元以上的，可以并处违法经营额一倍以上五倍以下的罚款；没有违法经营额、违法经营额难以计算或者不足五万元的，可以并处二十五万元以下的罚款；构成犯罪的，依法追究刑事责任：

（一）未经著作权人许可，复制、发行、表演、放映、广播、汇编、通过信息网络向公众传播其作品的，本法另有规定的除外；

（二）出版他人享有专有出版权的图书的；

（三）未经表演者许可，复制、发行录有其表演的录音录像制品，或者通过信息网络向公众传播其表演的，本法另有规定的除外；

（四）未经录音录像制作者许可，复制、发行、通过信息网络向公众传播其制作的录音录像制品的，本法另有规定的除外；

（五）未经许可，播放、复制或者通过信息网络向公众传播广播、电视的，本法另有规定的除外；

（六）未经著作权人或者与著作权有关的权利人许可，故意避开或者破坏技术措施的，故意制造、进口或者向他人提供主要用于避开、破坏技术措施的装置或者部件的，或者故意为他人避开或者破坏技术措施提供技术服务的，法律、行政法规另有规定的除外；

（七）未经著作权人或者与著作权有关的权利人许可，故意删除或者改变作品、版式设计、表演、录音录像制品或者广播、电视上的权利管理信息的，知道或者应当知道作品、版式设计、表演、录音录像制品或者广播、电视上的权利管理信息未经许可被删除或者改变，仍然向公众提供的，法律、行政法规另有规定的除外；

（八）制作、出售假冒他人署名的作品的。

4. 中华人民共和国民法典（节录）

（2020年5月28日公布　2021年1月1日施行）

第四百二十七条 设立质权，当事人应当采用书面形式订立质押合同。

质押合同一般包括下列条款：

（一）被担保债权的种类和数额；

（二）债务人履行债务的期限；

（三）质押财产的名称、数量等情况；

（四）担保的范围；

（五）质押财产交付的时间、方式。

第四百四十四条 以注册商标专用权、专利权、著作权等知识产权中的财产权出质的，质权自办理出质登记时设立。

知识产权中的财产权出质后，出质人不得转让或者许可他人使用，但是出质人与质权人协商同意的除外。出质人转让或者许可他人使用出质的知识产权中的财产权所得的价款，应当向质权人提前清偿债务或者提存。

5. 中华人民共和国刑法（节录）

（2020年12月26日修正）

第二百一十三条 未经注册商标所有人许可，在同一种商品、服务上使用与其注册商标相同的商标，情节严重的，处三年以下有期徒刑，并处或者单处罚金；情节特别严重的，处三年以上十年以下有期徒刑，并处罚金。

第二百一十四条 销售明知是假冒注册商标的商品，违法所得数额较大或者有其他严重情节的，处三年以下有期徒刑，并处或者单处罚金；

违法所得数额巨大或者有其他特别严重情节的，处三年以上十年以下有期徒刑，并处罚金。

第二百一十五条 伪造、擅自制造他人注册商标标识或者销售伪造、擅自制造的注册商标标识，情节严重的，处三年以下有期徒刑，并处或者单处罚金；情节特别严重的，处三年以上十年以下有期徒刑，并处罚金。

第二百一十六条 假冒他人专利，情节严重的，处三年以下有期徒刑或者拘役，并处或者单处罚金。

第二百一十七条 以营利为目的，有下列侵犯著作权或者与著作权有关的权利的情形之一，违法所得数额较大或者有其他严重情节的，处三年以下有期徒刑，并处或者单处罚金；违法所得数额巨大或者有其他特别严重情节的，处三年以上十年以下有期徒刑，并处罚金：

（一）未经著作权人许可，复制发行、通过信息网络向公众传播其文字作品、音乐、美术、视听作品、计算机软件及法律、行政法规规定的其他作品的；

（二）出版他人享有专有出版权的图书的；

（三）未经录音录像制作者许可，复制发行、通过信息网络向公众传播其制作的录音录像的；

（四）未经表演者许可，复制发行录有其表演的录音录像制品，或者通过信息网络向公众传播其表演的；

（五）制作、出售假冒他人署名的美术作品的；

（六）未经著作权人或者与著作权有关的权利人许可，故意避开或者破坏权利人为其作品、录音录像制品等采取的保护著作权或者与著作权有关的权利的技术措施的。

第二百一十八条 以营利为目的，销售明知是本法第二百一十七条规定的侵权复制品，违法所得数额巨大或者有其他严重情节的，处五年以下有期徒刑，并处或者单处罚金。

第二百一十九条 有下列侵犯商业秘密行为之一，情节严重的，处三年以下有期徒刑，并处或者单处罚金；情节特别严重的，处三年以上十年以下有期徒刑，并处罚金：

（一）以盗窃、贿赂、欺诈、胁迫、电子侵入或者其他不正当手段获取权利人的商业秘密的；

（二）披露、使用或者允许他人使用以前项手段获取的权利人的商业秘密的；

（三）违反保密义务或者违反权利人有关保守商业秘密的要求，披露、使用或者允许他人使用其所掌握的商业秘密的。

明知前款所列行为，获取、披露、使用或者允许他人使用该商业秘密的，以侵犯商业秘密论。

本条所称权利人，是指商业秘密的所有人和经商业秘密所有人许可的商业秘密使用人。

第二百二十条 单位犯本节第二百一十三条至第二百一十九条之一规定之罪的，对单位判处罚金，并对其直接负责的主管人员和其他直接责任人员，依照本节各该条的规定处罚。

6. 中华人民共和国海关法（节录）

（2021年4月29日修正）

第九十一条 违反本法规定进出口侵犯中华人民共和国法律、行政法规保护的知识产权的货物的，由海关依法没收侵权货物，并处以罚款；构成犯罪的，依法追究刑事责任。

7. 知识产权强国建设纲要（2021—2035年）

（中共中央、国务院印发 新华社北京9月22日电 2021年9月22日发布）

为统筹推进知识产权强国建设，全面提升知识产权创造、运用、保护、管理和服务水平，充分发挥知识产权制度在社会主义现代化建设中的重要作用，制定本纲要。

一、战略背景

党的十八大以来，在以习近平同志为核心的党中央坚强领导下，我国知识产权事业发展取得显著成效，知识产权法规制度体系逐步完善，核心专利、知名品牌、精品版权、优良植物新品种、优质地理标志、高水平集成电路布图设计等高价值知识产权拥有量大幅增加，商业秘密保护不断加强，遗传资源、传统知识和民间文艺的利用水平稳步提升，知识产权保护效果、运用效益和国际影响力显著提升，全社会知识产权意识大幅提高，涌现出一批知识产权竞争力较强的市场主体，走出了一条中国特色知识产权发展之路，有力保障创新型国家建设和全面建成小康社会目标的实现。

进入新发展阶段，推动高质量发展是保持经济持续健康发展的必然要求，创新是引领发展的第一动力，知识产权作为国家发展战略性资源和国际竞争力核心要素的作用更加凸显。实施知识产权强国战略，回应新技术、新经济、新形势对知识产权制度变革提出的挑战，加快推进知识产权改革发展，协调好政府与市场、国内与国际，以及知识产权数量与质量、需求与供给的联动关系，全面提升我国知识产权综合实力，大力激发全社会创新活力，建设中国特色、世界水平的知识产权强国，对于提升国家核心竞争力，扩大高水平对外开放，实现更高质量、更有效率、更加公平、更可持续、更为安全的发展，满足人民日益增长的美好生活需要，具有重要意义。

二、总体要求

（一）指导思想。坚持以习近平新时代中国特色社会主义思想为指导，全面贯彻党的十九大和十九届二中、三中、四中、五中全会精神，紧紧围绕统筹推进"五位一体"总体布局和协调推进"四个全面"战略布局，坚持稳中求进工作总基调，以推动高质量发展为主题，以深化供给侧结构性改革为主线，以改革创新为根本动力，以满足人民日益增长的美好生活需要为根本目的，立足新发展阶段，贯彻新发展理念，构建新发展格局，牢牢把握加强知识产权保护是完善产权保护制度最重要的内容和提高国家经济竞争力最大的激励，打通知识产权创造、运用、保护、管理和服务全链条，更大力度加强知识产权保护国际合作，建设制度完善、保护严格、运行高效、服务便捷、文化自觉、开放共赢的知识产权强国，为建设创新型国家和社会主义现代化强国提供坚实保障。

（二）工作原则

——法治保障，严格保护。落实全面依法治国基本方略，严格依法保护知识产权，切实维护社会公平正义和权利人合法权益。

——改革驱动，质量引领。深化知识产权领域改革，构建更加完善的要素市场化配置体制机制，更好发挥知识产权制度激励创新的基本保障作用，为高质量发展提供源源不断的动力。

——聚焦重点，统筹协调。坚持战略引领、统筹规划，突出重点领域和重大需求，推动知识产权与经济、科技、文化、社会等各方面深度融合发展。

——科学治理，合作共赢。坚持人类命运共同体理念，以国际视野谋划和推动知识产权改革发展，推动构建开放包容、平衡普惠的知识产权国际规则，让创新创造更多惠及各国人民。

（三）发展目标

到2025年，知识产权强国建设取得明显成效，知识产权保护更加严格，社会满意度达到并保持较高水平，知识产权市场价值进一步凸显，品牌竞争力大幅提升，专利密集型产业增加值占GDP比重达到13%，版权产业增加值占GDP比重达到7.5%，知识产权使用费年进出口总额达到3500亿元，每万人口高价值发明专利拥有量达到12件（上述指标均为预期性指标）。

到2035年，我国知识产权综合竞争力跻身世界前列，知识产权制度系统完备，知识产权促进创新创业蓬勃发展，全社会知识产权文化自觉基本形成，全方位、多层次参与知识产权全球治理的国际合作格局基本形成，中国特色、世界水平的知识产权强国基本建成。

三、建设面向社会主义现代化的知识产权制度

（四）构建门类齐全、结构严密、内外协调的法律体系。开展知识产权基础性法律研究，做好专门法律法规之间的衔接，增强法律法规的适用性和统一性。根据实际及时修改专利法、商标法、著作权法和植物新品种保护条例，探索制定地理标志、外观设计等专门法律法规，健全专门保护与商标保护相互协调的统一地理标志保护制度，完善集成电路布图设计法规。制定修改强化商业秘密保护方面的法律法规，完善规制知识产权滥用行为的法律制度以及与知识产权相关的反垄断、反不正当竞争等领域立法。修改科学技术进步法。结合有关诉讼法的修改及贯彻落实，研究建立健全符合知识产权审判规律的特别程序法律制度。加快大数据、人工智能、基因技术等新领域新业态知识产权立法。适应科技进步和经济社会发展形势需要，依法及时推动知识产权法律法规立改废释，适时扩大保护客体范围，提高保护标准，全面建立并实施侵权惩罚性赔偿制度，加大损害赔偿力度。

（五）构建职责统一、科学规范、服务优良的管理体制。持续优化管理体制机制，加强中央在知识产权保护的宏观管理、区域协调和涉外事宜统筹等方面事权，不断加强机构建设，提高管理效能。围绕国家区域协调发展战略，制定实施区域知识产权战略，深化知识产权强省强市建设，促进区域知识产权协调发展。实施一流专利商标审查机构建设工程，建立专利商标审查官制度，优化专利商标审查协作机制，提高审查质量和效率。构建政府监管、社会监督、行业自律、机构自治的知识产权服务业监管体系。

（六）构建公正合理、评估科学的政策体系。坚持严格保护的政策导向，完善知识产权权益分配机制，健全以增加知识价值为导向的分配制度，促进知识产权价值实现。完善以强化保护为导向的专利商标审查政策。健全著作权登记制度、网络保护和交易规则。完善知识产权审查注册登记政策调整机制，建立审查动态管理机制。建立健全知识产权政策合法性和公平竞争审查制度。建立知识产权公共政策评估机制。

（七）构建响应及时、保护合理的新兴领域和特定领域知识产权规则体系。建立健全新技术、新产业、新业态、新模式知识产权保护规则。探索完善互联网领域知识产权保护制度。研究构建数据知识产权保护规则。完善开源知识产权和法律体系。研究完善算法、商业方法、人工智能产出物知识产权保护规则。加强遗传资源、传统知识、民间文艺等获取和惠益分享制度建设，加强非物质文化遗产的搜集整理和转化利用。推动中医药传统知识保护与现代知识产权制度有效衔接，进一步完善中医药知识产权综合保护体系，建立中医药专利特别审查和保护机制，促进中医药传承创新发展。

四、建设支撑国际一流营商环境的知识产权保护体系

（八）健全公正高效、管辖科学、权界清晰、系统完备的司法保护体制。实施高水平知识产权审判机构建设工程，加强审判基础、体制机制和智慧法院建设。健全知识产权审判组织，优化审判机构布局，完善上诉审理机制，深入推进知识产权民事、刑事、行政案件"三合一"审判机制改革，构建案件审理专门化、管辖集中化和程序集约化的审判体系。加强知识产权法官的专业化培养和职业化选拔，加强技术调查官队伍建设，确保案件审判质效。积极推进跨区域知识产权远程诉讼平台建设。统一知识产权司法裁判标准和法律适用，完善裁判规则。加大刑事打击力度，完善知识产权犯罪侦查工作制度。修改完善知识产权相关司法解释，配套制定侵犯知识产权犯罪案件立案追诉标准。加强知识产权案件检察监督机制建设，加强量刑建议指导和抗诉指导。

（九）健全便捷高效、严格公正、公开透明的行政保护体系。依法科学配置和行使有关行政部门的调查权、处罚权和强制权。建立统一协调的执法标准、证据规则和案例指导制度。大力提升行政执法人员专业化、职业化水平，探索建立行政保护技术调查官制度。建设知识产权行政执法监管平台，提升执法监管现代化、智能化水平。建立完善知识产权侵权纠纷检验鉴定工作体系。发挥专利侵权纠纷行政裁决制度作用，

加大行政裁决执行力度。探索依当事人申请的知识产权纠纷行政调解协议司法确认制度。完善跨区域、跨部门执法保护协作机制。建立对外贸易知识产权保护调查机制和自由贸易试验区知识产权保护专门机制。强化知识产权海关保护，推进国际知识产权执法合作。

（十）健全统一领导、衔接顺畅、快速高效的协同保护格局。坚持党中央集中统一领导，实现政府履职尽责、执法部门严格监管、司法机关公正司法、市场主体规范管理、行业组织自律自治、社会公众诚信守法的知识产权协同保护。实施知识产权保护体系建设工程。明晰行政机关与司法机关的职责权限和管辖范围，健全知识产权行政保护与司法保护衔接机制，形成保护合力。建立完善知识产权仲裁、调解、公证、鉴定和维权援助体系，加强相关制度建设。健全知识产权信用监管体系，加强知识产权信用监管机制和平台建设，依法依规对知识产权领域严重失信行为实施惩戒。完善著作权集体管理制度，加强对著作权集体管理组织的支持和监管。实施地理标志保护工程。建设知识产权保护中心网络和海外知识产权纠纷应对指导中心网络。建立健全海外知识产权预警和维权援助信息平台。

五、建设激励创新发展的知识产权市场运行机制

（十一）完善以企业为主体、市场为导向的高质量创造机制。以质量和价值为标准，改革完善知识产权考核评价机制。引导市场主体发挥专利、商标、版权等多种类型知识产权组合效应，培育一批知识产权竞争力强的世界一流企业。深化实施中小企业知识产权战略推进工程。优化国家科技计划项目的知识产权管理。围绕生物育种前沿技术和重点领域，加快培育一批具有知识产权的优良植物新品种，提高授权品种质量。

（十二）健全运行高效顺畅、价值充分实现的运用机制。加强专利密集型产业培育，建立专利密集型产业调查机制。积极发挥专利导航在区域发展、政府投资的重大经济科技项目中的作用，大力推动专利导航在传统优势产业、战略性新兴产业、未来产业发展中的应用。改革国有知识产权归属和权益分配机制，扩大科研机构和高校知识产权处置自主权。建立完善财政资助科研项目形成知识产权的声明制度。建立知识产权交易价格统计发布机制。推进商标品牌建设，加强驰名商标保护，发展传承好传统品牌和老字号，大力培育具有国际影响力的知名商标品牌。发挥集体商标、证明商标制度作用，打造特色鲜明、竞争力强、市场信誉好的产业集群品牌和区域品牌。推动地理标志与特色产业发展、生态文明建设、历史文化传承以及乡村振兴有机融合，提升地理标志品牌影响力和产品附加值。实施地理标志农产品保护工程。深入开展知识产权试点示范工作，推动企业、高校、科研机构健全知识产权管理体系，鼓励高校、科研机构建立专业化知识产权转移转化机构。

（十三）建立规范有序、充满活力的市场化运营机制。提高知识产权代理、法律、信息、咨询等服务水平，支持开展知识产权资产评估、交易、转化、托管、投融资等增值服务。实施知识产权运营体系建设工程，打造综合性知识产权运营服务枢纽平台，建设若干聚焦产业、带动区域的运营平台，培育国际化、市场化、专业化知识产权服务机构，开展知识产权服务业分级分类评价。完善无形资产评估制度，形成激励与监管相协调的管理机制。积极稳妥发展知识产权金融，健全知识产权质押信息平台，鼓励开展各类知识产权混合质押和保险，规范探索知识产权融资模式创新。健全版权交易和服务平台，加强作品资产评估、登记认证、质押融资等服务。开展国家版权创新发展建设试点工作。打造全国版权展会授权交易体系。

六、建设便民利民的知识产权公共服务体系

（十四）加强覆盖全面、服务规范、智能高效的公共服务供给。实施知识产权公共服务智能化建设工程，完善国家知识产权大数据中心和公共服务平台，拓展各类知识产权基础信息开放深度、广度，实现与经济、科技、金融、法律等信息的共享融合。深入推进"互联网+"政务服务，充分利用新技术建设智能化专利商标审查和管理系统，优化审查流程，实现知识产权政务服务"一网通办"和"一站式"服务。完善主干服务网络，扩大技术与创新支持中心等服务网点，构建政府引导、多元参与、互联共享的知识产权公共服务体系。加强专业便捷的知识产权公共咨询服务，健全中小企业和初创企业知识产权公共服务机制。完善国际展会知识产权服务机制。

（十五）加强公共服务标准化、规范化、网络化建设。明晰知识产权公共服务事项和范围，制定公共服务事项清单和服务标准。统筹推进分级分类的知识产权公共服务机构建设，大力发展高水平的专门化服务机构。有效利用信息技术、综合运用线上线下手段，提高知识产权公共服务效率。畅通沟通渠道，提高知识产权公共服务社会满意度。

（十六）建立数据标准、资源整合、利用高效的信息服务模式。加强知识产权数据标准制定和数据资源供给，建立市场化、社会化的信息加工和服务机制。规范知识产权数据交易市场，推动知识产权信息开放共享，处理好数据开放与数据隐私保护的关系，提高传播利用效率，充分实现知识产权数据资源的市场价值。推动知识产权信息公共服务和市场化服务协调发展。加强国际知识产权数据交换，提升运用全球知识产权信息的能力和水平。

七、建设促进知识产权高质量发展的人文社会环境

（十七）塑造尊重知识、崇尚创新、诚信守法、公平竞争的知识产权文化理念。加强教育引导、实践养成和制度保障，培养公民自觉尊重和保护知识产权的行为习惯，自觉抵制侵权假冒行为。倡导创新文化，弘扬诚信理念和契约精神，大力宣传锐意创新和诚信经营的典型企业，引导企业自觉履行尊重和保护知识产权的社会责任。厚植公平竞争的文化氛围，培养新时代知识产权文化自觉和文化自信，推动知识产权文化与法治文化、创新文化和公民道德修养融合共生、相互促进。

（十八）构建内容新颖、形式多样、融合发展的知识产权文化传播矩阵。打造传统媒体和新兴媒体融合发展的知识产权文化传播平台，拓展社交媒体、短视频、客户端等新媒体渠道。创新内容、形式和手段，加强涉外知识产权宣传，形成覆盖国内外的全媒体传播格局，打造知识产权宣传品牌。大力发展国家知识产权高端智库和特色智库，深化理论和政策研究，加强国际学术交流。

（十九）营造更加开放、更加积极、更有活力的知识产权人才发展环境。完善知识产权人才培养、评价激励、流动配置机制。支持学位授权自主审核高校自主设立知识产权一级学科。推进论证设置知识产权专业学位。实施知识产权专项人才培养计划。依托相关高校布局一批国家知识产权人才培养基地，加强相关高校二级知识产权学院建设。加强知识产权管理部门公职律师队伍建设，做好涉外知识产权律师培养和培训工作，加强知识产权国际化人才培养。开发一批知识产权精品课程。开展干部知识产权学习教育。进一步推进中小学知识产权教育，持续提升青少年的知识产权意识。

八、深度参与全球知识产权治理

（二十）积极参与知识产权全球治理体系改革和建设。扩大知识产权领域对外开放，完善国际对话交流机制，推动完善知识产权及相关国际贸易、国际投资等国际规则和标准。积极推进与经贸相关的多双边知识产权对外谈判。建设知识产权涉外风险防控体系。加强与各国知识产权审查机构合作，推动审查信息共享。打造国际知识产权诉讼优选地。提升知识产权仲裁国际化水平。鼓励高水平外国机构来华开展知识产权服务。

（二十一）构建多边和双边协调联动的国际合作网络。积极维护和发展知识产权多边合作体系，加强在联合国、世界贸易组织等国际框架和多边机制中的合作。深化与共建"一带一路"国家和地区知识产权务实合作，打造高层次合作平台，推进信息、数据资源项目合作，向共建"一

带一路"国家和地区提供专利检索、审查、培训等多样化服务。加强知识产权对外工作力量。积极发挥非政府组织在知识产权国际交流合作中的作用。拓展海外专利布局渠道。推动专利与国际标准制定有效结合。塑造中国商标品牌良好形象，推动地理标志互认互保，加强中国商标品牌和地理标志产品全球推介。

九、组织保障

（二十二）加强组织领导。全面加强党对知识产权强国建设工作的领导，充分发挥国务院知识产权战略实施工作部际联席会议作用，建立统一领导、部门协同、上下联动的工作体系，制定实施落实本纲要的年度推进计划。各地区各部门要高度重视，加强组织领导，明确任务分工，建立健全本纲要实施与国民经济和社会发展规划、重点专项规划及相关政策相协调的工作机制，结合实际统筹部署相关任务措施，逐项抓好落实。

（二十三）加强条件保障。完善中央和地方财政投入保障制度，加大对本纲要实施工作的支持。综合运用财税、投融资等相关政策，形成多元化、多渠道的资金投入体系，突出重点，优化结构，保障任务落实。按照国家有关规定，对在知识产权强国建设工作中作出突出贡献的集体和个人给予表彰。

（二十四）加强考核评估。国家知识产权局会同有关部门建立本纲要实施动态调整机制，开展年度监测和定期评估总结，对工作任务落实情况开展督促检查，纳入相关工作评价，重要情况及时按程序向党中央、国务院请示报告。在对党政领导干部和国有企业领导班子考核中，注重考核知识产权相关工作成效。地方各级政府要加大督查考核工作力度，将知识产权强国建设工作纳入督查考核范围。

8. 关于强化知识产权保护的意见

（中共中央办公厅、国务院办公厅印发　新华社北京2019年11月24日电　2019年11月24日实施）

加强知识产权保护，是完善产权保护制度最重要的内容，也是提高我国经济竞争力的最大激励。为贯彻落实党中央、国务院关于强化知识产权保护的决策部署，进一步完善制度、优化机制，现提出如下意见。

一、总体要求

以习近平新时代中国特色社会主义思想为指导，全面贯彻党的十九大和十九届二中、三中、四中全会精神，紧紧围绕统筹推进"五位一体"总体布局和协调推进"四个全面"战略布局，牢固树立保护知识产权就是保护创新的理念，坚持严格保护、统筹协调、重点突破、同等保护，不断改革完善知识产权保护体系，综合运用法律、行政、经济、技术、社会治理手段强化保护，促进保护能力和水平整体提升。力争到2022年，侵权易发多发现象得到有效遏制，权利人维权"举证难、周期长、成本高、赔偿低"的局面明显改观。到2025年，知识产权保护社会满意度达到并保持较高水平，保护能力有效提升，保护体系更加完善，尊重知识价值的营商环境更加优化，知识产权制度激励创新的基本保障作用得到更加有效发挥。

二、强化制度约束，确立知识产权严保护政策导向

（一）加大侵权假冒行为惩戒力度。研究制定知识产权基础性法律的必要性和可行性，加快专利法、商标法、著作权法等修改完善。完善地理标志保护相关立法。加快在专利、著作权等领域引入侵权惩罚性赔偿制度。大幅提高侵权法定赔偿额上限，加大损害赔偿力度。强化民事司法保护，有效执行惩罚性赔偿制度。研究采取没收违法所得、销毁侵权假冒商品等措施，加大行政

处罚力度，开展关键领域、重点环节、重点群体行政执法专项行动。规制商标恶意注册、非正常专利申请以及恶意诉讼等行为。探索加强对商业秘密、保密商务信息及其源代码等的有效保护。加强刑事司法保护，推进刑事法律和司法解释的修订完善。加大刑事打击力度，研究降低侵犯知识产权犯罪入罪标准，提高量刑处罚力度，修改罪状表述，推动解决涉案侵权物品处置等问题。强化打击侵权假冒犯罪制度建设，探索完善数据化打假情报导侦工作机制，开展常态化专项打击行动，持续保持高压严打态势。

（二）严格规范证据标准。深入推进知识产权民事、刑事、行政案件"三合一"审判机制改革，完善知识产权案件上诉机制，统一审判标准。制定完善行政执法过程中的商标、专利侵权判断标准。规范司法、行政执法、仲裁、调解等不同渠道的证据标准。推进行政执法和刑事司法立案标准协调衔接，完善案件移送要求和证据标准，制定证据指引，顺畅行政执法和刑事司法衔接。制定知识产权民事诉讼证据规则司法解释，着力解决权利人举证难问题。探索建立侵权行为公证悬赏取证制度，减轻权利人举证责任负担。

（三）强化案件执行措施。建立健全知识产权纠纷调解协议司法确认机制。建立完善市场主体诚信档案"黑名单"制度，实施市场主体信用分类监管，建立重复侵权、故意侵权企业名录社会公布制度，健全失信联合惩戒机制。逐步建立全领域知识产权保护案例指导机制和重大案件公开审理机制。加强对案件异地执行的督促检查，推动形成统一公平的法治环境。

（四）完善新业态新领域保护制度。针对新业态新领域发展现状，研究加强专利、商标、著作权、植物新品种和集成电路布图设计等的保护。探索建立药品专利链接制度、药品专利期限补偿制度。研究加强体育赛事转播知识产权保护。加强公证电子存证技术推广应用。研究建立跨境电商知识产权保护规则，制定电商平台保护管理标准。编制发布企业知识产权保护指南，制定合同范本、维权流程等操作指引，鼓励企业加强风险防范机制建设，持续优化大众创业万众创新保护环境。研究制定传统文化、传统知识等领域保护办法，加强中医药知识产权保护。

三、加强社会监督共治，构建知识产权大保护工作格局

（五）加大执法监督力度。加强人大监督，开展知识产权执法检查。发挥政协民主监督作用，定期开展知识产权保护工作调研。建立健全奖优惩劣制度，提高执法监管效能。加强监督问责，推动落实行政执法信息公开相关规定，更大范围更大力度公开执法办案信息，接受社会和舆论监督。

（六）建立健全社会共治模式。完善知识产权仲裁、调解、公证工作机制，培育和发展仲裁机构、调解组织和公证机构。鼓励行业协会、商会建立知识产权保护自律和信息沟通机制。引导代理行业加强自律自治，全面提升代理机构监管水平。加强诚信体系建设，将知识产权出质登记、行政处罚、抽查检查结果等涉企信息，通过国家企业信用信息公示系统统一归集并依法公示。建立健全志愿者制度，调动社会力量积极参与知识产权保护治理。

（七）加强专业技术支撑。加强科技研发，通过源头追溯、实时监测、在线识别等技术手段强化知识产权保护。建设侵权假冒线索智能检测系统，提升打击侵权假冒行为效率及精准度。在知识产权行政执法案件处理和司法活动中引入技术调查官制度，协助行政执法部门、司法部门准确高效认定技术事实。探索加强知识产权侵权鉴定能力建设，研究建立侵权损害评估制度，进一步加强司法鉴定机构专业化、程序规范化建设。

四、优化协作衔接机制，突破知识产权快保护关键环节

（八）优化授权确权维权衔接程序。加强专利、商标、植物新品种等审查能力建设，进一步压缩审查周期。重点提高实用新型和外观设计专利审查质量，强化源头保护。进一步发挥专利商标行政确权远程审理、异地审理制度在重大侵权行政执法案件处理中的作用。健全行政确权、公证存证、仲裁、调解、行政执法、司法保护之间的衔接机制，加强信息沟通和共享，形成各渠道有机衔接、优势互补的运行机制，切实提高维权效率。

（九）加强跨部门跨区域办案协作。制定跨部门案件处理规程，健全部门间重大案件联合查办和移交机制。健全行政执法部门与公安部门对涉嫌犯罪的知识产权案件查办工作衔接机制。在案件多发地区探索建立仲裁、调解优先推荐机制。建立健全知识产权案件分流制度，推进案件繁简分流机制改革。推动建立省级行政区内知识产权案件跨区域审理机制，充分发挥法院案件指定管辖机制作用，有效打破地方保护。

（十）推动简易案件和纠纷快速处理。建立重点关注市场名录，针对电商平台、展会、专业市场、进出口等关键领域和环节构建行政执法、仲裁、调解等快速处理渠道。推动电商平台建立有效运用专利权评价报告快速处置实用新型和外观设计专利侵权投诉制度。指导各类网站规范管理，删除侵权内容，屏蔽或断开盗版网站链接，停止侵权信息传播，打击利用版权诉讼进行投机性牟利等行为。

（十一）加强知识产权快保护机构建设。在优势产业集聚区布局建设一批知识产权保护中心，建立案件快速受理和科学分流机制，提供快速审查、快速确权、快速维权"一站式"纠纷解决方案。加快重点技术领域专利、商标、植物新品种审查授权、确权和维权程序。推广利用调解方式快速解决纠纷，高效对接行政执法、司法保护、仲裁等保护渠道和环节。

五、健全涉外沟通机制，塑造知识产权同保护优越环境

（十二）更大力度加强国际合作。积极开展海外巡讲活动，举办圆桌会，与相关国家和组织加强知识产权保护合作交流。探索在重要国际展会设立专题展区，开展中国知识产权保护成就海外巡展。充分发挥知识产权制度对促进共建"一带一路"的重要作用，支持共建国家加强能力建设，推动其共享专利、植物新品种审查结果。充分利用各类多双边对话合作机制，加强知识产权保护交流合作与磋商谈判。综合利用各类国际交流合作平台，积极宣传我国知识产权保护发展成就。

（十三）健全与国内外权利人沟通渠道。通过召开驻华使领馆信息沟通会、企业座谈会等方式，加强与国内外行业协会、商会、社会团体等信息交流。组织召开知识产权保护要情通报会，及时向新闻媒体和社会公众通报重大事项和进展，增信释疑，积极回应国内外权利人关切。

（十四）加强海外维权援助服务。完善海外知识产权纠纷预警防范机制，加强重大案件跟踪研究，建立国外知识产权法律修改变化动态跟踪机制，及时发布风险预警报告。加强海外信息服务平台建设，开展海外知识产权纠纷应对指导，构建海外纠纷协调解决机制。支持各类社会组织开展知识产权涉外风险防控体系建设。鼓励保险机构开展知识产权海外侵权责任险、专利执行险、专利被侵权损失险等保险业务。建立海外维权专家顾问机制，有效推动我国权利人合法权益在海外依法得到同等保护。

（十五）健全协调和信息获取机制。完善涉外执法协作机制，加大工作协调力度，进一步加强我国驻外使领馆知识产权对外工作。选设海外知识产权观察企业和社会组织，建立信息沟通机制。健全重大涉外知识产权纠纷信息通报和应急机制。组织开展我国企业海外知识产权保护状况调查，研究建立国别保护状况评估机制，推动改善我国企业海外知识产权保护环境。

六、加强基础条件建设，有力支撑知识产权保护工作

（十六）加强基础平台建设。建立健全全国知识产权大数据中心和保护监测信息网络，加强对注册登记、审批公告、纠纷处理、大案要案等信息的统计监测。建立知识产权执法信息报送统筹协调和信息共享机制，加大信息集成力度，提高综合研判和宏观决策水平。强化维权援助、举报投诉等公共服务平台软硬件建设，丰富平台功能，提升便民利民服务水平。

（十七）加强专业人才队伍建设。鼓励引导地方、部门、教育机构、行业协会、学会加大对知识产权保护专业人才培训力度。加强知识产权行政执法和司法队伍人员配备和职业化专业化建设，建立有效激励行政执法和司法人员积极性的机制，确保队伍稳定和有序交流。推动知识产权刑事案件办理专业化建设，提高侦查、审查逮捕、审查起诉、审判工作效率和办案质量。在有关管理部门和企事业单位，全面推行公职律师、公司律师、法律顾问制度，促进知识产权管理和保护工作法治化。充分发挥律师等法律服务队伍作用，做好知识产权纠纷调解、案件代理、普法宣传等工作。建立健全知识产权仲裁、调解、公证、社会监督等人才的选聘、管理、激励制度。加强知识产权保护专业人才岗位锻炼，充分发挥各类人才在维权实践中的作用。

（十八）加大资源投入和支持力度。各地区各部门要加大对知识产权保护资金投入力度。鼓励条件成熟的地区先行先试，率先建设知识产权保护试点示范区，形成若干保护高地。推动知识产权行政执法和司法装备现代化、智能化建设。鼓励企业加大资金投入，并通过市场化方式设立知识产权保护维权互助基金，提升自我维权能力和水平。

七、加大组织实施力度，确保工作任务落实

（十九）加强组织领导。全面加强党对知识产权保护工作的领导。各有关方面要按照职能分工，研究具体政策措施，协同推动知识产权保护体系建设。国家知识产权局要会同有关部门不断完善工作机制，加强协调指导和督促检查，确保各项工作要求有效落实，重大问题要及时按程序向党中央、国务院请示报告。

（二十）狠抓贯彻落实。地方各级党委和政府要全面贯彻党中央、国务院决策部署，落实知识产权保护属地责任，定期召开党委或政府专题会议，研究知识产权保护工作，加强体制机制建设，制定配套措施，落实人员经费。要将知识产权保护工作纳入地方党委和政府重要议事日程，定期开展评估，确保各项措施落实到位。

（二十一）强化考核评价。建立健全考核评价制度，将知识产权保护绩效纳入地方党委和政府绩效考核和营商环境评价体系。建立年度知识产权保护社会满意度调查制度和保护水平评估制度。完善通报约谈机制，督促各级党委和政府加大知识产权保护工作力度。

（二十二）加强奖励激励。按照国家有关规定，对在知识产权保护工作中作出突出贡献的集体和个人给予表彰。鼓励各级政府充分利用现有奖励制度，对知识产权保护先进工作者和优秀社会参与者加强表彰。完善侵权假冒举报奖励机制，加大对举报人员奖励力度，激发社会公众参与知识产权保护工作的积极性和主动性。

（二十三）加强宣传引导。各地区各部门要加强舆论引导，定期公开发布有社会影响力的典型案件，让强化知识产权保护的观念深入人心。加强公益宣传，开展知识产权保护进企业、进单位、进社区、进学校、进网络等活动，不断提高全社会特别是创新创业主体知识产权保护意识，推动形成新时代知识产权保护工作新局面。

9. 计算机软件保护条例（节录）

（2013年1月30日修订）

第二十三条 除《中华人民共和国著作权法》或者本条例另有规定外，有下列侵权行为的，应当根据情况，承担停止侵害、消除影响、赔礼道歉、赔偿损失等民事责任：

（一）未经软件著作权人许可，发表或者登记其软件的；

（二）将他人软件作为自己的软件发表或者登记的；

（三）未经合作者许可，将与他人合作开发的软件作为自己单独完成的软件发表或者登记的；

（四）在他人软件上署名或者更改他人软件上的署名的；

（五）未经软件著作权人许可，修改、翻译

其软件的；

（六）其他侵犯软件著作权的行为。

第二十四条 除《中华人民共和国著作权法》、本条例或者其他法律、行政法规另有规定外，未经软件著作权人许可，有下列侵权行为的，应当根据情况，承担停止侵害、消除影响、赔礼道歉、赔偿损失等民事责任；同时损害社会公共利益的，由著作权行政管理部门责令停止侵权行为，没收违法所得，没收、销毁侵权复制品，可以并处罚款；情节严重的，著作权行政管理部门并可以没收主要用于制作侵权复制品的材料、工具、设备等；触犯刑律的，依照刑法关于侵犯著作权罪、销售侵权复制品罪的规定，依法追究刑事责任：

（一）复制或者部分复制著作权人的软件的；

（二）向公众发行、出租、通过信息网络传播著作权人的软件的；

（三）故意避开或者破坏著作权人为保护其软件著作权而采取的技术措施的；

（四）故意删除或者改变软件权利管理电子信息的；

（五）转让或者许可他人行使著作权人的软件著作权的。

有前款第一项或者第二项行为的，可以并处每件100元或者货值金额1倍以上5倍以下的罚款；有前款第三项、第四项或者第五项行为的，可以并处20万元以下的罚款。

10. 信息网络传播权保护条例（节录）

（2013年1月30日修订）

第十八条 违反本条例规定，有下列侵权行为之一的，根据情况承担停止侵害、消除影响、赔礼道歉、赔偿损失等民事责任；同时损害公共利益的，可以由著作权行政管理部门责令停止侵权行为，没收违法所得，非法经营额5万元以上的，可处非法经营额1倍以上5倍以下的罚款；没有非法经营额或者非法经营额5万元以下的，根据情节轻重，可处25万元以下的罚款；情节严重的，著作权行政管理部门可以没收主要用于提供网络服务的计算机等设备；构成犯罪的，依法追究刑事责任：

（一）通过信息网络擅自向公众提供他人的作品、表演、录音录像制品的；

（二）故意避开或者破坏技术措施的；

（三）故意删除或者改变通过信息网络向公众提供的作品、表演、录音录像制品的权利管理电子信息，或者通过信息网络向公众提供明知或者应知未经权利人许可而被删除或者改变权利管理电子信息的作品、表演、录音录像制品的；

（四）为扶助贫困通过信息网络向农村地区提供作品、表演、录音录像制品超过规定范围，或者未按照公告的标准支付报酬，或者在权利人不同意提供其作品、表演、录音录像制品后未立即删除的；

（五）通过信息网络提供他人的作品、表演、录音录像制品，未指明作品、表演、录音录像制品的名称或者作者、表演者、录音录像制作者的姓名（名称），或者未支付报酬，或者未依照本条例规定采取技术措施防止服务对象以外的其他人获得他人的作品、表演、录音录像制品，或者未防止服务对象的复制行为对权利人利益造成实质性损害的。

第十九条 违反本条例规定，有下列行为之一的，由著作权行政管理部门予以警告，没收违法所得，没收主要用于避开、破坏技术措施的装置或者部件；情节严重的，可以没收主要用于提供网络服务的计算机等设备；非法经营额5万元以上的，可处非法经营额1倍以上5倍以下的罚款；没有非法经营额或者非法经营额5万元以下的，根据情节轻重，可处25万元以下的罚款；构成犯罪的，依法追究刑事责任：

（一）故意制造、进口或者向他人提供主要用于避开、破坏技术措施的装置或者部件，或者故意为他人避开或者破坏技术措施提供技术服务的；

（二）通过信息网络提供他人的作品、表演、录音录像制品，获得经济利益的；

（三）为扶助贫困通过信息网络向农村地区提供作品、表演、录音录像制品，未在提供前公告作品、表演、录音录像制品的名称和作者、表演者、录音录像制作者的姓名（名称）以及报酬标准的。

第二十五条 网络服务提供者无正当理由拒绝提供或者拖延提供涉嫌侵权的服务对象的姓名（名称）、联系方式、网络地址等资料的，由著作权行政管理部门予以警告；情节严重的，没收主要用于提供网络服务的计算机等设备。

11. 中华人民共和国知识产权海关保护条例

（2018年3月19日修订）

第一章 总 则

第一条 为了实施知识产权海关保护，促进对外经济贸易和科技文化交往，维护公共利益，根据《中华人民共和国海关法》，制定本条例。

第二条 本条例所称知识产权海关保护，是指海关对与进出口货物有关并受中华人民共和国法律、行政法规保护的商标专用权、著作权和与著作权有关的权利、专利权（以下统称知识产权）实施的保护。

第三条 国家禁止侵犯知识产权的货物进出口。

海关依照有关法律和本条例的规定实施知识产权保护，行使《中华人民共和国海关法》规定的有关权力。

第四条 知识产权权利人请求海关实施知识产权保护的，应当向海关提出采取保护措施的申请。

第五条 进口货物的收货人或者其代理人、出口货物的发货人或者其代理人应当按照国家规定，向海关如实申报与进出口货物有关的知识产权状况，并提交有关证明文件。

第六条 海关实施知识产权保护时，应当保守有关当事人的商业秘密。

第二章 知识产权的备案

第七条 知识产权权利人可以依照本条例的规定，将其知识产权向海关总署申请备案；申请备案的，应当提交申请书。申请书应当包括下列内容：

（一）知识产权权利人的名称或者姓名、注册地或者国籍等；

（二）知识产权的名称、内容及其相关信息；

（三）知识产权许可行使状况；

（四）知识产权权利人合法行使知识产权的货物的名称、产地、进出境地海关、进出口商、主要特征、价格等；

（五）已知的侵犯知识产权货物的制造商、进出口商、进出境地海关、主要特征、价格等。

前款规定的申请书内容有证明文件的，知识产权权利人应当附送证明文件。

第八条 海关总署应当自收到全部申请文件之日起30个工作日内作出是否准予备案的决定，并书面通知申请人；不予备案的，应当说明理由。

有下列情形之一的，海关总署不予备案：

（一）申请文件不齐全或者无效的；

（二）申请人不是知识产权权利人的；

（三）知识产权不再受法律、行政法规保护的。

第九条 海关发现知识产权权利人申请知识产权备案未如实提供有关情况或者文件的，海关总署可以撤销其备案。

第十条 知识产权海关保护备案自海关总署准予备案之日起生效，有效期为10年。

知识产权有效的，知识产权权利人可以在知识产权海关保护备案有效期届满前6个月内，向海关总署申请续展备案。每次续展备案的有效期为10年。

知识产权海关保护备案有效期届满而不申请续展或者知识产权不再受法律、行政法规保护的，知识产权海关保护备案随即失效。

第十一条 知识产权备案情况发生改变的，知识产权权利人应当自发生改变之日起30个工作日内，向海关总署办理备案变更或者注销手续。

知识产权权利人未依照前款规定办理变更或者注销手续，给他人合法进出口或者海关依法履行监管职责造成严重影响的，海关总署可以根据有关利害关系人的申请撤销有关备案，也可以主动撤销有关备案。

第三章 扣留侵权嫌疑货物的申请及其处理

第十二条 知识产权权利人发现侵权嫌疑货物即将进出口的，可以向货物进出境地海关提出扣留侵权嫌疑货物的申请。

第十三条 知识产权权利人请求海关扣留侵权嫌疑货物的，应当提交申请书及相关证明文件，并提供足以证明侵权事实明显存在的证据。

申请书应当包括下列主要内容：

（一）知识产权权利人的名称或者姓名、注册地或者国籍等；

（二）知识产权的名称、内容及其相关信息；

（三）侵权嫌疑货物收货人和发货人的名称；

（四）侵权嫌疑货物名称、规格等；

（五）侵权嫌疑货物可能进出境的口岸、时间、运输工具等。

侵权嫌疑货物涉嫌侵犯备案知识产权的，申请书还应当包括海关备案号。

第十四条 知识产权权利人请求海关扣留侵权嫌疑货物的，应当向海关提供不超过货物等值的担保，用于赔偿可能因申请不当给收货人、发货人造成的损失，以及支付货物由海关扣留后的仓储、保管和处置等费用；知识产权权利人直接向仓储商支付仓储、保管费用的，从担保中扣除。具体办法由海关总署制定。

第十五条 知识产权权利人申请扣留侵权嫌疑货物，符合本条例第十三条的规定，并依照本条例第十四条的规定提供担保的，海关应当扣留侵权嫌疑货物，书面通知知识产权权利人，并将海关扣留凭单送达收货人或者发货人。

知识产权权利人申请扣留侵权嫌疑货物，不符合本条例第十三条的规定，或者未依照本条例第十四条的规定提供担保的，海关应当驳回申请，并书面通知知识产权权利人。

第十六条 海关发现进出口货物有侵犯备案知识产权嫌疑的，应当立即书面通知知识产权权利人。知识产权权利人自通知送达之日起3个工作日内依照本条例第十三条的规定提出申请，并依照本条例第十四条的规定提供担保的，海关应当扣留侵权嫌疑货物，书面通知知识产权权利人，并将海关扣留凭单送达收货人或者发货人。知识产权权利人逾期未提出申请或者未提供担保的，海关不得扣留货物。

第十七条 经海关同意，知识产权权利人和收货人或者发货人可以查看有关货物。

第十八条 收货人或者发货人认为其货物未侵犯知识产权权利人的知识产权的，应当向海关提出书面说明并附送相关证据。

第十九条 涉嫌侵犯专利权货物的收货人或者发货人认为其进出口货物未侵犯专利权的，可以在向海关提供货物等值的担保金后，请求海关放行其货物。知识产权权利人未能在合理期限内向人民法院起诉的，海关应当退还担保金。

第二十条 海关发现进出口货物有侵犯备案知识产权嫌疑并通知知识产权权利人后，知识产权权利人请求海关扣留侵权嫌疑货物的，海关应当自扣留之日起30个工作日内对被扣留的侵权嫌疑货物是否侵犯知识产权进行调查、认定；不能认定的，应当立即书面通知知识产权权利人。

第二十一条 海关对被扣留的侵权嫌疑货物进行调查，请求知识产权主管部门提供协助的，有关知识产权主管部门应当予以协助。

知识产权主管部门处理涉及进出口货物的侵权案件请求海关提供协助的，海关应当予以协助。

第二十二条 海关对被扣留的侵权嫌疑货物及有关情况进行调查时，知识产权权利人和收货人或者发货人应当予以配合。

第二十三条 知识产权权利人在向海关提出采取保护措施的申请后，可以依照《中华人民共和国商标法》、《中华人民共和国著作权法》、《中华人民共和国专利法》或者其他有关法律的规定，就被扣留的侵权嫌疑货物向人民法院申请采取责令停止侵权行为或者财产保全的措施。

海关收到人民法院有关责令停止侵权行为或者财产保全的协助执行通知的，应当予以协助。

第二十四条 有下列情形之一的，海关应当放行被扣留的侵权嫌疑货物：

（一）海关依照本条例第十五条的规定扣留侵权嫌疑货物，自扣留之日起20个工作日内未收到人民法院协助执行通知的；

（二）海关依照本条例第十六条的规定扣留侵权嫌疑货物，自扣留之日起50个工作日内未收到人民法院协助执行通知，并且经调查不能认定被扣留的侵权嫌疑货物侵犯知识产权的；

（三）涉嫌侵犯专利权货物的收货人或者发货人在向海关提供与货物等值的担保金后，请求海关放行其货物的；

（四）海关认为收货人或者发货人有充分的证据证明其货物未侵犯知识产权权利人的知识产权的；

（五）在海关认定被扣留的侵权嫌疑货物为侵权货物之前，知识产权权利人撤回扣留侵权嫌疑货物的申请的。

第二十五条 海关依照本条例的规定扣留侵权嫌疑货物，知识产权权利人应当支付有关仓储、保管和处置等费用。知识产权权利人未支付有关费用的，海关可以从其向海关提供的担保金中予以扣除，或者要求担保人履行有关担保责任。

侵权嫌疑货物被认定为侵犯知识产权的，知识产权权利人可以将其支付的有关仓储、保管和处置等费用计入其为制止侵权行为所支付的合理开支。

第二十六条 海关实施知识产权保护发现涉嫌犯罪案件的，应当将案件依法移送公安机关处理。

第四章 法律责任

第二十七条 被扣留的侵权嫌疑货物，经海关调查后认定侵犯知识产权的，由海关予以没收。

海关没收侵犯知识产权货物后，应当将侵犯知识产权货物的有关情况书面通知知识产权权利人。

被没收的侵犯知识产权货物可以用于社会公益事业的，海关应当转交给有关公益机构用于社会公益事业；知识产权权利人有收购意愿的，海关可以有偿转让给知识产权权利人。被没收的侵犯知识产权货物无法用于社会公益事业且知识产权权利人无收购意愿的，海关可以在消除侵权特征后依法拍卖，但对进口假冒商标货物，除特殊情况外，不能仅清除货物上的商标标识即允许其进入商业渠道；侵权特征无法消除的，海关应当予以销毁。

第二十八条 海关接受知识产权保护备案和采取知识产权保护措施的申请后，因知识产权权利人未提供确切情况而未能发现侵权货物、未能及时采取保护措施或者采取保护措施不力的，由知识产权权利人自行承担责任。

知识产权权利人请求海关扣留侵权嫌疑货物后，海关不能认定被扣留的侵权嫌疑货物侵犯知识产权权利人的知识产权，或者人民法院判定不侵犯知识产权权利人的知识产权的，知识产权权利人应当依法承担赔偿责任。

第二十九条 进口或者出口侵犯知识产权货物，构成犯罪的，依法追究刑事责任。

第三十条 海关工作人员在实施知识产权保护时，玩忽职守、滥用职权、徇私舞弊，构成犯罪的，依法追究刑事责任；尚不构成犯罪的，依法给予行政处分。

第五章　附　　则

第三十一条　个人携带或者邮寄进出境的物品，超出自用、合理数量，并侵犯本条例第二条规定的知识产权的，按照侵权货物处理。

第三十二条　本条例自 2004 年 3 月 1 日起施行。1995 年 7 月 5 日国务院发布的《中华人民共和国知识产权海关保护条例》同时废止。

12. 关于禁止侵犯商业秘密行为的若干规定

（中华人民共和国国家工商行政管理局令第 86 号　1995 年 11 月 23 日公布　1998 年 12 月 3 日修订）

第一条　为了制止侵犯商业秘密的行为，保护商业秘密权利人的合法权益，维护社会主义市场经济秩序，根据《中华人民共和国反不正当竞争法》（以下简称《反不正当竞争法》）的有关规定，制定本规定。

第二条　本规定所称商业秘密，是指不为公众所知悉、能为权利人带来经济利益、具有实用性并经权利人采取保密措施的技术信息和经营信息。

本规定所称不为公众所知悉，是指该信息不能从公开渠道直接获取的。

本规定所称能为权利人带来经济利益、具有实用性，是指该信息具有确定的可应用性、能为权利人带来现实的或者潜在的经济利益或者竞争优势。

本规定所称权利人采取保密措施，包括订立保密协议，建立保密制度及采取其他合理的保密措施。

本规定所称技术信息和经营信息，包括设计、程序、产品配方、制作工艺、制作方法、管理诀窍、客户名单、货源情报、产销策略、招投标中的标底及标书内容等信息。

本规定所称权利人，是指依法对商业秘密享有所有权或者使用权的公民、法人或者其他组织。

第三条　禁止下列侵犯商业秘密行为：

（一）以盗窃、利诱、胁迫或者其他不正当手段获取的权利人的商业秘密；

（二）披露、使用或者允许他人使用以前项手段获取的权利人的商业秘密；

（三）与权利人有业务关系的单位和个人违反合同约定或者违反权利人保守商业秘密的要求，披露、使用或者允许他人使用其所掌握的权利人的商业秘密；

（四）权利人的职工违反合同约定或者违反权利人保守商业秘密的要求，披露、使用或者允许他人使用其所掌握的权利人的商业秘密。

第三人明知或者应知前款所列违法行为，获取、使用或者披露他人的商业秘密，视为侵犯商业秘密。

第四条　侵犯商业秘密行为由县级以上工商行政管理机关认定处理。

第五条　权利人（申请人）认为其商业秘密受到侵害，向工商行政管理机关申请查处侵权行为时，应当提供商业秘密及侵权行为存在的有关证据。

被检查的单位和个人（被申请人）及利害关系人、证明人，应当如实向工商行政管理机关提供有关证据。

权利人能证明被申请人所使用的信息与自己的商业秘密具有一致性或者相同性，同时能证明被申请人有获取其商业秘密的条件，而被申请人不能提供或者拒不提供其所使用的信息是合法获得或者使用的证据的，工商行政管理机关可以根据有关证据，认定被申请人有侵权行为。

第六条　对被申请人违法披露、使用、允许他人使用商业秘密将给权利人造成不可挽回的损失的，应权利人请求并由权利人出具自愿对强制措施后果承担责任的书面保证，工商行政管理机关可以责令被申请人停止销售使用权利人商业秘密生产的产品。

第七条　违反本规定第三条的，由工商行政管理机关依照《反不正当竞争法》第二十五条的规定,责令停止违法行为,并可以根据情节处以1万元以上20万元以下的罚款。

工商行政管理机关在依照前款规定予以处罚时,对侵权物品可以作如下处理:

(一)责令并监督侵权人将载有商业秘密的图纸、软件及其他有关资料返还权利人。

(二)监督侵权人销毁使用权利人商业秘密生产的、流入市场将会造成商业秘密公开的产品。但权利人同意收购、销售等其他处理方式的除外。

第八条 对侵权人拒不执行处罚决定,继续实施本规定第三条所列行为的,视为新的违法行为,从重予以处罚。

第九条 权利人因损害赔偿问题向工商行政管理机关提出调解要求的,工商行政管理机关可以进行调解。

权利人也可以直接向人民法院起诉,请求损害赔偿。

第十条 国家机关及其公务人员在履行公务时,不得披露或者允许他人使用权利人的商业秘密。

工商行政管理机关的办案人员在监督检查侵犯商业秘密的不正当竞争行为时,应当对权利人的商业秘密予以保密。

第十一条 本规定由国家工商行政管理局负责解释。

第十二条 本规定自公布之日起施行。

13. 企业知识产权合规标准指引(试行)

(上海市浦东新区人民检察院、中国信息通信研究院知识产权与创新发展中心 2021年12月发布)

第一章 总 则

第一条 【制定依据】为加强企业的知识产权合规工作管理,有效防范和化解知识产权合规风险,引导企业依法合规经营、健康发展,根据《关于建立涉案企业合规第三方监督评估机制的指导意见(试行)》,参照《企业知识产权管理规范》,结合企业合规改革试点工作经验,制定本指引。

第二条 【制定目的】企业知识产权合规风险管理的目标是实现对知识产权合规风险的有效识别和管理,确保公司管理和各项经营活动的合法合规,推动企业全面加强知识产权合规管理,提升依法合规经营管理水平,保障企业持续健康发展。

第三条 【合规风险】本指引所指的知识产权合规风险,是指企业及其员工因知识产权不合规行为,引发法律责任,造成刑事追责、经济或声誉损失以及其他负面影响。涉知识产权的法律风险包括但不限于:

(一)专利权法律风险:1. 专利许可权滥用风险、专利申请权争议风险、被侵犯专利的风险、被提起专利侵权诉讼的风险、专利转让纠纷风险等;2. 未能有效开发和实施专利的风险、管理不善导致专利失效的风险等。

(二)商标权法律风险:1. 商标申请风险,商标未注册或被他人抢先注册、申请类别不全、重点类别保护力度不够、申请的标识不全面;2. 商标使用风险,申请地域不全、未对目标市场全面布局、对商品或服务类别越权使用或许可他人使用、侵犯他人在先权利、商标使用不规范使用等。

(三)著作权法律风险:1. 职务作品、委外创作、版权商的权属确定风险;2. 作品素材侵权风险;3. 互联网信息网络传播权侵权;4. 许可使用和转让中的法律风险等。

(四)商业秘密风险:1. 被他人盗窃、以间谍或黑客手段窃取;2. 内部员工被收买;3. 对外宣传、合作过程中泄露;4. 员工离职泄密等。

第四条 【合规原则】企业知识产权合规体系建设应当坚持独立性、有效性、全面性、动态性和可查性原则:

(一)独立性原则:合规职能部门的运行不

受任何不当的干扰和压力；合规职能部门应严格依照法律法规及企业相关制度规定等对企业和员工行为进行客观评价和处理；承担合规管理职责的人员应独立履行职责，不受其他部门和人员的干涉。

（二）有效性原则：合规管理制度应有效嵌入到经营业务的具体环节当中，与法律风险防范、审计监察、内控及风险管理等工作相统筹、相衔接，并建立全员合规责任制，明确管理人员和各岗位员工的合规责任并督促有效落实，确保合规管理闭环。

（三）全面性原则：企业知识产权合规管理的基础性和关键领域包括专利、商业秘密、商标、著作权；合规工作应覆盖业务涉及的研发、生产、销售、对外合作、投资推广、招投标及采购等各个环节，贯穿决策、执行、监督全流程，并确保所有与知识产权相关的业务、部门和人员均已纳入合规工作体系。

（四）动态性原则：合规工作应与企业经营范围、组织结构和业务规模相适应；合规工作应根据企业内外部环境的变化适时进行调整和完善；企业经营管理中存在的合规风险问题，要能够得到及时反馈、纠正和改进。

（五）可查证原则：合规工作应有明确的流程规范作依据，确保企业合规管理有迹可循、有证可查。

第五条 【合规体系】知识产权合规体系的建立应当涵盖组织体系、制度体系、运行体系、风险识别处置体系等。

第二章 合规管理组织体系

第六条 【合规职责】企业可根据自身行业性质、经营规模等合理选择和设置知识产权合规部门或合规人员，组织、协调和监督合规管理工作，在直接负责各项合规管理工作的同时为其他部门提供合规管理支持，并确保其对涉及重大合规风险事项的一票否决权。其具体工作职责主要包括：

（一）研究起草合规管理计划、制定合规管理制度，组织制订合规管理战略规划及合规管理年度报告；

（二）持续关注法律法规等规则变化，组织开展合规风险识别与预警；

（三）参与企业重大决策并提出合规建议和意见，参与企业重大事项合规审查和风险应对；

（四）参与业务部门对重要商业伙伴的合规尽调和定期评价；

（五）指导各部门合规工作落地，并提供合规咨询，组织合规认证；

（六）组织开展合规检查与考核，对制度和流程进行合规性评价，督促违规整改和持续改进；

（七）推动合规责任纳入岗位职责和员工绩效管理；

（八）建立合规绩效考核指标，监控和衡量合规绩效；

（九）建立合规举报管理体系，受理合规管理职责范围内的举报，组织或参与对举报事件的调查，并提出处理建议；

（十）组织或协助业务部门、人力资源部门开展合规培训；

（十一）其他适合由合规职能部门承担的合规管理职责。

第七条 【组织保障】企业董事会、监事会、高级管理人员应当履行必要的合规管理职责，对知识产权合规计划制定与执行给予支持，确保合规部门（人员）行使职权的独立，保障资源充足。

第八条 【内部配合】企业各部门在职权范围内配合落实合规管理的日常工作，可在本部门设置合规联络员，进行合规风险信息收集和报送，配合合规部门就相关问题调查及时整改。

第三章 合规管理制度体系

第九条 【合规审查】企业应建立健全规范化的知识产权事务管理和决策流程，将知识产权合规审查作为规章制度制定、重大事项决策、重要合同签订、重大项目运营等经营管理行为的必经程序，及时对不合规的内容提出修改建议，未经合规审查不得实施。

第十条 【合规监察】企业应定期对知识产权合规体系进行合规监察，由合规管理部门人员落实实施，并形成合规监察报告。监察内容主要包括对知识产权合规体系运行有效性的评价和对知识产权合规绩效进行评价，以确保知识产权合规目标的实现。

第十一条 【合规举报】企业鼓励对潜在或实际存在的违反知识产权合规方针或合规义务的行为进行举报。企业应拓宽合规绩效反馈来源，为相关人员设立举报机制、求助热线、情况反馈、建议箱等，为供应商、承包商等第三方设立投诉处理系统，重点搜集有关企业不合规情况、合规疑问及对合规有效性和合规绩效评价等反馈内容。

第十二条 【绩效评价】企业通过设立科学的知识产权合规绩效考核评价指标，科学评价各部门合规工作绩效及合规工作贡献，把知识产权合规绩效考核评价纳入对各部门及相关负责人的年度综合考核，将员工的合规履职情况作为员工考核、提拔、评先选优等工作的重要依据。

绩效评价重点围绕合规风险特征相关的指标，包括不限于各项合规制度落实的主动性和有效性、部门人员被有效培训的比例、相关监管机构介入的频率、因不合规问题产生的被处罚、赔偿、商誉受损等负面影响、潜在的不合规风险、合规相关信息的记录保存情况等。

第十三条 【不合规调查】企业应建立不合规的调查制度，坚持公平、公正的调查原则，及时、彻底地调查对本企业及员工或有关第三方不当行为的任何指控或怀疑。调查企业的应对性文件、采取的一切纪律或补救措施，以及在吸取经验教训后对知识产权合规管理体系的修订。查明不当行为的根源、知识产权合规管理体系的漏洞和责任缺失的原因，包括管理者、最高管理层和治理机构的行为、职责。对查明的原因进行审慎分析，分析应考虑企业人员的数量、水平、以及不合规的程度、普遍性、严重性、持续时间和频率等因素。

第十四条 【文件信息化管理】企业应建立文件信息化管理制度，确保对企业管理中形成的相关知识产权的重要过程予以记录、标识、贮存、保护、检索、保存和处置；对行政决定、司法判决、律师函等外来文件进行有效管理，确保其来源与取得时间的准确性。外来文件和记录文件应当完整，明确保管方式和保存期限。文件管理体系的载体，不限于纸质文件，也包括电子文件。

第十五条 【资源配置】企业可以根据自身情况，设立知识产权经常性预算科目，保障知识产权合规管理工作的正常进行，经费项目科包括：用于知识产权申请、注册、登记、维护、检索、分析、评估、诉讼和培训等费用；用于知识产权合规管理机构的运行费用；用于知识产权合规管理体系建立、运行、维护和更新的费用；用于知识产权激励的费用。有条件的企业可设立知识产权风险准备金。

第十六条 【保密管理】企业应建立保密管理制度，明确涉密人员，设定保密登记和接触权限，对容易造成企业知识产权秘密流失的设备，规范其使用人员、目的、方式和流通；明确涉密信息范围，规定保密等级、期限和传递、保存及销毁的要求；明确涉密区域，规定客户及参访人员活动范围等。

第十七条 【合规文化】企业应建立对技术人员、知识产权管理人员、全体员工分层级合规培训制度。从增强知识产权保护意识、知识产权价值观、营造崇尚创新尊重知识产权的氛围、重视知识产权宣传教育等方式进行知识产权文化的建设；结合知识产权管理制度建设和人才建设，构建有利于调动企业员工知识产权工作积极性的激励机制，树立尊重和保护知识产权的企业形象。

第四章 合规管理运行体系

第十八条 【获取合规】企业应及时申请注

册登记各类知识产权，明确有关专利申请、集成电路布图设计登记、商标注册、著作权登记、商业秘密保护等知识产权获取及其后续维护或主动放弃的管理措施和工作程序。

第十九条 【维护合规】企业应明晰处置和运营知识产权管理规定，明确职务发明成果的界定条件以及委托或合作开发成果知识产权归属的处置原则，明确有关专利权、商标权、著作权等知识产权转让、许可、投资、质押的管理措施和工作程序。

第二十条 【运用合规】企业应注重生产经营环节知识产权管理，明确在原材料及设备采购（包括软件等）、技术和产品开发、技术转让（许可）与合作、委托加工、产品销售、广告宣传或展销、招投标、进出口贸易、企业合资及并购和上市等环节中所可能涉及的各类知识产权事务的管理措施和工作程序：

（一）企业采购活动中的知识产权管理。企业应收集相关知识产权信息，必要时应要求供方提供权属证明；做好供方信息、进货渠道、进价策略等信息资料的管理和保密工作；在采购合同中应明确知识产权权属、许可使用范围、侵权责任承担等内容。

（二）企业生产活动中的知识产权管理。注意发现有知识产权价值的创新成果，及时采取相应的知识产权保护措施；对于生产过程中不宜对外公开的操作规程、各种报表和试验记录、检验检测记录等，应建立相应的保密制度，采取相应的保密措施；承揽委托加工、来料加工、贴牌生产等加工业务时，注意规避对外加工业务中的知识产权风险，明确双方知识产权权利义务、保密责任。

（三）企业研发活动中的知识产权管理。建立研发活动的知识产权跟踪检索分析与监控制度；明确对研发成果的知识产权归属管理；加强对研发活动的档案和保密管理，建立技术研发档案、记录管理制度，确保研发活动具有可追溯性；加强对研发成果申请专利的挖掘与质量的管控。

（四）企业营销活动中的知识产权管理。对产品即将投放的市场进行同类产品知识产权状况的调查分析，防止遭遇知识产权侵权指控；正确使用注册商标或专利号等知识产权标志，对消费者和有关市场主体进行必要提醒；建立产品销售市场监控机制，多渠道地监控同类产品的市场情况；对发现侵权的，应当进行重点信息收集，必要情况时进行公证。

第二十一条 【上市审查】企业上市前，应对已有的无形资产的法律状态、存续年限、法律风险等进行整体的评估与规划；对上市公司准备使用的无形资产的权属和法律状态以及招股说明书中的相关内容进行审查；完整地披露知识产权获取、丧失、转让等信息。

第二十二条 【涉外业务】企业应积极开展涉外业务中的知识产权布局；对拟引进的技术或者产品的相关知识产权状况进行调查分析，并对侵权风险进行综合评估；签订技术或产品引进合同、输出合同（包括代理合同）应明确技术或产品引进的许可方式和范围、后续改进成果的归属和分享、权利维护、双方的保密责任和义务、引进技术或产品发生知识产权侵权时供方应承担的法律责任等内容。

第五章　合规风险识别处置体系

第二十三条 【识别与预警】企业应通过完善合规风险信息收集机制，全面系统梳理企业经营活动中可能存在的合规风险，建立合规风险台账，对风险源、风险类别、风险形成因素、可能发生的后果及发生的概率等展开系统分析，对有典型意义、普遍存在的以及可能造成严重后果的风险应及时发布预警。

第二十四条 【风险检查】企业应由合规管理部门人员牵头，负责组织、协调企业各项合规检查工作，可抽调相关部门人员共同组成检查组，根据企业业务情况定期开展合规风险检查。

针对检查发现的合规风险，合规检查组应提出整改建议，各部门提出具体解决方案，解决方案经合规检查组确认后，由合规管理机构督促各部门积极落实整改方案。

第二十五条 【风险分级】企业可对所识别的知识产权合规风险分为三类：重大知识产权风险、中等知识产权风险、一般知识产权风险。

（一）重大知识产权风险包括：法律、规则、准则以及地方法治环境的重大变化对经营活动产生的知识产权风险；监管机构出具的各类处罚决定、监管意见、风险提示等情况；向监管机构报送证明性材料、专项汇报材料、监管意见落实整改情况、各类合规材料等相关情况；业务开展过程中存在的违反法律、规则和准则的重大知识产权风险信息；各类制度文件中存在的不符合法律、规则和准则要求的情况；因知识产权合规问题导致企业被诉的情况；其他应被确定为重要合规风险的事项。

（二）中等知识产权风险包括：企业经营活动中新出现的知识产权风险或原有风险的变化；既定合规风险应对方案执行情况及执行效果发生变化，不能全部达到原来目标；对企业经营可能存在一定影响，但影响较小或未来造成直接损失较小；其他可以被认定为中等合规风险的事项。

（三）除上述重要知识产权风险、中等知识产权风险外，企业对推动知识产权合规管理、提升依法合规经营管理水平、保障公司持续健康发展影响较小，需要通过加强管理等方式进行完善的事项，作为一般知识产权风险事项进行管理。

第二十六条 【风险应对】企业应根据不同的合规风险类型制定和选择知识产权风险应对方案，应对方案应包括总体方案和专项方案。对重大风险事项，企业合规管理部门和各部门应共同研究出台具体整改方案，明确整改主体、具体责任人、整改时间节点等具体要求，合规管理部门以月为时间节点统计整改完成情况，并及时向企业决策层领导汇报。

第二十七条 【问责机制】企业根据自身情况制定合规风险问责，对知识产权合规绩效目标、绩效奖金和其他激励措施进行定期评审，以验证是否有适当的措施来防止不合规行为；对违反企业知识产权合规义务、目标、制度和要求的人员，进行适当的纪律处分，必要时追究相关责任。

第六章 第三方监督评估体系

第二十八条 【设计评估】合规管理体系设计的有效性评估和审查标准主要有：

（一）违规风险的识别和评估：1. 是否定期组织合规管理部门（人员），对可能面临的知识产权合规风险进行全面评估，重点识别在知识产权研发、采购、生产、营销等生产经营各阶段的风险；2. 是否根据风险识别和评估确定的合规管理重点问题，发展与可能面临的知识产权合规风险相匹配的风险控制和处理能力；3. 是否定期更新企业风险评估制度，及时识别和评估原有风险的新变化及新产生的风险。

（二）政策和程序安排：1. 是否根据企业的合规风险、业务范围、规模等，制定知识产权合规管理相关制度，对各个环节进行规范化管理；2. 是否明确相关制度的执行标准，明确责任主体和责任内容；3. 是否对知识产权合规获取、维护、运用等重点环节建立合规管理运行机制，防控可能产生的风险。

（三）培训和沟通安排：1. 是否建立合规培训制度，定期组织开展有针对性的知识产权合规学习培训，确保员工充分认识到知识产权合规重要性、掌握岗位知识产权专业技能，通过培训提升各层级的知识产权业务能力；2. 是否建立知识产权及其合规管理的内部及外部沟通渠道，并将知识产权合规文化、合规目标及合规业务纳入沟通内容，确保及时收集和反馈相关信息。

（四）举报和调查机制：1. 是否建立知识产权合规举报及调查管理办法，是否对重点风险岗位人员建立专门检查制度；2. 是否以公开方式设置举报途径，是否确保所有人员了解举报程序并能够流畅使用相关举报程序；3. 是否建立不合规调查程序，确保及时、彻底地调查不合规行为及其原因。

（五）执行和保障机构：1. 是否设立知识产

权合规管理部门及合规人员，作为企业合规管理牵头部门，组织、协调和监督管理工作；2. 是否明确企业审计、监察、内控、质量、安全及各业务部门在各自职权范围内配合落实知识产权合规管理的日常工作；3. 是否在确定企业知识产权合规相关人员时，要求具备相应的专业资质、良好的业务素质及职业操守。

（六）第三方监管机制：1. 是否定期对知识产权合规体系进行合规监察并形成合规监察报告，重点评价知识产权合规体系运行的有效性，以确保知识产权合规目标的实现；2. 是否在必要时聘请第三方机构，对企业知识产权合规体系及合规风险管理有效性进行评估，并出具评估报告。

第二十九条　【执行评估】合规管理体系执行的有效性评估和审查标准主要有：

（一）资源配置：1. 企业是否为知识产权合规管理配套相关基础设施，将遵守企业知识产权合规业务、制度及要求作为人员的雇佣条件，配置相应人员；2. 是否设立知识产权经常性预算科目，包括用于知识产权申请、注册、登记、维持、分析、评估、诉讼、培训、管理体系运行、维护及更新等费用，保障知识产权合规管理工作正常进行。

（二）职责权限：1. 是否明确知识产权合规管理部门及合规人员的岗位职责；2. 是否明确企业董事会、监事会、高级管理人员应当履行的必要合规管理职责；3. 是否明确企业各部门配合落实知识产权合规管理的日常工作的职责及沟通程序。

（三）合规意识：1. 企业管理层及责任人员是否具有知识产权合规意识，是否熟悉知识产权领域的法律法规，是否将知识产权合规工作列入公司管理、考核重点专项工作；2. 企业员工是否具备知识产权合规基本意识，是否了解并遵守企业知识产权合规业务、制度及要求。

（四）合规管理能力：1. 企业知识产权合规管理相关制度是否能够有效运行，知识产权合规重点环节的合规管理运行机制根是否运行流畅；

2. 是否制定知识产权合同管理制度，严格对合同有关知识产权约定进行审查，包括明确知识产权归属、保密业务、侵权风险预案等；3. 是否加强对第三方合作企业的合规审查及风险防控，包括审查第三方资质、是否存在知识产权瑕疵、要求提供不侵犯知识产权承诺等。

（五）奖惩机制：1. 是否建立科学的知识产权合规绩效考评指标，围绕合规风险特征相关指标对员工进行考核；2. 是否建立并实施相关激励流程，调动员工进行知识产权创新及合规管理的积极性；3. 是否对违反企业知识产权合规义务、目标、制度和要求的相关人员进行必要的处分。

（六）文件化信息管理：是否将知识产权合规管理过程中的各项要素创建为文件化信息，建立知识产权信息数据库，并有效维护和及时更新。

第三十条　【质效评估】合规管理体系效果的有效性评估和审查标准主要有：

（一）合规文化：1. 是否将经营活动各环节相关的知识产权风险管理要求通过流程、制度、合同以及培训、会议等沟通方式向企业员工进行宣传、推广，将知识产权风险管理理念及企业合规价值观根植于经营活动中，营造企业知识产权合规文化；2. 是否构建有利于调动员工积极性的激励机制，树立尊重和保护知识产权的企业形象。

（二）合规目标：1. 企业所有的知识产权经营活动是否满足合规目标、符合合规要求；2. 实现企业合规目标的资源配置是否完善，是否有明确的时间安排及细化流程；3. 是否定期监督、检查、记录、评估合规目标的进度并进行及时更新调整。

（三）可持续发展能力：1. 是否根据知识产权相关法律规范的调整，及时调整企业的知识产权合规管理体系，确保其保持最新状态，适应企业的知识产权合规目标；2. 是否定期开展知识产权风险内部监察，针对发现的合规风险，及时提出具体解决方案并积极落实整改。

（四）违规事件及其处理：1. 发现违规事件时，企业是否及时采取措施控制并纠正，分析违规事件产生的原因；2. 是否针对违规事件反映的管理问题及时进行改进和弥补管理漏洞，包括改进业务流程、重新培训员工、加强预警机制等；3. 是否向内部和外部通报违规事件相关情况，保留文件化信息。

14. 专利合作条约（PCT）

（1970年6月19日签订于华盛顿　1979年9月28日修正　1984年2月3日和2001年10月3日修改）

缔约各国，

期望对科学和技术的进步作出贡献，

期望使发明的法律保护臻于完备，

期望简化在几个国家取得发明保护的手续，并使之更加经济，

期望使公众便于尽快获得记载新发明的文件中的技术信息，

期望通过采用提高发展中国家为保护发明而建立的国家或地区法律制度的效率的措施，来促进和加速这些国家的经济发展；其办法是，对适合其特殊需要的技术解决方案提供易于利用的信息，以及对数量日益增长的现代技术提供利用的方便，

深信各国之间的合作将大大有助于达到这些目的，

缔结本条约。

绪　则

第1条　联盟的建立

（1）参加本条约的国家（下称各缔约国）组成联盟，对保护发明的申请的提出、检索和审查进行合作，并提供特殊的技术服务。本联盟称为国际专利合作联盟。

（2）本条约的任何规定不应解释为有损保护工业产权巴黎公约缔约国的任何国民或居民按照该公约应该享有的权利。

第2条　定义

除另有明文规定外，为本条约和实施细则的目的，

（i）"申请"是指保护发明的申请；述及"申请"应解释为述及发明专利、发明人证书、实用证书、实用新型、增补专利或增补证书、增补发明人证书和增补实用证书的申请；

（ii）述及"专利"应解释为述及发明专利、发明人证书、实用证书、实用新型、增补专利或增补证书、增补发明人证书和增补实用证书；

（iii）"国家专利"是指由国家机关授予的专利；

（iv）"地区专利"是指有权授予在一个以上国家发生效力的专利的国家机关或政府间机关所授予的专利；

（v）"地区申请"是指地区专利的申请；

（vi）述及"国家申请"应解释为述及国家专利和地区专利的申请，但按本条约提出的申请除外；

（vii）"国际申请"是指按本条约提出的申请；

（viii）述及"申请"应解释为述及国际申请和国家申请；

（ix）述及"专利"应解释为述及国家专利和地区专利；

（x）述及"本国法"应解释为述及缔约国的本国法，或者，如果述及地区申请或地区专利，则指述及规定提出地区申请或授予地区专利的条约；

（xi）为计算期限的目的，"优先权日"是指：

（a）国际申请中包含按第8条提出的一项优先权要求的，指作为优先权基础的申请的提出日期；

（b）国际申请中包含按第8条提出的几项优先权要求的，指作为优先权基础的最早申请的提出日期；

（c）国际申请中不包含按第8条提出的优先权要求的，指该申请的国际申请日；

（xii）"国家局"是指缔约国授权发给专利的政府机关；凡提及"国家局"时，应解释为也是

指几个国家授权发给地区专利的政府间机关，但这些国家中至少应有一国是缔约国，而且这些国家已授权该机关承担本条约和细则为各国家局所规定的义务并行使该条约和细则为各国家局所规定的权力；

（xiii）"指定局"是指申请人按本条约第Ⅰ章所指定的国家的国家局或代表该国的国家局；

（xiv）"选定局"是指申请人按本条约第Ⅱ章所选定的国家的国家局或代表该国的国家局；

（xv）"受理局"是指受理国际申请的国家局或政府间组织；

（xvi）"本联盟"是指国际专利合作联盟；

（xvii）"大会"是指本联盟的大会；

（xviii）"本组织"是指"世界知识产权组织"；

（xix）"国际局"是指本组织的国际局和保护知识产权联合国际局（在后者存在期间）；

（xx）"总干事"是指本组织的总干事和保护知识产权联合国际局（在该局存在期间）的局长。

第一章　国际申请和国际检索

第3条　国际申请

（1）在任何缔约国，保护发明的申请都可以按照本条约作为国际申请提出。

（2）按照本条约和细则的规定，国际申请应包括请求书、说明书、一项或几项权利要求、一幅或几幅附图（需要时）和摘要。

（3）摘要仅作为技术信息之用，不能考虑作为任何其他用途，特别是不能用来解释所要求的保护范围。

（4）国际申请应该：

（i）使用规定的语言；

（ii）符合规定的形式要求；

（iii）符合规定的发明单一性的要求；

（iv）按照规定缴纳费用。

第4条　请求书

（1）请求书应该包括：

（i）请求将国际申请按本条约的规定予以处理；

（ii）指定一个或几个缔约国，要求这些国家在国际申请的基础上对发明给予保护（"指定国"）；如果对于任何指定国可以获得地区专利，并且申请人希望获得地区专利而非国家专利的，应在请求书中说明；如果按照地区专利条约的规定，申请人不能将其申请限制在该条约的某些缔约国的，指定这些国家中的一国并说明希望获得地区专利，应认为指定该条约的所有缔约国；如果按照指定国的本国法，对该国的指定具有申请地区专利的效力的，对该国的指定应认为声明希望获得地区专利；

（iii）申请人和代理人（如果有的话）的姓名和其他规定事项；

（iv）发明的名称；

（v）发明人的姓名和其他规定事项——如果指定国中至少有一国的本国法规定在提出国家申请时应该提供这些事项。在其他情况下，上述这些事项可以在请求书中提供，也可以在写给每一个指定国的通知中提供，如果该国本国法要求提供这些事项，但是允许提出国家申请以后提供这些事项。

（2）每一个指定都应在规定的期限内缴纳规定的费用。

（3）除申请人要求第43条所述的其他任何一种保护外，指定国家是指希望得到的保护是由指定国授予专利或者代表指定国授予专利。为本款的目的，不适用第2条（ii）的规定。

（4）指定国的本国法要求提供发明人的姓名和其他规定事项，但允许在提出国家申请以后提供的，请求书中没有提供这些事项在这些指定国不应产生任何后果。指定国的本国法不要求提供这些事项的，没有另行提供这些事项在这些指定国也不应产生任何后果。

第5条　说明书

说明书应对发明作出清楚和完整的说明，足以使本技术领域的技术人员能实施该项发明。

第6条　权利要求书

权利要求应确定要求保护的内容。权利要求应清楚和简明，并应以说明书作为充分依据。

第 7 条 附图

（1）除本条（2）（ii）另有规定外，对理解发明有必要时，应有附图。

（2）对理解发明虽无必要，但发明的性质容许用附图说明的：

（i）申请人在提出国际申请时可以将这些附图包括在内；

（ii）任何指定局可以要求申请人在规定的期限内向该局提供这些附图。

第 8 条 要求优先权

（1）国际申请可以按细则的规定包含一项声明，要求在保护工业产权巴黎公约缔约国提出或对该缔约国有效的一项或几项在先申请的优先权。

（2）（a）除（b）另有规定外，按（1）提出的优先权要求的条件和效力，应按照保护工业产权巴黎公约的斯德哥尔摩议定书第 4 条的规定。

（b）国际申请要求在一个缔约国提出或对该缔约国有效的一项或几项在先申请的优先权的，可以包含对该国的指定。国际申请要求在一个指定国提出或对该指定国有效的一项或几项国家申请的优先权的，或者要求仅指定一个国家的国际申请的优先权的，在该国要求优先权的条件和效力应按照该国本国法的规定。

第 9 条 申请人

（1）缔约国的任何居民或国民均可提出国际申请。

（2）大会可以决定，允许保护工业产权巴黎公约缔约国但不是本条约缔约国的居民或国民提出国际申请。

（3）居所和国籍的概念，以及这些概念在有几个申请人或者这些申请人对所有指定国并不相同的情形的适用，由细则规定。

第 10 条 受理局

国际申请应向规定的受理局提出。该受理局应按本条约和细则的规定对国际申请进行检查和处理。

第 11 条 国际申请的申请日和效力

（1）受理局应以收到国际申请之日作为国际申请日，但以该局在收到申请时认定该申请符合下列要求为限：

（i）申请人并不因为居所或国籍的原因而明显缺乏向该受理局提出国际申请的权利；

（ii）国际申请是用规定的语言撰写；

（iii）国际申请至少包括下列项目：

（a）说明是作为国际申请提出的；

（b）至少指定一个缔约国；

（c）按规定方式写明的申请人的姓名或者名称；

（d）有一部分表面上看像是说明书；

（e）有一部分表面上看像是一项或几项权利要求。

（2）（a）如果受理局在收到国际申请时认定该申请不符合本条（1）列举的要求，该局应按细则的规定，要求申请人提供必要的改正。

（b）如果申请人按细则的规定履行了上述的要求，受理局应以收到必要的改正之日作为国际申请日。

（3）除第 64 条（4）另有规定外，国际申请符合本条（1）（i）至（iii）列举的要求并已被给予国际申请日的，在每个指定国内自国际申请日起具有正规的国家申请的效力。国际申请日应认为是在每个指定国的实际申请日。

（4）国际申请符合本条（1）（i）至（iii）列举的要求的，即相当于保护工业产权巴黎公约所称的正规国家申请。

第 12 条 将国际申请送交国际局和国际检索单位

（1）按照细则的规定，国际申请一份由受理局保存（"受理本"），一份送交国际局（"登记本"），另一份送交第 116 条所述的主管国际检索单位（"检索本"）。

（2）登记本应被视为是国际申请的正本。

（3）如果国际局在规定的期限内没有收到登记本，国际申请即被视为撤回。

第 13 条 向指定局提供国际申请副本

（1）任何指定局可以要求国际局在按第 20 条规定送达之前将一份国际申请副本送交该局，国际局应在从优先权日起一年期满后尽快将一份国际申请副本送交该指定局。

（2）（a）申请人可以在任何时候将其一份国际申请副本送交任一指定局。

（b）申请人可以在任何时候要求国际局将其一份国际申请副本送交任一指定局。国际局应尽快将该国际申请副本送交该指定局。

（c）任何国家局可以通知国际局，说明不愿接受（b）规定的副本。在这种情况下，该项规定不适用于该局。

第 14 条　国际申请中的某些缺陷

（1）（a）受理局应检查国际申请是否有下列缺陷，即：

（i）国际申请没有按细则的规定签字；

（ii）国际申请没有按规定载明申请人的情况；

（iii）国际申请没有发明名称；

（iv）国际申请没有摘要；

（v）国际申请不符合细则规定的形式要求。

（b）如果受理局发现上述缺陷，应要求申请人在规定期限内改正该国际申请，期满不改正的，该申请即被视为撤回，并由受理局作相应的宣布。

（2）如果国际申请提及附图，而实际上该申请并没有附图，受理局应相应地通知申请人，申请人可以在规定的期限内提供这些附图；如果申请人在规定期限内提供这些附图的，应以受理局收到附图之日为国际申请日。否则，应认为该申请没有提及附图。

（3）（a）如果受理局发现在规定的期限内没有缴纳第 3 条（4）（iv）所规定的费用，或者对于任何一个指定国都没有缴纳第 4 条（2）规定的费用，国际申请即被视为撤回，并由受理局作相应的宣布。

（b）如果受理局发现，已经在规定的期限内就一个或几个指定国家（但不是全部国家）缴清第 4 条（2）规定的费用，对其余指定国家没有在规定期限内缴清该项费用的，其指定即被视为撤回，并由受理局作相应的宣布。

（4）如果在国际申请被给予国际申请日之后，受理局在规定的期限内发现，第 11 条（1）（i）至（iii）列举的任何一项要求在该日没有履行，上述申请即被视为撤回，并由受理局作相应的宣布。

第 15 条　国际检索

（1）每一国际申请都应经过国际检索。

（2）国际检索的目的是发现有关的现有技术。

（3）国际检索应在权利要求书的基础上进行，并适当考虑到说明书和附图（如果有的话）。

（4）第 16 条所述的国际检索单位应在其条件允许的情况下，尽量努力发现有关的现有技术，但无论如何应当查阅细则规定的文献。

（5）（a）如果缔约国的本国法允许，向该国或代表该国的国家局提出国家申请的申请人，可以按照该本国法规定的条件要求对该申请进行一次与国际检索相似的检索（"国际式检索"）。

（b）如果缔约国的本国法允许，该国或代表该国的国家局可以将向其提出的国家申请交付国际式检索。

（c）国际式检索应由第 16 条所述的国际检索单位进行，这个国际检索单位也就是假设国家申请是向（a）和（b）所述的专利局提出的国际申请时有权对之进行国际检索的国际检索单位。如果国家申请是用国际检索单位认为自己没有人能处理的语言撰写的，该国际式检索应用申请人准备的译文进行，该译文的语言应该是为国际申请所规定并且是国际检索单位同意接受的国际申请的语言。如果国际检索单位要求，国家申请及其译文应按照为国际申请所规定的形式提出。

第 16 条　国际检索单位

（1）国际检索应由国际检索单位进行。该单位可以是一个国家局，或者是一个政府间组织，如国际专利机构，其任务包括对作为申请主题的发明提出现有技术的文献检索报告。

（2）在设立单一的国际检索单位之前，如果存在几个国际检索单位，每个受理局应按照本条（3）（b）所述的适用协议的规定，指定一个或几个有权对向该局提出的国际申请进行检索的国际检索单位。

（3）（a）国际检索单位应由大会指定。符合（c）要求的国家局和政府间组织均可以被指定为国际检索单位。

（b）前项指定以取得将被指定的国家局或政府间组织的同意，并由该局或该组织与国际局签订协议为条件，该协议须经大会批准。该协议应规定双方的权利和义务，特别是上述局或组织正式承诺执行和遵守国际检索的所有各项共同规则。

（c）细则应规定，国家局或政府间组织在其被指定为国际检索单位之前必须满足，而且在其被指定期间必须继续满足的最低要求，尤其是关于人员和文献的要求。

（d）指定应有一定的期限，期满可以延长。

（e）在大会对任何国家局或政府间组织的指定或对其指定的延长作出决定之前，或在大会听任此种指定终止之前，大会应听取有关局或组织的意见，一旦第56条所述的技术合作委员会成立之后，并应征求该委员会的意见。

第17条 国际检索单位的程序

（1）国际检索单位的检索程序应依本条约、细则以及国际局与该单位签订的协议的规定，但该协议不得违反本条约和细则的规定。

（2）（a）如果国际检索单位认为：

（i）国际申请涉及的内容按细则的规定不要求国际检索单位检索，而且该单位对该特定案件决定不作检索；或者

（ii）说明书、权利要求书或附图不符合规定要求，以至于不能进行有意义的检索的；上述检索单位应作相应的宣布，并通知申请人和国际局将不作出国际检索报告。

（b）如果（a）所述的任何一种情况仅存在于某些权利要求，国际检索报告中应对这些权利要求加以相应的说明，而对其他权利要求则应按第18条的规定作出国际检索报告。

（3）（a）如果国际检索单位认为国际申请不符合细则中规定的发明单一性的要求，该检索单位应要求申请人缴纳附加费。国际检索单位应对国际申请的权利要求中首先提到的发明（"主要发明"）部分作出国际检索报告；在规定期限内付清要求的附加费后，再对国际申请中已经缴纳该项费用的发明部分作出国际检索报告。

（b）指定国的本国法可以规定，如果该国的国家局认为（a）所述的国际检索单位的要求是正当的，而申请人并未付清所有应缴纳的附加费，国际申请中因此而未经检索的部分，就其在该国的效力而言，除非申请人向该国的国家局缴纳特别费用，即被视为撤回。

第18条 国际检索报告

（1）国际检索报告应在规定的期限内按规定的格式作出。

（2）国际检索单位作出国际检索报告后，应尽快将报告送交申请人和国际局。

（3）国际检索报告或依第17条（2）（a）所述的宣布，应按细则的规定予以翻译。译文应由国际局作出，或在其承担责任的情况下作出。

第19条 向国际局提出对权利要求书的修改

（1）申请人在收到国际检索报告后，有权享受一次机会，在规定的期限内对国际申请的权利要求向国际局提出修改。申请人可以按细则的规定同时提出一项简短声明，解释上述修改并指出其对说明书和附图可能产生的影响。

（2）修改不应超出国际申请提出时对发明公开的范围。

（3）如果指定国的本国法准许修改超出上述公开范围，不遵守本条（2）的规定在该国不应产生任何后果。

第20条 向指定局的送达

（1）（a）国际申请连同国际检索报告（包括按第17条（2）（b）所作的任何说明）或者按第17条（2）（a）所作的宣布，应按细则的规定送达每一个指定局，除非该指定局全部或部分放弃这种要求。

（b）送达的材料应包括上述报告或宣布的（按规定的）译文。

（2）如果根据第19条（1）对权利要求作出了修改，送达的材料应包括原提出的和经过修改的权利要求的全文，或者包括原提出的权利要求的全文并具体说明修改的各点，并且还应包括第19条（1）所述的声明，如果有时。

（3）国际检索单位根据指定局或申请人的请

求,应按细则的规定,将国际检索报告中引用的文件副本分别送达上述指定局或申请人。

第21条 国际公布

(1) 国际局应公布国际申请。

(2) (a) 除本款 (b) 和第64条 (3) 规定的例外以外,国际申请的国际公布应在自该申请的优先权日起满18个月后迅速予以办理。

(b) 申请人可以要求国际局在本款 (a) 所述的期限届满之前的任何时候公布其国际申请。国际局应按照细则的规定予以办理。

(3) 国际检索报告或第17条 (2) (a) 所述的宣布应按细则的规定予以公布。

(4) 国际公布所用的语言和格式以及其他细节,应按照细则的规定。

(5) 如果国际申请在其公布的技术准备完成以前被撤回或被视为撤回,即不进行国际公布。

(6) 如果国际局认为国际申请含有违反道德或公共秩序的词句或附图,或者国际局认为国际申请含有细则所规定的贬低性陈述,国际局在公布时可以删去这些词句、附图和陈述,同时指出删去的文字或附图的位置和字数或号数。根据请求,国际局提供删去部分的副本。

第22条 向指定局提供副本、译本和缴纳费用

(1) 申请人应在不迟于自优先权日起30①个月届满之日,向每个指定局提供国际申请的副本(除非已按第20条的规定送达)及其译本(按照规定)各一份,并缴纳国家费用(如果有这种费用的话)。如果指定国的本国法要求写明发明人的姓名和其他规定的事项,但准许在提出国家申请之后提供这些说明的,除请求书中已包括这些说明外,申请人应在不迟于自优先权日起的30②个月届满之日,向该国或代表该国的国家局提供上述说明。

(2) 如果国际检索单位按照第17条 (2)

(a) 的规定,宣布不作出国际检索报告,则完成 (1) 所述各项行为的期限与 (1) 所规定的期限相同。

(3) 为完成本条 (1) 或 (2) 所述的行为,任何缔约国的本国法可以另行规定期限,该期限可以在前两款规定的期限之后届满。

第23条 国家程序的推迟

(1) 在按照第22条适用的期限届满以前,任何指定局不应处理或审查国际申请。

(2) 尽管有本条 (1) 的规定,指定局根据申请人的明确的请求,可以在任何时候处理或审查国际申请。

第24条 在指定国的效力可能丧失

(1) 有下列情况之一的,除在下列 (ii) 的情况下第25条另有规定外,第11条 (3) 规定的国际申请的效力,在任何指定国家中应即终止,其后果和该国的任何国家申请的撤回相同:

(i) 如果申请人撤回其国际申请或撤回对该国的指定;

(ii) 如果根据第12条 (3)、第14条 (1) (b)、第14条 (3) (a) 或第14条 (4),国际申请被视为撤回,或者如果根据第14条 (3) (b),对该国的指定被视为撤回;

(iii) 如果申请人没有在适用的期限内履行第22条所述的行为。

(2) 尽管有本条 (1) 的规定,任何指定局仍可以保持第11条 (3) 所规定的效力,甚至这种效力根据第25条 (2) 并不需要保持也一样。

第25条 指定局的复查

(1) (a) 如果受理局拒绝给予国际申请日,或者宣布国际申请已被视为撤回,或者如果国际局已经按第12条 (3) 作出认定,国际局应该根据申请人的请求,立即将档案中任何文件的副本送交申请人指明的任何指定局。

---

①② 编者注:自2002年4月1日施行的30个月期限不适用于已通知国际局其适用的国内法与该期限不符的指定局。只要修改后的第22条 (1) 的规定继续与其适用的国内法不符,至2002年3月31日有效的20个月期限在该日后对这些指定局继续有效。国际局收到的任何有关这种不符的信息将在公报以及WIPO下述网站上公告:www.wipo.int/pct/en/texts/reservations/res_ incomp. html。

（b）如果受理局宣布对某一国家的指定已被视为撤回，国际局应该根据申请人的请求立即将档案中任何文件的副本送交该国的国家局。

（c）按照（a）或（b）的请求应在规定的期限内提出。

（2）（a）除（b）另有规定外，如果在规定的期限内国家费用已经缴纳（如需缴费），并且适当的译文（按规定）已经提交，每个指定局应按本条约和细则的规定，决定（1）所述的拒绝、宣布或认定是否正当；如果指定局认为拒绝或宣布是由于受理局的错误或疏忽所造成，或者认定是由于国际局的错误或疏忽所造成，就国际申请在指定局所在国的效力而言，该局应和未发生这种错误或疏忽一样对待国际申请。

（b）如果由于申请人的错误或疏忽，登记本到达国际局是在第12条（3）规定的期限届满之后，本款（a）的规定只有第48条（2）所述的情况下才应适用。

第26条　向指定局提出改正的机会

任何指定局在按照本国法所规定的对国家申请在相同或类似情况下允许改正的范围和程序，给予申请人以改正国际申请的机会之前，不得以不符合本条约和细则的要求为理由驳回国际申请。

第27条　国家的要求

（1）任何缔约国的本国法不得就国际申请的形式或内容提出与本条约和细则的规定不同的或其他额外的要求。

（2）指定局一旦开始处理国际申请后，（1）的规定既不影响第7条（2）规定的适用，也不妨碍任何缔约国的本国法要求提供下列各项：

（i）申请人是法人时，有权代表该法人的职员的姓名；

（ii）并非国际申请的一部分，但构成该申请中提出的主张或声明的证明的文件，包括该国际申请提出时是由申请人的代表或代理人签署，申请人以签字表示对该申请认可的文件。

（3）就指定国而言，如果申请人依该国本国法因为不是发明人而没有资格提出国家申请，指定局可以驳回国际申请。

（4）如果从申请人的观点看，本国法对国家申请的形式或内容的要求比本条约和细则对国际申请所规定的要求更为有利，除申请人坚持对其国际申请适用本条约和细则规定的要求外，指定国或代表该指定国的国家局、法院和任何其他主管机关可以对该国际申请适用前一种要求以代替后一种要求。

（5）本条约和细则的任何规定都不得解释为意图限制任何缔约国按其意志规定授予专利权的实质性条件的自由。特别是，本条约和细则关于现有技术的定义的任何规定是专门为国际程序使用的，不构成对申请的形式和内容的要求。因而，各缔约国在确定国际申请中请求保护的发明的专利性时，可以自由适用其本国法关于现有技术及其他专利性条件的标准。

（6）缔约国的本国法可以要求申请人提供该法规定的关于专利性的任何实质条件的证据。

（7）任何受理局或者已开始处理国际申请的指定局，在本国法有关要求申请人指派有权在该局代表其自己的代理人以及（或者）要求申请人在指定国有一地址以便接受通知的范围内，可以适用本国法。

（8）本条约和细则中，没有一项规定的意图可以解释为限制任何缔约国为维护其国家安全而采用其认为必要的措施，或者为保护该国一般经济利益而限制其居民或国民提出国际申请的权利的自由。

第28条　向指定局提出对权利要求书、说明书和附图的修改

（1）申请人应有机会在规定的期限内，向每个指定局提出对权利要求书、说明书和附图的修改。除经申请人明确同意外，任何指定局，在该项期限届满前，不应授予专利权，也不应拒绝授予专利权。

（2）修改不应超出国际申请提出时对发明公开的范围，除非指定国的本国法允许修改超出该范围。

（3）在本条约和细则所没有规定的一切方面，修改应遵守指定国的本国法。

（4）如果指定局要求国际申请的译本，修改应使用该译本的语言。

第 29 条　国际公布的效力

（1）就申请人在指定国的任何权利的保护而言，国际申请的国际公布在该国的效力，除（2）至（4）另有规定外，应与指定国本国法对未经审查的本国申请所规定的强制国家公布的效力相同。

（2）如果国际公布所使用的语言和在指定国按本国法公布所使用的语言不同，该本国法可以规定（1）规定的效力仅从下列时间起才能产生：

（i）使用后一种语言的译本已经按本国法的规定予以公布；或者

（ii）使用后一种语言的译本已经按本国法的规定通过公开展示而向公众提供；或者

（iii）使用后一种语言的译本已经由申请人送达实际的或未来的未经授权而使用国际申请中请求保护的发明的人；或者

（iv）上列（i）和（iii）所述的行为，或（ii）和（iii）所述的行为已经发生。

（3）如果根据申请人的要求，在自优先权日起 18 个月期限届满以前国际申请已经予以国际公布，任何指定国的本国法可以规定，本条（1）规定的效力只有自优先权日起 18 个月期限届满后才能产生。

（4）任何指定国的本国法可以规定，（1）规定的效力，只有自按第 21 条公布的国际申请的副本已为该国的或代表该国的国家局收到之日起才能产生。该局应将收到副本的日期尽快在其公报中予以公布。

第 30 条　国际申请的保密性

（1）（a）除（b）另有规定外，国际局和国际检索单位除根据申请人的请求或授权外，不得允许任何人或机构在国际申请的国际公布前接触该申请。

（b）上列（a）的规定不适用于将国际申请送交主管国际检索单位，不适用于按第 13 条规定的送交，也不适用于按第 20 条规定的送达。

（2）（a）除根据申请人的请求或授权外，任何国家局均不得允许第三人在下列各日期中最早的日期之前接触国际申请：

（i）国际申请的国际公布日；

（ii）按第 20 条送达的国际申请的收到日期；

（iii）按第 22 条提供国际申请副本的收到日期。

（b）上列（a）的规定并不妨碍任何国家局将该局已经被指定的事实告知第三人，也不妨碍其公布上述事实。但这种告知或公布只能包括下列事项：受理局的名称、申请人的姓名或名称、国际申请日、国际申请号和发明名称。

（c）上列（a）的规定并不妨碍任何指定局为供司法当局使用而允许接触国际申请。

（3）上列（2）（a）的规定除涉及第 12 条（1）规定的送交外，适用于任何受理局。

（4）为本条的目的，"接触"一词包含第三人可以得知国际申请的任何方法，包括个别传递和普遍公布，但条件是在国际公布前，国家局不得普遍公布国际申请或其译本，或者如果在自优先权日起的 20 个月期限届满时，还没有进行国际公布，那么在自优先权日起的 20 个月届满前，国家局也不得普遍公布国际申请或其译本。

第二章　国际初步审查

第 31 条　要求国际初步审查

（1）经申请人要求，对国际申请应按下列规定和细则进行国际初步审查。

（2）（a）凡受第 Ⅱ 章约束的缔约国的居民或国民（按照细则的规定）的申请人，在其国际申请已提交该国或代表该国的受理局后，可以要求进行国际初步审查。

（b）大会可以决定准许有权提出国际申请的人要求国际初步审查，即使他们是没有参加本条约的国家或不受第 Ⅱ 章约束的国家的居民或国民。

（3）国际初步审查的要求应与国际申请分别提出，这种要求应包括规定事项，并使用规定的语言和格式。

（4）（a）国际初步审查的要求应说明申请人预定在哪些缔约国使用国际初步审查的结果（"选定国"）。以后还可选定更多的缔约国。选定应只限于按第4条已被指定的缔约国。

（b）上列（2）（a）所述的申请人可以选定受第Ⅱ章约束的任何缔约国。本条（2）（b）所述的申请人只可以选定已经声明准备接受这些申请人选定的那些受第Ⅱ章约束的缔约国。

（5）要求国际初步审查，应在规定的期限内缴纳规定的费用。

（6）（a）国际初步审查的要求应向第32条所述的主管国际初步审查单位提出。

（b）任何以后的选定都应向国际局提出。

（7）每个选定局应接到其被选定的通知。

第32条 国际初步审查单位

（1）国际初步审查应由国际初步审查单位进行。

（2）受理局（指第31条（2）（a）所述的要求的情形）和大会（指第31条（2）（b）所述的要求的情形）应按照有关的国际初步审查单位与国际局之间适用的协议，确定一个或几个主管初步审查的国际初步审查单位。

（3）第16条（3）的规定比照适用于国际初步审查单位。

第33条 国际初步审查

（1）国际初步审查的目的是对下述问题提出初步的无约束力的意见，即请求保护的发明看来是否有新颖性，是否有创造性（非显而易见性）和是否有工业实用性。

（2）为国际初步审查的目的，请求保护的发明如果是细则所规定的现有技术中所没有的，应认为具有新颖性。

（3）为国际初步审查的目的，如果按细则所规定的现有技术考虑，请求保护的发明在规定的相关日期对本行业的技术人员不是显而易见的，它应被认为具有创造性。

（4）为国际初步审查的目的，请求保护的发明如果根据其性质可以在任何一种工业中制造或使用（从技术意义来说），应认为具有工业实用性。对"工业"一词应如同在保护工业产权巴黎公约中那样作最广义的理解。

（5）上述标准只供国际初步审查之用。任何缔约国为了决定请求保护的发明在该国是否可以获得专利，可以采用附加的或不同的标准。

（6）国际初步审查应考虑国际检索报告中引用的所有文件。该审查也可以考虑被认为与特定案件有关的任何附加文件。

第34条 国际初步审查单位的程序

（1）国际初步审查单位的审查程序，应遵守本条约、细则以及国际局与该单位签订的协议，但该协议不得违反本条约和细则的规定。

（2）（a）申请人有权以口头和书面与国际初步审查单位进行联系。

（b）在国际初步审查报告作出之前，申请人有权依规定的方式，并在规定的期限内修改权利要求书、说明书和附图。这种修改不应超出国际申请提出时对发明公开的范围。

（c）除国际初步审查单位认为下列所有条件均已具备外，申请人应从该单位至少得到一份书面意见：

（i）发明符合第33条（1）所规定的标准；

（ii）经该单位检查，国际申请符合本条约和细则的各项要求；

（iii）该单位不准备按照第35条（2）最后一句提出任何意见。

（d）申请人可以对上述书面意见作出答复。

（3）（a）如果国际初步审查单位认为国际申请不符合细则所规定的发明单一性要求，可以要求申请人选择对权利要求加以限制，以符合该要求，或缴纳附加费。

（b）任何选定国的本国法可以规定，如果申请人按（a）规定选择对权利要求加以限制，国际申请中因限制的结果而不再是国际初步审查对象的那些部分，就其在该国的效力而言，应该认为已经撤回，除非申请人向该国的国家局缴纳特别的费用。

（c）如果申请人在规定的期限内不履行本款

（a）所述的要求，国际初步审查应就国际申请中看来是主要发明的那些部分作出国际初步审查报告，并在该报告中说明有关的事实。任何选定国的本国法可以规定，如果该国的国家局认为国际初步审查单位的要求是正当的，该国际申请中与主要发明无关的那些部分，就其在该国的效力来说，应认为已经撤回，除非申请人向该局缴纳特别的费用。

（4）（a）如果国际初步审查单位认为：

（i）国际申请涉及的主题按照细则的规定并不要求国际初步审查单位进行国际初步审查，并且国际初步审查单位已决定不对该特定案件进行这种审查；或者

（ii）说明书、权利要求书或附图不清楚、或者权利要求在说明书中没有适当的依据，因而不能对请求保护的发明的新颖性、创造性（非显而易见性）或工业实用性形成有意义的意见；则所述单位将不就第33条（1）规定的各项问题进行审查，并应将这种意见及其理由通知申请人。

（b）如果认为本款（a）所述的任何一种情况只存在于某些权利要求或只与某些权利要求有关，该项规定只适用于这些权利要求。

第35条　国际初步审查报告

（1）国际初步审查报告应在规定的期限内并按规定的格式写成。

（2）国际初步审查报告不应包括关于下列问题的说明，即请求保护的发明按照任何国家的本国法可以或看来可以取得专利或不可以取得专利。除（3）另有规定外，报告应就每项权利要求作出说明，即该权利要求看来是否符合第33条（1）至（4）为国际初步审查的目的所规定的新颖性、创造性（非显而易见性）和工业实用性的标准。说明中应附有据以认为能证明所述结论的引用文件的清单，以及根据案件的情况可能需要作出的解释。说明还应附有细则所规定的其他意见。

（3）（a）如果国际初步审查单位在作出国际初步审查报告时，认为存在着第34条（4）（a）所述的任何一种情况，该报告应说明这一意见及其理由。报告不应包括（2）所规定的任何说明。

（b）如果发现存在着第34条（4）（b）所述的情况，国际初步审查报告应对涉及的权利要求作出（a）所规定的说明，而对其他权利要求则应作出本条（2）规定的说明。

第36条　国际初步审查报告的送交、翻译和送达

（1）国际初步审查报告，连同规定的附件，应送交申请人和国际局。

（2）（a）国际初步审查报告及其附件应译成规定的语言。

（b）上述报告的译本应由国际局作出或在其承担责任的情况下作出，而上述附件的译本则应由申请人作出。

（3）（a）国际初步审查报告，连同其译本（按规定）以及其附件（用原来的语言），应由国际局送达每个选定局。

（b）附件的规定译本应由申请人在规定期限内送交各选定局。

（4）第20条（3）的规定比照适用于国际初步审查报告中引用而在国际检索报告中未引用的任何文件的副本。

第37条　国际初步审查要求或选定的撤回

（1）申请人可以撤回任何一个或所有的选定。

（2）如果对所有选定国的选定都撤回，国际初步审查的要求应视为撤回。

（3）（a）任何撤回都应通知国际局。

（b）国际局应相应通知有关的选定局和有关的国际初步审查单位。

（4）（a）除本款（b）另有规定外，撤回国际初步审查的要求或撤回对某个缔约国的选定，就该国而言，除非该国的本国法另有规定，应视为撤回国际申请。

（b）如果撤回国际初步审查的要求或撤回选定是在第22条规定的适用期限届满之前，这种撤回不应该视为撤回国际申请；但是任何缔约国可以在其本国法中规定，只有在其国家局已在该期限内收到国际申请的副本及其译本（按照规定），以及国家费用的情形，本规定才适用。

第 38 条 国际初步审查的保密性

（1）国际初步审查报告一经作出，除经申请人请求或授权，国际局或国际初步审查单位均不得准许除选定局外的任何个人或单位，以第 30 条（4）规定的意义并按其规定的限制，在任何时候接触国际初步审查的档案。

（2）除本条（1）、第 36 条（1）和（3）以及第 37 条（3）（b）另有规定外，如未经申请人请求或授权，无论国际局或国际初步审查单位均不得就国际初步审查报告的发布或不发布，以及就国际初步审查要求或选定的撤回或不撤回提供任何信息。

第 39 条 向选定局提供副本、译本和缴纳费用

（1）（a）如果在自优先权日起第 19 个月届满前已经选定缔约国、第 22 条的规定不适用于该国，申请人应在不迟于自优先权日起 30 个月届满之日向每个选定局提供国际申请副本（除非已按第 20 条的规定送达）和译本（按照规定）各一份，并缴纳国家费用（如果需要缴纳）。

（b）为履行本条（a）所述的行为，任何缔约国的本国法可以另行规定期限比该项所规定的期限届满更迟。

（2）如果申请人没有在按（1）（a）或（b）适用的期限内履行（1）（a）所述的行为，第 11 条（3）规定的效力即在选定国终止，其结果和在该选定国撤回国家申请相同。

（3）即使申请人不遵守（1）（a）或（b）的要求，任何选定局仍可维持第 11 条（3）所规定的效力。

第 40 条 国家审查和其他处理程序的推迟

（1）如果在自优先权日起第 19 个月届满之前已经选定某个缔约国，第 23 条的规定不适用于该国，该国的国家局或代表该国的国家局，除（2）另有规定外，在第 39 条适用的期限届满前，对国际申请不应进行审查和其他处理程序。

（2）尽管有本条（1）的规定，任何一个选定局根据申请人的明确请求，可以在任何时候对国际申请进行审查和其他处理程序。

第 41 条 向选定局提出对权利要求书、说明书和附图的修改

（1）申请人应有机会在规定的期限内向每一个选定局提出对权利要求书、说明书和附图的修改。除经申请人明确同意外，任何选定局，在该项期限届满前，不应授予专利权，也不应拒绝授予专利权。

（2）修改不应超出国际申请提出时对发明公开的范围，除非选定国的本国法允许修改超出该范围。

（3）在本条约和细则所没有规定的一切方面，修改应遵守选定国的本国法。

（4）如果选定局要求国际申请的译本，修改应使用该译本的语言。

第 42 条 选定局的国家审查的结果

接到国际初步审查报告的选定局，不得要求申请人提供任何其他选定局对同一国际申请的审查有关的任何文件副本或有关其内容的信息。

第三章 共同规定

第 43 条 寻求某些种类的保护

在任何指定国或选定国，按照其法律授予发明人证书、实用证书、实用新型、增补专利或增补证书、增补发明人证书或增补实用证书的，申请人可以按细则的规定，表示其国际申请就该国而言是请求授予发明人证书、实用证书或实用新型，而不是专利，或者表示请求授予增补专利或增补证书，增补发明人证书或增补实用证书，随此产生的效果取决于申请人的选择。为本条和其细则中有关条的目的，第 2 条（ii）不应适用。

第 44 条 寻求两种保护

在任何指定国或选定国，按照其法律允许一项申请要求授予专利或第 43 条所述的其他各种保护之一的同时，也可以要求授予所述各种保护中另一种保护的，申请人可以按细则的规定，表明他所寻求的两种保护，随此产生的效果取决于申请人的表示。

为本条的目的，第 2 条（ii）不应适用。

第 45 条　地区专利条约

（1）任何条约规定授予地区专利（"地区专利条约"），并对按照第 9 条有权提出国际申请的任何人给予申请此种专利的权利的，可以规定，凡指定或选定既是地区专利条约又是本条约的缔约国的国际申请，可以作为请求此种专利的申请提出。

（2）上述指定国或选定国的本国法可以规定，在国际申请中对该国的指定或选定，具有表明要求按地区专利条约取得地区专利的效力。

第 46 条　国际申请的不正确译文

如果由于国际申请的不正确译文，致使根据该申请授予的专利的范围超出了使用原来语言的国际申请的范围，有关缔约国的主管当局可以相应地限制该专利的范围，并且对该专利超出使用原来语言的国际申请范围的部分宣告无效。这种限制和无效宣告有追溯既往的效力。

第 47 条　期限

（1）计算本条约所述的期限的细节，由细则规定。

（2）（a）本第Ⅰ章和第Ⅱ章规定的所有期限，除按第 60 条规定的修改外，可以按照各缔约国的决定予以修改。

（b）上述决定应在大会作出，或者经由通讯投票作出，而且必须一致通过。

（c）程序的细节由细则规定。

第 48 条　延误某些期限

（1）如果本条约或细则规定的任何期限由于邮政中断或者由于邮递中不可避免的丢失或延误而未能遵守的，应视为该期限在该情况下已经遵守，但应有细则规定的证明和符合细则规定的其他条件。

（2）（a）任何缔约国，就该国而言，应按照其本国法所许可的理由，对期限的任何延误予以宽恕。

（b）任何缔约国，就该国而言，可以按照（a）所述理由以外的理由，对期限的任何延误予以宽恕。

第 49 条　在国际单位执行业务的权利

任何律师、专利代理人或其他人员有权在提出国际申请的国家局执行业务的，应有权就该申请在国际局和主管的国际检索单位以及主管的国际初步审查单位执行业务。

第四章　技术服务

第 50 条　专利信息服务

（1）国际局可以根据已公布的文件，主要是已公布的专利和专利申请，将其所得到的技术信息和任何其他有关信息提供服务（在本条中称为"信息服务"）。

（2）国际局可以直接地，或通过与该局达成协议的一个或一个以上的国际检索单位或其他国家的或国际的专门机构，来提供上述信息服务。

（3）信息服务进行的方式，应特别便利本身是发展中国家的缔约国获得技术知识和技术，包括可以得到的已公布的技术诀窍在内。

（4）信息服务应向缔约国政府及其国民和居民提供。大会可以决定也可以向其他人提供这些服务。

（5）（a）向缔约国政府提供的任何服务应按成本收费，但该政府是一个发展中国家的缔约国政府时，提供服务的收费应低于成本，如果不足之数能够从向缔约国政府以外的其他人员提供服务所获得的利润中弥补，或能从第 51 条（4）所述的来源中弥补。

（b）本款（a）所述的成本费应该理解为高于国家局进行服务或国际检索单位履行义务正常征收的费用。

（6）有关实行本条规定的细节应遵照大会和大会为此目的可能设立的工作组（在大会规定的限度内）作出的决定。

（7）大会认为必要时，应建议筹措资金的方法，作为本条（5）所述办法的补充。

第 51 条　技术援助

（1）大会应设立技术援助委员会（本条称为"委员会"）。

(2)(a)委员会委员应在各缔约国中选举产生,适当照顾发展中国家的代表性。

(b)总干事应依其倡议或经委员会的请求,邀请向发展中国家提供技术援助的有关的政府间组织的代表参加委员会的工作。

(3)(a)委员会的任务是组织和监督对本身是发展中国家的缔约国个别地或在地区的基础上发展其专利制度的技术援助。

(b)除其他事项外,技术援助应包括训练专门人员、借调专家以及为表演示范和操作目的提供设备。

(4)为了依据本条进行的计划项目筹措资金,国际局应一方面寻求与国际金融组织和政府间组织,特别是联合国、联合国各机构以及与联合国有联系的有关技术援助的专门机构达成协议,另一方面寻求与接受技术援助的各国政府达成协议。

(5)有关实行本条规定的细节,应遵照大会和大会为此目的可能设立的工作组(在大会规定的限度内)作出的决定。

第52条 与本条约其他规定的关系

本章中的任何规定均不影响本条约其他章中所载的财政规定。其他章的财政规定对本章或本章的执行均不适用。

第五章 行政规定

第53条 大会

(1)(a)除第57条(8)另有规定外,大会应由各缔约国组成。

(b)每个缔约国政府应有一名代表,该代表可以由副代表、顾问和专家辅助。

(2)(a)大会应:

(i)处理有关维持和发展本联盟及执行本条约的一切事项;

(ii)执行本条约其他条款特别授予大会的任务;

(iii)就有关修订本条约会议的筹备事项对国际局给予指示;

(iv)审议和批准总干事有关本联盟的报告和活动,并就有关本联盟职权范围内的事项对总干事给予一切必要的指示;

(v)审议和批准按(9)建立的执行委员会的报告和活动,并对该委员会给予指示;

(vi)决定本联盟的计划,通过本联盟的三年①预算,并批准其决算;

(vii)通过本联盟的财务规则;

(viii)为实现本联盟的目的,成立适当的委员会和工作组;

(ix)决定接纳缔约国以外的哪些国家,以及除(8)另有规定外,哪些政府间组织和非政府间国际组织作为观察员参加大会的会议;

(x)采取旨在促进本联盟目的的任何其他适当行动,并履行按本条约是适当的其他职责。

(b)关于本组织管理的其他联盟共同有关的事项,大会应在听取本组织的协调委员会的意见后作出决定。

(3)一个代表只可代表一个国家,并且以该国名义投票。

(4)每个缔约国只有一票表决权。

(5)(a)缔约国的半数构成开会的法定人数。

(b)在未达到法定人数时,大会可以作出决议,但除有关其自己的议事程序的决议以外,所有决议只有在按照细则规定,依通信投票的方法达到法定人数和必要的多数时,才有效力。

(6)(a)除第47条(2)(b)、第58条(2)(b)、第58条(3)和第61条(2)(b)另有规定外,大会的各项决议需要有所投票数的三分之二票。

(b)弃权票不应认为是投票。

(7)对于仅与受第Ⅱ章约束的国家有关的事项,(4)、(5)和(6)中所述的缔约国,都应认为只适用于受第Ⅱ章约束的国家。

(8)被指定为国际检索单位或国际初步审查

---

①② 编者注:自1980年起,本联盟的计划和预算是两年制。

单位的任何政府间组织,应被接纳为大会的观察员。

(9) 缔约国超过 40 国时,大会应设立执行委员会。本条约和细则中所述的执行委员会,一旦该委员会设立后,应解释为这种委员会。

(10) 在执行委员会设立前,大会应在计划和三年②预算的限度内,批准由总干事制定的年度计划和预算。

(11)(a) 大会应每两历年召开一次通常会议,由总干事召集,如无特殊情况,应和本组织的大会同时间和同地点召开。

(b) 大会的临时会议由总干事应执行委员会或四分之一的缔约国的要求召开。

(12) 大会应通过其自己的议事规则。

第 54 条　执行委员会

(1) 大会设立执行委员会后,该委员会应遵守下列的规定。

(2)(a) 除第 57 条 (8) 另有规定外,执行委员会应由大会从大会成员国中选出的国家组成。

(b) 执行委员会的每个委员国政府应有一名代表,该代表可以由副代表、顾问和专家若干人辅助。

(3) 执行委员会委员国的数目应相当于大会成员国数目的四分之一。在确定席位数时,用四除后的余数不计。

(4) 大会在选举执行委员会委员时,应适当考虑公平的地理分配。

(5)(a) 执行委员会每个委员的任期,应自选出该委员会的大会会议闭幕开始,到大会下次通常会议闭幕为止。

(b) 执行委员会委员可以连选连任,但连任的委员数目最多不能超过全体委员的三分之二。

(c) 大会应制定有关执行委员会委员选举和可能连选连任的详细规则。

(6)(a) 执行委员会的职权如下:

(i) 拟定大会议事日程草案;

(ii) 就总干事拟定的本联盟计划和两年预算草案,向大会提出建议;

(iii) [已删除]

(iv) 向大会递交总干事的定期报告和对账目的年度审计报告,并附具适当的意见;

(v) 按照大会的决定并考虑到大会两次通常会议之间发生的情况,采取一切必要措施,以保证总干事执行本联盟的计划;

(vi) 执行按照本条约授予的其他职责。

(b) 关于与本组织管理下的其他联盟共同有关的事项,执行委员会应在听取本组织协调委员会的意见后作出决定。

(7)(a) 执行委员会每年应举行一次通常会议,由总干事召集,最好和本组织协调委员会同时间和同地点召开。

(b) 执行委员会临时会议应由总干事依其本人倡议,或根据委员会主席或四分之一的委员的要求而召开。

(8)(a) 执行委员会每个委员国应有一票表决权。

(b) 执行委员会委员的半数构成开会的法定人数。

(c) 决议应有所投票数的简单多数。

(d) 弃权票不应认为是投票。

(e) 一个代表只可代表一个国家,并以该国的名义投票。

(9) 非执行委员会委员的缔约国,以及被指定为国际检索单位或国际初步审查单位的任何政府间组织,应被接纳为观察员参加委员会的会议。

(10) 执行委员会应通过其自己的议事规则。

第 55 条　国际局

(1) 有关本联盟的行政工作应由国际局执行。

(2) 国际局应提供本联盟各机构的秘书处。

(3) 总干事为本联盟的最高行政官员,并代表本联盟。

(4) 国际局应出版公报和细则规定的或大会要求的其他出版物。

(5) 协助国际局、国际检索单位和国际初步审查单位执行本条约规定的各项任务,细则应规定国家局应提供的服务。

（6）总干事和他所指定的工作人员应参加大会、执行委员会以及按本条约或细则设立的其他委员会或工作小组的所有会议，但无表决权。总干事或由他指定的一名工作人员应为这些机构的当然秘书。

（7）（a）国际局应按照大会的指示并与执行委员会合作，为修订本条约的会议进行准备工作。

（b）关于修订本条约会议的准备工作，国际局可与政府间组织和非政府间国际组织进行磋商。

（c）总干事及其指定的人员应在修订本条约会议上参加讨论，但无表决权。

（8）国际局应执行指定的任何其他任务。

第56条 技术合作委员会

（1）大会应设立技术合作委员会（在本条中称为"委员会"）。

（2）（a）大会应决定委员会的组成，并指派其委员，适当注意发展中国家的公平代表性。

（b）国际检索单位和国际初步审查单位应为委员会的当然委员。如果该单位是缔约国的国家局，该国在委员会不应再有代表。

（c）如果缔约国的数目允许，委员会委员的总数应是当然委员数的两倍以上。

（d）总干事应依其本人倡议或根据委员会的要求，邀请有利害关系组织的代表参加与其利益有关的讨论。

（3）委员会的目的是提出意见和建议，以致力于：

（i）不断改进本条约所规定的各项服务；

（ii）在存在几个国际检索单位和几个国际初步审查单位的情况下，保证这些单位的文献和工作方法具有最大程度的一致性，并使其提出的报告同样具有最大程度的高质量；并且

（iii）在大会或执行委员会的倡议下，解决在设立单一的国际检索单位过程中所特有的技术问题。

（4）任何缔约国和任何有利害关系的国际组织，可以用书面就属于委员会权限以内的问题和委员会进行联系。

（5）委员会可以向总干事或通过总干事向大会、执行委员会，所有或某些国际检索单位和国际初步审查单位，以及所有或某些受理局提出意见和建议。

（6）（a）在任何情况下，总干事应将委员会的所有意见和建议的文本送交执行委员会。总干事可以对这些文本表示意见。

（b）执行委员会可以对委员会的意见、建议或其他活动表示其看法，并且可以要求委员会对属于其主管范围内的问题进行研究并提出报告。执行委员会可将委员会的意见、建议和报告提交大会，并附以适当的说明。

（7）在执行委员会建立前，本条（6）中所称执行委员会应解释为大会。

（8）委员会议事程序的细节应由大会以决议加以规定。

第57条 财务

（1）（a）本联盟应有预算。

（b）本联盟的预算应包括本联盟自己的收入和支出，及其对本组织管理下各联盟的共同支出预算应缴的份额。

（c）并非专属于本联盟而同时也属于本组织管理下的一个或一个以上其他联盟的支出，应认为是这些联盟的共同支出。本联盟在这些共同支出中应负担的份额，应和本联盟在其中的利益成比例。

（2）制定本联盟的预算时，应适当注意到与本组织管理下的其他联盟的预算进行协调的需要。

（3）除本条（5）另有规定外，本联盟预算的资金来源如下：

（i）国际局提供有关本联盟的服务应收取的费用；

（ii）国际局有关本联盟的出版物的出售所得或版税；

（iii）赠款，遗赠和补助金；

（iv）租金、利息和其他杂项收入。

（4）确定应付给国际局的费用的金额及其出版物的价格时，应使这些收入在正常情况下足以支付国际局为执行本条约所需要的一切开支。

（5）（a）如果任何财政年度结束时出现赤字，缔约国应在遵守（b）和（c）规定的情况下，缴纳会费以弥补赤字。

（b）每个缔约国缴纳会费的数额，应由大会决定，但应当考虑当年来自各缔约国的国际申请的数目。

（c）如果有暂时弥补赤字或其一部分的其他办法，大会可以决定将赤字转入下一年度，而不要求各缔约国缴纳会费。

（d）如果本联盟的财政情况允许，大会可以决定把按（a）缴纳的会费退还给原缴款的缔约国。

（e）缔约国在大会规定的应缴会费日的两年内没有缴清（b）规定的会费的，不得在本联盟的任何机构中行使表决权。但是，只要确信缴款的延误是由于特殊的和不可避免的情况，本联盟的任何机构可以允许该国继续在该机构中行使表决权。

（6）如果在新财政期间开始前预算尚未通过，按财务规则的规定，此预算的水平应同前一年的预算一样。

（7）（a）本联盟应有一笔工作基金，由每个缔约国一次缴款构成。如果基金不足，大会应安排予以增加。如果基金的一部分已不再需要，应予退还。

（b）每个缔约国首次向上述基金缴付的数额，或参与增加上述基金的数额，应由大会根据与本条（5）（b）所规定的相似的原则予以决定。

（c）缴款的条件应由大会按照总干事的建议并且在听取本组织协调委员会的意见后，予以规定。

（d）退还应与每个缔约国原缴纳的数额成比例，并且考虑到缴纳的日期。

（8）（a）本组织与其总部所在国签订的总部协议中应规定，在工作基金不足时，该国应给予贷款。贷予的数额和条件应按每次的情况由该国和本组织订立单独的协议加以规定。只要该国仍负有给予贷款的义务，该国在大会和执行委员会就应享有当然席位。

（b）本款（a）中所述的国家和本组织每一方都有权以书面通知废除贷款的义务。废除自通知发出的当年年底起3年后发生效力。

（9）账目的审核应按财务规则的规定，由一个或一个以上缔约国或外界审计师进行。这些缔约国或审计师应由大会在征得其同意后指定。

第58条 实施细则

（1）本条约所附的细则规定以下事项的规则：

（i）关于本条约明文规定应按细则办理的事项，或明文规定由或将由细则规定的事项；

（ii）关于管理的要求、事项或程序；

（iii）关于在贯彻本条约的规定中有用的细节。

（2）（a）大会可以修改细则。

（b）除本条（3）另有规定外，修改需要有所投票数的四分之三票。

（3）（a）细则应规定哪些规则只有按照下列方法才能修改：

（i）全体一致同意；或者

（ii）其国家局担任国际检索单位或国际初步审查单位的各缔约国都没有表示异议，而且在这种单位是政府间组织时，经该组织主管机构内其他成员国为此目的授权的该组织的成员国兼缔约国并没有表示异议。

（b）将来如从应予适用的要求中排除上述任何一项规则，应分别符合（a）（i）或（ii）规定的条件。

（c）将来如将任何一项规则包括在（a）所述的这一项或那一项要求中，应经全体一致同意。

（4）细则应规定，总干事应在大会监督下制定行政规程。

（5）本条约的规定与细则的规定发生抵触时，应以条约规定为准。

第六章 争议

第59条 争议

除第64条（5）另有规定外，两个或两个以上缔约国之间有关本条约或细则的解释或适用发生争议，通过谈判未解决的，如果有关各国不能就其他的解决方法达成协议，有关各国中任何一国可以按照国际法院规约的规定将争议提交该法院。将争议提交国际法院的缔约国应通知国际局；国际局应将此事提请其他缔约国予以注意。

第七章 修订和修改

第60条 本条约的修订

（1）本条约随时可以由缔约国的特别会议加以修订。

（2）修订会议的召开应由大会决定。

（3）被指定为国际检索单位或国际初步审查单位的政府间组织，应被接纳为修订会议的观察员。

（4）第53条（5）、（9）和（11），第54条，第55条（4）至（8），第56条和第57条，可以由修订会议修改，或按照第61条的规定予以修改。

第61条 本条约某些规定的修改

（1）（a）大会的任何成员国、执行委员会或总干事可以对第53条（5）、（9）和（11），第54条、第55条（4）至（8），第56条以及第57条提出修改建议。

（b）总干事应将这些建议在大会进行审议前至少6个月通知各缔约国。

（2）（a）对本条（1）所述各条的任何修改应由大会通过。

（b）通过需要有所投票数的四分之三票。

（3）（a）对（1）所述各条的任何修改，应在总干事从大会通过修改时的四分之三成员国收到按照其各自宪法程序办理的书面接受通知起1个月后开始生效。

（b）对上述各条的任何修改经这样接受后，对修改生效时是大会成员的所有国家均具有约束力，但增加缔约国财政义务的任何修改只对那些已通知接受该修改的国家具有约束力。

（c）凡按（a）的规定已经接受的任何修改，在按该项规定生效后，对于以后成为大会成员国的所有国家都具有约束力。

第八章 最后条款

第62条 加入本条约

（1）凡保护工业产权国际联盟的成员国，通过以下手续可以加入本条约：

（i）签字并交存批准书；或

（ii）交存加入书。

（2）批准书或加入书应交总干事保存。

（3）保护工业产权巴黎公约的斯德哥尔摩议定书第24条应适用于本条约。

（4）在任何情况下，本条（3）不应理解为意味着一个缔约国承认或默示接受有关另一缔约国根据该款将本条约适用于某领地的事实状况。

第63条 本条约的生效

（1）（a）除本条（3）另有规定外，本条约应在8个国家交存其批准书或加入书后3个月生效，但其中至少应有4国各自符合下列条件中的任一条件：

（i）按照国际局公布的最新年度统计，在该国提出的申请已超过4万件；

（ii）按照国际局公布的最新年度统计，该国的国民或居民在某一外国提出的申请至少已达1千件；

（iii）按照国际局公布的最新年度统计，该国的国家局收到外国国民或居民的申请至少已达1万件。

（b）为本款的目的，"申请"一词不包括实用新型申请。

（2）除本条（3）另有规定外，在本条约按（1）生效时未成为缔约国的任何国家，在该国交存其批准书或加入书 3 个月后，应受本条约的约束。

(3) 但是，第Ⅱ章的规定和附于本条约的细则的相应规定，只是在有 3 个国家至少各自符合本条 (1) 规定的三项条件之一而加入本条约之日，并且没有按第 64 条 (1) 声明不愿受第Ⅱ章规定的约束，才能适用。但是，该日期不得先于按 (1) 最初生效的日期。

第 64 条　保留①

(1) (a) 任何国家可以声明不受第Ⅱ章规定的约束。

(b) 按 (a) 作出声明的国家，不受第Ⅱ章的规定和细则的相应规定的约束。

(2) (a) 没有按 (1) (a) 作出声明的任何国家可以声明：

(i) 不受第 39 条 (1) 关于提供国际申请副本及其译本 (按照规定) 各一份的规定的约束；

(ii) 按第 40 条的规定推迟国家处理程序的义务并不妨碍由国家局或通过国家局公布国际申请或其译本，但应理解为该国并没有免除第 30 条和第 38 条规定的限制。

(b) 作出以上声明的国家应受到相应的约束。

(3) (a) 任何国家可以声明，就该国而言，不要求国际申请的国际公布。

(b) 如果在自优先权日起 18 个月期满时，国际申请只包含对作出本款 (a) 项声明的国家的指定，该国际申请不应按第 21 条 (2) 的规定予以公布。

(c) 在适用本款 (b) 项规定时，如遇下列情况，国际申请仍应由国际局公布：

(i) 按细则的规定，根据申请人的请求；

(ii) 当已经按 (a) 规定作出了声明的任何以国际申请为基础的国家申请或专利已被指定国的国家局或代表该国的国家局公布，立即在该公布后并在不早于自优先权日起 18 个月届满前。

(4) (a) 当任何本国法规定，其专利的现有技术效力自公布前的某一个日期起计算，但不将为现有技术的目的，把按照保护工业产权巴黎公约所要求的优先权日等同于在该国的实际申请日的，该国可以声明，为现有技术的目的，在该国之外提交的指定该国的国际申请不等同于在该国的实际申请日。

(b) 按本款 (a) 作出声明的任何国家，在该项规定的范围内，不受第 11 条 (3) 规定的约束。

(c) 按本款 (a) 作出声明的国家，应同时以书面声明指定该国的国际申请的现有技术效力在该国开始生效的日期和条件。该项声明可以在任何时候通知总干事予以修改。

(5) 每个国家可以声明不受第 59 条的约束。关于作出这种声明的缔约国与其他缔约国之间的任何争议，不适用第 59 条的规定。

(6) (a) 按本条作出的任何声明均应是书面的声明。它可以在本条约上签字时或交存批准书或加入书时作出，或者除 (5) 所述的情况外，在以后任何时候以通知总干事的方式作出。在通知总干事的情况下，上述声明应在总干事收到通知之日起 6 个月后生效，对于在 6 个月期满前提出的国际申请没有影响。

(b) 按本条所作的任何声明，均可以在任何时候通知总干事予以撤回。这种撤回应在总干事收到通知之日起 3 个月后生效，在撤回按本条 (3) 所作声明的情形，撤回对在 3 个月期满前提出的国际申请没有影响。

(7) 除按本条 (1) 至 (5) 提出保留外，不允许对本条约作任何其他保留。

第 65 条　逐步适用

(1) 如果在与国际检索单位或国际初步审查单位达成的协议中，对该单位承担处理的国际申请的数量或种类规定临时性的限制，大会应就某些种类的国际申请逐步适用本条约和细则采取必要措施。本规定应同样适用于按第 15 条 (5) 提

---

① 编者注：国际局收到的有关依照条约第 64 条 (1) ~ (5) 作出的保留的信息将在公报以及 WIPO 下述网站上公告：www.wipo.int/pct/en/texts/reservations/res_incomp.html。

出的国际式检索的请求。

（2）除本条（1）另有规定外，大会应规定可以提出国际申请和可以要求国际初步审查的开始日期。这些日期应分别不迟于本条约按第63条（1）的规定生效后6个月，或按第63条（3）第Ⅱ章适用后6个月。

第66条　退出

（1）任何缔约国可以通知总干事退出本条约。

（2）退出应自总干事收到所述通知6个月后生效。如果国际申请是在上述6个月期满以前提出，并且，在宣布退出的国家是选定国的情况下，如果是在上述6个月届满以前选定，退出不影响国际申请在宣布退出国家的效力。

第67条　签字和语言

（1）（a）本条约在用英语和法语写成的一份原本上签字，两种文本具有同等效力。

（b）总干事在与有利害关系的各国政府协商后，应制定德语、日语、葡萄牙语、俄语和西班牙语，以及大会可能指定的其他语言的官方文本。

（2）本条约在1970年12月31日以前可以在华盛顿签字。

第68条　保管的职责

（1）本条约停止签字后，其原本由总干事保管。

（2）总干事应将经其证明的本条约及其附件细则两份送交保护工业产权巴黎公约的所有缔约国政府，并根据要求送交任何其他国家的政府。

（3）总干事应将本条约送联合国秘书处登记。

（4）总干事应将经其证明的本条约及其细则的任何修改的附本两份，送交所有缔约国政府，并根据要求送交任何其他国家的政府。

第69条　通知

总干事应将下列事项通知保护工业产权巴黎公约的所有缔约国政府：

（i）按第62条的签字；

（ii）按第62条批准书或加入书的交存；

（iii）本条约的生效日期以及按第63条（3）开始适用第Ⅱ章的日期；

（iv）按第64条（1）至（5）所作的声明；

（v）按第64条（6）（b）所作任何声明的撤回；

（vi）按第66条收到的退出声明；

（vii）按第31条（4）所作的声明。

15. "十四五"国家知识产权保护和运用规划（略）

（国发〔2021〕20号　2021年10月9日发布）

16. 中华人民共和国植物新品种保护条例（略）

（2014年7月29日修订）

17. 建立世界知识产权组织（WIPO）公约（略）

（1979年10月2日修正）

18. 与贸易有关的知识产权协定（TRIPS）（略）

（2017年1月23日修正）

19. 保护文学艺术作品伯尔尼公约（略）

（1971年7月24日修订）

20. 保护表演者、录音制品制作者和广播组织的国际公约（略）

（1961年10月26日通过）

21. 保护录音制品制作者防止未经许可复制其录音制品公约（略）

（1971年10月29日签订）

22. 世界版权公约（略）

（1971年7月24日生效）

23. 商标国际注册马德里协定（略）

（1989年5月25日生效）

24. 商标注册用商品和服务国际分类尼斯协定（略）

（1979年8月28日修改）

（十）出口管制合规

1. 中华人民共和国出口管制法（节录）

（2020年10月17日公布　2020年12月1日施行）

第二条　国家对两用物项、军品、核以及其他与维护国家安全和利益、履行防扩散等国际义务相关的货物、技术、服务等物项（以下统称管制物项）的出口管制，适用本法。

前款所称管制物项，包括物项相关的技术资料等数据。

本法所称出口管制，是指国家对从中华人民共和国境内向境外转移管制物项，以及中华人民共和国公民、法人和非法人组织向外国组织和个人提供管制物项，采取禁止或者限制性措施。

本法所称两用物项，是指既有民事用途，又有军事用途或者有助于提升军事潜力，特别是可以用于设计、开发、生产或者使用大规模杀伤性武器及其运载工具的货物、技术和服务。

本法所称军品，是指用于军事目的的装备、专用生产设备以及其他相关货物、技术和服务。

本法所称核，是指核材料、核设备、反应堆用非核材料以及相关技术和服务。

第五条　国务院、中央军事委员会承担出口管制职能的部门（以下统称国家出口管制管理部门）按照职责分工负责出口管制工作。国务院、中央军事委员会其他有关部门按照职责分工负责出口管制有关工作。

国家建立出口管制工作协调机制，统筹协调出口管制工作重大事项。国家出口管制管理部门和国务院有关部门应当密切配合，加强信息共享。

国家出口管制管理部门会同有关部门建立出口管制专家咨询机制，为出口管制工作提供咨询意见。

国家出口管制管理部门适时发布有关行业出口管制指南，引导出口经营者建立健全出口管制内部合规制度，规范经营。

省、自治区、直辖市人民政府有关部门依照法律、行政法规的规定负责出口管制有关工作。

第九条　国家出口管制管理部门依据本法和有关法律、行政法规的规定，根据出口管制政策，按照规定程序会同有关部门制定、调整管制物项出口管制清单，并及时公布。

根据维护国家安全和利益、履行防扩散等国际义务的需要，经国务院批准，或者经国务院、中央军事委员会批准，国家出口管制管理部门可以对出口管制清单以外的货物、技术和服务实施临时管制，并予以公告。临时管制的实施期限不超过二年。临时管制实施期限届满前应当及时进行评估，根据评估结果决定取消临时管制、延长临时管制或者将临时管制物项列入出口管制清单。

第十条　根据维护国家安全和利益、履行防扩散等国际义务的需要，经国务院批准，或者经国务院、中央军事委员会批准，国家出口管制管理部门会同有关部门可以禁止相关管制物项的出口，或者禁止相关管制物项向特定目的国家和地区、特定组织和个人出口。

第十一条　出口经营者从事管制物项出口，应当遵守本法和有关法律、行政法规的规定；依法需要取得相关管制物项出口经营资格的，应当取得相应的资格。

第十二条　国家对管制物项的出口实行许可制度。

出口管制清单所列管制物项或者临时管制物项，出口经营者应当向国家出口管制管理部门申请许可。

出口管制清单所列管制物项以及临时管制物项之外的货物、技术和服务，出口经营者知道或者应当知道，或者得到国家出口管制管理部门通知，相关货物、技术和服务可能存在以下风险的，应当向国家出口管制管理部门申请许可：

（一）危害国家安全和利益；

（二）被用于设计、开发、生产或者使用大规模杀伤性武器及其运载工具；

（三）被用于恐怖主义目的。

出口经营者无法确定拟出口的货物、技术和服务是否属于本法规定的管制物项，向国家出口管制管理部门提出咨询的，国家出口管制管理部门应当及时答复。

第十四条　出口经营者建立出口管制内部合规制度，且运行情况良好的，国家出口管制管理部门可以对其出口有关管制物项给予通用许可等便利措施。具体办法由国家出口管制管理部门规定。

第十五条　出口经营者应当向国家出口管制管理部门提交管制物项的最终用户和最终用途证明文件，有关证明文件由最终用户或者最终用户所在国家和地区政府机构出具。

第十六条　管制物项的最终用户应当承诺，未经国家出口管制管理部门允许，不得擅自改变相关管制物项的最终用途或者向任何第三方转让。

出口经营者、进口商发现最终用户或者最终用途有可能改变的，应当按照规定立即报告国家出口管制管理部门。

第十七条　国家出口管制管理部门建立管制物项最终用户和最终用途风险管理制度，对管制物项的最终用户和最终用途进行评估、核查，加强最终用户和最终用途管理。

第十八条　国家出口管制管理部门对有下列情形之一的进口商和最终用户，建立管控名单：

（一）违反最终用户或者最终用途管理要求的；

（二）可能危害国家安全和利益的；

（三）将管制物项用于恐怖主义目的的。

对列入管控名单的进口商和最终用户，国家出口管制管理部门可以采取禁止、限制有关管制物项交易，责令中止有关管制物项出口等必要的措施。

出口经营者不得违反规定与列入管控名单的进口商、最终用户进行交易。出口经营者在特殊情况下确需与列入管控名单的进口商、最终用户进行交易的，可以向国家出口管制管理部门提出申请。

列入管控名单的进口商、最终用户经采取措施，不再有第一款规定情形的，可以向国家出口管制管理部门申请移出管控名单；国家出口管制管理部门可以根据实际情况，决定将列入管控名单的进口商、最终用户移出管控名单。

第二十二条　国家两用物项出口管制管理部门受理两用物项出口申请，单独或者会同有关部门依照本法和有关法律、行政法规的规定对两用物项出口申请进行审查，并在法定期限内作出准予或者不予许可的决定。作出准予许可决定的，由发证机关统一颁发出口许可证。

第三十二条　国家出口管制管理部门根据缔结或者参加的国际条约，或者按照平等互惠原则,与其他国家或者地区、国际组织等开展出口管制合作与交流。

中华人民共和国境内的组织和个人向境外提供出口管制相关信息,应当依法进行;可能危害国家安全和利益的,不得提供。

第三十三条 出口经营者未取得相关管制物项的出口经营资格从事有关管制物项出口的,给予警告,责令停止违法行为,没收违法所得,违法经营额五十万元以上的,并处违法经营额五倍以上十倍以下罚款;没有违法经营额或者违法经营额不足五十万元的,并处五十万元以上五百万元以下罚款。

第三十四条 出口经营者有下列行为之一的,责令停止违法行为,没收违法所得,违法经营额五十万元以上的,并处违法经营额五倍以上十倍以下罚款;没有违法经营额或者违法经营额不足五十万元的,并处五十万元以上五百万元以下罚款;情节严重的,责令停业整顿,直至吊销相关管制物项出口经营资格:

(一)未经许可擅自出口管制物项;

(二)超出出口许可证件规定的许可范围出口管制物项;

(三)出口禁止出口的管制物项。

第三十五条 以欺骗、贿赂等不正当手段获取管制物项出口许可证件,或者非法转让管制物项出口许可证件的,撤销许可,收缴出口许可证,没收违法所得,违法经营额二十万元以上的,并处违法经营额五倍以上十倍以下罚款;没有违法经营额或者违法经营额不足二十万元的,并处二十万元以上二百万元以下罚款。

伪造、变造、买卖管制物项出口许可证件的,没收违法所得,违法经营额五万元以上的,并处违法经营额五倍以上十倍以下罚款;没有违法经营额或者违法经营额不足五万元的,并处五万元以上五十万元以下罚款。

第三十六条 明知出口经营者从事出口管制违法行为仍为其提供代理、货运、寄递、报关、第三方电子商务交易平台和金融等服务的,给予警告,责令停止违法行为,没收违法所得,违法经营额十万元以上的,并处违法经营额三倍以上五倍以下罚款;没有违法经营额或者违法经营额不足十万元的,并处十万元以上五十万元以下罚款。

第三十七条 出口经营者违反本法规定与列入管控名单的进口商、最终用户进行交易的,给予警告,责令停止违法行为,没收违法所得,违法经营额五十万元以上的,并处违法经营额十倍以上二十倍以下罚款;没有违法经营额或者违法经营额不足五十万元的,并处五十万元以上五百万元以下罚款;情节严重的,责令停业整顿,直至吊销相关管制物项出口经营资格。

第三十八条 出口经营者拒绝、阻碍监督检查的,给予警告,并处十万元以上三十万元以下罚款;情节严重的,责令停业整顿,直至吊销相关管制物项出口经营资格。

第三十九条第一款 违反本法规定受到处罚的出口经营者,自处罚决定生效之日起,国家出口管制管理部门可以在五年内不受理其提出的出口许可申请;对其直接负责的主管人员和其他直接责任人员,可以禁止其在五年内从事有关出口经营活动,因出口管制违法行为受到刑事处罚的,终身不得从事有关出口经营活动。

第四十三条 违反本法有关出口管制管理规定,危害国家安全和利益的,除依照本法规定处罚外,还应当依照有关法律、行政法规的规定进行处理和处罚。

违反本法规定,出口国家禁止出口的管制物项或者未经许可出口管制物项的,依法追究刑事责任。

第四十五条 管制物项的过境、转运、通运、再出口或者从保税区、出口加工区等海关特殊监管区域和出口监管仓库、保税物流中心等保税监管场所向境外出口,依照本法的有关规定执行。

2. 中华人民共和国海关法（节录）

（2021年4月29日修正）

第一百条 本法下列用语的含义：

直属海关，是指直接由海关总署领导，负责管理一定区域范围内的海关业务的海关；隶属海关，是指由直属海关领导，负责办理具体海关业务的海关。

进出境运输工具，是指用以载运人员、货物、物品进出境的各种船舶、车辆、航空器和驮畜。

过境、转运和通运货物，是指由境外启运、通过中国境内继续运往境外的货物。其中，通过境内陆路运输的，称过境货物；在境内设立海关的地点换装运输工具，而不通过境内陆路运输的，称转运货物；由船舶、航空器载运进境并由原装运输工具载运出境的，称通运货物。

海关监管货物，是指本法第二十三条所列的进出口货物，过境、转运、通运货物，特定减免税货物，以及暂时进出口货物、保税货物和其他尚未办结海关手续的进出境货物。

保税货物，是指经海关批准未办理纳税手续进境，在境内储存、加工、装配后复运出境的货物。

海关监管区，是指设立海关的港口、车站、机场、国界孔道、国际邮件互换局（交换站）和其他有海关监管业务的场所，以及虽未设立海关，但是经国务院批准的进出境地点。

3. 中华人民共和国数据安全法（节录）

（2021年6月10日公布 2021年9月1日施行）

第三十六条 中华人民共和国主管机关根据有关法律和中华人民共和国缔结或者参加的国际条约、协定，或者按照平等互惠原则，处理外国司法或者执法机构关于提供数据的请求。非经中华人民共和国主管机关批准，境内的组织、个人不得向外国司法或者执法机构提供存储于中华人民共和国境内的数据。

4. 中华人民共和国刑法（节录）

（2020年12月26日修正）

第一百五十一条 走私武器、弹药、核材料或者伪造的货币的，处七年以上有期徒刑，并处罚金或者没收财产；情节特别严重的，处无期徒刑，并处没收财产；情节较轻的，处三年以上七年以下有期徒刑，并处罚金。

走私国家禁止出口的文物、黄金、白银和其他贵重金属或者国家禁止进出口的珍贵动物及其制品的，处五年以上十年以下有期徒刑，并处罚金；情节特别严重的，处十年以上有期徒刑或者无期徒刑，并处没收财产；情节较轻的，处五年以下有期徒刑，并处罚金。

走私珍稀植物及其制品等国家禁止进出口的其他货物、物品的，处五年以下有期徒刑或者拘役，并处或者单处罚金；情节严重的，处五年以上有期徒刑，并处罚金。

单位犯本条规定之罪的，对单位判处罚金，并对其直接负责的主管人员和其他直接责任人员，依照本条各款的规定处罚。

第一百五十三条 走私本法第一百五十一条、第一百五十二条、第三百四十七条规定以外的货物、物品的，根据情节轻重，分别依照下列规定处罚：

（一）走私货物、物品偷逃应缴税额较大或者一年内曾因走私被给予二次行政处罚后又走私的，处三年以下有期徒刑或者拘役，并处偷逃应缴税额一倍以上五倍以下罚金。

（二）走私货物、物品偷逃应缴税额巨大或者有其他严重情节的，处三年以上十年以下有期徒刑，并处偷逃应缴税额一倍以上五倍以下罚金。

（三）走私货物、物品偷逃应缴税额特别巨大或者有其他特别严重情节的，处十年以上有期徒刑或者无期徒刑，并处偷逃应缴税额一倍以上五倍以下罚金或者没收财产。

单位犯前款罪的，对单位判处罚金，并对其直接负责的主管人员和其他直接责任人员，处三年以下有期徒刑或者拘役；情节严重的，处三年以上十年以下有期徒刑；情节特别严重的，处十年以上有期徒刑。

对多次走私未经处理的，按照累计走私货物、物品的偷逃应缴税额处罚。

第一百五十六条 与走私罪犯通谋，为其提供贷款、资金、帐号、发票、证明，或者为其提供运输、保管、邮寄或者其他方便的，以走私罪的共犯论处。

5. 中华人民共和国
行政处罚法（节录）

（2021年1月22日修订）

第四条 公民、法人或者其他组织违反行政管理秩序的行为，应当给予行政处罚的，依照本法由法律、法规、规章规定，并由行政机关依照本法规定的程序实施。

6. 中华人民共和国
国际刑事司法协助法（节录）

（2018年10月26日公布施行）

第四条 中华人民共和国和外国按照平等互惠原则开展国际刑事司法协助。

国际刑事司法协助不得损害中华人民共和国的主权、安全和社会公共利益，不得违反中华人民共和国法律的基本原则。

非经中华人民共和国主管机关同意，外国机构、组织和个人不得在中华人民共和国境内进行本法规定的刑事诉讼活动，中华人民共和国境内的机构、组织和个人不得向外国提供证据材料和本法规定的协助。

7. 中华人民共和国
核出口管制条例（节录）

（2006年11月9日修订）

第六条 核出口由国务院指定的单位专营，任何其他单位或者个人不得经营。

8. 商务部关于两用物项出口
经营者建立出口管制内部
合规机制的指导意见

（2021年4月28日发布）

有效的出口管制措施是维护国家主权、安全、发展利益和履行国际义务的重要手段。2020年12月1日，《中华人民共和国出口管制法》正式施行，为做好新时期出口管制工作提供了更加有力的法治保障。出口管制法明确规定国家出口管制管理部门引导出口经营者建立健全内部合规制度。两用物项出口经营者作为基本的经营实体，是国家出口管制制度建设的重要环节。严格执行国家出口管制法律法规，既是经营者的责任和义务，也有助于经营者树立负责任形象，有序开展国际经贸合作。

商务部作为两用物项出口管制主管部门，以习近平新时代中国特色社会主义思想为指引，增强"四个意识"、坚定"四个自信"、做到"两个维护"，贯彻落实总体国家安全观，统筹发展与安全，不断完善出口管制制度。依据出口管制法及相关法规规定，商务部结合新时期出口管制工作的新特点，对2007年第69号公告"关于两用物项和技术出口经营者建立内部出口控制机制的指导意见"进行修改完善，推动从事出口管制法规定的相关行为的两用物项出口经营者等主体（以下简称出口经营者）建立符合自身实际情况的出口管制内部合规机制。具体意见如下：

一、指导思想

出口经营者自觉严格遵守国家出口管制相关法律法规，维护国家安全和发展利益，按照"健全制度、全员参与、严格执行、规范经营"的方针，建立并完善出口管制内部合规机制，树立诚信经营和负责任形象，有效规避和减少经贸风险，不断提升竞争力，实现可持续发展。

二、基本原则

建立出口管制内部合规机制遵循以下原则：

（一）合法性原则

出口经营者应将严格执行国家出口管制相关法律法规作为建立出口管制内部合规机制的根本原则，充分认识合法合规经营的重要意义。经营者的相关行为须符合出口管制法律法规的规定，如有违法违规行为，经营者将承担相应的法律责任。

（二）独立性原则

内部合规机制是出口经营者管理制度的重要组成部分，在经营管理体系中独立存在。出口经营者通过内部合规机制的流程控制和制度保证，对自身经营行为进行规范并自我监督，对违反国家出口管制法律法规的行为，内部合规机制可行使一票否决权。

（三）实效性原则

出口经营者结合经营实际情况，建立有效的出口管制内部合规机制，实现高层重视、全员参与、全程控制、定期评估、不断完善的运行系统，以切实发挥内部合规机制对出口经营活动的监督管控作用。

三、基本要素

出口管制内部合规机制具备以下基本要素：

（一）拟定政策声明

出口经营者拟定并发布由最高管理者或主要负责人签署的承诺性书面声明，申明经营者将严格执行国家出口管制法律法规，高级管理层对内部合规机制的支持态度，以体现合法性原则。政策声明对内应作到全员知晓，对外起到宣传作用。此外，这份声明还可以体现企业为此构建的工作原则、规则体系、组织权限、覆盖范围等内容。

（二）建立组织机构

设立出口管制内部合规机制的组织机构，明确主管部门和人员职责。建立组织机构应考虑：组织体系的设置、机构的职能、出口管制专（兼）职人员岗位职责、权限及联系方式等。建立组织机构应体现独立性原则，授权专责人员对任何有异议的出口相关行为发出禁令或征询政府主管部门的意见。同时应避免仅由单人负责审查和判断某些复杂交易是否合规，以确保经营者对所有出口相关行为的有效监控。

（三）全面风险评估

出口经营者根据自身组织规模、所处行业、经营方式等情况，对可能面临的出口管制风险进行全面评估，识别易发生违规风险的业务环节，根据风险等级匹配合规资源和审查内容，力求严谨缜密。评估内容主要包括：经营物项情况、客户情况、技术与研发情况、出口国家和地区情况、内部运作情况、第三方合作伙伴情况、风险防范措施等各方面。经营者可根据风险评估的结果有针对性地建立和更新适合自身特点的出口管制内部合规机制和相关组织管理体系，梳理分析可采取的风险防范措施。在风险评估中若有疑问，应及时向国家出口管制管理部门或外部专业机构咨询。

（四）确立审查程序

出口经营者确立出口审查程序，明确经营过程中哪些特定环节需要实行内部合规控制，通过程序化、制度性管理，杜绝管制物项未经内部审查随意出口。审查要点主要包括：经营的物项是否为国家出口管制清单控制物项；经营行为是否符合国家出口管制法律法规；最终用户所在国是否为受联合国制裁国家或其他敏感国家；最终用户和最终用途是否存在风险；最终用途是否具备合理性；客户的支付方式是否符合一般的商务习惯；出口运输路线是否合理等。

（五）制定应急措施

出口经营者鼓励员工提高风险意识，设置内部举报途径和可疑事项调查流程，要求员工在发现可疑订单、可疑客户或可疑行为后及时向出口管制内部合规机制举报，由其开展调查并做出最后决定。出口经营者发现出口物项应申请出口许可但未申请等行为的，或最终用户和最终用途发生改变或与合同不符等情形的，应采取紧急补救措施，并及时向政府部门报告。

在处理可疑事项、违法行为或突发事件时，出口经营者知道或应当知道，或得到政府主管部门通知，其所出口的物项存在法律规定的有关风险时，无论该物项是否列入国家出口管制清单范围，都应当依照国家出口管制法律法规相关规定申请出口许可或进行合规控制。经营者可结合内部规章，要求从事相关业务的员工承担出口管制的责任，并对违反出口管制的行为进行处置，以确保内部合规机制有效执行。

（六）开展教育培训

出口经营者结合实际制定定期或不定期培训计划，采取多种培训形式，实现全员培训，将出口管制培训列为员工绩效考核的指标。培训计划安排以员工及时了解国家出口管制法律法规、有效执行内部合规机制要求、相关人员能妥善处理出口管制问题为目的。

（七）完善合规审计

出口经营者定期对出口管制内部合规机制的合理性、可行性、有效性等进行审计，评估具体业务流程合规操作的规范性。审计报告应反映内部合规机制运行状况以及整改方向。合规审计可以由企业内部专人进行，也可以聘请外部第三方机构进行。审计内容主要包括各项两用物项交易过程中是否遵循了审查流程、组织机构运行是否顺畅、可疑事项调查是否有效以及合规事务是否出现需要改进的地方等。

（八）保留资料档案

出口经营者完整、准确保留与出口管制相关的文件，包括出口记录、与政府部门沟通情况、客户信息及往来文件、许可申请文件、许可审批文件以及出口项目执行情况等。对以电话、传真、电子邮件和其他方式的接洽也视情予以记录，并明确相关贸易文件存档程序及保管要求。

（九）编制管理手册

出口经营者编制出口管制内部合规机制管理手册，涵盖前述基本要素规定的内容，普及国家出口管制法律法规和合规制度，使员工能够通过手册及时了解并有效执行。管理手册可采用纸质或电子版本，内容完整，易于获得，便于执行。

四、促进措施

为引导出口经营者依据本指导意见建立出口管制内部合规机制，商务部将会同有关方面加强以下促进工作：

（一）发布《两用物项出口管制内部合规指南》（见附件），为出口经营者提供具体参考。

（二）根据内部合规机制建设和运行情况，给予出口经营者相应许可便利。如其违反两用物项出口管制管理规定，但有主动消除或者减轻违法行为危害后果等情形的，依法从轻或减轻行政处罚。

（三）加强出口管制合规信息服务，及时公布出口管制相关法律法规、政策文件，更新国内外出口管制动向等。

（四）组织开展或支持省级商务主管部门和有关行业组织开展宣传培训，指导出口经营者建立内部合规机制。

（五）加强出口管制专家队伍建设，提供政策法规和内部合规机制建设等咨询服务。

（六）组织有关单位和机构对出口经营者内部合规机制建设情况进行评估。

五、其他事项

（一）在商务部申办《最终用户和最终用途说明》的经营者可参照本指导意见相关原则和要素，建立包含进口流程控制的内部合规机制，严格遵守相关承诺。

（二）从事商用密码产品、易制毒化学品进出口的经营者，以及为两用物项出口提供代理、货运、寄递、报关、第三方电子商务交易平台和金融等服务的经营者，可参照本指导意见相关原则和要素，建立相应的内部合规机制。

（三）从事两用物项研发、生产等业务的企业、科研院所，可结合实际情况参照本指导意见相关原则和要素，建立相应的内部合规机制。

（四）自本公告发布之日起，商务部2007年第69号公告失效。

9. 阻断外国法律与措施不当域外适用办法

（中华人民共和国商务部令2021年第1号 2021年1月9日公布施行）

第一条 为了阻断外国法律与措施不当域外适用对中国的影响，维护国家主权、安全、发展利益，保护中国公民、法人或者其他组织的合法权益，根据《中华人民共和国国家安全法》等有关法律，制定本办法。

第二条 本办法适用于外国法律与措施的域外适用违反国际法和国际关系基本准则，不当禁止或者限制中国公民、法人或者其他组织与第三国（地区）及其公民、法人或者其他组织进行正常的经贸及相关活动的情形。

第三条 中国政府坚持独立自主的对外政策，坚持互相尊重主权、互不干涉内政和平等互利等国际关系基本准则，遵守所缔结的国际条约、协定，履行承担的国际义务。

第四条 国家建立由中央国家机关有关部门参加的工作机制（以下简称工作机制），负责外国法律与措施不当域外适用的应对工作。工作机制由国务院商务主管部门牵头，具体事宜由国务院商务主管部门、发展改革部门会同其他有关部门负责。

第五条 中国公民、法人或者其他组织遇到外国法律与措施禁止或者限制其与第三国（地区）及其公民、法人或者其他组织正常的经贸及相关活动情形的，应当在30日内向国务院商务主管部门如实报告有关情况。报告人要求保密的，国务院商务主管部门及其工作人员应当为其保密。

第六条 有关外国法律与措施是否存在不当域外适用情形，由工作机制综合考虑下列因素评估确认：

（一）是否违反国际法和国际关系基本准则；

（二）对中国国家主权、安全、发展利益可能产生的影响；

（三）对中国公民、法人或者其他组织合法权益可能产生的影响；

（四）其他应当考虑的因素。

第七条 工作机制经评估，确认有关外国法律与措施存在不当域外适用情形的，可以决定由国务院商务主管部门发布不得承认、不得执行、不得遵守有关外国法律与措施的禁令（以下简称禁令）。

工作机制可以根据实际情况，决定中止或者撤销禁令。

第八条 中国公民、法人或者其他组织可以向国务院商务主管部门申请豁免遵守禁令。

申请豁免遵守禁令的，申请人应当向国务院商务主管部门提交书面申请，书面申请应当包括申请豁免的理由以及申请豁免的范围等内容。国务院商务主管部门应当自受理申请之日起30日内作出是否批准的决定；情况紧急时应当及时作出决定。

第九条 当事人遵守禁令范围内的外国法律与措施，侵害中国公民、法人或者其他组织合法权益的，中国公民、法人或者其他组织可以依法向人民法院提起诉讼，要求该当事人赔偿损失；但是，当事人依照本办法第八条规定获得豁免的除外。

根据禁令范围内的外国法律作出的判决、裁定致使中国公民、法人或者其他组织遭受损失的，中国公民、法人或者其他组织可以依法向人民法院提起诉讼，要求在该判决、裁定中获益的当事人赔偿损失。

本条第一款、第二款规定的当事人拒绝履行人民法院生效的判决、裁定的，中国公民、法人或者其他组织可以依法申请人民法院强制执行。

第十条 工作机制成员单位应当依照各自职责,为中国公民、法人或者其他组织应对外国法律与措施不当域外适用提供指导和服务。

第十一条 中国公民、法人或者其他组织根据禁令,未遵守有关外国法律与措施并因此受到重大损失的,政府有关部门可以根据具体情况给予必要的支持。

第十二条 对外国法律与措施不当域外适用,中国政府可以根据实际情况和需要,采取必要的反制措施。

第十三条 中国公民、法人或者其他组织未按照规定如实报告有关情况或者不遵守禁令的,国务院商务主管部门可以给予警告,责令限期改正,并可以根据情节轻重处以罚款。

第十四条 国务院商务主管部门工作人员未按照规定为报告有关情况的中国公民、法人或者其他组织保密的,依法给予处分;构成犯罪的,依法追究刑事责任。

第十五条 中华人民共和国缔结或者参加的国际条约、协定规定的外国法律与措施域外适用情形,不适用本办法。

第十六条 本办法自公布之日起施行。

(十一) 我国检察机关开展的涉案企业合规改革

1. 最高人民检察院关于开展企业合规改革试点工作方案

(2021年3月19日印发)

检察机关开展企业合规改革试点工作是深入贯彻党的十九大和十九届二中、三中、四中、五中全会精神,认真贯彻习近平法治思想,助力实现"十四五"规划和2035年远景目标的重要举措,对于促进国家治理体系和治理能力现代化具有重要意义。为确保试点工作依法有序推进,制定如下方案。

一、内涵、目标和原则

(一) 基本内涵

开展企业合规改革试点工作,是指检察机关对于办理的涉企刑事案件,在依法做出不批准逮捕、不起诉决定或者根据认罪认罚从宽制度提出轻缓量刑建议等的同时,针对企业涉嫌具体犯罪,结合办案实际,督促涉案企业作出合规承诺并积极整改落实,促进企业合规守法经营,减少和预防企业犯罪,实现司法办案政治效果、法律效果、社会效果的有机统一。

(二) 主要目标

检察机关开展企业合规改革试点,旨在充分发挥检察职能,加大对民营经济平等保护,更好落实依法不捕不诉不提出判实刑量刑建议等司法政策,既给涉案企业以深刻警醒和教育,防范今后可能再发生违法犯罪,也给相关行业企业合规经营提供样板和借鉴,为服务"六稳""六保",促进市场主体健康发展,营造良好法治化营商环境,推动形成新发展格局,促进经济社会高质量发展,助推国家治理体系和治理能力现代化提供新的检察产品,贡献更大检察力量。

(三) 基本原则

1. 坚持党的领导。服务和保障市场主体健康发展,促进经济社会高质量发展,是检察机关贯彻落实习近平法治思想的重要体现。试点地区检察机关要进一步提高认识,主动向党委、党委政法委汇报,争取人大、政府支持,加强与市场监管、税务、工商联、律师协会等单位联系,建立联席会议制度和第三方监管机制,在党委及其政法委领导下稳步推进改革试点工作。

2. 坚持检察职责定位。要立足于刑事、民事、行政、公益诉讼"四大检察"职能,督促企业履行合规承诺,促进企业合规经营,建立现代企业管理制度,服务保障经济社会高质量发展。

3. 严格依法有序推进。试点应严格依照法律规定,按照试点方案要求,有规划、分步骤进行。未经立法授权，各试点单位不得突破法律规定试行对涉企业犯罪附条件不起诉（暂缓起诉）等做法。地方检察院开展企业合规试点，要层报高检院同意。

二、主要内容

（一）企业范围和案件类型

企业范围包括各类市场主体，主要是指涉案企业以及与涉案企业相关联企业。国企民企、内资外资、大中小微企业，均可列入试点范围。案件类型包括企业经济活动涉及的各种经济犯罪、职务犯罪。

（二）试点形式和内容

1. 与依法适用认罪认罚从宽制度和检察建议结合起来。通过适用认罪认罚从宽制度等，对涉企案件，做到依法能不捕的不捕、能不诉的不诉、能不判实刑的要提出判缓刑的量刑建议，督促企业建立合规制度，履行合规承诺。

2. 与依法清理"挂案"结合起来。通过积极推动企业合规试点工作，提出企业合规建设意见和建议，包括整改方向和意见，同时促进"挂案"清理工作，依法平等保护企业合法权益。

3. 与依法适用不起诉结合起来。不起诉类型既包括刑事诉讼法第一百七十五条第四款规定的不起诉，也包括刑事诉讼法第一百七十七条第一款、第二款规定的不起诉，以及刑事诉讼法第一百八十二条规定的不起诉。对不起诉案件，做到应听尽听证。

（三）积极探索建立第三方监管机制

各试点单位应当结合本地实际，探索建立包括市场监管部门、税务部门、工商联等以及律师、审计师、会计师、人民监督员、人大代表、政协委员等在内的企业合规第三方监管机制。通过第三方监管，监督、促进企业践行合规承诺。检察机关要定期检查合规建设情况，并根据案件具体情况依法作出相应处理。

三、工作步骤

（一）扩大试点范围，规范试点工作。对于前一时期试点工作中的不规范做法，依法予以规范，同时适当扩大试点范围，开展为期一至二年的试点。

（二）总结试点经验，申请全国人大常委会授权开展涉企业犯罪附条件不起诉试点。在第二期试点一年左右基础上，总结试点经验和效果，向中央政法委专题汇报；向全国人大常委会申请扩大附条件不起诉适用范围，对合规建设效果较好的涉案企业，可以附条件不起诉，同时授权部分检察机关开展试点。

（三）提出立法建议，推动立法。在总结试点经验基础上，向中央改革办、中央政法委和全国人大常委会专题报告，提出建立涉企业犯罪附条件不起诉制度的立法建议，推动相关立法修改。

四、第二期试点时间、范围和工作要求

（一）试点时间和范围

试点时间：2021年3月至2022年3月。

试点范围：北京、辽宁、上海、江苏、浙江、福建、山东、湖北、湖南、广东。上述省级检察院可根据本地情况，自行确定1至2个设区的市级院及其所辖基层院作为试点单位。已经试点的基层院所属市级院可将该市检察机关整体纳入试点范围，并报高检院备案。

（二）工作要求

1. 加强组织领导。各试点单位要严格按照高检院的统一部署，树立检察工作"一盘棋"意识，把试点工作抓紧抓实。试点院党组要将试点工作列入重要议事日程，成立以检察长为组长、有关院领导和业务部门负责人为成员的试点工作领导小组，一把手亲自抓，其他院领导负起应有的领导责任。上级院要加强对下督促检查，确保试点工作顺利进行，取得实效。

2. 依法有序推进试点。试点单位要严格按照现行法律规定和本方案的试点范围开展试点。遇到重大问题，要及时向上级院和当地党委政法委报告。试点期间确定适用企业合规的案件由省级院统一把关，争议案件可以对口向高检院相关业务厅请示。地方制发的有关规范性文件及时报高检院法律政策研究室备案。各地非试点单位不得以企业合规名义进行改革试点或宣传报道。

3. 积极向党委、党委政法委报告。各试点单位要及时向地方党委、党委政法委报告，积极争取人大、政府和有关部门的支持，注重与公安机关、工商联、市场监管部门等单位的沟通协调，共同推进试点工作有序稳妥开展。

2. 关于建立涉案企业合规第三方监督评估机制的指导意见（试行）实施细则

（2021年11月25日印发）

为深入学习贯彻习近平新时代中国特色社会主义思想，全面贯彻习近平法治思想，完整、准确、全面贯彻新发展理念，认真落实最高人民检察院、司法部、财政部、生态环境部、国务院国资委、税务总局、市场监管总局、全国工商联、中国贸促会《关于建立涉案企业合规第三方监督评估机制的指导意见（试行）》（以下简称《指导意见》），依法推进企业合规改革试点工作，规范涉案企业合规第三方监督评估机制管理委员会（以下简称第三方机制管委会）以及第三方监督评估机制（以下简称第三方机制）相关工作有序开展，结合工作实际，制定本实施细则。

第一章 第三方机制管委会的组成和职责

第一条 第三方机制管委会是承担对第三方机制的宏观指导、具体管理、日常监督、统筹协调等职责，确保第三方机制依法、有序、规范运行，以及第三方监督评估组织（以下简称第三方组织）及其组成人员依法依规履行职责的议事协调机构。

第二条 第三方机制管委会成员单位包括最高人民检察院、司法部、财政部、生态环境部、国务院国资委、税务总局、市场监管总局、全国工商联、中国贸促会等部门，并可以根据工作需要增加成员单位。

第三条 第三方机制管委会履行下列职责：

（一）研究制定涉及第三方机制的规范性文件；

（二）研究论证第三方机制涉及的重大法律政策问题；

（三）研究制定第三方机制专业人员名录库的入库条件和管理办法；

（四）研究制定第三方组织及其组成人员的工作保障和激励制度；

（五）对试点地方第三方机制管委会和第三方组织开展日常监督和巡回检查；

（六）协调相关成员单位对所属或者主管的中华全国律师协会、中国注册会计师协会、中国企业联合会、中国注册税务师协会、中国贸促会全国企业合规委员会（中国贸促会商事法律服务中心）以及其他行业协会、商会、机构等在企业合规领域的业务指导，研究制定涉企犯罪的合规考察标准；

（七）统筹协调第三方机制的其他工作。

第二章 第三方机制管委会联席会议的职责

第四条 第三方机制管委会建立联席会议机制，以联席会议形式研究制定重大规范性文件，研究论证重大法律政策问题，研究确定阶段性工作重点和措施，协调议定重大事项，推动管委会有效履职尽责。

第五条 联席会议由最高人民检察院、国务院国资委、财政部、全国工商联有关负责同志担任召集人，管委会其他成员单位有关负责同志担任联席会议成员。联席会议成员因工作变动需要调整的，由所在单位提出，联席会议确定。

第六条 联席会议原则上每半年召开一次，也可以根据工作需要临时召开。涉及企业合规改革试点工作及重大法律政策议题的由最高人民检察院召集，涉及第三方机制管委会日常工作及民营企业议题的由全国工商联召集，涉及国有企业议题的由国务院国资委、财政部召集。召集人可以根据议题邀请其他相关部门、单位以及专家学者参加会议。

第七条 联席会议以纪要形式明确会议议定事项，印发第三方机制管委会各成员单位及有关方面贯彻落实，重大事项按程序报批，落实情况定期报告联席会议。

第八条 联席会议设联络员，由第三方机制管委会各成员单位有关司局负责同志担任。在联席会议召开之前，应当召开联络员会议，研究讨论联席会议议题和需提交联席会议议定的事项及其他有关工作。

联络员应当根据所在单位职能，履行下列职责：

（一）协调本单位与其他成员单位的工作联系；

（二）组织研究起草有关规范性文件，研究论证有关法律政策问题，对有关事项或者议题提出意见建议；

（三）组织研究提出本单位需提交联席会议讨论的议题；

（四）在联席会议成员因故不能参加会议时，受委托参加会议并发表意见；

（五）组织落实联席会议确定的工作任务和议定事项。

第九条 联席会议设联系人，由第三方机制管委会各成员单位有关处级负责同志担任，负责日常联系沟通工作，承办联席会议成员及联络员的交办事项。

第三章 第三方机制管委会办公室的职责

第十条 第三方机制管委会下设办公室作为常设机构，负责承担第三方机制管委会的日常工作。办公室设在全国工商联，由全国工商联有关部门负责同志担任办公室主任，最高人民检察院、国务院国资委、财政部有关部门负责同志担任办公室副主任。

第十一条 第三方机制管委会办公室履行下列职责：

（一）协调督促各成员单位落实联席会议确定的工作任务和议定事项；

（二）收集整理各成员单位提交联席会议研究讨论的议题，负责联席会议和联络员会议的组织筹备工作；

（三）协调指导联席会议联系人开展日常联系沟通工作；

（四）负责国家层面第三方机制专业人员名录库的建立选任、日常管理、动态调整，并建立禁入名单等惩戒机制；

（五）组织开展对试点地方第三方机制管委会和第三方组织日常监督和巡回检查；

（六）承担第三方机制管委会及其联席会议交办的其他工作。

第十二条 第三方机制管委会办公室应当采取有效措施，建立健全第三方机制管委会联合调研、信息共享、案例指导、宣传培训等机制，并加强与中华全国律师协会、中国注册会计师协会、中国企业联合会、中国注册税务师协会、中国贸促会全国企业合规委员会（中国贸促会商事法律服务中心）以及其他行业协会、商会、机构的工作联系。

第十三条 第三方机制管委会办公室牵头组建巡回检查小组，邀请人大代表、政协委员、人民监督员、退休法官、退休检察官以及会计、审计、法律、合规等相关领域的专家学者担任巡回检查小组成员，对试点地方第三方机制管委会和相关第三方组织及其组成人员的履职情况开展不预先告知的现场抽查和跟踪监督。

第三方机制管委会办公室应当将巡回检查情况及时报告第三方机制管委会及其联席会议，并提出改进工作的意见建议。

第十四条 第三方机制管委会办公室可以推动各成员单位、各工作联系单位根据工作需要互派干部挂职交流，探索相关单位工作人员兼任检察官助理制度，并协调各成员单位视情派员参与第三方机制管委会办公室工作，提升企业合规工作专业化规范化水平。

第十五条 试点地方的人民检察院和国资

委、财政、工商联等有关单位应当结合本地实际，组建本地区的第三方机制管委会并建立联席会议机制，设立第三方机制管委会办公室负责日常工作。

第四章　第三方组织的性质

第十六条　第三方组织是试点地方第三方机制管委会选任组成的负责对涉案企业的合规承诺及其完成情况进行调查、评估、监督和考察的临时性组织。

第十七条　第三方组织的运行应当遵循依法依规、公开公正、客观中立、专业高效的原则。

第十八条　试点地方第三方机制管委会负责对其选任组成的第三方组织及其组成人员履职期间的监督、检查、考核等工作，确保其依法依规履行职责。

第五章　第三方机制的启动

第十九条　人民检察院在办理涉企犯罪案件时，应当注意审查是否符合企业合规试点以及第三方机制的适用条件，并及时听取涉案企业、人员的意见。经审查认为符合适用条件的，应当商请本地区第三方机制管委会启动第三方机制。

公安机关、纪检监察机关等办案机关提出适用建议的，人民检察院参照前款规定处理。

第二十条　涉案企业、人员及其辩护人、诉讼代理人以及其他相关单位、人员提出适用企业合规试点以及第三方机制申请的，人民检察院应当依法受理并进行审查。经审查认为符合适用条件的，应当商请本地区第三方机制管委会启动第三方机制。

第二十一条　第三方机制管委会收到人民检察院商请后，应当综合考虑案件涉嫌罪名、复杂程度以及涉案企业类型、规模、经营范围、主营业务等因素，从专业人员名录库中分类随机抽取人员组成第三方组织。

专业人员名录库中没有相关领域专业人员的，第三方机制管委会可以采取协商邀请的方式，商请有关专业人员参加第三方组织。

同一个第三方组织一般负责监督评估一个涉案企业。同一案件涉及多个涉案企业，或者涉案企业之间存在明显关联关系的，可以由同一个第三方组织负责监督评估。

第二十二条　涉案企业、人员的居住地与案件办理地不一致的，案件办理地第三方机制管委会可以委托涉案企业、人员居住地第三方机制管委会选任组成第三方组织并开展监督评估，或者可以通过第三方机制管委会成员单位及其所属或者主管的行业协会、商会、机构的异地协作机制，协助开展监督评估。

第二十三条　第三方组织一般由3至7名专业人员组成，针对小微企业的第三方组织也可以由2名专业人员组成。

同一名专业人员在不存在利益关系、保障工作质量的条件下，可以同时担任一个以上第三方组织的组成人员。

第三方机制管委会应当根据工作需要，指定第三方组织牵头负责人，也可由第三方组织组成人员民主推举负责人，并报第三方机制管委会审定。

第二十四条　第三方机制管委会应当将第三方组织组成人员名单及提出意见的方式向社会公示，接受社会监督。

公示期限由第三方机制管委会根据情况决定，但不得少于五个工作日。公示可以通过在涉案单位所在地或者有关新闻媒体、网站发布公示通知等形式进行。

第二十五条　涉案企业、人员或者其他相关单位、人员对选任的第三方组织组成人员提出异议，或者第三方组织组成人员申请回避的，第三方机制管委会应当及时调查核实并视情况作出调整。

公示期满后无异议或者经审查异议不成立的，第三方机制管委会应当将第三方组织组成人员名单报送负责办理案件的人民检察院备案。人民检察院发现组成人员存在明显不适当情形的，应当及时向第三方机制管委会提出意见建议，第三方机制管委会依照本条第一款的规定处理。

第二十六条　人民检察院对第三方机制管委会报送的第三方组织组成人员名单，经审查未提出不同意见的，应当通报第三方机制管委会，并由第三方机制管委会宣告第三方组织成立。

第三方组织存续期间，其组成人员一般不得变更。确需变更的，第三方机制管委会应当依照本实施细则相关规定处理。

第六章　第三方机制的运行

第二十七条　第三方组织成立后，应当在负责办理案件的人民检察院的支持协助下，深入了解企业涉案情况，认真研判涉案企业在合规领域存在的薄弱环节和突出问题，合理确定涉案企业适用的合规计划类型，做好相关前期准备工作。

第三方机制管委会可以根据工作需要，指派专门人员负责与选任组成的第三方组织及负责办理案件的人民检察院、涉案企业联络沟通，协调处理第三方机制启动和运行有关事宜。

第二十八条　第三方组织根据涉案企业情况和工作需要，应当要求涉案企业提交单项或者多项合规计划，对于小微企业可以视情简化。

涉案企业提交的合规计划，应当以全面合规为目标、专项合规为重点，主要针对与企业涉嫌犯罪有密切联系的企业内部治理结构、规章制度、人员管理等方面存在的问题，制定可行的合规管理规范，构建有效的合规组织体系，完善相关业务管理流程，健全合规风险防范报告机制，弥补企业制度建设和监督管理漏洞，防止再次发生相同或者类似的违法犯罪。

第二十九条　第三方组织应当对涉案企业合规计划的可行性、有效性与全面性进行审查，重点审查以下内容：

（一）涉案企业完成合规计划的可能性以及合规计划本身的可操作性；

（二）合规计划对涉案企业预防治理涉嫌的犯罪行为或者类似违法犯罪行为的实效性；

（三）合规计划是否覆盖涉案企业在合规领域的薄弱环节和明显漏洞；

（四）其他根据涉案企业实际情况需要重点审查的内容。

第三方组织应当就合规计划向负责办理案件的人民检察院征求意见，综合审查情况一并向涉案企业提出修改完善的意见。

第三十条　第三方组织根据案件具体情况和涉案企业承诺履行的期限，并向负责办理案件的人民检察院征求意见后，合理确定合规考察期限。

第三十一条　在合规考察期内，第三方组织可以定期或者不定期对涉案企业合规计划履行情况进行监督和评估，可以要求涉案企业定期书面报告合规计划的执行情况，同时抄送负责办理案件的人民检察院。

第三方组织发现涉案企业执行合规计划存在明显偏差或错误的，应当及时进行指导、提出纠正意见，并报告负责办理案件的人民检察院。

第三十二条　第三方组织发现涉案企业或其人员尚未被办案机关掌握的犯罪事实或者新实施的犯罪行为，应当中止第三方监督评估程序，并及时向负责办理案件的人民检察院报告。

负责办理案件的人民检察院接到报告后，依照刑事诉讼法及相关司法解释的规定依法处理。

第三十三条　第三方组织在合规考察期届满后，应当对涉案企业的合规计划完成情况进行全面了解、监督、评估和考核，并制作合规考察书面报告。

合规考察书面报告一般应当包括以下内容：

（一）涉案企业履行合规承诺、落实合规计划情况；

（二）第三方组织开展了解、监督、评估和考核情况；

（三）第三方组织监督评估的程序、方法和依据；

（四）监督评估结论及意见建议；

（五）其他需要说明的问题。

第三十四条　合规考察书面报告应当由第三

方组织全体组成人员签名或者盖章后，报送负责选任第三方组织的第三方机制管委会、负责办理案件的人民检察院等单位。

第三方组织组成人员对合规考察书面报告有不同意见的，应当在报告中说明其不同意见及理由。

第三十五条 本实施细则第三十一条、第三十三条规定的监督、评估方法应当紧密联系企业涉嫌犯罪有关情况，包括但不限于以下方法：

（一）观察、访谈、文本审阅、问卷调查、知识测试；

（二）对涉案企业的相关业务与管理事项，结合业务发生频率、重要性及合规风险高低进行抽样检查；

（三）对涉案企业的相关业务处理流程，结合相关原始文件、业务处理踪迹、操作管理流程等进行穿透式检查；

（四）对涉案企业的相关系统及数据，结合交易数据、业务凭证、工作记录以及权限、参数设置等进行比对检查。

第三十六条 涉案企业及其人员对第三方组织开展的检查、评估应当予以配合并提供便利，如实填写、提交相关文件、材料，不得弄虚作假。

涉案企业或其人员认为第三方组织或其组成人员的检查、评估行为不当或者涉嫌违法犯罪的，可以向负责选任第三方组织的第三方机制管委会反映或者提出异议，或者向负责办理案件的人民检察院提出申诉、控告。

第三十七条 负责选任第三方组织的第三方机制管委会和负责办理案件的人民检察院收到第三方组织报送的合规考察书面报告后，应当及时进行审查，双方认为第三方组织已经完成监督评估工作的，由第三方机制管委会宣告第三方组织解散。

第三十八条 第三方组织组成人员系律师、注册会计师、税务师（注册税务师）等中介组织人员的，在履行第三方监督评估职责期间不得违反规定接受可能有利益关系的业务；在履行第三方监督评估职责结束后二年以内，上述人员及其所在中介组织不得接受涉案企业、人员或者其他有利益关系的单位、人员的业务。

第三十九条 第三方机制管委会或者负责办理案件的人民检察院发现第三方组织或其组成人员故意提供虚假报告或者提供的报告严重失实的，应当依照《指导意见》的规定及时向有关主管机关、协会等提出惩戒建议，涉嫌违法犯罪的，及时向有关机关报案或者举报，并将其列入第三方机制专业人员名录库禁入名单。

第四十条 负责办理案件的人民检察院应当要求知悉案情的第三方组织组成人员，参照执行防止干预司法"三个规定"，严格做好有关事项填报工作。

第七章 附 则

第四十一条 试点地方第三方机制管委会可以结合本地实际，参照《指导意见》及本实施细则制定具体实施办法，并按照试点工作要求报送备案。

第四十二条 本实施细则由最高人民检察院、国务院国资委、财政部、全国工商联会同司法部、生态环境部、税务总局、市场监管总局、中国贸促会等部门组建的第三方机制管委会负责解释，自印发之日起施行。

3. 涉案企业合规第三方监督评估机制专业人员选任管理办法（试行）

（2021年11月25日印发）

为深入学习贯彻习近平新时代中国特色社会主义思想，全面贯彻习近平法治思想，完整、准确、全面贯彻新发展理念，认真落实最高人民检察院、司法部、财政部、生态环境部、国务院国资委、税务总局、市场监管总局、全国工商联、中国贸促会《关于建立涉案企业合规第三方监督评估机制的指导意见（试行）》（以下简称《指导意见》），规范涉案企业合规第三方监督评估机制专业人员（以下简称第三方机制专业人员）选任管理工作，保障涉案企业合规第三方监督评估机制（以下简称第三方机制）有效运行，结合工作实际，制定本办法。

第一章 总 则

第一条 第三方机制专业人员，是指由涉案企业合规第三方监督评估机制管理委员会（以下简称第三方机制管委会）选任确定，作为第三方监督评估组织（以下简称第三方组织）组成人员参与涉案企业合规第三方监督评估工作的相关领域专业人员，主要包括律师、注册会计师、税务师（注册税务师）、企业合规师、相关领域专家学者以及有关行业协会、商会、机构、社会团体（以下简称有关组织）的专业人员。

生态环境、税务、市场监督管理等政府工作部门中具有专业知识的人员可以被选任确定为第三方机制专业人员，或者可以受第三方机制管委会邀请或者受所在单位委派参加第三方组织及其相关工作，其选任管理具体事宜由第三方机制管委会与其所在单位协商确定。有关政府工作部门所属企事业单位中的专业人员可以被选任确定为第三方机制专业人员，参加第三方组织及其相关工作。

有关单位中具有专门知识的退休人员参加第三方组织及其相关工作的，应当同时符合有关退休人员的管理规定。

第二条 第三方机制专业人员选任管理应当遵循依法依规、公开公正、分级负责、接受监督的原则。

第三条 各级第三方机制管委会统筹协调本级第三方机制专业人员的选任、培训、考核、奖惩、监督等工作。

国家层面第三方机制管委会负责研究制定涉及第三方机制专业人员的规范性文件及保障激励制度，统筹协调全国范围内涉及第三方机制专业人员的相关工作。

上级第三方机制管委会应当加强对下级第三方机制管委会涉及第三方机制专业人员相关工作的具体指导。

第二章 第三方机制专业人员的选任

第四条 国家层面、省级和地市级第三方机制管委会应当组建本级第三方机制专业人员名录库（以下简称名录库）。经省级第三方机制管委会审核同意，有条件的县级第三方机制管委会可以组建名录库。

第五条 名录库以个人作为入库主体，不得以单位、团体作为入库主体。

名录库应当分类组建，总人数不少于五十人。人员数量、组成结构和各专业领域名额分配可以由负责组建名录库的第三方机制管委会根据工作需要自行确定，并可以结合实际进行调整。

省级以下名录库的入库人员限定为本省（自治区、直辖市）区域内的专业人员。因专业人员数量不足未达到组建条件的，可以由省级第三方机制管委会统筹协调相邻地市联合组建名录库。

第六条 第三方机制专业人员应当拥有较好的政治素质和道德品质，具备履行第三方监督评估工作的专业知识、业务能力和时间精力，其所在单位或者所属有关组织同意其参与第三方监督评估工作。

第三方机制专业人员一般应当具备下列条件：

（一）拥护中国共产党领导，拥护我国社会主义法治；

（二）具有良好道德品行和职业操守；

（三）持有本行业执业资格证书，从事本行业工作满三年；

（四）工作业绩突出，近三年考核等次为称职以上；

（五）熟悉企业运行管理或者具备相应专业知识；

（六）近三年未受过与执业行为有关的行政处罚或者行业惩戒；

（七）无受过刑事处罚、被开除公职或者开除党籍等情形；

（八）无其他不适宜履职的情形。

第七条 第三方机制管委会一般应当按照制定计划、发布公告、本人申请、单位推荐、材料审核、考察了解、初定人选、公示监督、确定人选、颁发证书等程序组织实施第三方机制专业人员选任工作。

第八条 第三方机制管委会组织实施第三方机制专业人员选任，应当在成员单位或其所属或者主管的律师协会、注册会计师协会、注册税务师协会等有关组织的官方网站上发布公告。

公告应当载明选任名额、标准条件、报名方式、报名材料和选任工作程序等相关事项，公告期一般不少于二十个工作日。

第九条 第三方机制管委会可以通过审查材料、走访了解、面谈测试等方式对报名人员进行审核考察，并在此基础上提出拟入库人选。

第三方机制管委会可以通过成员单位所属或者主管的有关组织了解核实拟入库人选的相关情况。

第十条 第三方机制管委会应当将拟入库人选名单及监督联系方式向社会公示，接受社会监督。公示可以通过在拟入库人选所在单位或者有关新闻媒体、网站发布公示通知等形式进行，公示期一般不少于七个工作日。

第三方机制管委会对于收到的举报材料、情况反映应当及时进行调查核实，视情提出处理意见。调查核实过程中可以根据情况与举报人、反映人沟通联系。

第十一条 第三方机制管委会在确定拟入库人选时应当综合考虑报名人员的政治素质、执业（工作）时间、工作业绩、研究成果、表彰奖励，以及所在单位的资质条件、人员规模、所获奖励、行业影响力等情况。同等条件下，可以优先考虑担任党代表、人大代表、政协委员、人民团体职务的人选。

第十二条 公示期满后无异议或者经审查异议不成立的，第三方机制管委会应当向入库人员颁发证书，并通知其所在单位或者所属有关组织。名录库人员名单应当在第三方机制管委会成员单位的官方网站上公布，供社会查询。

第三方机制管委会应当明确入库人员的任职期限，一般为二至三年。经第三方机制管委会审核，期满后可以续任。

第三章 第三方机制专业人员的日常管理

第十三条 第三方机制专业人员根据履职需要，可以查阅相关文件资料，参加有关会议和考察活动，接受业务培训。

第十四条 第三方机制专业人员应当认真履职、勤勉尽责，严格履行相关法律法规及《指导意见》等有关保密、回避、廉洁等义务。

第十五条 第三方机制管委会应当结合涉案企业合规第三方监督评估工作情况，定期组织第三方机制专业人员进行业务培训、开展调研考察和座谈交流，总结推广经验做法。

第三方机制管委会有关成员单位应当指导所属或者主管的有关组织，加强本行业、本部门涉及第三方机制相关工作的理论实务研究，积极开展业务培训和工作指导。

第十六条 第三方机制管委会可以通过定期考核、一案一评、随机抽查、巡回检查等方式，对第三方机制专业人员进行考核评价。考核结果作为对第三方机制专业人员奖励激励、续任或者调整出库的重要依据。

第十七条 第三方机制管委会应当建立健全第三方机制专业人员奖励激励制度，对表现突出的第三方机制专业人员给予奖励激励，或向其所在单位或者所属有关组织提出奖励激励的建议。

第十八条 第三方机制管委会应当及时将考核结果、奖励激励情况书面通知本人及所在单位或者所属有关组织，可以通过有关媒体向社会公布。

第十九条 第三方机制管委会应当建立健全

第三方机制专业人员履职台账，全面客观记录第三方机制专业人员业务培训、参加活动和履行职责情况，作为确定考核结果的重要参考。

第二十条 第三方机制管委会在对第三方机制专业人员的履职情况开展考核评价时，应当主动征求办理案件的检察机关、巡回检查小组以及涉案企业等意见建议。

第二十一条 第三方机制专业人员有下列情形之一的，考核评价结果应当确定为不合格，并视情作出相应后续处理：

（一）不参加第三方组织工作或者不接受第三方机制管委会分配工作任务，且无正当理由的；

（二）在履行第三方监督评估职责中出现重大失误，造成不良影响的；

（三）在履行第三方监督评估职责中存在行为不当，涉案企业向第三方机制管委会反映或者提出异议，造成不良影响的；

（四）其他造成不良影响或者损害第三方组织形象、公信力的情形。

第二十二条 第三方机制管委会对违反有关义务的第三方机制专业人员，可以谈话提醒、批评教育，或视情通报其所在单位或者所属有关组织，情节严重或者造成严重后果的可以将其调整出库。

第三方机制专业人员有下列情形之一的，第三方机制管委会应当及时将其调整出库：

（一）在选任或者履职中弄虚作假，提供虚假材料或者情况的；

（二）受到刑事处罚、被开除公职或者开除党籍的；

（三）受到行政处罚或者行业惩戒，情节严重的；

（四）违反《指导意见》第十七条第二款第二项至第四项规定的；

（五）利用第三方机制专业人员身份发表与履职无关的言论或者从事与履职无关的活动，造成严重不良影响的；

（六）考核评价结果两次确定为不合格的；

（七）实施严重违反社会公德、职业道德或者其他严重有损第三方机制专业人员形象、公信力行为的；

（八）其他不适宜继续履行第三方监督评估职责的情形。

第三方机制管委会发现第三方机制专业人员的行为涉嫌违规的，应当及时向有关主管机关，或其所在单位或者所属有关组织反映情况、提出惩戒或者处理建议；涉嫌违法犯罪的，应当及时向有关机关报案或者举报。

第二十三条 第三方机制管委会应当建立健全第三方机制专业人员名录库禁入名单制度。对于依照本办法第二十二条规定被调整出库的第三方机制专业人员，应当列入名录库禁入名单。

第三方机制管委会对列入名录库禁入名单的人员应当逐级汇总上报，实现信息共享。

第二十四条 第三方机制专业人员因客观原因不能履职、本人不愿继续履职或者发生影响履职重大事项的，应当及时向第三方机制管委会报告并说明情况，主动辞任第三方机制专业人员。第三方机制管委会应当及时进行审查并将其调整出库。

第二十五条 第三方机制管委会应当根据工作需要，结合履职台账、考核情况以及本人意愿、所在单位或者所属有关组织意见等，定期或者不定期对名录库人员进行动态调整。名录库人员名单调整更新后，应当依照本办法第十二条规定，及时向社会公布。

第四章 工 作 保 障

第二十六条 第三方机制管委会各成员单位、第三方机制专业人员所在单位或者所属有关组织以及涉案企业，应当为第三方机制专业人员履行职责提供必要支持和便利条件。

第二十七条 第三方机制专业人员选任管理工作所需业务经费和第三方机制专业人员履职所需费用，试点地方可以结合本地实际，探索多种经费保障模式。

第五章 附 则

第二十八条 地方各级第三方机制管委会可以结合本地实际，参照本办法制定具体实施细则，并按照试点工作要求报送备案。

有关部门、组织可以结合本行业、本部门实际，制定名录库人员的具体入选标准。

本办法出台前，已组建的各地各级名录库不符合本办法规定的，可以继续试点。

第二十九条 本办法由最高人民检察院、国务院国资委、财政部、全国工商联会同司法部、生态环境部、税务总局、市场监管总局、中国贸促会等部门组建的第三方机制管委会负责解释，自印发之日起施行。

4. 涉案企业合规建设、评估和审查办法（试行）

（2022年4月19日施行）

为深入学习贯彻习近平新时代中国特色社会主义思想，全面贯彻习近平法治思想，完整、准确、全面贯彻新发展理念，认真落实最高人民检察院、司法部、财政部、生态环境部、国务院国资委、税务总局、市场监管总局、全国工商联、中国贸促会《关于建立涉案企业合规第三方监督评估机制的指导意见（试行）》（以下简称《指导意见》）及其实施细则，依法推进企业合规改革试点工作，规范第三方监督评估机制（以下简称第三方机制）相关工作有序开展，结合工作实际，制定本办法。

第一章 总 则

第一条 涉案企业合规建设，是指涉案企业针对与涉嫌犯罪有密切联系的合规风险，制定专项合规整改计划，完善企业治理结构，健全内部规章制度，形成有效合规管理体系的活动。

涉案企业合规评估，是指第三方监督评估组织（以下简称第三方组织）对涉案企业专项合规整改计划和相关合规管理体系有效性进行了解、评价、监督和考察的活动。

涉案企业合规审查，是指负责办理案件的人民检察院对第三方组织的评估过程和结论进行审核。

针对未启动第三方机制的小微企业合规，可以由人民检察院对其提交的合规计划和整改报告进行审查。

第二条 对于涉案企业合规建设经评估符合有效性标准的，人民检察院可以参考评估结论依法作出不批准逮捕、变更强制措施、不起诉的决定，提出从宽处罚的量刑建议，或者向有关主管机关提出从宽处罚、处分的检察意见。

对于涉案企业合规建设经评估未达到有效性标准或者采用弄虚作假手段骗取评估结论的，人民检察院可以依法作出批准逮捕、起诉的决定，提出从严处罚的量刑建议，或者向有关主管机关提出从严处罚、处分的检察意见。

第二章 涉案企业合规建设

第三条 涉案企业应当全面停止涉罪违规违法行为，退缴违规违法所得，补缴税款和滞纳金并缴纳相关罚款，全力配合有关主管机关、公安机关、检察机关及第三方组织的相关工作。

第四条 涉案企业一般应当成立合规建设领导小组，由其实际控制人、主要负责人和直接负责的主管人员等组成，必要时可以聘请外部专业机构或者专业人员参与或者协助。合规建设领导小组应当在全面分析研判企业合规风险的基础上，结合本行业合规建设指引，研究制定专项合规计划和内部规章制度。

第五条 涉案企业制定的专项合规计划，应当能够有效防止再次发生相同或者类似的违法犯罪行为。

第六条 涉案企业实际控制人、主要负责人应当在专项合规计划中作出合规承诺并明确宣示，合规是企业的优先价值，对违规违法行为采取零容忍的态度，确保合规融入企业的发展目标、发展战略和管理体系。

第七条 涉案企业应当设置与企业类型、规模、业务范围、行业特点等相适应的合规管理机构或者管理人员。

合规管理机构或者管理人员可以专设或者兼理，合规管理的职责必须明确、具体、可考核。

第八条 涉案企业应当针对合规风险防控和合规管理机构履职的需要，通过制定合规管理规范、弥补监督管理漏洞等方式，建立健全合规管理的制度机制。

涉案企业的合规管理机构和各层级管理经营组织均应当根据其职能特点设立合规目标、细化合规措施。

合规管理制度机制应当确保合规管理机构或者管理人员独立履行职责，对于涉及重大合规风险的决策具有充分发表意见并参与决策的权利。

第九条 涉案企业应当为合规管理制度机制的有效运行提供必要的人员、培训、宣传、场所、设备和经费等人力物力保障。

第十条 涉案企业应当建立监测、举报、调查、处理机制，保证及时发现和监控合规风险，纠正和处理违规行为。

第十一条 涉案企业应当建立合规绩效评价机制，引入合规指标对企业主要负责人、经营管理人员、关键技术人员等进行考核。

第十二条 涉案企业应当建立持续整改、定期报告等机制，保证合规管理制度机制根据企业经营发展实际不断调整和完善。

第三章　涉案企业合规评估

第十三条 第三方组织可以根据涉案企业情况和工作需要，制定具体细化、可操作的合规评估工作方案。

第十四条 第三方组织对涉案企业专项合规整改计划和相关合规管理体系有效性的评估，重点包括以下内容：

（一）对涉案合规风险的有效识别、控制；

（二）对违规违法行为的及时处置；

（三）合规管理机构或者管理人员的合理配置；

（四）合规管理制度机制建立以及人力物力的充分保障；

（五）监测、举报、调查、处理机制及合规绩效评价机制的正常运行；

（六）持续整改机制和合规文化已经基本形成。

第十五条 第三方组织应当以涉案合规风险整改防控为重点，结合特定行业合规评估指标，制定符合涉案企业实际的评估指标体系。

评估指标的权重可以根据涉案企业类型、规模、业务范围、行业特点以及涉罪行为等因素设置，并适当提高合规管理的重点领域、薄弱环节和重要岗位等方面指标的权重。

第四章　涉案企业合规审查

第十六条 第三方机制管委会和人民检察院收到第三方组织报送的合规考察书面报告后，应当及时进行审查，重点审查以下内容：

（一）第三方组织制定和执行的评估方案是否适当；

（二）评估材料是否全面、客观、专业，足以支持考察报告的结论；

（三）第三方组织或其组成人员是否存在可能影响公正履职的不当行为或者涉嫌违法犯罪行为。

经第三方机制管委会和人民检察院审查，认为第三方组织已经完成监督评估工作的，由第三方机制管委会宣告第三方组织解散。对于审查中发现的疑点和重点问题，人民检察院可以要求第三方组织或其组成人员说明情况，也可以直接进行调查核实。

第十七条 人民检察院对小微企业提交合规计划和整改报告的审查，重点包括合规承诺的履行、合规计划的执行、合规整改的实效等内容。

第十八条 第三方机制管委会收到关于第三

方组织或其组成人员存在行为不当或者涉嫌违法犯罪的反映、异议,或者人民检察院收到上述内容的申诉、控告的,双方应当及时互相通报情况并会商提出处理建议。

第十九条 第三方机制管委会或者人民检察院经审查合规考察书面报告等材料发现,或者经对收到的反映、异议或者申诉、控告调查核实确认,第三方组织或其组成人员存在违反《指导意见》及其实施细则规定的禁止性行为,足以影响评估结论真实性、有效性的,第三方机制管委会应当重新组建第三方组织进行评估。

第五章 附 则

第二十条 本办法所称涉案企业,是指涉嫌单位犯罪的企业,或者实际控制人、经营管理人员、关键技术人员等涉嫌实施与生产经营活动密切相关犯罪的企业。

对与涉案企业存在关联合规风险或者由类案暴露出合规风险的企业,负责办理案件的人民检察院可以对其提出合规整改的检察建议。

第二十一条 涉案企业应当以全面合规为目标、专项合规为重点,并根据规模、业务范围、行业特点等因素变化,逐步增设必要的专项合规计划,推动实现全面合规。

第二十二条 大中小微企业的划分,根据国家相关标准执行。

第二十三条 本办法由国家层面第三方机制管委会负责解释。自印发之日起施行。

第三部分
域外企业合规管理参考文件

1. 经合组织跨国企业准则[①]（节录）

前　言

1.《经合组织跨国企业准则》（《准则》）是各国政府向跨国企业提出的建议。《准则》旨在确保这些跨国企业的业务符合政府的各项政策，巩固企业与其开展业务所在社会之间达成相互信任的基础，协助改善外国投资环境，加强跨国企业为可持续发展做出的贡献。《准则》是《经合组织国际投资与跨国企业宣言》的一部分，《宣言》的其他内容涉及到国民待遇、对于企业提出的相互矛盾的要求、以及国际投资奖励办法和抑制办法。《准则》提出了符合适用法律和国际公认标准的负责任的商业行为应遵守的自愿原则和标准。然而，根据经合组织理事会关于《经合组织跨国企业准则》的决定，《准则》加入国做出了一项具有约束力的执行承诺。此外，《准则》涉及到的事宜同时还可能是国内法和国际承诺的主题。

2. 国际商业经历了影响深远的结构变化，为体现出这些变化，《准则》自身也在不断发展。随着服务业和知识密集型产业的兴起，以及因特网经济的扩展，服务企业和技术企业正在国际市场上发挥着越来越重要的作用。大型企业依然占有国际投资的主要份额，并且出现了大规模跨国并购趋势。与此同时，中小型企业开展的外国投资也在增加，这些企业目前在国际舞台上起到显著作用。跨国企业与国内企业都在发展变化，出现了更为丰富多样的商业安排和组织结构。与供应商和承包商缔结战略联盟，拉近与他们的关系，往往会模糊企业之间的界线。

3. 跨国企业在发展中国家开展的各项业务也反映出跨国企业结构的快速演变，进入发展中国家的外国直接投资迅速增加。在发展中国家，跨国企业已经超越了初级生产和采掘行业，进入制造业、装配业、国内市场开发和服务业，实现了多样化发展。另一项重大发展是涌现出总部设在发展中国家的跨国企业，并且是主要国际投资商。

4. 通过国际贸易和投资，跨国企业的活动强化并加深了各国之间以及全球各地区之间的纽带联系。这些活动为跨国企业的本国及其东道国创造出实质性裨益。跨国企业向有着购买欲望的消费者提供具有价格竞争优势的产品和服务，向资本供应商提供合理的收益，于是就产生了裨益。跨国企业的贸易和投资活动有助于有效利用资本、技术、人力和自然资源，为世界不同地区之间的技术转让提供了便利，并且促进了能够反映当地具体情况的技术开发。通过正规培训和在职学习，跨国企业还促进了东道国的人力资源发展，并在当地创造就业机会。

5. 经济变化的性质、范围和速度给跨国企

[①] https://www.oecd-ilibrary.org/docserver/9789264204881-zh.pdf?expires=1665198350&id=id&accname=guest&checksum=80E6A048408E408F01E5B13C383C3971。《经合组织跨国企业准则》最初是在1976年通过，此后历经五次修改（最后一次修订是在2011年）。

及其利益攸关方带来了新的战略挑战。跨国企业有机会贯彻可以推动可持续发展的最佳做法政策，力争确保经济、环境和社会目标协调统一。假如能够在开放、竞争、监管适度的市场上开展贸易和投资，将极大地增强跨国企业促进可持续发展的能力。

6. 众多跨国企业已经表明，遵守商业行为的高标准能够促进企业发展。当前存在激烈的竞争，而且跨国企业面临着多种多样的法律、社会和规章制度环境。在这种情况下，某些企业可能会铤而走险，无视相关原则和行为标准，妄图以此获取不正当的竞争优势。少数企业的这种行为可能会导致众多企业的信誉遭受质疑，并引发公众不安。

7. 针对公众的这种不安，很多企业相应制定了内部方案、指南和管理制度，由此为企业履行关于良好企业公民、良好做法、以及良好商业与就业行为的承诺，奠定了基础。其中一些企业呼吁开展咨询、审计和认证服务，从而促进这些领域的专业技能积累。企业还推动了关于何谓负责任的商业行为的社会对话，并与利益攸关方合作，包括采取多边利益攸关方举措，共同制定负责任商业行为指南。《准则》阐述了加入国政府对于商业行为的共同期望，为企业和其他利益攸关方提供了一个参照点。从这个意义上讲，《准则》补充和加强了私营部门为界定和落实负责任的商业行为所做的努力。

8. 各国政府正在相互合作，并且与其他方面合作，意在加强规范商业活动的国际法律和政策框架。这一过程发轫于国际劳工组织在二十世纪初期开展的工作。联合国在1948年通过《世界人权宣言》，是另一个重要的里程碑。此后，有关方面针对负责任的商业行为的众多领域，不断制定相关标准，这一过程持续至今。经合组织制定的标准涉及到环境、反腐败、消费者利益、公司治理和税收等多个领域，在一些重要方面推动了这一过程。

9. 《准则》加入国政府的共同目标是鼓励跨国企业对经济发展、环境保护和社会进步做出积极贡献，并尽可能减少跨国企业的各种业务可能造成的困难。在努力实现这一目标的过程中，各国政府与殊途同归的众多商家、工会和其他非政府组织结成了合作伙伴关系。政府提供帮助的方式是建立有效的国内政策框架，其中包含稳定的宏观经济政策、非歧视性企业待遇、适当监管和谨慎监督、公正的司法和执法系统、以及有效和廉洁的公共管理。各国政府提供帮助的另一条途径是维护和推广支持可持续发展的相关标准和政策，以及不断推进改革，确保公共部门的活动效率和效果。《准则》加入国政府致力于不断改善国内与国际政策，以期增进全人类的福祉，提高所有人的生活标准。

一．概念和原则

1. 《准则》是各国政府向跨国企业提出的共同建议，提出了符合适用法律及国际公认标准的良好做法的原则和标准。企业自愿遵守《准则》，而非法律强制。然而，《准则》涉及到的某些事宜可能要遵守国内法或国际承诺的规定。

2. 遵守国内法是企业的首要义务。《准则》不能替代国内法律法规，也不能凌驾于国内法律法规之上。在很多情况下，《准则》内容超出了法律范畴，这些内容不应、也无意对企业提出相互矛盾的要求。然而，假如国内法律法规与《准则》提出的各项原则和标准发生冲突，企业应在不违反国内法的限度内，最大程度地恪守相关原则和标准。

3. 由于跨国企业的业务可以延伸至世界各地，这一领域的国际合作也应扩展到所有国家。《准则》加入国政府鼓励在其领土内经营的企业，不论在何处开展业务，都应在考虑到各东道国具体国情的同时，遵守《准则》。

4. 从《准则》的目的来看，无需对跨国企业做出精确的定义。这些跨国企业的业务遍及所有经济部门，通常由设在多个国家的公司或其他实体组成，并且相互关联，可以通过多种不同方式协调其业务。其中一个或多个实体可以对其他实体的活动施加显著的影响，但在不同的跨国企业内部，各实体享有的自主权往往大不相同。跨国企业可能是私有、国有或公私共同所有。《准则》适用于跨国企业内部的所有实体（母公司和/或本地实体）。根据企业内部的实际职责分配情况，不同实体之间应相互合作，相互协助，以便于遵守《准则》。

5. 《准则》无意对跨国企业和国内企业给予区别待遇，而是向所有企业提出良好做法。为此，凡同时适用于跨国企业和国内企业时，《准则》对于这二者的行为寄予同样的期望。

6. 各国政府希望尽可能广泛地鼓励企业遵守《准则》。虽然认识到中小型企业或许不具备较大规模企业的能力，但《准则》加入国政府仍鼓励中小型企业尽可能遵守《准则》提出的各项建议。

7. 《准则》加入国政府不应将《准则》用于保护主义目的，在运用《准则》时也不应招致人们对跨国企业投资的任何国家的比较优势产生质疑。

8. 各国政府有权依据国际法，规定跨国企业在其管辖范围内开展经营必须遵守的各项条件。跨国企业设在不同国家的实体应遵守这些国家适用的法律。假如加入国或第三国对跨国企业提出相互矛盾的要求，鼓励相关国家政府诚意合作，以便解决可能出现的问题。

9. 《准则》加入国政府提出各项准则，是基于这样的理解：根据国际法与合同义务，政府将履行职责，公正对待跨国企业。

10. 鼓励利用适当的国际争端解决机制，其中包括仲裁，以便于解决企业与东道国政府之间出现的法律问题。

11. 《准则》加入国政府应执行《准则》，并鼓励各方应用《准则》。各国政府应建立国家联络点，负责推广《准则》，并作为一处论坛，讨论与《准则》相关的所有事宜。加入国政府还将参加相关审查和磋商程序，解决在不断变化的世界中解释《准则》的相关问题。

二．一般性政策

企业应充分考虑到其开展业务所在国家的既定政策，并考虑其他利益攸关方的意见。在这方面，

A. 企业应：

1. 促进经济发展、环境保护和社会进步，以期实现可持续发展。

2. 尊重受到企业活动影响的个人的国际公认的人权。

3. 与包括商界在内的当地社区密切合作，在国内与国际市场开展符合合理商业做法的企业活动，从而鼓励当地的能力建设工作。

4. 鼓励人力资本的发展，特别是通过创造就业机会和为雇员接受培训提供便利。

5. 避免寻求或接受与人权、环境、卫生、安全、劳工、税收、财政鼓励办法或其他问题有关的法律或制度框架没有规定的豁免待遇。

6. 支持和恪守良好的公司管理原则，制定和推行良好的公司管理做法，包括在企业集团整体范围内。

7. 制定和采用有效的自律做法和管理制度，在企业与其开展业务所在的社会之间培养信心和相互信任。

8. 通过培训方案等方式适当宣传公司政策，从而促进跨国企业的雇员了解和遵守这些政策。

9. 避免歧视或处分向管理部门，或在适当情况下向公共主管部门如实报告违反法律、《准则》或企业政策行为的员工。

10. 开展基于风险的尽职调查，例如，将尽职调查纳入企业风险管理系统，查明、防范和减轻第 11 段和第 12 段所述的实际和潜在的不利影响，并说明如何消除这些影响。尽职调查的性质和范围取决于具体情况。

11. 避免因自身活动，给《准则》所涉事宜造成或加剧不利影响，在出现不利影响时消除这些影响。

12. 假如不利影响并非因企业所起，但由于

业务关系，这种影响与企业的业务、产品或服务有着直接关系，则努力防止或减轻这种影响。这样做的目的不是要将造成不利影响的实体的责任转嫁给与之有商业往来的企业。

13. 除消除与《准则》所涉事宜有关的不利影响，在可行情况下，鼓励包括供应商和分包商在内的商业伙伴执行符合《准则》的负责任的商业行为原则。

14. 与相关利益攸关方合作，创造有针对性的机会，在就可能对当地社会产生重大影响的项目或其他活动进行规划和决策时，能够考虑到企业的意见。

15. 避免不适当地介入当地政治活动。

B. 鼓励企业：

1. 根据自身情况，通过尊重网络表达自由、集会自由和结社自由，支持相关论坛的合作努力，促进因特网自由。

2. 适当参与或支持私营部门或多边利益攸关方关于负责任的供应链管理的各项举措和社会对话，同时确保这些举措适当考虑到给发展中国家造成的社会和经济影响，以及现行的国际公认标准。

一般性政策评注

1. 《一般性政策》是《准则》向企业提出具体建议的第一个章节。这一章的重要性在于，为随后几章提出的具体建议定下基调，并规定了共同的基本原则。

2. 鼓励企业与政府合作，共同制定和落实各项政策与法律。考虑到社会上其他利益攸关方的意见，这其中包括当地社区和商界，可以丰富这一过程。还认识到，各国政府在与企业进行交易时应做到透明，并且就这些问题征求商界的意见。应将企业视为政府的合作伙伴，双方共同开发和利用自愿办法和监管手段（《准则》是其中之一）来执行影响企业的各项政策。

3. 跨国企业（MNE）的活动和可持续发展

之间不应存在任何矛盾，而《准则》旨在支持二者相互补充。事实上，经济发展、社会进步和环境保护之间的相互关联是实现可持续发展目标的重要途径。①

4. 第四章详细阐述了第 A.2 段提出的一般性人权建议。

5. 《准则》还承认并且鼓励跨国企业通过在当地社会开展活动，为当地能力建设做出贡献。同样，关于培养人力资本的建议以前瞻性方式，明确承认跨国企业为雇员的个人发展做出的贡献，这项建议不仅包含征聘做法，同时还提出了培训和其他方面的雇员发展。此外，培养人力资本还包括征聘做法和晋升做法中的不歧视概念、终身学习、以及其他在职培训。

6. 《准则》建议，总的说来，企业应避免求取与人权、环境、卫生、安全、劳工、税收和财政鼓励办法等问题有关的法律或制度框架没有规定的豁免待遇，同时承认企业有权设法修订相关法律或制度框架。"或接受"一词，还让人注意到国家在提供豁免待遇问题上起到的作用。这类规定通常是针对政府的，但与跨国企业也有直接关系。但重要的是，在有些情况下，出于合法的公共政策原因，法律或其他政策的特定豁免待遇同样符合相关法律。环境和竞争政策章节提供了具体实例。

7. 《准则》建议，企业应采用源自《经合组织公司治理原则》的公司治理做法。《公司治理原则》呼吁保护股东的权利，方便股东行使权利，包括股东享有公平待遇。企业应承认利益攸关方依据法律或双方协议享有的权利，并鼓励与之开展积极合作，共同创造财富和就业岗位，实现财务健全企业的可持续发展。

8. 《公司治理原则》呼吁母公司董事会确保对企业给予战略指导，有效监督企业管理情况，对企业和股东负责，同时考虑到利益攸关方的权益。要履行这些职责，董事会应确保企业具备健

---

① 关于可持续发展，得到最广泛认可的定义是世界环境与发展委员会（布伦特兰委员会）在1987年给出的定义："在不损害后代满足自身需要的能力前提下满足当代需要的发展。"

全的会计和财务报告制度,这其中包括独立审计、适当的控制系统、特别是风险管理、财务和业务管控,并且遵守法律和相关标准。

9.《公司治理原则》涉及企业集团,但根据公司注册地的法律,附属企业的董事会可能也要承担责任。在可行的情况下,应将遵约和控制制度推广到这些附属企业。此外,董事会的治理监督工作之一是持续审查企业内部结构,确保在整个集团内明确划分管理责任。

10. 同样的建议不仅适用于私营企业,而且也适用于国有跨国企业,但假如国家是企业的最终所有者,往往会加强公共监督。《经合组织国有企业公司治理准则》是特别针对这些企业量身定制的实用指南,其中提出的建议可以显著提高治理水平。

11. 政府对于完善法律和制度规范框架负有主要责任,但从商业角度来看,企业有充足的理由落实良好的公司治理做法。

12. 针对公司行为以及商业和社会之间关系的方方面面,出现了越来越多的非政府自律文书和行动。金融部门在这方面的发展值得关注。企业认识到自身行为往往会产生社会和环境影响。致力于实现这些目标——从而促进可持续发展——的企业推行自律做法和建立管理制度,就说明了这一点。推广这些做法可以加深企业与其开展经营所在社会之间的建设性关系。

13. 根据有效的自律做法,企业自然会向雇员宣传公司政策。此外,建议采取保障措施,保护善意的"举报"行为,包括在没有及时采取补救行动或有可能出现不利的就业行为的情况下,保护向有关公共主管部门举报违法做法的员工。这种保护对于反行贿和环保举措尤为重要,但同时也关系到《准则》提出的其他建议。

14. 从《准则》的目的出发,尽职调查是指企业确定、预防、减轻和负责处理实际和潜在不利影响的过程,并以此作为商业决策和风险管理制度的必要组成部分。可以将尽职调查纳入更广泛的企业风险管理制度,条件是风险管理制度不仅限于发现和管理企业面临的重大风险,而且包

括对于《准则》所涉事宜的不利影响。通过预防和缓解措施,可以消除潜在的影响;而实际影响则要通过补救来解决。按照第 A.11 和第 A.12 段所述,《准则》提到的这些不利影响或因企业造成,或由企业助长,或是由于业务关系,与企业的业务、产品或服务有直接关系。尽职调查有助于企业规避风险,避免造成不利影响。从这项建议的目的出发,"助长"不利影响应理解为实质性促进作用,意为可以导致、推动或激励另一实体造成不利影响的活动,不包括无关紧要的促成因素。"业务关系"包含与企业的经营行为、产品或服务有直接关系的商业伙伴、供应链中间实体和其他任何非国家或国家实体的关系。第 A.10 段提出的建议适用于与不利影响有关的《准则》所涉事宜,但不适用于《科学技术》、《竞争》和《税收》等章节。

15. 尽职调查的性质和范围,例如针对特定情况采取的具体步骤,受到诸多因素的影响,例如企业规模、经营环境、《准则》提出的具体建议、以及不利影响的严重程度。关于人权问题尽职调查的具体建议,见第四章。

16. 假如企业有多个供应商,应鼓励企业依据风险评估,查明最可能产生不利影响的普遍领域,确定对供应商开展尽职调查的先后顺序。

17. 要避免因企业自身活动,对于《准则》所涉事宜造成或助长不利影响,这其中包括企业在供应链中的活动。供应链中存在多种形式的相互关系,例如特许经营、许可证交易或分包。进入供应链的实体往往是跨国企业,因此也包括在《宣言》加入国开展经营或以此为总部的企业。

18. 在供应链当中,假如企业发现了可能造成不利影响的风险,应采取必要步骤,中止或防范这种不利影响。

19. 假如企业发现了可能助长不利影响的风险,应采取必要步骤,中止或防范其助长因素,并利用自身力量来最大限度地减轻其余的影响。假如企业有能力对造成损害的实体的错误做法施

加影响，督促其改正，即视为有力量。

20. 要实现第 A.12 段提出的期望，需要企业单独采取行动或与其他实体合作，酌情利用自身的力量来左右造成不利影响的实体，防范或减轻这种影响。

21. 《准则》认识到，企业影响其供应商改变行为的能力受到一些实际因素的限制，这些因素关系到产品特点、供应商数量、供应链的结构和复杂程度、企业与其供应商的市场地位、以及供应链中的其他实体。然而，企业还可以通过管理合同等合同协议、对潜在供应商的预审资格要求、表决权信托、以及许可协议或特许经营协议等方式来影响供应商。要对业已查明的风险采取适当对策，其他相关决定因素还包括不利影响的严重程度和可能性，以及供应商对于企业的重要性。

22. 业务关系方面的适当对策包括：在努力减轻风险的过程中，始终保持与供应商的关系；在不断努力减轻风险的同时，暂时中止与供应商的关系；或者，减轻风险的努力失败，或是企业认为不可能减轻风险，或是由于不利影响的严重程度，在万不得已时解除与供应商的关系。企业还应考虑到解除关系的决定可能造成的社会和经济不利影响。

23. 此外，企业可以与其他利益攸关方合作，通过员工培训和其他形式的能力建设工作，敦促供应商和供应链中的其他实体改善其业绩，支持将符合《准则》的负责任商业行为原则纳入其商业做法。供应商有多个客户，不同卖家可能会对供应商提出相互矛盾的要求，鼓励企业在适当顾及到反竞争顾虑的情况下，通过信息共享等方式，与有着相同供应商的其他企业共同参与全行业协作，以便各方协调供应链政策和风险管理战略。

24. 此外，还鼓励企业参与私营部门或多边利益攸关方关于负责任的供应链管理的各项举措和社会对话，例如根据经合组织理事会关于《跨国企业准则》的决定以及附属《程序指南》开展的积极议程的部分活动。

25. 利益攸关方的参与是相关利益攸关方之间的互动过程，具体方式包括会议、听证会或磋商程序。切实有效的利益攸关方参与是双向交流，取决于双方参与者的诚意。这种参与特别有助于可能给当地社会产生重大影响的集约利用土地或水资源等相关项目或其他活动的规划和决策工作。

26. 第 B.1 段承认出现了一个重要的新问题，但没有提出新的标准，也没有假定有关方面会制定新的标准。这一段认识到，企业的利益将受到影响，企业和其他利益攸关方共同参与讨论相关问题，有助于提高企业和其他方面理解问题和做出积极贡献的能力。这一段认识到，问题可能会呈现出多个侧面，并且强调应通过适当的论坛开展合作。这不会影响到各国政府在世界贸易组织（WTO）中就电子商务领域所持的立场，并且无意罔顾应考虑在内的、可能涉及到互联网应用问题的其他重要的公共政策利益。① 最后，同《准则》的普遍情况一样，这一段无意对符合《准则》中《概念和原则》一章第 2 段和第 8 段的企业提出相互矛盾的要求。

27. 最后一点，应指出的是，包括《准则》在内的自律活动和其他类似举措不得非法限制竞争，也不应将其视为有效的法律和政府监管的替代物。据了解，跨国企业在制定行为守则和自律做法时，应避免可能会扭曲贸易或投资的潜在影响。

三．信息公开

1. 企业应确保及时公布与其活动、结构、财务状况、业绩、所有权和治理情况有关的重大事项的准确信息。信息公开应涉及企业的整体情况，在适当情况下，应包括业务种类或地理区域分布信息。企业的信息公开制度应适合企业自身

---

① 在这个问题上，一些国家提到了 2005 年《信息社会突尼斯议程》。

的性质、规模和所在地，并且适当顾及到成本、商业秘密和其他竞争方面的考虑。

2. 企业的信息公开制度应包括、但不限于如下方面的重大信息：

a) 公司的财务和业务成效；

b) 企业目标；

c) 主要股权和投票权，包括企业集团的结构和集团内部关系，以及强化控制机制；

d) 董事会成员和主要执行官的薪酬制度，以及董事会成员的资料，其中包括资质、遴选过程、在其他企业董事会当中的任职情况、以及董事会是否认为其成员享有独立地位；

e) 相关方交易；

f) 可预见的风险因素；

g) 涉及员工和其他利益攸关方的问题；

h) 治理结构和政策，特别是公司治理守则或政策的文本及其执行过程。

3. 鼓励企业通报其他信息，包括：

a) 计划向公众披露的价值观声明或商业行为声明，包括与《准则》所涉事宜有关的企业政策信息，这取决于相关信息对于企业活动的意义；

b) 企业支持的政策和其他行为守则，这些文件的通过日期，及其适用的国家和实体；

c) 企业在落实这些声明和准则方面的表现；

d) 关于内部审计、风险管理和守法制度方面的信息；

e) 关于与雇员和其他利益攸关者之间关系的信息。

4. 在发布会计信息、财务信息和非财务信息方面，企业应执行高标准。非财务信息包括环境和社会报告（如适用）。企业应报告其编制和发布信息所依据的标准或政策。应由独立、合格和有资质的审计员开展年度审计，以便为董事会和股东提供客观的外部保证，确保财务报表如实反映出企业在所有重大方面的财务状况和业绩。

信息公开评注

28. 本章旨在鼓励各方加深对于跨国企业经营业务的认识。关于企业的清晰和完整的信息，对于利益攸关方和金融界等各类用户，以及员工、当地社区、特殊利益群体、政府和广大社会等其他支持者都具有重要意义。为加深公众对于企业的认识，进一步了解企业与社会及环境之间的互动关系，企业在经营业务方面应做到透明，满足公众日益复杂的信息需求。

29. 本章强调的信息涉及到两个领域的信息公开。第一组信息公开建议与《经合组织公司治理原则》提出的信息公开项目完全相同。相关说明提供了进一步指南，应对照说明来解释《准则》提出的各项建议。第一组信息公开建议可与第二组建议相互补充，鼓励企业接受这些建议。信息公开建议主要针对的是公开上市企业。假如这些建议适用于企业的性质、规模和所在地，还应作为实用的工具，改善私营企业或国有企业等非上市交易企业的公司治理情况。

30. 信息公开建议不应给企业造成不合理的行政管理或成本负担，企业也不应披露可能损害自身竞争优势的信息，除非信息公开是为投资决定提供充足背景资料和避免误导投资者的必要之举。《准则》采用了重大信息的概念来决定至少应披露哪些信息。所谓重大信息，指的是缺失或谎报这些信息将影响到信息使用者做出的经济决定。

31. 《准则》还普遍指出，在编写和披露信息时，应依据关于会计和财务信息公开以及非财务信息公开的高质量标准。这将提高报告的可信度和可比性，协助各方深入了解企业业绩，从而极大地增强投资者监督企业的能力。《准则》建议开展的年度独立审计应有助于改善企业的控制和遵约情况。

32. 信息公开涉及两个领域。第一组信息公开建议呼吁及时公布关于企业所有重大问题的准确信息，其中包括财务状况、业绩、所有权和公司治理情况。公司还应充分披露董事会成员和重要执行官的薪酬情况（个人或总数），以便于投资者准确评估薪酬计划的利弊，以及股票期权方案等奖励机制对于公司业绩的促进作用。相关方交易、可预见的重大风险因素、以及事关员工和其他利益攸关方的重大问题都是应予以披露的补充相关信息。

33. 在报告标准仍在不断发展变化的领域，例如社会、环境和风险报告，《准则》鼓励企业采纳第二组信息公开或交流做法。特别是温室气体排放问题，其监督范围正在扩大到直接和间接排放量、当前和今后排放量、以及企业和产品的排放量；生物多样性问题则是另一个实例。除财务业绩之外，很多企业还会公布其他方面的相关信息，并认为公布这些信息可以表明企业支持获得普遍认可的做法。在某些情况下，第二类信息公开（与公众和受到企业活动直接影响的其他方面进行交流）可能会涉及到企业财务账目以外的其他实体。例如，可能还包括分包商、供应商或合资伙伴的活动信息。这一点特别适用于监督将有损于环境的活动转移给合做伙伴。

34. 很多企业采纳了旨在协助其遵守法律和商业行为标准以及提高业务透明度的措施。越来越多的公司颁布了自愿性质的公司行为守则，表示在环境、人权、劳工标准、保护消费者、税收等领域支持伦理标准。专项管理制度已经就位，或是正在建立当中，并且不断发展变化，目的是协助企业恪守承诺——这涉及到信息系统、操作程序和培训要求。企业正在与非政府组织以及政府间组织合做，共同制定报告标准，以期提高企业介绍自身活动如何影响到可持续发展成果的交流能力（例如，全球报告倡议）。

35. 鼓励企业提供便捷、经济的方式来获取公开信息，并考虑运用信息技术来实现这一目标。凡提供给国内市场用户的信息，应向所有相关用户开放。企业可以采取特别措施，向无法获取印刷媒体的社区提供信息（例如，受到企业活动直接影响的较贫困社区）。

四．人权

各国有责任保护人权。在国际公认的人权、经营所在国的国际人权义务和有关国内法律法规的框架内，企业应：

1. 尊重人权，这意味着企业应避免侵犯他人的人权，并应解决其所涉的对人权的不利影响。

2. 在企业自身活动范围内，避免导致或促成对人权的不利影响，并在出现这些影响时予以解决。

3. 设法防止或减轻通过商业关系与其业务、产品或服务直接相关的对人权的不利影响，即使其没有促成这种影响。

4. 制定尊重人权的政策承诺。

5. 开展适合其规模、业务性质、背景、以及对人权不利影响风险的严重程度的人权尽职调查。

6. 一旦发现造成或者促成对人权的不利影响，在纠正这种不利影响的过程中，提供或通过合法程序予以合作。

人权评注

36. 本章首先介绍了关于企业尊重人权的具体建议框架，借鉴了联合国商业与人权"保护、尊重和补救"框架，且符合其实施指导原则。

37. 起首部分和第1段承认，各国有责任保护人权，企业无论其规模大小、行业、经营环境、所有权和结构，无论在何处开展业务，都应尊重人权。尊重人权是对企业预期行为的全球标准，不依赖国家履行其人权义务的能力和/或意愿，也不会削弱这些义务。

38. 国家没有执行其国内相关法律或履行国际人权义务，或事实上行事违反了这种法律或国际义务，都不会削弱对企业尊重人权的期望。在国内法律法规与国际公认人权产生冲突的国家，企业应按照《概念与原则》一章第2段的规定，设法在最大程度上遵守人权义务，同时避免违反国内法律。

39. 在所有情况下，无论企业经营所在的国家或具体背景如何，都应至少参照《国际人权宪章》列出的国际公认人权。《国际人权宪章》包括《世界人权宣言》及其编撰时参考的以下主要文书：《公民及政治权利国际公约》、《经济、社会、文化权利国际公约》，还应提及 1998 年国际劳工组织《关于工作中的基本原则和权利宣言》所载的基本权利原则。

40. 企业可能会对国际公认人权的各个方面产生影响。在实际工作中，在特定行业或背景下，某些人权可能比其他人权面临更大的风险，因此将成为高度关注的焦点。但情况可能会变化，所有权利都应接受定期审查。根据具体情况，企业可能需要考虑更多标准。例如，企业应尊重特定群体或需要特别关注群体的个人的人权，因为企业可能对这些人的人权造成不利影响。在这方面，联合国文书进一步阐明了土著人民、民族、族裔、宗教或语言少数群体、妇女、儿童、残疾人、以及移徙工人及其家人的权利。此外，在武装冲突情况下，企业应尊重国际人道主义法的标准，这些标准能够帮助企业在这种艰难环境中开展经营时避免造成或促成不利影响。

41. 第 1 段中指出，要解决对人权的实际和潜在不利影响，包括采取适当措施，在可能的情况下确定、防止并减轻对人权的潜在影响，补救实际影响，并解释如何消除对人权造成的影响。"侵犯"一词系指企业可能对个人人权产生的不利影响。

42. 第 2 段建议企业通过自身活动避免造成或促成对人权的不利影响，并在出现这种影响时予以解决。"活动"包括采取行动和不作为。当企业造成或可能造成对人权的不利影响时，应采取必要措施，停止或制止其影响。当企业促成或可能促成这种影响时，应采取必要措施，停止或制止其促成作用，并利用自身的力量，最大限度地减轻其余的任何影响。如果企业有能力改变对人权造成不利影响的实体的行为，即认为存在这种力量。

43. 第 3 段探讨了更加复杂的情况，企业没有促成对人权的不利影响，但由于企业与另一实体的业务关系，这种不利影响与企业的经营业务、产品或服务直接相关。第 3 段无意将责任从造成人权不利影响的实体转移到与之有业务关系的企业。要满足第 3 段提出的期望，要求企业独自或与其他实体合作，酌情利用自身优势来影响造成人权不利影响的实体，以防止或减轻这种影响。"业务关系"包括与商业合作伙伴、供应链中的实体、以及与其经营业务、产品或服务直接相关的任何其他非国家实体的关系。在这种情况下，采取适当行动的决定因素包括：企业对所涉实体的影响力、与企业关系的重要性、影响的严重程度，以及终止与相关实体的关系是否会对人权造成不利影响。

44. 第 4 段建议企业通过政策声明来表示承诺尊重人权，政策声明应：（一）获得企业最高层的批准；（二）借鉴相关的内部和/或外部专业知识；（三）规定企业对直接关系到其经营业务、产品或服务的人员、商业伙伴、及其他各方的人权期望；（四）公布于众，并传达给内部和外部的所有人员、商业伙伴和其他有关各方；（五）反映在必要的运营政策和程序中，使其贯穿整个企业。

45. 第 5 段建议企业开展人权尽职调查。这一过程需要评估实际和潜在的人权影响、整合调查结果并采取相应行动、追踪应对措施、以及传达如何消除影响。可以将人权尽职调查包含在更广泛的企业风险管理系统中，前提是人权调查不仅限于发现和管理企业的重大风险，还包括权利享有者面临的风险。这是一项持续的工作，随着时间的推移，企业的经营和运营环境不断发生变化，人权风险可能也随之而改变。关于尽职调查的更多指导，包括与供应链的关系以及对供应链产生风险的适当回应，见"一般性政策及其评注"的第 A.10 至 A.12 段。

46. 假如企业通过尽职调查或其他手段确定已经造成或促成了不利影响，《准则》建议企业制定补救过程。在有些情况下，需要与司法或国家的非司法机制开展合作。在其他情况下，针对企业活动的潜在受影响者的运营申诉机制，是开展这一进程的有效手段，但这些机制需要符合以下核心标准：合法性、可得性、可预测性、公平性、与《准则》的兼容性和透明度，基于对话和参与，以期寻求一致的解决方案。这种机制可以由企业单独管理，或是与其他利益攸关方合作管理，可以作为持续学习的来源。不应利用运作层面的申诉机制来损害工会在解决劳资纠纷中的作用，也不应该排斥求助于司法或非司法申诉机制的机会，包括《准则》提出的国家联络点。

五．就业和劳资关系

在适用法律、法规、通行的劳资关系和雇用惯例、以及适用的国际劳工标准的框架内，企业应：

1. a）尊重跨国企业雇员建立或加入自己选择的工会和代表组织的权利。

b）尊重跨国企业雇员的权利，为开展集体谈判目的承认其工会和自己选择的代表组织，单独或通过雇主协会与这些代表进行建设性磋商，以便就雇用条件达成一致。

c）为切实废除童工做出贡献，立即采取有效措施，确保作为当务之急，禁止和消除最恶劣形式的童工劳动。

d）为消除所有形式的强迫劳动或强制劳动做出贡献，采取适当措施，确保经营活动中不存在强迫劳动或强制劳动。

e）在经营过程中始终奉行就业机会和待遇平等原则，不因种族、肤色、性别、宗教、政见、国家出身、社会出身或其他状况，在就业和待遇方面对雇员实施歧视，除非关于雇员特点的选择性待遇推动政府旨在促进就业机会平等的既定专项政策，或是关系到某一工作岗位的特定要求。

2. a）向雇员代表提供必要的便利，协助达成有效的集体协议。

b）向雇员代表提供切实开展雇用条件谈判所需的信息。

c）向雇员及其代表提供使其能够真实和恰当地了解实体或企业整体（如适用）业绩的信息。

3. 促进雇主与雇员及其代表在双方共同关注的事宜上开展磋商与合作。

4. a）遵守不次于东道国类似雇主遵循的就业和劳资关系标准。

b）假如跨国企业在没有类似雇主的发展中国家开展业务，应在政府政策框架内，提供尽可能最好的工资、福利和工作条件。这些待遇应该与企业的经济状况挂钩，但至少应满足工人及其家人的基本需求。

c）采取充分措施，在经营中确保职业健康与职业安全。

5. 在经营中，在实际可行范围内应尽可能多地雇用当地人员，并与雇员代表以及在适当情况下与相关政府主管部门合作开办培训，以提高技术水平。

6. 在考虑可能对就业产生重大影响的业务变化时，特别是在关闭某一实体将涉及集体解雇或遣散的情况下，应将这一变化合理地通知员工代表和员工组织，在适当情况下通知相关政府主管部门，并与雇员代表和相关政府主管部门合作，以期最大程度地缓解实际不利影响。根据每一个案的具体情况，恰当的做法是管理部门在做出最终决定之前发出通知。还可运用其他手段进行有效合作，缓解这些决定造成的影响。

7. 在与雇员代表进行有诚意的雇用条件谈判时，或是当雇员行使结社权利时，不应威胁将某一个业务部门的整体或部分从有关国家迁出，也不应威胁从其他国家的企业组成实体调入雇员，以期对谈判施加不公正的影响或是阻碍雇员行使结社权利。

8. 让得到授权的企业雇员代表能够进行集体谈判，或是就劳资关系问题进行谈判，允许各方就共同关注的事宜与得到授权可就此类事宜做出决定的管理曾代表进行协商。

就业和劳资关系评注

47. 本章首先提到"适用"的法律法规，旨在承认跨国企业在特定国家管辖范围内开展业务时，可能需要遵守国家和国际层面的就业和劳资关系问题的相关法规。"通行的劳资关系"和"雇用惯例"的说法非常宽泛，在不同国情下可以做出多种解释，例如国内法律法规为工人规定了各种不同的谈判选项。

48. 国际劳工组织是制定和处理国际劳工标准的主管机构，负责促进1998年《关于工作中的基本原则和权利宣言》确认的工作中的基本权利。《准则》作为不具约束力的文书，在促进跨国企业遵守这些标准和原则方面可以发挥作用。《准则》的各项规定与1998年《宣言》和1977年国际劳工组织《关于跨国企业和社会政策的三方原则宣言》（国际劳工组织《跨国企业宣言》，2006年最新修订）的有关规定相呼应。国际劳工组织《跨国企业宣言》提出了就业、培训、工作条件和劳资关系等方面的原则，经合组织《准则》则涵盖了企业行为的所有主要方面。经合组织《准则》和国际劳工组织《跨国企业宣言》适用于企业的预期行为，彼此平行，而非互相冲突。因此，国际劳工组织《跨国企业宣言》在一定程度上有助于理解《准则》，后者阐述得更为详尽。然而，国际劳工组织《跨国企业宣言》和《准则》的后续程序责任在制度上是分开的。

49. 第五章使用的术语与国际劳工组织《跨国企业宣言》中的术语是一致的。"跨国企业的雇员"及"在职雇员"与国际劳工组织《跨国企业宣言》中的术语含义相同，指的是"与跨国企业之间存在雇用关系"的工人。希望了解第五章规定的责任范围的企业，要确定是否存在《准则》所述的雇用关系，可以参考国际劳工组织2006年《第198号建议书》第13款（a）项和（b）项提出的不完全指示清单，从中获得实际的指导。此外，普遍公认的是，工作安排随着时间的推移而变化发展，企业需要调整与工人的关系，以避免支持、鼓励或参与变相的雇用做法。假如雇主对待个人的方式不同于雇员，且隐藏其真实合法身份，即构成变相雇佣关系。

50. 这些建议并不干涉真正的民事和商业关系，而是旨在确保处于雇佣关系中的个人得到《准则》规定的应有的保护。人们认识到，即使不存在雇佣关系，企业仍应按照第二章"一般性政策"第A.10至第A.13段中关于基于风险的尽职调查和供应链建议行事。

51. 本章第1段反映了国际劳工组织1998年《宣言》所载的工作中的四项基本原则和权利，即，自由结社和集体谈判的权利、切实废除童工、消除所有形式的强迫劳动或强制劳动、以及就业和职业不歧视。这些原则和权利在国际劳工组织公约中形成了具体的基本权利和义务。

52. 第1c）段根据国际劳工组织关于最恶劣形式的童工劳动的1998年《宣言》和《第182号公约》，建议跨国企业为切实废除童工做出贡献。历史悠久的国际劳工组织童工问题文书包括关于最低就业年龄的《第138号公约》和《第146号建议书》（均于1973年通过）。通过劳动管理做法、创造高品质的高薪就业机会及其对经济增长的贡献，跨国企业可在消除普遍贫困、特别是童工现象的根源方面起到积极作用。重要的是，要承认并鼓励跨国企业在促进寻找童工问题的持久解决办法方面发挥作用。在这方面尤其值得注意的是提高东道国儿童的教育标准。

53. 第1d）段建议企业促进消除所有形式的强迫劳动和强制劳动，这项原则源自于国际劳工组织1998年《宣言》。提及这一核心劳工权利，是依据国际劳工组织1930年《第29号公约》和1957年《第105号公约》。《第29号公约》要求各国政府"在可能的最短期限内禁止使用一切形式的强迫或强制劳动"，《第105号公约》要求各国政府为某些明确目的（例如，作为政治强制手段或劳动纪律措施）"制止并不使用任何形式的强迫或强制劳动"，并"采取有效措施保证立即完全废除"。与此同时，国际劳工组织是处理监狱劳工这个难题的主管机构，特别是将囚犯租借给个人、公司或协会（或任由其处置）的问题。

54. 第1e）段指出，就业和职业不歧视原则适用于雇用、工作分配、免职、工资和福利、晋升、调任或搬迁、解雇、培训和退休等条件。禁止使用的歧视理由清单取自国际劳工组织1958年《第111号公约》、2000年《关于保护生育的第183号公约》、1983年《关于就业（残疾人）的第159号公约》、1980年《关于老年工人建议的第 162 号公约》和 2010 年《关于艾滋病与劳动世界的第 200 号建议书》。清单认为，基于这些理由的任何区别、排斥或偏袒均违反公约、建议和守则。为《准则》的目的，"其他状况"一词系指工会活动和个人特点，例如年龄、残疾、怀孕、婚姻状况、性取向或艾滋病毒感染状况。根据第 1e）段，企业应促进男女享有平等机会，特别强调甄选、薪酬和晋升的平等标准和公平适用这些标准，防止以婚姻、怀孕或生育为理由的歧视或解雇。

55. 在本章第 2c）段，公司向工人及其代表提供的信息旨在提供"真实而公平"的业绩表现。这涉及到以下几点：企业结构、经济和财务状况及前景、就业趋势、以及预期的业务重大变动，同时考虑到商业机密的合法要求。商业机密的考虑可能意味着可能不会提供某些信息，或者可能不会在无保障的情况下提供这些信息。

56. 本章第 3 段提及工人参与的协商形式源自国际劳工组织 1952 年《关于雇主和工人之间在企业层面开展协商与合作的第 94 号建议书》。这也符合国际劳工组织《跨国企业宣言》所载的规定。这种协商安排不应替代工人对就业条件进行谈判的权利。第 8 段还包含关于工作安排的协商安排建议。

57. 在第 4 段，就业和劳资关系标准包括报酬和工作时间安排。提到职业健康和安全，意味着跨国企业应遵守现行的监管标准和行业规范，尽量减少雇用过程中产生的或与之相关的事故和伤害风险。这会鼓励企业努力提高业务各方面关于职业健康与安全的业绩表现，虽然业务所在国家的现行法规可能并不正式要求这一点。还鼓励企业尊重工人脱离下列工作条件的能力：有合理的理由认为，存在紧迫而严重的健康或安全风险。相关建议反应出了健康和安全问题的重要性，《准则》的其他章节也有所反映，特别是在关于消费者权利和环境的章节。国际劳工组织 2002 年《第 194 号建议书》提出了职业病指示性清单以及行为守则和指南，企业在实施《准则》的这项建议时可以加以考虑。

58. 本章第 5 段的建议鼓励跨国企业充分雇佣当地员工，包括管理人员，并对其进行培训。本段关于培训和技能水平的内容补充了"一般性政策"一章关于鼓励培养人力资本的第 A.4 段。提到本地工人，补充了"一般性政策"一章关于鼓励地方能力建设的第 A.3 段。根据国际劳工组织 2004 年《关于人力资源开发的第 195 号建议书》，还鼓励企业尽可能投资于培训和终身学习，同时确保妇女和其他弱势群体（例如青年、低技能人员、残疾人、移徙者、老年工人和土著人民）获得平等的培训机会。

59. 第 6 段建议企业将可能对雇员产生重大影响的业务变化、特别是关闭实体将涉及集体解雇或解散的情况合理地通知在职雇员代表，并在适当情况下通知相关政府主管部门。如这一段所述，这项规定的目的是提供合作机会，减轻这种变化的影响。这项重要原则广泛体现在加入国的劳资关系法律和做法之中，虽然各加入国之间为确保切实合作机会而采取的方法不尽相同。本段还指出，根据具体情况，管理层最好能够在做出最终决定之前发出通知。事实上，做出最终决定之前发出通知，是一些加入国劳资关系法律和做法的一项特征。但这并不是确保有机会切实开展合作以减轻这种决定影响的唯一手段，其他加入国的法律和做法还规定了其他手段，例如必须在可能实施决定前的规定时间内进行协商。

六．环境

企业应在其业务所在国家的法律、法规和行政惯例框架内，并在考虑到相关国际协定、原则、目标及标准的情况下，适当考虑保护环境、公共卫生和安全的需求，在通常情况下以能够促进更广泛的可持续发展目标的方式开展活动。特别是，企业应：

1. 建立和维持适合本企业的环境管理制度，其中包括：

a）充分、及时地收集并分析有关其活动的环境、卫生和安全影响的信息；

b) 制定可衡量的目标，并在适当时制定改善环境状况和资源利用情况的具体目标，包括定期审议这些目标的持续相关性；在适当情况下，这些目标应符合相关国家政策和国际环境承诺；以及

c) 定期监督和验证环境、卫生和安全目标或具体目标的进展情况。

2. 考虑对于成本、商业机密和知识产权保护方面的关注：

a) 充分、及时地向公众和雇员提供有关企业活动的环境、卫生和安全潜在影响的可衡量的和可验证（如适用）的信息，其中可能包括关于改善环境状况的进展报告；以及

b) 与受到企业环境、卫生和安全政策及其实施情况直接影响的社区充分、及时地交流和协商。

3. 在决策时，评估并解决企业整个生命周期内与企业生产过程、产品和服务有关的可预见的环境、卫生和安全影响，避免这些影响或在不可避免的情况下减轻这种影响。如果这些拟议的活动可能会造成显著的环境、卫生或安全影响，而且如果这些活动须经过主管部门的决定，企业应编写适当的环境评估报告。

4. 如果存在破坏环境的严重威胁，根据对风险的科学和技术上的理解，同时考虑到人类健康和安全，不得以科学确定性不足为理由延缓采用可以防止或尽量减少此类环境破坏的有效措施。

5. 制定防止、缓解和控制企业运行引起的环境和卫生破坏、包括事故和突发事件的应急计划，并建立向主管部门迅速报告的机制。

6. 通过适当鼓励如下活动，持续努力改善企业或在适当时改善其供应链在环境保护方面的表现：

a) 在企业各部门采用复合企业内环境表现最佳部门采用的涉及环境表现标准的技术与操作程序；

b) 开发和供应具有如下特点的产品或服务：不会对环境产生过度影响，其预期用途是安全的，可以减少温室气体排放，在消耗能源与自然资源方面做到高效，可安全地重复使用、再利用或处置；

c) 通过关于企业产品的准确信息（例如，关于温室气体排放、生物多样性、资源效率、或者其他环境问题），提高消费者对于使用该企业的产品和服务造成的环境影响的认识；以及

d) 探索并评估在长期内提高企业环境表现的方式，例如通过制定减排战略、有效利用资源、回收、替代或减少使用有毒物质、或者制定生物多样性战略。

7. 为雇员提供环境、卫生与安全方面的适当培训，包括处理有害物质与预防环境事故，以及更普遍的环境管理知识，例如环境影响评估程序、公共关系和环境技术。

8. 促进制定具有环境意义和经济效率的公共政策，例如通过能够强化环境意识与环境保护的伙伴关系和倡议。

环境评注

60. "环境"一章大致反映出了《关于环境与发展的里约宣言》和《21世纪议程》（载于《里约宣言》）所载的各项原则和目标，考虑到《在环境问题上获得信息、公众参与决策和诉诸法律的公约》（《奥胡斯公约》），并反映出国际标准化组织关于环境管理系统的标准等文书所载的标准。

61. 良好的环境管理是可持续发展的重要组成部分，日益被视为企业责任和商业机会。跨国企业在这两个方面都可发挥作用。因此，这些企业的管理者应在商业战略中适当关注环境问题。提高环境表现要求致力于采用系统化方法，并持续改进系统。环境管理系统提供了一个必要的内部框架，用以控制企业的环境影响，并将环境因素纳入商业运作。制定这样一个系统将有助于向股东、雇员和社区保证，企业正在积极努力保护环境，使其免受企业活动的影响。

62. 除了提高环境表现，通过降低经营和保险成本、改善能源和资源保护、减少遵约和责任费用、改善获得资金和技术的机会、提升客户满

意度、以及改善社区和公共关系，实行环境管理制度可为企业带来经济效益。

63. 在《准则》背景下，应从最广泛的意义上解释"良好的环境管理"，其中体现旨在长期内控制企业活动造成的直接和间接环境影响的活动，并同时包括污染控制和资源管理内容。

64. 在大多数企业，需要内部控制系统来管理企业活动。这一系统的环境部分包括改进表现的目标和定期监测这些目标的进展情况等内容。

65. 关于企业活动、企业与分包商和供应商的关系、以及相关环境影响的信息是赢得公众信任的重要工具。要让这个工具发挥最大效应，就应通过透明的方式提供信息，并鼓励企业与雇员、客户、供应商、承包商、地方社区和公众等利益攸关方进行积极协商，从而在共同关注的环境问题上形成长期信任和理解的氛围。当稀缺资源或面临风险的环境资产在地区、国家或国际背景下存在风险时，报告和交流尤为适合；全球汇报计划等报告标准提供了有益的参考。

66. 在提供产品信息时，企业有几种选择，例如自愿贴标签或认证计划。在使用这些工具时，企业应充分考虑对于发展中国家社会和经济的影响、以及现有的国际公认标准。

67. 正常的业务活动可能包含对于与企业活动有关的潜在环境影响进行事前评估。企业应经常开展适当的环境影响评估，即便法律不要求这么做。企业开展的环境评估可能包含对于企业活动以及企业分包商和供应商活动的可能影响的广泛和前瞻性看法，解决有关影响，分析替代和缓解措施，以避免或纠正不利影响。《准则》还认识到，跨国企业在产品生命周期的其他部分也负有一定责任。

68. 《准则》加入国通过的一些文书，包括《关于环境与发展的里约宣言》原则15，都阐述了"预防方法"。这些文书不是明确针对企业的，但均隐含了企业的贡献。

69. 《准则》的基本前提是，企业应以积极主动的方式尽快采取行动，避免企业活动给环境造成严重或不可避免的破坏。然而，《准则》针对的是企业，这意味着现有文书没有充分表达这一建议。因此，《准则》借鉴了现有文书，但没有完全照搬其中的内容。

70. 《准则》无意重新解释任何现有文书，也不会从政府方面做出新的承诺或树立先例，而是旨在建议企业如何落实"预防方法"。鉴于这一过程尚处于早期阶段，需要在适用过程中根据具体情况采取一定的灵活性。此外，还需要由政府来确定这一领域的基本框架，并负责与利益攸关方就最适合的方式举行定期磋商。

71. 《准则》还鼓励企业努力提高其运营的各个部分的环境表现，即使业务所在国的现有做法并不要求这么做。在这方面，企业应充分考虑到对发展中国家的社会和经济影响。

72. 例如，跨国企业通常能获得现有和创新的技术或操作程序，若付诸实施，将有助于提高企业的整体环境表现。跨国企业通常被视为各自领域的领导者，因而对其他企业带来"示范效应"的潜力不容忽视。确保跨国企业经营所在国的环境能够从创新技术和做法中受益，这是为国际投资赢得更普遍支持的重要途径。

73. 企业在为雇员开办环境问题培训和教育方面可以起到重要作用。要鼓励企业尽可能履行这一责任，特别是在直接关系到人类健康和安全的领域。

七．打击行贿、索贿和敲诈勒索

企业不应直接或间接提出、许诺、给予或索要贿赂或其他不正当利益，以便获得或保持商业或其他非正当优势。企业还应抵制索贿和敲诈勒索行为。特别是，企业应：

1. 不得向公职人员或业务合作伙伴的雇员提供、许诺或给予不正当的金钱或其他利益。同样，企业不应要求、同意或接受公职人员或业务合作伙伴的雇员提供不正当的金钱或其他利益。企业不应通过代理人和其他中介机构、顾问、代表、分销商、企业集团、承包商和供应商以及合资企业伙伴等第三方，向公职人员、业务合作伙伴的雇员、其亲属、或商业协作单位提供不正当的金钱或其他利益。

2. 制定和采取适当的内部控制、道德与合规方案或措施，防止和发现贿赂情况。制定这些方案所依据的风险评估针对企业的具体情况，特别是企业面临的贿赂风险（例如企业的地域部门和行业部门）。这些内部控制、道德与合规方案或措施应包含财务和会计程序系统，其中包括合理设计的内部控制系统，确保维护公正和准确的簿册、记录和账目，确保其不被用于贿赂或藏匿贿赂的目的。在必要时应针对具体情况和贿赂风险进行定期监测和重新评估，确保企业的内部控制、道德与合规方案或措施适用或继续有效，并减轻企业成为行贿、索贿和勒索同谋的风险。

3. 公司的内部控制、道德与合规方案内禁止或阻止使用小额便利费，在支付这笔费用的国家，这种做法通常是非法的，在支付之后应将其记录在账目和财务记录当中。

4. 考虑到企业面临的特殊贿赂风险，确保妥善记录与招聘有关的尽职调查，对代理人进行适当的定期监督，确保代理人的报酬适当，并且仅用于合法服务。在适当时，应根据适用的公开披露要求，保留参与公共机构和国有企业交易的代理人名单，并交给主管部门。

5. 提高企业打击行贿、索贿和敲诈勒索活动的透明度，其中措施包括公开打击贿赂、索贿和勒索的承诺，公布企业为遵守这些承诺而采取的管理制度和内部控制、道德与合规方案或措施。企业还应促进公开性，与公众对话，从而提高并促进公众对打击行贿、索贿和勒索的认识与合作。

16. 通过适当的宣传企业政策、方案或措施，执行培训计划或纪律程序，促进雇员了解并遵守企业在打击行贿、索贿和勒索方面的政策和内部控制、道德与合规方案或措施。

7. 不得向公职候选人、政党或其他政治组织非法捐款。政治捐款应完全符合公开披露的要求，并向上级管理部门汇报。

行贿、索贿和勒索评注

74. 贿赂和腐败会损害民主制度和公司治理，阻碍投资，扭曲国际竞争条件。特别是，通过腐败行为转移资金破坏了公民为改善经济、社会和环境福利所做的努力，阻碍了减少贫困的努力。企业在打击这些做法方面可以起到重要作用。

75. 在公共和私人领域的合规、诚信和透明度是打击行贿、索贿和勒索的主要概念。商界、非政府组织、政府组织和政府间组织共同努力，加强公众对于反腐措施的支持，提高透明度，增强公众对于腐败和贿赂问题的认识。采用适当的企业治理做法也是培养企业道德文化的必要因素。

76.《禁止在国际商业交易中贿赂外国公职人员公约》（《反贿赂公约》）于 1999 年 2 月 15 日生效。《反贿赂公约》与 2009 年《关于进一步打击在国际商业交易中贿赂外国公职人员的建议》（2009 年《反贿赂建议》）、2009 年《关于进一步打击在国际商业交易中贿赂外国公职人员的税收措施建议》、以及 2006 年《关于贿赂和官方支助的出口信贷的建议》，是经合组织针对贿赂交易提供方的核心文书。这些文书旨在消除对外国公职人员的贿赂"供应"，由各国负责本国企业活动以及在本国管辖范围内发生的情况。[①] 制定了一个旨在监测各国执行《反贿赂公约》情况的严格的系统方案，以促进全面执行这些

---

① 为《公约》的目的，"贿赂"定义为"……直接或通过中介向外国公职人员提供、承诺或给予该官员或第三方任何不正当的金钱或其他利益，以使该官员履行公职或者避免履行公职，以获得或保留在从事国际商务中的商业和其他不正当利益。"对《公约》的评注（第 9 段）阐明："小额'便利'费不属于第 1 款所指的'为获得或保留商业或其他不正当利益'的付款，因此不构成犯罪。在一些国家，这种付款是为了诱使公职人员履行其职责，例如发放牌照或许可证，但在所涉及的外国则是非法的。其他国家可以、并且应该通过支持良好治理等方案解决这种腐败问题。……"。

文书。

77. 2009年《反贿赂建议》特别建议各国政府鼓励本国企业制定并采取适当的内部控制、道德与合规方案或措施，以防止和发现海外贿赂，并考虑到2009年《反贿赂建议》附件二包含的《内部控制、道德与合规良好做法指南》。《良好做法指南》面向企业以及商业组织和专业协会，突出了在确保内部控制、道德与合规方案或措施的有效性以防止和发现海外贿赂方面的良好做法。

78. 私营部门和民间社会的倡议也有助于企业拟订并实施有效的饭贿赂政策。

79. 2005年12月14日生效的《联合国反腐败公约》（《反腐公约》）规定了一系列广泛的打击腐败的标准、措施和规则。根据《反腐公约》，缔约国必须禁止官员收受贿赂，禁止本国企业贿赂国内政府官员、外国公职人员和国际公共组织的官员，并考虑不允许私人之间的贿赂。《反腐公约》和《反贿赂公约》相互支持，相互补充。

80. 为解决贿赂需求方的问题，良好治理做法是防止企业被要求行贿的重要因素。企业可以支持抵制贿赂和敲诈勒索的集体行动倡议。企业母国政府和东道国政府应协助企业应对索贿和勒索问题。2009年《反贿赂建议》附件一所载的《关于公约特定条款的良好做法指南》指出，在执行《反贿赂公约》时，不应为外国公职人员索取贿赂做出辩解或规定例外情况。此外，《反腐公约》要求将国内公职人员的索贿行为定为犯罪。

八．消费者的权益

在对待消费者时，企业应根据公平的商业、营销和广告做法行事，并应采取所有合理步骤，确保其提供的商品或服务优质且可靠。特别是，企业应：

1. 确保其提供的商品或服务符合所有议定或法律规定的消费者健康与安全标准，包括与健康警告和产品安全信息有关的标准。

2. 在适当时提供关于商品和服务价格、成分、安全使用、环境属性、维护、储存和处置的准确、可证实和清楚的信息，足以使消费者做出知情决定。在可行的情况下，信息的提供应提高消费者比较产品的能力。

3. 为消费者提供公正、便捷、及时和有效的非司法争端解决和补救机制，同时避免不必要的代价或负担。

4. 不得捏造或隐瞒信息，不得从事任何其他虚假、误导、欺骗性或不公平的活动。

5. 支持在涉及业务活动的领域对消费者进行教育，目的是提高消费者在以下方面的能力：（一）做出涉及复杂商品、服务和市场的知情决定，（二）更好地了解其决定对经济、环境和社会的影响，以及（三）支持可持续消费。

6. 尊重消费者的隐私，采取合理的措施确保对其收集、储存、处理或传播的个人数据予以保护。

7. 与公共当局充分合作，防止或打击欺骗性的营销做法（包括误导性广告和商业欺诈），减少或防止因消费、使用或处置其商品和服务对公众健康与安全或环境造成的严重威胁。

8. 在适用上述原则时，考虑到（一）弱势群体和处境不利消费者的需求，以及（二）电子商务可能给消费者带来的具体挑战。

消费者权益评注

81. 《经合组织跨国企业准则》的这一章借鉴了经合组织消费者政策委员会、金融市场委员会、以及其他国际组织的工作，包括国际商会、国际标准化组织和联合国（即，1999年扩展后的《联合国消费者政策准则》）。

82. 本章认识到，消费者的满意度和相关权益是企业成功运作的根本基础。本章还认识到，随着时间的推移，商品和服务的消费者市场发生了重大转变。监管改革、更加开放的全球市场、新技术的发展和消费者服务的增长是变革的推动力量，为消费者提供了更多的选择和更加开放的竞争带来的其他福利。与此同时，许多市场变化很快，复杂性加剧，这使得消费者比较和评估商品与服务变得更加困难。此外，随着时间的推移，消费群体也发生了变化。由于老年人越来越多，儿童日益成为市场的重要力量。总体而言，消费者受到了更好的教育，但许多消费者仍然缺乏在当前日益复杂和信息密集的市场所需的计算和识字技能。此外，许多消费者也越来越想知道企业在经济、社会和环境问题方面的立场和活动，并且会在选择商品和服务时考虑到这些因素。

83. 本章呼吁企业采用公平的交易、营销和广告做法，确保企业提供的产品的质量和可靠性。本章指出，这些原则适用于商品和服务。

84. 第1段强调，企业必须遵守规定的消费者健康与安全标准，并为消费者提供关于其产品的健康和安全信息。

85. 第2段涉及信息披露，要求企业为消费者提供充足的信息，使其能够做出知情决定，其中包括与产品相关的金融风险信息。此外，在某些情况下，法律规定企业提供信息，使消费者能够根据信息对商品和服务进行直接比较（例如，单位定价）。在没有直接立法的情况下，鼓励企业在对待消费者时，以促进商品和服务的比较并使消费者能够轻松确定产品总成本的方式提供信息。应当指出，"充足"的概念将随着时间的推移而变化，企业应适应这些变化。企业提出的任何产品和环境索赔要求都应以充足的证据和正确的测试（如适用）为依据。鉴于消费者对环境问题和可持续消费的关注日益增加，应酌情提供关于产品环境属性的信息，其中包括关于能源效率和产品可回收程度的信息，如果是食品，则提供关于农业操作规范的信息。

86. 消费者在做出购买决定之前，越来越多地考虑企业的商业行为。因此，应鼓励企业提供关于采取措施将社会和环境关切纳入经营业务或支持可持续消费方面的信息。《准则》第三章"信息公开"涉及到这方面。因此，鼓励企业向公众公开发布价值观声明或商业准则声明，包括提供企业的社会、道德和环境政策信息，以及企业遵守的其他行为守则的信息。鼓励企业以通俗易懂的语言和吸引消费者的方式提供此类信息。希望有更多企业能够为消费者提供关于这些领域的信息。

87. 第3段反映出2007年理事会《关于消费者争端解决和补救的建议》的措辞。《建议》为有效地处理消费者的投诉建立了一个框架，包括相关行业在这方面采取的一系列行动。值得注意的是，许多企业建立了解决消费者争端机制，有助于提高消费者的信任和满意度。与法律行动相比，这些机制能够提供更加可行的解决方案，这是因为法律行动对于所有各方都更加昂贵、困难和费时。然而，这些非司法机制要取得成效，就需要向消费者介绍这些机制，并指导消费者如何投诉，特别是当投诉涉及跨境或多元交易时。

88. 第4段涉及欺骗性、误导、欺诈及其他不公平的商业做法。这些做法会扭曲市场，损害消费者和负责的企业，应当避免。

89. 第5段涉及消费者教育。随着许多市场和产品日益复杂化，消费者教育越来越重要。政府、消费者组织和许多企业已经认识到，这是一项共同的责任，各方可以在这方面起到重要作用。消费者很难评估金融和其他领域的产品，这突出表明利益攸关方必须共同努力，推动旨在改善消费者决策的教育。

90. 第6段涉及个人数据。由于互联网的发展和技术进步，企业越来越多地收集和使用个人数据。这突出表明必须保护个人数据，防止侵犯消费者隐私，包括安全漏洞。

91. 第7段强调企业必须与公共当局合作，帮助更有效地防止和打击欺骗性的营销做法，并呼吁开展合作，减少或防止对公众健康与安全或环境造成的严重威胁，其中包括与处置商品以及消费和使用有关的威胁。这反映出人们已经认识到应该考虑到产品的整个生命周期。

92. 第8段呼吁企业在开展产品和服务营销时考虑到弱势群体和处境不利消费者的需求。弱势群体和处境不利的消费者是指特定类型的消费者，他们因为个人特征或情况（例如年龄、身心状况、教育程度、收入、语言或地处偏远），在当今这个信息密集的全球化市场中可能会遇到特殊困难。本段还强调了移动电子商务和其他形式的电子商务在全球市场上的重要性日益增加。电子商务带来了巨大的裨益，并且在不断增长。政府投入大量时间来研究如何确保消费者在电子商务中获得的透明和有效的保护丝毫不亚于在传统商务中受到的保护。

九．科学技术

企业应：

1. 努力保证各项活动符合其业务所在国家的科学技术政策和计划，并酌情为当地和东道国创新能力的发展做出贡献。

2. 如可行，在适当顾及知识产权保护的情况下，在其经营活动过程中采用允许转让和迅速扩散技术与专业技能的做法。

3. 在适当时，在东道国开展科学技术开发以满足当地需求，并在考虑商业需求的情况下，雇用东道国拥有科技资质的人员，并鼓励对这些人员进行培训。

4. 在授予知识产权使用证或在转让技术时，以有助于促进东道国长期可持续发展的合理条件和方式行事。

5. 在涉及企业商业利益的情况下，发展与当地大学和公共研究机构的关系，参与当地产业或产业协会的合作研究项目。

科学技术评注

93. 在以知识为基础的全球化经济中，国家之间的边界日益模糊，即使对小型或内向型企业来说也是如此。因此，获取和利用技术与专业知识的能力对于改善企业绩效而言必不可少。这对于实现技术进步给整个经济体带来的效益也同样重要，包括在可持续发展背景下提高生产率和创造就业机会。跨国企业是跨国技术转让的主要渠道。跨国企业通过创造、扩散、甚至帮助东道国的国内企业使用新技术来提高东道国的国家创新能力。跨国企业的研发活动若能与国家创新机制连接起来，可有助于促进东道国的经济和社会进步。反过来，发展东道国充满活力的创新体系，能够扩大跨国企业的商业机会。

94. 因此，本章旨在经济可行性、竞争性问题和其他考虑因素范围内，促进跨国企业在经营所在国推广研发活动，从而提高东道国的创新能力。在这方面，促进技术推广包括采用新技术的产品的商业化、工艺创新许可、雇用和培训科技人员、以及发展研发合作企业。在出售技术或发放技术许可证时，谈判的条件应该是合理的，而且跨国企业还应考虑到技术对于母国和东道国的长期发展、环境和其他影响。跨国企业可以在活动中培养并改善其国外附属公司和分包商的创新能力。此外，跨国企业可以提请有关方面注意到地方科技基础设施（有形和体制）的重要性。在这方面，跨国企业可以有效地协助东道国政府制定有利于发展充满活力的创新体系的政策框架。

十．竞争

企业应：

1. 在开展活动时符合关于竞争问题的所有适用的法律法规，同时考虑到企业活动可能产生反竞争效应的所有地区的竞争法。

2. 避免与竞争对手达成或执行反竞争协定，包括如下协议：

   a) 固定价格；

   b) 非法操纵投标（合谋投标）；

   c) 制定产量限制或配额；或

   d) 通过分配消费者、供应商、商业领地或贸易范围而分享或分割市场。

3. 根据适用的法律和适当的安全规定，尽可能迅速、全面地对信息要求做出反应，与当地的竞争问题主管部门合作，并考虑使用可用的工具，例如在适当情况下的保密豁免，以促进调查部门之间的有效和高效的合作。

4. 定期提高雇员对于遵守所有适用的竞争法

与竞争政策的重要性的认识，特别是对企业高层管理人员进行有关竞争问题的培训。

竞争评注

95. 这些建议强调，竞争法律法规对于国内和国际市场的有效运作都很重要，并重申国内企业和跨国企业遵守这些法规的重要性。建议还寻求确保所有企业都意识到竞争法律的适用范围、补救措施和制裁，以及竞争问题主管部门之间的合作程度。"竞争"法律一词指的是禁止以下方面的"反托拉斯"法和"反垄断"律：a）反竞争协议；b）滥用市场支配力或主导地位；c）通过高效业绩之外的其他手段获得市场支配力或主导地位；或 d）通过兼并或收购大幅减少竞争，或严重阻碍实际存在的竞争。

96. 在一般情况下，竞争法律和政策禁止：a）核心卡特尔；b）其他反竞争协议；c）利用或扩大市场主导地位和市场支配力的反竞争行为；以及，d）反竞争的兼并和收购。经合组织理事会1998年《关于打击核心卡特尔的有效行动的建议》（C（98）35/FINA），a）项提到的反竞争协议构成核心卡特尔，但建议收录了成员国的法律差异，包括法律豁免或是允许原本被禁止的活动出现例外情况或允许授权开展的规定。《准则》中的建议并不鼓励企业放弃这些可以合法利用的豁免或规定。b）项和c）项更为广义，这是由于其他协议和单方面行为的影响较为模糊，对于反竞争的概念缺乏共识。

97. 竞争政策的目标是通过改善市场条件，由市场竞争力来决定商品和服务的性质、质量和价格，以促进整体福利和经济增长。除惠及消费者和某一地区的整体经济外，这种竞争环境还能使切实满足消费者需求的企业从中受益。企业可以参与这一进程，在政府审议的法律和政策可能会降低效率或降低市场竞争力的时候提供信息和建议。

98. 企业应认识到，竞争法律仍在制定颁布当中，竞争法律禁止发生在国外、但损害国内消费者利益的反竞争活动的现象会越来越普遍。此外，跨境贸易和投资使得某一辖区内的反竞争行为会对其他辖区产生影响。因此，企业应同时兼顾其经营所在国的法律以及可能受企业行为影响的所有国家的法律。

99. 最后，企业应认识到，竞争主管部门在调查和制止反竞争活动方面正在进行更多、更深入的合作。参见：理事会关于《成员国就影响国际贸易的反竞争行为开展合作的建议》，C（95）130/FINAL；理事会《关于兼并审查的建议》，C（2005）34。假如不同管辖区的竞争主管部门在审查同一行为，企业促进这些主管部门之间的合作，能推动协调、合理的决策过程和竞争补救措施，同时为政府和企业节约成本。

十一．税收

1. 企业应及时缴纳应纳税金，从而为东道国的公共财政做出贡献，这一点很重要。特别是，企业应遵守其活动所在国的各项税收法律法规的条文和精神。遵守税法精神需要领会和依从立法意图。不要求企业支付的税款超出依据解释确定的法定金额。税务合规的措施之一是及时向相关主管部门提供用以准确核定其业务稽征税款的相关或法定信息，按照公平交易原则遵守转让定价做法。

2. 企业应将依法治税和纳税作为内部监督和更广泛的风险管理系统的重要因素。特别是，公司董事会应制定税收风险管理战略，全面确定和评估税收方面的财务、监管和声誉风险。

税收评注

100. 税收领域的公司公民意识是指，企业应遵守其所有活动所在国的各项税收法律法规的条文和精神，配合相关主管部门，提供相关信息或相关法律要求的信息。如果企业采取合理措施领会立法意图，按照符合法定语言和当代法律沿革，以符合该意图的方式来解释税则，则视为遵守税收法律法规的精神。各项交易的结构不应使税收结果与交易的基本经济后果不一致，除非出台了旨在获得这一结果的特别立法。在这种情况下，企业应有合理的理由确信，其交易结构为企业带来的税收结果不会违背立法意图。

101. 税务合规还要求配合税务机关，提供税务机构要求的信息，确保税法实施的有效性和公平性。这种配合应包括按照税收条例或信息交换协议，全面、及时地响应主管部门提出的信息请求。但承诺提供信息不是没有限制的。特别是，本《准则》将应提供的信息与这些信息对实施所适用税法的相关性联系起来，实际上是说有必要权衡以下两者的关系：一是企业遵守相关税法的负担；二是税务机关需要有全面、及时和准确的信息来实施税法。

102. 企业在合作、透明度和依法纳税方面的承诺应反映在其风险管理系统、组织和政策中。如果企业的法定形式为公司，公司董事会能从很多方面监督税收风险。例如，公司董事会应积极制定适当的税收政策原则，确定内部税收控制系统，确保管理层的行动与董事会的税收风险观点一致。应向董事会通报所有可能发生的实质性税收风险，还应分配内部税控职能的履行责任，并向董事会报告。包括税收风险在内的综合风险管理战略不仅有助于企业担当起良好公司公民责任，而且还有助于有效管理税收风险，而这有助于避免重大的财务、监管和声誉风险。

103. 跨国企业集团在一国的成员可能与同一跨国企业集团在其他国家的成员之间具有广泛的经济联系。这种联系可能会影响各方的纳税责任。因此，税务机关可能需要其管辖范围之外的信息，以便能够评估这些关系，确定其管辖范围内的跨国企业集团成员的纳税义务。同样，需要提供的信息限于与所涉经济关系评估有关的信息或法律要求为此目的提供的信息，以便准确确定跨国企业集团各成员的纳税责任。跨国企业应配合提供这些信息。

104. 在公司公民意识和征税工作中，转让定价是一个特别重要的问题。全球贸易和跨境直接投资的急剧增长（以及跨国企业在这类贸易与投资中的重要作用）意味着，转让定价是跨国企业集团各成员纳税义务中的一个重要决定因素，因为在跨国企业活动所在国，这种定价会对税基在这些国家之间的分配产生实质性作用。《经合组织税收协定范本》和《联合国发达国家和发展中国家双重征税示范公约》都列入了公平交易原则，这项原则是相关企业之间利润调整的国际公认标准。采用公平交易原则可以避免不适当的利润或损失转移，尽量减少双重课税的风险。为正确使用这项原则，跨国企业应配合税务机关，并针对其从事的国际交易及其相关方从事的国际交易，提供与这些交易的转让定价方法有关的所有信息，或是法律在这方面要求的信息。跨国企业和税务机关通常都难以确定转让定价是否充分反映了公平交易标准（或原则），而且也无法准确运用这项原则，这一点已为各方公认。

105. 经合组织财政事务委员会一致在努力完善各项旨在确保转让定价能够反映公平交易原则的建议，为此，1995 年出版了《经合组织跨国企业与税务部门转让定价准则》（《经合组织转让定价准则》），这是经合组织理事会《关于关联企业之间转让定价认定问题的建议》的主题（跨国企业集团的成员通常属于关联企业的定义范畴）。为反映全球经济的变化，以及税务机关和纳税人在转让定价方面的经验，对《经合组织转让定价准则》和理事会建议进行了持续更新。公平交易原则是经合组织理事会建议（2008 年获得通过）的主题，可用来确定常设基层单位的利润归属，并以此确定东道国在税收条约下的税收权利。

106. 《经合组织转让定价准则》的重点是利用公平交易原则对关联企业的转让定价进行评估，目的是为（经合组织成员国和非成员国）的税务部门和各跨国企业提供帮助，也就是为转让定价个案提供令各方满意的解决方案，从而尽量减少税务部门之间以及税务部门和跨国企业之间的冲突，避免费用高昂的诉讼问题。鼓励跨国企业利用经合组织修订和补编的《转让定价准则》①，确保其转让价格能够反映出公平交易原则。

第二部分 《经合组织跨国企业准则》的实施程序

理事会关于《经合组织跨国企业准则》的决定修正案

理事会，

注意到 1960 年 12 月 14 日《经济合作与发展组织公约》；

注意到经合组织《国际投资与跨国企业宣言》（"《宣言》"），在该《宣言》中，加入国政府（"加入国"）联合建议在其领土内开展业务或来自其领土的跨国企业遵守《跨国企业准则》（"《准则》"）

认识到，鉴于跨国企业的业务遍及世界各地，就与《宣言》有关事宜的国际合作应扩展到所有国家；

注意到投资委员会的职责范围，特别其对于《宣言》 ［C（84）171（Final），更新于 C/M（95）21］所负的责任；

考虑到 1976 年《宣言》第一次审查报告 ［C（79）102（Final）］、《宣言》第二次审查报告 ［C/MIN（84）5（Final）］、1991 年《宣言》审查报告 ［DAFFE/IME（91）23］以及 2000 年《准则》审查报告 ［C（2000）96］；

注意到理事会 1984 年 6 月第 2 次修改决定 ［C（84）90］、1991 年 6 月做出的修正 ［C/MIN（91）7/ANN1］、以及 2000 年 6 月 27 日做出的撤销 ［C（2000）96/FINAL］；

考虑到有必要加强关于《准则》涵盖事宜的磋商程序，并提高《准则》的成效；

根据投资委员会的建议：

决定：

一．国家联络点

1. 加入国应建立国家联络点，以进一步提高《准则》的有效性，为此需要开展宣传活动，提供咨询服务，并根据随附程序指南，促进解决特定情况下的《准则》实施问题。应让商业团体、工人组织、其他非政府组织和其他有关方面了解这些便利的存在。

2. 如有需要，不同国家的国家联络点应就其活动所涉《准则》的任何相关事宜开展合作。作为一般性程序，应在与其他国家联络点取得联系前，启动国家级讨论。

3. 各国家联络点应定期召开会议，以交流经验和向投资委员会报告。

4. 在考虑到内部预算优先事项和做法的情况下，加入国应为其国家联络点提供人力和财力，以使这些联络点能够履行自己的职责。

二．投资委员会

1. 投资委员会（"委员会"）应定期或应加入国的要求召开会议，就《准则》涵盖事宜交换意见，并交流执行《准则》积累的经验。

2. 委员会应定期邀请经合组织工商咨询委员会（BIAC）、经合组织工会咨询委员会（TUAC）（"咨询机构"）、经合组织"观察"组织以及其他国际伙伴就《准则》涵盖事宜发表意见。此外，可以应要求与各方就此类事宜交换意见。

3. 委员会应就《准则》涵盖事宜与非加入国接洽，以便根据《准则》在全世界促进负责任的商业行为，创造公平竞争的环境。还应努力与

---

① 巴西不是经合组织成员国，其管辖范围内不采用经合组织《转让定价准则》，因此，跨国企业不能根据巴西的法定纳税义务，利用《准则》中的指南来确定其在巴西业务的应纳税收入。非经合组织成员国的另一国家阿根廷指出，在其管辖范围内没有强制要求采用经合组织《转让定价准则》。

那些对《准则》有特别兴趣和特别希望促进其原则和标准的非加入国合作。

4. 在需要对《准则》做出解释的特定情况下，应让有关方面有机会以口头或书面形式发表意见。委员会不应根据个别企业的行为形成结论。

5. 委员会应召开会议，就国家联络点的活动交换意见，以提高《准则》的成效，促进各国家联络点在职能方面的等效性。

6. 委员会在履行责任、促进《准则》发挥有效作用的过程中，应适当考虑随附的程序指南。

7. 委员会应定期就《准则》涵盖事宜向理事会报告，在报告中考虑到国家联络点的报告以及咨询机构、经合组织"观察"组织和其他国际伙伴的意见，并酌情考虑到非加入国的意见。

8. 委员会应与国家联络点合作，致力于推动旨在促进企业切实遵守《准则》涵盖各项原则与标准的积极议程。特别是，应努力寻找机会与咨询机构、经合组织"观察"组织、其他国际伙伴和其他利益攸关方合作，鼓励跨国企业依据《准则》，为旨在实现可持续发展的经济、环境和社会进步做出积极贡献，同时帮助这些企业确定和应对与特定产品、区域、部门或行业有关的不良影响风险。

三．审查决定

本决定应定期审查，委员会应为此提出建议。

程序指南

一．国家联络点

国家联络点（NCP）的职责是进一步提高《准则》的成效，围绕可见、可及、透明和负责任的核心标准开展工作，以促进实现职能等效目标。

A. 机构安排

在依据职能等效目标，进一步提高《准则》有效性的情况下，加入国在组建国家联络点时，可灵活寻求社会伙伴的积极支持，包括商业团体、工人组织、其他非政府组织和其他利益攸关方。

据此，国家联络点：

1. 其构成和组织应能够为《准则》涵盖的广泛问题提供有效的解决基础，并使国家联络点能够公平地开展工作，同时对加入国保持适当的责任。

2. 可采用不同的组织形式来实现这一目标。国家联络点可由来自一个或多个部委的高级代表组成，可以是政府高级官员或是由政府高级官员领导的政府部门，还可以是某个机构内小组，或者由独立专家组成的小组，也可以包括商业团体、工人组织和其他非政府组织的代表。

3. 应与能够促进《准则》切实发挥作用的商业团体、工人组织、其他利益攸关方代表建立并保持联系。

B. 信息和推广

国家联络点应：

1. 以适当的手段，包括利用在线信息，以本国语言宣传和提供《准则》，并酌情让预期的（对内和对外）投资者了解准则。

2. 提高人们对《准则》及其实施程序的认识，包括酌情与商业团体、工人组织、其他非政府组织和感兴趣的公众合做。

3. 为下列各方提供关于《准则》的咨询服务：

a) 其他国家联络点；

b) 商业团体、工人组织、其他非政府组织和公众；以及

c) 非加入国政府。

C. 特定情况下的执行工作

国家联络点应按公正、可预测、公平和遵照《准则》原则和标准的方式，为解决特定情况下执行《准则》的相关问题做出贡献。国家联络点应为商业团体、工人组织、其他非政府组织和及其他有关方提供讨论场所和协助，以有效、及

时、依法解决提出的问题。在提供这种协助时，国家联络点应：

1. 初步评估提出的问题是否值得深入研究，并对有关方做出答复。

2. 若提出的问题值得深入研究，则展开斡旋，协助各方解决这些问题。为此，国家联络点应与各方协商，并在适当情况下：

a）向相关主管部门和（或）商业团体、工人组织、其他非政府组织的代表以及相关专家征求意见；

b）与其他有关国家的国家联络点协商；

c）如对特定情况下的《准则》解释存有疑问，请委员会提供指导；

d）提供，并在有关方同意的情况下，促进采用各方认可的非对抗性手段，例如调解或仲裁，协助处理这些问题。

3. 在程序结束之际，并在与各方进行协商和保护敏感性商业信息和其他利益攸关方信息的情况下，通过以下方式，公布程序结果：

a）假如国家联络点认定提出的问题不值得深入研究，应发布声明，至少说明提出的问题以及国家联络点做出相关决定的理由；

b）假如各方就提出的问题达成协议，应发布报告，至少说明提出的问题、国家联络点为协助各方而启动的程序、以及何时达成协议，在有关方同意的情况下，才能列入协议内容；

c）假如没有达成协议或者有一方不愿意参与该程序，应发布声明，至少说明提出的问题、国家联络点认定提出的问题值得深入研究的理由、以及国家联络点为协助各方而启动的程序。国家联络点应在适当情况下，就执行《准则》提出建议，并列入声明。声明还应酌情列入未达成协议的原因。

国家联络点应将具体程序结果及时通知委员会。

14. 为促进解决提出的问题，应采取适当步骤保护敏感性商业信息和其他信息，同时保护其他利益攸关方在特定情况下的利益。在执行第2段规定的程序时，应维持程序的保密性。在程序结束时，假如有关方没能就解决提出的问题达成一致意见，则可自由交流和讨论这些问题。但是，除非其他各方同意公开，或是有违本国法律规定，否则，有关方面在程序期间提供的信息和所持观点仍属保密范围。

5. 假如问题出现在非加入国，应采取步骤就有关问题达成谅解，并在相关和可行的情况下，采用这些程序。

D. 报告

1. 每个国家联络点应每年向委员会报告。

2. 报告应阐明国家联络点活动的性质与结果，包括特定情况下的执行活动。

二．投资委员会

1. 委员会应考虑国家联络点关于协助开展活动的请求，包括在特定情况下解释存疑的《准则》。

2. 为提高《准则》的成效和促进国家联络点的职能等效，委员会应：

a）考虑国家联络点的报告；

b）考虑加入国、咨询机构或经合组织"观察"组织就国家联络点在处理特定情况时是否履行责任的问题提出的实质性意见；

c）在加入国、咨询机构或经合组织"观察"组织就一个国家联络点在特定情况下是否正确解释《准则》的问题提出实质性意见的情况下，考虑对此做出澄清；

d）在必要时，提出旨在加强国家联络点职能和《准则》实施成效的建议；

e）与国际伙伴合作；

f）就《准则》涵盖事宜及其实施的问题与感兴趣的非加入国接洽。

3. 委员会可征求并考虑专家就《准则》涵盖的任何事宜提出的建议。为此，委员会应就适当的程序做出决定。

4. 委员会应及时、有效地履行责任。

5. 在履行责任的过程中，委员会由经合组织秘书处提供协助，秘书处在投资委员会提供总指导的情况下，以及在遵守经合组织工作与预算方案的情况下：

a) 作为国家联络点的信息中心，答复这些联络点在促进和实施《准则》方面提出的问题；

b) 就国家联络点的促进活动以及《准则》在特定情况下的实施问题，收集和公开提供近期的相关趋势资料和新做法。秘书处应制定统一的报告格式，为建立和维护关于特定情况的最新数据库提供支持，并进行定期分析；

c) 就《准则》的实施程序（例如推动和促进调解与仲裁），推进同行互学活动，包括自愿同行评估以及能力建设和培训，特别是针对新加入国家的国家联络点；

d) 在适当的情况下，促进国家联络点之间的合作；

e) 在相关国家论坛和会议上宣传《准则》，并支持国家联络点和委员会旨在向非加入国宣传《准则》的举措。

《经合组织跨国企业准则》实施程序评注

1. 理事会决定代表了加入国关于进一步实施《准则》文本所载建议的承诺。为国家联络点和投资委员会提供的程序指导列在理事会决定的附件中。

2. 理事会决定列出了《准则》加入国在国家联络点方面的主要责任，现概括如下：

- 建立国家联络点（将考虑决定随附的程序指南），并向有关方通报与《准则》有关的便利。
- 提供必要的人力和财力。
- 确保不同国家的国家联络点能在必要时相互合作。
- 确保国家联络点能定期召开会议，并向委员会报告。

3. 理事会决定还确定了委员会在《准则》方面的责任，包括：

- 就《准则》相关事宜组织意见交流活动。
- 在必要时进行澄清。
- 就国家联络点的活动召开意见交流会。
- 就《准则》相关事宜向经合组织理事会报告。

4. 投资委员会是负责监督《准则》功能作用的机构，这项责任不仅适用于《准则》，也适用于《宣言》的所有组成部分（国民待遇文书，关于国际投资的鼓励和抑制办法以及相互矛盾的要求的文书）。委员会应努力确保《宣言》的所有组成部分都得到尊重和理解，而且所有组成部分都能互补和协调。

5. 负责任的商业行为对非经合组织国家越来越重要，为反映这一点，决定针对就《准则》涵盖事宜与非加入国进行接洽和合作做出了规定，这有助于委员会与感兴趣的非加入国召开特别会议，促进这些国家对《准则》所载标准和原则及其实施程序的理解。在遵守经合组织相关程序的情况下，委员会还可以让这些国家参与具体活动或负责任商业行为项目，包括邀请其参加各种会议和公司责任圆桌会议。

6. 在致力于推进积极议程的过程中，委员会应与国家联络点合作，并寻找机会与顾问机构、经合组织"观察"组织和其他国际伙伴协作。在这方面，第 18 段提供了有关国家联络点的进一步指导。

一．国家联络点程序指南评注

7. 国家联络点在提高《准则》的知名度及其成效方面具有重要作用。在日常行为中，遵守《准则》的是企业，但政府可以促进改善实施程序的有效性。为此，各方一致认为需要为国家联络点的行为和活动提供更好的指南，包括定期召开会议和由委员会进行监督。

8. 在决定的程序指南中，很多职能都不是新的，但反映出了随时间积累下来的经验和不断完善的建议。明确了这些职能，《准则》实施机制的预期功能作用更加透明了。如今，国家联络点相关程序指南的四个部分对所有职能都做了概述：机构安排、信息和推广、特定情况下的执行工作和报告。

9. 这四个部分的导言阐明了国家联络点的基本目的，以及旨在促进"职能等效"概念的核心标准。由于政府可以灵活地组建国家联络点，国家联络点应按照可见、可及、透明和负责任的方式行使职能。这些标准将为国家联络点开展活动提供指导，并将协助委员会讨论国家联络点的行为。

国家联络点活动的职能等效的核心标准

可见性。根据决定，加入政府同意推荐国家联络点人选，并向商业团体、工人组织和其他相关方（包括非政府组织）通报国家联络点在《准则》实施过程中提供的便利。政府应公布有关国家联络点的信息，积极宣传《准则》，这可能包括主办研讨会和关于《准则》的会议。可以与商界、劳工、非政府组织和其他利益方合做安排这些活动，但不一定每次都与所有团体一起组织活动。

可及性。方便的联络点是有效发挥作用的重要因素。这包括为商界、劳工、非政府组织和其他公众提供便利。电子交流也可在这方面提供帮助。国家联络点将答复所有合法信息要求，并将及时、有效地处理有关方提出的具体问题。

透明度。从其对国家联络点问责制的贡献及其在赢得广大公众信任方面的作用来看，透明度是一项重要标准。因此，国家联络点保持活动的透明是一项通行原则。不过，假如国家联络点在特定情况下执行《准则》，开展斡旋活动，采取适当措施确保程序的机密性有助于《准则》的有效性。除非保密是为了有效实施《准则》，否则结果应该是透明的。

问责制。国家联络点在提升《准则》知名度方面的更加积极的作用及其在协助解决企业与社会之间各种难题方面的潜在作用，会将这些联络点的活动置于公众的视线之下。从国家来说，议会可发挥一定作用。国家联络点的年度报告和定期会议为交流经验和鼓励国家联络点的"最佳做法"提供了机会。委员会还将举办意见交流会，可以在交流会上交流经验和评估国家联络点活动的成效。

机构安排

10. 国家联络点应通过其领导作用，保持社会伙伴和其他利益攸关方的信心，促进公众对《准则》的关注。

11. 无论政府为国家联络点选择了怎样的结构，政府还可建立多边利益攸关方咨询机构或监督机构，协助国家联络点的工作。

12. 国家联络点，无论其结构如何，都应与商业团体、工人组织、其他非政府组织和其他相关方的代表建立并保持联系。

信息和推广

13. 国家联络点的信息和推广职能对于促进《准则》的知名度至关重要。

14. 国家联络点应通过网络和其他适当手段扩大《准则》的知名度，包括采用本国语言。经合组织应提供英语和法语版《准则》，鼓励与《准则》网站建立链接。在适当情况下，国家联络点还应为潜在的对内和对外投资者提供与《准则》有关的信息。

15. 国家联络点应在提出某一特定情况或做出答复时，就各方应遵守的程序提供相关信息，并就提出特定情况所需的信息、各参与方的要求（包括保密性），以及国家联络点采用的程序和指示性时间框架提出建议。

16. 在努力宣传《准则》的过程中，国家联络点应与广泛的组织和个人以及在适当情况下与商业团体、工人组织、其他非政府组织和其他有关方合作。这些组织与《准则》的推广之间有着密切的利害关系，组织的网络可为推广活动提供机会，可以极大地促进国家联络点在这方面做出的努力。

17. 国家联络点的另一项基本活动是回复合法咨询。在这方面，需要关注以下三组：（一）其他国家联络点（反映决定中的一项规定）；（二）商界、工人组织、其他非政府组织和公众；以及（三）非加入国政府。

积极议程

18. 按照投资委员会的积极议程，国家联络点应与社会伙伴和其他利益攸关方保持定期联系，包括召开会议，以便：

a) 考虑与负责任的商业行为有关的新动态和新做法；

b) 支持企业为经济、社会和环境进步做出积极贡献；

c) 在适当情况下，参与协作行动，确定和应对与特定产品、地区、部门或行业有关的不利影响风险。

同行互学

19. 除了推动委员会旨在促进《准则》有效性的工作之外，国家联络点还应联合开展同行互学活动。特别是，鼓励国家联络点参与横向主题性同行评议和国家联络点自愿同行评估活动。这种同行互学活动可通过经合组织会议或国家联络点之间的直接合作来进行。

特定情况下的执行工作

20. 在特定情况下出现执行《准则》的相关问题时，国家联络点应帮助解决这些问题。本节程序指南将就国家联络点如何处理具体问题提供指南。

21. 具体程序的成效取决于程序所有参与方的诚信行为。在这种情况下，诚信行为是指及时响应，酌情保密，避免歪曲程序，防止威胁或避免报复程序的参与方，真正致力于推进程序，努力依照《准则》为提出的问题寻求解决方案。

特定情况下的指导原则

22. 与活动中的职能等效核心标准一致，国家联络点应按照以下方式处理具体问题：

公正。国家联络点应确保具体问题得到公正解决。

可预测。国家联络点应确保可预测性，即，明确公布在解决具体问题方面的作用（包括斡旋）、具体程序的阶段（包括指示性时间框架）以及在监督各方实施商定协议方面的潜在作用。

公平。国家联络点应确保各方按照公平公正的条件参与程序，例如为获取与程序有关的各种信息提供适当渠道。

符合《准则》。国家联络点应按照《准则》所述原则和标准开展活动。

国家联络点在特定情况下的协调

23. 一般而言，问题应由问题所在国的国家联络点处理。在加入国，这类问题应首先在国家层面进行讨论，并在适当情况下开展双边讨论。东道国的国家联络点应与母国的国家联络点协商，努力协助各方解决相关问题。在东道国的国家联络点提出请求时，母国的国家联络点应提供及时和适当的协助。

24. 当企业在若干加入国开展的活动发生问题时，或是财团、合资企业或其他类似形式的企业集团在不同加入国开展的活动发生问题时，相关国家联络点应通过协商方式就哪个国家联络点将带头协助各方达成一致。为达成共识，国家联络点可以需寻求投资委员会主席的协助。牵头国家联络点应与其他国家联络点协商，其他国家联络点应在牵头国家联络点提出要求时提供适当的协助。如果各方未能达成协议，则牵头国家联络点应在征求其他国家联络点意见的情况下，做出最后决定。

初步评估

25. 在初步评估提出的问题是否值得深入研究时，国家联络点需要确定相关问题是否是善意的，是否与《准则》的实施有关。在这种情况下，国家联络点应考虑：

· 有关方的身份及其在事件中的利益。

· 问题是否为实质性问题，是否得到证实。

· 企业的活动与特定情况下提出的问题之间是否有关联。

· 适用的法律和程序的相关性，包括法院裁决。

- 其他国内或国际程序曾经或正在如何处理类似问题。
- 具体问题的处理是否有助于《准则》的目的和成效。

26. 在评估旨在平行解决类似问题的其他国内或国际程序对于具体程序的重要性时，国家联络点不能仅仅因为有关方已进行、正在进行或可以进行平行程序，便断定不值得深入研究有关问题。国家联络点应评估其斡旋能否有助于解决提出的问题，是否会对其他程序的当事人构成严重歧视，或者导致蔑视法庭的情况。在进行评估时，国家联络点可考虑其他国家联络点的做法，并在适当情况下与正在受理或可以受理平行程序的机构进行协商。各方还应提供与平行程序有关的信息，协助国家联络点审议这些事宜。

27. 国家联络点应根据其初步评估结果对有关方做出答复。假如国家联络点认定问题不值得深入研究，应将其决定的理由通知各方。

为各方提供协助

28. 假如提出的问题值得深入研究，国家联络点应与有关方进一步讨论这个问题，并通过斡旋，以非正式的方式促进问题得到解决。在相关情况下，国家联络点应采用第C-2（a）段至第C-2（d）段列出的程序，其中包括向相关主管部门以及商业团体、劳工组织和其他非政府组织的代表和各位专家征求意见。如与其他国家的国家联络点协商，或就《准则》的解释寻求指导，也有助于解决问题。

29. 作为斡旋工作的一项内容，在涉及手头问题的情况下，国家联络点应提供或促进提供各方认可的非对抗性程序，例如调解或仲裁，协助处理手头问题。与调节和仲裁程序的认可做法相同，只有在有关方达成一致意见，并承诺本着诚意参与程序的情况下，才可以使用这些程序。

30. 在提供适当便利条件时，假如有充分理由认为信息披露会对一个或多个当事人构成伤害，国家联络点可采取措施保护有关方的身份。这类情形包括可能需要对有关企业的一个或多个当事人的身份保密。

程序结束

31. 国家联络点始终根据程序指南第C-3段和第C-4段的规定，公布特定情况的处理结果。

32. 假如国家联络点在进行初步评估后认定不值得深入研究在特定情况下提出的问题，应在征求有关方的意见后，在考虑到敏感性商业信息和其他信息保密问题的情况下，做出公开声明。假如国家联络点根据其初步评估结果认为，在有关其决定的声明中公开某一当事人的身份是不公平的，则应在保护当事人身份的情况下起草有关声明。

33. 国家联络点还可公开其决定，说明提出的问题值得深入研究，并为有关方开展斡旋活动。

34. 假如有关方就提出的问题达成协议，则各方应在其协议中说明如何公开协议内容，以及按照何种程度公开。国家联络点应在征求各方意见的情况下，公布包含程序结果的报告。各方还可就协议实施的后续问题达成协议，以寻求国家联络点的帮助，国家联络点可按照当事人与国家联络点之间商定的条件提供协助。

35. 假如有关方没能就提出的问题达成协议，或是国家联络点发现，特定情况下一个或多个当事人不愿意本着善意参与程序，则国家联络点应发布声明，并在适当情况下就《准则》的实施问题提出建议。该程序明确指出，国家联络点即便认为无需提出具体建议，也应发布声明。声明应列出有关方、涉及的问题、向国家联络点提起问题的日期、国家联络点的建议、以及国家联络点认为可以列入的任何意见，包括程序没有达成协议的原因。

36. 国家联络点应为各方评点声明草案提供机会。但声明是由国家联络点做出的，国家联络点可自行决定是否根据各方的意见来调整草案内容。假如国家联络点向各方提出建议，在特定情况下，国家联络点可能需要跟踪各方对这些建议的反应。假如国家联络点认为适于对建议进行跟踪，则应在国家联络点的声明中列出相关时间框架。

37. 国家联络点公布的程序结果声明和报告可能与政府计划和政策的实施有关。假如国家联络点知道声明和报告与特定机构的政策和计划相关，则鼓励国家联络点将声明和报告通报给这些政府机构，以促进政策的连贯性。这项规定不会改变《准则》的自愿性质。

透明度和保密性

38. 透明是国家联络点在与公众接洽时的一般行为原则（见上述"核心标准"第9段）。但《程序指南》第C-4段承认，在特定情况下，保密问题很重要。国家联络点应采取适当措施保护敏感的商业信息。同样，为确保《准则》的有效实施，应对其他信息保密（例如参与程序的个人身份）。自然，程序应包括事实和各方的辩论。不过，为树立各方对《准则》程序的信任和促进《准则》的有效实施，需要在透明度和保密性之间进行权衡，这一点很重要。因此，尽管第C-4段大体上指出与实施有关的程序通常是保密的，但结果通常是透明的。

在非加入国出现的问题

39. 正如"概念和原则"一章第2段指出，鼓励企业在考虑到东道国国情的情况下，在其所有业务所在地遵守《准则》。

- 如果在非加入国出现了与《准则》有关的问题，母国的国家联络点应采取措施，促进人们对有关问题的理解。尽管并不总能获取所有相关信息或将所有相关方召集在一起，但国家联络点仍可能致力于咨询活动和其他事实认定活动。例如，这类措施可包括与母国的企业管理层取得联系，并在适当情况下与非加入国的使馆和政府官员取得联系。

- 相对于加入国而言，与东道国法律、法规、规章和政策之间的冲突可能会使得在特定情况下有效执行《准则》更加困难。正如"一般行为政策"一章的评注所言，在很多情况下，《准则》超越了法律，但不应、也无意让企业面临着相互矛盾的要求。

- 应将《准则》在非加入国实施的内在局限性告知有关方。

- 还可在国家联络点会议上讨论非加入国中与《准则》有关的问题，以便就如何处理非加入国出现的问题积累专业知识。

指示性时间框架

40. 具体程序包含三个不同阶段：

1. *初步评估，决定是否开展旨在协助各方的斡旋活动*：国家联络点应努力在三个月内完成初步评估，但为收集一项明智决定所需的信息可能需要更多时间。

2. *协助各方解决提出的问题*。假如国家联络点决定开展斡旋活动，则应努力促进及时解决问题。由于认识到通过斡旋（包括仲裁和调节）取得的进展将最终取决于有关方，国家联络点应在征求各方意见之后，为各方之间的讨论确定合理的时间框架，以解决提出的问题。假如没能在这一时间框架内达成协议，国家联络点应就其继续协助各方的意义征求各方意见。假如国家联络点得出结论认为，继续推进程序不太可能获得成效，则应结束程序，并着手撰写声明。

3. *程序结束*：国家联络点应在程序结束后三个月内发布声明或报告。

41. 一般来说，国家联络点应努力在收到具体请求后的12个月内结束程序。但同时承认，假如情况需要，例如问题出现非加入国，可能需要延长时间。

向投资委员会报告

42. 报告是国家联络点的一项重要责任，也有助于积累知识和核心能力，提高《准则》的有效性。有鉴于此，国家联络点应向投资委员会报告，以便在经合组织《准则》年度报告中列入各方启动的所有具体请求信息，包括处于初步评估阶段的请求、获得适当便利条件且在讨论中的请求、以及已由国家联络点决定在初步评估后不再开展斡旋活动的请求。国家联络点应依照第 C-4 段所列的透明度和保密要求，就特定情况下的实施活动做出报告。

二．投资委员会程序指南评注

43. 理事会决定的程序指南为委员会履行职责提供了更多指南，其中包括：
- 及时有效地履行职责。
- 考虑国家联络点的协助请求。
- 就各国家联络点的活动交流意见。
- 就征求国际伙伴和专家意见提供了可能性。

44.《准则》不具有约束力，委员会不能作为司法或准司法机构。也不能借委员会之名对国家联络点的调查结果和声明提出质疑，对于《准则》的解释除外。决定本身保持了"委员会不应根据个别企业的行为形成结论"的规定。

45. 委员会应考虑国家联络点的援助请求，包括在对《准则》解释存疑的特定情况下考虑这种请求。本段反映了《关于国家联络点的理事会决定程序指南》的第 C-2（c）段：如果在这些情况下对《准则》的解释有疑问，国家联络点应征求委员会的指导意见。

46. 在讨论国家联络点的活动时，委员可酌情提出建议，以改善其职能作用，包括在有效实施《准则》方面的作用。

47. 如某个加入国、咨询机构或经合组织"观察"组织有证据显示，在特点情况下，国家联络点没有履行实施《准则》的责任，委员会应予以考虑。这为程序指南关于国家联络点报告自身活动的规定提供了补充。

48. 在多边层面澄清《准则》的含义依然是委员会的重要责任之一，可确保《准则》的含义不会因国而异。如果某个加入国、咨询机构或经合组织"观察"组织就国家联络点对《准则》的解释是否与委员会解释一致的问题提交了有证据的意见，委员会应予以考虑。

49. 为了就《准则》涵盖的事宜与非加入国接洽，委员会可邀请感兴趣的非加入国参加委员会会议、有关公司责任的年度圆桌会议、以及与负责任商业行为的具体项目有关的会议。

50. 最后，委员会不妨号召专家处理和呈报更广泛的问题（例如，童工或人权）或者个别问题，或是提高程序的有效性。为此，委员会可邀请经合组织内部专家、国际组织、顾问机构、非政府组织、学术界等。自然，这不应成为负责解决具体问题的小组。

2. 内控、道德与合规，最佳实践指南①

Good Practice Guidance on Internal Controls, Ethics, and Compliance

Adopted 18 February 2010

This Good Practice Guidance was adopted by the OECD Council as an integral part of the *Recommendation of the Council for Further Combating Bribery of Foreign Public Officials in International Business Transactions* of 26 November 2009.

ANNEX Ⅱ
GOOD PRACTICE GUIDANCE ON INTERNAL CONTROLS, ETHICS, AND COMPLIANCE

This Good Practice Guidance acknowledges the relevant findings and recommendations of the Working Group on Bribery in International Business Transactions in its programme of systematic follow-up to monitor

---

① https://www.oecd.org/daf/anti-bribery/44884389.pdf。经济合作与发展组织（OECD）2010 年 3 月发布。

and promote the full implementation of the OECD Convention on Combating Bribery of Foreign Public Officials in International Business Transactions (hereinafter "OECD Anti-Bribery Convention"); contributions from the private sector and civil society through the Working Group on Bribery's consultations on its review of the OECD anti-bribery instruments; and previous work on preventing and detecting bribery in business by the OECD as well as international private sector and civil society bodies.

Introduction

This Good Practice Guidance (hereinafter "Guidance") is addressed to companies for establishing and ensuring the effectiveness of internal controls, ethics, and compliance programmes or measures for preventing and detecting the bribery of foreign public officials in their international business transactions (hereinafter "foreign bribery"), and to business organisations and professional associations, which play an essential role in assisting companies in these efforts. It recognises that to be effective, such programmes or measures should be interconnected with a company's overall compliance framework. It is intended to serve as non-legally binding guidance to companies in establishing effective internal controls, ethics, and compliance programmes or measures for preventing and detecting foreign bribery.

This Guidance is flexible, and intended to be adapted by companies, in particular small and medium sized enterprises (hereinafter "SMEs"), according to their individual circumstances, including their size, type, legal structure and geographical and industrial sector of operation, as well as the jurisdictional and other basic legal principles under which they operate.

A) *Good Practice Guidance for Companies*

Effective internal controls, ethics, and compliance programmes or measures for preventing and detecting foreign bribery should be developed on the basis of a risk assessment addressing the individual circumstances of a company, in particular the foreign bribery risks facing the company (such as its geographical and industrial sector of operation). Such circumstances and risks should be regularly monitored, re-assessed, and adapted as necessary to ensure the continued effectiveness of the company's internal controls, ethics, and compliance programme or measures.

Companies should consider, *inter alia*, the following good practices for ensuring effective internal controls, ethics, and compliance programmes or measures for the purpose of preventing and detecting foreign bribery:

1. strong, explicit and visible support and commitment from senior management to the company's internal controls, ethics and compliance programmes or measures for preventing and detecting foreign bribery;

2. a clearly articulated and visible corporate policy prohibiting foreign bribery;

3. compliance with this prohibition and the related internal controls, ethics, and compliance programmes or measures is the duty of individuals at all levels of the company;

4. oversight of ethics and compliance programmes or measures regarding foreign bribery, including the authority to report matters directly to independent monitoring bodies such as internal audit committees of boards of directors or of supervisory boards, is the duty of one or more senior corporate officers, with an adequate level of autonomy from management, resources, and authority;

5. ethics and compliance programmes or measures designed to prevent and detect foreign bribery, applicable to all directors, officers, and employees, and applicable to all entities over which a company has effective control, including subsidiaries, on, *inter*

alia, the following areas:

　i) gifts;

　ii) hospitality, entertainment and expenses;

　iii) customer travel;

　iv) political contributions;

　v) charitable donations and sponsorships;

　vi) facilitation payments; and

　vii) solicitation and extortion;

6. ethics and compliance programmes or measures designed to prevent and detect foreign bribery applicable, where appropriate and subject to contractual arrangements, to third parties such as agents and other intermediaries, consultants, representatives, distributors, contractors and suppliers, consortia, and joint venture partners (hereinafter "business partners"), including, *inter alia*, the following essential elements:

　i) properly documented risk-based due diligence pertaining to the hiring, as well as the appropriate and regular oversight of business partners;

　ii) informing business partners of the company's commitment to abiding by laws on the prohibitions against foreign bribery, and of the company's ethics and compliance programme or measures for preventing and detecting such bribery; and

　iii) seeking a reciprocal commitment from business partners.

7. a system of financial and accounting procedures, including a system of internal controls, reasonably designed to ensure the maintenance of fair and accurate books, records, and accounts, to ensure that they cannot be used for the purpose of foreign bribery or hiding such bribery;

8. measures designed to ensure periodic communication, and documented training for all levels of the company, on the company's ethics and compliance programme or measures regarding foreign bribery, as well as, where appropriate, for subsidiaries;

9. appropriate measures to encourage and provide positive support for the observance of ethics and compliance programmes or measures against foreign bribery, at all levels of the company;

10. appropriate disciplinary procedures to address, among other things, violations, at all levels of the company, of laws against foreign bribery, and the company's ethics and compliance programme or measures regarding foreign bribery;

11. effective measures for:

　i) providing guidance and advice to directors, officers, employees, and, where appropriate, business partners, on complying with the company's ethics and compliance programme or measures, including when they need urgent advice on difficult situations in foreign jurisdictions;

　ii) internal and where possible confidential reporting by, and protection of, directors, officers, employees, and, where appropriate, business partners, not willing to violate professional standards or ethics under instructions or pressure from hierarchical superiors, as well as for directors, officers, employees, and, where appropriate, business partners, willing to report breaches of the law or professional standards or ethics occurring within the company, in good faith and on reasonable grounds; and

　iii) undertaking appropriate action in response to such reports;

12. periodic reviews of the ethics and compliance programmes or measures, designed to evaluate and improve their effectiveness in preventing and detecting foreign bribery, taking into account relevant developments in the field, and evolving international and industry standards.

B) *Actions by Business Organisations and Professional Associations*

Business organisations and professional associations may play an essential role in assisting companies, in particular SMEs, in the development of effective internal control, ethics, and compliance programmes or measures for the purpose of preventing and detecting foreign bribery. Such support may include, inter alia:

1. dissemination of information on foreign bribery issues, including regarding relevant developments in international and regional forums, and access to relevant databases;

2. making training, prevention, due diligence, and other compliance tools available;

3. general advice on carrying out due diligence; and

4. general advice and support on resisting extortion and solicitation.

3. 北京反腐败宣言①

我们，亚太经合组织成员经济体，一致认识到，腐败破坏社会公平正义，损害政府形象和公信力，阻碍经济健康发展，是必须治理的社会"毒瘤"。我们重申《圣地亚哥反腐败和确保透明度承诺》、《亚太经合组织圣地亚哥反腐败与提高透明度行动计划》和《符拉迪沃斯托克反腐败与提高透明度宣言》，这些文件彰显了我们在亚太地区打击一切领域内腐败现象的决心。我们赞赏反腐败工作组做出的努力：其多年来与亚太经合组织框架下其他机制密切协作，与亚太经合组织工商咨询理事会以及其他重要国际和区域伙伴共同努力，引领我们在反腐败领域内坚定决心，砥砺前行。

我们高度赞赏亚太经合组织各成员经济体在维护本地区清正廉洁、提高透明度、鼓励社会参与等方面所作出的贡献。鉴于全球互联互通趋势不断增强，积极加强国际合作以有效打击跨国（境）腐败的需求日益迫切，我们呼吁各成员经济体在亚太经合组织框架下加大合作力度，不断开拓新的合作领域，以进一步打击腐败行为。

秉承这一愿景，我们在此呼吁成员经济体齐心协力，遵照本经济体法律和政策规定，通过以下行动加强亚太地区反腐败合作：

——重申我们的承诺，通过引渡、司法协助、追回腐败所得等手段，消除腐败避风港；考虑在本经济体法律允许范围内，通过更加灵活的手段追回腐败所得；全力推动意在预防、调查、起诉和惩治腐败犯罪的国际合作。

——根据各自法律，加强与腐败官员及其非法所得跨境活动相关的信息共享，以最大限度地打击腐败、贿赂与非法资金流动；根据金融行动特别工作组的定义，提高受益所有权透明度，从而更加有效地预防和发现腐败行为。

——进一步发掘运用《联合国反腐败公约》、《联合国打击跨国有组织犯罪公约》等国际法律文书，以及《亚太经合组织圣地亚哥反腐败与提高透明度行动计划》等现有国际合作倡议推动双边反腐败合作的潜力；鼓励成员经济体在适当情况下签署、缔结双边引渡条约和司法协助协定，并效法成功范式推进双边反腐败执法合作。

——建立亚太经合组织反腐败执法合作网络，设立秘书处以负责网络的日常运行，并期待这一网络早日建设成为亚太地区反腐败与执法机构间分享信息与交流经验、技术的非正式合作机制，从而为侦测、调查并起诉腐败、贿赂、洗钱与非法贸易提供便利。

——积极支持并参与亚太经合组织反腐败执法合作网络等多边网络，强化国际反腐败合作；针对《联合国反腐败公约》、《联合国打击跨国有组织犯罪公约》、经济合作与发展组织、金融行动特别工作组、亚太反洗钱组织等旨在促进执法、检察、监管和金融情报单位之间有效开展双边、区域或国际合作的现有机制，视情深入发掘其所具备的潜在价值；发展并推广各司法管辖区反腐败操作手册等新型反腐败工具或倡议，从而

---

① https://www.apec.org/meeting-papers/annual-ministerial-meetings/2014/2014_amm/annexh. 亚太经合组织（APEC）第 26 届部长级会议审议通过，2014 年 11 月发布。

为各成员经济体反腐败机构与执法部门提供技术支持。

——为营造公平而开放的市场环境而共同努力,鼓励各成员经济体倡议、制定、执行旨在打击贿赂的相关法律法规,并不断根据实际情况将其修改完善;认可加强跨经济体联合行动以预防、调查并起诉贿赂犯罪的重要意义;鼓励各成员经济体加强政府与商界在反贿赂领域的对话;欢迎各成员经济体为打击贿赂而创设的工具与准则①。

——在各成员经济体法律规定范围之内,通过一切可行方式开展反腐败案件合作,并为开展反腐败跨境合作的官员提供行政安排等方面的便利。

——根据各经济体基本法律原则,采取一切必要措施落实并提高透明度,包括强化预防腐败机构、制定反腐败政策、鼓励社会参与等;设立保护举报人的措施与体系;高度重视反腐败机构与执法部门能力建设;努力推动成员经济体间开展经验分享、人员培训与技术援助。

在既往反腐败承诺的基础上,我们将继续以身作则开展合作,共同打击本地区内各种腐败行为。我们将带着崭新的活力与姿态,通过扎实的行动和其他必要的有效措施,捍卫我们在维护地区安全、市场诚信、社会法治和可持续发展方面的共同利益。

4. 亚太经合组织高效率公司合规项目基本要素②

APEC General Elements of Effective Voluntary Corporate Compliance Programs

APEC Member Economies have contributed positively to the fight against corruption through leadership in adopting the APEC Anti-corruption Code of Conduct for Business, Business Integrity and Transparency Principles for the Private Sector.

APEC Foreign, Trade and SME Ministers have endorsed three sets of APEC principles for voluntary codes of ethics in sectors where SMEs are the major stakeholders with a view towards their adoption across APEC economies. Corruption imposes a significant market access barrier and high costs for SMEs, which can be disproportionately impacted by bribery and solicitation, resulting in a net drain on economic growth for APEC Member Economies.

Recognizing their crucial role as strong partners in fighting corruption, including bribery in international business, APEC Member Economies encourage enterprises to adopt and enforce effective and comprehensive corporate compliance programs (hereafter, compliance programs). With a view to providing more guidance on such programs in addition to the resources mentioned above, APEC Member Economies recommend that enterprises consider the following general elements of effective voluntary compliance programs in developing or complementing their own compliance programs.

The measures listed in this document are suggested general elements for developing or enhancing an effective compliance program. Emphasis on specific elements will vary from one enterprise to another depending on the particular risks engendered by the enterprise's business. An enterprise should consider seeking the advice of legal counsel or other qualified compliance professionals to learn more about what kind of corporate compliance program is most appropriate for its business.

Introduction. An effective compliance program is one that is developed and implemented in good faith and that ultimately yields intended results: detection,

---

① 包括《亚太经合组织预防贿赂与反贿赂执法准则》《亚太经合组织高效公司合规项目基本要素》等文件。
② http://mddb.apec.org/Documents/2014/SOM/CSOM/14_csom_041.pdf。第22届亚太经合组织第二十三次领导人非正式会议2014年11月11日发布。

deterrence, and education. A program that is well-designed and implemented effectively will likely ensure that an enterprise maintains its value, assets, integrity and good reputation. However, it is important to note that there is no one program that will work for every enterprise. The extent of an enterprise's compliance program will depend on it size, legal structure, geographical and industrial sector of operation, and most importantly the nature of the risks that it faces. The program should be consistent with all laws relevant to countering corruption, including bribery, in the jurisdictions in which the enterprise operates. As the enterprise's liability extends to the acts of foreign and domestic subsidiaries it controls, so should the compliance program. Finally, no matter how well - designed a program is on paper, if it is not applied in practice on a consistent basis with the strong support of all levels of management, it will not be effective.

The following elements reflect the *APEC Anti-corruption Code of Conduct for Business*, *Business Integrity and Transparency Principles for the Private Sector*, referenced above, and expand upon them with a practical discussion of elements of a compliance program that supports those principles.

Conduct a risk assessment. An effective compliance program for detecting and deterring corruption should be crafted upon the basis of a risk assessment taking into account the enterprise's individual circumstances, including bribery and other corruption risks.

● An enterprise should conduct ongoing monitoring of its risks to assess whether changes are needed to adapt the compliance program so that it remains effective and efficient. Examples of risk factors to consider include:

○ the place of operation,

○ the industry sector,

○ the business opportunity,

○ potential business partners,

○ the extent of government regulation and oversight, including the exposure to customs and immigration in conducting international business, and other points of interaction with government officials.

● Enterprises need to allocate their resources to adequately address their highest risk areas.

Ultimately, more resources should be allocated to the riskiest aspects o the business.

○ For example, experience has shown that when analyzing risks, it is prudent for enterprises to focus on large government bids and suspicious payments or discounts to third party agents.

○ However, not all third parties pose the same risks, so doing the same amount of due diligence on them all does not make sense.

○ Similarly, while still important to undertake due diligence, relatively routine and low level expenses on entertainment and gift giving may pose less risk and require the allocation of fewer resources.

Full support and participation of management. It is crucial that all of the elements of the compliance program receive the full support and participation of senior management and all layers of management throughout a company. Full management adherence and support of the program illustrates a commitment to a culture of compliance throughout the enterprise.

● The corporate compliance program must apply and be enforced at all levels within the company, with continual efforts to ensure awareness among all employees.

● Senior management must take efforts to combat corruption seriously, setting the tone at the top for employees to follow. If an enterprise's senior management does not comply with the program, neither will its employees.

Establish and adhere to a written corporate code of conduct. Corporate directors, officers, employees, and agents put themselves and the enterprise at risk of incurring criminal, civil, or administrative liability when they do not adhere to domestic and foreign anticorruption and bribery laws.

- A corporate code of conduct generally consists of a clearly written set of legal and ethical guidelines accessible to and understandable by all employees and those conducting business on the enterprise's behalf.

- A comprehensive and clearly articulated code of conduct and a clearly articulated policy against corruption--as well as clear policies and procedures relative to seeking guidance and making disclosures--may reduce the likelihood of actionable misconduct by employees and third parties.

- Among the areas of concern that a code of conduct should address are the nature and extent of transactions with foreign governments, including payments and facilitating payments to foreign officials and related third parties; use of third party agents; gifts, travel, and entertainment expenses; and charitable and political donations.

- Bearing in mind that an enterprise can be held responsible for the acts of its employees, it is important that it distribute its code of conduct to everyone in the enterprise and, if appropriate, translate it into local languages where it operates abroad.

- An enterprise should also consider whether it should distribute its code of conduct to its business partners and agents, including intermediaries, consultants, representatives, distributors, contractors and suppliers, consortia, and joint venture partners. An enterprise may also wish to include in its code of conduct specific compliance measures and expectations for such business partners and agents.

- Finally, developing a code of conduct should be just an initial step in the compliance process, and not the final act. The code must be effectively and continuously implemented and enforced at all times. The enterprise should make clear that compliance is mandatory and that no employee will suffer demotion, penalty, or other adverse consequences for refusing to pay bribes even if it may result in the enterprise losing business.

Establish an organizational compliance structure. A compliance program may be run by one person or a team of compliance or ethics officers, depending on the size of the enterprise.

- Implementation of and responsibility for a corporate compliance program by senior management in the enterprise can be vital for ensuring accountability. One or more senior corporate officers (depending on the size of the company), with an adequate level of autonomy from management, resources, and authority, should oversee the compliance program.

- Oversight of compliance programs must include the authority to report matters directly to independent monitoring bodies, such as internal Audit Committees of Boards of Directors or supervisory boards (or their equivalent, depending on the size of the company).

- It is important that an enterprise devote adequate staffing and resources to the compliance program given the size, structure, and risks that the enterprise may be facing.

- Corporate compliance officers and committees can play key roles in drafting codes of conduct and educating and training employees, and, where appropriate, other business partners, on compliance procedures. Compliance committee members may include senior vice presidents for marketing and sales, auditing, operations, human resources, and other key offices.

- Past experience has shown that empowering compliance officers with access to senior members of management and with the capacity to influence overall company policy on integrity issues can be of utmost importance.

Provide anticorruption training, education seminars, and continued guidance. The overall success of a compliance program depends on promoting legal and ethics training and certification at every level of the company and, where appropriate, to business partners.

● Regular ethics and compliance training programs should be held for all employees, including Board members, senior management officials, and agents. More specific legal and ethical training may be necessary for employees in high-risk areas. Where appropriate, an enterprise should also consider providing such training to its contractors and suppliers.

● Compliance programs should educate employees at all levels of the enterprise about applicable anticorruption and bribery laws, both domestic and foreign.

● Training and related materials need to be tailored to the recipient audience, including in the local language. Enterprises should consider focusing training programs so that they reflect the types of risks faced by the business and incorporate situations that employees may come across depending on their jobs.

● Training materials which are interactive, easily accessible, and cost effective can help build employee support for a compliance program. This can include web-based as well as in-person training.

● Training activities must be assessed periodically for effectiveness and revised to address evolving risks employees may encounter.

● Most importantly, the discussion of and concern for compliance issues should not be limited to training classes and the compliance team: compliance should be stressed as an integral part of the enterprise's culture and way of doingbusiness.

Undertake documented, risk-based, due diligence. Conducting prompt and thorough due diligence reviews that are documented and risk-based is vital for ensuring that a compliance program is efficient and effective. Due diligence reviews are also important for preventing potential harm to the enterprise's reputation.

● Self-monitoring, periodic internal audits, and reports to the Board of Directors (or equivalent, depending on the size of the enterprise) are all good tools for ensuring adherence to the compliance program.

● A compliance program's due diligence should also extend to third parties, such as agents and other business partners including intermediaries, consultants, representatives, distributors, contractors and suppliers, consortia, and joint venture partners, depending on their risk factors. As noted above, not all agents and business partners will pose the same risks and merit the same levels of scrutiny. From vetting new hires, agents, or business partners to assessing risks in international business dealings (e.g., mergers and acquisitions, including both pre-and post-acquisition due diligence, or joint ventures), and providing regular monitoring and oversight, due diligence reviews can uncover questionable conduct and limit liability.

● Enterprises should take into account the qualifications of and relationships with third parties, particularly in their business and personal relationship with government officials.

○ An enterprise should consider the need and the role of the third party and set forth contractually the services the third party will perform. Assessments of this nature not only reduce compliance risks, but also help to ensure that there truly is a business need to engage a third party.

○ Enterprises should ensure that the work the third party is doing is well documented and that the third party's compensation is commensurate with the services provided, taking into account what is typical compensation for third parties in the industry and the place where services are rendered.

○ In addition, enterprises should consistently monitor their relationships with third parties, including by updating due diligence, exercising audit rights, and providing training and requiring certifications by the third party.

○ An enterprise should ensure that its third party business partners receive information about its compliance program, and also seek reciprocal commitments from third parties through certifications or other means.

Auditing and internal accounting controls. Auditing and monitoring of systems of internal accounting controls contribute toward building an effective compliance program by the early detection of inaccuracies and misconduct (e. g., bribery, fraud, or other corporate malfeasance).

● Enterprises should have a system of financial and accounting procedures, including a system of internal controls, designed to ensure the maintenance of fair and accurate books, records, and accounts, to make certain that they cannot be used for the purpose of bribery or hiding such bribery or other corruption.

● Enterprises should have a clear and concise accounting policy that prohibits off-the-books accounts or inadequately identified transactions.

● Enterprises should monitor their accounts for inaccuracies and for ambiguous or deceptive bookkeeping entries that may disguise illegal bribery of other corrupt payments made by, or on behalf of, an enterprise.

Compliance mechanisms and Reporting. Enforcement of an enterprise's code of conduct is critical. Compliance officers should be accessible so that employees will feel comfortable discussing any of their compliance questions or concerns.

● Creating secure and accessible reporting mechanisms with adequate policies on confidentiality and non-retaliation as well as other safeguards related to reporting is extremely important. Whistleblowing protections, including independent management of reporting programs and ensuring the possibility of anonymous reporting, suggestion boxes, or "Helplines" facilitate detection and reporting of questionable conduct.

● Enterprises should take whistleblower reporting seriously and take action, including where appropriate reporting to competent authorities, in response to reports from internal or external whistleblowers.

● An enterprise should also ensure that it has open channels of communication for suggestions to improve its compliance program and conduct appropriate follow up. The enterprise should consider publishing its program so that all stakeholders are aware of it.

● Enterprises should also ensure that they provide mechanisms for timely and appropriate guidance and feedback to employees and agents on how to cope with and resolve difficult and sometimes urgent situations. Such counseling not only protects the employee or agent, it also protects the enterprise.

Incentives. An enterprise should ensure that it provides incentives for compliance to encourage and provide positive support for employees who adhere to and uphold the program against corruption, including bribery, at all levels of the company.

● Incentives can be provided at many levels and in varying ways: recruitment of employees who share the values of the enterprise, promotions and pay increases for employees who uphold the program, recognition for fulfilling training requirements and certifications, including in performance evaluations, and other forms of positive recognition and awards for those who are dedicated to compliance.

Discipline. An enterprise should ensure that all employees at every level understand that failure to comply with its compliance policy and procedures and anticorruption laws will result in disciplinary action, ranging from minor sanctions to more severe punishment, for example, where consistent with applicable law, publicizing disciplinary actions internally, to termination of employment where appropriate.

● An enterprise must have appropriate and clear disciplinary procedures; it must apply them fairly, consistently and promptly across the enterprise; and discipline must be proportionate with the violation.

● In instances of non-compliance, an enterprise should take the necessary preventive steps to ensure that the questionable conduct does not recur in the future.

Periodic Review and Testing. As the enterprise's business develops and changes, so must the compliance program. An enterprise's compliance program must be consistently reviewed, updated and improved, to ensure that it is effective and continuously addresses the evolving risks the enterprise may encounter.

● Senior management of the enterprise should monitor the program and periodically review the program's suitability, adequacy, and effectiveness and implement improvements as appropriate. An enterprise should review and test its controls and identify best practices and new risk areas. The results of the review should be periodically reported to the Audit Committee or the Board (or equivalent, depending on the size of the enterprise).

● The Audit Committee or the Board (or equivalent, depending on the size of the enterprise) should make an independent assessment of the continued adequacy of the program and disclose its findings in the Annual Report to shareholders.

5. 合规与银行内部合规部门[①]

Compliance and the compliance function in banks

Introduction

1. As part of its ongoing efforts to address bank supervisory issues and enhance sound practices in banking organisations, the Basel Committee on Banking Supervision (the Committee) is issuing this high level paper on compliance risk and the compliance function in banks. Banking supervisors must be satisfied that effective compliance policies and procedures are followed and that management takes appropriate corrective action when compliance failures are identified.

2. Compliance starts at the top. It will be most effective in a corporate culture that emphasises standards of honesty and integrity and in which the board of directors and senior management lead by example. It concerns everyone within the bank and should be viewed as an integral part of the bank's business activities. A bank should hold itself to high standards when carrying on business, and at all times strive to observe the spirit as well as the letter of the law. Failure to consider the impact of its actions on its shareholders, customers, employees and the markets may result in significant adverse publicity and reputational damage, even if no law has been broken.

3. The expression "*compliance risk*" is defined in this paper as the risk of legal or regulatory sanctions, material financial loss, or loss to reputation a bank may suffer as a result of its failure to comply with laws, regulations, rules, related self-regulatory organisation standards, and codes of conduct applicable to its banking activities (together, "*compliance laws, rules and standards*").

4. Compliance laws, rules and standards generally cover matters such as observing proper standards of market conduct, managing conflicts of interest, treating customers fairly, and ensuring the suitability of customer advice. They typically include specific areas such as the prevention of money laundering and terrorist financing, and may extend to tax laws that are rele-

---

① https://www.bis.org/publ/bcbs113.pdf。巴塞尔银行监督管理委员会2005年4月29日发布。

vant to the structuring of banking products or customer advice. A bank that knowingly participates in transactions intended to be used by customers to avoid regulatory or financial reporting requirements, evade tax liabilities or facilitate illegal conduct will be exposing itself to significant compliance risk.

5. Compliance laws, rules and standards have various sources, including primary legislation, rules and standards issued by legislators and supervisors, market conventions, codes of practice promoted by industry associations, and internal codes of conduct applicable to the staff members of the bank. For the reasons mentioned above, these are likely to go beyond what is legally binding and embrace broader standards of integrity and ethical conduct.

6. Compliance should be part of the culture of the organisation; it is not just the responsibility of specialist compliance staff. Nevertheless, a bank will be able to manage its compliance risk more effectively if it has a *compliance function* in place that is consistent with the "compliance function principles" discussed below. The expression "*compliance function*" is used in this paper to describe staff carrying out compliance responsibilities; it is not intended to prescribe a particular organisational structure.

7. There are significant differences between banks regarding the organisation of the compliance function. In larger banks, compliance staff may be located within operating business lines, and internationally active banks may also have group and local compliance officers. In smaller banks, compliance function staff may be located in one unit. Separate units have been established in some banks for specialist areas such as data protection and the prevention of money laundering and terrorist financing.

8. A bank should organise its compliance function and set priorities for the management of its compliance risk in a way that is consistent with its own risk management strategy and structures. For instance, some banks may wish to organise their compliance function within their operational risk function, as there is a close relationship between compliance risk and certain aspects of operational risk. Others may prefer to have separate compliance and operational risk functions, but establish mechanisms requiring close cooperation between the two functions on compliance matters.

9. Regardless of how the compliance function is organised within a bank, it should be independent and sufficiently resourced, its responsibilities should be clearly specified, and its activities should be subject to periodic and independent review by the internal audit function. Principles 5 to 8 below describe these high-level principles in more detail, and the supporting guidance sets out sound practices related to the principles. The principles should be applicable to all banks, although it is for individual banks to determine how best they should be implemented. A bank may be able to follow practices other than those set out in this paper which are also sound and which, taken together, demonstrate that its compliance function is effective. The way in which the principles are implemented will depend on factors such as the bank's size, the nature, complexity and geographical extent of its business, and the legal and regulatory framework within which it operates. In smaller banks, for example, it may not be practicable to implement in full some of the specific measures recommended in this paper, yet the bank may be able to take other measures that achieve the same result.

10. The principles in this paper assume a governance structure composed of a board of directors and senior management. The legislative and regulatory frameworks differ across countries and types of entities as regards the functions of the board of directors and senior management. Therefore, the principles set out in this paper should be applied in accordance with the corporate governance structure of each country and

type of entity.[1]

11. The expression "bank" is used in this paper to refer generally to banks, banking groups, and to holding companies whose subsidiaries are predominantly banks.

12. This paper should be read in conjunction with a number of related Committee papers, including the following:

• Framework for Internal Control Systems in Banking Organisations (September 1998);

• Enhancing Corporate Governance for Banking Organisations (September 1999);

• Internal Audit in Banks and the Supervisor's Relationship with Auditors (August 2001);

• Customer Due Diligence for Banks (October 2001);

• Sound Practices for the Management and Supervision of Operational Risk (February 2003);

• International Convergence of Capital Measurement and Capital Standards - A Revised Framework - June 2004; and

• Consolidated KYC Risk Management (October 2004).

13. This paper considers the specific responsibilities of the bank's board of directors and senior management for compliance, before describing the principles that should underpin the bank's compliance function.

Responsibilities of the board of directors for compliance

Principle 1

The bank's board of directors is responsible for overseeing the management of the bank's compliance risk. The board should approve the bank's compliance policy, including a formal document establishing a permanent and effective compliance function. At least once a year, the board or a committee of the board should assess the extent to which the bank is managing its compliance risk effectively.

14. As noted in the introduction, a bank's compliance policy will not be effective unless the board of directors promotes the values of honesty and integrity throughout the organisation. Compliance with applicable laws, rules and standards should be viewed as an essential means to this end. As is the case with other categories of risk, the board is responsible for ensuring that an appropriate policy is in place to manage the bank's compliance risk. The board should oversee the implementation of the policy, including ensuring that compliance issues are resolved effectively and expeditiously by senior management with the assistance of the compliance function. The board may, of course, delegate these tasks to an appropriate board level committee (e. g. its audit committee).

Responsibilities of senior management for compliance

Principle 2

The bank's senior management is responsible for the effective management of the bank's compliance risk.

15. The following two principles articulate the most important elements of this general principle.

---

[1] The Committee is aware that there are significant differences in legislative and regulatory frameworks across countries as regards the functions of the board of directors and senior management. In some countries, the board has the main, if not exclusive, function of supervising the executive body (senior management, general management) so as to ensure that the latter fulfils its tasks. For this reason, in some cases, it is known as a supervisory board. This means that the board has no executive functions. In other countries, by contrast, the board has a broader competence in that it lays down the general framework for the management of the bank. Owing to these differences, the notions of the board of directors and senior management are used in this paper not to identify legal constructs but rather to label two decision-making functions within a bank.

Principle 3

The bank's senior management is responsible for establishing and communicating a compliance policy, for ensuring that it is observed, and for reporting to the board of directors on the management of the bank's compliance risk.

16. The bank's senior management is responsible for establishing a written compliance policy that contains the basic principles to be followed by management and staff, and explains the main processes by which compliance risks are to be identified and managed through all levels of the organisation. Clarity and transparency may be promoted by making a distinction between general standards for all staff members and rules that only apply to specific groups of staff.

17. The duty of senior management to ensure that the compliance policy is observed entails responsibility for ensuring that appropriate remedial or disciplinary action is taken if breaches are identified.

18. Senior management should, with the assistance of the compliance function:

• at least once a year, identify and assess the main compliance risk issues facing the bank and the plans to manage them. Such plans should address any shortfalls (policy, procedures, implementation or execution) related to how effectively existing compliance risks have been managed, as well as the need for any additional policies or procedures to deal with new compliance risks identified as a result of the annual compliance risk assessment;①

• at least once a year, report to the board of directors or a committee of the board on the bank's management of its compliance risk, in such a manner as to assist board members to make an informed judgment on whether the bank is managing its compliance risk effectively; and

• report promptly to the board of directors or a committee of the board on any material compliance failures (e.g. failures that may attract a significant risk of legal or regulatory sanctions, material financial loss, or loss to reputation).

Principle 4

The bank's senior management is responsible for establishing a permanent and effective compliance function within the bank as part of the bank's compliance policy.

19. Senior management should take the necessary measures to ensure that the bank can rely on a permanent and effective compliance function that is consistent with the following principles.

Compliance function principles

Principle 5: *Independence*

The bank's compliance function should be independent.

20. The concept of independence involves four related elements, each of which is considered in more detail below. First, the compliance function should have a formal status within the bank. Second, there should be a group compliance officer or head of compliance with overall responsibility for co-ordinating the management of the bank's compliance risk. Third, compliance function staff, and in particular, the head of compliance, should not be placed in a position where there is a possible conflict of interest between their compliance responsibilities and any other responsibilities they may have. Fourth, compliance function staff should have access to the information and personnel necessary to carry out their responsibilities.

21. The concept of independence does not mean that the compliance function cannot work closely with management and staff in the various business units. Indeed, a co-operative working relationship between compliance function and business units should help to

---

① See paragraph 41 below.

identify and manage compliance risks at an early stage. Rather, the various elements described below should be viewed as safeguards to help ensure the effectiveness of the compliance function, notwithstanding the close working relationship between the compliance function and the business units. The way in which the safeguards are implemented will depend to some extent on the specific responsibilities of individual compliance function staff.

Status

22. The compliance function should have a formal status within the bank to give it the appropriate standing, authority and independence. This may be set out in the bank's compliance policy or in any other formal document. The document should be communicated to all staff throughout the bank.

23. The following issues with respect to the compliance function should be addressed in the document:

- its role and responsibilities;
- measures to ensure its independence;
- its relationship with other risk management functions within the bank and with the internal audit function;
- in cases where compliance responsibilities are carried out by staff in different departments, how these responsibilities are to be allocated among the departments;
- its right to obtain access to information necessary to carry out its responsibilities, and the corresponding duty of bank staff to co-operate in supplying this information;
- its right to conduct investigations of possible breaches of the compliance policy and to appoint outside experts to perform this task if appropriate;
- its right to be able freely to express and disclose its findings to senior management, and if necessary, the board of directors or a committee of the board;
- its formal reporting obligations to senior management; and
- its right of direct access to the board of directors or a committee of the board.

Head of Compliance

24. Each bank should have an executive or senior staff member with overall responsibility for co-ordinating the identification and management of the bank's compliance risk and for supervising the activities of other compliance function staff. This paper uses the title "head of compliance" to describe this position. ①

25. The nature of the reporting line or other functional relationship between staff exercising compliance responsibilities and the head of compliance will depend on how the bank has chosen to organise its compliance function. Compliance function staff who reside in operating business units or in local subsidiaries may have a reporting line to operating business unit management or local management. This is not objectionable, provided such staff also have a reporting line through to the head of compliance as regards their compliance responsibilities. In cases where compliance function staff reside in independent support units (e.g. legal, financial control, risk management), a separate reporting line from staff in these units to the head of compliance may not be necessary. However, these units should co-operate closely with the head of compliance to ensure that the head of compliance can perform his or her responsibilities effectively.

26. The head of compliance may or may not be a member of senior management. If the head of compliance is a member of senior management, he or she

---

① In some banks, the head of compliance has the title "compliance officer", while in others the title "compliance officer" denotes a staff member carrying out specific compliance responsibilities.

should not have direct business line responsibilities. If the head of compliance is not a member of senior management, he or she should have a direct reporting line to a member of senior management who does not have direct business line responsibilities.

27. The supervisor of the bank and the board of directors should be informed when the head of compliance takes up or leaves that position and, if the head of compliance is leaving the position, the reasons for his or her departure. For internationally active banks with local compliance officers, the host country supervisor should be similarly informed of the arrival or departure of the local head of compliance.

Conflicts of interest

28. The independence of the head of compliance and any other staff having compliance responsibilities may be undermined if they are placed in a position where there is a real or potential conflict between their compliance responsibilities and their other responsibilities. It is the preference of the Committee that compliance function staff perform only compliance responsibilities. The Committee recognises, however, that this may not be practicable in smaller banks, smaller business units or in local subsidiaries. In these cases, therefore, compliance function staff may perform non-compliance tasks, provided potential conflicts of interest are avoided.

29. The independence of compliance function staff may also be undermined if their remuneration is related to the financial performance of the business line for which they exercise compliance responsibilities. However, remuneration related to the financial performance of the bank as a whole should generally be acceptable.

Access to information and personnel

30. The compliance function should have the right on its own initiative to communicate with any staff member and obtain access to any records or files necessary to enable it to carry out its responsibilities.

31. The compliance function should be able to carry out its responsibilities on its own initiative in all departments of the bank in which compliance risk exists. It should have the right to conduct investigations of possible breaches of the compliance policy and to request assistance from specialists within the bank (e.g. legal or internal audit) or engage outside specialists to perform this task if appropriate.

32. The compliance function should be free to report to senior management on any irregularities or possible breaches disclosed by its investigations, without fear of retaliation or disfavour from management or other staff members. Although its normal reporting line should be to senior management, the compliance function should also have the right of direct access to the board of directors or to a committee of the board, bypassing normal reporting lines, when this appears necessary. Further, it may be useful for the board or a committee of the board to meet with the head of compliance at least annually, as this will help the board or board committee to assess the extent to which the bank is managing its compliance risk effectively.

Principle 6: *Resources*

The bank's compliance function should have the resources to carry out its responsibilities effectively.

33. The resources to be provided for the compliance function should be both sufficient and appropriate to ensure that compliance risk within the bank is managed effectively. In particular, compliance function staff should have the necessary qualifications, experience and professional and personal qualities to enable them to carry out their specific duties. Compliance function staff should have a sound understanding of compliance laws, rules and standards and their practical impact on the bank's operations. The professional skills of compliance function

staff, especially with respect to keeping up-to-date with developments in compliance laws, rules and standards, should be maintained through regular and systematic education and training.

Principle 7: *Compliance function responsibilities*

The responsibilities of the bank's compliance function should be to assist senior management in managing effectively the compliance risks faced by the bank. Its specific responsibilities are set out below. If some of these responsibilities are carried out by staff in different departments, the allocation of responsibilities to each department should be clear.

34. Not all compliance responsibilities are necessarily carried out by a "compliance department" or "compliance unit". Compliance responsibilities may be exercised by staff in different departments. In some banks, for example, legal and compliance may be separate departments; the legal department may be responsible for advising management on the compliance laws, rules and standards and for preparing guidance to staff, while the compliance department may be responsible for monitoring compliance with the policies and procedures and reporting to management. In other banks, parts of the compliance function may be located within the operational risk group or within a more general risk management group. If there is a division of responsibilities between departments, the allocation of responsibilities to each department should be clear. There should also be appropriate mechanisms for co-operation among each department and with the head of compliance (e. g. with respect to the provision and exchange of relevant advice and information). These mechanisms should be sufficient to ensure that the head of compliance can perform his or her responsibilities effectively.

Advice

35. The compliance function should advise senior management on compliance laws, rules and standards, including keeping them informed on developments in the area.

Guidance and education

36. The compliance function should assist senior management in:

- educating staff on compliance issues, and acting as a contact point within the bank for compliance queries from staff members; and
- establishing written guidance to staff on the appropriate implementation of compliance laws, rules and standards through policies and procedures and other documents such as compliance manuals, internal codes of conduct and practice guidelines.

Identification, measurement and assessment of compliance risk

37. The compliance function should, on a proactive basis, identify, document and assess the compliance risks associated with the bank's business activities, including the development of new products and business practices, the proposed establishment of new types of business or customer relationships, or material changes in the nature of such relationships. If the bank has a new products committee, compliance function staff should be represented on the committee.

38. The compliance function should also consider ways to measure compliance risk (e. g. by using performance indicators) and use such measurements to enhance compliance risk assessment. Technology can be used as a tool in developing performance indicators by aggregating or filtering data that may be indicative of potential compliance problems (e. g. an increasing number of customer complaints, irregular trading or payments activity, etc).

39. The compliance function should assess the appropriateness of the bank's compliance procedures and guidelines, promptly follow up any identified defi-

ciencies, and, where necessary, formulate proposals for amendments.

Monitoring, testing and reporting

40. The compliance function should monitor and test compliance by performing sufficient and representative compliance testing. The results of the compliance testing should be reported up through the compliance function reporting line in accordance with the bank's internal risk management procedures.

41. The head of compliance should report on a regular basis to senior management on compliance matters. The reports should refer to the compliance risk assessment that has taken place during the reporting period, including any changes in the compliance risk profile based on relevant measurements such as performance indicators, summarise any identified breaches and/or deficiencies and the corrective measures recommended to address them, and report on corrective measures already taken. The reporting format should be commensurate with the bank's compliance risk profile and activities.

Statutory responsibilities and liaison

42. The compliance function may have specific statutory responsibilities (e.g. fulfilling the role of anti-money laundering officer). It may also liaise with relevant external bodies, including regulators, standard setters and external experts.

Compliance programme

43. The responsibilities of the compliance function should be carried out under a compliance programme that sets out its planned activities, such as the implementation and review of specific policies and procedures, compliance risk assessment, compliance testing, and educating staff on compliance matters. The compliance programme should be riskbased and subject to oversight by the head of compliance to ensure appropriate coverage across businesses and co-ordination among risk management functions.

Principle 8: *Relationship with Internal Audit*

The scope and breadth of the activities of the compliance function should be subject to periodic review by the internal audit function.

44. Compliance risk should be included in the risk assessment methodology of the internal audit function, and an audit programme that covers the adequacy and effectiveness of the bank's compliance function should be established, including testing of controls commensurate with the perceived level of risk.

45. This principle implies that the compliance function and the audit function should be separate, to ensure that the activities of the compliance function are subject to independent review. It is important, therefore, that there is a clear understanding within the bank as to how risk assessment and testing activities are divided between the two functions, and that this is documented (e.g. in the bank's compliance policy or in a related document such as a protocol). The audit function should, of course, keep the head of compliance informed of any audit findings relating to compliance.

Other matters

Principle 9: *Cross-border issues*

Banks should comply with applicable laws and regulations in all jurisdictions in which they conduct business, and the organisation and structure of the compliance function and its responsibilities should be consistent with local legal and regulatory requirements.

46. Banks may conduct business internationally through local subsidiaries or branches, or in other jurisdictions where they do not have a physical presence. Legal or regulatory requirements may differ from jurisdiction to jurisdiction, and may also differ depending on the type of business conducted by the bank or

the form of its presence in the jurisdiction.

47. Banks that choose to conduct business in a particular jurisdiction should comply with local laws and regulations. For example, banks operating in subsidiary form must satisfy the legal and regulatory requirements of the host jurisdiction. Certain jurisdictions may also have special requirements in the case of foreign bank branches. It is for local businesses to ensure that compliance responsibilities specific to each jurisdiction are carried out by individuals with the appropriate local knowledge and expertise, with oversight from the head of compliance in co-operation with the bank's other risk management functions.

48. The Committee recognises that a bank may choose to carry on business in various jurisdictions for a variety of legitimate reasons. Nevertheless, procedures should be in place to identify and assess the possible increased reputational risk to the bank if it offers products or carries out activities in certain jurisdictions that would not be permitted in its home jurisdiction.

Principle 10: Outsourcing

Compliance should be regarded as a core risk management activity within the bank. Specific tasks of the compliance function may be outsourced, but they must remain subject to appropriate oversight by the head of compliance.

49. The Joint Forum (i.e. the Basel Committee on Banking Supervision, the International Organization of Securities Commissions, and the International Association of Insurance Supervisors) has recently developed high-level principles for outsourcing by regulated entities, to which banks are encouraged to refer. [1]

50. A bank should ensure that any outsourcing arrangements do not impede effective supervision by its supervisors. Regardless of the extent to which specific tasks of the compliance function are outsourced, the board of directors and senior management remain responsible for compliance by the bank with all applicable laws, rules and standards.

6. 世界银行集团诚信合规指南摘要[2]

Summary of World Bank Group Integrity Compliance Guidelines

As part of the World Bank Group's (WBG) continuing effort to improve its sanctions regime, the existing sanction of debarment with conditional release has become the default or "baseline" WBG sanction for cases initiated under the WBG's revised Sanctions Procedures effective September 2010.

Going forward the establishment (or improvement) and implementation of an integrity compliance program satisfactory to the WBG will be a principal condition to ending a debarment (or conditional non-debarment); or in the case of some existing debarments, early termination of the debarment.

In September 2010, the World Bank Integrity Vice Presidency appointed an Integrity Compliance Officer (ICO). In addition to monitoring integrity compliance by sanctioned companies (or codes of conduct for individuals), the ICO also will decide whether the compliance condition, and/or others established by the Sanctions Board or a WBG Evaluation and Suspension Officer as part of a debarment, have been satisfied.

---

[1] The Joint Forum—"Outsourcing in Financial Services"—February 2005 (available at www.bis.org).

[2] https://www.worldbank.org/content/dam/documents/sanctions/other-documents/sanctions-board/Summary%20of%20Integrity%20Compliance%20Guidelines.pdf。

For more on Sanctions Procedures, visit www.worldbank.org/sanctions and for more on World Bank Group anti-corruption efforts, visit www.worldbank.org/integrity

1. PROHIBITION OF MISCONDUCT: A clearly articulated and visible prohibition of Misconduct (fraud, corruption, collusion and coercive practices), to be articulated in a code of conduct or similar document or communication.

2. RESPONSIBILITY: Create and maintain a trust-based, inclusive organizational culture that encourages ethical conduct, a commitment to compliance with the law and a culture in which Misconduct is not tolerated.

2.1. **Leadership**: Strong, explicit, visible, and active support and commitment from senior management, and the party's Board of Directors or similar bodies, for the party's Integrity Compliance Program (Program) and its implementation, in letter and spirit.

2.2. **Individual Responsibility**: Compliance with the Program is mandatory and is the duty of all individuals at all levels of the party.

2.3. **Compliance Function**: Oversight and management of the Program is the duty of one or more senior corporate officers, with an adequate level of autonomy and with sufficient resources and the authority to effectively implement.

3. PROGRAM INITIATION, RISK ASSESSMENT AND REVIEWS: When establishing a suitable Program, carry out an initial (or updated) comprehensive risk assessment relating to the potential for the occurrence of fraud, corruption or other Misconduct in the party's business and operations, taking into account its size, business sector, location(s) of operations and other circumstances particular to the party; and review and update this risk assessment periodically and whenever necessary to meet changed circumstances. Senior management should implement a systemic approach to monitoring the Program, periodically reviewing the Program's suitability, adequacy and effectiveness in preventing, detecting, investigating and responding to all types of Misconduct. It also should take into account relevant developments in the field of compliance and evolving international and industry standards. When shortcomings are identified, the party should take reasonable steps to prevent further similar shortcomings, including making any necessary modifications to the Program.

4. INTERNAL POLICIES: Develop a practical and effective Program that clearly articulates values, policies and procedures to be used to prevent, detect, investigate and remediate all forms of Misconduct in all activities under a party's/person's effective control.

4.1. **Due Diligence of Employees**: Vet current and future employees with any decision-making authority or in a position to influence business results, including management and Board members, to determine if they have engaged in Misconduct or other conduct inconsistent with an effective Integrity Compliance Program.

4.2. **Restricting Arrangements with former Public Officials**: Impose restrictions on the employment of, or other remunerative arrangements with, public officials, and with entities and persons associated or related to them, after their resignation or retirement, where such activities or employment relate directly to the functions held or supervised by those public officials during their tenure or those functions over which they were or continue to be able to exercise material influence.

4.3. **Gifts, Hospitality, Entertainment, Travel and Expenses**: Establish controls and procedures covering gifts, hospitality, entertainment, travel or other expenses to ensure that they are reasonable, do not improperly affect the outcome of a business transaction, or otherwise result in an improper advantage.

4.4. **Political Contributions**: Only make contributions to political parties, party officials and candidates in accordance with applicable laws, and take appropriate steps to publicly disclose all political contributions (unless secrecy or confidentiality is legally required).

4.5. **Charitable Donations & Sponsorships**: Take measures within the party's power to ensure that their charitable contributions are not used as a subterfuge for Misconduct. Unless secrecy or confidentiality is legally required, all charitable contributions and sponsorships should be publicly disclosed.

4.6. **Facilitation Payments**: The party should not make facilitation payments. ①

4.7. **Recordkeeping**: Appropriate records must be maintained regarding all aspects covered by the Program, including when any payment is made for the matters or items listed in 4.3 through 4.6 above.

4.8. **Fraudulent, Collusive and Coercive Practices**: Particular safeguards, practices and procedures should be adopted to detect and prevent not only corruption, but also fraudulent, collusive and coercive practices.

5. **POLICIES RE: BUSINESS PARTNERS**: Use party's best efforts to encourage all business partners with which the party has a significant business relationship or over which it has influence to adopt an equivalent commitment to prevent, detect, investigate and remediate Misconduct (and, in the case of business partners which are controlled affiliates, joint ventures, unincorporated associations or similar entities, to the extent possible obligate them to so adopt). This includes agents, advisers, consultants, representatives, distributors, contractors, subcontractors, suppliers, joint venture partners, and other third parties.

5.1. **Due Diligence on Business Partners**: Conduct properly documented, risk-based due diligence (including to identify any beneficial owners or other beneficiaries not on record) before entering into a relationship with a business partner, and on an ongoing basis. Avoid dealing with contractors, suppliers and other business partners known or (except in extraordinary circumstances and where appropriate mitigating actions are put in place) reasonably suspected to be engaging in Misconduct.

5.2. **Inform Partner of Integrity Compliance Program**: Make party's Program known to all business partners and make it clear that the party expects all activities carried out on its behalf to be compliant with its Program.

5.3. **Reciprocal Commitment**: Seek reciprocal commitment to compliance from party's business partners. If business partners do not have an integrity compliance program, the party should encourage them to adopt a robust and effective program by reference to the activities and circumstances of those partners.

5.4. **Proper Documentation**: Document fully the relationship with the party's business partners.

5.5. **Appropriate Remuneration**: Ensure that any payment made to any business partner represents an appropriate and justifiable remuneration for legitimate services performed or goods provided by such business partner and that it is paid through bonafide channels.

5.6. **Monitoring/Oversight**: Monitor the execution of all contracts to which the party is a party in order to ensure, as far as is reasonable, that there is no Misconduct in their execution. The party should also monitor the programs and performance of business partners as part of its regular review of its relationships with them.

6. **INTERNAL CONTROLS**:

6.1. **Financial**: Establish and maintain an effec-

---

① In the event that facilitation payments are not eliminated entirely, in each instance the debarred party should report to the ICO the circumstances surrounding its payment, including whether it was limited to a small payment to a low-level official (s) for a routine action (s) to which the party is entitled and the payment has been appropriately accounted for.

tive system of internal controls comprising financial and organizational checks and balances over the party's financial, accounting and recordkeeping practices, and other business processes. The party should subject the internal controls systems, in particular the accounting and recordkeeping practices, to regular, independent, internal and external audits to provide an objective assurance on their design, implementation and effectiveness and to bring to light any transactions which contravene the Program.

6. 2. **Contractual Obligations**: Employment and business partner contracts should include express contractual obligations, remedies and/or penalties in relation to Misconduct (including in the case of business partners, a plan to exit from the arrangement, such as a contractual right of termination, in the event that the business partner engages in Misconduct).

6. 3. **Decision-Making Process**: Establish a decision-making process whereby the decision process and the seniority of the decision-maker is appropriate for the value of the transaction and the perceived risk of each type of Misconduct.

7. **TRAINING & COMMUNICATION**: Take reasonable, practical steps to periodically communicate its Program, and provide and document effective training in the Program tailored to relevant needs, circumstances, roles and responsibilities, to all levels of the party (especially those involved in "high risk" activities) and, where appropriate, to business partners. Party management also should make statements in its annual reports or otherwise publicly disclose or disseminate knowledge about its Program.

8. **INCENTIVES**:

8. 1. **Positive**: Promote the Program throughout the party by adopting appropriate incentives to encourage and provide positive support for the observance of the Program at all levels of the party.

8. 2. **Disciplinary Measures**: Take appropriate disciplinary measures (including termination) with all persons involved in Misconduct or other Program violations, at all levels of the party including officers and directors.

9. **REPORTING**:

9. 1. **Duty to report**: Communicate to all personnel that they have a duty to report promptly any concerns they may have concerning the Program, whether relating to their own actions or the acts of others.

9. 2. **Advice**: Adopt effective measures and mechanisms for providing guidance and advice to management, staff and (where appropriate) business partners on complying with the party's Program, including when they need urgent advice on difficult situations in foreign jurisdictions.

9. 3. **Whistleblowing/Hotlines**: Provide channels for communication (including confidential channels) by, and protection of, persons not willing to violate the Program under instruction or pressure from hierarchical superiors, as well as for persons willing to report breaches of the Program occurring within the party. The party should take appropriate remedial action based on such reporting.

9. 4. **Periodic Certification**: All relevant personnel with decision-making authority or in a position to influence business results should periodically (at least annually) certify, in writing, that they have reviewed the party's code of conduct, have complied with the Program, and have communicated to the designated corporate officer responsible for integrity compliance matters any information they may have relating to a possible violation of the Program by other corporate personnel or business partners.

10. **REMEDIATE MISCONDUCT**:

10. 1. **Investigating Procedures**: Implement procedures for investigating Misconduct and other violations of its Program which are encountered, reported or discovered by the party.

10. 2. **Respond**: When Misconduct is identified,

the party should take reasonable steps to respond with appropriate corrective action and to prevent further or similar Misconduct and other violations of its Program.

11. **COLLECTIVE ACTION**: Where appropriate—especially for SMEs and other entities without well-established Programs, and for those larger corporate entities with established Programs, trade associations and similar organizations acting on a voluntary basis—endeavor to engage with business organizations, industry groups, professional associations and civil society organizations to encourage and assist other entities to develop programs aimed at preventing Misconduct.

7. 英国：反贿赂法案（略）

（2011 年 7 月施行）

8. 法国：萨宾第二法案（Sapin II）（略）

（2017 年 6 月 11 日生效）

9. 欧盟：通用数据保护条例（GDPR）（略）

（2018 年 5 月 25 日生效）

10. 美国：反海外腐败法案（FCPA）（略）

（1998 年修订）

11. 美国：萨班斯-奥克斯利法案（SOX 法案）（略）

（2002 年 7 月 30 日生效）

12. 美国：美国海外资产控制办公室（OFAC）合规承诺框架[①]

A Framework for OFAC Compliance Commitments

The U. S. Department of the Treasury's Office of Foreign Assets Control (OFAC) administers and enforces U. S. economic and trade sanctions programs against targeted foreign governments, individuals, groups, and entities in accordance with national security and foreign policy goals and objectives.

OFAC strongly encourages organizations subject to U. S. jurisdiction, as well as foreign entities that conduct business in or with the United States, U. S. persons, or using U. S. -origin goods or services, to employ a risk-based approach to sanctions compliance by developing, implementing, and routinely updating a sanctions compliance program (SCP). While each risk-based SCP will vary depending on a variety of factors—including the company's size and sophistication, products and services, customers and counterparties, and geographic locations—each program should be predicated on and incorporate at least five essential components of compliance: (1) management commitment; (2) risk assessment; (3) internal controls; (4) testing and auditing; and (5) training.

If after conducting an investigation and determi-

---

① http://tceti.com/nd.jsp? id=124。美国财政部 2019 年 5 月 2 日发布。

ning that a civil monetary penalty ("CMP") is the appropriate administrative action in response to an apparent violation, the Office of Compliance and Enforcement (OCE) will determine which of the following or other elements should be incorporated into the subject person's SCP as part of any accompanying settlement agreement, as appropriate. As in all enforcement cases, OFAC will evaluate a subject person's SCP in a manner consistent with the Economic Sanctions Enforcement Guidelines (the "Guidelines").

When applying the Guidelines to a given factual situation, OFAC will consider favorably subject persons that had effective SCPs at the time of an apparent violation. For example, under General Factor E (compliance program), OFAC may consider the existence, nature, and adequacy of an SCP, and when appropriate, may mitigate a CMP on that basis. Subject persons that have implemented effective SCPs that are predicated on the five essential components of compliance may also benefit from further mitigation of a CMP pursuant to General Factor F (remedial response) when the SCP results in remedial steps being taken.

Finally, OFAC may, in appropriate cases, consider the existence of an effective SCP at the time of an apparent violation as a factor in its analysis as to whether a case is deemed "egregious."

This document is intended to provide organizations with a framework for the five essential components of a risk-based SCP, and contains an appendix outlining several of the root causes that have led to apparent violations of the sanctions programs that OFAC administers. OFAC recommends all organizations subject to U.S. jurisdiction review the settlements published by OFAC to reassess and enhance their respective SCPs, when and as appropriate.

MANAGEMENT COMMITMENT

Senior Management's commitment to, and support of, an organization's risk-based SCP is one of the most important factors in determining its success. This support is essential in ensuring the SCP receives adequate resources and is fully integrated into the organization's daily operations, and also helps legitimize the program, empower its personnel, and foster a culture of compliance throughout the organization.

General Aspects of an SCP: Senior Management Commitment

Senior management commitment to supporting an organization's SCP is a critical factor in determining the success of the SCP. Effective management support includes the provision of adequate resources to the compliance unit(s) and support for compliance personnel's authority within an organization. The term "senior management" may differ among various organizations, but typically the term should include senior leadership, executives, and/or the board of directors.

I. Senior management has reviewed and approved the organization's SCP.

II. Senior management ensures that its compliance unit(s) is/are delegated sufficient authority and autonomy to deploy its policies and procedures in a manner that effectively controls the organization's OFAC risk. As part of this effort, senior management ensures the existence of direct reporting lines between the SCP function and senior management, including routine and periodic meetings between these two elements of the organization.

III. Senior management has taken, and will continue to take, steps to ensure that the organization's compliance unit(s) receive adequate resources—including in the form of human capital, expertise, information technology, and other resources, as appropriate—that are relative to the organization's breadth of operations, target and secondary markets, and other factors affecting its overall risk profile.

These efforts could generally be measured by the following criteria:

A. The organization has appointed a dedicated OFAC sanctions compliance officer[①];

B. The quality and experience of the personnel dedicated to the SCP, including: (i) the technical knowledge and expertise of these personnel with respect to OFAC's regulations, processes, and actions; (ii) the ability of these personnel to understand complex financial and commercial activities, apply their knowledge of OFAC to these items, and identify OFAC-related issues, risks, and prohibited activities; and (iii) the efforts to ensure that personnel dedicated to the SCP have sufficient experience and an appropriate position within the organization, and are an integral component to the organization's success; and

C. Sufficient control functions exist that support the organization's SCP—including but not limited to information technology software and systems—that adequately address the organization's OFAC-risk assessment and levels.

IV. Senior management promotes a "culture of compliance" throughout the organization.

These efforts could generally be measured by the following criteria:

A. The ability of personnel to report sanctions related misconduct by the organization or its personnel to senior management without fear of reprisal.

B. Senior management messages and takes actions that discourage misconduct and prohibited activities, and highlight the potential repercussions of non-compliance with OFAC sanctions; and

C. The ability of the SCP to have oversight over the actions of the entire organization, including but not limited to senior management, for the purposes of compliance with OFAC sanctions.

V. Senior management demonstrates recognition of the seriousness of apparent violations of the laws and regulations administered by OFAC, or malfunctions, deficiencies, or failures by the organization and its personnel to comply with the SCP's policies and procedures, and implements necessary measures to reduce the occurrence of apparent violations in the future. Such measures should address the root causes of past apparent violations and represent systemic solutions whenever possible.

RISK ASSESSMENT

Risks in sanctions compliance are potential threats or vulnerabilities that, if ignored or not properly handled, can lead to violations of OFAC's regulations and negatively affect an organization's reputation and business. OFAC recommends that organizations take a risk-based approach when designing or updating an SCP. One of the central tenets of this approach is for organizations to conduct a routine, and if appropriate, ongoing "risk assessment" for the purposes of identifying potential OFAC issues they are likely to encounter. As described in detail below, the results of a risk assessment are integral in informing the SCP's policies, procedures, internal controls, and training in order to mitigate such risks.

While there is no "one-size-fits all" risk assessment, the exercise should generally consist of a holistic review of the organization from top-to-bottom and assess its touchpoints to the outside world. This process allows the organization to identify potential areas in which it may, directly or indirectly, engage with OFAC-prohibited persons, parties, countries, or regions. For example, an organization's SCP may con-

---

① This may be the same person serving in other senior compliance positions, e.g., the Bank Secrecy Act Officer or an Export Control Officer, as many institutions, depending on size and complexity, designate a single person to oversee all areas of financial crimes or export control compliance.

duct an assessment of the following: (i) customers, supply chain, intermediaries, and counter-parties; (ii) the products and services it offers, including how and where such items fit into other financial or commercial products, services, networks, or systems; and (iii) the geographic locations of the organization, as well as its customers, supply chain, intermediaries, and counter-parties. Risk assessments and sanctions-related due diligence is also important during mergers and acquisitions, particularly in scenarios involving non-U. S. companies or corporations.

General Aspects of an SCP: Conducting a Sanctions Risk Assessment

A fundamental element of a sound SCP is the assessment of specific clients, products, services, and geographic locations in order to determine potential OFAC sanctions risk. The purpose of a risk assessment is to identify inherent risks in order to inform risk-based decisions and controls. The Annex to Appendix A to 31 C. F. R. Part 501, OFAC's Economic Sanctions Enforcement Guidelines, provides an OFAC Risk Matrix that may be used by financial institutions or other entities to evaluate their compliance programs:

I. The organization conducts, or will conduct, an OFAC risk assessment in a manner, and with a frequency, that adequately accounts for the potential risks. Such risks could be posed by its clients and customers, products, services, supply chain, intermediaries, counter-parties, transactions, and geographic locations, depending on the nature of the organization. As appropriate, the risk assessment will be updated to account for the root causes of any apparent violations or systemic deficiencies identified by the organization during the routine course of business.

A. In assessing its OFAC risk, organizations should leverage existing information to inform the process. In turn, the risk assessment will generally inform the extent of the due diligence efforts at various points in a relationship or in a transaction. This may include:

1. On-boarding: The organization develops a sanctions risk rating for customers, customer groups, or account relationships, as appropriate, by leveraging information provided by the customer (for example, through a Know Your Customer or Customer Due Diligence process) and independent research conducted by the organization at the initiation of the customer relationship. This information will guide the timing and scope of future due diligence efforts. Important elements to consider in determining the sanctions risk rating can be found in OFAC's risk matrices.

2. Mergers and Acquisitions (M&A): As noted above, proper risk assessments should include and encompass a variety of factors and data points for each organization. One of the multitude of areas organizations should include in their risk assessments—which, in recent years, appears to have presented numerous challenges with respect to OFAC sanctions—are mergers and acquisitions. Compliance functions should also be integrated into the merger, acquisition, and integration process. Whether in an advisory capacity or as a participant, the organization engages in appropriate due diligence to ensure that sanctions-related issues are identified, escalated to the relevant senior levels, addressed prior to the conclusion of any transaction, and incorporated into the organization's risk assessment process. After an M&A transaction is completed, the organization's Audit and Testing function will be critical to identifying any additional sanctions-related issues.

II. The organization has developed a methodology to identify, analyze, and address the particular risks it identifies. As appropriate, the risk assessment will be updated to account for the conduct and root causes of any apparent violations or systemic deficiencies identified by the organization

during the routine course of business, for example, through a testing or audit function.

INTERNAL CONTROLS

An effective SCP should include internal controls, including policies and procedures, in order to identify, interdict, escalate, report (as appropriate), and keep records pertaining to activity that may be prohibited by the regulations and laws administered by OFAC. The purpose of internal controls is to outline clear expectations, define procedures and processes pertaining to OFAC compliance (including reporting and escalation chains), and minimize the risks identified by the organization's risk assessments. Policies and procedures should be enforced, weaknesses should be identified (including through root cause analysis of any compliance breaches) and remediated, and internal and/or external audits and assessments of the program should be conducted on a periodic basis.

Given the dynamic nature of U. S. economic and trade sanctions, a successful and effective SCP should be capable of adjusting rapidly to changes published by OFAC. These include the following: (i) updates to OFAC's List of Specially Designated Nationals and Blocked Persons (the "SDN List"), the Sectoral Sanctions Identification List ("SSI List"), and other sanctions-related lists; (ii) new, amended, or updated sanctions programs or prohibitions imposed on targeted foreign countries, governments, regions, or persons, through the enactment of new legislation, the issuance of new Executive orders, regulations, or published OFAC guidance or other OFAC actions; and (iii) the issuance of general licenses.

General Aspects of an SCP: Internal Controls

Effective OFAC compliance programs generally include internal controls, including policies and procedures, in order to identify, interdict, escalate, report (as appropriate), and keep records pertaining to activity that is prohibited by the sanctions programs administered by OFAC. The purpose of internal controls is to outline clear expectations, define procedures and processes pertaining to OFAC compliance, and minimize the risks identified by an entity's OFAC risk assessments. Policies and procedures should be enforced, and weaknesses should be identified (including through root cause analysis of any compliance breaches) and remediated in order to prevent activity that might violate the sanctions programs administered by OFAC.

I. The organization has designed and implemented written policies and procedures outlining the SCP. These policies and procedures are relevant to the organization, capture the organization's day-to-day operations and procedures, are easy to follow, and designed to prevent employees from engaging in misconduct.

II. The organization has implemented internal controls that adequately address the results of its OFAC risk assessment and profile. These internal controls should enable the organization to clearly and effectively identify, interdict, escalate, and report to appropriate personnel within the organization transactions and activity that may be prohibited by OFAC. To the extent information technology solutions factor into the organization's internal controls, the organization has selected and calibrated the solutions in a manner that is appropriate to address the organization's risk profile and compliance needs, and the organization routinely tests the solutions to ensure effectiveness.

III. The organization enforces the policies and procedures it implements as part of its OFAC compliance internal controls through internal and/or external audits.

IV. The organization ensures that its OFAC-related recordkeeping policies and procedures adequately account for its requirements pursuant to

the sanctions programs administered by OFAC.

V. The organization ensures that, upon learning of a weakness in its internal controls pertaining to OFAC compliance, it will take immediate and effective action, to the extent possible, to identify and implement compensating controls until the root cause of the weakness can be determined and remediated.

VI. The organization has clearly communicated the SCP's policies and procedures to all relevant staff, including personnel within the SCP program, as well as relevant gatekeepers and business units operating in high-risk areas (e.g., customer acquisition, payments, sales, etc.) and to external parties performing SCP responsibilities on behalf of the organization.

VII. The organization has appointed personnel for integrating the SCP's policies and procedures into the daily operations of the company or corporation. This process includes consultations with relevant business units, and confirms the organization's employees understand the policies and procedures.

TESTING AND AUDITING

Audits assess the effectiveness of current processes and check for inconsistencies between these and day-to-day operations. A comprehensive and objective testing or audit function within an SCP ensures that an organization identifies program weaknesses and deficiencies, and it is the organization's responsibility to enhance its program, including all program-related software, systems, and other technology, to remediate any identified compliance gaps. Such enhancements might include updating, improving, or recalibrating SCP elements to account for a changing risk assessment or sanctions environment. Testing and auditing can be conducted on a specific element of an SCP or at the enterprise-wide level.

General Aspects of an SCP: Testing and Auditing

A comprehensive, independent, and objective testing or audit function within an SCP ensures that entities are aware of where and how their programs are performing and should be updated, enhanced, or recalibrated to account for a changing risk assessment or sanctions environment, as appropriate. Testing or audit, whether conducted on a specific element of a compliance program or at the enterprise-wide level, are important tools to ensure the program is working as designed and identify weaknesses and deficiencies within a compliance program.

I. The organization commits to ensuring that the testing or audit function is accountable to senior management, is independent of the audited activities and functions, and has sufficient authority, skills, expertise, resources, and authority within the organization.

II. The organization commits to ensuring that it employs testing or audit procedures appropriate to the level and sophistication of its SCP and that this function, whether deployed internally or by an external party, reflects a comprehensive and objective assessment of the organization's OFAC-related risk assessment and internal controls.

III. The organization ensures that, upon learning of a confirmed negative testing result or audit finding pertaining to its SCP, it will take immediate and effective action, to the extent possible, to identify and implement compensating controls until the root cause of the weakness can be determined and remediated.

TRAINING

An effective training program is an integral component of a successful SCP. The training program should be provided to all appropriate employees and personnel on a periodic basis (and at a minimum, annually) and generally should accomplish the following: (i) provide job-specific knowledge based on need; (ii) communicate the sanctions compliance responsibilities for each employee; and (iii) hold employees accountable for sanctions compliance training through assessments.

General Aspects of an SCP: Training

An adequate training program, tailored to an entity's risk profile and all appropriate employees and stakeholders, is critical to the success of an SCP.

I. The organization commits to ensuring that its OFAC-related training program provides adequate information and instruction to employees and, as appropriate, stakeholders (for example, clients, suppliers, business partners, and counterparties) in order to support the organization's OFAC compliance efforts. Such training should be further tailored to high-risk employees within the organization.

II. The organization commits to provide OFAC-related training with a scope that is appropriate for the products and services it offers; the customers, clients, and partner relationships it maintains; and the geographic regions in which it operates.

III. The organization commits to providing OFAC-related training with a frequency that is appropriate based on its OFAC risk assessment and risk profile.

IV. The organization commits to ensuring that, upon learning of a confirmed negative testing result or audit finding, or other deficiency pertaining to its SCP, it will take immediate and effective action to provide training to or other corrective action with respect to relevant personnel.

V. The organization's training program includes easily accessible resources and materials that are available to all applicable personnel.

Root Causes of OFAC Sanctions Compliance Program Breakdowns or Deficiencies Based on Assessment of Prior OFAC Administrative Actions

Since its publication of the Economic Sanctions Enforcement Guidelines, 31 C.F.R. part 501, App. A (the "Guidelines"), OFAC has finalized numerous public enforcement actions in which it identified deficiencies or weaknesses within the subject person's SCP. These items, which are provided in a non-exhaustive list below, are provided to alert persons subject to U.S. jurisdiction, including entities that conduct business in or with the United States, U.S. persons, or U.S.-origin goods or services, about several specific root causes associated with apparent violations of the regulations it administers in order to assist them in designing, updating, and amending their respective SCP.

I. Lack of a Formal OFAC SCP

OFAC regulations do not require a formal SCP; however, OFAC encourages organizations subject to U.S. jurisdiction (including but not limited to those entities that conduct business in, with, or through the United States or involving U.S.-origin goods, services, or technology), and particularly those that engage in international trade or transactions or possess any clients or counter-parties located outside of the United States, to adopt a formal SCP. OFAC has finalized numerous civil monetary penalties since publicizing the Guidelines in which the subject person's lack of an SCP was one of the root causes of the sanctions violations identified during the course of the investigation. In addition, OFAC frequently identified this element as an aggravating factor in its analysis of the General Factors associated with such administrative actions.

II. Misinterpreting, or Failing to Understand the Applicability of, OFAC's Regulations

Numerous organizations have committed sanctions violations by misinterpreting OFAC's regulations, particularly in instances in which the subject person determined the transaction, dealing, or activity at issue was either not prohibited or did not apply to their organization or operations. For example, several organizations have failed to appreciate or consider (or, in some instances, actively disregarded) the fact that OFAC sanctions applied to their organization based on their status as a U.S. person, a U.S.-owned or controlled subsidiary (in the Cuba and Iran programs), or dealings in or with U.S. persons, the U.S. financial system, or U.S.-origin goods and technology.

With respect to this specific root cause, OFAC's administrative actions have typically identified additional aggravating factors, such as reckless conduct, the presence of numerous warning signs that the activity at issue was likely prohibited, awareness by the organization's management of the conduct at issue, and the size and sophistication of the subject person.

III. Facilitating Transactions by Non-U.S. Persons (Including Through or By Overseas Subsidiaries or Affiliates)

Multiple organizations subject to U.S. jurisdiction—specifically those with foreign-based operations and subsidiaries located outside of the United States—have engaged in transactions or activity that violated OFAC's regulations by referring business opportunities to, approving or signing off on transactions conducted by, or otherwise facilitating dealings between their organization's non-U.S. locations and OFAC-sanctioned countries, regions, or persons. In many instances, the root cause of these violations stems from a misinterpretation or misunderstanding of OFAC's regulations. Companies and corporations with integrated operations, particularly those involving or requiring participation by their U.S.-based headquarters, locations, or personnel, should ensure any activities they engage in (i.e., approvals, contracts, procurement, etc.) are compliant with OFAC's regulations.

IV. Exporting or Re-exporting U.S.-origin Goods, Technology, or Services to OFAC-Sanctioned Persons or Countries

Non-U.S. persons have repeatedly purchased U.S.-origin goods with the specific intent of re-exporting, transferring, or selling the items to a person, country, or region subject to OFAC sanctions. In several instances, this activity occurred despite warning signs that U.S. economic sanctions laws prohibited the activity, including contractual language expressly prohibiting any such dealings. OFAC's public enforcement actions in this area have generally been focused on companies or corporations that are large or sophisticated, engaged in a pattern or practice that lasted multiple years, ignored or failed to respond to numerous warning signs, utilized non-routine business practices, and—in several instances—concealed their activity in a willful or reckless manner.

V. Utilizing the U.S. Financial System, or Processing Payments to or through U.S. Financial Institutions, for Commercial Transactions Involving OFAC-Sanctioned Persons or Countries

Many non-U.S. persons have engaged in violations of OFAC's regulations by processing financial transactions (almost all of which have been denominated in U.S. Dollars) to or through U.S. financial institutions that pertain to commercial activity involving an OFAC-sanctioned country, region, or person. Although no organizations subject to U.S. jurisdiction may be involved in the underlying transaction—such as the shipment of goods from a third-country to an OFAC-sanctioned country—the inclusion of a U.S. financial institution in any payments associated with these transactions often results in a prohibited activity (e.g., the exportation or re-exportation of services from the United States to a comprehensively sanctioned country, or dealing in blocked property in the United States). OFAC has generally focused its enforcement investigations on persons who have engaged in willful or reckless conduct, attempted to conceal their activity (e. g. , by stripping or manipulating payment messages, or making false representations to their non – U. S. or U. S. financial institution), engaged in a pattern or practice of conduct for several months or years, ignored or failed to consider numerous warning signs that the conduct was prohibited, involved actual knowledge or involvement by the organization's management, caused significant harm to U. S. sanctions program objectives, and were large or sophisticated organizations.

VI. Sanctions Screening Software or Filter Faults

Many organizations conduct screening of their customers, supply chain, intermediaries, counter – parties, commercial and financial documents, and transactions in order to identify OFAC- prohibited locations, parties, or dealings. At times, organizations have failed to update their sanctions screening software to incorporate updates to the SDN List or SSI List, failed to include pertinent identifiers such as SWIFT Business Identifier Codes for designated, blocked, or sanctioned financial institutions, or did not account for alternative spellings of prohibited countries or parties—particularly in instances in which the organization is domiciled or conducts business in geographies that frequently utilize such alternative spellings (i. e. , Habana instead of Havana, Kuba instead of Cuba, Soudan instead of Sudan, etc.),

VII. Improper Due Diligence on Customers/Clients (e. g. , Ownership, Business Dealings, etc.)

One of the fundamental components of an effective OFAC risk assessment and SCP is conducting due diligence on an organization's customers, supply chain, intermediaries, and counter – parties. Various administrative actions taken by OFAC involved improper or incomplete due diligence by a company or corporation on its customers, such as their ownership, geographic location (s), counter-parties, and transactions, as well as their knowledge and awareness of OFAC sanctions.

VIII. De – Centralized Compliance Functions and Inconsistent Application of an SCP

While each organization should design, develop, and implement its risk – based SCP based on its own characteristics, several organizations subject to U. S. jurisdiction have committed apparent violations due to a de-centralized SCP, often with personnel and decision-makers scattered in various offices or business units. In particular, violations have resulted from this arrangement due to an improper interpretation and application of OFAC's regulations, the lack of a formal escalation process to review high – risk or potential OFAC customers or transactions, an inefficient or incapable oversight and audit function, or miscommunications regarding the organization's sanctions – related policies and procedures.

IX. Utilizing Non – Standard Payment or Commercial Practices

Organizations subject to U. S. jurisdiction are in the best position to determine whether a particular dealing, transaction, or activity is proposed or processed in a manner that is consistent with industry norms and practices. In many instances, organizations attempting to evade or circumvent OFAC sanctions or conceal their activity will implement non – traditional business methods in order to complete their transactions.

X. Individual Liability

In several instances, individual employees—particularly in supervisory, managerial, or executive – level positions—have played integral roles in causing or facilitating violations of the regulations administered by OFAC. Specifically, OFAC has identified scenarios involving U. S. -owned or controlled entities operating outside of the United States, in which supervisory, managerial or executive employees of the entities conducted or facilitated dealings or transactions with OFAC - sanctioned persons, regions, or countries, notwithstanding the fact that the U. S. entity had a fulsome sanctions compliance program in place. In some of these cases, the employees of the foreign entities also made efforts to obfuscate and conceal their activities from others within the corporate organization, including compliance personnel, as well as from regulators or law enforcement. In such circumstances, OFAC will consider using its enforcement authorities not only against the violating entities, but against the individuals as well.

13. 美国：外国公司问责法案（HFCAA）（略）

图书在版编目（CIP）数据

企业合规制度规范选编／中国国际贸易促进委员会商事法律服务中心主编．—北京：中国法制出版社，2022.12
企业合规师专业水平培训辅导用书
ISBN 978-7-5216-2878-4

Ⅰ．①企… Ⅱ．①中… Ⅲ．①企业法-中国-资格考试-自学参考资料 Ⅳ．①D922.291.914

中国版本图书馆 CIP 数据核字（2022）第 177537 号

策划编辑：王彧　　　　责任编辑：冯运　王悦　　　　封面设计：李宁

企业合规制度规范选编
QIYE HEGUI ZHIDU GUIFAN XUANBIAN

主编／中国国际贸易促进委员会商事法律服务中心
经销／新华书店
印刷／保定市中画美凯印刷有限公司
开本／787 毫米×1092 毫米　16 开　　　　　　印张／32　字数／722 千
版次／2022 年 12 月第 1 版　　　　　　　　　2022 年 12 月第 1 次印刷

中国法制出版社出版
书号 ISBN 978-7-5216-2878-4　　　　　　　　　定价：98.00 元

北京市西城区西便门西里甲 16 号西便门办公区
邮政编码：100053　　　　　　　　　　　　　传真：010-63141600
网址：http：//www.zgfzs.com　　　　　　　编辑部电话：010-63141802
市场营销部电话：010-63141612　　　　　　　印务部电话：010-63141606

（如有印装质量问题，请与本社印务部联系。）